民政部低收入家庭认定指导中心
Center for Monitoring and Verification of Low Income Families

Subproject of TCC6 · World Bank

世界银行
TCC6子项目
“社会救助瞄准与居民家庭经济状况核对体系研究”
成果汇编

民政部低收入家庭认定指导中心 编

中国社会出版社
国家一级出版社 · 全国百佳图书出版单位

目　　录

政策理论

国内实践

国际经验

政策建议

政策理论

从单维到多维：贫困理论发展与贫困对象瞄准[①]

前言

社会救助瞄准就是要将贫困人口挑出来。谁是贫困人口呢？这就需要有一条贫困线来确定那些属于社会救助制度的潜在受益对象。如何来测量贫困或确定贫困标准呢？从目前的贫困理论发展来看，对于贫困的理解主要可以分为两种：一种观点是从物质匮乏的角度理解贫困。按照这种观点，贫困是由于资源的匮乏而使生活水平低于社会可接受的最低标准。这是典型的单维贫困思路。另一种观点认为贫困是缺乏手段、能力和机会，即能力剥夺。按照这种观点，克服贫困就是对贫困人口给予扶助，即不应该是被动地保障其生活，而是消除人们陷入贫困的根源。这是典型的多维贫困思路。

一、单维贫困测量方法与瞄准

以收入和消费为基础的贫困线制定方法都是单维贫困测量和瞄准。收入法主要包括收入比例法（又称国际贫困线法）、收入分布函数法等。此外，我国一些地区采用最低工资的一定比例作为低保线，也属于与收入挂钩的情况。

（一）收入比例法（Income Percentile Method）由国际经济合作与发展组织（OECD）提出，以一个国家或地区社会平均收入的50%～60%作为这个国家或地区的贫困线。贫困是指与社会平均水平相比其收入水平低到一定程度时维持的那种社会生活状况。从1965年起，大多数美国专家也开始使用中等收入的50%作为贫困线进行研究。也有些国家和地区把低于平均收入40%的人口归于相对贫困组别。世界银行的看法是收入只要（或少于）平均收入的1/3的社会成员便可以视为相对贫困。

---

① 本课题由华北电力大学人文与社会科学学院姚建平教授参与实施。

（二）收入分布函数法是假设全体居民的个人收入服从一定的分布规律，因而可以用概率分布函数来描述全体居民的收入分布情况，即把个人收入看作随机变量 I 时，则 I 服从某一分布，用分布函数 F（t）表示，即：F（t）=P{I≤t}。它表示全体居民中收入不高于 t 的人口比例为 F（t）。根据收入分布函数的这一含义就可以在已知绝对贫困线的条件下计算绝对贫困率，或在已知相对贫困率的条件下计算相对贫困线。

二、贫困线的制定

以消费支出为基础的贫困线制定方法非常多，主要包括世界银行“1 天 1 美元”法、市场菜篮法、基本需求法、恩格尔系数法、马丁法、扩展线性支出模型（ELES）、消费支出比例法等。

（一）世界银行“1 天 1 美元”法。1990 年，世界银行采用每年 370 美元作为衡量各国贫困状况的国际通用标准。按 1985 年的购买力平价（PPP）计算的每年 370 美元的贫困线很快被简化成“1 天 1 美元”的贫困标准。1994 年，世界银行按照 1993 年的购买力平价进行测算，10 个最贫困国家的平均贫困线约为每天 1.08 美元，或者更为准确的表述是每人每月 32.4 美元。2008 年，世界银行以 2005 年的购买力平价进行测算，将国际贫困标准提高到“1 天 1.25 美元”。2015 年进一步提高到“1 天 1.9 美元”法。

（二）市场菜篮法，又叫标准预算法，最早由英国人朗特里在 1601 年提出。他当时按照营养学家给出的一个人每天应该需要的各种营养要素，将它们折合成相应的食品，再根据对实际生活的调查，确定一个家庭需要在非食品方面的最低消费。在此基础上，按照市场上最经济的价格将这些基本的消费品折算成货币单位，以此作为划分贫困线的标准。

（三）基本需求法是由 Renwick 和 Bergmann 于 1993 年提出来的。这种方法是根据人们对某些商品和劳务的最低需要来确定的。它首先要确定哪些商品和劳务是人们用来满足这些最基本需要所花费的支出，然后将这些支出加起来，所得之和即为贫困线。基本需求最早定义了七大类：食物、居住、交通、健康照顾、儿童照顾、穿衣、个人照顾。

（四）恩格尔系数法是建立在恩格尔定律基础上的。19 世纪德国统计学家恩格尔经过大量调查研究发现，一个家庭用于食物支出的比例大体可测定家庭的生活水平。贫困线的确定则是以食品消费支出除以已知的恩格尔系数求出所需的消费支出。

（五）世界银行贫困问题专家马丁·雷布林提出了一种新的计算贫困线的方法，称为马丁法。马丁法认为“贫困线=食品支出+基本非食品支出”。食品支出即达到一定的营养需要所必需的营养支出；在此基础上，利用回归模型方法，找出这样一些贫困家庭——其用于食品方面的消费刚好等于食品贫困线，计算他们的非食品支出，就是非食品贫困线。非食品支出就是一个人自愿放弃基本的食物需要而必要的其他支出。

（六）扩展线性支出模型（ELES）是由经济学家郎奇（Liuch）在对斯通（Stone）的“线性支出模型（LES）”进行改进的基础上提出的。该模型使用广泛的需求函数模型，以支出来反映需求量，将人的消费需求分为两部分：基本需求和超额需求。每个人对同一商品的需求是不同的，但为了维持最低的生活标准，他们的基本需求是一致的，因此便可利用该函数求出消费者的基本消费需求的货币形式，并以此作为贫困线。

（七）消费支出比例法（Expenditure Percentile Method）。消费支配一般是以当地居民平均消费支出的一定比例作为贫困线。1985 年，欧共体中央统计局为了对欧共体各成员国的贫困率进行测算比较，采用了两种方法：一是国别贫困率，即各成员国平均家庭消费支出的 50% 为本国的贫困线标准。二是欧共体统一贫困率，即以欧共体平均家庭消费支出 50% 为欧共体统一的贫困线标准。后来，我国台湾地区将这种方法运用于最低生活费用保障线制定。1983 年，台北市低收入户查定办法规定最低生活费由市政府参照前一年家庭收支调查平均经常性支出的 40% 订定。2000 年，又对此标准进行重新修订，以当地最近一年平均每人消费支出的 60% 作为设定标准。

三、多维贫困理论历史发展和研究文献

（一）多维贫困理论历史发展

不管是收入还是消费支出，在贫困测量上都存在明显的缺陷。传统的仅用收入或消费来衡量贫困的方法只能提供单一的信息，并主要是衡量物质匮乏的程度。在早期的贫困测度中，贫困识别是依据居民收入或支出的高低。贫困识别的标准（即贫困线）是根据个体理论上的最低生存需求来确定，但仅用支出水平可能会忽视个体的脆弱性和贫困的长期性，因为个体贫困的原因很可能来自个体的健康状况、知识水平、家庭特征和当前的自然、社会环境等。实际上，贫困的内涵极为丰富。彼得·汤森认为，贫困是因为缺乏资源而被剥夺了享有常规社会生活水平和参与正常社会生活的权利。他认为“贫困不仅是基本生活必需品的缺乏，还是个人、家庭、社会组织缺乏获得饮食、住房、娱乐和参与社会活动等方面的资源，使其不足以达到按照社会习俗或所在社会鼓励提倡的平均生活水平，从而被排斥在正常的生活方式和社会活动之外的一种生存状态”。

阿马蒂亚·森认为，贫困应当被视为“基本能力的剥夺”。“能力贫困”意味着人们之所以贫困，是因为他们难以借助于现代教育、信息扩散、知识外溢、社会资本积累等效应来充实自身的经济能力，以致人力资源含量、知识与技能水平极低，

在发掘经济机会、参与经济政策决策、增加对自身的投资、应对不确定性和风险、从创新性经济活动中获利、分享经济增长的成果等方面“无能为力”。[①] 阿马蒂亚·森认为，贫困可以用可行能力的被剥夺来合理识别。他认为，尽管低收入与“能力”之间有密切的联系，但贫困的实质不是收入的低下，而是可行能力的贫困。收入的不平等、性别歧视、医疗保健和公共教育设施的匮乏、高生育率、失业、家庭内部收入分配不均、政府公共政策取向等因素都会严重弱化甚至剥夺人的“能力”，从而使人陷入贫困之中。由此可见，可行能力剥夺和社会排斥理论关于贫困的理解都不仅仅表现为物质匮乏，而是将贫困理解为一个包含多维内涵的概念。

在多维贫困测量（多维贫困指数构造）过程中，关键问题是维度和指标选取。一般说来，在多维贫困的维度选择中，除最基本的收入或支出外，一般还要考虑住房、教育、就业、健康、环境等。此外，人身安全、赋权和心理感受等主观福利也是多维贫困测量经常考虑的维度。目前，多维贫困指数是联合国人类发展指数中的一部分。仅靠收入不能精确定义贫困，很多东西不能用钱来衡量。为此，牛津贫困和人类发展研究中心提出“三维 +10 个指标”的方法，来衡量贫困水平。三维分别是健康、教育以及生活标准；10 个指标包括营养、儿童死亡率、入学年限、儿童入学率、烹饪燃料、卫生间、水、电、地板以及资产等，10 个指标中，缺少 3 个以上即可被列入贫困行列。

（二）多维贫困的研究文献

从现有研究文献来看，多维贫困测量主要有两个视角：一是构造针对一定地理区域的多维贫困指数，二是构造针对特定群体的多维贫困指数。

1. 区域性多维贫困

大部分多维贫困指数的测量都是针对国家或地区内的家庭构建出来。例如，尚卫平和姚智谋以人文发展指数（即出生时的预期寿命、成人识字率和人均实际国内生产总值），利用联合国开发计划署最新发布的《人文发展报告》中的各国和地区人文发展指数细目资料，构建多维贫困模型，分析比较了亚洲、非洲、欧洲、大洋洲、北美洲和南美洲六大洲 1998 年、1999 年和 2000 年的贫困程度。[②] 针对中国的多维贫困问题，大量研究者使用了“中国营养与健康数据（CHNS）”。例如，王小林和 Sabina Alkire 采用 Alkire 和 Foster 于 2007 年开发的多维贫困测量方法（简称 A – F 方法），利用 2006 年中国健康与营养调查数据，对中国城市和农村家庭多维贫困进行了测量。具体维度指标包括住房、饮用水、卫生设施、电、资产、土地、教育和健康保险 8 个。结果表明，中国城市和农村家庭都存在收入之外的多维贫困，城市和

---

① 邹薇、方迎风：《怎样测度贫困：从单维到多维》，载《国外社会科学》2012 年第 2 期。

② 尚卫平、姚智谋：《多维贫困测度方法研究》，载《财经研究》2005 年第 12 期。

农村近 1/5 的家庭存在收入之外任意 3 个维度的贫困。[①] 高艳云利用 2000 年和 2009 年 CHNS 数据库进行分析，采用多维贫困测量方法确定了教育、健康和生活水准 3 个维度 9 个指标，以此来反映我国城市和农村多维贫困的程度及变化。结果显示，中国总体上城乡贫困程度均有所减轻，农村贫困严重于城市，应重视医疗健康保险、卫生设施、城市住房、做饭燃料等维度上的贫困。[②] 类似的研究还有邹薇和方迎风同样利用“中国健康与营养调查数据”8 个年度数据，选取教育、饮用水、厕所类型、照明、做饭燃料、住房、耐用品拥有状况和居民收入 8 项指标，构造 3 个贫困测度的维度，对中国的贫困状况进行了动态多维度考察，结果发现：（1）相对于单一的收入贫困，多维贫困程度更为严重、波动性更大，贫困人口应对外部冲击的脆弱性明显，其中教育贫困尤其严重。（2）尽管农村与城市之间收入贫困趋于缩小，但近年来农村多维贫困对全国的贡献度高达 80% 以上，城乡间多维贫困差异有不断扩大的趋势。（3）指标等权重情形下的多维贫困随时间推移呈平稳快速下降态势，其中生活质量改善对多维贫困下降的贡献度最大。（4）就影响多维贫困的外在环境因素而言，东部地区的多维贫困下降明显快于其他地区，家庭中劳动力及户主的特征也对多维贫困产生显著影响。[③] 方迎风基于 Sen 的能力方法，使用中国健康营养调查数据，利用模糊集方法测度中国的多维贫困状况。结论显示，相对于收入贫困，个体的教育、健康和医疗保险等贫困状况更为严重，并且多维贫困在西部、农村及女性中依然更严重。[④]

中国多维贫困测量研究另一个特点是大都针对我国农村贫困地区设计指标。例如，陈琦利用 A－F 多维贫困测量方法，确定了 3 个维度（健康、教育和生活水平）6 个指标，对武陵山连片特困地区的农村贫困进行了多维测量。数据表明，武陵山连片特困地区的农户家庭存在多个维度的贫困，贫困指数较高，其中住房面积、收入水平、受教育水平对贫困指数的影响较大。[⑤] 李佳路在多维度贫困测量理论框架下，对 S 省 30 个国家扶贫开发工作重点县的贫困状况进行收入/消费贫困、环境卫生贫困、教育和健康贫困以及脆弱性 4 个方面的测量。根据测量结果，得到 S 省的多维贫困状况以及扶贫政策的优先排序，排在前 3 位的是环境卫生贫困、教育健康贫困、收入/消费贫困。[⑥] 陈建宇运用 UNDP 关于 MPI 计算方法，使用 2009 年山西省农村贫

---

① 王小林、Sabina Alkire：《中国多维贫困测量：估计和政策含义》，《中国农村经济》2012 年第 9 期。

② 高艳云：《中国城乡多维贫困的测度及比较》，载《统计研究》2012 年第 11 期。

③ 邹薇、方迎风：《关于中国贫困的动态多维度研究》，载《中国人口科学》2011 年第 6 期。

④ 方迎风：《中国贫困的多维测度》，载《当代经济科学》2012 年第 4 期。

⑤ 陈琦：《连片特困地区农村贫困的多维测量及政策意涵——以武陵山片区为例》，载《四川师范大学学报》（社会科学版）2012 年第 3 期。

⑥ 李佳路：《农户多维度贫困测量——以 S 省 30 个国家扶贫开发工作重点县为例》，载《财贸经济》2010 年第 10 期。

困监测数据，对农户多维贫困进行测算与比较分析。结果表明：16.1%的农户处于多维贫困中，教育维度贫困率17.8%，健康维度贫困率16.2%，生活水平维度贫困主要表现在生活燃料、住房、饮用水方面。多维贫困发生率与收入贫困发生率有关系。不同区域农户多维贫困存在较大维度与程度差异。①

2. 困难群体多维贫困

困难群体的多维贫困研究主要针对残疾人、女性、老年人和儿童的多维贫困状况测量。例如，廖娟利用中国营养与健康调查（CHNS）1989—2011年数据，选取3个个体层面指标（教育、就业和医疗保险）、两个家庭层面指标（人均年收入和房屋资产）、5个生活条件指标（饮用水、卫生设施、照明、做饭燃料、耐用品）构建多维贫困指数。研究发现，残疾人与非残疾人的收入贫困和多维贫困状况都在逐步改善，但残疾人的多维贫困指数高于非残疾人，且前者比后者更容易陷入贫困；教育、医疗保险和卫生设施是对残疾人多维贫困指数贡献最大的3个指标，农村残疾人比城市残疾人的多维贫困更严重。② 女性多维贫困也是研究者经常关注的课题。例如，吴海涛等利用A-F多维贫困测量方法，选取教育、收入、消费、闲暇、健康和决策权等6个维度对农村家庭贫困及其性别差异进行了度量和分析。结果表明，农村家庭女性的贫困程度高于男性，女性在教育、消费和决策权维度的贫困发生率明显高于男性，特别是在决策权上明显处于弱势地位。③ 贫困女性化是发展中国家面临的巨大挑战，特别是流动妇女往往遭受多个维度的贫困。张晓颖等以收入贫困FGT方法和A-F多维贫困测量方法，测算了在北京市从业的451名家政服务业流动妇女的收入贫困、多维贫困指数（MPI-Ⅰ）和包括主观福利的多维贫困指数（MPI-Ⅱ）。分析结果表明，用国家农村贫困标准测量，流动妇女在收入上都已脱贫。用多维贫困指数MPI-Ⅰ测量客观的“贫”，生活水平维度最为贫困。用多维贫困指数MPI-Ⅱ测量客观的“贫”和主客观的“困”，社会融入维度最为贫困。④ 老年人多维贫困也是研究者关注的课题。解垩基于中国家庭动态跟踪调查（CFPS）2010年和2012年的面板调查数据，利用A-F多维贫困测量方法估计老年人在消费、健康、未来信心3个维度的多维贫困，并使用倾向值匹配方法（PMS）检验最低生活保障金，包括新农保养老金、城镇居民养老金、城乡居民养老金在内的居民养老金对老年人贫困的影响。

---

① 郭建宇：《农户多维贫困程度与特征分析——基于山西农村贫困监测数据》，载《农村经济》2012年第3期。

② 廖娟：《残疾与贫困：基于收入贫困和多维贫困测量的研究》，载《人口与发展》2015年第1期。

③ 吴海涛、侯宇、曾燕芳：《多维贫困视角下农村家庭性别贫困度量》，载《统计与决策》2013年第20期。

④ 张晓颖、冯贺霞、王小林：《流动妇女多维贫困分析——基于北京市451名家政服务从业人员的调查》，载《经济评论》2016年第3期。

结果显示：城乡老年人消费维度剥夺状况均有所改善，健康维度则呈现小幅度的恶化，在信心维度上，城市老年人剥夺状况改善，而农村老年人的剥夺状况持续恶化。[①] 农民工作为一个重要的工作贫困群体，其贫困问题不同于其他群体。王春超和叶琴采用中国营养与健康调查（CHNS）2000—2009 年的个人数据，利用多维贫困测量方法估计中国 9 省（自治区、直辖市）的劳动者在收入、健康、教育、医疗保险 4 个维度的多维贫困，并引入市场化指数这一制度变量解释农民工和城市劳动者多维贫困的变化。结果表明，农民工的多维贫困状况较全国水平和城市劳动者均严重。收入与教育维度的贫困对农民工多维贫困的贡献率较高，尤其是教育维度的贡献率更高且呈现上升趋势。同时，研究也发现市场化是农民工多维贫困状况改善的重要原因。[②] 由于儿童自身没有收入，因此无法运用以收入和消费为基础的测量方法来界定儿童贫困。有学者则认为，儿童的贫困等同于其家庭的贫困，因为儿童所掌握的资源来源于其家庭。但是，也有大量研究者认为儿童贫困有其自身的特点，家庭贫困并不等于儿童贫困。从这个角度来看，使用多维贫困方法来对儿童贫困进行测量便是理想的选择。例如，联合国儿童基金会将儿童贫困定位为最基本的“社会服务的剥夺”，包括食品、安全饮用水、卫生设施、卫生保健服务、住所、教育和信息服务等方面的剥夺。贫困儿童是指那些物质资源、精神资源和情感被剥夺的儿童，而这些资源又是人类生存、发展和繁衍生息所必需的。如果缺乏这些资源，他们就不能像其他社会成员一样享有平等的权利，难以充分发挥其潜能。联合国儿童基金会对儿童贫困的定义超越了传统意义上基于收入或消费为基础的贫困测量，儿童贫困甚至包含了心理、生理、情感和精神发展等方面受到的影响。[③] 尚晓媛等基于联合国《儿童权利公约》规定的基本权利，使用儿童福利示范区调研问卷的数据，从生存、健康、保护、发展和参与 5 个维度构建儿童多维贫困指标，并对中国儿童福利示范区的多维贫困状况进行测算。[④]

综上所述，针对区域贫困的多维贫困测量大都是农村地区，最重要的维度包括农户家庭的收入和消费、生存、健康/保险、教育等方面。生存维度往往包含一系列的指标，例如卫生设施、电力、清洁饮用水、做饭燃料、住房、基本的电器和资产等。针对困难群体设计的多维贫困指标大都基于群体特征纳入特殊性指标。例如，残疾人和老年人的多维贫困指标中往往特别重视健康和基本生存维度，针对流动女

① 解垩：《公共转移支付与老年人的多维贫困》，载《中国工业经济》2015 年第 11 期。

② 王春超、叶琴：《中国农民工多维贫困的演进——基于收入与教育维度的考察》，载《经济研究》2014 年第 12 期。

③ 王小林：《贫困测量：理论与方法》，北京 · 社会科学文献出版社，2012 年版，第 127—129 页。

④ 尚晓媛、王小林：《中国儿童福利前沿（2012）》，北京 · 社会科学文献出版社，2012 年版，第 32—75 页。

性的多维贫困指标特别重视决策权和社会融入等维度，而针对儿童多维贫困指标更加重视儿童生存和发展所必需的商品和服务。

四、多维贫困测量方法

多维贫困从理论到测量需要解决两个关键问题：一是贫困的识别，二是利用贫困的信息构造贫困指数。目前多维贫困指数方法应用较多的是由牛津大学 Alkire 和 Foster（2007，2009）等构造出来的，称为 A－F 方法。① Alkire 和 Foster 提出的多维贫困指数（Multidimensional Poverty Index）是建立在能力剥夺基础上的，它主要包括多维贫困的识别、剥夺的识别、贫困加总和贫困分解。A－F 方法利用“双界线”法来识别贫困。第一步设定多维贫困的维度，第二步设定判断样本为贫困的维度界限值，即双重界限。该方法首先选择每个维度的贫困线（第一个界限）以确定在各个维度下的贫困状况，然后选择维度贫困的临界值（第二个界限），将一个或多个维度处于贫困状态的个体确定为贫困者。维度是加权的，wj 是维度 j 的权重。每一个个体 i 有一个维度权重的计算。个人被剥夺的 c_i：$0 \leqslant c_i \leqslant d$，d 是维度的数量。这儿 $c_i = \sum_{j=1}^{d} w_j c_{ij}$，其中 C_{ij}是个哑变量。如果个体 i 在维度 j 上被剥夺了，那 $c_{ij} = 1$，否则 $=0$。如果个体被定为贫困 $q_i = 1$，否则 $q_i = 0$。如果一个人被剥夺的大于所设定的界限 k，那么他会被定义为贫困：

如果 $c_{i.} > k$，那么 $q_i = 1$

如果 $c_{i.} < k$，那么 $q_i = 0$

贫困发生率的度量采用的是穷人的数量（$q = \sum q_i$）除以总人口 n，即：

$$H = q/n$$

为了呈现贫困的程度，即个体在几个维度上的被剥夺情况，一个人被剥夺的平均数量可以计算出来。穷人 c（k）被剥夺的总数量计算公式是：$c(k) = \sum(q_i c_i)$，$i = 1 \cdots n$。

平均被剥夺份额就是穷人被剥夺的总份额 c（k）除以穷人可能面临的剥夺的最大数量（qd）：$A = c(k)/(qd)$

多维贫困指数按照维度进行分解可表示为：

$$M(d_j;\ k) = \sum_{i=1}^{n}(k)/nd = \sum_{j=1}^{d}\left(\sum_{i=1}^{n} g_{ij}/nd\right),$$

① Sabina Alkire and Foster, Counting and Multidimensional Poverty Measurement [J]. Journal of Public Economics, 2011, 476－487. 和 Sabina Alkire and James Foster, Counting and Multidimensional Poverty Measurement (Revised and Updated) [DB/OL]. http://www.ophi.org.uk/working-paper-number－32/. 2009.

其中，$\sum_{i=1}^{n} g_{ij}/nd$ 为维度 j 下的贫困指数，j = 1，1，…，d。[①]

多维贫困的解释主要靠三个指标：

1. 贫困发生率（H）：表示贫困人口（即同时存在 k 个维度贫困的人口）占总人口的比例；

2. 平均剥夺份额（A）：平均被剥夺份额；

3. 多维贫困指数（M0）：反映被剥夺的深度，克服了贫困发生率不能反映贫困分布的特点。

五、多维贫困测量示例：工作贫困

（一）数据

本文使用数据来自北京大学中国社会科学调查中心执行的“中国家庭动态跟踪调查”（CFPS）中 2010 年、2012 年和 2014 年的面板调查数据。CFPS 是一项全国性的综合社会跟踪调查项目，它通过跟踪收集个体、家庭、社区三个层次的数据，反映中国在社会、经济、人口、教育和健康方面的变迁。CFPS 样本覆盖了除中国的香港、澳门、台湾地区、新疆、青海、内蒙古、宁夏、海南和西藏之外的 25 个省份。CFPS 有三种问卷：个人问卷、家庭问卷、村（居）问卷，其中根据年龄特征把个人问卷分为成人问卷和少儿问卷。本文使用的是成人问卷数据。城镇的定义在本文中使用的是户口状况。删除所有农业户口被访者后，2010 年的个案数为 9027 人，2012 年的个案数 9021 人，2014 年的个案数为 8879 人。在此基础上，再删除没有工作的被访者，剩下有工作且有收入的被访者 2010 年为 3727 人，2012 年为 3408 人，2014 年为 3307 人。[②] 根据被访者的中位收入的一半，再将所有人分为两部分：大于或等于中位收入一半的为工作非贫困者，小于中位收入一半的为工作贫困者。有效样本具体情况见表 1。

表 1　城镇工作者有效样本量　　单位：人

	工作非贫困者	工作贫困者	合计
2010 年	3174	553	3727
2012 年	2811	597	3408
2014 年	2551	756	3307

① 参见高艳云：《中国城乡多维贫困的测度及比较》，载《统计研究》2012 年第 11 期。

② 本文关于工作的定义使用问卷中的选项“现在是否工作”。

（二）指标和权重

与大多数多维贫困研究不同，本研究多维贫困指标并没有纳入的生活质量维度，主要原因有两个方面：一是由于CFPS数据库包括成人库、少儿库、家庭经济库、家庭关系库，彼此之间匹配不太容易，导致生活质量维度从数据中分离出来比较困难。二是由于本文研究对象是工作贫困者，因此主要分析领域需要放在与工作相关的因素上。本文的重点在探讨工作贫困者与工作非贫困者在收入、教育和健康维度贫困状况的变化趋势，因此没有考虑生活质量维度。本文选取四个维度考察工作者的多维贫困状况，具体维度及指标见表2。

表2　多维贫困维度、指标和贫困线设定

维度	指标	贫困线设定
收入	个人总收入	个人工作收入低于中位工作收入的50%视为贫困，赋值1；否则赋值为0
教育	最高教育程度	小学及以下教育程度视为贫困，赋值1；否则为0
健康	身高体重	BMI值小于18.50为健康维度贫困，赋值1；否则为0①
	自评健康	目前身体健康状况为不健康者视为贫困，赋值1；否则为赋值0
	慢性病	半年内有慢性疾病视为贫困，赋值1；否则为0
医保	是否享受医疗保险	没有任何形式的医疗保险视为贫困，赋值1；否则为0②

注：①BMI值=体重（kg）/身高^2（m^2），亚洲BMI值的正常值范围一般为18.5—22.9kg/m^2之间，低于18.5为体重过轻。

②本文采用的医疗保险包括：公费医疗、城镇职工基本医疗保险、城镇居民医疗保险、补充医疗保险和新型农村合作医疗。

（三）多维贫困测量结果

1. 多维贫困发生率

本文按照前述多维贫困的测量方法，估算出中国的多维贫困结果（如表3所示）。2010年时，当考虑1个维度的贫困时，城镇工作者的贫困发生率（H）为0.4352（即43.52%的家庭存在6个维度中任意一个维度的贫困），贫困剥夺份额（A）为0.2384，多维贫困指数（M_0）为0.1037；当考虑2个维度的贫困时，城镇工作者的贫困发生率（H）为0.146，贫困剥夺份额（A）为0.3805，多维贫困指数（M_0）为0.0555。如果从近六年的情况来看，贫困状况呈出恶化趋势，有如下几个特点：第一，不管是贫困发生率还是多维贫困指数，在每个维度上贫困程度均有明显上升。如果仅考虑1个维度的贫困发生率，2010年大约43%的城镇工作者存在任一维度的贫困，到2014年接近50%的城镇工作者存在任一维度贫困。在采用贫困剥夺份额修正之后，多维贫困指数也表现出同样的特点，多维贫困程度明显上升。第二，极端贫困状况也有所加深。2010 年同时存在 3 个或 4 个维度贫困的劳动者，虽然比例很小（分别为 3.49% 和 0.62%），但说明有些劳动者的贫困较为严重。2014 年 3 个或 4 个维度以上劳动者更多了，极端贫困的状况有加深的趋势。

表 3　城镇工作者多维贫困估计结果

年份	K	贫困发生率（H）	贫困剥夺份额（A）	多维贫困指数（M_0）
2010	1	0.4352	0.2384	0.1037
	2	0.146	0.3805	0.0555
	3	0.0349	0.5308	0.0185
	4	0.0062	0.6739	0.0042
	5	0.0003	0.8333	0.0002
2012	1	0.4906	0.2382	0.1169
	2	0.1667	0.3773	0.0629
	3	0.039	0.5213	0.0203
	4	0.005	0.6667	0.0033
2014	1	0.4908	0.2509	0.1231
	2	0.1842	0.3911	0.072
	3	0.0487	0.5518	0.0269
	4	0.0142	0.6773	0.0096
	5	0.0009	0.8333	0.0008

如果比较城镇工作贫困者和工作非贫困者多维贫困发生率可以发现如下特点（见表 4）：第一，工作贫困者的贫困问题要比工作非贫困者严重得多。第二，城镇工作贫困者的贫困问题有所缓解，而工作非贫困者的贫困问题却有所加重。当考虑 1 个维度时，2010 年城镇工作贫困者的贫困发生率（H）为 59.86%，这意味着 59.86% 的城镇工作贫困者存在任意一个维度的贫困，贫困剥夺份额（A）为 0.281，多维贫困指数（M_0）为 0.1682。而同期工作非贫困者的贫困发生率（H）只有 14.74%，意味着只有 14.74% 的工作非贫困者存在人员一个维度的贫困，平均剥夺份额（A）为 0.244，多维贫困指数（M_0）为 0.036。2012 年，城镇工作贫困者的贫困发生率（H）下降到 54.44%，贫困剥夺份额（A）和多维贫困指数（M_0）分别下降到 0.2671 和 0.1454。同期工作非贫困者的贫困发生率却上升到 21.45%，贫困剥夺份额（A）和多维贫困指数（M_0）分别上升到 0.2537 和 0.0544。到 2014 年，城镇工作贫困者的贫困发生率略有上升（55.95%），贫困剥夺份额（A）和多维贫困指数（M_0）也分别上升到 0.2851 和 0.1595。工作非贫困者的贫困发生率略有下降

（19.64%），贫困剥夺份额（A）和多维贫困指数（M_0）也分别下降到 0.2547 和 0.05。但是，无论处于期初还是期末，城镇工作贫困者的贫困发生率、贫困剥夺份额以及多维贫困指数都显著高于工作非贫困者。当有 2 个维度被考察时，城镇工作贫困者 2014 年的贫困发生率、贫困剥夺份额以及多维贫困指数均比 2010 年有所下降，而工作非贫困者较之 2014 年却有所上升。当有 3 个维度被考察时，其结果与 1 个或 2 个维度相似。

表 4　城镇工作贫困者和工作非贫困者多维贫困估计结果

年份	K	城镇工作贫困者			城镇工作非贫困者		
		贫困发生率（H）	贫困剥夺份额（A）	多维贫困指数（M_0）	贫困发生率（H）	贫困剥夺份额（A）	多维贫困指数（M_0）
2010	1	0.5986	0.281	0.1682	0.1474	0.244	0.036
	2	0.2007	0.4414	0.0886	0.0296	0.4191	0.0124
	3	0.0398	0.6091	0.0242	0.0025	0.625	0.0016
	4	0.0018	0.8	0.0014	0.0003	0.8	0.0003
2012	1	0.5444	0.2671	0.1454	0.2145	0.2537	0.0544
	2	0.1591	0.4295	0.0683	0.0491	0.4377	0.0215
	3	0.0235	0.6	0.0141	0.0089	0.608	0.0054
	4				0.0004	0.8	0.0003
2014	1	0.5595	0.2851	0.1595	0.1964	0.2547	0.05
	2	0.1772	0.4687	0.0831	0.0455	0.4379	0.0199
	3	0.0569	0.614	0.0349	0.0074	0.6316	0.0047
	4	0.004	0.8	0.0032	0.0012	0.8	0.0009

注：由于城镇工作贫困者和工作非贫困者的划分采用的是收入，即收入低于中位收入 50% 的为工作贫困者，高于（或等于）中位收入 50% 的为工作非贫困者。因此，这里的多维贫困去掉了收入维度。

2. 多维贫困的分解

（1）全样本维度分解

多维贫困发生率能够看出城镇工作者多个维度贫困的整体变化，要进一步分析造成这种变化的具体维度，还需要对多维贫困进行分解。表 5 表示的结果是不同的 k 值（例如，$k=2$，即把在 6 个维度中同时存在任意 2 个维度贫困的家庭视为贫困户）所对应的多维贫困指数（M_0），以及 6 个维度分别对给定的 k 值下的贫困指数的贡献率。以 $k=3$ 为例，多维贫困指数为 0.0185，即同时存在 3 个维度贫困的贫困指数为 0.0185。其中，收入的贡献率最大，为 27.37%；医疗保险的贡献率次之，为 16.76%；教育的贡献份额为 16.57%，排在第三位。慢性病、自评健康和身高体重，分别排在第四位、第五位和第六位。这个结果的政策含义十分明显，说明针对城镇工作贫困者的反贫困目标应该首先是提高劳动者收入，其次是扩大居民的医疗保险覆盖率，再次是提高劳动者的受教育水平。

从时间维度来看，如果考虑 1 个维度，收入维度的贡献率从 2010 年的 23.84%一直上升到 2014 年的 30.95%，而医疗保险维度的贡献率从 2010 年的 22.2%一直下降到 2014 年的 16.7%。这表明，几年来我国医疗保险制度建设对于减少的贫困现象发挥了重要作用。慢性病维度的贡献率从 2010 年到 2014 年的四年间略有下降，但是幅度非常小（2010 年的贡献率为 18.88%，2014 年的贡献率为 18.08%）。这表明，慢性病一直是劳动者致贫的重要原因。教育维度的贡献率呈不断上升趋势，从 2010 年的 14.61%上升到了 2014 年的 18.83%。自评健康维度的贡献率从 2010 年的 10.86%一直下降到 2014 年的 8.72%。同时，身高体重维度的贡献率也从 2010 年 9.61%下降到 6.71%。这表明劳动者的健康状况对于贫困的影响在不断降低。如果考虑 2 个维度，各维度的贡献率情况与考虑 1 个维度的情况相似。收入维度的贡献率从 2010 年的 26.62%略微下降到 2014 年的 25.74%，但到 2014 年则大幅上升到 30.62%。医疗保险维度的贡献率从 2010 年的 21.5%一直下降到 2014 年的 14.49%。教育维度的贡献率从 2010 年的 16.57%一直上升到 2014 年的 22.49%。慢性病维度的贡献率略有上升，而自评健康维度和身高体重维度的贡献率则在逐年下降。如果考虑 3 个维度，各维度的贡献率则与 1 个维度或 2 个维度的情况有所不同。收入维度的贡献率从 2010 年的 27.37%下降到 2014 年的 25.97%。医疗保险维度的贡献率从 2010 年的 16.76%下降到 2014 年的 11.42%。教育维度的贡献率从 16.57%上升到 21.12%。慢性病维度的贡献率从 2010 年的 15.63%上升到 2014 年的 18.24%。自评健康维度的贡献率从 13.64%上升到 15.37%。而身高体重维度的贡献率几乎没有改变。如果考虑 4 个维度，各维度贡献率情况和考虑 3 个维度的情况相似。

通过以上分析发现，考虑 1 个维度或 2 个维度时，收入和教育维度的贡献率非常大，并且随着时间的推移，其贡献率越来越大。而医疗保险维度虽然在期初的贡献率非常大，但是随着时间的推移，其贡献率越来越小。当考虑 3 个维度或 4 个维度时，收入维度的贡献率虽然非常大，但是却随着时间推移逐渐减小。与此同时，慢性病和自评健康维度的贡献率却非常大，并且随着时间的推移还在不断增大。这表明，极端贫困与慢性病和健康状况密切相关。

表 5　不同 K 值下每个维度的贡献率（全样本）　　（%）

年份	K	M_0	收入	教育	身高体重	自评健康	慢性病	医疗保险
2010	1	0.1037	23.84	14.61	9.61	10.86	18.88	22.20
	2	0.0555	26.62	16.57	7.25	12.56	15.51	21.50
	3	0.0185	27.37	16.57	10.04	13.64	15.63	16.76
	4	0.0042	23.81	13.73	10.36	19.33	19.33	13.45
	5	0.0002	4.76	23.81	23.81	23.81	23.81	0.00
2012	1	0.1169	24.98	17.24	8.08	9.75	16.49	23.47
	2	0.0629	25.74	18.18	7.47	12.15	15.58	20.87
	3	0.0203	23.11	19.42	7.64	15.65	16.55	17.63
	4	0.0033	20.59	22.06	5.88	17.65	19.12	14.71
2014	1	0.1231	30.95	18.83	6.71	8.72	18.09	16.70
	2	0.072	30.62	22.49	5.33	11.05	16.00	14.49
	3	0.0269	25.97	21.12	7.89	15.37	18.24	11.42
	4	0.0096	22.67	19.89	9.18	19.33	18.78	10.15
	5	0.0008	4.41	22.06	22.06	22.06	22.06	7.35

（2）工作贫困者样本和工作非贫困者样本维度分解

表 6 的结果显示了工作贫困者和工作非贫困者各维度的贡献率分解情况。从工作贫困者维度分解的情况来看，如果考虑 1 个维度，2010 年时医疗保险的贡献率最大（占 33.3%），其次是受教育程度（贡献率为 25.81%），再次是慢性病（贡献率为 16.99%），自评健康和身高体重的贡献率分别为 12.04% 和 11.83%。同年，工作非贫困者各维度贡献率的排序从高到低分别是：医疗保险、慢性病、自评健康、教育和身高体重。这表明，工作贫困者中的致贫原因中教育的贡献率非常大，慢性病的贡献率较小。而工作非贫困者的致贫因素中教育的贡献率相对较小，慢性病的贡献率更大。2012 年，工作贫困者和工作非贫困者样本各维度贡献率的排序情况与 2010 年相似。

到了 2014 年，教育维度对工作贫困者贫困问题的贡献率从第 2 位上升到了第 1 位，而医疗保险的贡献率则从第 1 位下降到了第 3 位，慢性病则从第 3 位上升到了第 2 位。从工作非贫困者的情况来看，医疗保险的贡献率从第 1 位下降到了第 2 位（从 33.16% 下降到 27.9%），而慢性病则从第 2 位上升到了第 1 位（从 24.35% 上升到 28.06%），教育的贡献率从第 4 位上升到了第 3 位（从 13.82% 上升到 22.26%）。这表明，随着时间的推移，对工作贫困者而言，教育和医疗保险对于致贫的影响越来越重要；而对于工作非贫困者而言，慢性病和教育对于致贫的影响越来越重要。

表 6 不同 K 值下每个维度的贡献率（工作贫困者和工作非贫困者样本） （%）

年份	K	工作贫困者样本						工作非贫困者样本					
		M_0	教育	身高体重	自评健康	慢性病	医疗保险	M_0	教育	身高体重	自评健康	慢性病	医疗保险
2010	1	0. 1682	25. 81	11. 83	12. 04	16. 99	33. 33	0. 036	13. 82	12. 26	16. 41	24. 35	33. 16
	2	0. 0886	23. 88	13. 48	16. 78	21. 04	24. 82	0. 0124	16. 53	8. 94	23. 58	24. 93	26. 02
	3	0. 0242	19. 17	12. 95	25. 39	25. 39	17. 10	0. 0016	22. 39	10. 45	19. 40	23. 88	23. 88
	4	0. 0014	25. 00	25. 00	25. 00	25. 00	0. 00	0. 0003	0. 00	25. 00	25. 00	25. 00	25. 00
2012	1	0. 1454	26. 04	10. 37	11. 98	17. 05	34. 56	0. 0544	21. 20	9. 36	13. 52	23. 15	32. 77
	2	0. 0683	26. 78	9. 56	19. 40	18. 58	25. 68	0. 0215	26. 33	6. 82	20. 83	24. 05	21. 97
	3	0. 0141	28. 57	7. 14	21. 43	23. 81	19. 05	0. 0054	22. 27	10. 00	20. 91	25. 00	21. 82
	4							0. 0003	25. 00	25. 00	25. 00	25. 00	0. 00
2014	1	0. 1595	37. 98	8. 13	13. 43	21. 06	19. 40	0. 05	22. 26	8. 78	13. 01	28. 06	27. 90
	2	0. 0831	30. 24	9. 27	21. 17	26. 21	13. 10	0. 0199	22. 77	6. 47	22. 99	27. 68	20. 09
	3	0. 0349	25. 81	13. 44	25. 00	24. 19	11. 56	0. 0047	23. 08	13. 46	21. 15	23. 08	19. 23
	4	0. 0032	25. 00	16. 67	25. 00	25. 00	8. 33	0. 0009	25. 00	0. 00	25. 00	25. 00	25. 00

（四）结论与政策建议

1. 结论

第一，工作贫困者在教育和健康状况方面比工作非贫困者要差得多。工作贫困者平均收入占工作非贫困者收入比例呈现逐渐下降趋势。这表明相对于高收入劳动者来说，工作贫困者的收入状况是逐年恶化的。但值得注意的是，工作贫困者参加医疗保险的比例在逐年提高，这表明他们的医保状况是在不断改善的。

第二，从单维贫困发生率来看，身高体重和医保参与贫困发生率出现下降趋势，但是收入、教育和慢性病的贫困发生率则呈上升趋势，并且工作贫困者的单维贫困发生率要远高于工作非贫困者。从多维贫困发生率来看，各维度的多维贫困程度明显上升，这说明极端贫困的状况有加深的趋势。

第三，通过对全样本的多维贫困进行分解发现，收入的贡献率最大，医疗保险的贡献率次之，教育的贡献率排在第三位。从时间变化的角度来看，考虑 1 个或 2 个维度时，收入和教育贡献率越来越大。而医疗保险虽然在初期的贡献率非常大，但是随着时间的推移，其贡献率越来越小。当考虑 3 个或 4 个维度时，收入的贡献率虽然非常大，但是随着时间推移却逐渐减小。与此同时，慢性病和自评健康的贡献率却随着时间的推移还在不断增大。

从对工作贫困者和工作非贫困者维度分解的情况来看，如果考虑 1 个维度，

2010 年时工作贫困者中的致贫原因中教育的贡献率非常大，慢性病的贡献率较小。工作非贫困者的致贫因素中教育的贡献率相对较小，慢性病的贡献率更大。到 2014 年的情况有所改变。对工作贫困者而言，教育和医疗保险对于致贫的影响越来越重要。对于工作非贫困者而言，慢性病和教育对于致贫的影响越来越重要。

2. 政策建议

从贫困发生率的角度来看，针对城镇工作贫困者的反贫困应该首先是提高劳动者收入，其次是扩大居民的医疗保险覆盖率，再次是提高劳动者的受教育水平。由于多维贫困（极端贫困）发生率出现加深的趋势，因此需要针对极端贫困现象设计多层次的反贫困社会政策体系，阻断极端贫困发生的根源。

从对工作贫困者维度分解来看，由于教育和医保参与对于致贫的贡献率越来越大，因此应当加大对工作贫困者的职业技能培训体系建设，采取措施推动他们参加医疗保险以减少工作贫困现象的发生。

六、多维贫困瞄准应用：生计资产法

多维贫困理论直接应用于贫困瞄准，目前主要是在农村扶贫过程中贫困对象的确定，其中使用最多的是农户生计资产法。生计资产法的理念是建立在对贫困户应对生计困境的能力评价基础之上，在操作上同样采用的是社会剥夺来设计指标。运用生计资产法评价瞄准效率的关键是要确定生计资产的构成。2000 年英国国际发展部（DID）将生计资产分为五个部分，即人力资产、自然资产、物质资产、金融资产和社会资产。大多数中国研究者沿用了这一生计资产概念并运用于农村扶贫政策瞄准和农村最低生活保障制度瞄准的效率评价中。以下通过案例具体展示如何运用生计资产法来确定贫困对象。运用生计资产法来确定贫困对象有两个关键步骤：

（一）农户生计资产指标及其量化

生计资产法在操作上，首先是要将农户的生计资产进行量化，这样才可以评估农户的贫困状况。如何将生计资产量化呢？根据多维贫困测量方法思路，其关键是将农户被剥夺程度量化。以下是人力资产指标量化示例（见表 7 和表 8）。从表中可以看出，对于人力资产的赋值按照劳动能力和受教育程度的不同分别赋予不同的分值，这些分值就构成了每个家庭在人力资产方面的量。

表 7　单个家庭成员劳动能力赋值

类别	解释	赋值（劳动单位）
0—6 岁儿童	年龄太小不能参加劳动	0.00
7—15 岁健康儿童	可做一些家务和农活	0.30
16—54 岁（女性）或 16—59 岁（男性）的健康家庭成员	能够从事全部的成人劳动	1.00

资料来源：谢冬梅：《农户生计资产量化分析方法的应用与验证：基于农村最低生活保障目标家庭瞄准效率》，载《技术经济》2009 年第 9 期。

表 8　受教育程度最高家庭成员学历指标赋值及标准化

类别	赋值（受教育程度单位）	度量值
大学及以上	1.00	1.00
高中或中专	0.67	0.67
初中	0.33	0.33
小学及以下	0.00	0.00

资料来源：谢冬梅：《农户生计资产量化分析方法的应用与验证：基于农村最低生活保障目标家庭瞄准效率》，载《技术经济》2009 年第 9 期。

（二）生计资产总量的计算及排序

将农户的生计资产量化之后，最终步骤是将每户的所有生计资产汇总，并且将所有农户的生计资产进行排序，这样才可以将排在最后的那些家庭挑出来，并确保这些家庭能够获得帮助。为此，这就需要构建一个生计资产测量指标体系。表 9 是一个生计资产排序计算方法的示例。

表 9　农户生计资产量化指标体系

资产类型	测量指标	指标符号	指标公式
人力资产	家庭整体劳动能力	H_1	$0.5\times H_1+0.25\times H_2+0.25\times H_3$
	受教育程度最高的家庭成员的学历	H_2	
	家庭成员参加专业技能培训的次数	H_3	
自然资产	人均拥有耕地面积	N_1	$0.25\times N_1+0.5\times N_2+0.25\times N_3$
	人均拥有园地面积	N_2	
	人均拥有林地面积	N_3	
物质资产	家庭住房情况	P_1	$0.6\times P_1+0.4\times P_2$
	家庭拥有财产情况	P_2	

续表

资产类型	测量指标	指标符号	指标公式
金融资产	家庭年人民币现金收入	F_1	$0.8\times F_1+0.2\times F_2$
	获得借款的机会	F_2	
社会资产	家庭参加专业性合作经济组织的数量	S_1	$0.1\times S_1+0.2\times S_2+0.2\times S_3+0.5\times S_4$
	家庭是否参加商业保险	S_2	
	发生困难时能否得到各方帮扶	S_3	
	家庭是否有成员为村干部	S_4	

资料来源：谢冬梅：《农户生计资产量化分析方法的应用与验证：基于农村最低生活保障目标家庭瞄准效率》，载《技术经济》2009 年第 9 期。

根据所给公式，可以计算出样本中所有农户的生计资产数值，并按分值由低到高进行排序。数值越低表示该农户相对更加贫困，理论上应该越有资格享受扶贫、社会救助（低保）待遇。当然，也可以用这种方法计算出来的瞄准结果与现有政策瞄准结果（如低保户、扶贫对象）进行比较，来评价现有瞄准方法的瞄准效率。

社会救助对象瞄准：理论与国际实践①

《中共中央国务院关于打赢脱贫攻坚战的决定》强调扶贫贵在精准、重在精准，提高扶贫成效，须改变传统“大水漫灌”的思路，实现“精准滴灌”。为此，在贫困识别机制上，须采取有效的办法解决好“扶持谁”的问题，确保扶持对象精准，做到扶“真”贫。在我国当前的社会经济条件下，应运用何种方法或机制来识别贫困人口？

一、主要的瞄准方法

瞄准，是将有限的社会救助资源集中用于最需要救助的人群。为此，瞄准方法就需要有效解决两类错误：即漏保（exclusion errors）和错保（inclusion errors）。这两类错误与资格条件的设置有关，更与具体的实施过程密切相关（OPM，2008）。在不同的情景中，有些瞄准方法的瞄准效果会好于另一些瞄准方法。

在我国和各国（或地区）的实践中，使用较多、影响较大的瞄准方法主要有以下四种，其优点和缺点参见表1。其中，生计调查以收入或消费数据作为判断一个家庭是否贫困的依据，在有可靠的收入消费数据的情况下，无疑是最精确的瞄准方法。然而，由于收入的敏感性和隐蔽性，采集可靠的收入数据的成本很高，从而极大地限制了此种方法的空间。区域瞄准也是我国常用的手段，比如在发生严重自然灾害时，往往给特定区域内的受灾群众提供救助。相较而言，社区瞄准主要是在社会救助审核环节，由社区居民组成评议小组，对申请人的申请进行民主评议。

---

① 本课题由南开大学周恩来政府管理学院郑飞北副教授参与实施。

表 1　各种瞄准方法的优缺点

瞄准方法	优点	缺点
生计调查	有收入或消费数据时非常精确	收入消费信息采集成本高
代理家计调查	能有效识别长期贫困人口	不能解决临时贫困
社区瞄准	获得社区的支持	易受精英影响，缺乏透明度
区域瞄准	易于执行，且透明度高	不考虑地区内部家庭之间的差别

资料来源：Mills，Ninnno，& Leite（2015：p. 20）

在社区居民内部社会整合度较高的前提下，社区瞄准也是低成本的有效瞄准手段。但是，在社会分化加剧的情况下，社区精英主导救助资源分配的风险加大，容易造成社会不公，加剧社会矛盾。比如，一些地方出现的“人情保”“关系保”等，都说明这种方法有较大的漏洞。同时，在社会经济转型过程中，各地区内部的贫富分化加剧，使区域瞄准也往往有较大的错保和漏保的问题。

需要注意的是，在社会经济快速变迁的条件下，一些原来行之有效的瞄准方法可能会失灵，因而需要探寻更有效的贫困识别方法。在贫困人口的同质性较高的情况下，可以根据贫困人口的典型特征（如单亲家庭、负担重即需要供养的家庭人口多等）来识别贫困，但在贫困人口的异质性越来越高的条件下，再根据这些特征来识别贫困人口，瞄准的精度就会下降；在就业模式较为单一、绝大部分人口都从事正规就业的环境中，收入核查相对好操作，而在非正规就业占较大比例的经济体中，收入难以准确核查，收入核查的效果会大打折扣，单纯依靠收入核查难以确保瞄准的精度（Fan & Habibov，2008）。因此，在社会经济转型使得原有的瞄准方法失灵的情况下，就需要探索更有效的瞄准方法。

考虑到《社会救助暂行办法》规定的瞄准方法是以收入为基础、以社区瞄准为补充的机制，因此，接下来将首先考察若干典型国家在收入瞄准方面的实践，然后探讨代理家计调查这一替代瞄准方案在实践中的逻辑及表现，进而探讨此种瞄准方法对于完善我国收入核对体系的启示。

二、基于收入的瞄准实践

在国家对公民的收入追踪能力较强且有健全的收入数据的条件下，使用数据平台提供的数据来核实社会救助申请人的信息，无疑是最准确的核查手段。

（一）收入数据的采集及管理

收入核查的核心是核实申请人的收入申报，其目标是尽可能覆盖贫困人口，同时尽量把非贫困人口挡在门外（Castañeda & Lindert，2005）。常用的方法有三种。一是面谈或家访。由工作人员进行入户调查或在办公室面谈，看看申请人是否符合受助资格。比如，在美国，由个案工作者对申请人进行面谈或进行家访，定性评估申请者的经济状况，看是否与申请者所提供的信息相符，确定后者是否具备受助资格。二是要求申请人对自己的收入、资产和支出等提供相关证明材料，比如工资条，税单，未享受其他待遇的证明，水电气费、电话费等跟收入水平密切相关的支出。举例来说，美国弗吉尼亚州社会服务署要求申请者提供以下证明材料：（1）身份信息（驾照、社会保障号、孩子的出生证明等）；（2）支出，包括租房或抵押协议、房租收据，最近的电话费、水费、电费、气费，照料小孩、老年人、残疾人的费用，医疗费支出；（3）资源，最近的储蓄、基金等，存款证明、有价证券证明、车辆登记情况、医疗保险单及医保卡、能兑现的寿险；（4）收入，有工作的人，近几个月的工资存根；小费、奖金、佣金等；离婚扶养费；奖学金；社会保障金、补充收入保障金、失业补偿金、养老金、退伍军人津贴等。[①] 三是数据比对（data matching）方法。将申请者提供的信息与第三方数据进行定期或根据需要进行比对，以核实申请人的收入。其中，第三方数据主要是各种能反映申请者收入的数据，比如公共部门的收入和财产税记录，劳动部门的就业登记信息，雇主的工资发放记录，银行提供的金融数据，以及社会保障部门的数据，彩票系统的数据等。这些数据可以有效核实申请人的信息，也可以提供一些申请人没有披露的信息，比如工作时间、劳动收入及家庭情况。数据比对后，如果申请人提供的信息与记录不一致，或者申请者的收入超过规定的额度（tolerance），将会进行调查，比如跟申请者约谈，要求申请者澄清和证实。

数据比对要有效，有两大前提：一是目标人群生活在正规经济中，非正规经济规模小或者从事非正规经济的人员并非目标人群；二是国家有强大的管理能力，包括所得税系统在内的各种收入追踪系统很健全，充分掌握公民的各种经济活动信息特别是收入记录（Coady et al.，2003）。在这种情况下，公民的大部分货币收入都有据可查。

数据比对需要借助第三方的数据，比如税务部门掌握非劳动收入数据，劳动和社会保障部门掌握养老金、残障津贴、自雇收入、工资收入、失业补偿金等数据，机动车辆管理部门掌握车辆登记信息等。而且为了更有效地核查申请者的信息，需要进行比对的系统也越来越多。在这种情况下，数据共享就显得很重要了（Lindert，2005）。

（二）救助数据的再利用

在大数据时代，越来越多的人认识到了部门工作数据本身的价值和意义。部门

① 参见弗吉尼亚社会服务署网页，http：//www.dss.virginia.gov/benefit/verification.html.

的工作数据，往往是工作过程中产生的，因此采集这些信息的首要目的，不是为了研究或分析，而是直接用于提供服务、评估或存档（Smith & Noble，2000：p. 78）。随着办公自动化，用电脑存储、处理数据越来越普遍，获取、操作和与其他数据的对接也越来越便利。

对社会救助瞄准来说，有数据，才能了解贫困的变化趋势，进而利用数据来识别贫困。其中，本部门的工作数据显得尤为重要（Saunders，2000）。近十几年来，包括民政部门在内的各级政府部门投入了大量的财力推动办公自动化系统，各种数据都录入了电脑，将这些信息整合起来，对数据进行挖掘，就可以进行很多研究。尽管各地的系统可能各异，但基础信息大同小异，包括家庭基本信息（申请人的年龄、性别、配偶和子女信息等，收入来源、就业状况）、各种救助待遇的信息、医疗救助信息、保障性住房的数据、教育救助的数据等。这些都是有关低收入家庭的关键数据，对这些数据进行开发，对于提高瞄准的精度无疑是极有帮助的。

行政部门的管理数据尽管有些局限，但对于研究、政策制定和政策实施都有很重要的作用。一是绘制收入剥夺的地图，准确锁定扶贫的重点区域。比如，对集中连片贫困地区的精准扶贫，要求对区域的贫困状况进行评估，锁定剥夺最严重的片区。利用民政部门的救助数据，就可以绘制重度贫困地区的地图。只要加上住址信息，就可以看出低保和扶贫等贫困人口的分布，从而改善当前的财政转移支付瞄准仍过于粗放的状况。二是可以了解社会救助申请的模式，进而分析贫困的变动趋势，有针对性地出台有效的反贫困政策。比如，可以对进入/退出救助系统的人员进行动态追踪，了解其家庭基本构成、健康状况等，而这种追踪成本是很低的。三是纵贯分析，尤其是对进入/退出救助的人员进行追踪，推进滚动管理。也可以了解贫困人口的变动趋势，更有助于进行减贫成效的评估。四是进行贫困监测，以更有效的方式对重点区域和高风险人群进行监测，对高危区域标红，从而及时采取措施，避免发生冲击社会道德底线的事件。在当前精准扶贫的背景下，对社会救助对象信息的分析，无疑有助于提高瞄准的精度和效果。

对贫困识别而言，使用行政数据的好处：第一，这些信息已经采集了，而且大多数信息都已经直接经过核实，因为申请人在提出申请时往往需要提供纸质证明；第二，这些信息会定期更新；第三，可以利用这些数据对特定人群进行研究；第四，信息采集的成本很低，而信息汇总的压力也不大（Smith & Noble，2000）。当然，这些信息通常都是为特定目的而记录下来的，有很多无用信息——但只需要对这些进行标准化、合理化（相关性），就可以提高部门工作效率。

三、基于物质剥夺的瞄准实践

鉴于收入法在贫困测量和贫困识别中的局限，越来越多的研究者将关注的焦点转向收入以外的领域，探索有效测量、识别贫困的可行路径，比如 Townsend（1979）的相对剥夺理论，森的可行能力理论（参见 Alkire，2002），以及多维贫困理论（Atkinson，2003；Bourguignon & Chakravarty，2003）等。这些理论的共同路径，是注重从穷人的实际生活去理解贫困，并将贫困视为剥夺的累积（Ringen，1987）。其中，代理家计调查法在不少国家和地区实践，尤其值得关注。

（一）理论基础：可行能力理论

从实际生活的角度看，根据森（Sen，1987：pp. 36－37）提出的评估生活水平的框架，一个家庭的生活水平包括两个层面：一是家庭实现的功能（functionings），表现为家庭各个方面的生活条件；二是家庭的可行能力（capabilities），即一个家庭选择不同生活方式的机会。相应地，评估一个家庭的贫困程度可以从家庭的生活方式（家庭各个方面的生活条件）和家庭负担（对家庭生活机会的限制）这两个具体的维度入手。

一个家庭的生活方式与其社会经济地位密切相关。作为嵌入在社会关系中的个体，不同阶层都会有与其特有的消费模式（Veblen，1925）和生活方式（Bourdieu，1984），以维护个体或家庭的社会地位和“社会资产”（Polanyi，1957：p. 46），由此形成不同社会经济地位人群之间生活方式的差异。而且更重要的是，出于攀比即超过“同一阶层的其他人”的心理（Veblen，1925：p. 103），当一个家庭的经济状况改善时，势必增加“显眼的”炫耀性消费，其“显眼的”炫耀性消费的层次也会提升。相反，尚未脱贫的贫困家庭，受限于其资源水平，其炫耀性消费的范围和程度都处于最低的水平，“只能用一些便宜货、参与一些花钱不多的习俗和活动”（Townsend，1979：p. 59）。换句话说，可以通过一个家庭参与炫耀性消费这种全民“生活方式”的范围和程度，来评估一个家庭的资源水平或贫困程度，即界定贫困。

生活方式的具体表达，就是消费模式，包括住房、耐用品，以及服饰、度假、娱乐、饮食等（Burns，1966）。从贫困识别的角度看，住房和耐用品信息相比于其他消费信息而言更有优势，因为其具有：第一，贫困相关性。住房、耐用品与生活质量密切相关，但住房质量的改善及耐用品的购置往往需要大量投入，这使低收入家庭更有可能遭受剥夺（Townsend，1979：p. 527）。从测量的角度看，这使其在测量一个家庭的经济水平时具有较好的效度。第二，稳定性。住房的结构和质量短期内难以改变，而耐用品则“可长期反复使用”（Amendola & Giovanni，2014），因此从测量的角度说，多次反复测量的结果具有稳定性，具有较高的可信度。第三，可见性，易于观测、识别，且难以藏匿，因此采集过程中信息失真的可能性小，易于控制测量误差。也就是说，利用住房、耐用品等外在的财产信息，能够有效测量一个家庭日常的生活水平，从而把生活水平低的人群识别出来。

（二）瞄准逻辑：多维贫困理论

用收入以外的指标来测量、界定贫困，关键是：（1）确定用哪些指标来测量贫困；（2）这些指标的测量结果如何汇总并据此评定贫困程度？

Townsend（1979）使用计数法，用 1968—1969 年对 2000 个英国家庭的调查数据来研究英国贫困状况。为了评估相对剥夺情况，他采用了 60 个指标，这些指标分为 12 个维度：饮食、衣服、燃料和照明、家用设备、住房条件和住房设施、房屋的环境、工作环境、家庭支持、休闲、教育、卫生和社会关系。每个指标的权重都一样，尽管不同维度中，指标的数量差别很大。但为了说明的便利，他从中挑选了 5 项，包括饮食、住房、家庭关系、休闲和社会关系。并据此提出，认为 5 项中，如果得分超过 5 分，即意味着剥夺。“没有任何一个单项指标，或两个指标一起能被视为剥夺的表征。人们是很奇怪的，有时因为宗教、伦理、教育等方面的原因，买一些奢侈品，不论贫富。”（p. 128）他用这种直接的方法间接测量贫困。

Mack 和 Lansley 在 *Poor Britain* 一书中，他们运用“英国温饱线调查”的数据，确定哪些属于民众认为必需的基本必需品，然后据此列出了一个基本必需品清单。在问卷中，他们共列出 35 项必需品清单，最后把有一半以上的受访者认为是必需品的留了下来，共 26 项。在对家户调查时，他们把人进行了区分，即是因为缺钱买不起、没办法还是不想买。如果买不起的物品有三项或以上，就被视为穷人。然后，再分析剥夺指数与收入水平、消费模式之间的关系。Mack 和 Lansley 认为，如果缺乏的物品超过 3 项，就不是个人选择问题了，而是迫不得已了。“有钱人中，几乎没有人会缺乏这些必需品。而且缺乏这些必需品的人，几乎全部都在减少非必需品的支出，多数还砍得很多。”（p. 176）。除此之外，如果缺乏的物品超过 5 项，被认为是深度贫困；如果缺乏的物品超过 7 项，就陷入了赤贫。

对多维贫困的研究兴起后，不同维度的测量结果如何汇总是一个颇具争议而尚未解决的问题（参见 Alkire 等，2015），其关键是如何确定不同维度的权重。对此，有两种做法：一是统计加权，二是简单相加。统计加权是基于家庭调查数据，采用主成分分析、因子分析或回归建模的方法确定不同维度的权重（参见 Filmer 和 Scott，2008）。比如，Mills、Ninnno 和 Leite（2015：p. 29）认为，代理家计调查有两个部分组成：第一，需要有一个回归模型，利用家庭支出调查的数据，以家庭支出为因变量，将各种易于观测的家庭、社区和区域特征纳入模型并估算各个指标的权重。第二，利用这个模型得出的各个指标的权重，将各个变量值代入模型，来测算具体家庭的支出，确定其是否符合受助条件。因此，做好代理家计调查，需要做到：第一，需要有家户支出数据；第二，选择易于观察和合适的变量，这些变量不易造假，比如，屋顶易于观察，但存款就不好说了；第三，该变量与家庭的支出高度相关，其目标是选出有限的，易于核实的且与家庭支出强相关的变量，然后用于评价家户的状况。

这无疑是科学上稳健的方法。但从贫困识别的角度看，由于扶贫资源大多是在区县层级上的分配，采用统计加权的做法是不现实的，这是因为：第一，不同地区居民家庭的耐用品拥有量、住房情况存在较大差异，这意味着不同地区都需要对其辖区内的家庭进行抽样调查并对调查数据进行统计分析才能确定不同维度的权重；第二，同一地区，随着社会经济的发展和扶贫攻坚的推进，居民家庭的住房、耐用品拥有量会发生较大的变化，因此需要不断进行家户调查才能保证不同维度权重的科学性。

与复杂的统计加权相比，简单相加的办法操作简捷，其核心是计算人们遭受剥夺的维度的数量。根据这种做法，识别贫困的关键步骤，包括：（1）确定一套相关指标；（2）确定剥夺的临界值，即如果某个人或家庭没有达到该临界值，则被视为遭受剥夺；（3）并据此创造一个 0/1 变量，1 代表在该指标上遭受剥夺，0 代表不存在剥夺；（4）给每个指标赋权；（5）计算剥夺指数（如果各个指标的权重相等，则计算遭受剥夺的数量）；（6）确定贫困指数线，如果剥夺指数高于该线，则被视为贫困家庭。这样，只需要把家庭的住房、耐用品以及重要的家庭特征等维度的信息简单相加，计算出一个家庭的分值，然后把所有家庭的分值排序，就能确定扶贫资源分配的优先次序。从贫困识别的潜力看，用简单相加的办法识别出来的贫困人口，与用统计加权法识别出来的贫困人口，大体一致（Bollen et al.，2002；Paxson & Schady，2007；Filmer & Scott，2008）。

（三）代理家计调查的步骤

在发展中国家，大量居民从事非正规就业或者务农，收入难以追踪、量化，且政府对居民收入的核查能力极为有限，基于精细收入核查的瞄准机制管理成本高，从技术上也很难操作。与此相比，代理家计调查可以用比精细生计调查低得多的管理成本，取得与精细生计调查大体相当的瞄准效果，因而显得更为现实。研究表明，在实行替代性生计调查的同时，如果辅之以区域瞄准（即救助项目面向贫困人口集中的区域），能显著提高贫困瞄准的精度（Coady，Grosh & Hoddinott，2004）。

代理家计调查的机理，是先通过社会调查，确定最能充分反映家庭福利水平的一些与贫困密切相关的、易于观察的外在特征，并根据统计分析结果对这些特征进行加权，由此得到一个多维的计分模型来计算一个家庭的得分（Kidd & Wylde，

2011）。然后，对申请社会救助的家庭情况进行评分并计算总分，再按照总分的高低来确定该申请人是否具备受助资格。在实践中，代理家计调查有三大步骤：

（1）确定评估家庭经济状况的指标和权重。代理家计调查的指标须满足两个条件：一是易于观察，二是难以造假（Castañeda & Lindert，2005）。通用的指标包括区位（location）、住房质量、耐用品拥有情况、教育水平和职业等。其中，体现住房质量的指标，包括家里是否有自来水、是否有电、是否有垃圾桶、是否有下水道、是否有卫生间、地板的材质、墙体的材质、屋顶的材质等，耐用品则包括彩电、冰箱、洗衣机、空调、热水器、摩托车等（Castañeda，T. & Lindert，K. 2005）。确定指标的权重的方法有两种：一种是回归分析法。在有可靠的家户消费（或收入）数据的情况下，通过回归分析确定哪些指标（自变量）与收入（因变量）密切相关，并用相应的回归系数作为权重。另一种是主成分法。在缺乏可靠的家户消费数据的情况下，运用主成分分析法提取出一组与贫困密切相关的变量，在此基础上，由专家来估算各变量的权重。但与统计方法有所不同的是，由专家来估算各指标的权重时，既需要考虑同一指标不同取值（比如有或者无）之间的关系，也需要考虑不同指标（比如墙体和屋顶）之间的平衡。

（2）家户信息采集。根据上述指标，设计一份调查表，由一位受过培训的访员负责入户调查，核实该家庭的生活状况，尤其是住房质量和耐用品的拥有情况。

（3）计算家庭得分，确定该家庭是否符合救助条件。将采集的家户信息录入统一的家户登记系统并根据相应权重计算该家庭的得分，然后看其是否低于规定的分值（救助门槛）或落在救助区间内，由此确定该家庭是否符合救助条件。

（四）代理家计调查的实践

在拉美、东南亚和非洲等地，代理家计调查在贫困瞄准方面取得了较好的效果。

1. 阿根廷的贫困测量指标。阿根廷统计和人口调查研究所认识到了贫困的多维性，试图用基本需要的满足情况来评估贫困。起初，这种方法被认为是在无法进行收入核查的情况下的“不是办法的办法”。在其调查问卷中，并没有收入或消费变量，也没有营养等关键健康变量。由此，他们在选取多维贫困的测量指标时，遵循了三个原则：（1）这些指标体现家庭或个体未能满足某些基本需要的程度；（2）这些指标与收入贫困密切相关；（3）不同地区之间具有可比性。其目标是“选择一些特征，这些特征不仅反映某些内在的重要剥夺，更与收入贫困密切相关”。他们选择具体指标的三个步骤是：（1）确定基本需要；（2）确定具体指标；（3）确定剥夺的临界值。经过这番程序，最终选定的指标是：（1）每个卧室住 3 人以上（过度拥挤）；（2）危房；（3）无冲水厕所；（4）家有未上学的学龄儿童；（5）每个劳动力的供养人数超过4个（高抚养比）且家长的文化水平不到小学二年级。

2. 布基纳法索的代理家计调查。布基纳法索识别贫困人口，选取了31个指标，这些指标涉及家长特征、家庭人口数、住房状况、存粮情况等维度，每个维度包含若干指标，不同取值有不同的维度（参见表2）。

表2　代理家计调查的指标与权重

指标	指标值	权重	指标	指标值	权重
家长特征			**住房特征与设施**		
性别	男	2	每个卧室人数		*1.5
	女	4	墙体	土坯	6
年龄	35岁以下	1		砖	3
	35~60岁	2		混凝土	2
	60岁以上	3		其他	1.5
教育水平	文盲	4	屋顶	茅草	6
	扫盲班	2		土	3
	小学	1.33		金属架	2
	中学	1		其他	1.5
	大学	0.8	电	无	6
婚姻状况	丧偶	4		有	3
	已婚	2	厕所	无	6
	未婚	1.33		有	3
	其他	1	**存粮**		
健康状况	年老体弱	6	谷物	无	4
	残疾	3		有	2
	不健康	2	**其他**		
	健康	1.5	房屋产权	流浪	6
家庭人口数				租住	3
家庭人数	1~4人	1		房主	2
	5~7人	2	看病	从不	4
	8人以上	3		很少	2
未上学子女数		1		经常	1.33

资料来源：Fortin（2016）。

3. 肯尼亚的代理家计调查。Sabates-Wheeler等（Sabates-Wheeler et al., 2015）在研究肯尼亚的食品援助项目的瞄准表现时，发现代理家计调查具有更好的瞄准效果。他们使用的指标包括17个方面，其中绝大部分都属于二分变量（是/否、有/

无）。具体是：（1）家庭是否领取食品救助；（2）家庭是否参加了学校营养项目；（3）家里是否有厕所；（4）家庭拥有的卧室数；（5）家庭的房屋墙壁是否糟糕；（6）家庭成员是否有残疾人；（7）家庭成员是否有长期病患；（8）家庭是否有牲畜；（9）家庭人口数；（10）家长的年龄；（11）家庭孤儿的数量；（12）家长是否女性；（13）家长是否未成年；（14）家中是否有 54 岁以上的老人；（15）家庭抚养比；（16）家庭的居住状态（已经定居；部分定居；流动）；（17）家庭所在的区域。

4. 各国和地区的对比。代理家计调查涉及的维度相对统一，但具体指标却往往因国而异（见表 3）。

表 3　代理家计调查指标对比

变量	卢旺达	孟加拉国	斯里兰卡	印度尼西亚
人力资本变量				
家长的教育程度		×	×	
家庭最高教育程度	×	×		×
女性识字	×			
上学子女数			×	×
人口特征				
家庭人口数	×	×	×	×
未成年子女数	×	×		×
家长的性别及婚姻状况		×	×	×
家长的年龄		×	×	×
抚养比				×
家庭财产				
自有住房			×	×
墙的材质	×	×	×	×
屋顶类型	×	×		
卫生间类型	×	×	×	
人均卧室数			×	
做饭用的燃料类型	×			×
收音机、电视等	×	×	×	
自行车、汽车、摩托车等自有车辆	×	×	×	
家具	×			
是否通电		×		
风扇、空调		×	×	×

续表

变量	卢旺达	孟加拉国	斯里兰卡	印度尼西亚
生产性资产				
土地面积	×	×	×	
牲畜	×	×	×	
是否使用化肥	×			
生活来源				
农业或非农工资收入	×	×		
做生意	×			
大宗农产品生产	×			
有海外汇款	×			
就业部门（非正规部门，农业或工业）			×	×
所处区域	×	×	×	
社区变量				
有没有助产士				×
人口密度				×
柏油路				×
社区是否有银行网点			×	
社区是否有办事处			×	

资料来源：Kidd & Wylde（2011）。

从各国和地区的实践看，代理家计调查的指标选取有如下几个特点：首先，这些指标易于观测，包括家庭人口特征（比如家长的年龄、家庭人口数）、人力资本特征（家长的文化水平、上学子女数）、住房的外在特征（墙体、屋顶的材质）、耐用品（冰箱、电视等）、生产性资产（如土地、牲畜）。其次，这些指标单个来看，可能与家庭生活水平的相关度不那么强，但如果合起来看，与家庭生活水平就密切相关了。再次，指标的总数通常在10个以上、30个以下。最后，不同指标可能有不同的权重（Kidd & Wylde，2011）。

（五）影响代理家计调查瞄准成效的因素

从瞄准的角度看，代理家计调查的优点有：第一，代理家计调查成本相对较低，且易于操作，因为其只需要采集有限的数据，而且这些数据易于观测、核实；第二，代理家计调查依赖于“客观的”标准，因此具有可靠性、公平性和稳健性，不易被人为操纵；第三，代理家计调查所依据的指标通常是财产，这些指标与家庭的长期福利水平而非短期消费密切相关，因而在识别长期贫困方面尤为有效；第四，因为这些指标通常是可观测的财产，因此与其他识别方法相比，代理家计调查对救助对象提高收入、消费或就业的动机消极影响较小（Stoeffler et al.，2016）。

代理家计调查要取得成效，关键取决于数据的可靠性和人力资源的素养（Mills，Ninnno & Leite，2015：p. 29）。代理家计调查的优点在于识别、瞄准长期贫困，而这需要有准确的家户层面的数据，方能进行有效的分析，筛选出与家庭生活水平密切相关的变量，并合理确定这些关键变量的权重。因此，这种瞄准方法的表现都与数据的有无和人力资源的能力密不可分。比如，如果入户调查员没有足够的时间核实各家庭的相关指标，则数据质量可能很差，测量误差也大，瞄准效果也糟糕。因此做好代理家计调查，需要有专业化的信息管理系统和有效的监督机制。

此外，代理家计调查的漏保率和错保率与指标是否适当密切相关（Kidd & Wylde，2011）。Mark Schreiner 认为，贫困瞄准的指标应具有如下特征：容易被大家接受，观测、核实成本低，已经被普遍使用，有客观性，在贫困状态变化时容易跟着发生变化，与其他指标相比有差异性（Schreiner，2010）。因此要提高代理家计调查的效果，测量变量的设计和模型的算法均要因地制宜。由于各地的社会经济差异，即使运用同样的模型分析，筛选出的指标也会略有不同。同时，更重要的是，基于基层调查员的工作性质和能力水平，对代理家计调查的指标要简约，便于观察和记录，以减少调查误差，提高瞄准的准确率。

四、国际经验对我国贫困瞄准的启示

从理论上说，贫困瞄准最好能将收入数据与物质剥夺数据整合起来（Townsend，2000：pp. 14 – 17），或者综合运用多种瞄准方法。然而，由于每种方法的运用都有其成本，且一种方法的瞄准表现因场合而定。具体使用哪种方法得看各国和地区的具体需要和能力。如果主要问题是短期贫困，其中心是瞄准短期贫困；相反，如果突出问题是长期贫困，则瞄准方法应用来识别和瞄准长期贫困家庭（Mills，Ninnno & Leite，2015）。虽然没有一种尽善尽美的方法，但在特定的情境中，某种瞄准方法或瞄准方法的组合相对而言更具有优势（Devereux et al.，2017）。

对我国的瞄准而言，当前最重要的情境就是生计调查的失灵。

（一）收入法在我国面临的挑战

收入作为衡量一个家庭福利水平的指标，其主要优点：一是具有可比性；二是较直观。在实践中，不少国家和地区以及包括世界银行等在内的国际组织，也习惯于从收入角度来界定贫困。比如，世界银行以每人每天的收入低于 1. 25 美元作为绝对贫困的标准；欧盟一般以收入中位数的 50% 作为相对贫困线。然而，鉴于我国当前贫困的实际情况，从收入维度来测量、识别贫困，难以满足精准扶贫的要求。具体来说，以收入来识别贫困，存在以下两方面的问题：

首先，从贫困界定层面看，以低收入作为贫困的认定标准，忽视了贫（收入低）与困（可行能力不足）之间的差别。诚如Sen（1992：p. 108）所言，对贫困的评定不能脱离贫困人群所生活的社会，不能忽视导致贫困的最现实因素。Rowntree（1901/2000：pp. 87－88）将贫困分为两种类型：一种是因为收入低导致的“初级”贫困；一种是因“其他支出”占用了一部分收入导致家庭难以维持温饱的“次级”贫困。虽然“其他支出”主要是酗酒、赌博或不懂节俭（Rowntree，1901/2000：p. 142），但Rowntree提出的这种区分还是强调了“其他支出”会使穷人难以维持温饱的现实。而且更重要的是，即使把生活在贫困线边缘的人群都算入“初级”贫困的范畴，因其他支出大导致的“次级”贫困的人数仍高于收入低导致的“初级”贫困人数（Rowntree，1901/2000：p. 141）。从我国当前的情况看，除了收入低之外，导致贫困的另一大现实因素就是医疗、教育、婚丧嫁娶等刚性支出导致的支出型贫困（路锦非、曹艳春，2011；梁德阔、徐大慰，2012；周绿林等，2015；杨立雄、李本钦，2016）。换句话说，许多家庭之所以陷入困境，不是因为家庭收入低，而是因为刚性支出太大。因此，贫困界定如果只看收入，只是反映了低收入即“贫”的一面，而忽视了贫困人群的实际困难即“困”的一面，但这些困难却构成一个家庭的“环境结构”（Ringen，1987：p. 19），决定着一个家庭的生活水平。这样单纯根据收入低来分配扶贫资源，并不能保证最困难的家庭优先获得扶持，甚至使扶贫资源难以惠及真正困难的人群尤其是家庭负担重的低收入边缘人群，造成扶贫资源分配不公。

其次，从贫困识别层面看，受制于当前的制度能力，收入数据的质量难以保证。收入虽然是一个单维指标，却是一个多层次的概念，涉及各种收入来源，需要多方面的信息，这极大地加大了收入信息采集的难度。在当前的条件下，家庭收入信息采集主要靠基层工作人员的入户调查。然而，一户一户的调查，一方面取决于“调查员的技能、技巧和可靠程度”（Rowntree，1941：p. 12），另一方面又需要调查员能获得所需要的信息。然而，即使受访者对自己的家庭收入心知肚明，也难以保证其向调查员提供的信息的可靠性（Rowntree，1941：p. 25）。在这类与受访者并无直接利害关系的社会调查中，收入数据尚且极为敏感，遑论直接关系到其社会救助等扶贫资源分配资格的场合。尽管部分农户的部分收入的确有据可查，但在经济活动的范围、空间越来越宽广的今天，农村居民的收入来源日渐多样化，且不同家庭的收入结构、收入水平呈现极大的差异性，因此若要用收入来识别贫困，须对所有申请人的收入逐一进行核查，这意味着，收入核查主体需要详尽掌握一个家庭在给定时段内各种收入来源及其具体金额。然而，由于农户生产的个体性、分散性，农业生产过程环节多、时间长，加之农户的经济活动空间跨越地域和行业，使农户的收入信息缺乏完整、准确、可靠的记录，相关管理机构也难以对农户的具体收入进行追踪、核实，这就使扶贫资源管理机构和农户之间处于信息不对称的状态，处于信息优势的农户出现道德风险（Macho-Stadler & Pérez-Castrillo，2001：p. 9，51ff）即隐瞒收入的可能性很大，由此加大某些居民骗取扶贫款、最低生活保障等扶贫资源的风险，导致扶贫资源流向不那么贫困甚至并不贫困的人群。

因此，用低收入来界定贫困，未能充分反映我国当下支出型贫困突出的现实，忽视了不同家庭将收入转换为可行能力的显著差别。用收入来识别贫困，忽视了在现实的制度能力条件下收入信息失真的问题。由于信息不对称，使资源分配主体处于信息劣势，难以防范申请人的道德风险。这些问题，使得一方面，家计调查的成本大幅上升，而另一方面，瞄准的精度却呈现下降趋势。因此，收入不宜作为当前我国分配扶贫资源的客观标准。

（二）贫困识别信息的可视化

收入作为贫困识别依据时，最大的问题是信息不对称，申请人掌握信息优势，而贫困识别的主体却处于信息劣势。更重要的是，住房、耐用品这种可见的、稳定的信息，能最大限度地消除贫困识别主体与申请人之间的信息不对称。为了有效识别贫困，处于信息劣势的一方——贫困识别主体——需要寻找有效的方法来消除自身的信息劣势（Macho-Stadler & Pérez-Castrillo，2001：p. 104）。与不透明的、隐私化的收入数据不同，住房、耐用品等信息对于贫困识别主体来说是透明的，在贫困识别过程中可以利用社区居民雪亮的眼睛对其真实性进行核实、监督，从而确保信息的可靠性，降低“骗保”的风险。事实上，在一些机构能力薄弱的发展中国家，贫困识别时使用的代理家计调查，其机理也是利用一些与贫困密切相关的、难以造假的、可见的信息（Castañeda & Lindert，2005），从而将采集信息的相关性、信息的可靠性以及采集过程的便捷性有效结合起来，由此大大减轻了信息采集的压力，缩小了信息失真的空间，提高了贫困识别的准确率。

然而，我国现有的贫困瞄准实践，对这些看得见的财产信息的使用却是极不充分的。尽管民政部《关于进一步加强城市低保对象认定工作的通知》（民函〔2010〕140 号）、国务院《关于进一步加强和改进最低生活保障工作的意见》（国发〔2012〕45 号）以及《社会救助暂行办法》等都明确了家庭财产是获得低保等救助待遇的一个基本条件，然而，各地在实践中大多采用的是“异常值”排除法，即根据通常情况下低收入家庭买不起的物品来定一个“一刀切”的标准，对拥有超标财产的家庭采取一票否决，比如，有机动车就不能吃低保，不能养大型宠物狗，住房面积不得超过多少平方米，家里不能有超标的家用电器等。然而，随着耐用品的不断升级及日渐普及，越来越多的低收入家庭逐渐拥有了彩电、洗衣机、冰箱、代步工具甚至空调。因此，此种做法会导致一些低收入家庭尤其是因病因残致贫的低收入家庭很可能因为家里有“违规”或“超标”财产而无法获得低保等社会救助。更为重要的是，这种做法在排除富人时有效，但不能发现穷人，更不能评估贫困的程度。

在我国的收入核查体系尚不健全的情况下，为提高贫困瞄准的精度，必须充分利用家庭看得见的财产信息，比如申请人常住的住房的产权、结构、面积、装修，以及电视、冰箱、洗衣机、空调、电脑、常用代步工具，等等。

（三）基层核对数据采集的规范化

自低保制度建立以来，入户调查作为核实家庭收入的重要手段一直在使用，且积累了丰富的入户调查经验，即各种评估申请家庭的经济状况的“土办法”。从信息化的角度看，需要做的工作主要有三个：一是采集信息的标准化，二是采集内容的细化，三是采集信息的录入。

首先，采集信息的标准化。标准化是为了便于数据的管理和利用。实际上，各地工作人员在入户调查时，都会带一张入户调查工作表下去，其中相当部分信息都是可用的。因此，现在需要做的工作，一是明确哪些项需要纳入入户调查的范围，即选择哪些信息作为信息采集的重点；二是确定这些项的具体格式和采集要求，便于数据的统一管理和使用。

其次，采集内容的细化。对于一些具有贫困瞄准功能的核心信息即重点信息，应当尽量全面，比如住房的面积、住房的结构、是否有冲水厕所、住房的装修情况，洗衣机、空调、冰箱、热水器等耐用品的种类、新旧程度，等等，应尽量细化。这样，核对工作人员在入户时就可以有重点地采集一些信息，使采集的信息实现从类别到细节的提升，从而大大提高入户采集信息的质量，提高贫困瞄准的精度。

再次，采集信息的录入。这是目前最大的问题，但也是“最后一公里”的问题。在实践中，绝大部分地区的入户调查资料都是纸质资料，这些资料只是在审核受助资格及上级部门检查低保工作时作为工作档案的一部分，很少作为一个可以挖掘的信息源。要真正提高收入核查的效果，必须从大数据的高度，充分利用、挖掘这些入户调查采集的、看得见的信息。为此，需要解决“最后一公里”的问题，将入户调查采集的基础信息及时录入收入核查系统，使这些信息与部门数据整合起来。这个工作一旦做好了，收入核查部门就可以随时调取相关数据，既可了解贫困家庭生活形态的总体状况，又可有效锁定收入核查的重点对象，从而提高收入核查工作的效率和效果。

（四）推动核对机构的能力建设

从国际经验看，以收入核查系统为平台进行的瞄准效果取决于：

（1）负责核查的主体是否有足够的手段、能力和意愿核查申请人的收入信息；

（2）制度能力，负责收入核查的机构要有强大的管理能力和技术能力；

（3）基层收集的数据质量，即工作人员所采集的数据的可靠性。

为了提高瞄准的效果，需要强化以下几方面的能力：

一是机构的数据获取能力。收入核查涉及多个机构部门，需要处理大量的证明材料和数据，核实工作量大，要求有很强的行动能力，其中关键是获取申请人收入财产信息的能力。这就需要大力推进信息平台建设，推动部委之间的信息共享和省部数据对接。基层不可能调阅或者无权掌握的信息，可以向比对中心提出申请，由比对中心负责比对。这样既可以最大限度地降低泄密风险，也可以有效减少地方核对机构与地方各部门要数据的交易成本。

二是基层数据采集的能力。申请人提出申请时，负责把关的工作人员能否把好关，直接关系到收入核查的成效。为了提高基层收集的数据质量，必须加大对基层工作人员的基本业务能力培训。

三是以政府购买服务的方式引入社会工作者等专业力量，提升收入核查的效果。发挥社会工作者的专业优势，充分借助社会工作等专业人员的力量。可以让社工对申请者进行面谈或入户调查，对申请者的状况进行评估，确保数据收集的质量。对于正从事社会救助的基层工作人员，也应加大培训力度，提升其技能水平，以提高收入核查的效果。

（五）完善核对体系的分工

以功能互补为指导原则，优化各级机构的分工，数据收集往下沉，数据比对往上走，中间机构管质量，以发挥各级机构的优势，改变现在各级收入核查机构功能雷同的问题。

（1）数据收集往下沉。发挥基层组织熟悉社区的特点，由受过专业训练的工作人员负责同申请人进行面谈，保证数据收集的质量。

（2）数据比对往上走。考虑到数据比对需要借助第三方数据的特点，由行政级别较高的机构负责与其他机构协调。从中期看，应建立省级的数据比对中心；从长期看，设立全国的数据比对中心，更有效地进行收入核查，提高贫困瞄准的精度。

（3）中间机构管质量。中间机构负责监督各下属或委托机构的数据收集过程，比如通过抽查或现场督察的方式，确保数据收集的质量。

（六）构建社区瞄准与代理家计调查相结合的瞄准体系

在非正规经济占比大、收入核对能力弱的地区，代理家计调查的瞄准效果是最好的（Kidd & Wylde，2011），但也存在一些问题。相比而言，社区瞄准也具有其优势，包括瞄准成本较低，社区居民尤其是农村社区居民掌握其他居民的家庭信息，在一定程度上有助于提高贫困识别的透明度；同时，由于该方法允许社区居民将其对贫困的理解用于贫困瞄准，因而有助于提高社区居民对贫困瞄准的满意度（Alatas et al.，2012）。当然，其缺点是容易受社区精英的影响，也难以摆脱裙带关系的因素，还有一些居民可能因为与其他居民的关系欠佳而在社区评议时处于劣势（Conning & Kevane，2002）。从实际表现看，社区瞄准容易偏向一些特殊家庭。比如，Alatas 等的研究（Alatas et al.，2012）发现，在印度尼西亚，社区瞄准倾向于家有老年人且家庭人口少的家庭。此外，此种方法的瞄准效果还与社区的贫困发生率密切相关。在贫困率较高、管理能力较弱的环境中，尤其是贫困人口众多、收入核查能力又较弱的集中连片贫困地区，这种方法容易失灵，社区瞄准的效果会较差（Stoeffler et al.，2016）。

从理论上说，社区瞄准和代理家计调查有很强的互补性。两者都是为了解决收入难以测算的问题，其理论依据都是财产或财富难以隐藏（Alatas et al.，2012）。从多维贫困的角度看，社区瞄准更倾向于人力资本（如教育水平低）和物质资产（如房屋差、土地少、牲畜不多）较少这些在家庭长期财富积累方面处于劣势的家庭，而代理家计调查则更偏向于在短期内家庭人均消费低的家庭（Stoeffler et al.，2016）。代理家计调查体现的是贫困的多维性，而在社区瞄准中，社区居民在选择救助对象时，偏重人力资本和物质资本匮乏，这些体现的也是多维贫困的其他维度，因此，两者之间并不矛盾，结合起来可以提高瞄准的效率。

如何将两者有效结合起来呢？首先，从操作上看，社区居民对社区瞄准的程序较熟，但需要将社区居民使用的贫困瞄准指标明确化、标准化和规范化，从而提高社区瞄准的准确度（Stoeffler et al.，2016）。其次，从程序上看，可以先用社区瞄准，再用代理家计调查的方法，即先用社区瞄准对申请人的申请资格进行审核，再利用代理家计调查将非贫困家庭排除在外，从而降低错保率（Hurrell & Sabates-Wheeler，2011）。从我国的情况看，鉴于社区瞄准（居民民主评议）时受社区精英影响较大，“人情保”“关系保”等难以消除的现实，在社区瞄准之后，也不妨运用代理家计调查的方法来控制因“人情保”“关系保”导致的错保问题，从而提高贫困瞄准的精准度。

总之，在我国最低生活保障制度等社会救助项目的保障水平越来越高的情况下，对申请人的家庭收入财产状况进行准确的核查面临越来越大的压力。虽然近些年来以数据比对为中心的收入核查体系建设取得了长足的进展，然而受制于跟居民家户收入财产相关的基础数据不充分的现实，单纯靠政府部门的数据交换和数据共享难以满足贫困瞄准的要求。在这种情况下，更需要充分利用看得见的家庭财产信息，根据家庭住房状况、耐用品拥有量等信息，采用代理家计调查的方法，既能有效发现穷人，又能锁定收入核查的重点对象，排除富人，从而提高贫困瞄准的效率和效果，提高贫困瞄准的精度，使社会救助资源用于真正贫困的家庭，更好地担起保民生、托底线的责任。

参考文献

[1] Alatas, V. et al. (2012). Targeting the Poor: Evidence from a Field Experiment in Lndonesia, *American Economic Review*, 102 (4): 1206 – 1240.

[2] Alkire, S. (2002). *Valuing Freedoms: Sen's Capability Approach and Poverty Reduction*, Oxford University Press.

[3] Alkire, S. et al. (2015) *Multidimensional Poverty Measurement and Analysist*, Oxford University Press.

[4] Amendola, N., Giovanni, V. (2014). *Durable Goods and Poverty Measurement*, Policy Research Working Paper, No. WPS 7105. Washington, DC: World Bank Group.

[5] Atkinson, A. (2003). “Multidimensional Deprivation: Contrasting Social Welfare and Counting Approaches”, *Journal of Economic Inequality*, 1 (1): 51 – 65.

[6] Bollen, K. A., Glanville, J. L. & Stecklov, G. (2002). “Economic Status Proxies in Studies of Fertility in Developing Countries: Does the Measure Matter?”, *Population Studies*, Vol. 56, No. 1: 81 – 96.

[7] Bourdieu, P. (1984). *Dinstinction: A Social Critique of the Judgement of Taste*, London: Routledge& Kegan Paul.

[8] Bourguignon, F. and Chakravarty, S. (2003). “The Measurement of Multidimensional Poverty”, *Journal of Economic Inequality*, 1 (1): 25 – 49.

[9] Burns, T. (1966). “The Study of Consumer Behavior: A Sociological View”, *European Journal of Sociology*, Vol. 7, Issue2, pp. 313 – 329.

[10] Castañeda, T., Lindert, K. (2005). *Designing and Implementing Household Targeting Systems: Lessons from Latin American and the United States*, Social Protection Discussion Paper Series No. 0526. Washington, DC: World Bank Group.

[11] Coady, D. et al., *The Targeting of Transfers in Developing Countries*, Washington D. C. : The World Bank, 2003.

[12] Conning, J. & Kevane, M. (2002). Community-based Targeting Mechanisms for Social Safety

nets：A Critical Review，*World Development*，30（3）：375－394.

［13］Devereux，S. et al.（2017）. The Targeting Effectiveness of Social Transfers，*Journal of Development Effectiveness*，9（2）：162－211.

［14］Fan，L. & Habibov，N.（2008）. Targeting Social Assistance in Azerbaijan：What Can We Learn from Micro-data? *International Journal of Social Welfare*，17（4）：346－354.

［15］Filmer，D. & Scott，K.（2008）. *Assessing Asset Indices*，Policy Research Working Paper，No. 4605. Washington，DC：World Bank Group.

［16］Fortin，S.（2016）. Targeting Vulnerable Households in Urban Burkina Faso，*Health Policy and Planning*，31（5）：573－581.

［17］Grosh，M. For Protection and Promotion：The Design and Implementation of Effective Safety nets，Washington D. C：The World Bank，2008.

［18］Hurrell，A. & Sabates-Wheeler，R.（2011）. HSNP Targeting Effectiveness Evaluation Report. Oxford Policy Management.

［19］Kidd，S. & Wylde，E.（2011）. *Targeting the Poorest：An Assessment of the Proxy Means Test Methodology*，AusAID.

［20］Lindert，K.（2005）. Implementing Means-tested Welfare Systems in the United States，*Social Protection Discussion Paper Series*，No. 0532，The World Bank.

［21］Mills，B.，Ninnno，C. & Leite，P.（2015）. Effective Targeting Mechanisms in Africa：Existing and New Methods，In Ninno，C. & Mills，B.（eds.），*Safety Nets in Africa：Effective Mechanisms to Reach the Poor and the Most Vulnerable*，World Bank，pp. 19－37.

［22］OPM（2008）. Kenya OVC-CT Programme Operational and Impact Evaluation Baseline Survey Report，Final Report.

［23］Paxson，C. & Schady（2007）. "Cognitive Development among Young Children in Ecuador：The Roles of Health，Wealth，and Parenting"，*Journal of Human Resources*，Vol. 41. No. 1：49－84.

［24］Polanyi，K.（1957）. *The Great Transformation：The Political and Economic Origins of Our Time*，Boston：Beacon Press.

［25］Ringen，S.（1987）. *The Possibility of Politics：A Study in the Political Economy of the Welfare State*，Oxford：Clarendon Press.

［26］Rowntree，B. S.（1901/2000）. *Poverty：A Study of Town Life*，London：Macmillan.

［27］Rowntree，B. S.（1941）. *Poverty and Progress：A Second Social Survey of York*，London：Longmans，Green and Co.

［28］Sabates-Wheeler，R.，Hurrell，A. & Devereux，S.（2015）. Targeting Social Transfer Programmes：Comparing Design and Implementation Errors Across Alternative Mechnisms，*Journal of International Development*，27：1521－1545.

［29］Saunders，P.（2000）. Defining Poverty and Identifying the Poor：Reflections on the Australian experience，In Bradshaw，J. & Sainsbury，R.（eds.）. *Experiencing Poverty*，Ashgate，pp. 5－25.

[30] Sen. A. (1987). *The standard of living: The Tanner Lectures*, Cambridge University Press.

[31] Sen, A. (1992). *Inequality Reexamined*, Oxford University Press.

[32] Smith, G. &Noble, M. (2000). Developing the Use of Administrative Data to Study Poverty. In Bradshaw, J. & Sainsbury, R. (eds.), *Researching Poverty*, Ashgate, pp. 77 – 97.

[33] Stoeffler, Q., Mills, B. &del Ninno, C. (2016). Reaching the poor: Cash transfer program targeting in Cameroon, *World Development*, 83, pp. 244 – 263.

[34] Townsend, P. (1979). *Poverty in the United Kingdom*, Allen Lane.

[35] Townsend, P. (2000). Post – 1945 Poverty Research and Things to Come, In Bradshaw, J. & Sainsbury, R. (eds.), *Researching Poverty*, Ashgate, pp. 5 – 36.

[36] Veblen, T. (1925). *The Theory of the Leisure Class: An Economic Study of Institutions*, London: George Allen&Unwin.

社会救助标准的制定[①]

社会救助的标准，不仅直接关系到“兜底线”“保民生”等社会救助核心功能的实现，也与收入核对密切相关。因此，推进我国的收入核对体系建设，需要考虑如何合理制定社会救助的标准问题。

本文旨在探讨如何科学合理地制定社会救助的标准。考虑到这一问题的性质，本文从四个方面进行探讨：一、简要分析社会救助的标准与收入核对体系之间的关系；二、从贫困的界定出发，探讨理想的救助水平应达到的目标；三、列举各国的实际社会救助标准的应然状态；四、结论和政策建议。

一、社会救助标准与收入核对体系的关系

社会救助的标准与收入核对体系建设密切相关。根据《社会救助暂行办法》的规定，医疗救助、教育救助、住房救助、就业救助、法律援助等专项救助，低保家庭成员都是当然的救助对象。除此之外，各级政府给予困难家庭的各种补助，比如水电费减免、取暖费和物业费的优惠、节日慰问金，等等，往往都以低保家庭为主要的对象。可以说，我国的社会救助制度以最低生活保障制度为主要的通道，大部分社会救助项目的受助资格都与低保资格直接或间接挂钩，这意味着能否取得低保资格，直接关系到城乡居民家庭能否获得各种社会救助项目和附加福利。

按照《社会救助暂行办法》的规定，享受最低生活保障的家庭，须符合三个条件：(1) 当地户口；(2) 共同生活家庭成员的人均收入低于当地最低生活保障线；(3) 财产符合规定的要求。除了户口条件外，后面两项都要求进行收入核对。换句话说，能否取得低保资格，与收入核对机构对申请人的收入财产状况的认定密切相关。

在政策实践层面，近年来，我国社会救助待遇水平持续提高。由于社会救助水

---

① 本课题由南开大学周恩来政府管理学院郑飞北副教授参与实施。

平和覆盖面之间存在潜在的冲突，社会救助的水平过高、救助面过宽，财政上、政治上都难以持续（De Neubourg et al.，2007），因此，在社会救助待遇提标的情况下，最可行的办法就是严格控制受助对象的范围。问题是，一方面，社会救助标准越高，符合申请条件或自认为符合申请条件的居民越多，核对机构的核对压力就会越大。另一方面，按照精准扶贫、精准脱贫的要求，审计部门、民政系统均在采取各种措施，力图实现应保尽保、应退尽退，这都要求对申请、领取社会救助的家庭进行客观公正的收入核查，无论是错保导致的救助资源的滥用，还是漏保导致的上访甚至更加极端的事件，都会引起社会公众质疑收入核对机构的效能。因此，在当前救助标准较高的情况下，收入核对系统面临着较大的压力。从这个意义上说，在制定社会救助标准时，应充分考虑到当前制度条件下收入核对系统的核对能力，以确保社会救助系统的良性运行。

二、社会救助的理想标准：贫困的界定

合理制定社会救助的标准，首先需要从应然的角度，来探讨合理的救助所应达到的目标。这就离不开对贫困的准确理解，尤其是对我国当前贫困问题的性质和定位的准确理解。

1. 贫困的基准：绝对贫困与相对贫困

如何界定贫困？争论由来已久。一些人主张相对贫困，另一些人则主张绝对贫困。绝对贫困，传统上都被视为最起码的温饱线。晚近以来，绝对贫困通常都以过去某个时点的标准为标准，并根据生活成本的上升相应地提标。一般而言，由于绝对贫困强调的是温饱，因此常常会低估贫困的程度（Lansley & Mack，2015：p. 3）。相对贫困，其基础是当代的规范和社会标准，且比绝对贫困的标准高。相对贫困随着社会的发展而变化，影响因素不只是生活成本，也包括收入水平、需要和社会习俗。比如，Rowntree 最初想确定的是一条绝对贫困线（温饱线），但是，身体健康、最起码的住所、有足够的食物等条件都是相对的，反映的是那个时代的标准和期望。时代在发展，贫困标准也必须反映社会经济条件的改善，任何绝对贫困的观念都势必体现那个时代的社会现实。

相对贫困还是绝对贫困，不是单纯的学术之争，持何种观点对于政策影响极大。不同的贫困界定，既决定贫困人口的规模和贫困的变动趋势，也影响反贫困政策，进而影响贫困人群的生活状况和机会结构。贫困的界定标准越窄，贫困人口越少，消除贫困的难度也越小；反过来说，贫困的界定标准太宽，则会与社会现实脱节。

即使是国际机构，对贫困的认识也存在巨大的差异。联合国千年宣言提出的目

标，是“努力使我们的同胞免于悲惨的、非人道的极端贫困境地”。与此相比，欧洲委员会则强调：穷人指的是那些资源（物质资源、文化资源和社会资源）如此有限，以至于无法过上所在国家最起码的生活的人、家庭和人群（Cited in Gordon & Pantazis，1997：p. 10）。

欧洲委员会是从资源的角度界定贫困，而极端贫困属于绝对贫困，即以满足温饱为基本要求。然而，温饱只是极其有限的需求，因为人们在社会上还要承担各种角色。人类不只是生物，也是社会人。他们有责任，身为员工、父母、邻居、朋友和公民（Gordon & Pantazis，1997：p. 9）。特别是在中国已进入全面建成小康社会的决胜阶段，随着扶贫攻坚工作的大力推进，绝对贫困尤其是极端贫困的比例越来越低，这意味着贫困将向相对的层面转换。

2. 贫困线的划定：预算法与相对收入法

Gordon 和 Pantazis（1997）认为，贫困是生活水平和收入的交集，并不存在一条固定的贫困线（p. 40）。但实际上，大多数国家都有一条贫困线。当然，贫困线的划定难免存在“一刀切”的问题（Townsend，1997）。划定贫困线的方法，主要有两种。一种是预算法，或者叫菜篮子法，即维持基本生活所需的基本支出。《贝弗里奇报告》提出：考虑工作年龄人口所需的最起码的收入时，把食物、衣服、燃料、照明，以及房租等考虑进来就足够了，当然，应当留有一定的余地，因为有些人会花冤枉钱。他认为预留的余地大概是6%（Gordon & Pantazis，1997：p. 9）。

另一种方法是采取相对收入来画线，即以居民收入中位数的50%或60%作为贫困线。英国1999年开始用居民收入中位数的60%来界定贫困。1998年，欧盟统计委员会将此作为比较成员国贫困状况的基准。由于这些数据很容易获取，因而可以比较各国的贫困状况及其变动趋势。至于为何选择收入中位数的60%或50%，主要是因为这样做相对方便一些，并没有多少经验证据证明这么画线是合理的（Gordon & Pantazis，1997：p. 12）。

需要说明的是，以相对贫困为标准，不等于不能消除贫困。有些人以为，相对贫困意味着在这个世界上总会有“相对而言”更贫困的人群，因此用相对贫困的标准就不能消除贫困。实际上这是一种误解。因为相对贫困是有标准的，在采取反贫困措施后，这些人虽然与其他人群相比仍然很穷，但却不会穷到低于相对贫困的程度。不论是收入中位数上的人的收入提高，还是这部分穷人的救助水平提高，都不会影响收入中位数。即使将所有受救助对象的收入都提高，但只要低于收入中位数，那么，收入中位数将不变，从而消除相对贫困。换句话说，在一个社会中，没有任何一个人的收入低于收入中位数的60%，是完全有可能的（Lansley & Mack，2015：pp. 7－8）。

3. 贫困的测量指标：收入法、支出法与生活水平

除了绝对贫困或相对贫困即标准问题外，界定贫困还涉及用什么指标来测量贫困的问题：看收入，还是看人们的实际生活水平。

（1）用收入来测量贫困

收入决定了生活水平。正如澳大利亚贫困调查委员会（Commission of Inquiry，1975）认为的那样：一份足够的收入对于一个人的安稳、福祉和自立而言都是最基本的。它使得他可以给自己和家人有地方住，有学上，有饭吃，能坐得起车，等等。一份足够的收入，使得他有选择的自由，参加其想参加的各种活动的自由。它能极大地促进个体的自由，扩展其机会空间（Cited in Saunders，2000：p. 9）。

使用收入法的问题，主要包括两个方面：第一，从消费看，收入不是测量贫困的恰当指标，因为不能单纯从消费来界定贫困；第二，收入并不直观（George & Howards，1991：p. 20）。而且，即使用收入来测量贫困，某个收入水平的人是否处于贫困状态，也还是要看人们的实际生活水平。因此，最好的办法是看人们的生活水平——他们的实际生活方式（Lansley & Mack，2015：p. 12）。

（2）用实际生活水平来测量贫困

早期的贫困研究都是用最低生活水平而不是收入来审视贫困。Booth 和 Rowntree 都是从人们的实际生活来测量贫困。这种方法，又分为预算法、支出法和剥夺法三个小类。

预算法：根据满足基本生活所需的各项支出，计算出一个家庭所需的收入水平。这种方法的问题，就是哪些项目该包括进来。比如，Rowntree 认为，衣服、旅行支出、报纸是“必需品”；而咖啡、化妆品、美发等，就不是“必需品”（Stitt，1994：p. 55）。

支出法：看一般公众的消费，看人们的生活、购物，在各种物品上花多少钱，支出与收入之间的关系等。这种方法与预算法的不同，是不像预算法那样由专家决定人们该怎么花钱。最大的问题是如何有效区分贫困与普通家庭。

剥夺法：根据遭受的物质剥夺的数量来测量贫困。贫困和剥夺密切相关，剥夺包括各种情形，而贫困则使其更可能遭受剥夺。有论者认为，贫困难以直接测量，但“剥夺”却可以测量（Gordon & Pantazis，1997：p. 11）。因此，要划定贫困线，更好的办法是用剥夺指数来测量。剥夺程度越高，生活水平越低（Gordon，2006：p. 39）。且剥夺指数是个综合指标，反映了生活水平的方方面面，包括个人的身心状况、生活设施、社会活动和习俗等。

剥夺法的操作方法是，列出生活方式的各个指标，包括营养、衣物、燃料、照明、家具、家庭环境、安全、家庭支持、娱乐、教育、卫生、社会关系等。每个指

标得 1 分，得分越高，表明遭受剥夺的可能性越大。当遭受剥夺的人群退出习俗活动的比例突然显著攀升时，此水平对应的就是贫困线。Townsend 将剥夺分为物质剥夺和社会剥夺（见表 1）。

表 1　剥夺的分类

物质剥夺	社会剥夺
饮食	就业权
衣服	家庭活动
住房	融入社区
家用设施	参与社会机构
环境	休闲
区位	教育
工作	

资料来源：Townsend et al.（1987：pp. 91 – 94）。

有批评者认为，这种方法没有区分家庭是否因个人的偏好而选择放弃购买某种必需品或从事某种必需的活动。为解决这个问题，“英国温饱线调查”（Breadline Britain）中给了公众对“必需品”概念的控制权（Lansley & Mack，2015：p. 33）。一项物品或活动要成为必需品，首先得获得多数公众的支持。但要构成剥夺，则个人同时也必须想得到这一物品或想参加这一活动，却因为没钱没法满足。也就是说，只有在他们想要某一必需品却买不起的时候，这个人才构成剥夺。剥夺，即“强制性的缺乏社会认为的必需品”。在问卷设计上，受访者被问及，他们有哪些物品，在那些没有的物品中，哪些是因为他们“不想买”，哪些是因为他们“想买却买不起”。这样，就把个人的品位考虑进来了。因为人们是否拥有某些物品或参加某种活动，显然是跟人们的品位相关，而不是因为有没有钱。

按照 Gordon 和 Pantazis（1997：pp. 15 – 22）的研究，用剥夺法来测量贫困，是科学的，也是可靠的。[①] 而且根据剥夺的情况，可以划定贫困线（pp. 22 – 26），即可以用剥夺指数进行贫困的识别、认定。当然，这里需要说明的是，划定贫困线的目标，通常是想了解在一个国家/区域或城市，到底有多少贫困人口（Stitt，1994）。但是从社会救助的角度说，最主要的是识别哪些人应优先救助。因此，只要剥夺的数量与贫困程度存在强相关关系，就能有效解决穷人排序的问题，区分救助的轻重缓急，从社会救助的角度来说，这就足够了，并不需要去硬性划定一条贫困线。

① 另请参见 Gordon，D.（2000）. The Scientific Measurement of Poverty：Recent Theoretical Advances，In Bradshaw，J. & Sainsbury，R.（eds.），*Researching Poverty*，Ashgate，pp. 37 – 58。

4. 贫困指标的选择：专家与公众

人们的需要是社会决定的，而不只是单纯的个体生理层面的温饱需求。Peter Townsend 认为，“社会本身在不断地变化，给其社会成员带来新的责任，这些责任形成新的需要”（Townsend，1962：p. 225）。关键的问题是，如何确定需要？哪些属于基本需要？通常的做法有两种：一种是由专家判断，另一种是进行社会调查。

专家法：由专家确定穷人有哪些需要，需要多少，质量如何。但这种方法顶多适合于温饱，由专家来计算一个人所需的热量（George & Howards，1991：p. 12），其他的不合适。

民意调查法：问计于民。这样做的理由是：第一，公众比专家更了解贫困；第二，这种贫困更容易获得公众的支持（George & Howards，1991：p. 12）。有论者认为，社会调查比专家或官员的价值判断更科学。这是一个相对的标准，反映了社会所处的时代、地域。这种方法也是动态的，可以根据生活水平的变化动态调整，从而反映收入和社会生活水平、社会规范、生活方式的变化（Lansley & Mack，2015，pp. 30 –31）。

由公众来确定哪些物品属于“生活所必需”，让受访者区分必需品和非必需品。社会调查的方法最大的问题是，是否会“仁者见仁，智者见智”？但在各国做的调查表明，即使是不同的社会阶层和受教育水平，大家对于哪些是生活必需品还是有共识的。因此，英国朗特里基金会（Joseph Rowntree Foundation）在界定最低收入标准时就采用这种方法，其必需品清单包括：食物、酒、香烟、衣服、水费、房产税、住房保险、燃料、其他住房费用、家用物品、家政服务、儿童照料、个人物品和服务、交通费用、社会文化活动费用、房租等（Padley & Hirsch，2017）。

三、社会救助的实际标准：各国的政策供给

合理制定社会救助的标准，也需要考虑实然的状况，即世界各国和地区社会救助的政策供给。尽管贫困研究者可以提出各种应对贫困的政策构想，但所有富有生命力的政策安排，均须扎根于现实的政策土壤。因此，有必要考察各国和地区社会救助的实际供给水平。

1. 各国社会救助的平均水平

根据世界银行发表的《缩小差距：社会安全网现状 2017》的数据，世界各国和地区社会安全网支出占 GDP 的百分比重平均为 1.6%（见图 1）。与此相比，按照民政部《2016 年社会服务发展统计公报》发布的数据，我国的社会救助支出包括城乡低保、特困人员供养、医疗救助、临时救助在内，共计支出 2315 亿元，约占当年国内生产总值 74.4 万亿元的 0.003%，虽然有住房救助、教育救助、法律援助和就业

援助等未包括进来，但总体比例仍然是很低的。这说明，我国社会救助的支出水平仍有待提高。

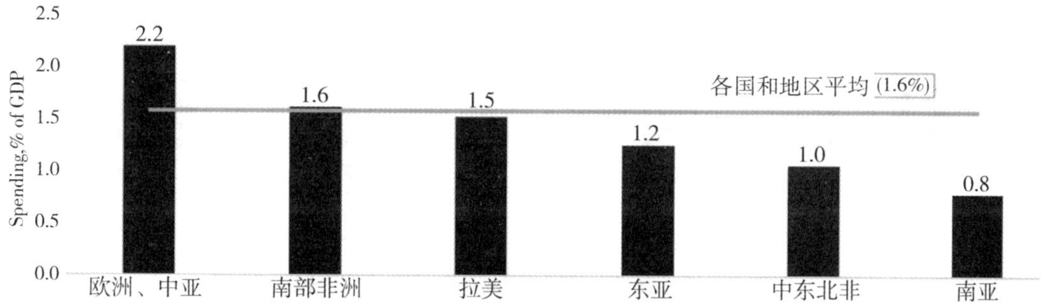

图 1　各地区社会安全网支出占 GDP 的比重

资料来源：World Bank（2017）

从社会安全网覆盖的穷人占贫困人口的比例看，由于收入越高，贫困人口的比例越低，社会安全网覆盖的穷人占比越高，其中，中低收入国家的覆盖率为 1/3 强，而中高收入国家占比则超过六成（见图 2）。由于其贫困口径是收入最低的 20%，约相当于总人口的 1/5。按照《2016 年社会服务发展统计公报》提供的数据，2016 年年底我国城乡最低生活保障人数和特困供养人数合计为 6563. 4 万人，再加上医疗救助、住房救助中有一部分未享受低保的低收入家庭，约占总人口 13. 8 亿的 5%，相当于收入最低的 20% 人口的 1/4，比例与低收入国家接近，而远低于中高收入国家的比例。从这个角度看，社会救助的覆盖面也有待进一步扩大。

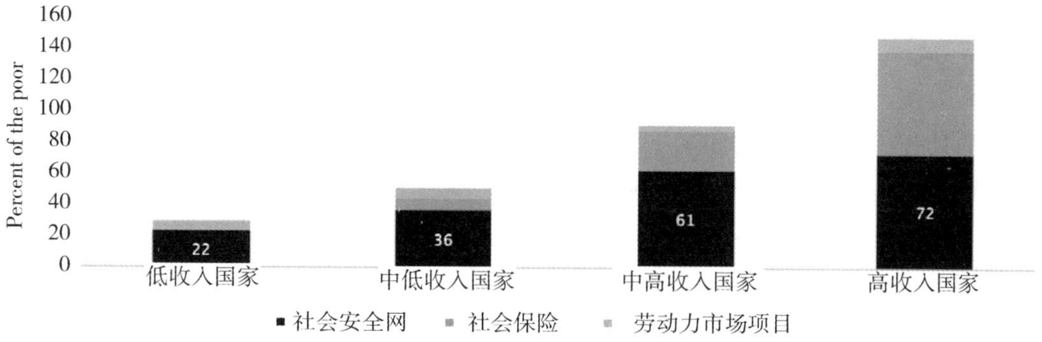

图 2　社会安全网覆盖穷人占贫困人口的百分比

资料来源：World Bank（2017）。

社会安全网的总体支出水平和覆盖率偏低，那么，社会救助的待遇水平又如何呢？

图 3 是各地区社会救助支出的充足程度，社会安全网提供的待遇占贫困人口及总人口人均消费/收入的百分比。虽然占贫困人口人均消费/收入的百分比不同收入

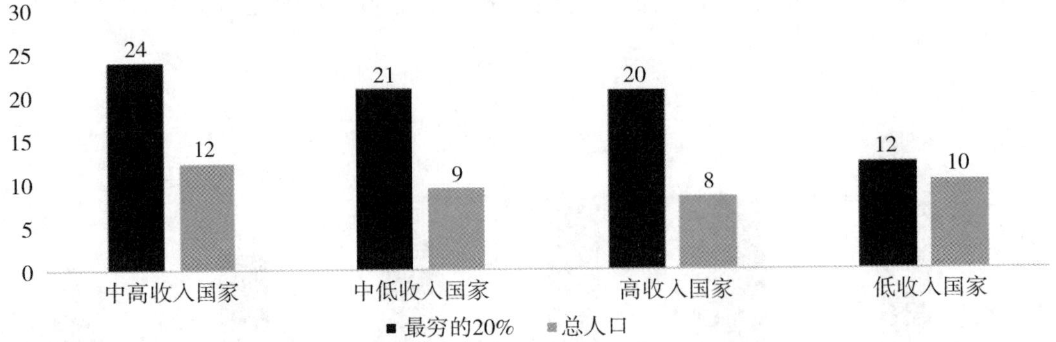

图 3　社会救助待遇占人均消费/收入的百分比

资料来源：World Bank（2017）。

水平的国家和地区存在较大差别，但占总人口人均消费/收入的百分比相对接近，约为 1/10。在我国，按照《2016 年国民经济和社会发展统计公报》的数据，2016 年城镇居民人均消费支出 23079 元，农村居民人均消费支出 10130 元。根据《2016 年社会服务发展统计公报》，2016 年全国城市低保平均标准为每人每月 494.6 元，农村低保平均标准每人每年 3744.0 元，由此得出其比例分别为 25.7% 和 37.0%，均远高于各国和地区的平均水平。[①]

当然，以上是世界各大区的平均水平，难以从中看出主要发达国家的状况及其变动趋势。下面，我们来看欧盟成员国社会救助的水平及其变动趋势。

2. 欧盟成员国社会救助水平的变动

与图 3 用居民的人均消费/收入为参照不同，Nelson（2013）对社会救助充足程度的计算，采用的是可支配收入的中位数。由于中位数一般低于均值，因此其比例会稍高一些。根据其研究，欧盟成员国社会救助水平占收入中位数的比值，超过 50% 的只有德国、匈牙利和瑞士，有 6 个成员国不到 30%。前已述及，欧盟将收入中位数的 60% 作为贫困线。这意味着贫困线不等于实际救助水平，贫困线是监测用的，实际救助水平需要看政策环境。大多数国家给贫困人口提供的救助，都不足以使其摆脱相对贫困。

欧盟区包括各种类型的福利国家，而在经济不景气、失业率居高不下的压力下，各国都在积极推进劳动力市场政策，以促进领取社会救助金的人员就业。图 4 是社会救助水平和积极劳动力市场政策的待遇水平之间的比较。从中不难看出，社会救助待遇水平呈下滑趋势，而积极劳动力市场政策的待遇水平则呈上升趋势且远高于

① 需要说明的是，由于各地的低保标准差异很大，且欠发达地区领取低保的人数远多于发达地区，实际的人均低保水平会低一些。根据民政部《2016 年四季度全国县以上城市低保情况》和《2016 年四季度全国县以上农村低保情况》提供的数据，城市低保月人均补差额为 333.4 元，农村为 170.8 元。

社会救助的水平，体现了其鼓励就业的思路。

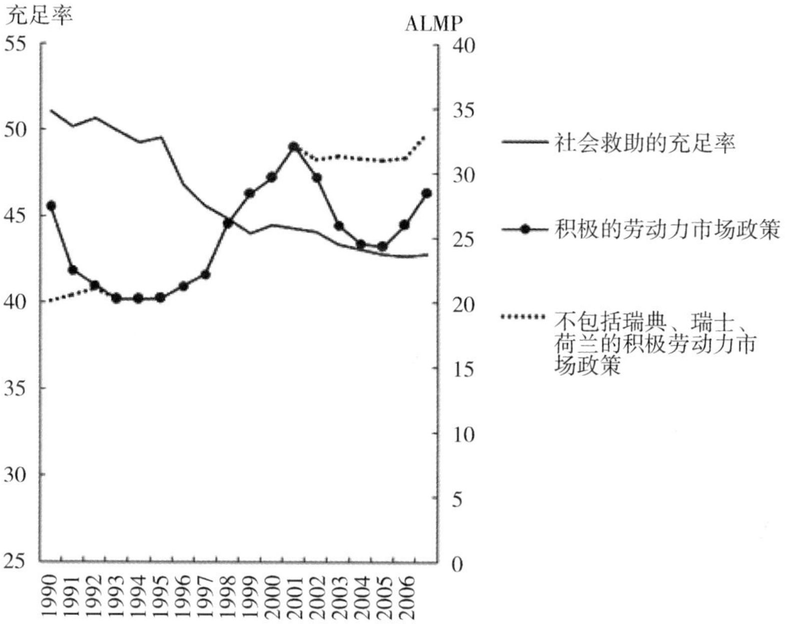

图 4　社会救助待遇与积极劳动力市场政策待遇水平的变动

资料来源：Nelson（2013）。

除了南欧国家之外，其他福利国家的社会救助水平都在下降（见图 5）。根据朗特里基金会（Joseph Rowntree Foundation）的研究，2010—2017 年，单身的劳动年龄人口领取的社会救助金占最低生活标准（Minimum standard of living）的比例从 41%降至 36%，而有一个 1 岁孩子的单亲家庭，该比例从 65%降至 50%（Padley & Hirsch，2017）。

从总体上看，过去二三十年来，欧洲福利国家对贫困人口的实际救助水平都有不同程度的下降，这反映出经济下行带来的财政压力对社会救助的挤压，更体现了福利国家对多年社会救助实践的制度反思，即社会救助作为一种消极的福利，不应只是单纯提高穷人的消费，而应当更多地转向提升穷人的能力，促进社会救助对象就业，接受教育培训积累人力资本。

综上所述，可以认为，我国当前的社会救助总体支出水平有待进一步提高，社会救助的覆盖面也有待进一步扩大。相比而言，社会救助待遇的充足程度较高，意味着在未来，应将更多的救助资源向低保家庭以外的低收入家庭倾斜，并适当控制低保现金待遇的过快增长。同时，在经济新常态下，应将更多的社会救助资源投入到促进社会救助对象就业上来。

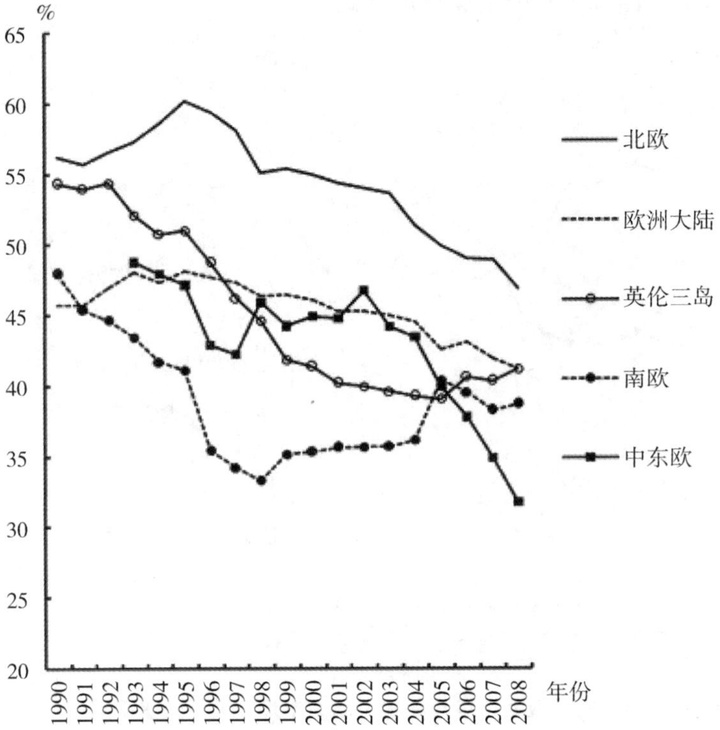

图 5　不同福利国家社会救助水平的变动

资料来源：Nelson（2013）。

四、社会救助水平与救助政策的优化

社会救助的水平直接关系到社会救助对象能否脱贫，更关系到尚未享受社会救助的其他低收入人群能否有机会获得社会救助的兜底保障。因为在救助资金一定的条件下，待遇水平与短期脱贫效果成正比，与救助对象的规模成反比，而救助对象的规模又影响社会救助的总体减贫效果。如何合理确定社会救助的水平，是影响社会救助政策减贫表现的关键。

1. 社会救助水平与减贫

在覆盖面较广、社会救助的充足度也较高的条件下，社会救助的减贫效果当然最好。不过，受制于财政和政治因素，绝大多数国家和地区都需要在覆盖面和救助水平之间选择恰当的组合。从减贫的角度看，覆盖面的宽窄相比于救助水平而言更为关键。如果覆盖面只有中等水平或偏低的水平，即使社会救助水平的充足度高，其减贫效果也十分有限。覆盖面如果达到中等以上，即使社会救助水平的充足度较低，社会救助减贫效果仍相当可观（见图 6）。从这个角度看，我国现在社会救助水平的充足度较高，但覆盖面却偏低，极大地限制了社会救助资源所能发挥的减贫效果。如果能将新增社会救助资金用于扩大社会救助的覆盖面，使覆盖面达到较高的程度，无疑将显著提升社会救助的减贫效果。

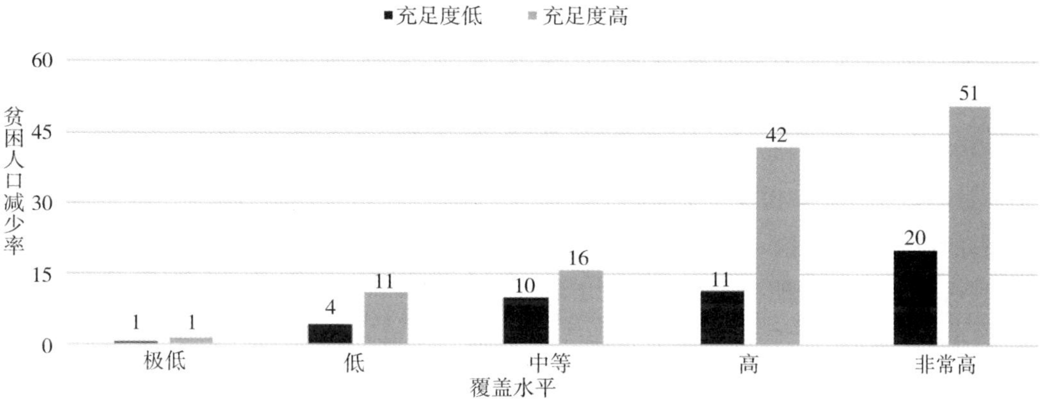

图 6　社会救助的水平、覆盖面与减贫效果

资料来源：World Bank（2017）。

当然，如前所述，要扩大社会救助的覆盖面，不能采取提高社会救助水平的方式来实现，而应转变思路，以低收入家庭中的儿童、老年人、残疾人等有特殊需要的特定人群为扩面的重点。

2. 社会救助水平与贫困识别

除了待遇水平和覆盖面之外，影响社会救助减贫效果的另一大关键因素，是社会救助的瞄准表现。在中东欧转型国家，社会救助的瞄准精度差，严重限制了社会救助的减贫能力（Avram，2016）。尽管社会救助的瞄准表现更多取决于瞄准实施过程而非待遇水平，但待遇水平对瞄准产生的影响也不容忽视。特别是在缺乏有效的家庭经济状况核查手段的条件下，提高救助待遇将导致更多的低收入边缘人群甚至是非贫困人口申请救助，从而进一步影响瞄准的精度。

事实上，由于贫困的多维性以及贫困的主观性，在给定的救助水平下，社会救助的实际救助对象会远低于潜在的符合救助条件或自认为符合救助条件的人口。因此，贫困识别的首要工作，就是如何界定贫困。Gordon（2006：p. 43）提出用收入贫困和生活贫困的交集来界定贫困人口。他认为，贫困包括收入贫困和生活贫困两个维度，因此，一个家庭，只有在同时低于收入贫困线和生活贫困线的情况下，才属于贫困家庭。这就意味着，在识别贫困时，不能单纯看收入贫困线，同时需要看生活贫困线。问题是，现在收入核查的能力尚且有限，再加上一个生活贫困线，无疑会使贫困识别问题进一步复杂化，进一步加大收入核查的压力。因此，此种构想虽然很合理，但缺乏可操作性。

对于贫困识别来说，Lansley 和 Mack（2015）的研究发现很有启发。他们发现，一个家庭遭受的物质剥夺的数量与其收入水平存在线性关系，且大部分家庭都遭受了一种以上的剥夺。因此，要界定一个家庭是否“贫困”，不能看其是否曾遭受某种剥夺，而要看该家庭遭受的剥夺是否对其生活产生了全方位的影响（pervasive effect）。那么，是否存在这样的临界点呢?

英国2012年“英国温饱线调查”的结果表明，一个家庭遭受的剥夺数量越多，处境越艰难。一个家庭缺一两样必需品，属于中等程度的剥夺，的确会对其生活产生一定的影响，比如健康问题和经济压力。但是，与这些家庭相比，一个家庭遭受的剥夺数量如果超过3项，其境况明显糟糕得多，更有可能出现健康问题、财务问题量（p.49）。这说明，遭受3项以上剥夺，会对其生活产生全方位的影响，严重限制生活方式和机会，陷入“剥夺贫困”（Lansley & Mack，2015：pp.48－50）。超过这个临界点的家庭，其资源严重低于普通个人或家庭拥有的资源水平，使得这些“穷人”遭受严重排斥，无法享有普通人的生活模式、习俗和活动（Townsend，1979）。

这种现实，与在现实中的贫困状态是契合的。因为导致贫困的因素有很多种，一个家庭陷入贫困，往往是多种因素叠加的结果。这意味着，在贫困识别时，可以以剥夺程度加重的临界值作为识别贫困的重要依据，从而化解由于收入难以核查带来的问题。一方面，剥夺指标都是可视化的，因此易于核查；另一方面，临界值的存在，意味着贫困程度较深的家庭往往遭受多方面的剥夺，增加一个维度，意味着增加识别的可能性，大大降低将贫困程度较深的家庭识别出来的难度，优先救助。由于这些家庭较容易识别，因此社会争议也会较少。简言之，社会救助水平以根据缓解重度剥夺所需要的救助水平来确定，即对重度剥夺的家庭而言，需要有多少救助资源，才能足以脱离严重物质剥夺的境地。

接下来的问题是，用家庭遭受的物质剥夺的数量来识别贫困家庭，在中国是否可行呢？这里，运用中国家庭追踪调查2014年的数据，对家庭住房、耐用品、家庭人口构成等家庭主要特征与收入之间的关系进行统计检验，由此确定与贫困密切相关的指标。该数据提供的家庭特征信息，主要包括家庭的生活形态、住房、耐用品以及家庭主要困难。其中，生活形态层面包括燃料、生活用水及厕所类型；住房及耐用品方面包括住房类型、是否存在住房困难、装修水平、家庭是否拥有各类家用电器等耐用品；家庭主要困难包括经济困难、子女教育、老人赡养、病人治疗、家人就业、家庭关系紧张等。同时，考虑到贫困识别指标须满足：（1）普遍性，因此排除了汽车、高档家具等在农村低收入家庭中普及率极低的项目；（2）可见性，故排除了相机等一些容易隐藏或转移的项目；（3）客观性，优先使用能够直接核实的变量，故选用实际的住房困难而非受访者自评的住房困难，将受访者自评的经济困难排除在分析之外。由于该数据是加权数据，因此用加权分析的方式，就家庭生活形态、住房和耐用品以及家庭负担等家庭主要特征与家庭人均收入之间的关系进行了多元线性回归分析。从结果看，清洁能源、厕所类型、室内装修水平与收入水平显著相关。虽然生活经验中贫困与住房类型相关，但数据分析结果却是住洋房的收入反倒比住平房的低（显示其自报收入数据有较大的偏差），故在这里不列入分析。除电脑外，其他各种家用电器的有无与家庭收入水平并显著关联。在家庭负担方面，子女教育、家庭有病人需要治疗照顾与收入水平密切相关，而老人赡养、有家人失业待业与收入水平的相关性并不显著。

依据上述结果，将家庭是否使用清洁能源、有无冲水厕所、室内装修程度、有无电脑 4 个变量作为家庭资源指标，将子女教育和家庭有病人需要治疗作为家庭负担的指标。除了室内装修程度是连续型变量以外，其他的都是二分变量。为了统一处理，将室内装修较差（1 分和 2 分）的视为“没有装修”，赋值为 0，其他的视为“有装修”，赋值为 1。这样，前 4 项相加，再减去家庭负担（子女教育和病人治疗），就得到一个家庭的贫困指数，进而得出农村家庭贫困程度的分布（见表 2）。

表 2　农村家庭贫困指数

得分	占比
-2	0.004
-1	0.0388
0	0.1497
1	0.2834
2	0.2668
3	0.184
4	0.0732
总计	1

如果将贫困指数为 0 及以下的家庭视为“困难户”，1—2 分的为“一般户”，3—4 分为“富裕户”，则困难户占 19.3%，普通户占 55.0%，富裕户占 25.7%。如果以 2010 年的农村扶贫标准即年人均纯收入低于 2300 元为收入贫困线，将参与调查的农户分为“贫困户”和“普通户”，那么，就可以看出两者的关系（见表 3）。

表 3　收入贫困与贫困指数的关系

	困难户	一般户	富裕户	
贫困户	0.3166	0.5416	0.1419	1
	0.3403	0.2045	0.1167	0.2085
普通户	0.1617	0.5552	0.2831	1
	0.6597	0.7955	0.8833	0.7915
总计	0.194	0.5524	0.2536	1
	1	1	1	1

从上表不难看出，以低收入为贫困识别标准，农村贫困户占比 20.8%；而以贫困指数为贫困识别标准，农村困难户占比 19.5%，两者高度接近。尽管如此，收入贫困和根据贫困指数界定的贫困还是存在较大差异。收入意义的贫困户中，从贫困指数角度看的困难户仅占三成，一般户和富裕户占近七成。这意味着，如果单纯以收入作为分配扶贫资源的标准，生活困难的家庭大部分都难以获得救助。

3. 社会救助水平的结构优化

从救助的角度说，最重要的是如何确定一个合理的救助水平（Berthoud & Brown，1981）。从世界各国和地区社会救助水平的充足程度看，我国社会救助水平的充足程度相对偏高。有鉴于此，未来的政策重点应放在优化社会救助的待遇结构上。

何谓合理的社会救助水平？这与社会救助的目标密切相关。Berthoud 和 Brown（1981：pp. 15 – 17）认为，可以接受的社会救助水平，可大体分为三类：（1）解决温饱所需的最低消费水平；（2）消除相对剥夺的水平；（3）公众认可的水平。Lansley 和 Mack（2015）认为，社会救助水平应考虑到时代的变迁。在一个物质丰裕的时代，社会救助应考虑的核心问题是，救助的目标是让贫困人口过自己的生活还是仅仅活着。

对于社会救助的目标，George 和 Howards（1991）在分析贫困的深度时，给了一个很好的分类（见图 7）。从这个角度看，社会救助的目标也可以分为四个层次，即解决温饱、保证基本生存、社会应对和社会参与。温饱，主要是在经济发展水平很低的国家和地区使用。社会参与，除了基本生活外，还包括工作、教育、健康、休息和环境等。

这是社会救助的一般目标。从政策角度来说，各国和地区社会经济的发展程度各异，对社会救助的定位当然有所不同。比如，在英国，最低生活水平“讲的是你需要有什么，以便有必要的机会和选择，参与社会生活”（Padley & Hirsch，2017）。对同一个国家来说，（1）在发展的不同阶段，社会救助的目标定位应有所区别；

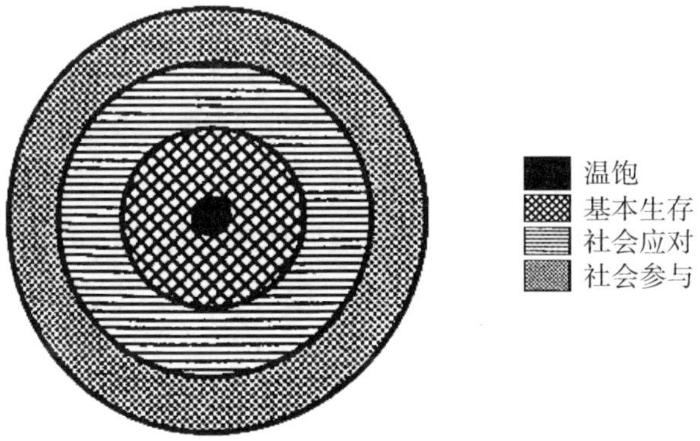

图 7 社会救助的目标

资料来源：George & Howards（1991：p. 3）。

（2）在同一个时期，对不同社会救助对象可以有不同的保障标准，实施分类保障。比如，对儿童、老年人和残疾人，可以以社会参与作为社会救助的目标。对于具有劳动能力的普通困难家庭的劳动年龄人口，则以维持基本生存为政策目标。用图 7 来解读，就是越往外圈，贫困人口之间的差别越大。

实际的救助水平取决于三个维度，即救助要满足的需求（requirements）的数量、满足每种需求的物品数量及其质量（见表 4）。

表 4 社会救助的水平

需求的数量	每种需求的物品数量	每种需求的物品质量
最低限度	最低限度	最低限度
较少	较少	较少
中等	中等	中等

资料来源：George & Howards（1991：p. 2）。

一般情况下，不同的政策倾向，在三个维度上都是内在一致的，即如果采用最低限度的救助标准，则满足的需求的量会很少，质量也不高。然而，贫困人口是异质性的，可以对不同的人群采取不同的社会救助水平，达到不同的政策目标。

从人群的角度看，社会救助的水平，经常有两个重要概念：一是较差待遇原则（less eligibility），这个是对有劳动能力的劳动年龄人口而言，其救助待遇水平应低于薪酬最低的劳动者的生活水平；二是社会关照，对儿童，老年人和残疾人等特定的脆弱人群，强调其社会参与的机会，因此其标准可以提高。我国社会救助中，对低保家庭中的儿童、老年人和大病患者、残疾人等，都增发一定比例的最低生活保障金，也体现了这种社会关照的原则。

在当前条件下，我国社会救助支出水平仍然有待提高（与其他国家和地区相比而言），至少不应降低，但不宜继续大幅度提高救助标准或救助对象的规模，而应优化结构。从不同的目标出发，我国社会救助待遇的结构优化，可以从以下几个方面着手：

第一，分人群的待遇结构。提高低收入家庭儿童、老年人、残疾人等脆弱人群的待遇标准，凸显社会关照的原则，以社会参与为目标。对健康劳动力或劳动年龄人口，强调个体承担改善其生活的责任，政府仅保障底线，鼓励其就业自食其力。

第二，保障人群的结构。将教育救助、医疗救助、住房救助等专项救助，延伸覆盖到低保家庭以外的低收入人群。

第三，救助的项目结构，加大专项救助的救助力度，使专项救助发挥更大的减贫作用。

第四，救助的待遇结构，强化服务功能。我国的社会救助现金救济的色彩太浓，而服务的元素太少，这使得社会救助停留在维持贫困人口的消费层次，而难以提升贫困人口的能力。与之相比，发达国家的社会救助则比较重视给穷人提供社会服务。比如，美国困难家庭临时救助（TANF）的支出结构，70%都是用于给低收入家庭提供服务，包括紧急救助、儿童照料和交通补助以及其他儿童福利项目（Zedlewski et al.，2012）。

简言之，在继续增加社会救助支出的同时，应促进社会救助水平的结构优化，对救助人群合理分类，以促进儿童、老年人、残疾人等脆弱人群的社会参与；救助范围适度放宽，将专项救助延伸覆盖到低收入家庭；同时，重点加强专项救助和面向低收入人群的社会服务。

五、结论与政策建议

社会救助标准的制定需要考虑多重因素，包括：（1）自食其力与社会关照之间的社会平衡，以鼓励救助对象就业，防止养懒汉或影响人的劳动积极性；（2）财务可持续，防止因为待遇水平过高给财政带来不可持续的压力；（3）保民生的社会功能，体现社会公平正义；（4）政策目标与管理能力之间的平衡，包括收入核查能力、动态管理能力等。

合理确定社会救助的标准，首先需要对贫困尤其是我国当前贫困问题的性质有准确的理解。本文从贫困的界定出发，考察了贫困的基准、贫困线的划定、贫困的测量指标和贫困的指标选择等层面，认为随着社会经济的发展，传统的以消除绝对贫困为目标的政策，需要向以消除相对贫困的政策转向。在社会救助的标准上，必须跳出绝对贫困的思路，而转向消除相对贫困。

接着，本文考察世界各国和地区社会救助的政策供给。从总体上看，发达国家对贫困人口的实际救助水平大多都不足以消除相对贫困，且在过去二三十年来都有不同程度的下降，这反映出经济下行带来的财政压力对社会救助的挤压，更体现了发达国家对多年社会救助实践的制度反思，即社会救助作为一种消极的福利，不应只是单纯提高穷人的消费，而应当更多地转向提升穷人的能力，促进社会救助对象就业，接受教育培训积累人力资本。

鉴于我国当前绝对贫困问题已基本解决，相对贫困问题逐步凸显的现实，本文认为，在我国的收入核查体系建设尚待大力推进的条件下，为确保社会救助资源惠及真正贫困的人口，社会救助水平应实现以下的结构优化：

第一，按人群分类的待遇结构。按照社会关照的原则，提高低收入家庭儿童、老年人、残疾人、大病重病患者等脆弱人群的社会救助标准，以促进其社会参与；对于具有劳动能力的劳动年龄人口，则应维持基本生存的底线标准，以促进其自食其力。这有助于实现社会救助对象与易于识别的贫困人口重合，既能最大限度地减轻收入核查的压力，确保收入核查的准确性，又能将大量社会救助资源用于充实贫困人口急需的社会服务，提升贫困人口的能力，促进贫困人口的社会融入。

第二，保障人群的结构。将教育救助、医疗救助、住房救助等专项救助，延伸覆盖到低保家庭以外的低收入人群。这一方面可以有效解决我国社会救助的覆盖面偏低的问题，又能有效提升社会救助在减贫中的贡献和作用。

第三，优化救助的项目结构，加大专项救助的救助力度，使专项救助发挥更大的减贫作用。在支出型贫困凸显的条件下，与其被动等待因病致贫、因教育致贫的低收入家庭申请低保，不如主动干预，以积极的救助服务帮助其应对家庭困难，避免成为需要政府花大力气帮助脱贫的低保对象。

第四，改善救助的待遇结构，强化服务功能。我国的社会救助现金救济的色彩太浓，而服务的元素太少，这使得社会救助停留在维持贫困人口的消费层次，而难以提升贫困人口的能力。这就要求改变单纯依靠现金救助的观念，切实调整社会救助的支出结构，进一步充实社会救助的内容，逐步加大服务的比重，用更多的人力、财力办好对贫困人群的服务，比如早期照料、教育、培训和就业援助等，更好地满足贫困者的需要，为他们积累必要的能力，使其有能力、有条件及早退出救助、摆脱贫困。

参考文献

[1] Avram, S. (2016). Social Assistance Performance in Central and Eastern Europe: A Pre-transfer post-transfer Comparison, *Journal of European Social Policy*, 26 (5): 428 – 441.

[2] Berthoud, R. & Brown, J. C. (1981). *Poverty and the Development of Anti-Poverty Policy in the United Kingdom*, London: Heinemann Educational Books.

[3] De Neubourg, C., Castonguay, J. and Roelen, K. (2007) "Social Safety Nets and Targeted

Social Assistance: Lessons from the European Experience", *Social Protection Discussion Paper* 0718. Washington, DC: The World Bank.

[4] Padley, M. & Hirsch, D. (2017). *A Minimum Income Standard for the UK in* 2017, https://www.jrf.org.uk/report/minimum-income-standard-uk-2017

[5] George, V. & Howards, I. (1991). *Poverty Amidst Affluence: Britain and the United States*, Edward Elgar.

[6] Gordon, D. (2006). The Concept and Measurement of Poverty. In Pantazis, C., Gordon, D. & Levitas, R. (eds.), *Poverty and Social Exclusion in Britain: The Millennium Survey*, The Policy Press, pp. 29-69.

[7] Gordon, D. & Pantazis, C. (eds.) (1997). *Breadline Britain in the* 1990*s*, Ashgate.

[8] Lansley, S. & Mack, J. (2015). *Breadline Britain: The rise of Mass Poverty*, Oneworld Publications.

[9] Nelson, K. (2013). Social Assistance and EU Poverty Thresholds 1990-2008, Are European Welfare Systems Providing Just and Fair Protection Against Low Income? *European Sociological Review*, Vol. 29 Issue 2, pp. 386-401.

[10] Saunders, P. (2000). Defining Poverty and Identifying the Poor: Reflections on the Australian experience, In Bradshaw, J. & Sainsbury, R. (eds.). *Experiencing Poverty*, Ashgate, pp. 5-25.

[11] Stitt, S. (1994). *Poverty and Poor Relief: Concepts and Reality*, Avebury.

[12] Townsend, P. (1962). The Meaning of Poverty, *British Journal of Sociology*, Vol. 13, No. 3.

[13] Townsend, P. (1979). *Poverty in the United Kingdom: A Survey of Household Resources and Standards of Living*, Allen Lane.

[14] Townsend, P. (1997). The Poverty Line: Methodology and International Comparisons, In Gordon, D. & Pantazis, C. (eds.) *Breadline Britain in the* 1990*s*, Ashgate, pp. 49-69.

[15] World Bank (2017). *Closing the Gap: The State of Social Safety Nets* 2017, World Bank.

[16] Zedlewski, S. et al. (2012). TANF at 16: What Do We Know? *Policy Brief*, The Urban Institute.

低收入家庭的财产特征及其在收入核查中的运用[①]

近几年来，以数据比对为主要手段的收入核查体系建设在全国范围内迅速推开。民政部门通过与工商、税务、公安、人力资源和劳动保障等部门的数据交换和数据共享，提升了收入核查的效能，有效防止、遏制了部分不符合救助条件的居民以隐瞒收入财产的方式骗取救助资格的行为，维护了社会救助的公平公正。然而，由于长期的部门分割、能力建设滞后等原因，政府部门掌握的有关居民家庭的收入财产的基础信息并不充分，且这种状况短期内很难彻底改观。这就意味着，单纯靠政府部门之间的数据共享，很难使收入核查体系充分发挥其作用。

贫困瞄准的两大基本要求，一是发现穷人，二是排除富人。虽然贫富往往与收入的高低联系在一起，但收入却并不是测量贫困程度的可靠指标（Ringen，1987）。由于收入来源的多样性、隐蔽性和收入的波动性，单纯依靠收入来认定贫困会导致很多问题，比如瞒报、少报收入等（Saunders，2013）。在精细的收入调查不太现实的条件下，运用家庭人口数尤其是未成年子女数、耐用品拥有量、未就业人数、居住地域等在入户调查时易于识别的指标，便能有效地将穷人和富人区分开来（Grootaert & Braithwaite，1998）。其深层的机理是，生存状态体现的是一个人的“能力”，贫寒的生存状态会带来严重的社会污名，因此，收入较高的人群会尽力改善自己的生活条件以证明自己的能力，而穷人受制于家庭经济条件，则缺乏完成这些“功能性活动”的“能力”（阿马蒂亚·森，2014）。诚如恩格尔系数所反映的那样，在资源有限的条件下，穷人为优先满足温饱需求而抑制其他支出，由此遭受多方面的剥夺（Townsend，1979），在住房质量、子女教育、医疗保健、食物、休闲娱乐等方面甚至达不到“客观的最低条件”（庇古，2006：p. 787）。换句话说，衡量一个家庭生活是否贫困，关注的焦点必须聚焦于贫困家庭与普通家庭“在过怎样的生活”（阿马蒂亚·森，2014：p. 22），即其具体的生活形态。

---

① 本课题由南开大学周恩来政府管理学院郑飞北副教授参与实施。

因此，有效的贫困瞄准要求将收入指标和生活指标整合起来（Saunders，2013）。一方面，需要通过信息比对（郑飞北、关信平，2012），充分利用部门基础数据将富人排除在社会救助、扶贫开发等目标人群之外。另一方面，更应本着多维贫困的思路，从实际的生活水平入手，去发现穷人（Nolan & Whelan，2010），利用看得见的家庭财产信息，并将这些信息作为收入核查的重要辅助手段，有效整合进收入核查体系的数据采集、数据共享范围，以提高贫困瞄准效率与精度，实现精准扶贫。本文利用民政部低收入家庭认定指定中心 2015 年在上海、吉林、云南、甘肃四省（直辖市）进行的“全国低收入家庭经济状况调查”（CLIFSS）的数据，分析低收入家庭的财产特征，并试图运用财产特征改进贫困家庭的瞄准方法。

一、家庭财产与贫困瞄准

（一）家庭财产与收入贫困

社会救助经常被称为“家庭经济情况调查型”福利，意即需要通过家庭经济情况核查才能获得的福利。衡量家庭经济情况，一般采用收入指标。然而，由于我国收入追踪体系极不健全，以收入来测量贫困存在较大的漏洞。一是由于收入来源越来越多样化，不完善的收入追踪体系难以覆盖所有的收入来源，只能覆盖有限的收入来源，导致一些收入特别是一些隐性收入难以纳入核查范围，这使得一些人群可以隐瞒实际收入骗保；二是作为低收入人群来说，除了政府救助的收入外，劳动收入是其主要收入来源，然而，在现阶段，我国低收入人群从事的劳动，在城市大多是非正规就业，在农村则是务农或务工，这些收入均难以衡量。

在目前我国收入追踪体系尚不健全的条件下，单纯靠收入来界定贫困，识别社会救助对象，最大的问题是骗保的风险，即实际收入水平高于救助条件的人群通过隐瞒收入使其符合救助条件而享受社会救助，导致社会救助资源未能用于救助最困难的人群。

那么，引入财产标准，是否可以缓解甚至消除上述问题呢？从财产的属性看，一是财产源于收入的积累，反映的是家庭相对较长时间的收入状况。也就是说，财产具有相对稳定性，不像收入波动幅度那么大；二是收入会转化为财产，包括现金存款、有价证券等流动性财富和房屋、车辆、家用电器、家具等有形物质资产等。因此，财产虽然源于收入，但财产具有相对稳定性和可见性，从而能够更直观地反映一个家庭的收入水平。因此，收入核查部门可以利用一些外在的、易于识别的财产，来衡量一个家庭的收入水平和生活水平，从而提高贫困瞄准的精度，有效弥补收入核查的不足。

（二）物质剥夺指数：家庭财产与消费贫困

有研究者认为，与收入水平相比，消费水平能更好地反映一个家庭的生活水平（Meyer & Sullivan，2003）。特别是对低收入家庭而言，在现实生活中，正如恩格尔系数所反映的那样，低收入人群将大部分收入用来购买食品等日常生活所需，而且这些食品支出往往也是通过压缩家庭其他支出（比如燃料费用，参见 Rodriguez-Oreggia 和 Yepez-Garcia，2014）的方式“挤”出来的。这意味着对低收入家庭来说，除了食品支出等温饱型支出外，用于购置房屋、家用电器等耐用品的支出极为有限，从而使其总资产水平显著偏低。相反，在极少数特例以后，中等收入家庭和高收入家庭，在支付食品支出后，有较多的盈余用于购买提高生活质量的资产，比如房屋、车辆、家用电器、家具等。这样，与低收入家庭相比，中等收入家庭、高收入家庭的财产总体水平也较高。

在各种财产中，包括住房在内的耐用品应引起特别的关注。一方面，与存款、有价证券等具有高流动性的名义资产相比，耐用品是有形的、可见的，且一般不会轻易挪动或变换，因此难以隐藏。另一方面，作为“可长期反复使用、给消费者提供服务”的消费品，耐用品与使用者的生活质量直接相关（Amendola & Giovanni，2014），因此，转移这类财产会给当事人的生活质量带来较大影响。人们购买这些耐用品，要么是期望能提升生活质量，或者提高家庭声誉（“面子”），既然如此，就难以忍受转移这些财产对自己生活质量或家庭声誉的影响。换句话说，转移、隐藏这些财产，需要承担较高的成本。这也就意味着，以耐用品作为衡量家庭收入水平的变量，具有可行性。

另外，对低收入家庭而言，平时用不上的耐用品，不仅占用有限的收入，而且还可能产生额外的支出或成本。相反，确实要用的耐用品，再贵也得买。这就意味着在面临“硬预算约束”的情况下，低收入家庭首先满足的是“刚性需求”，购买的是必需的耐用品。与此相比，中等收入家庭、高收入家庭有更高的收入弹性，去购买其他耐用品，以提升家庭生活质量，即“改善型需求”。这样，在耐用品的种类越来越多的情况下，低收入家庭拥有的耐用品的数量会低于中等收入家庭和高收入家庭。换个角度说，可以根据耐用品的拥有量，来评估低收入人群的生活水平。

即使在收入较高的地区，这种思路仍然有其现实意义。比如，欧盟衡量各成员国社会保护状况的一个关键指标，就是严重物质剥夺（severely materially deprived）家庭所占的比例，而判定一个家庭是否陷入了绝对物质剥夺的状况，看的是该家庭是否遭受下列情形：（1）付不起月供、房租或水电费；（2）无力取暖；（3）没有可以应急的钱；（4）两天吃不上一次肉、鱼或蛋白含量相当的食物；（5）每年外出度假时间不到一周；（6）没有私家车；（7）没有洗衣机；（8）没有彩电；（9）没有电话。如果某个家庭遭受的剥夺达到了四种或以上，就被界定为“严重物质剥夺”（Ajwad et al.，2013）。也就是说，如果某个家庭缺乏社会公认的某些基本必需品，则这个家庭的经济状况自然很糟糕。这些基本必需品中，跟耐用品直接相关的有四项：私家车、洗衣机、彩电和电话。另外有两项，也跟耐用品密切相关，即取暖（设备或燃料）以及住房费用问题。此外，没有可以应急的钱，跟家庭存款直接相关。

简言之，以基本必需品尤其是其中的耐用品来衡量贫困程度，在贫困瞄准方面具有较好的区分效果，关键是找准作为基本必需品的耐用品的类别，使相关机构能够根据某个家庭拥有这些耐用品的情况来合理判断该家庭的生活水平，从而提高贫困瞄准的精度。

（三）替代性生计调查：耐用品拥有情况作为贫困标准的指标

在发展中国家，大量居民从事非正规就业或者务农，收入难以量化，且政府的收入追踪体系又极不健全，对居民收入的核查能力极为有限。在这种情况下，基于精细收入核查的瞄准机制管理成本高，从技术上也缺乏可操作性。与此相比，替代性生计调查的办法（proxy-means testing）可以用比精细生计调查低得多的管理成本，取得与精细生计调查大体相当的瞄准效果，因而更具有可行性。研究表明，如果辅之以区域瞄准，替代性生计调查能显著提高贫困瞄准的精度（Coady，Grosh & Hoddinott，2004）。

替代性生计调查的机理，是通过家户调查，运用回归分析、主成分法等进行统计分析，确定一些与贫困密切相关的、易于观察、难以造假的外在特征（proxy）作为计分指标（Castañeda & Lindert，2005）。在各国和地区的实践中，替代性生计调查的指标通常包括区位（location）、住房质量、耐用品拥有情况、教育水平和职业等。表 1 显示的是巴西、墨西哥、智利、哥伦比亚和哥斯达黎加等国用来识别贫困贫困人口的财产指标。

表 1　家庭财产状况指标

一级指标	二级指标	一级指标	二级指标
住房质量	· 自来水 · 电 · 垃圾桶 · 下水道 · 卫生间 · 地板材质 · 墙体材质 · 屋顶材质	耐用品拥有情况	· 彩电 · 冰箱 · 洗衣机 · 空调 · 热水器 · 摩托车

资料来源：Castañeda，T. & Lindert，K.（2005），Table 4。

基于上述代理家计调查的指标，设计一份调查表，由入户调查员上门核实该申请家庭的状况尤其是住房质量和耐用品的拥有情况。然后，将该申请家庭的相关信息录入系统，由系统根据相应权重计算该家庭的得分，由此确定该家庭是否符合救助条件。这样，就可以用住房和耐用品等信息来替代收入核查，从而降低贫困瞄准的成本，提高贫困瞄准的精度。

二、我国低收入家庭的财产状况

从低收入认定的角度说，家庭财产的重要功能是帮助工作人员将真正贫困的家庭识别出来。问题是，在实践中，如何利用这些信息来判断家庭的贫困程度呢？接下来，本文将利用民政部低收入家庭认定指导中心 2015 年在上海、甘肃、吉林和云南四省（直辖市）展开的低收入家庭调查所采集的数据，讨论这一问题。

（一）低收入家庭的财产拥有量显著低于全国平均水平

从调查数据看，低收入家庭拥有的财产数量显著低于全国平均水平。表 2 显示的是城镇、农村低收入家庭拥有的财产数量分别与全国城镇居民平均水平和全国农村居民平均水平的对比。

表 2　城乡低收入家庭主要耐用品拥有量和住房面积

	城镇		农村	
	低收入家庭	全国平均水平	低收入家庭	全国平均水平
冰箱（台）	71.5	98.5	39.9	67.3
彩电（台）	90.4	136.1	88.4	116.9
洗衣机（台）	73.6	98.0	53.3	67.2
电脑（台）	32.5	87.0	4.2	21.4
空调（台）	40.7	126.8	3	25.4
电动车（辆）	24.2	39.5	14.4	39.5
摩托车（辆）	7.7	20.3	36	62.2
人均住房面积（平方米）	24.3	32.9	25.1	37.1

资料来源：低收入家庭数据来自课题调查，全国城乡居民数据来自《中国统计年鉴 2014》。

从表 2 不难看出，低收入家庭在主要耐用品拥有量方面，显著低于全国平均水平。在农村，在冰箱、空调、电脑、摩托车及电动车的拥有量方面，低收入家庭与普通农村家庭有着巨大的差距，特别是电脑和空调，低收入家庭的拥有率极低。在城镇，低收入家庭的空调、电脑拥有量同样显著低于普通家庭。

（二）低收入家庭的物质剥夺情况

除了耐用品之外，体现生活形态的无疑是居住的质量，包括是否有自有房屋（自建或购买）、住房的结构（是否砖混）、是否有独立冲水厕所、是否有自来水、是否使用清洁能源（电或煤气）等。换句话说，上述均代表着生活质量的某个维度。基于第一部分的分析，有理由认为，在收入许可的范围内，居民会设法购置其必需的生活物品，从而提升其生活质量。反之，低收入家庭由于受到购买力的限制，难以置齐这些耐用品或者设施。

当家庭缺乏某类基本必需品时，就构成剥夺。顺着这一思路，当低收入家庭缺乏某类耐用品或者设施时，意味着遭受剥夺的程度就重了一分。[①] 就本文而言，关键是将哪些指标纳入物质剥夺的范围。在确定指标的范围时，笔者主要考虑了两大因素：一是城乡统一，因此将拖拉机、大型农机具等农民专有的物品排除在外；二是对生活的影响，比如是否使用清洁能源，室内是否有独立的冲水厕所等。由此得到了表征物质剥夺的 13 个指标（见表 3）。

表 3　物质剥夺指标

序号	项目	剥夺内涵
1	房屋产权	没有自建房或购买的房屋
2	住房结构	房屋不是砖混结构，如砖木、土坯、窑洞等
3	居住面积	低于所在区县调查住户的平均住房面积
4	卫生设施	有独立的室内冲水厕所
5	生活用水	没有自来水，以井水、河水或雨水等为生活用水
6	清洁能源	使用煤气或电以外的燃料作为主要生活燃料
7	食物保鲜	家中无电冰箱
8	清洗设备	家中无洗衣机
9	保暖降温	家中未装空调
10	休闲娱乐	家中无彩电
11	信息获取	家中无电脑
12	运输工具	家中无摩托车
13	代步工具	家中无电动车

将低收入家庭所有匮乏的项目加总，可得出该家庭的剥夺指数。表 4 显示的是

① 为分析便利，这里假定各个维度的剥夺对居民生活的影响是一样的，任何一个维度的匮乏都会导致剥夺程度的加深。

城乡低收入家庭遭受的物质剥夺情况。

表4　城乡低收入家庭遭受的物质剥夺情况

受剥夺数	城镇		农村	
	百分比	累计百分比	百分比	累计百分比
13	0.12	0.12	0.08	0.08
12	0.46	0.58	1.34	1.42
11	1.51	2.08	4.36	5.78
10	3.55	5.63	11.28	17.06
9	5.80	11.43	17.83	34.89
8	8.79	20.22	20.61	55.50
7	9.25	29.47	18.15	73.65
6	11.56	41.03	11.64	85.29
5	15.23	56.26	7.44	92.73
4	15.23	71.49	4.00	96.73
3	15.60	87.09	1.89	98.62
2	10.42	97.50	0.95	99.57
1	2.50	100.0	0.43	100.0

从表4看，无论是在农村还是在城市，在低收入家庭中，所有家庭均遭受一项以上的物质剥夺。在城镇低收入家庭中，遭受4种以上剥夺的家庭超过七成。与此相比，在农村低收入家庭中，高达85%的家庭遭受6种以上剥夺。这表明与城镇低收入家庭相比，农村低收入家庭遭受的物质剥夺程度更严重一些。

三、物质剥夺指数与社会救助瞄准

物质剥夺指数能否起到贫困瞄准的作用呢？就这一点而言，关键看低收入家庭的贫困程度是否与其物质剥夺程度成正比。考虑到我国的最低生活保障制度实行差额补齐的方式，也即家庭人均水平越低，政府补助的水平越高，本文作者选择低收入家庭领取的月人均低保金作为其贫困程度的测量指标。这样，就可以通过考察低保金水平与家庭物质剥夺程度是否正相关（即家庭受剥夺的程度越严重，领取的低保金越多），来间接考察以物质剥夺指数作为贫困程度的参照甚至替代的可行性。如果数据分析结果表明，两者之间存在正比关系，那就说明以物质剥夺指数作为瞄准手段在实践中也是可行的。

此外，根据第一部分的理论分析，本文也试图考察：（1）物质剥夺指数与家庭生活消费的关系，看看物质剥夺指数是否与生活消费水平相关，即家庭生活消费水平越低，物质剥夺指数越高，而家庭生活消费水平越高，物质剥夺指数越低。（2）物质剥夺指数与家庭劳动力的就业状况之间的关系。从理论上说，当家庭有劳动力就业时，其购买力无疑比零就业家庭要强一些，家庭遭受物质剥夺的严重程度相应地也要轻一些。（3）家庭成员患大病重病对家庭物质剥夺状况的影响。从短期看，家庭成员患大病虽不会直接影响家庭拥有的资产存量，但会影响家庭的资产积累，从而使其资产的总量偏少。

基于上述分析，本文以家庭物质剥夺指数为因变量，以家庭每月领取的人均低保金、家庭上月电费、家庭就业人数、家庭过去一年是否有家庭成员生大病住院等为自变量，并将上述变量渐次代入线性回归模型，分别对应下表中的模型 1、模型 2、模型 3 和模型 4。最后，将上述变量一起纳入模型 5，考察在控制家庭每月电费、家庭就业人数和是否有家庭成员生大病住院等变量的情况下，家庭领取的月人均低保金与物质剥夺指数之间是否相关。这里需要说明的是，鉴于各地低保的保障水平因经济发展水平及消费水平的不同而存在差别，各地区普通居民的生活形态也各异，因此在分析时，有必要将低收入家庭所在的区县作为控制变量也纳入分析模型，以控制区域差异对回归结果可能产生的影响。表 5 是将城镇低收入家庭和农村低收入家庭分别进行回归分析的结果。

表 5　家庭物质剥夺指数线性回归结果

	模型 1		模型 2		模型 3	
	城镇	农村	城镇	农村	城镇	农村
月人均低保金	0.000460*** (0.000987)	0.000757*** (0.000179)				
家庭每月电费			-0.0139*** (0.000954)	-0.0101*** (0.000658)		
家庭就业人数					-0.375*** (0.0449)	-0.411*** (0.0211)
所在区县（略）						
观察个案	3054	4683	3242	4919	3244	4930
R^2	0.431	0.291	0.452	0.324	0.429	0.345

	模型 4		模型 5	
	城镇	农村	城镇	农村
月人均低保金			0.000274** (.0000968)	0.000646*** (0.000175)
家庭每月电费			-0.0129*** (0.000976)	-0.0101*** (0.000663)

续表

	模型 4		模型 5	
	城镇	农村	城镇	农村
家庭就业人数			-0.252*** (0.0463)	-0.397*** (0.0214)
是否有人住院	-0.273** (0.0858)	0.0207 (0.0553)	-0.226** (0.0849)	0.0646 (0.0530)
所在区县（略）				
观察个案	3244	4919	3052	4661
R^2	0.419	0.294	0.471	0.367

注：① *** $p<0.001$，** $p<0.01$，* $p<0.05$。

②括号内为标准误。

③上述结果均在控制了低收入家庭所在的区县这一变量之后得到，因区县变量的取值较多，为简便起见，此处从略。

从上述结果看，除了农村低收入家庭中，过去一年有家庭成员生大病住过院的家庭的受剥夺状况与家庭成员未生大病的家庭相比并无显著差异这一点外，其他自变量均与物质剥夺指数显著相关，具体而言：

（1）家庭享受的人均低保金越高，该家庭遭受物质剥夺的程度越严重。这说明，尽管低收入家庭整体的受剥夺情况较严重，但低收入家庭内部在遭受物质剥夺方面仍存在显著差异。这一结果也从另一个侧面说明，就整体而言，当前的社会救助瞄准在相当程度上保证了社会救助资金更多地向遭受物质剥夺程度较深的家庭倾斜。

（2）每月电费。用电量与物质剥夺指数密切相关。无论是在城市还是农村，家庭月用电量越大，家庭遭受物质剥夺的程度越轻。这说明，用电量可以作为衡量家庭生活水平的重要指标。

（3）家庭就业人数。家庭就业人数越多，遭受物质剥夺的可能性越小。这一结果说明了就业对于家庭整体福祉而言的重要意义。另外，与有就业成员的家庭相比，零就业家庭遭受的物质剥夺程度要严重得多。

（4）有家庭成员过去一年中住过院对物质剥夺程度的影响，在城乡表现出不同的结果。在城市，有家庭成员过去一年中生大病住院的家庭，其物质剥夺程度反倒较轻。可能的原因在于，在城市，原本家境较好的家庭因家庭成员患大病住院而陷入贫困，但其原有的住房、主要耐用品等财产仍得以保留，因此其遭受的物质剥夺程度较轻。另外，在因病致贫的情况下，城市“应保尽保”的政策，也使得这些家庭更有可能获得低保的保障，无须变卖家庭财产也可以保障基本生活。因此，这从一个侧面说明了低保在一定程度上防止了因病致贫的城市低收入家庭陷入物质剥夺的境地。

与城市相比，在农村，过去一年中有家庭成员生大病住院的低收入家庭，其物质剥夺程度与一般的低收入家庭并无显著区别。其可能的解释是，过去一年中有家庭成员因大病住院的农村低收入家庭较多（占调查户的32.6%），其中相当部分可能是“因贫致病”即由于家庭本来就很贫困导致的大病。也就是说，有家庭成员生大病住院的家庭，其家庭遭受的物质剥夺程度在生病住院前就已经较为严重。而且从统计分析的结果看，有家庭成员患大病住院的农村低收入家庭，其遭受的物质剥夺程度也更严重（尽管并不显著），这在一定程度上说明，在农村，过去一年有家庭成员患大病住院的低收入家庭很可能本来就是贫困家庭，他们很可能陷入了因贫致病、因病致贫的恶性循环之中。

四、结论与政策建议

从物质剥夺指数的角度看，低收入家庭遭受物质剥夺的程度与其领取的低保金水平、生活消费水平及家庭就业人数等密切相关。物质剥夺程度越严重的家庭，其领取的低保金越多；家庭生活消费水平越低的家庭，其物质剥夺程度越重；家庭成员就业的人数越多，家庭遭受物质剥夺的程度越轻。这说明现有的社会救助安排保证了救助资源向物质剥夺程度较严重的家庭倾斜，而物质剥夺指数则可以作为贫困瞄准的重要手段，在贫困瞄准中发挥更大的作用。

物质剥夺状况之所以能用于贫困瞄准，是因为它反映的是家庭的“功能性活动”，与家庭的实际生活水平之间密切相关（阿马蒂亚·森，2014）。受制于低收入家庭在完成功能性活动方面的“能力”，低收入家庭在耐用品的拥有或更新方面，至少要比与普通家庭慢半拍。一方面，当某种耐用品在低收入家庭所在的社区成为普遍的耐用品（比如冰箱、空调、洗衣机等在农村社区的逐渐普及）时，低收入家庭往往得靠一段时间的积蓄才能有余钱购买该耐用品，这样，在任一个时点上，低收入家庭拥有的耐用品总量往往偏少。另一方面，低收入家庭对旧耐用品具有更强的“不离不弃”倾向，往往是实在不能用的时候才更新换代，这使得低收入家庭拥有的耐用品往往偏旧。这就意味着，在贫困瞄准时，可以充分利用低收入家庭耐用品总量偏少、整体偏旧这一特征，发现穷人、排除富人。

然而，我国现有的贫困瞄准实践未能充分利用这些看得见的财产信息。尽管《社会救助暂行办法》明确规定家庭财产是获得低保等社会救助待遇的一个基本条件，然而，各地在实践中大多采用的是“异常值”排除法，即对拥有超标财产的申请人采取一票否决，比如，不能拥有机动车，住房面积不得超过多少平方米，家里不能有超标的家用电器等。然而，此种做法会错误地排除一些因各种原因（比如特殊需要）拥有“违规”或“超标”财产的困难家庭，导致其无法获得低保等社会救助。

为提高我国当前贫困瞄准的精度，建议采取“物质剥夺指数”的办法，以充分利用家庭看得见的财产信息，包括申请人常住的住房的产权、结构、面积、装修，以及电视、冰箱、洗衣机、空调、电脑、常用代步工具，等等，从而更准确地判断一个家庭的经济状况、困难程度。为此，可以从两个方面着手：

首先，总结基层工作人员的实务经验，构建可信的物质剥夺指数。不少基层工作人员在核查家庭的经济状况时积累了丰富的经验，比如入户调查时该看哪些具体的生活形态，低收入家庭和富裕的家庭的生活形态有哪些不同特征，等等。这些经验跟“物质剥夺指数”的做法高度吻合，可以根据这些经验，对当地城乡居民进行家户调查，由此列出一个家庭基本必需品的“标配”清单。在此基础上，对低收入家庭尤其是新申请低保的家庭的耐用品情况逐项打分，如果有某种耐用品且耐用品的使用年限在当地大多数居民家庭同类耐用品的使用年限范围内，则该项不得分；相反，如果该家庭缺乏某种耐用品或该耐用品的年限超过了合理的年限，该项就可以得分。逐项打分之后，录入系统，由系统根据权重计算一个家庭的总得分，即物质剥夺指数。

其次，利用物质剥夺指数发现穷人、排除富人。物质剥夺指数得分越高的，生活贫困的可能性越大。本地区家家户户普遍都有的各种耐用品，各种耐用品一应俱全的家庭未必富，但缺乏这些耐用品的家庭肯定穷。[①] 因此，在缺乏有效的收入核查手段的情况下，利用物质剥夺指数，可以准确发现穷人。同样，物质剥夺指数还可锁定收入核查的重点对象，排除富人。物质剥夺指数低即各种耐用品一应俱全且较新的家庭，除因病致贫等由于家庭变故等原因突然陷入困境的家庭外，往往不太可能是贫困家庭。这样，在收入核查、数据比对时，可以重点指向那些物质剥夺指数低而又没有“明显的”需求——家庭缺乏劳动力或无人就业、家庭成员重残或患大病等导致家庭突然陷入困境的因素——的家庭，从而改变目前乡镇和区县靠抽查的方式核查的做法，有效提高收入核查的针对性。

总之，在精准扶贫的背景下，家庭经济状况核查面临越来越大的压力。受制于收入数据采集难的现实，单纯靠政府部门的数据交换和数据共享难以满足精准扶贫的要求。因此，可以充分利用家庭住房状况、耐用品拥有量等看得见的家庭财产信息，建构物质剥夺指数，从而有效发现穷人，锁定收入核查的重点对象，排除富人，提高收入核查的效率和效果，有效提高贫困瞄准的精度，确保社会救助资源用于真正的贫困家庭。

---

① 由于消费观念的差别，有些富有的家庭会特别省吃俭用，而部分贫困家庭也可能拥有某些超标财产。但从总体上说，这些属于例外情形，不具有普遍性。

参考文献

[1] 阿马蒂亚·森. 生活水平[M]. 北京: 机械工业出版社, 2014.

[2] 庇古. 福利经济学[M]. 北京: 商务印书馆, 2006.

[3] 郑飞北, 关信平. 骗保与收入核查: 以数据比对为中心[J]. 社会保障研究, 2012 (2): 60 – 67.

[4] Ajwad, M. et al. Simulating Poverty in Europe: The Potential Contributions of Employment and Education to Reducing Poverty and Social Exclusion by 2020 [R]. Washington, D. C.: The World Bank, 2013.

[5] Amendola, N., Giovanni, V. Durable Goods and Poverty Measurement [R]. Washington, D. C.: The World Bank, 2014.

[6] Castañeda, T., Lindert, K. Designing and Implementing Household Targeting Systems: Lessons from Latin American and the United States [R]. Washington, D. C.: The World Bank, 2005.

[7] Coady, D., Grosh, M. & Hoddinott, J. Targeting of Transfers in Developing Countries: Review of Lessons and Experience [R]. Washington, D. C.: The World Bank, 2004.

[8] Grootaert, C. & Braithwaite, J. Poverty Correlates and Indicator-based Targeting in Eastern Europe and the Former Soviet Union [R]. Washinton, D. C.: The World Bank, 1998.

[9] Meyer, Bruce D., James X. Sullivan. Measuring the Well-Being of the Poor Using Income and Consumption [J]. Journal of Human Resources, 2003, 38 (S): 1180 – 1220.

[10] Nolan, B., Whelan, C. T. (2010). Using Non-Monetary Deprivation Indicators to Analyze Poverty and Social Exclusion: Lessons from Europe? [J]. Journal of Policy Analysis and Management, 2010, 29 (2): 305 – 325.

[11] Ringen, S. The Possibility of Politics [M]. Oxford: Clarendon Press, 1987.

[12] Rodriguez-Oreggia, E., Yepez-Garcia, R. Income and Energy Consumption in Mexican Households [M]. Washington, D. C.: The World Bank, 2014.

[13] Saunders, P. Poverty [A]. In B. Greve. (ed.), The Routledge Handbook of the Welfare State [C]. London: Routledge, 2013: 59 – 70.

[14] Townsend, P. Poverty in the United Kingdom: A Survey of Household Resources and Standards of Living [M]. London: Penguin, 1979.

国内实践

我国社会救助对象瞄准现状和面临的挑战[①]

一、社会救助瞄准现状

（一）社会救助瞄准的资格条件

社会救助瞄准是根据政策规定的资格条件去识别那些符合规定的救助对象。根据2014年国务院颁布的《社会救助暂行办法》，社会救助包括最低生活保障、特困人员供养、医疗救助、临时救助、住房救助、教育救助、就业救助和受灾人员救助八项。但从资格条件来看，这八项制度大体可以分为三类。以下从各地政策文件的规定，具体讨论社会救助制度的资格条件。

第一，最低生活保障和特困人员供养。最低生活保障制度是社会救助体系中最重要的项目。根据1999年国务院颁布的《城市居民最低生活保障条例》（以下简称《条例》）第二条，持有非农业户口的城市居民，凡共同生活的家庭成员人均收入低于当地城市居民最低生活保障标准的，均有从当地人民政府获得基本生活物质帮助的权利。《条例》仅从收入的角度来确定低保对象的资格条件显然是有缺陷的。2014年国务院颁布的《社会救助暂行办法》第九条规定，国家对共同生活的家庭成员人均收入低于当地最低生活保障标准，且符合当地最低生活保障家庭财产状况规定的家庭，给予最低生活保障。最低生活保障家庭收入状况、财产状况的认定办法，由省、自治区、直辖市或者设区的市级人民政府按照国家有关规定制定。很明显，《社会救助暂行办法》增加了申请低保需要家庭财产也符合规定是对《条例》的一个重大修正。而根据2007年《国务院关于在全国建立农村最低生活保障制度的通知》第三章的规定，农村最低生活保障对象是家庭年人均纯收入低于当地最低生活保障标准的农村居民，主要是因病残、年老体弱、丧失劳动能力以及生存条件恶劣等原因造成生活常年困难的农村居民。从这几个法律文件可以看出，决定能否得到最低生活保障

---

① 本课题由华北电力大学人文与社会科学学院姚建平教授参与实施。

的核心资格条件是家庭收入和财产状况。但是，是否收入和资产状况符合条件就能够申请并享受到最低生活保障呢？实践中并非如此，因为各地在实际操作中还会在此基础上加上别的资格条件，例如不能有奢侈性消费、有劳动能力的人要履行劳动义务，劳教、服刑人员和违反计划生育政策者等可能也会排除在低保之外（见专栏 1）。

特困人员是传统意义上的城市的“三无”人员和农村的五保供养对象，其资格条件的确定实际上都是基于无生活来源、无劳动能力和无法定抚养人/赡养人这三个方面。因此，特困人员在资格条件上规定得非常清楚，在实践中也很好实施。具体说来，城市“三无”人员指由民政部门收养的无生活来源、无劳动能力、无法定抚养义务人或法定抚养义务人丧失劳动能力而无力抚养的公民。2006 年的《农村五保供养工作条例》第六条，老年、残疾或者未满 16 周岁的村民，无劳动能力、无生活来源又无法定赡养、抚养、扶养义务人，或者其法定赡养、抚养、扶养义务人无赡养、抚养、扶养能力的，享受农村五保供养待遇。2014 年颁布的《社会救助暂行办法》第十四条规定，国家对无劳动能力、无生活来源且无法定赡养、抚养、扶养义务人，或者其法定赡养、抚养、扶养义务人无赡养、抚养、扶养能力的老年人、残疾人以及未满 16 周岁的未成年人，给予特困人员供养。这一规定继承了以前关于城市的“三无”人员和农村的五保供养对象资格条件的认定的标准。

第二，医疗救助、住房救助、教育救助和就业救助，也称为专项救助。专项救助的资格条件往往和低保、特困救助项目捆绑在一起。也就是说，低保人员和特困人员往往可以自动享受如医疗救助、教育救助、住房救助、就业救助等多种救助福利。根据《社会救助暂行办法》第二十八条规定，医疗救助对象包括最低生活保障家庭成员、特困供养人员和县级以上人民政府规定的其他特殊困难人员。从《社会救助暂行办法》规定来看，医疗救助对象基本上是绑定在其他救助制度（特困人员和低保人员）之上的贫困人员。至于其他县级以上人民政府规定的特殊困难群体，各地的规定有一定差异，但是基本上都属于低收入人员或边缘贫困群体。例如，2012 年山东德州市规定，医疗救助对象除了低保人员和特困人员之外，医疗救助对象还包括两类人员：即城乡低收入家庭（按现行低保标准的 130% 核定）中的重度残疾人（一、二级残疾）和老年人；按照有关规定报销、减免、补助有关医疗费用后，个人实际承担的本年度住院医疗费用超过家庭年收入的居民。2013 年江苏徐州市的医疗救助对象除了低保人员和特困人员之外，还包括另外四类：（1）重点优抚对象（不含一至六级残疾军人）；（2）享受民政部门定期定量生活补助费的 20 世纪 60 年代精简退职职工；（3）临时生活救助对象中的大重病（白血病、尿毒症、癌症、心脑血管疾病、肝硬化、慢性支气管炎、乙型糖尿病等）患者；（4）市县总工会核定的特困职工等困难群众。

专栏1：湖南省衡阳市衡南县关于农村居民申请最低生活保障资格条件的规定

第六条　持有本县非农业户口的城镇居民，且长期共同生活的家庭成员，月人均收入低于当地最低生活保障标准的，均有权申请享受城镇最低生活保障待遇。本细则所称的家庭成员是指具有法定赡养、扶养、抚养关系并长期共同生活的所有人员，包括户籍迁出的在校就读学生。家庭成员包括下列人员：

（一）配偶；

（二）共同生活的子女；

（三）共同生活的父母、祖父母、外祖父母；

（四）与兄、姐共同生活的父母双亡或者父母无力抚养的未成年弟妹；

（五）父母双亡且由祖父母或者外祖父母作为监护人的未成年或者已成年但无独立生活能力的孙子女和外孙子女；

（六）民政部门根据本条原则和有关程序认定的其他人员。

第七条　有下列情形之一的不能享受最低生活保障待遇：

（一）家庭日常生活消费水平明显高于当地城镇居民最低生活保障标准的；

（二）当年非生活性开支过大（购买空调、高档组合音响，中、高档移动电话、摩托车、家用小汽车、金银首饰、液晶及等离子电视机等）或者经常自费参加高消费娱乐活动的；

（三）持有或从事有价证券（股票）及其他投资行为和从事收藏高价值物品的；

（四）安排子女择校就读，出国留学的；

（五）户口在本县范围内，其家庭成员长期举家生活在外地（人户分离）的；符合政策农转非的城镇居民未满一年的；为享受城镇低保而非政策性农转非的城镇居民；

（六）在就业年龄（男18—55岁、女18—50岁）内，有劳动能力，经就业服务机构3次介绍就业无正当理由拒绝就业的；有劳动能力对象无正当理由两次以上拒不参加社区组织的公益性劳动的；

（七）参与各种形式赌博、吸毒行为经教育未改正的；

（八）劳教和服刑期间人员；

（九）放弃法定赡养费、抚养费和其他应得合法收入的居民或法定抚养人、赡养人具有抚养、赡养能力但不履行义务造成生活困难的；

（十）因违反计划生育造成家庭生活困难未满两年的；

（十一）无特殊情况，申请前三年之内及享受最低生活保障待遇期间建房、购买商品房且入住的住房人均面积明显超过当地平均水平的；

（十二）申请低保人员有虚报、隐报、瞒报收入或提供虚假收入证明或拒不接受低保工作人员入户调查核实的（经查实，该家庭两年内不得申请享受最低生活保障待遇）；

（十三）无特殊情况，又无正当理由，连续2次不按月领取最低生活保障金或者连续3次不到居民委员会签字又无正当理由和不按规定申报家庭收入的；

（十四）其他法律、法规规定不能享受城镇居民最低生活保障待遇的。

资料来源：《衡南县城镇居民最低生活保障制度实施细则》（南政发〔2012〕20号）。

住房救助、就业救助和教育救助的资格条件也同样绑定最低生活保障和特困救助。《社会救助暂行办法》第三十七条规定，国家对符合规定标准的住房困难的最低生活保障家庭、分散供养的特困人员，给予住房救助。住房困难标准和救助标准，由县级以上地方人民政府根据本行政区域经济社会发展水平、住房价格水平等因素确定、公布。《社会救助暂行办法》第四十二条规定，国家对最低生活保障家庭中有劳动能力并处于失业状态的成员，通过贷款贴息、社会保险补贴、岗位补贴、培训补贴、费用减免、公益性岗位安置等办法，给予就业救助。第三十三条规定，国家对在义务教育阶段就学的最低生活保障家庭成员、特困供养人员，给予教育救助。对在高中教育（含中等职业教育）、普通高等教育阶段就学的最低生活保障家庭成员、特困供养人员，以及不能入学接受义务教育的残疾儿童，根据实际情况给予适当教育救助。很明显，这三类救助对象的资格认定是与最低生活保障和特困人员救助相互捆绑的。也就是说只要是低保对象和特困供养对象就自然享有这三个社会救助项目的资格。除此之外，这三个救助项目还会根据各地不同的社会经济状况，再加上一些其他的资格审查条件。例如，2006年浙江省规定的四类可以申请住房救助的农村困难群众除了低保对象和五保对象之外，还包括因灾倒房户和其他县级以上人民政府规定的其他困难家庭。再如，陕西省2012年关于城市地区廉租房申请的资格条件是家庭收入状况符合市人民政府当年确定的城镇居民低保收入的1.5倍以下，三人家庭年收入不超过16200元。关于专项救助资格条件及其与低保、特困救助捆绑情况可参见专栏2。

专栏2：医疗救助、教育救助、就业救助和住房救助资格条件规定

第二十五条　下列人员可以享受本市医疗救助：

（一）最低生活保障家庭成员；

（二）特困供养人员；

（三）高于最低生活保障标准但低于最低生活保障标准1.5倍的低收入家庭人员；

（四）重度残疾人员；

（五）市和区县人民政府规定的其他特殊困难人员。

第二十九条　市和区县人民政府应当建立健全教育救助制度，对在不同教育阶段就学的最低生活保障家庭成员、特困供养人员，以及不能入学接受义务教育的残疾儿童和在高中阶段就读的残疾学生，按照国家和本市的有关规定给予教育救助。

第三十二条　本市对符合规定标准的住房困难的最低生活保障家庭、分散供养的特困人员，给予住房救助。

第三十五条　本市对最低生活保障家庭中在法定劳动年龄内、有劳动能力并处于失业状态的成员给予就业救助。

资料来源：《天津市社会救助实施办法》（津政令第 25 号），2016 年 5 月 6 日经市人民政府第 68 次常务会议通过，自 2016 年 7 月 1 日起施行。

第三，临时救助和受灾人员救助都是因为突发性的灾害导致生活困难而给予救助的，但是自然灾害可能会影响相当数量的社会成员，而临时救助可能只是个别家庭。《社会救助暂行办法》第四十七条规定，国家对因火灾、交通事故等意外事件，家庭成员突发重大疾病等原因，导致基本生活暂时出现严重困难的家庭，或者因生活必需支出突然增加超出家庭承受能力，导致基本生活暂时出现严重困难的最低生活保障家庭，以及遭遇其他特殊困难的家庭，给予临时救助。灾害救助的资格条件跟临时救助比较相似。《社会救助暂行办法》第二十条规定，国家建立健全自然灾害救助制度，对基本生活受到自然灾害严重影响的人员，提供生活救助。包括紧急疏散、转移、安置受灾人员，及时为受灾人员提供必要的食品、饮用水、衣被、取暖、临时住所、医疗防疫等应急救助等。临时救助和自然灾害救助都是因为突发性灾难事件导致生活困难而进行救助，因此其资格条件的认定并不会重点关注家庭经济状况，而是要看灾难事件导致的生活困难程度。另外，临时救助和灾害救助通常时间不会太长。随着受助者走出灾难性事件的影响，社会救助将逐渐退出，这一点和其他社会救助项目很不一样。关于中国社会救助项目资格条件规定可以总结为表 1。

表 1　社会救助项目资格条件比较

类别	救助项目	资格条件标准	资格认定政府部门
类别一	最低生活保障、特困人员救助	经济状况 + 人口特征	（1）民政部门
类别二	医疗救助、住房救助、教育救助、就业救助	挂钩低保、特困标准 + 其他标准	（1）民政部门（2）住房保障部门（3）教育部门（4）人力资源和社会保障部门
类别三	临时救助、灾害救助	灾害 + 经济状况	（1）民政部门

（二）社会救助瞄准方法的选择

目前，社会救助对象瞄准方法主要有类别瞄准、财富瞄准、需要瞄准、行为道德瞄准。此外，在实践中，还有区域瞄准和社区瞄准。以下从各地的政策实践来讨论社会救助所采用的瞄准方法。

财富瞄准就是对申请人进行家计调查，获得有关收入和财富状况资料，在此基础上与贫困标准进行比较，并确定是否给予相关待遇。目前瞄准财富的方法主要是贫困线法，即家庭收入、消费或资产低于贫困线标准的人口就是贫困人口，并有资格获得社会救助。在实践中，获得低收入人口家庭经济状况信息的方法为家计调查。家计调查包括资产调查（asset test）和收入调查（income test）两个部分。家计调查通常由政府相关部门工作人员对申请人是否具有参与某项目的资格进行评估。财富瞄准方法主要用于社会救助项目。例如，根据《条例》，管理审批机关可以通过入户调查、邻里访问以及信函索证等方式对申请人的家庭经济状况和实际生活水平进行调查核实。北京市实施《条例》办法规定，城市居民申请享受最低生活保障待遇应当提交申请书、户口簿、居民身份证、收入证明等相关证明材料。街道办事处或者乡（镇）人民政府对上报材料进行审查，对申请家庭的经济状况和生活水平进行调查，将有关材料和初审意见报区（县）民政局。区（县）民政局对申请享受城市居民最低生活保障待遇的家庭进行审批。除了最低生活保障制度之外，我国所有专项救助都有家庭收入状况的要求，并且大都和现有最低生活保障制度捆绑在一起。例如，2014年的《浙江省社会救助条例》第二十三条规定：最低生活保障家庭成员、特困供养人员和最低生活保障边缘家庭成员可以凭相关证件直接获得医疗救助。第二十六条规定：对接受学前教育、义务教育、高中教育（含中等职业教育）、普通高等教育的最低生活保障家庭成员、特困供养人员、最低生活保障边缘家庭成员，以及不能入学接受义务教育的残疾儿童，给予教育救助。第二十九条规定：对符合规定标准的住房困难的最低生活保障家庭、分散供养的特困人员和最低生活保障边缘家庭，给予住房救助。

所谓类别瞄准就是根据年龄标准、家庭类型、健康状况、就业状况等特征挑出不同的受助对象，如老年人、儿童、残疾人、单亲家庭、失业者等，使之具有获得某种项目的受益资格。类别瞄准在管理上相对简单，它对行政能力的要求不高。只要已经有比较广泛的人口特征登记（比如出生登记、身份证登记、婚姻登记）信息，就可以使用该方法。由于性别、年龄、家庭结构等人口特征不容易人为操纵，因此瞄准的准确性也会比较高。类别瞄准的效果主要取决于贫困与年龄、性别、家庭结构、就业状况等特征之间相关性的强弱。如果被识别的人群平均上比被排除在外的人群更贫困，则类别瞄准是成功的。此外，仅仅采用年龄、家庭子女数等宽泛的人口特征作为瞄定标准，可能会使受助人基数很大。因此，类别瞄准往往也会结合家计调查或社区瞄准等方法。[①] 此外，类别瞄准方法也有其他缺点，即无法区分家庭的经济状况，因而在

① 周凤华：《社会救助对象瞄定：方法与实践》，载《社会主义研究》2009年第4期。

一定程度上可能造成浪费有限的公共资源。例如，为富裕家庭中的儿童提供营养午餐，为富裕老年人提供津贴等。我国的社会福利制度大都采用类别瞄准方式。例如，老年福利、残疾人福利和儿童福利的资格条件首先就是要求具备特定的人口学特征。

虽然所有社会救助都要采用财富瞄准方法，但在实践中往往会结合其他瞄准方法确定救助对象。分类施保就是我国在实践中总结出来的类别瞄准和财富瞄准相结合的瞄准方法。例如，2007 年山东省济南市民政局、财政局发布的《济南市关于对城市居民最低生活保障对象实行分类施保的通知》（济民发〔2007〕76 号）规定，分类施保的对象包括六类家庭：即家中有重大疾病患者，家中有重度残疾人员，“三无”对象，需要独立赡养两个或两个以上无收入高龄（70 岁以上）老人的，由一方抚养未成年子女的单亲家庭，父母双亡、由祖父母（外祖父母）抚养未成年孙子（女）、外孙子（女）的老幼家庭。专项救助除了经济状况要满足一定条件外，通常也要结合人口学特征进行瞄准，因此实际上是财富定位和类别定位相结合。以医疗救助为例，2014 年的《浙江省社会救助条例》规定，可以申请医疗救助的人员包括四类：最低生活保障家庭成员、特困供养人员、最低生活保障边缘家庭成员、因患大病规定范围内的医疗费用自付部分超出家庭承受能力，导致家庭实际生活水平低于当地最低生活保障边缘家庭标准的人员。由此可见，医疗救助首先是通过收入将贫困人员确定为潜在的申请对象，再加上医疗需求者的类别瞄准来最终确定医疗救助对象。其他专项救助，如教育救助、住房救助、就业救助都采用这种瞄准方法。

社区瞄准法又称社区提名法，是基于社区组织对当地居民经济生活状况的充分了解，以公平、公正的方式挑出合适的受益者。贫困人口是最了解自身需求与社区中其他人情况的，也只有他们才能够准确地回答“谁是穷人，谁不是穷人”。在中国扶贫政策的瞄准过程中，社区瞄准典型的方法是农户参与式贫富排序法。农户根据自己的生活经历和体验，自由选择一些重要的测定指标。基于村民之间详尽的了解，对社区内公认的最低收入家庭和低收入边缘家庭进行排序，最贫困家庭最先列入保障范围。[①] 但是，参与贫富排序也有一定的问题。实践证明：贫富排序的结果通常受到几个因素的影响——参与村民之间的社会关系、村民与村委会之间的干群关系、参与村民对排序用途的判断和预期、村庄的人口规模（人口规模达数千人的村庄是难以操作贫富排序的）。参与贫富排序的村民是基于社区权力结构，使用被赋予的排序权，选出有利于自己或所属利益集团的人，而真正的贫困户可能被排斥。[②]

我国农村最低生活保障制度的瞄准也基本上采用社区瞄准法。在一般情况下，

---

① 李小云、李周、唐丽霞等：《参与式贫困指数的开发与验证》，载《中国农村观察》2005 年第 3 期，第 39—46 页。

② 汪力斌、周源熙：《参与式扶贫干预下的瞄准与偏离》，载《农村经济》2010 年第 7 期。

农村居民提出低保申请之后，都会组织村民进行民主评议。民主评议实际上就是一个社区瞄准和排序的过程。例如，安徽省的《2014 年农村居民最低生活保障实施办法》第十六条规定，乡镇人民政府（街道办事处）需在 10 个工作日内在村（居）委会的协助下对低保申请家庭逐一入户调查。入户调查后，乡镇人民政府（街道办事处）需在 10 个工作日内，组织村（居）民代表或者社区评议小组对申请人声明的家庭收入、财产状况以及入户调查结果的真实性进行评议。村（居）民代表人数不得少于参评人员的 2/3，并由所有参加评议人员签字确认，评议情况在公示栏公示 7 天以上且无异议的，在《农村居民最低生活保障待遇申请审批表》上签署意见。农村低保制度的社区瞄准在实践过程中也存在明显不足。有研究表明，一些地方农村低保所采用的提名制并未使农户满意，他们认为，低保对象确定的过程存在不公正。由于农户不了解村一级所确定的低保对象名单，无法对低保对象做出评价，因此他们相互之间会产生猜忌。在这个利益博弈过程中，由于低保政策执行过程不透明和村一级掌握着低保指标分配的权力，因此村一级在该博弈中占据了优势。[①] 由于农村低保对象的瞄准很大程度上是一个信息博弈和利益博弈的过程，因此其准确性会受到影响。

瞄准受助者的行为和道德在社会救助的历史过程中一直存在。在欧洲近代，人们将贫困归结为个人责任，救助是以惩戒为前提。当时人们将贫困者分为两部分：一部分是没有劳动能力的人，如老人、小孩和残疾人。这些人就是所谓"值得救助的人"。另一部分是有劳动能力的人。这些人是所谓"不值得救助的人"，他们接受济贫的前提是要接受强迫劳动和公民权（被迫失去政治自由、被剥夺选举权）的丧失，因此受助者在道德上是受到批判的。我国的最低生活保障制度早期对受助者的瞄准并非完全按照收入进行认定，而有明显的道德要求。根据 1997 年出台的《国务院关于在全国建立城镇居民最低生活保障制度的通知》，城市居民最低生活保障的受益对象要向两类人倾斜：一是传统社会救济对象；二是下岗失业人员。但是在实际操作过程中并非完全按照收入标准，有很多在行为道德上有问题的人是排除在城市最低生活保障的范围以外的，这些人包括：(1) 违反《婚姻法》《收养法》《计划生育法》的人员和家庭；(2) 因吸毒、赌博造成家庭生活水平低于当地最低生活保障标准的人员和家庭；(3) 在领取最低生活保障金期间无正当理由拒绝劳动部门和基层组织提供劳动就业机会的人员；(4) 家庭中虽无从业人员，但主观认定其日常生活消费水平明显高于当地最低生活保障标准的家庭成员；(5) 家庭中拥有非生活必需的高档消费品的家庭成员。[②] 从以上规定可以看出，低保资格对受助对象的行为和道德要求是十分明显的。

---

① 王军强、张雪梅、左停：《农村低保瞄准偏差的博弈分析——以宁夏盐池县增记畔村为例》，载《广东农业科学》2011 年第 21 期。

② 多吉才让：《中国最低生活保障制度研究与实践》，北京·人民出版社，2001 年版，第 140—141 页。

（三）社会救助项目瞄准程序

低保制度的行政程序在目前《社会救助暂行办法》中列举的八项救助制度中最为典型，相关政策文件对行政程序的规定也最为完善。在中央层面，城乡居民最低生活保障制度最重要的法律文件是国务院 1999 年颁布的《条例》（国务院令第 271 号）、农村居民最低生活保障制度以国务院 2007 年颁布的《关于在全国建立农村最低生活保障制度的通知（国发〔2007〕19 号）》（以下简称《通知》）和国务院 2012 年颁布的《关于进一步加强和改进最低生活保障工作的意见》（国发〔2012〕45 号）（以下简称《意见》），各地的城乡低保制度基本上都是按照这三个法律文件制定实施办法。一般说来，城乡低保制度的行政程序的具体流程包括个人申请、资格审查、家计调查、民主评议、社区公示、上报审批、再次公示、待遇发放、日常管理、责任追究等环节（见图 1）。以下就从这三个法律文件出发，并结合各地出台的关于低保制度的具体政策对社会救助程序进行分析。

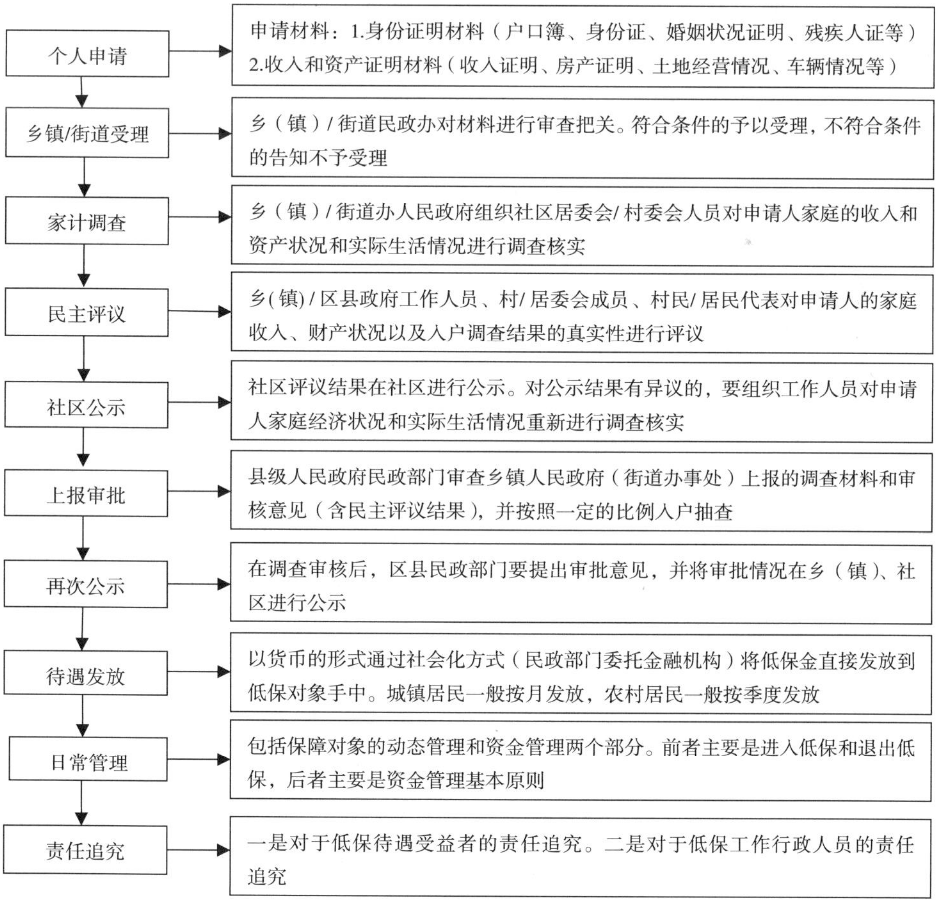

图 1　我国城乡低保制度行政程序

1. 个人申请

《条例》第七条规定，凡是申请城市居民最低生活保障待遇，由户主向户籍所在地的街道办事处或者乡镇人民政府提出书面申请，并出具有关的证明材料，填写《城市居民最低生活保障待遇审批表》。从申请程序来看，需要明确以下三个问题。

首先，提交两类证明材料。第一类是必要的身份证明材料，包括户口簿、身份证、婚姻状况证明、残疾人的残疾证明等。第二类是必要的收入和资产情况证明材料，包括在职职工单位出具的工资、奖金、津贴、福利等方面的收入证明。离退休人员、下岗失业人员、无业人员由原单位或者劳动行政部门等出具的保障性、补偿性、救助性的收入证明等；其他合法收入证明材料，如有固定资产出租收入、投资入股分红收入等。资产方面一般要提供房产、车辆情况证明等。农村低保申请时往往还需提供土地生产经营情况证明。

其次，按户籍申请。低保制度是实行属地管理原则，所有行政程序都需要按照户籍进行。同时，按户籍申请也意味着那些人户分离的贫困家庭，只能到自己的户籍所在地进行申请，而非到自己的居住地进行申请；如果家庭成员的户籍不在同一个街道办事处或者镇，则应当到户主或者家庭主要成员的户籍所在地进行申请。例如，2014 年的《高台县城市居民最低生活保障实施细则》规定，户籍类别相同、但家庭成员户口不在一起的家庭，应将户口迁移到一起后再由户主提出申请。因特殊原因无法将户口迁移到一起的，可选择在户主或者其主要家庭成员的户籍所在地提出申请，户籍不在申请地的其他家庭成员分别提供各自户籍所在地县民政部门出具的未享受最低生活保障的证明。

再次，申请层级问题。1999 年国务院的《条例》规定，城市低保申请人应当是向户籍所在地的街道办事处或者镇人民政府提出申请。低保申请并非一定要本人亲自申请，在特殊的情况下，申请人可以委托居委会或者他人代为申请。根据《通知》（国发〔2007〕19 号），申请农村最低生活保障，一般由户主本人向户籍所在地的乡（镇）人民政府提出申请。村民委员会受乡（镇）人民政府委托，也可受理申请。这表明，不管是城市还是农村，正式受理申请的层级是街道办或者乡镇人民政府，居委会/村委会并不具备受理低保申请的权利。

2. 材料审查、家计调查和民主评议

一是材料审查。乡镇或街道办接到申请人或其代理人递交的申请材料后首先要对材料进行审查。材料齐备的，予以受理；材料不齐全的，应当告知申请人或者其代理人补齐所有规定材料。值得注意的是，农村低保行政程序中一些地方有亲属登记备案/声明制度。目前，我国农村地区仍然是一个伦理本位社会，亲属关系对低保办理比较敏感，在农村低保实践中的“优亲厚友”现象也很难避免。虽然 2007 年国务院发布的《通知》并没有规定申请者如与相关基层干部有近亲属关系应当备案登记或声明，但很多地方在具体实施的文件中确实写入了这一条。所谓相关基层干部是指涉及具体办理和分管农村居民最低生活保障受理、审核（包括家庭经济状况调查)、审批等事项的县民政部门的工作人员、乡（镇）包村干部、村“两委”成员等，这种备案/声明制度实际上涉及了低保行政程序的全过程。

二是家计调查。在对材料进行审查后，如果没有问题就要开始组织对申请者的家庭经济状况进行调查。家计调查是整个低保救助程序中最重要且最复杂的部分，具体涉及以下几个问题：

第一，调查方式。根据1999年的《条例》，家庭经济状况调查方法包括入户调查、邻里访问以及信函索证三种方式。入户调查是一种最直接、最方便、最容易了解申请人的家庭收入情况的方法。通过入户调查，调查人员可以真切地感受申请人的日常生活状态、生活水平，了解申请人所提供的相关材料的真实程度，并可以针对申请材料中的一些可疑之处进行调查澄清，以弥补书面材料带来的弊端。邻里访问是通过间接访问申请人的邻居、领导、同事、亲戚、朋友等了解申请人的经济状况，可以对书面材料的真实性和入户调查结果的真实性进一步进行核实。信函索证主要是让申请者的单位提供其家庭经济状况证明。相对而言，信函索证是一种节省人力和物力的工作方法。但信函索证只能获得申请者在单位或机构内的劳动收入情况，并且有时候很难保障其真实性，因此该方法通常是作为前面两种方法的补充形式。

除了以上传统方法之外，近年来随着各地家庭经济状况信息核对平台的建设，信息核对已经成为各地家计调查最重要的手段之一。所谓信息核对是指通过民政部门与公安、人力资源和社会保障、住房和城乡建设、税务、金融、工商等部门和机构，对低保申请家庭的户籍、车辆、住房、社会保险、存款、证券、个体经营、住房公积金等收入和财产信息进行核对，并根据信息核对情况对申请人家庭经济状况声明的真实性和完整性提出意见。例如，2014年上海市民政局发布的《上海市城乡居民最低生活保障申请家庭经济状况核对实施细则》（沪民救发〔2014〕15号）第四条规定，街道办事处或者乡镇人民政府自受理申请后的2个工作日内，委托核对机构进行经济状况的核对。第十二条规定，核对机构应当自接受街道办事处或者乡、镇人民政府的委托之日起20个工作日内完成核对，并根据委托书的要求，出具申请家庭的核对报告。信息核对较之传统方法更加客观真实，往往能够查出申请者刻意隐瞒的收入和资产情况。信息核对通过数据库就能完成，能大量节省工作人员入户的成本，进而降低整个行政成本。因此，信息核对在各地家计调查实践中已经变得越来越重要，并在一定程度上对传统方法发挥替代作用。

第二，调查内容。家计调查的内容包括收入和资产两个方面。收入一般说来可以分为工资性收入、家庭经营性收入、财产性收入、转移性收入及其他收入等五个部分。各地相关政策文件对收入的具体规定略有差异。例如，北京市 2000 年发布实施的《北京市城市居民最低生活保障制度实施细则》的规定，家庭收入是指家庭成员的全部货币收入和实物收入的总和，包括：（1）工资、奖金、津贴、补贴及其他劳动收入；（2）离退休费及领取的各类保险金；（3）储蓄存款、股票等有价证券及孳息；（4）出租或者变卖家庭资产获得的收入；（5）法定赡养人、扶养人或者抚养人应当给付的赡养、扶养或者抚养费；（6）继承的遗产和接受的赠予；（7）其他应当计入的家庭收入（见专栏 3）。另外，各地的政策文件还会将一些收入排除在家庭收入的计算中。尽管规定略有差异，但主要包括六类：（1）优抚对象、见义勇为人员享受的抚恤金、补助金、护理费、保健金及对国家、社会和人民做出特殊贡献，政府给予的一次性奖励金和市级以上劳动模范退休后享受的荣誉津贴；（2）在校学生获得的奖学金、助学金、生活津贴、困难补助等；（3）社会各界和个人给予的临时性捐助款物；（3）各级政府或社会给予的临时性困难救济；（5）发生自然灾害时，各级政府给予的临时性救灾款物；（6）义务兵的退役金及兵役优待补助金。

关于家计调查中财产的规定目前各地并不统一。1999 年的《条例》只规定凡共同生活的家庭成员人均收入低于当地城市居民最低生活保障标准的，均有从当地人民政府获得基本生活物质帮助的权利，对于申请城市低保并没有财产要求。但是，2014 年的《办法》加上了申请低保还要符合当地财产状况规定。从目前各地的实践来看，也没有明确的规定有什么样的财产就不能申请低保。很多地方仅仅在政策文件将资产要求写成了一个排除条件。例如，甘肃省《会宁县城市居民最低生活保障实施细则》第十条规定，申请人家庭拥有存款、机动车辆、船舶、房屋、商铺、有价证券、股票、债权等家庭财产超出县政府规定条件的不能享受低保。但是，政策文件对于家庭财产具体如何折算，最高限额是什么并没有进行详细规定。另外，对于财产要求是否符合规定，很多地方会通过工作人员入户上门的观察情况来下结论，因此具有很强的主观性。

专栏 3：山西省长治市壶关县最低生活保障制度关于家庭收入核算的规定

第九条　对申请对象家庭收入和财产的核算与评估，按收入来源，分类核算。具体规定如下：

（一）收入分类及主要核算对象

1. 工资性收入，指通过劳动获得的各种报酬。

主要包括：固定职业、兼职、零星劳动等各种收入。

主要核算对象：有劳动能力的城市非个体经营者，农村富余劳动力。

2. 转移性收入，指单位、社会团体及家庭间的转移支付。

主要包括：离退休金、失业救济金、单位辞退金、遗属补助，各类生活补偿及赡养、抚养费等。

主要核算对象：离退休人员，成年子女对父母的赡养，父母对单独按户计算的重病、重残子女的抚养，领取失业救济金的失业人员，及有补偿的家庭或人员。

3. 资产性收入，指通过家庭动产、不动产获得的收入。

主要包括：通过承包出租土地、房屋、车辆等获得的实物或货币收入，存款、股票等有价证券获得的利息、红利。

主要核算对象：有土地、林地等实物收入的农村家庭，有房屋、车辆、存款等动产、不动产的城乡家庭。

4. 经营性收入，指个体工商、种植养殖户的营业销售收入。

主要包括：有固定厂（场）、公司、门面、摊位或通过直销、流动销售等各种形式获得的收入。

主要核算对象：城乡个体经营者。

资料来源：《壶关县城乡居民最低生活保障工作实施细则》（2015 年）

由于家庭经济状况调查是以户为单位，因此在共同生活的家庭成员的数量的确定上在实践中会碰到一些难题，需要进行规范。否则，就会为骗保留下可乘之机。在实践中，一些地方也确实发现一些本来不符合资格条件的申请家庭通过拆分户口的方式成功申请到了低保。为此，各地对于什么是共同家庭成员在政策文件中都写得比较清楚。一般说来，低保申请要求的共同家庭成员是家庭中具有法定赡养、扶养或者抚养关系的人员，主要配偶、父母、未成年子女、已成年但不能独立生活的子女、其他具有法定赡养、扶养、抚养义务关系并长期共同居住的人员。强调共同生活成员的赡养、扶养和抚养义务是基于我国传统伦理而做出的选择。

第三，调查实施主体。调查实施主体是指谁去做家计调查。在一般情况下，乡（镇）/街道办人民政府受理申请后，会组织社区居委会/村委会人员对申请人家庭经济状况和实际生活情况进行调查核实。有些地方的政策文件对于调查完成的时间和人数也做了详细规定。值得注意的是，多数情况是居委会/村委会受乡（镇）/街道办人民政府委托开展申请人的家计调查，但也有一些地方村/居委会是协助乡镇人民政府开展申请者家庭经济状况调查。例如，甘肃省《会宁县 2015 年农村居民最低生活保障实施细则》第十五条规定，乡镇人民政府需在 10 个工作日内在村（居）委的协助下对低保申请家庭逐一入户调查，每组调查人员不得少于 2 人，详细核查申请材料以及各项声明事项的真实性和完整性，并由调查人员和申请人签字确认。

三是民主评议。家庭状况调查核实后，乡（镇）/区县人民政府应组织城乡低保工作人员、社区干部，以社区/村为单位，召开由乡（镇）/区县政府工作人员、村/居委会成员、熟悉申请人情况的村民/居民代表参加的民主评议，对申请人声明的家庭收入、财产状况以及入户调查结果的真实性进行评议。一般情况下，经民主评议小组 2/3 以上的成员同意的申请对象才可以上报审核审批对象。同时，评议结果在社区进行一榜公示，公示期 7 天。对公示结果有异议的，要组织工作人员对申请人家庭经济状况和实际生活情况重新进行调查核实。公示结果无异议或异议不成立的，乡（镇）政府应当将申请材料、家庭经济状况调查结果和民主评议情况等相关材料报送县民政部门审批。对评议不符合条件的，要书面通知申请人，并告知原因。

3. 审核、审批和待遇发放

一是审核、审批和再次公示。1999 年的《条例》第四条第一款规定，县级人民政府民政部门以及街道办事处和镇人民政府负责城市居民最低生活保障的具体管理审批工作。区县民政部门在审核过程中不一定只查看村/居委会提交的相关材料，还会对申请者的家庭情况进行抽查。按照国务院《意见》（国发〔2012〕45 号）的规定，县级人民政府民政部门在做出低保审批决定前，应当全面审查乡镇人民政府（街道办事处）上报的调查材料和审核意见（含民主评议结果），并按照不低于 30% 的比例入户抽查。例如，《会宁县城市居民最低生活保障实施细则》规定，县民政部门应当严格审查乡（镇）政府上报的调查材料和审核意见，并按照不低于 30% 的比例入户抽查。而《高台县城市居民最低生活保障实施细则》规定，县民政部门在收到乡（镇）人民政府审核意见和相关材料后，对相关资料进行全面审查审核，并对所有新申报对象开展入户调查。在调查审核后，区县民政部门要提出审批意见，并将审批情况在乡（镇）、社区进行公示，公示期一般为 7 天。公示期满无异议或异议不成立的，正式确定为城市居民最低生活保障对象，发给城市居民最低生活保障证；公示有异议的，区县民政部门要组织复查核实。

二是待遇发放。在审批机关通过审批并决定给予申请人城市居民最低生活保障待遇以后，面临的是如何具体发放救助款物的问题。及时、足额、准确地将最低生活保障金发放到申请人的手中，保障申请人的基本生活，才是建立城市最低生活保障制度的目的。《条例》第八条规定，城市低保待遇由个人审批机关以货币的形式按月发放；必要时，也可以给予实物。也就是说，以货币形式为主，也可以给予实物。就货币发放而言，该条还规定对无生活来源、无劳动能力又无法定赡养人、扶养人或者抚养人的城市居民，批准其按照当地城市居民最低生活保障标准全额享受。而对尚有一定收入的城市居民，批准其按照家庭人均收入低于当地城市居民最低生活保障标准的差额享受。目前，各地基本上采用的是货币发放。由于低保对象的收入差别很难调查得十分准确，因此各地主要是通过分档（通常是分为高、中、低三档）的方式来处理差额发放的问题。

从发放方式来看，国务院《意见》（国发〔2012〕45 号）规定，各地全面推行最低生活保障金社会化发放，按照财政国库管理制度将最低生活保障金直接支付到保障家庭账户，确保最低生活保障金足额、及时发放到位。

4. 日常管理

低保制度的日常管理包括保障对象的动态管理和资金管理两个部分。前者主要是指符合条件的人进入低保和不符合条件的低保人员退出低保，后者主要是资金管理基本原则。

一是保障对象动态管理。由于制度刚刚建立等原因，1999 年的《条例》并没有提到保障对象的动态管理问题。随着低保制度逐渐完善，低保对象的动态管理也就逐渐提上日程。动态管理的本质就是要将那些不符合保障标准的人员清理出去，同时纳入那些符合保障标准的人员，以实现既不“错保”也不“漏保”。在保障对象动态管理方面最主要的工作是及时清理那些不符合提交的低保对象。而低保对象被清出低保的原因主要可以分为两个：

第一，家庭经济状况发生了改变。针对这种情况，国务院《意见》（国发〔2012〕45 号）规定，对已经纳入最低生活保障范围的救助对象，要采取多种方式加强管理服务，定期跟踪保障对象家庭变化情况，形成最低生活保障对象有进有出、补助水平有升有降的动态管理机制。建立最低生活保障家庭人口、收入和财产状况定期报告制度，并根据报告情况分类、定期开展核查，将不再符合条件的及时退出保障范围。对于无生活来源、无劳动能力又无法定赡养、抚养、扶养义务人的“三无”人员，可每年核查一次；对于短期内收入变化不大的家庭，可每半年核查一次；对于收入来源不固定、成员有劳动能力和劳动条件的最低生活保障家庭，原则上实行城市按月、农村按季度核查。

第二，其他原因导致低保资格被取消或待遇降低。例如，《高台县城市居民最低生活保障实施细则》（高政发〔2014〕88 号）规定，在保障期内有下列情形的可作相应处理：（1）在法定劳动年龄段有劳动能力尚未就业的低保对象，无正当理由累计两次不参加社区组织的公益劳动，补助金额减半；累计四次不参加社区组织的公益劳动的取消城市居民最低生活保障待遇；（2）因拆迁等原因到本县之外安置的家庭，自户口迁出次月不再享受城市居民最低生活保障待遇；（3）因参与赌博、打架斗殴、酗酒滋事、不服从管理等造成不良影响，经批评教育仍不思悔改的取消其城市居民最低生活保障待遇；（4）享受城市居民最低生活保障待遇家庭中的大中专在校学生，毕业之后不再享受城市低保待遇。

二是资金管理。1999 年的《条例》关于资金管理只有第十二条提到财政部门、审计部门依法监督城市居民最低生活保障资金的使用情况。关于低保资金管理在此后的城乡低保各种文件中不断得到完善。低保资金管理所涉及的问题主要包括以下几个方面：

第一，各级财政负担比例。低保资金纳入财政预算，在不同地区各级财政负担比例是不同的。一般原则是越富裕的省份获得中央财政资金的比例越低。在一省之内，一些富裕区县甚至往往通过本级地方财政也能够解决低保资金问题。但目前的情况是，财政状况越往基层越差，低保资金匹配在一些贫困地区还是会有问题。为了保障低保资金，一些地方在政策文件中就规定了各级财政的配套比例。例如，2014 年的《南陵县城乡居民最低生活保障实施细则》第三十二条规定，城乡低保所需资金除省补助外，剩余部分由县财政分担。农村低保所需资金除省补助外，剩余部分由县、镇财政按 1∶1 负担。年度低保资金有结余的，转入下一年度继续使用，不得用于其他支出或平衡财政预算。

第二，专款专用和社会化发放。为了保障低保资金不被滥用或挪用，很多地方将低保资金的专款专用和社会化发放这两条原则也写入政策文件之中。例如，2013 年颁布实施的《会宁县城市居民最低生活保障实施细则》第二十三条规定，城市低保金通过指定银行按月实行社会化发放，民政部门按照实际保障人数将相关材料报同级财政部门审核，由财政部门通过社会保障资金专户直接划入最低生活保障家庭账户。低保资金一般以县为单位，专户管理、专账核算、专款专用。监察、审计、财政等部门依法对低保资金的管理使用情况进行监督检查。

第三，工作经费。1999 年的《条例》只规定了城市居民最低生活保障所需资金，由地方人民政府列入财政预算，纳入社会救济专项资金支出项目，专项管理，专款专用。但是，《条例》并没有对低保工作经费进行相关规定。2007 年的国务院《通知》（国发〔2007〕19 号）也只提到地方各级人民政府要将农村最低生活保障资金列入财政预算，并没有明确提到工作经费从何而来。因此在实践中，各地低保工作经费成为制约低保工作的“瓶颈”。针对这个问题，一些地方开始将低保工作经费来源写入政策文件。例如，2013 年的《南陵县城乡居民最低生活保障实施细则》第三十三条明确规定，县、镇财政每年安排必要的城乡低保工作经费和人员经费列入财政预算。

5. 责任追究

法律制度和政策文件中关于低保制度的责任追求可以分为两个部分。

一是对于低保待遇受益者的责任追究。对于低保受益者责任追究可以分为批评教育、停发和减发低保待遇、罚款和追究刑事责任四种情况。几乎所有政策文件都有关于骗保行为的停发和减发低保待遇规定，但规定罚款的情况并不多。1999 年国务院颁布《条例》就针对骗保行为规定，由县级人民政府民政部门给予批评教育或者警告，追回其冒领的城市居民最低生活保障款物；情节恶劣的，处冒领金额 1 倍以上 3 倍以下的罚款。再如，2013 年实施的《如东县居民最低生活保障工作实施办法》第四十九条规定，申请最低生活保障的家庭采取虚报、隐瞒、伪造等手段骗取最低生活保障的，由镇政府（区管委会）给予批评教育或者警告。对不符合最低生活保障条件的家庭予以清退，停止发放最低生活保障金。冒领款物退交之前，不再受理其最低生活保障申请。对仍符合最低生活保障条件的家庭，其之前多领取的最低生活保障金，在之后的保障期内逐月扣除一定数额，直至扣满为止。构成犯罪的，移交司法部门依法追究刑事责任。

除了对低保收益人员的追责之外，针对单位出具虚假证明的情况也有相关追责措施。例如，2015 年出台的《宜丰县城乡居民最低生活保障实施细则》第五十二条规定，有关单位或个人为低保申请人家庭成员出具虚假证明，造成后果的，由民政部门直接通报相关单位或个人，情节严重的报请共同的上级主管单位责成改正，直至依法追究有关单位或个人的责任。另外，还有一些政策文件规定，对于出具虚假证明材料的单位和个人还要将有关信息记入征信系统。

城市居民对民政部门做出的不予批准低保待遇或者减发、停发低保待遇的决定或者给予的行政处罚不服的，可以依法申请行政复议：对复议决定仍不服的，可以依法提起行政诉讼。一般说来，必须先提起行政复议然后才能够提起行政诉讼，行政复议是行政诉讼的前置程序。如果居民对县级以上民政部门的具体行政行为不服，那么根据我国的《行政复议法》的规定，对县级以上地方各级人民政府工作部门做出的具体行政行为不服的，当事人可以选择其所在地的本级人民政府或者上一级民政部门进行行政复议。如果对行政复议的结果不满意的话，当事人还可以选择向其所在地的基层人民法院提起行政诉讼。

二是对于低保工作行政人员的责任追究。工作人员在低保行政过程中出现的错误行为包括低保办理过程中的失职和贪污腐败行为两种情况。针对这两个行为的追责主要是三种措施：一是批评教育，二是行政处分，三是追究刑事责任。在各地的政策文件中关于追责部分基本上是大同小异，但是有的地方规定得比较详细，而有的则比较简单。例如，2015 年实施的《宜丰县城乡居民最低生活保障实施细则》第五十一条就详细规定了八种需要追责的行为：（1）对符合申请条件的低保申请不予受理、不予审核、不予上报的；（2）对符合低保条件的低保申请不予批准的；（3）对不符合低保条件的低保申请予以批准的；（4）在低保审核审批工作中收受低保申请人财物、弄虚作假的；（5）泄露在工作中知悉的公民个人信息，造成后果的；（6）丢失、篡改发放低保资金、服务记录等数据的；（7）不按照规定发放低保资金或者提供相关服务的；（8）在履行低保工作职责过程中有贪污、挪用、冒领、扣压、分摊、拖欠低保金或其他滥用职权、玩忽职守、徇私舞弊行为的。

二、社会救助对象瞄准的主要问题和挑战

（一）低保对象的持续下降和医疗救助对象持续增加

自 20 世纪 80 年代改革开放以来，中国的社会救助制度一直处于不断发展变化之中。到 2014 年国务院颁布实施《社会救助暂行办法》为止，目前已经形成了包含最低生活保障、特困人员救助、医疗救助、临时救助、住房救助、教育救助、就业救助和受灾人员救助八个子项目的救助体系。社会救助制度的各个救助项目在不同时期随着社会经济状况的发展变化自身也在发生改变，其中最明显的是受益对象的变化。以最低生活保障制度（以下简称低保制度）为例，中国城市低保制度于 1993 年在上海试点，到 1996 年全国享受低保的城市居民只有 84. 9 万。1999 年国务院颁布《条例》以后，受保人数随着低保制度的完善迅速增长。1999 年城市低保覆盖人数为 265. 9 万，到 2002 年时达到 2064. 7 万，并且基本上保障了城镇所有贫困人口，从而实现了“应保尽保”。低保制度建设进入了巩固、提高和完善阶段。[①] 此后一直持续到 2008 年，我国城市低保人口总数基本上维持在 2000 万—3000 万人，既没有继续大规模增加也没有大规模减少。但是低保人数在 2009 年达到顶峰之后开始不断下降，到 2015 年时低保人数只剩下 1701. 1 万人，相当于 2009 年覆盖人数的 72. 52% 。

农村低保制度 2001 年建立之初覆盖人数为 304. 6 万人，此后覆盖人数几乎年年直线上升，到 2013 年时达到顶峰时为 5388 万人，近几年覆盖人数才有所下降。农村五保制度始建于 1958 年。农村五保供养对象为农村无劳动能力、无生活来源、无法定赡养人或抚养人的老年人、残疾人和未成年人。从制度覆盖人数的角度来看，从 1996 年到 2015 年的 20 年间虽有波折，但基本保持稳定（见图 2）。

从医疗救助制度的覆盖人数来看，直线上升趋势也十分明显。2005 年，全国城乡医疗救助为 969. 4 万人次，到 2008 年时突然增加到 5278. 1 万人次。此后，覆盖人数几乎每年还在上升，到 2015 年已经达到 9523. 8 万人次。临时救助的覆盖人数相对稳定。2009 年，城乡临时救助为 766. 7 万户次，到 2015 年甚至下降到 655. 4 万户次。

近年来，为什么城乡低保覆盖人数不断下降而医疗救助人数却大幅度增长？是贫困问题有所缓解？还是社会救助的资格条件发生了变化？或者低保瞄准过程出现

---

① 管汝胜：《城市低保对象首次实现“应保尽保”》，载《经济日报》2002 年 7 月 26 日。

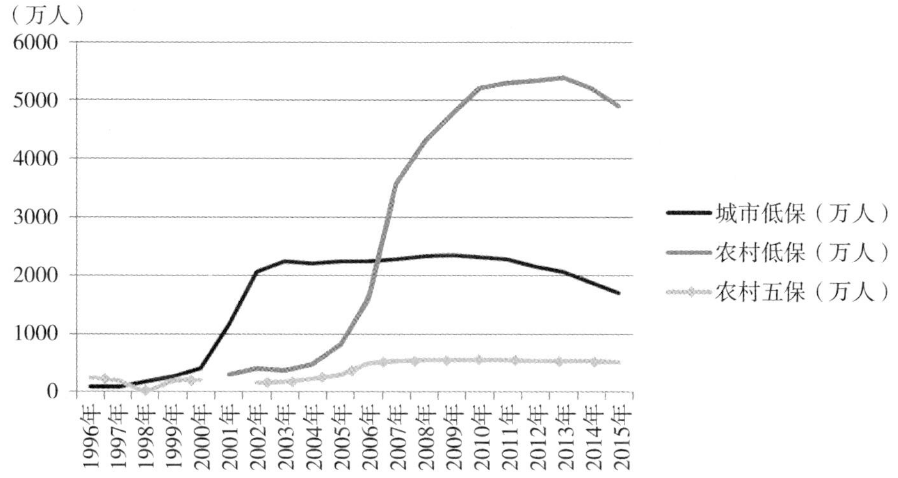

图 2　1996—2015 年我国城市低保、农村低保和农村五保覆盖人数

资料来源：本表格根据中华人民共和国民政部《民政事业发展统计报告（1996—2008 年）》、历年民政部发布的《社会服务发展统计公报》整理而成，中华人民共和国民政部官方网站：http：//cws. mca. gov. cn/article/tjbg/，2017 年 2 月 19 日。

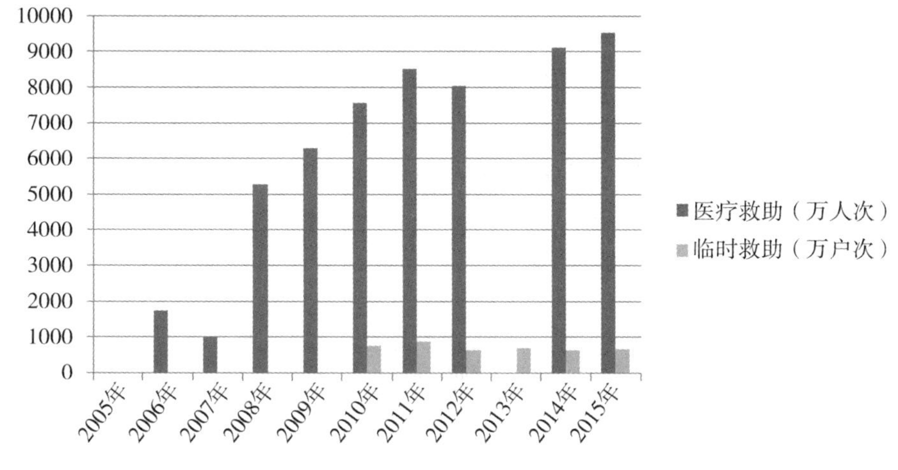

图 3　2005—2015 年我国城乡医疗救助、临时救助覆盖人数

注：医疗救助是参保、参合人数和直接救助人次之和。

了问题？近年来，关于低保制度“人情保、关系保、漏保、错保、骗保”现象等问题也时常会出现在媒体报道中。从国家制度安排来看，城乡社会救助制度就是要做到“应保尽保”。近年来，国家也花了很大精力治理社会救助制度瞄准过程中存在的问题，对已纳入救助但经过复核不符合条件的及时清理，做到应出尽出。同时深入村组、社区了解情况，对应保未保的困难群众及时纳入保障范围，做到不漏一户一人。但是不管怎样，社会救助受益对象大幅度上升和减少显然是瞄准面临的重大挑战。

（二）救助对象的瞄准效率问题

瞄准率的评价可以构建两个指标来进行衡量。没有获得保障的目标家庭数与目标家庭总数之比，即为挤出率（漏保/应保未保）。获得保障的非目标家庭数与获得保障的家庭总数之比，即为漏损率（错保）。[①] 挤出率与漏损率都表示瞄准的偏差率。挤出率加上漏损率的值越大，整个制度的瞄准准确率就越低；反之，则越小。

在“应保尽保”成立的前提条件下，低保制度理论上应该是100%的受助率。但是在实践中又会是怎样呢？目前已有的研究对中国低保制度瞄准率的判断差异很大。不管是正式官方的还是调查原始数据都具欺骗性，低保制度的实际受助率都大大低于官方的受助率。[②] Qin Gao 等发现，有资格获得最低生活保障的家庭占城市总人口的2.3%，但有资格获取低保的家庭中大约只有一半的人是低保领取者。[③] 他们的另一项研究认为，2.8%的城市居民有资格申请最低生活保障，但是只有不到一半的人实际上享受到了低保。低保资格倾向于那些人力资本少和社会经济资源少的家庭。[④] 这些研究表明，“漏保”可能是中国城市低保制度瞄准的重要问题。但另一些研究认为，城市低保制度“错保”问题和“漏保”问题一样严重。Ravallion 等发现，7.7%的城市家庭是具有享受低保资格的应保家庭，但其中只有28%的家庭真正获得了低保救助，而在实际享受低保的家庭中，43%的家庭是不具备低保资格的。[⑤] Wang 利用2004年14个城市的就业和社会保障调查数据进行研究发现，39%的应保家庭得到了救助，误保率为40%。[⑥] 曹艳春使用2002—2014年的统计年鉴数据进行分析发现，中国城市低保制度漏保率高达77%，错保率达到69%。[⑦] 由此反映出，中国城市低保制度的瞄准精准度较低。

---

① George Dellaportas, “The Effectiveness of Public Assistance Payments in Reducing Poverty”, *The American Journal of Economics and Sociology*, Vol. 39, No. 2, 1980, pp. 113 – 121.

② Martin Ravallion, Shaohua Chen, “Benefit Incidence with Incentive Effects, Measurement Errors and Latent Heterogeneity: A Case Study for China”, *Journal of Public Economics*, Vol. 128, 2015, pp. 124 – 132.

③ Qin Gao, Irwin Garfinkel, Fuhua Zhai, “Anti-poverty Effectiveness of the Minimum Living Standard Assistance Policy in Urban China”, *Review of Income and Wealth*, 2009, Vol. 55, No. 1, 2009, pp. 630 – 655.

④ Qin Gao, Irwin Garfinkel, Fuhua Zhai, “How Effective is the Minimum Living Standard Assistance Policy in Urban *China* ”, *Review of Income & Wealth*, Vol. 55, No. 1 (Supplements), 2007, pp. 630 – 655.

⑤ Ravallion, Martin, Shaohua Chen and Youjuan Wang, *Does the Di Bao Program Guarantee a Minimun Income in China's Cities?*, In Jiwei Lou and Shuilin Wang (ed.), *Public Finance in China: Reform and Growth for a Harmonious Society*, Washington D. C., World Bank, 2006, pp. 317 – 314.

⑥ Meiyan Wang, Emerging Urban Poverty and Effects of the Dibao Proram on Alleviating Poverty in China. *China & World Economy*, Vol. 15, No. 2, 2007, pp. 74 – 88.

⑦ 曹艳春：《我国城市“低保”制度的靶向精准度实证研究》，载《中央财经大学学报》2016年第7期。

对于低保制度瞄准效率的评价跟所使用的数据密切相关。如果数据包括非贫困人口，那么估计出来的瞄准率偏差会大一些。反之，如果数据仅包括贫困人口，那么估计出来瞄准率偏差则可能小一些。周冬霞使用武汉市480户困难家庭调查数据进行分析发现，调查地区城市低保"挤出率"为6.4%，低保"漏损率"为4.8%，"挤出率"与"漏损率"之和为11.2%，存在一定程度的瞄准偏离现象。她采用生计资产排序的方法同样也验证了调查地区存在目标瞄准的"弃真错误"和"取伪错误"。这表明，以家庭经济收入为准的瞄准方法存在其不合理性，单纯以收入来衡量贫困只能将绝对贫困人口保障进来，而无法覆盖相对贫困人口。[①] 郭伟和采用民政部政策研究中心的"中国城乡困难家庭社会政策支持系统建设项目"调查数据（2011年、2012年、2013年数据）对城市低保制度的瞄准率进行分析发现，虽然当前我国城市低保制度的瞄准率高达85%，但仍然有15%的比例没有瞄准。[②]

另有一些研究认为，中国城市低保瞄准率是在发生变化的。杨穗等使用中国居民收入分配课题组（CHIP）2002年和2007年的城市住户调查数据分析最低生活保障政策的瞄准有效性时研究发现，各个城市的最低生活保障水平不断提高的同时政策的瞄准有效性却降低了，表现为更高的人群瞄准误差和救助水平缺口。在应保人口中，2002年的漏出率为54.3%，2007年为42.3%。2002年的误保率为73.8%，2007年为76.2%。[③] 还有些研究虽然没有直接估算城市低保的瞄准率，但通过评价瞄准技术改进对瞄准率提供的影响，可以从另一个侧面判断我国城市低保瞄准率现状。刘万里和吴要武使用2003—2014年全国城市低保数据评估上海市建立家庭经济状况核对系统对低保人口数量的影响发现，可信收入凭证的获取可以使城市低保的瞄准效率提高30.61%。按照这样的识别效果，在全国推广收入核对系统会减少低保人口647.90万—1509.76万人，节约财政资金185.90亿—433.18亿元，占同期财政低保支出的27.57%—64.24%。[④] 这表明，采用传统近似家计调查方法来进行低保识别的瞄准偏误是相当大。

社会救助制度的对象瞄准在农村碰到的困难更大。有研究采用赤贫指数从多维度度量了农户的贫困程度，并将其应用于农村最低生活保障制度的瞄准效率研究。分析结果发现，样本村中只有25.5%的最贫困农户在2007年享受到了低保；同时，处于赤贫指数最低端的20%和40%的农户分别只得到了最低生活保障名额的

---

① 周冬霞：《城市低保目标瞄准政策的评估与完善》，武汉大学博士学位论文，2015年。

② 郭伟和：《当前我国城市低保制度的满意度、瞄准率和就业影响》，载《社会建设》2016年第5期。

③ 杨穗、高琴、李实：《中国城市低保政策的瞄准有效性和反贫困效果》，载《劳动经济研究》2015年第3期。

④ 刘万里、吴要武：《精准识别：用技术完善城市低保的退出机制——以上海家庭经济状况核对系统为例》，载《经济学报》2016年第12期。

50.67%和73.33%。[①] 另一项研究也发现贫困地区农村低保存在较大瞄准偏差。数据所有样本中低保瞄准率为0.65，获得低保的人中有65%符合低保对象规定，同时也说明35%不符合低保对象要求。在注册低保户（家庭人均纯收入低于当地当年贫困线的家庭为收入低保户）中，有32户家庭人均纯收入高于低保标准，仍享受农村低保，低于低保标准的家庭户数为65户，瞄准率为67%，漏出率为33%。共有97户获得低保，低保覆盖率为29.8%。这表明，以收入为基础的识别方法存在较大程度的瞄准偏误。[②] 另外一些研究计算出来的我国农村社会救助制度的漏损率和挤出率也都很高。例如，代淑兰对河北省定州市农村最低生活保障对象瞄准进行研究，并计算出来的低保制度挤出率为11.96%，低保制度的漏损率为10%。[③] 汪廷美对重庆市农村低保制度目标对象瞄准进行分析发现，低保制度的挤出率为15.5%，低保制度的漏损率为6.5%。[④] 谢东梅使用对福建省20个县（市、区）80个村的实地调研数据进行计算也发现目标家庭的瞄准存在着较大偏离。在目标家庭中，有21户没有获得保障，挤出率（UR）为8.11%；在获得保障的家庭中，有11户为非目标家庭，漏损率（LR）为4.42%。瞄准的总偏离率为12.53%。[⑤] 从以上文献回顾可以发现，与城市低保相比，农村低保瞄准偏误要更大一些，“错保”现象似乎要更严重。

三、社会救助瞄准效率影响因素分析

从前文对中国低保制度的瞄准效率发现，不管采取何种方法对城市低保制度瞄准率进行计算都始终存在偏误。其中的原因十分复杂，总体看来主要可以概括为以下几个方面：

（一）复杂的资格条件

1999年国务院颁布的《条例》和2014年国务院颁布的《社会救助暂行办法》两个法律文件都规定，城市最低生活保障的资格条件是收入和资产。但是，各地在实践中却加入了各种各样的资格条件，使得低保制度瞄准不再是仅仅基于申请者收入和资产的判断，而是变成了一种复合资格条件下的瞄准。

① 易红梅、张林秀：《农村最低生活保障政策在实施过程中的瞄准分析》，载《中国人口·资源与环境》2011年第6期。

② 张伟宾：《贫困农村低保对象的瞄准与识别》，载《科学对社会的影响》2010年第3期。

③ 代淑兰：《河北省农村最低生活保障对象瞄准研究——基于河北省定州市实证调查》，河北经贸大学硕士学位论文，2013年。

④ 汪廷美：《重庆农村低保对象选择优化分析》，重庆师范大学硕士学位论文，2013年。

⑤ 谢东梅：《农村最低生活保障制度分配效果与瞄准效率研究》，福建农林大学博士学位论文，2009年。

类别瞄准（瞄准人口特征）本来主要用于社会福利，但在实践中往往也被运用于低保制度。分类施保就是类别瞄准和财富瞄准相结合的结果。例如，2015年沈阳市民政局出台的《关于印发沈阳市居民最低生活保障操作规范（试行）的通知》第三十五条规定，对低保家庭中的下列特殊困难人员增加一定比例或一定额度的低保金，提高他们的救助水平。这些人员包括“三无”对象、重病患者、残疾人、老年人、未成年人、全日制本科及以下在校学生、市人民政府确定的其他生活特殊困难人员。分类施保人员类别有交叉的，按最高比例或数额计算，不重复计发分类施保金。实际上，很多地方为了减少人们低保对象资格的争议、避免不必要的麻烦，在瞄准时往往更喜欢挑选社区中的老弱病残人员。在有些情况下，低保制度对家庭经济状况的要求甚至反而退居其次。

城市低保资格也有明显的行为道德要求。根据1997年出台的《通知》，低保对象认定过程中并非完全按照收入标准，有很多人是排除在城市最低生活保障的范围以外的，这些人包括：（1）违反《婚姻法》《收养法》《计划生育法》的人员和家庭；（2）因吸毒、赌博造成家庭生活水平低于当地最低生活保障标准的人员和家庭；（3）在领取最低生活保障金期间无正当理由拒绝劳动部门和基层组织提供劳动就业机会的人员。早期对于有违反犯罪行为的“两劳”人员的低保资格问题是从严的，但是到后来又发展到另外一个极端。一些地方为了维护社会稳定，对“两劳”人员普遍实行全额低保金覆盖，无须严格审查就能吃低保。[①] 2015年沈阳市民政局出台的《关于印发沈阳市居民最低生活保障操作规范（试行）的通知》第四十六条规定，劳动年龄内有劳动能力但尚未就业的低保对象，连续3次无正当理由拒绝接受公共就业服务机构介绍工作或不参加公益劳动的，区（县、市）人民政府民政部门可减发或者停发其保障金。经推介适合其自身条件工作但拒绝就业3次以上的，按当地最低工资标准计算家庭收入。再如，2015年的《广州市最低生活保障办法》规定三种停发低保的条件：（1）达到法定就业年龄且有劳动能力但未就业的家庭成员1个月参加社会公益服务时间不足60个小时的；（2）无正当理由拒绝有关部门就业培训或者推荐就业两次以上的；（3）离开居住地超过3个月未向申请地所在镇人民政府、街道办事处提出书面报告的；另外，低保资格的确定还需要经过社区评议。在社区评议的过程中，申请者的行为道德表现在一定程度上也会影响其是否能够获得低保。另外，有些地方还将消费要求纳入确定低保对象的资格条件。例如，2015年《广州市最低生活保障办法》明确提出，如果存在以下三种消费情况下要停止发放低保，即自费安排子女出国留学、自费出国旅游的、存在明显高于一般生活消费

---

① 王勤莉、伍林生：《城市低保对象中“两劳人员”的问题及对策》，载《特区经济》2009年第2期。

情形的。

以上讨论的都是有政策文件规定的资格条件，实践中各地在正式文件规定之外还存在一些不成文规定。有研究通过田野调查的定性观察来讨论其应保未保原因时发现，项目的地方执行远比正式规则重要得多。[①] 有研究者针对广州的低保制度进行探索性研究发现，除了收入要求外还要满足三条不成文的条件：工作能力、家庭结构和庇护主义。这三条不成文的条件在街道层面上实现不仅阻碍了国家资源到达城市贫困家庭，而且与意识形态相背离并损害制度的合法性。[②] 在低保大幅扩面之前，许多地方在核定低保对象时，常常用一些“土政策”将很多申请者排除在外。譬如：对劳动年龄段的人口，假定其可以自食其力，不予批准享受低保；对于申请最低生活保障金的在职职工、进入再就业服务中心的下岗职工、领取失业保险金或养老金的人员，无论其实际上是否有收入，都按照当地政府公布的有关标准计算其“应得收入”等。[③] 本文在东北地区的调研也发现，如果低保家庭有毕业的大学生，那么不论其是否找到工作都要认定其有工作收入，因而很容易被请退出低保制度。此外，人情关系对于低保资格条件的影响也不容忽视。

（二）技术难题

一是准确核查家庭收入和资产非常困难。收入和资产缺乏量化测算指标，服务对象收入不稳定或故意隐瞒，致使家庭经济状况核查不准。[④] 从本文作者近年来对基础工作人员的访谈情况来看，对于申请家庭的收入判断要做到完全准确是很难的。很多情况下工作人员对收入和资产的判断具有一定的主观性。很多低保户有些收入没法核查，他们有些可能是季节性的，有些是临时性的。因此，对这些家庭的收入判断很难准确。家庭经济状况入户核查通常要凭感官。例如，本文作者在辽宁省阜新市调研时，基层工作人员谈到入户核查时说：“进去看看家里的存粮，可能有剩饭剩菜，看剩的都是肉的，生活肯定不错。还有家里的装修程度，有的可能几乎啥也没有。但是装修可能只能反映前一段时间的生活水平。在那里摆个电脑，可能旧电脑也不值几个钱，有的可能家里有学生，也需要。但是有空调钢琴，这就不可以了。”

---

① Martin Ravallion, Shaohua Chen, “Benefit Incidence with Incentive Effects, Measurement Errors and Latent Heterogeneity: A Case Study for China”, *Journal of Public Economics*, Vol. 128, 2015, pp. 124 – 132.

② Jie Lei, “Covering Whoever is Eligible? An Exploratory Study on the Eligibility of the Urban Minimum Living Standard Guarantee in China”, *Critical Soc al Policy: A Journal of Theory and Practice in Social Welfare*, Vol. 34, No. 2, 2014, pp. 155 – 174

③ 梅艳君、钟会兵：《浅析社会救助对象的确认》，载《中国集体经济》2007年第11期。

④ 江治强、王伟进：《当前城市低保制度运行的主要问题与对策建议》，载《中国民政》2015年第6期。

对于农村居民的家庭收入和财产的核查比城市地区更加困难。虽然各地持续加大对低保工作的检查整顿力度，但不少地方仍然存在“拆户保”“人情保”“关系保”等问题。这里不仅有对现行政策的执行问题，也与现阶段农村低保规范性制度缺失有很大关系，尤其是目前缺乏统一、规范的农村低保申请家庭经济状况核查指导办法和可操作的制度。面对复杂的现实情况，有时确实需要政策执行者的主观判断，因此很容易出现“走形”和“变异”。虽然几年来各地出台的有关农村低保政策文件和实施办法对农村低保申请家庭收入财产认定进行了规定，然而在实际操作中却面临诸多困难，主要包括：（1）家庭收入难以量化核算。农民收入不同于城市居民收入那样来源结构相对单一。尤其是随着农村外出务工人员增多，农村居民收入既有传统经营性收入，也有工资性收入、转移性收入、财产性收入等。收入的多样化更容易产生隐瞒收入的问题。（2）农村经营性纯收入的计算，需要根据各类农产品的价格和成本投入进行核算，一方面价格易受市场波动等多种因素影响，另一方面不同家庭在农业经营中的投入成本也不一致，增加了收入核算难度。另外，农业经营性收入除了土地经营收入外，还有林业、渔业、畜牧业等收入，品种繁多，受季节、气候、自然灾害以及市场供求等因素影响大，产量不稳定、质量不一，所产生的收入难以量化。

家庭收入和资产的审查对信息系统的要求很高。目前，中国只有部分发达省市建立了家庭经济状况核对平台，收入和资产状况通过信息平台核对比上门入户调查要客观得多。但是，信息核对系统也不是万能的。例如，跨省信息无法查询，有些资产甚至在省内也无法查询。对于家庭持有现金的情况无法查询。即使能够查出家庭资产，对家庭资产的量化有时也是难题。特别是目前农村地区房产、税务等信息化发展相对落后，多数农村地区尚不具备开展跨部门家庭经济状况信息比对工作的条件，家庭财产核查无法开展比对，仅靠简单地直观考察和登记财产信息很难做到全面准确核实。因此，由于信息不对称，家计审查过程中存在逆行选择。一些申请者在申请过程中会隐瞒对自己不利的收入和资产信息，导致低保目标对象偏离，让不符合条件者被纳入受益者行列中。现有政策对“共同生活的家庭成员”的核定也存在困难。按照《条例》的规定，城市低保对象必须具有城市户口。但是，对于家庭中一方是城市户口，另一方是农村户口的“半边户”的情况很难核实其共同收入。另外，申请家庭通过拆分户口同样也可以将原先不符合低保资格变成符合低保资格。

二是瞄准偏误有时间因素的原因。实际上，低收入人员的收入和资产始终处于变动状态。例如，得到亲属的赠予（非赡养费），或者低保对象在调查时因工作增加收入使得家庭收入超出当地规定低保标准线等。当贫困家庭收入和资产发生变动时，政府行政工作部门的家计调查不可能随时跟进。“应保尽保、应退尽退”是当前低保制度实现动态管理的基本要求。尽管目前政府相关部门在加强低保人员的动态管理，但在实践中“应退尽退”不仅会存在时间差，而且会面临低保对象采取种种方法抵制退出的问题。

三是高行政成本导致经济状况核查困难。由于实行家计审查需要收集和验证申请人的收入和财富信息，而这是需要高昂行政成本的过程。瞄准的精度要求越高，收集信息与验证信息的成本越高。从访谈中发现，申请人提供的劳动保障部门或单位出具的关于收入和就业等方面的证明材料，有一些是人情或关系所为。家庭收入中的存款及利息、有价证券及红利收入和资产信息不仅取决于信息系统建设情况，也在一定程度上依赖政府工作人员上门进行核实。当前，欠发达地区信息核对系统建设滞后，而全国民政部门工作人员（尤其是基层工作人员）力量有限，因此要提高瞄准的精度始终面临行政成本投入问题。

四是对于那些“漏保”人员难以从技术的角度完全解决。漏保问题实际上是社会救助项目很难解决的问题。20 世纪 90 年代有研究表明，美国符合食品券资格条件家庭的参与率大约为 50%，也就是说有数百万符合食品券计划条件的低收入家庭并没有领取食品券。[①] 大量研究表明，我国低保制度的漏保现象也比较严重。漏保的主要原因可以分为两个方面：一是很多人并不知道他们有资格申请低保。针对这种情况的对策只能加强低保政策的宣传；二是一些人可能是因为耻辱感而不愿申请，或者觉得资格审查过于烦琐而不愿意申请。在这种情况下，只能动员那些符合条件的人申请低保。但是从政府工作工作人员的角度来看，一般情况下他们并不愿意去宣传和动员，因为这样会增加他们的工作量而没有实际的好处。特别是在基层工作人员力量不足的情况下，宣传和动员工作更加难以开展。

（三）政治因素影响

政治因素对瞄准的影响主要表现在两个方面：一是为了维护社会稳定或推动某些政策的执行而可能将本来不符合低保资格条件的人纳入低保。例如，根据 1997 年出台的《通知》，城市居民最低生活保障的受益对象要向下岗失业人员和传统社会救济对象两类人倾斜。很明显，这种规定是由于 20 世纪 90 年代末期全国面临严重的下岗失业现象，急需低保制度来维护社会稳定。一些地方在城镇化过程中为了推行“村改居”，而可能将不符合条件的家庭纳入低保。一些地方为了安抚上访者也可能给予他们低保。还有一些地方，低保资格还可能会成为社区治理过程中实现安全稳

① Beth Osborne Daponte, Seth Sanders, Lowell Taylor, “Why Do Low-Income Household Not Use Food Stamp?”, *Journal of Human Resources*, 1999, Vol. 34, No. 3, 1999, pp. 612 – 628.

定和利益均衡的政策工具。①

二是受政治环境的影响，“应保尽保”在各地一定程度上成为政治问题。“应保尽保”必须做到，错保在实践中是不允许的。近年来，笔者也多次调研访谈过很多政府工作人员。在正式访谈情况下，几乎所有政府工作人员都会说本地做到了“应保尽保”。但是，如果仔细考察低保制度的覆盖面就会发现，低保总人数是不断变化的。在一段时期内低保人数在不断扩展，而在另一时期则呈现下降趋势。这种情况可能与政治环境密切相关。20 世纪 90 年代城市低保制度建立之初的主要任务是扩面并做到应保尽保，各级政府部门往往有增加低保人数的内在冲动。因此，这一时期为了完成应保尽保的任务一般情况下也会从宽处理，就是能进低保的尽量都进。而城乡低保人数在 2009 年达到顶峰之后为什么会开始不断下降？这可能与近年来反腐败和扶贫政策实施密切相关。由于近年来的高压反腐败，地方行政人员为了避免在程序上出现纰漏往往从严把关，那些可进可不进的人往往就享受不了低保。由于在瞄准的入户调查和社区评议等环节往往存在一定程度的自由裁量权，有的时候甚至不得不在“合情”和“合法”之间进行选择。②

四、社会救助对象瞄准政策建议

（一）明确家庭财产核查的范围和标准

一是明确财产核查范围。由于社会救助的目标是为了让申请者维持一定的生活水平，因此财产核查应当允许申请者拥有一定数量的维持日常生活和生产经营的财产，同时也不能仅凭财产核查的结果来认定低保对象，而应当综合考虑申请者维持日常生活的刚性支出情况。因此，在这个原则的基础上明确财产核查的范围。

二是尽快制定社会救助制度财产标准，减少资产审查过程中的主观因素。社会救助制度的收入标准早就在全国有明确规定，但是各地却没有明确量化的财产标准。在实际工作中，工作人员在很多情况下依靠个人的主观判断来决定申请人员是否符合申请社会救助的资格。因此，财产评估的偏误是瞄准偏误产生的重要原因。为此，应该尽快制定社会救助瞄准的财产标准。在确定哪些财产标准时，首先要区分哪些属于必需品和哪些财产属于非必需品，然后在此基础上计算各类财产相应的价格上限。各地可以根据本地实际情况形成财产标准清单，作为低收入家庭申请社会救助的依据。

---

① 徐元：《身份福利视角下的城市低保退出困境研究——以 F 街道低保救助对象的“闹保”为例》，沈阳师范大学硕士学位论文，2014 年。

② 关于城市低保政策执行过程中自由裁量权的讨论请参见朱亚鹏、刘云香：《制度环境、自由裁量权与中国社会政策执行——以 C 市城市低保政策执行为例》，载《中山大学学报》（社会科学版）2014 年第 6 期。

（二）建立农村社会救助申请家庭收入认定测算指标体系

一是根据农村经济收入特点，选择城乡居民家庭普遍涉及、具有共性、基本反映家庭收入水平的关键收入项目作为核算内容。根据这一原则，应当将工资性收入、经营（含土地、林业等）收入、房租收入、畜牧水产养殖等收入、土地转租（流转）收入、转移性收入项目纳入重点核查评估内容。

二是明确收入评估和测算的方法。可以考虑以县（区）农业生产一般收入水平为核算基数，通过劳动力系数折算量化申请家庭的实际纯收入水平。农业生产一般收入水平可根据统计年鉴公布的农村上年家庭经营人均纯收入确定。劳动力系数可按照丧失劳动能力的类型和程度合理设置。

（三）完善社会救助申请家庭经济状况核查方式

一是对申请者提供的家庭经济状况材料严格把关。加大经济状况申报环节在审批中的分量，严格对申报者的收入和财产状况的审核；同时，按照“谁出具证明，谁承担责任”的原则，建立责任追究机制，对提供虚假信息、出具虚假证明的单位或申请者，根据情节轻重制定相应的处罚措施，提高申报家庭经济状况的真实性。

二是合理规定入户经济状况核查的次数。对已经纳入保障范围的社会救助对象，要根据对象的年龄、身体状况，可设置相对固定的核查周期（如每年集中核查一次）；对一般保障对象（如家中有劳动力人口）采取频次较高的核查周期（如每季度集中核查一次），对于那些基本没有劳动能力和收入的社会救助对象，可以每半年核查一次，使入户调查真正成为完善低保对象退出机制的基本手段。

三是加强调查走访。除了入户调查之外，调查走访也应当成为经济状况核查的重要辅助手段。乡镇审核和县（市、区）级民政部门应当通过走访村组干部、其他村民的方式，了解核实申请对象家庭收入和实际生活情况，提高入户调查信息的准确性。

四是规范民主评议。在社会救助（低保）民主评议过程中，应当确保参与人员的代表性、运作模式公开有效，避免“暗箱操作”、“人情保”和“关系保”；组织民主评议应由定性评议低保申请家庭困难程度向定量评估其家庭收入情况转变，逐步提高民主评议的量化程度，降低居民对评议结果的争议。

（四）加强社会救助行政程序的管理

一是针对低保申请和审核程序流程长、环节众多的情况，在强化低保审核管理过程中，需要对程序中各个环节进行优化管理。建立申请、核查、评议、审批四个联动机制，坚持将家庭收入核查作为最基础、最核心的环节。

二是通过加强低保审核审批过程中的管理力度，进行规范化的管理，严格把关，确保低保对象的准确瞄准及公正性。在低保对象认定各个环节做到公平、公正和公开，避免“人情保”“关系保”等不规范现象的发生，从而降低保漏损。

三是增强乡镇（街道）社会救助工作力量。完善乡镇（街道）社救办事机构，保证配备与工作任务相匹配的专职低保工作人员，或由配备相应公益性岗位，协助经济状况核对等日常管理服务工作，增强乡镇（街道）工作力量，为政策执行提供必要保障。

四是建立和完善责任追究机制。要明确和细化违反家庭经济状况申报制度的相关责任。对于拒报、瞒报家庭经济状况的救助申请者，在提出申请时发现的，应当规定在一定时限内不予受理申请，在得到救助后发现的，应当取消救助待遇，追回发放的救助金，并酌情给予处罚，从制度上防止欺诈行为。对于救助机构或相关责任人因没有按照委托人的要求和技术标准而导致经济状况核查不实者，要给予有效的处理。

（五）建立社会救助对象动态跟踪机制和主动发现机制

一是建立救助对象动态跟踪机制。现实生活中，很多贫困人员往往由于很多原因并未申请社会救助。尤其是那些城市最底层的贫困者往往更容易被政策所忽视。为此，各地政府部门可以建立城市贫困动态跟踪系统，采集并跟踪城乡贫困人员的各种信息，尤其是重度残疾人员、患重特大疾病人员以及发生重大事故人员的信息，争取在贫困发生之前提前干预；同时，针对那些在保的社会救助对象要加强对其家庭经济状况跟踪核查，及时掌握其家庭经济状况的变动，做到“应退尽退”，以避免“错保”现象的发生。

二是建立社会救助对象主动发现机制，减少应保未保现象。目前的社会救助制度需要贫困人员主动申请才可能获得救助。但是现实生活中，很多贫困人员往往由于很多原因（例如，不了解政策、有耻辱感等）并未申请社会救助。尤其是那些城市最底层的贫困者往往更容易被政策所忽视。这些人不申请社会救助不仅无法解决自身的贫困问题，而且很容易发生极端事件成为媒体和社会关注的焦点。为了减少这种现象发生，需要做的工作包括两个方面：一是建立城市贫困动态跟踪系统，采集并跟踪城乡贫困人员的各种信息，尤其是重度残疾人员、患重特大疾病人员以及发生重大事故人员的信息，争取在贫困发生之前提前干预；二是可以考虑利用现代通信方式和手段，建立一个包括社会爱心人士和志愿者，民政、残联、新农合、妇联、计生委、教委等有救助项目的部门经办人在内的网络（例如，QQ 群、微信群等），让人民群众随时提供潜在社会救助对象的线索，从而减少“应保未保”现象发生。

（六）结合生计资产法提高社会救助瞄准效率

由于家庭收入和资产认定比较复杂，因此完全建立在收入和资产基础上的社会救助对象瞄准在实践中很容易造成偏差。由于收入和资产仅仅是贫困风险的一个因素，社会资本、人力资本等方面的剥夺和缺乏也是陷入贫困的重要因素。因此，采用生计资产量化分析方法能够更加准确地评估低收入家庭面临的贫困风险，有助于提高制度的瞄准效率。建议从低收入家庭生计资产的角度出发，通过构建生计资产量化指标体系，对低收入家庭生计资产进行量化分析，测算反映其贫困程度的生计资产数值，按照生计资产总值由低到高的顺序确定社会救助对象，从而提高瞄准效率。在生计资产指标确定时，应结合本地实际情况，除了与收入和消费相关的一些核心指标外，生计资产指标还应包括年龄、性别、就业、教育水平、健康状况、社会关系、住房、家用电器和用具，甚至地理位置等。

（七）加大社会救助政策宣传力度，减少漏保现象

在社会救助对象瞄准过程中之所以出现偏差，一个重要原因就是低收入家庭对现行的社会救助政策了解程度不够，这很容易造成应保未保现象。为此，各地应当结合当地实际情况，采取多种宣传方式做好社会救助制度的政策宣讲及知识普及工作，提高社会救助政策知晓率，有效降低挤出率并提高社会救助制度的覆盖率。

我国低收入居民家庭经济状况核对体系建设现状和面临的挑战[①]

一、核对体系建设现状

（一）核对体系建立历程

中国低收入居民家庭经济状况核对体系建设大体可以分为三个阶段。2009 年，民政部先后在上海等 143 个地区开展居民家庭经济状况核对试点工作。从全国的情况来看，上海市作为最早探索建立低收入家庭经济状况核对体系的省份有其特定的经济基础和社会基础。作为中国经济最发达的地区，上海市在开展家庭经济状况核对方面不仅有成熟的技术条件，而且有迫切的现实需求。早在 21 世纪初期，随着上海市社会保障制度由补缺型向“适度普惠型”转变，社会保障的项目和涉及群体不断扩容，其中一项重要的基础性工作就是掌握居民家庭真实收入情况，以避免虚报瞒报。由于居民收入类型日趋多样，核对难度越来越高，传统的入户查看、邻里访问核对机制在城市化进程中面临着严峻的挑战。据测算，上海仅廉租房、经济适用房、最低生活保障、医疗救助和教育救助 5 个项目，一年核对工作量就涉及 123.5 万户。在这一背景下，经过两年半的试点，上海市民政部门开始探索构建了经济状况核对新机制。2009 年，上海市成立了全国首个为民生政策提供经济状况权威核对信息的支持性政务平台——上海市居民经济状况核对中心，该中心将为廉租房、经济适用房、低保、医疗救助、教育救助、就业援助等社会福利政策的实施提供更明确、科学的依据。中心的居民经济状况核对系统平台，具备了与全市所有街镇联通的接入能力。完成了与市人保局、市公积金中心、市税务局、市民政局的 4 条电子比对专线的建设；中心城区 86 个街镇实现了电子比对和电子审核。[②] 为了让信息核

---

① 本课题由华北电力大学人文与社会科学学院姚建平教授参与实施。

② 曹继军：《上海成立居民经济状况核对中心》，载《光明日报》2009 年 7 月 5 日，第 005 版。

对工作具备法制化基础，2009 年 7 月 13 日《上海市居民经济状况核对办法》（以下简称《办法》）由市政府第 50 次常务会议通过，并自 2009 年 9 月 1 日起施行。《办法》第五条规定，上海市居民经济状况核对中心以及区县居民经济状况核对机构是政府批准设立的，专门负责本市居民经济状况核对具体工作的机构。第八条规定，核对机构可以运用入户调查、邻里访问、信函索证以及调取政府相关部门信息等方式开展工作。这是我国首次将居民家庭经济状况的信息核对工作写入政策文件中。另外，《办法》第六条规定，政府相关部门受理本市居民个人或者家庭提出最低生活保障、医疗救助、教育救助、住房保障等项目申请后，按照规定需要以其经济状况作为参考的，可以委托核对机构进行调查核实。这一规定明确了家庭经济状况核对必须经过申请者的委托授权，这一原则也一直为以后全国各地信息核对工作立法所采用。

第一批试点单位结合当地实际，积极探索，在低保、住房救助等领域，通过信息系统、U 盘加密或者手工核对等不同方式开展核对工作，取得了初步成效。基于第一批试点地区所取得的初步经验，民政部又组织开展了第二批城市居民家庭经济状况核对试点，进一步加强部门协作，利用分散在公安、人力资源社会保障、住房城乡建设、税务、金融、工商等单位的户籍、车辆、社会保险、房产、公积金、税收、存款、证券、个体经营等信息，探索建立分类别、跨部门、多层次的居民家庭经济状况核对机制，加强居民家庭经济状况核对机构及能力建设。试点工作的开展为居民家庭经济状况核对工作的开展积累了丰富经验，为在全国范围内推进核对体系建设奠定了坚实的基础。

目前，低收入居民家庭经济状况核对体系进入了全国推广阶段。根据民政部低收入家庭认定指导中心的数据资料，截至 2016 年 9 月，全国已有 23 个省份、221 个地级市、1426 个县（市、区）已建成核对信息系统或正在建设，其中安徽、北京、上海、江苏、江西、湖南、广东、广西、福建、海南、宁夏及青海等省（自治区、直辖市）由省级核对机构统一建设；全国共有 2755 个县（市、区）建立核对机制，并已开展核对工作，占总数的 96.5%，核对工作取得明显成效。2016 年前三季度，全国共开展各类受托核对 6196 万次。其中，开展低保受托核对 5443 万次，开展住房保障类受托核对 341 万次，开展其他受托核对 411 万次。[①] 这表明全国核对系统平台建设已经全面铺开，只是由于各地受到建设资金、人员以及其他客观条件的限制，核对平台建设的速度并不一样。北京、上海、广东等发达地区较早地完成了核对平台的建设并开展核对业务，而一些欠发达地区建设速度比较慢，甚至刚刚布局此项

① 民政部低收入家庭认定指导中心：《2016 年核对机制建设情况》，内部资料。

工作。以下从平台建设、核对程序、具体成效和法律问题四个方面来分析全国各省（自治区、直辖市）居民家庭经济状况核对体系建设的基本情况。

（二）核对体系平台建设

1. 成立机构和配备人员

家庭经济状况信息核对系统建设首先面临的问题是要成立专门机构。从机构名称来看，民政部成立的是“低收入家庭经济状况认定指导中心”。有些省份沿用了民政部的冠名方式。例如，“山西省低收入家庭认定指导中心”；而有些省市则没有使用“低收入”这个词。例如，上海市成立的是“上海市居民经济状况核对中心”，辽宁省成立的是“辽宁省居民经济状况核对中心”。从运行模式来看，主要包括独立运行模式和挂牌运行模式两种。例如，甘肃省在成立核对机构方面根据当地的实际情况就同时采取了这两种方式。截至 2014 年，省本级、14 个市（州）、86 个县（市、区）均成立了相应的核对机构。独立运行模式就是成立独立法人的事业单位，新增人员编制，全省有平凉、定西、天水、金昌等 12 个市（州）和 37 个县（区）采取这种模式；挂牌运行模式就是在社会救助部门加挂“核对中心”的牌子，不增加编制，人员从内部调剂，全省有 2 个市和 36 个县（区）采取这种模式。[①] 从湖南省的情况来看，截至 2016 年 11 月，湖南省 14 个市（州）全部成立了独立核对机构，122 个县（市、区）有 103 个建成了县级核对机构，约占总数的近九成，其中，有 48 个县（区）成立了独立核对机构，其余与救助局（股）合并，有相当一部分县区核对机构明确为副科级事业单位，部分市（州）、县（区）核对机构取得了行政身份。[②]

从全国的情况来看，截至 2016 年 9 月，全国已有 30 个省（自治区、直辖市）民政厅（局）成立了事业单位性质的核对机构，其中独立法人事业单位 19 家；建成地市级核对机构 326 家，占全国地市总数的 97.9%；建成县级核对机构 2386 家，占全国县级总数的 83.6%。核对工作队伍不断发展壮大。据统计，目前地方各级核对工作人员已达 9323 人，其中，省级 282 人，地市级 1242 人，县级 7799 人。[③] 这表明，各地对核对工作非常重视，只是根据自身的实际情况在机构设置和人员数量上存在一些差异。从调研的情况发现，在目前人员编制情况十分紧缺的情况下，

---

① 甘肃省民政厅调研组：《甘肃居民家庭经济状况核对机制建设情况的调研报告》，载《中国民政》2014 年第 12 期。

② 湖南省低收入家庭认定指导中心：《2016 年 TCC6 项目湖南省居民家庭经济状况核对信息系统建设总结》2016 年 11 月。

③ 民政部低收入家庭认定指导中心：《2016 年核对机制建设情况》，内部资料。

核对系统作为新增的部门在各地还是得到了不同程度的重视，并在短时间内迅速发展起来。

2. 运行机制建设

居民家庭经济状况核对机制建设具有领域广、部门多、专业性强等特点。在核对系统建设运行机制建设方面，各地的做法也存在一些差异。例如，甘肃省在核对机制建设方面最重要的措施之一是建立了联席会议制度。即省、市、县三级均成立了核对工作领导小组或联席会议，省级成员为 27 个，市、县级成员数不等，初步形成了“政府主导、民政牵头、部门协作”的核对工作机制，并明确了部门职责分工。2012 年，宁波市的核对系统建设被市委、市政府列入“三思三创”破解难题项目，并成立由市政府主要领导任组长的核对工作领导小组，在民政部门设立办公室，形成了“党委领导、政府主导、民政牵头、部门协同”的工作机制和组织网络。①哈尔滨市以市政府名义出台了《关于建立城市居民收入和财产信息核对机制的通知》，明确了民政部门是居民家庭经济状况信息核对工作的主管部门，负责协调各核对部门按职责分工，形成了以“入户调查、邻里访问、信函取证”为基础，以市、区“联审互评、联检互查”为辅助，以“居民家庭经济状况信息核对”为依托的上下联动的政策保障机制，保证了核对工作有效实施。山东省日照市自被确定为全国首批城市居民家庭收入核对试点单位以来，按照建立一个机构、落实一支队伍、建设一个中心、健全一个机制、打造一个平台的“五个一模式”，推进居民家庭经济状况核对工作。值得一提的是，日照市在信息核对工作的基础上建立困难居民基本情况数据库，并对受助情况分类标志，这在全国具有一定的特色（见专栏 1）。

专栏 1：山东省日照市城市居民家庭经济状况核对的“五个一模式”

一个专门办事机构和一支专职队伍

日照市在市、县两级成立领导小组，由市及区（县）政府分管领导任组长，民政、发展改革委（局）、人民银行等 13 个部门负责人为成员，负责市、县（区）核对工作的领导、组织和指导，领导小组定期召开工作例会，协调解决机构设置、人员配备、经费落实、部门协调等问题。市政府明确市民政局为全市居民家庭经济状况核对工作主管部门，并在市民政局专门设立市城乡居民家庭经济状况核对中心，法人性质为民办非企业单位，负责全市居民家庭经济状况核对管理工作。

通过政府购买服务方式，日照市公开招聘 6 名政治素质高、具有较强专业知识的专职工作人员，经统一学习培训后从事核对工作。各区（县）也采取增加编制、

① 封松定、王挺、周益平：《宁波市居民家庭经济状况核对机制建设实践》，载《中国民政》2015 年第 7 期。

购买服务或者设立民办非企业单位的方式，成立社会救助综合服务大厅，分别配备4—7名工作人员。

一个综合服务中心

日照市充分发挥核对中心信息比对、管理基本数据库、检查监督和统筹职能，通过核对中心开展四项基本业务：对所有救助申请人家庭经济状况进行核对、复查，出具核对报告，为救助审批提供依据；动态搞好核查和救助对象普查，分类建立救助资源数据库；在建立困难群众资源数据库基础上，根据不同救助情况，为住房和城乡建设等部门提供受助人员名单，实现社会救助资源整合。市民政局依托核对中心成立市社会救助服务中心，开通“8816995”救助热线，承担经济核对、信息采集、政策咨询、投诉举报等四项职责，发挥核对系统在核查数据、整合资源、收集民意、督察督办等方面的主渠道作用。

一个核对运行机制

基层受理单位将申请廉租住房、低保、教育救助等人员的名单，通过电子比对专线传输到居民家庭经济状况核对中心，核对中心接收后，对13个核对部门发送查询指令，有关部门在规定时限内查询并反馈结果，核对系统自动生成核对报告，基层受理单位根据输送回的核对报告确定能否给予救助以及救助数额等。

一个综合管理平台

日照市将救助信息全部纳入社会救助信息系统，并依托这个平台，建立居民家庭信息核对系统，加强不同救助政策、救助项目间的整合衔接，推动社会救助管理一体化。有关部门在实施救助时，将申请救助人员名单交民政部门通过核对中心核对确认，或由民政部门提供符合救助项目条件的受助人员名单，实施救助后将救助情况及时反馈。市及各区（县）民政部门建立困难居民基本情况数据库，对受助情况分类标志，配合相关部门做好“提供基础名册、出具相关证明”等辅助性工作。

资料来源：陈祥剑：《日照城市居民家庭经济状况核对的“五个一模式”》，载《中国社会报》2012年8月22日，第005版。

3. 平台开发和数据共享

建立核对平台，通过现代信息技术实现自动核对，是居民家庭经济状况核对体系建设的最重要的工作。在平台开发的技术指标、资金来源、不同部门信息对接方式、建设速度等各环节，各地的做法也有一定差异。湖南省是全国第一个使用民政部基础信息平台的省份，居民经济状况核对信息系统建设立足全省一盘棋，打造核对软件2.0系统，采取省级统一开发，市、县级统一使用的模式。2014—2016年，通过以奖代补等方式，争取省财政每年向市县安排平台建设补助资金500万元。2016年1月，组织全省14个市（州）近30个试点县（区）参与上线测试，统一使用省级核对系统开展社会救助信息核对工作。9 月，湖南省居民家庭经济状况核对信息系统正式上线，全省所有市（州）、县（区、市）都统一使用省级核对系统，各市（州）、县（区、市）均可通过省级平台使用省级信息数据开展信息化核对业务，长沙、湘潭、永州、常德分别建成了与省级连通的市级核对信息系统，标志着居民家庭经济状况核对工作正式迈入了信息化核对的新阶段。① 在信息对接和共享方面，湖南省积极对接省直有关部门，在联合印发《湖南省城乡居民家庭经济状况核对办法》的基础上，与财政、公安、卫生、工商、地税、残联等部门达成省级信息共享协议。目前，实现合作的省级部门已达 7 个，在户籍人口、机动车辆、财政人员供养、工商开户、大病医疗救助、税务登记、残疾人登记等方面实现了行之有效的信息共享。同时，湖南省积极筹备完成核对系统的部省对接，使用公民股票证券信息，进一步提升核对工作水平。②

哈尔滨市依托政府人口信息管理系统、哈尔滨市社会救助管理系统建立信息核对平台。截至 2017 年 5 月，与市人社局、市公积金管理中心、市工商局、市公安局、市房产住宅局、国家证券结算中心等 11 个单位建立了跨部门的居民家庭经济状况信息核对管理平台，实现了包括养老金、失业金、公益性岗位工资、协管员工资、公积金缴纳信息、个体商户信息、企业法人信息、出租车营运信息、房屋产权信息、车辆信息、死亡信息、婚姻信息、残疾人信息、证券信息等 18 项经济状况信息的核对。部门间实现了信息资源共享，基本满足了对申请社会救助对象入口关、出口关的管理与监督的需求，极大地提升了市社会救助工作的科学化和规范化管理水平。宁波市按照先易后难、逐步推进的实施原则，提出了“四个统一”，即统一规划规范、网络平台、技术标准、基础支撑，防止盲目铺摊子、建系统，影响市、县（市、区）、乡镇（街道）三级信息化网络作用的发挥。在规划规范上，按照市部署和标准要求组织实施；在网络平台建设上，通过政府采购方式，委托网络公司开发居民家庭经济状况核对信息系统；在技术标准上，加强数据整合，与民政社会救助信息平台进行数据对接，规范操作规程，打造高度共享的综合信息平台；在基础支撑方面，加强流程整合，打破部门信息分割，确保信息建设完整统一。目前共协同民政、人社、公安、住建、工商、国税、地税、国土、海洋渔业等 9 个部门 13 类信息资源，实现 24 小时数据采集、自动比对。③ 甘肃省核对平台建立和运行比较晚。庆阳市西

---

① 湖南省低收入家庭认定指导中心：《2016 年 TCC6 项目湖南省居民家庭经济状况核对信息系统建设总结》，2016 年 11 月。

② 民政部低收入家庭经济状况认定指导中心：《关于湖南省核对机制建设情况的调研报告》，内部资料。

③ 封松定、王挺、周益平：《宁波市居民家庭经济状况核对机制建设实践》，载《中国民政》2015 年第 7 期。

峰区是甘肃省较早开始核对工作的县区，从2009年开始，该区率先与区工商、人社、住房公积金等部门开展手工核对工作。2014年，该区逐步扩大信息核对合作部门，与市直房产、公积金、车管等部门开展信息核对对接工作。2014年9月，陇南市民政局自主研发的城乡低保信息比对系统在9个县（区）正式启用，并对核对工作人员进行了操作培训。①

各部门之间的数据共享和对接是核对信息平台的关键，也是核对体系关键的难点。调研发现，各地民政部门为了实现同其他有关部门的数据共享，采用的手段和策略各不相同，甚至是部门间相关负责人的私人关系都可能影响到能否顺利实现数据的对接。山东省的核对信息平台是最早与部级实验平台完成了系统对接的省份。在省级层面，山东省实现了与3个部门7类数据的实时比对，与人社、国税等5个部门进行了测试，并积极推动了省市对接和市级部门对接工作。同时在政策法规体系、岗位人员结果及培训考核、核对信息化建设、核对大数据分析4个方面重点开展工作，全面提升核对工作的规范化水平，参见专栏2。

专栏2：山东“部省市县”四级核对平台对接互联

近日，山东省社会救助家庭经济状况核对平台省市对接启动暨签约仪式在省民政厅举行。省核对信息平台与枣庄、烟台、济宁、滨州4市核对信息平台实现首批对接。由此，山东省在全国率先实现了“部、省、市、县”四级核对平台对接互联。

构建四级贯通“1+N”核对模式，推进信息资源共享

山东省核对中心从横向上按照“1+N”模式，在省级层面力推与公安、人社、财政、地税、工商、住建、农业等部门的信息对接，并将民政的婚姻、殡葬、社会组织等信息与多部门共享。截至目前，省级核对机构已经与民政内部的婚姻和殡葬，省公安厅的人口和车辆，省工商局的个体工商户、企业以及农业合作社，省农机局的农机挂牌和农机补贴，省人社厅的5类社会保险、基础养老金及失业金领取，省地税局的纳税登记和税款征收等18类数据实现了省级在线实时比对。纵向上，开展部省、省市、市县之间核对平台对接，2016年完成与民政部核对实验平台对接测试，在全国率先实现部省平台对接。在此基础上，今年积极推进省市核对平台对接工作，在全国率先实现了“部、省、市、县”四级核对平台对接互联。

资料来源：张强：《山东“部省市县”四级核对平台对接互联》，载《中国社会报》2017年6月1日，第004版。

---

① 甘肃省民政厅调研组：《甘肃居民家庭经济状况核对机制建设情况的调研报告》，载《中国民政》2014年第12期。

（三）家庭经济状况信息核对程序

家庭经济状况信息核对涉及适用范围、主管部门、核对委托、可支配收入的认定、家庭财产的认定、核对报告的出具、汇总认定、委托复核等内容。从各地出台的信息核对政策文件来看，大体可以分为四个部分：

1. 信息核对行政部门及分工

各地信息核对的主管部门都是民政部门。例如，上海市规定，市民政局主管本市城乡居民最低生活保障申请家庭经济状况的核对工作。各区民政局负责本行政区域内城乡居民最低生活保障申请家庭经济状况核对工作的组织和实施。但是，由于民政部门所掌握的家庭状况信息有限，信息核对所需要采集的信息分布于政府不同部门及相关事业单位。因此，信息核对工作需要各个相关部门的配合，主要涉及的部门有公安、交警、住建、工商、税务、银行、人社等部门，并且各部门所掌握的居民信息是不一样的（见专栏 3）。

专栏 3：江西省奉新县各部门居民家庭经济状况核对工作的职责分工

县人民政府相关部门应在各自职责范围内配合做好居民家庭经济状况核对有关工作，并落实专人负责居民家庭经济状况有关信息的核查工作。

县公安局负责提供核对对象的户籍以及近几年死亡人员等信息，并做好有关信息协查的工作。

县交警大队负责提供核对对象车辆拥有等信息，并做好有关信息协查的工作。

县房管局负责提供核对对象的房屋登记、交易和房屋租赁等信息，并做好有关信息协查的工作。

县工商局负责提供核对对象的工商注册登记、生产经营情况等信息，并做好有关信息协查的工作。

县国税局、地税局负责提供核对对象的纳税情况等信息，并做好有关信息协查的工作。

人民银行奉新支行、银监办负责协调金融单位，在核对对象的书面授权情况下，各金融单位提供核对对象的存款、股票红利、债券利息、基金红利、有价证券等信息，并做好有关信息协查的工作。

县供电公司负责提供核对对象的用电量、缴费额等信息，并做好有关信息协查的工作。

县文化教育局负责提供核对对象子女就读民办学校、非义务教育择校情况等信息，并做好有关信息协查的工作。

住房公积金管理中心奉新办事处负责提供核对对象的住房公积金缴纳和使用、房屋贷款等信息，并做好有关信息协查的工作。

县社保局负责提供核对对象领取社会保险养老金等信息，并做好有关信息协查的工作。

县就业局负责提供核对对象就业和从事公益岗位等信息，并做好有关信息协查的工作。

资料来源：《奉新县居民家庭经济状况核对实施细则（试行）》，本细则自印发之日起实施（2015 年 5 月 25 日）。

2. 信息核对的内容

家庭经济状况核对的第一项内容是收入。收入来源十分复杂，但是大体可以分为工资性收入、经营性收入、财产性收入和转移性收入四类。在实践中，并非所有收入都要纳入信息核对进行计算，有些收入在经济状况核查时可以排除在外。例如，2014 年实施的《麻阳苗族自治县城乡低收入家庭经济状况核对认定办法（试行）》中，下列收入不计入家庭收入：（1）政府给予的奖金和特殊津贴，省级以上劳动模范退休后享受的荣誉津贴，中华人民共和国成立前入党未享受离退休待遇的老党员生活补贴；（2）优抚对象享受的抚恤金、补助费、护理费、保健金和义务兵家属优待金，退役士兵安置补偿费；（3）政府、社会和学校给予贫困在校生的助学金、奖学金和生活补贴；（4）政府、社会组织和个人给予的临时性生活救助金、医疗救助金；（5）因工（公）负伤人员的工伤医疗费、护理费、一次性伤残补助金、残疾人辅助器具费，因工（公）死亡人员的丧葬补助费、一次性抚恤金、人身伤害赔偿金；（6）从业人员按规定由所在单位代扣代缴的社会保险费；（7）土地、房屋征收补偿费中用于购买（或重建）住房（建筑面积不超过 90 平方米）、缴纳基本社会保险费的部分；（8）计划生育奖励扶助金；（9）见义勇为奖励金；（10）百岁老人长寿金。实际上，究竟哪些收入在家庭经济状况核对时可以排除在外，全国并没有统一的规定，各地略有差异（见专栏4：湖南省邵阳市家庭经济状况核对关于收入的规定）。

家庭经济状况核对的第二项内容是资产。家庭资产主要包括存款、住房公积金、有价证券、房产、车辆以及大件家电、金银饰品及其他财产等。一般说来，越是富裕地区，其家庭资产的形式和种类越多，因此相关政策文件规定也会越详细。例如，2014 年上海市出台的《城乡居民最低生活保障申请家庭经济状况核对实施细则》规定，需要核对的家庭资产包括现金和银行存款、有价证券、债权、商业保险、居住类和非居住类房屋、机动车辆（含车辆牌照）、古董、艺术品等其他有较大价值的财产。同时，家庭资产还有一定的城乡差别。例如，2013 年出台的《南漳县居民家庭经济状况核对办法（试行）》规定家庭资产包括实物财产、货币财产、动产、不动产和知识产权四个部分。其中动产包括货币、存款、债券、股票、古董、艺术品等；不动产包括房屋、承包经营地上的树木、农作物、花草等；知识产权包括工业产权和著作权等。

专栏 4：湖南省邵阳市家庭经济状况核对关于收入的规定

第十条 家庭收入是指申请家庭全体成员在申请前 6 个月内所拥有的全部可支配收入，包括扣除缴纳的个人所得税以及个人缴纳的社会保障支出后的工资性收入、经营性净收入、财产性收入以及县级以上民政部门认定的其他应当计入的收入：

（一）工资性收入：工资、奖金、津贴、补贴、福利及其他劳动服务所得的报酬（扣除缴纳个人所得税和社会保险支出）。

（二）经营性净收入：从事生产经营所获得的全部营业收入（销售收入）扣除经营性支出后的收入。

（三）财产性收入：土地和房屋出租收入、存款利息、有价证券股息红利、保险受益、其他投资收入、知识产权收入、财产出售收入（含房屋拆迁补偿收入）、其他财产性收入。

（四）转移性收入：养老金或离退休金、基本生活费、失业保险金、遗属补助费、赔偿收入、捐赠收入、遗产收入、赡养（扶养、抚养）收入、提取住房公积金、一次性安置费和经济补偿金。

（五）经认定其他应计入的收入。

第十一条 下列收入不计入家庭收入：

（一）政府给予的奖金和特殊津贴，省级以上劳动模范退休后享受的荣誉津贴，中华人民共和国成立前入党未享受离退休待遇的老党员生活补贴；

（二）优抚对象享受的抚恤金、补助费、护理费、保健金和义务兵家属优待金，退役士兵安置补偿费；

（三）政府、社会和学校给予贫困在校生的助学金、奖学金和生活补贴；

（四）政府、社会组织和个人给予的临时性生活救助金、医疗救助金；

（五）因工（公）负伤人员的工伤医疗费、护理费、一次性伤残补助金、残疾人辅助器具费，因工（公）死亡人员的丧葬补助费、一次性抚恤金、人身伤害赔偿金；

（六）从业人员按规定由所在单位代扣代缴的社会保险费；

（七）土地、房屋征收补偿费中用于购买（或重建）自住住房、缴纳基本社会保险费的部分；

（八）计划生育奖励扶助金；

（九）见义勇为奖励金；

（十）百岁老人长寿保健金；

（十一）经民政部门认定不计入收入的其他收入。

资料来源：《邵阳市低收入家庭经济状况核对认定办法（试行）》，2014 年。

3. 信息核对的行政程序

家庭经济状况信息核对行政程序主要包括核对申请、核对委托、受理和审核、发起核对、异议申诉、结果审批六个环节。

第一，申请。家庭经济状况核对涉及居民的个人隐私信息，因此社会救助者在申请救助过程中实际上要对相关部门进行授权才能进行核对。家庭经济状况核对需要申请者个人或家庭向户籍所在地乡镇/街道人民政府提出申请，填报救助申请家庭诚信承诺书，并提供县民政部门及乡镇人民政府对其家庭成员的收入和财产状况进行核对的授权书等相关资料。一般说来，除了填写相关表格之外，需要提供家庭基本情况、收入和资产三类材料。例如，2015 年发布的《奉新县居民家庭经济状况核对实施细则（试行）》（奉府办发〔2015〕18 号）第十二条规定，申请家庭应当以户主为申请人，以家庭为申请单位，向户籍或居住所在地的乡镇（场、管委会、办事处）人民政府提出书面申请，并按规定提交下列证件和材料：

一是必须提供的材料。(1)《奉新县居民家庭经济状况核对申报家庭声明及授权书》；(2)《奉新县居民家庭经济状况申报调查审定表》；(3) 家庭成员户口簿、居民身份证原件及复印件；(4) 成年家庭成员的婚姻状况类证明（结婚证、离婚证、未结婚登记证明）。

二是根据实际情况提供的材料。(1) 收入类证明：①有固定工作的，应提供《奉新县居民家庭经济状况核对申报家庭从业人员收入证明》并附银行个人工资发放明细单；②已缴纳基本养老、基本医疗、失业等社会保险的，应出具相应的缴费凭证原件及复印件；③一次性经济补偿和安置应提供安置协议和补偿费使用情况等相关证明材料；④有效的家庭成员收入及赡养、抚（扶）养义务人收入证明；⑤在外务工的，应提供由用工单位或雇主出具的收入证明；⑥根据需要提供的其他证明材料。(2) 财产类证明：①房屋属自有产权的，应提供房产证原件及复印件；有房屋使用权而无产权的，应提供由居住地居委会提供相关的证明材料；属租房居住的，应提供租房协议原件及复印件；属借住亲友房屋的，应提供产权证复印件和产权人证明；②人民银行奉新县支行出具的家庭成员个人信用报告；(3) 根据需要提供的其他材料：①有子女在私立学校就读的出具学校就读证明；②核对机构要求出具的其他材料。

第二，核对委托。家庭经济状况数据资料比较敏感，因此家庭经济状况核对通常需要救助部门向核对中心委托授权之后才能开展。例如，青岛市规定，核对委托由区（市）民政部门根据镇人民政府（街道办事处）的核对申请情况统一发起，批量委托。再如，2015 年出台的《奉新县居民家庭经济状况核对实施细则（试行）》第十五条规定，县专项救助部门通过组织入户调查、邻里访问、信函索证、行业评估、支出推算、民主评议等方法对申请保障家庭资格审查后，认为需要核查申请保障家庭经济状况的，委托县核对中心进行核对。专项救助部门委托时，需要开具《奉新县居民家庭经济状况核对委托书》，并附《××部门委托进行居民家庭经济状况核对移交清单》，给县核对中心。

第三，受理和审核。核对中心统一受理各区（县）民政部门的核对委托。自收到区（县）民政部门的核对委托后，市核对中心应当及时开具收件收据。对不符合核对要求的，及时退回并告知不予接受委托的理由及应补齐的材料。对符合核对要求的，及时受理。

第四，发起核对。核对中心对经审核并受理的核对委托，通过共享相关部门的数据信息，组织开展核对工作，实现直接联通的部门信息进行实时核对。目前一些地方的部门间信息没有共享，因此对于间接联通的部门信息需要进行移动存储数据交换核对。核对的时间有的地方长，有的地方短。例如，《文成县居民家庭经济状况核对实施办法（试行）》（文政办发〔2011〕265 号）规定，县居民家庭经济状况核对机构在 7 个工作日对申请对象材料进行审查，在完成各项信息的核对后，出具核对结果，并以书面形式反馈专项救助主管部门。而 2015 年实施的《湘潭县城乡居民家庭经济状况核对办法（试行）》规定，县救助申请家庭经济状况核对中心在收到乡镇人民政府上报申请人的《湘潭县社会救助申请书》和《湘潭县救助申请家庭诚信承诺及授权声明》等有关材料后，在 30 个工作日内对申请人家庭的收入和财产状况进行人工核对、信息比对、实地调查，得出申请人家庭经济状况结果，出具家庭收入和财产的核定结论。

第五，异议申诉。对核对结果有异议的申请人，一般可以向相关社会救助和社会保障项目主管部门提出申诉，由主管部门统一答复申请人。

第六，结果审批。核对中心给出家庭经济状况核对结果后，民政部门根据救助办法规定的要求对符合救助申请家庭条件的，由乡镇/街道人民政府在申请人所在村（社区）张榜公示 7 日，公示无异议的由县民政局予以审批；对不符合条件的，依法不予认定，并由乡镇/街道人民政府书面告知（见专栏 5）。

专栏 5：湖南省湘潭县关于城乡居民家庭经济状况核对程序的规定

第六条　申请社会救助，按照下列程序办理：

（一）申请。以家庭为单位，以户主为申请人，向户籍所在地的乡镇人民政府提出书面申请，填报救助申请家庭诚信承诺书，并提供县民政部门及乡镇人民政府对其家庭成员的收入和财产状况进行核对的授权书等相关资料。

（二）受理。上述申请由乡镇人民政府受理，受理单位应当告知申请人相关事项及应提供的材料。材料齐全的应予以受理登记；材料不齐的，退回并告知应补齐的材料。

（三）审核。乡镇人民政府受理后，在15个工作日内完成入户调查、邻里访问、单位取证、民主评议等工作，并将评议结果在申请人所在村（社区）进行张榜公示7日。符合认定条件且公示后无异议的，在申请表上签署意见连同相关证明材料和表格报县救助申请家庭经济状况核对中心。

（四）核对。县救助申请家庭经济状况核对中心在收到乡镇人民政府上报申请人的《湘潭县社会救助申请书》和《湘潭县救助申请家庭诚信承诺及授权声明》等有关材料后，在30个工作日内对申请人家庭的收入和财产状况进行人工核对、信息比对、实地调查，得出申请人家庭经济状况结果，出具家庭收入和财产的核定结论。

（五）审批。县民政部门根据本办法规定的要求和救助申请家庭经济状况核对中心的核定结论及有关证明材料，对符合救助申请家庭条件的，由乡镇人民政府在申请人所在村（社区）张榜公示7日，公示无异议的由县民政局予以审批；对不符合条件的，依法不予认定，并由乡镇人民政府书面告知。

资料来源：《湘潭县城乡居民家庭经济状况核对办法（试行）》，2015年4月15日。

4. 监督和责任追究

责任追究也分为两个部分，即对民政核对工作人员的责任追究和对救助申请人员的责任追究。

工作人员的失职行为责任追究主要是信息泄露追责。对于核对中心而言，为保护公民隐私等合法权益，未经申请家庭授权，不得对其进行家庭经济状况核对，对涉及的申请家庭及其成员的相关信息，不得用于为社会救助政策执行提供依据之外的其他方面；从事城乡低收入家庭核对工作的人员应当对在工作过程中所获得的涉及申请家庭及其成员的相关信息严格保密，不得向与核对工作无关的任何组织或者个人泄露。为了防止工作人员泄露个人信息，需要建立一整套相关制度。因工作人员玩忽职守、滥用职权、徇私舞弊，一旦泄露个人信息并造成伤害，除了予以行政处分之外，最高可以追究刑事责任。

社会救助申请人员的责任追究可以分为两种情况：一是故意隐瞒或欺骗行为。例如，《奉新县居民家庭经济状况核对实施细则（试行）》（奉府办发〔2015〕18号）第十三条规定，申请救助家庭因隐瞒家庭收入和家庭财产，提供伪造证件和虚假证明等行为而骗取专项救助待遇的，一经发现，县核对中心取消已出具的收入核对认定结论，专项救助主管部门追回所得物款，并记入个人信用信息基础数据库及有关部门建立的诚信体系。第十五条规定，国家机关、企事业单位、社会团体、村（居）委会以及其他单位、组织出具虚假证明的，由县民政局提请其上级主管部门或纪检监察机关予以调查处理。二是阻碍执法行为追责。社会救助涉及贫困人员的直接利益。一些得不到的人可能因为种种原因而采取极端行为。为此，相关政策文件也有责任追究的规定。例如，2015 年实施的《永兴县城乡低收入家庭经济状况核对实施细则》第四十一条规定，无理取闹、侮辱、殴打城乡低收入家庭经济状况核对工作人员，或阻碍国家机关工作人员依法执行职务的，依法予以处理，构成犯罪的，依法追究刑事责任。

（四）核对体系建设成效

1. 信息核对的优势

传统的家计调查方法包括入户调查、邻里访问、信函索证三种方式。但这三种方法都各有其自身的局限性，并在一定程度上制约了社会救助制度的发展。近年来，家庭经济状况信息核对技术的发展为家计调查提供了更好的平台。与传统方法相比，信息核对能够迅速查清申请家庭的收入和资产状况，并且更加客观和公正。在目前工作人员和工作经费比较紧张的情况下，信息核对不仅可以节省大量人工成本，并且在实践中越来越表现出对传统生计资产调查方法的替代性优势，主要表现在：（1）针对已经进入社会救助制度的低保对象重新进行信息核对，能够将那些不符合条件的人员挑选出来，并把他们清除出去，这样不仅可以大量节省财政经费，也能在一定程度上消除过去传统方法不准确而造成的“骗保”“错保”带来的不良社会影响。（2）信息核对不仅可以检出“错保”的受助者，更重要的是能够阻吓那些妄图钻政策空子企图骗保的人。（3）由于信息核对给出的收入和资产状况核对结果是客观标准，相比于社区评议、邻里访问、信函索证等传统方法更加公正和权威，能够很大程度上减少纠纷。（4）核对平台建设符合信息化和法制化的发展趋势。电子政务不仅更加高效快捷，而且每一个环节都是可以查询的，这在很大程度上可以阻止腐败现象的发生，符合依法行政的新要求。

2. 具体成效

核对系统建设的目标之一就是要避免错保现象，以便节约公共财政资金。核对系统建设以来，各地开始用来启动对参保对象进行核查，并取得了显著成效。截至 2014 年 9 月中旬，甘肃省各地通过入户调查、信息比对等形式共清退不符合低保条件的对象 11.9 万户，补充新增符合低保条件的对象 10.02 万户，查处具体问题 237

起，追缴低保资金55.98万元。[①] 哈尔滨市每季度对原有社会救助家庭经济状况复核，确保了救助对象动态管理的及时性、针对性和有效性，每月对新申请社会救助的家庭进行核对。开展核对工作6年来，哈尔滨市社会救助对象逐年递减，2010年，哈尔滨市社会救助对象44万余人，全市社会救助对象减至34万余人。以2016年为例，哈尔滨市对5.9万新申请社会救助对象的经济状况进行核对，有9412人未如实申报家庭收入和财产，查出率占总申请人数的15.9%。对原有社会救助对象34万人进行核对，检出不符合社会救助条件家庭3171户。2015年6月到2016年7月期间，山东省青岛市居民家庭经济状况核对中心共核对129608户219846人，检出异常核对报告25766份，报告总体异常率19.88%；通过入户调查、邻里走访等其他方式核查后，最终未通过审批的共12401份，未通过率9.57%。从低保业务来看（含新申请、复核），青岛市通过信息核对被挡在低保之外的共20437人，按照2016年上半年低保月人均补差510元标准（城市月人均补差673元，农村月人均补差459元）测算，每年可减少救助资金支出1042.23万元。从低保边缘认定业务来看，通过信息核对被挡在这一群体之外的共4224人，按照医疗救助年人均补差2215元标准测算，每年可减少救助资金支出935.62万元。以上两项业务合计，每年可减少财政支出为1977.85万元。[②] 从湖南省的情况来看，2016年1到10月全省累计完成对340.8万人次的低保救助及46.9万人次的住房救助申请对象的受托核对工作，分别检出71.0万人次和3.4万人次，其中，运用省级核对系统完成对全省25799人次的低保救助及2332人次的住房救助申请对象的受托核对工作，分别检出4695人次和244人次，节约财政资金5亿余元。[③] 武汉市信息核对系统建设成效情况请参见专栏6。

从全国的情况来看，截至2016年9月，全国各类受托核对的不实申报检出率为6.91%。其中，低保不实申报373万次，检出率6.85%，上半年节约低保资金55.73亿元；住房保障类受托核对不实申报31万次，检出率8.98%，根据住房城乡建设部有关数据计算，前三季度节约投资525.54亿元；其他受托核对不实申报25万次，检出率6.04%。[④] 另外，也有学者从研究的角度来评价信息核对体系建设的成效。例如，刘万里等人基于2003—2014年全国城市的低保数据，设计一个自然实验框架，采用综合控制方法（SCM）构建了可比对的虚拟上海市，以评估部门协作、信息共享来提高瞄准效率的效果。研究发现，与近似家计调查相比，可信收入凭证的获取

---

① 甘肃省民政厅调研组：《甘肃居民家庭经济状况核对机制建设情况的调研报告》，载《中国民政》2014年第12期。

② 青岛市居民家庭经济状况核对中心：《青岛市核对工作开展情况汇报PPT》，2017年3月6日。

③ 湖南省低收入家庭认定指导中心：《2016年TCC6项目湖南省居民家庭经济状况核对信息系统建设总结》，2016年11月。

④ 民政部低收入家庭认定指导中心：《2016年核对机制建设情况》，内部资料。

使城市低保的瞄准率提高了三成。研究也发现，以往城市贫困人口黏滞的原因，则来源于民政部门甄别能力的不足，非低保标准提升和福利依赖等因素。如果按上海版本的核对系统切实推进，全国低保人数预计将减少 647. 90 万—1509. 76 万人。[①] 信息核对工作极大地提升了社会救助的公正性和公信力，提高了社会救助的瞄准率，并节省了财政资金。随着居民家庭经济状况核对服务领域逐步拓展，辐射带动作用将日益显现，服务社会政策作用逐渐显现。

专栏 6：武汉市清理万余户低保超标家庭

以往核查申请低保家庭的收入和财产信息，民政部门采取的是入户调查、邻里走访、信函索证等传统方式。由于不能准确掌握申请家庭的经济状况信息，容易出现“关系保”“人情保”和错保现象。武汉市作为民政部第二批居民家庭经济状况信息核对工作试点城市，先后投入 560 余万元资金全面建成居民家庭经济状况核对系统，与人社、房管、工商、公安交管等 12 家单位实现信息共享，准确掌握申请社会救助家庭的户籍人口、房产、车辆、工商登记等 15 项涉及家庭经济状况的信息。去年，通过信息核对，全市共清理或审批不予通过超标家庭 10323 户，避免低保资金损失约 5000 余万元，大大提高了救助资金的使用效率。据了解，有部分可能不符合救助条件的申请家庭在得知有系统核对时，自动放弃了救助申请。

今年居民家庭状况信息核对系统将开通与银行、保险、证券部门的信息核对，了解和掌握申请社会救助家庭的存款、理财和投资证券等信息。去年 12 月，武汉市先期核查了 119 户申请救助家庭的银行信息，核出疑似超标对象 8 户，存款最高的一户达到 26 万余元。今年年初，该低保户被取消低保资格，该低保户对低保中心出具的核对信息确认无误，表示不再上诉、不再隐瞒事实。随着社会救助的开展，核对系统将拓展范围，针对住房保障和助学工程、临时救助、医疗救助等社会救助业务，陆续开发住房保障业务和低收入业务，其中低收入核对业务可为多项救助审核提供参考依据。

资料来源：王志新、周钢：《我市清理万余户低保超标家庭》，载《长江日报》2015 年 3 月 6 日，第 012 版。

（五）信息核对的主要法律问题

虽然信息核对在技术上已经成熟，但是具体运用到社会救助工作中仍面临着诸

---

① 刘万里、吴要武：《精准识别：用技术完善城市低保的退出机制——以上海家庭经济状况核对系统为例》，载《经济学报》2016 年第 4 期。

多法律问题。信息核对行政过程中每一个环节出现错误都可能造成严重后果，因此需要相关法律文件进行规范。从各地的探索和实践具体情况来看，居民家庭经济状况核对过程中涉及的法律问题主要包括以下几个方面：

1. 社会救助对象的委托授权问题

在社会救助过程中，社会救助对象的经济状况是其能否依法获得社会救助的重要依据。如何做到既不侵犯社会救助对象的人身权和财产权，又能够查清其经济状况？《社会救助暂行办法》对此做了“权利让渡”的制度规定。该制度规定，社会救助对象可以委托社会救助经办机构或管理机构对自己的经济状况进行查询，而上述机构再委托县以上人民政府所属核对机构对其经济状况进行全面查询、调查，获得相关信息资料。核对机构把所查询出具的结果告知委托人，委托人据此做出救助与否的决定。依照民法通则的规定，公民法人可以通过代理人实施民事法律行为。社会救助对象对自身经济状况查询，向掌握并拥有自身经济状况信息、资料的单位或部门咨询，有关单位或部门据实提供信息或资料证明，双方发生的关系是为信息资料的获取与提供而产生的平等权利义务关系，是一种民事法律行为。因此，社会救助对象委托授权于法有据，权利让渡受到保护。在社会救助对象申请救助时，经常出现户主代其妻子、儿女签名的情况。这种委托是否有效值得分析。如果户主的代签名委托得到被代签人的认可，则该代签委托对被代签人有效。为防止无效代签委托授权产生的不良法律后果，要在制度上建立实名见证委托制度。户主与有完全民事行为能力的户员要亲自签名或按手印，共同确认授权内容。对于无效的委托，社会救助经办机构、管理机构、核对机构一律不得接受，工作中应该从严把握。

2. 核对报告的法律属性问题

核对报告是核对机构依据请求和委托，就委托的居民家庭经济状况进行查询、比对后所做出的结果。核对结果是具有法律效力和证明力的书面性材料和证据。根据《社会救助暂行办法》的规定，社会救助家庭经济状况核对结果为审核认定社会救助对象的依据。从行政执法理论上讲，它是行政执法的重要证据，具有合法性、真实性、关联性。核对报告是核对机构通过信息平台收集、调查所取得的资料。它是民政行政执法中所运用的一种新的、具有信息数据内容的证明材料，有直接证明的作用。当社会救助对象提出救助行政诉讼时，核对报告在社会救助资格认定上具有本证、直证的功效作用，它是核对机构做出的具有法律证明力的书面证据。核对报告写明了居民收入状况、人口状况，以客观性描述为主要表达形式，以指出差异、瞄准申报与核对差异为重心，个别地方直接计算到偏差值，以数字说话，十分有说服力，在法律上产生纠纷的可能性也大大降低。

3. 信息共享协议的性质问题

信息共享、互联互用是核对机制建设的重中之重。不少单位担心数据丢失、破坏或泄密，不愿意互联互用。应该说，信息共享、互联互助是《社会救助暂行办法》规定的一个亮点和创新点，也是顺应大数据、云平台时代来临的一个重要举措。实现信息共享，关键在法律保障。《社会救助暂行办法》规定，民政部门可以通过户籍管理、税务、社会保险、不动产登记、工商登记、住房公积金管理、车船管理等单位和银行、保险、证券等金融机构查询、核对申请或者已获得社会救助家庭收入状况、财产状况，有关单位和金融机构应当配合。建议相关机构签订信息共享协议确定共享各方的权利义务和责任。今后，随着共享对象的增多、核对覆盖面的扩大，行政协议将逐渐被行政合同所替代。救助管理机构与共享的企、事业法人单位或个人签订行政合同，明确双方的权利义务和责任，确保信息共享。行政合同不同于行政协议，它可以提起行政诉讼。与行政合同比较而言，民事合同更为常见。在信息共享过程中，核对机构与电信、移动、联通等运营商签订的路线租赁合同就是民事合同，双方都是平等主体，是一种等价有偿的民事法律关系。在信息共享互联互用过程中，要根据共享双方的主体资格、权利义务，确定共享双方的关系是行政合同、行政协议还是民事合同关系，从而把握条款的法律实质，顺利实现信息共享。

4. 核对机构的法律责任问题

核对机构的中心职能就是社会救助对象核对认定，对救助对象资格进行甄别。这是《社会救助暂行办法》赋予各级核对机构的工作职责。核对工作机构对于以下情形应承担责任：第一，泄露居民家庭经济状况信息给当事人造成损失的；第二，没按程序，在未委托授权的情况下擅自核对，违法获取居民家庭经济状况信息的；第三，对居民家庭经济状况故意隐瞒、篡改，弄虚作假致使社会救助对象认定错误的；第四，没有按时完成核对业务，致使社会救助对象受到损害的；第五，核对机构因管理不善或工作人员玩忽职守，导致居民家庭经济状况信息被他人非法使用、造成损失的。核对机构及工作人员由于上述情形承担的责任由相关法律法规进行处理，责任人员要承担相应的行政处分、行政处罚、民事责任甚至刑事责任。总之，核对机构只有建立健全各种管理制度，才能有效防止各类责任事故的发生，确保核对工作的顺利开展。[①]

---

① 廖国核：《居民家庭经济状况核对进程中的法治探索》，载《中国社会报》2015 年 1 月 12 日，第 004 版。

二、核对体系建设面临的问题和挑战

（一）核对工作面临新的环境

当前核对系统能够短时间内在全国铺开并开始发挥越来越重要的作用，与社会经济的发展密切相关，与当前我国新的社会环境密切相关。同时，外在环境不仅也在一定程度上决定了未来核对系统的发展方向和前景，也让核对体系建设面临新的挑战。具体说来，主要包括以下两个方面：

一是精准扶贫助推核对系统建设。自 20 世纪 90 年代后期以来，由于贫困人口大幅度降低，使得扶贫开发带来的效益可能更多地被贫困地区内部的中等甚至高收入家庭获得。正因如此，我国扶贫瞄准方式也始终处于不断调整之中。1986—1989 年期间的扶贫战略是区域瞄准，1990—1995 年期间调整为区域瞄准与群体瞄准相结合，1996 年以后再调整为瞄准贫困村和贫困户。特别是近年来，国家又提出了精准扶贫的概念，从而很大程度上改变了过去区域瞄准的做法，转而直接瞄准贫困农户。但是，尚未脱贫的 7000 万贫困人口的致贫原因不同，各个贫困地区的具体情况也不一样，贫困户对帮扶的需求也不同。因此，精准扶贫首先需要更加准确地摸清贫困家庭经济状况，打赢脱贫攻坚战役实际上对核对工作提出了新的要求，居民家庭经济状况核对体系建设需要服务于国家脱贫攻坚战略。

二是核对平台建设符合信息化和法制化的发展趋势。核对系统是在技术的发展的基础上建立的，不仅可以节省大量人工成本，而且在实践中越来越表现出对传统生计资产调查方法的替代性优势。调研中发现，信息核对不仅可以检出“错保”的受助者，更重要的是能够阻吓那些妄图钻政策空子、企图骗保的人。由于信息核对给出的收入和资产状况核对结果是客观标准，相比于社区评议、邻里访问、信函索证等传统方法更加客观公正，所以能够在很大程度上减少纠纷。同时，电子政府除了更加高效快捷之外，每一个环节都是可以查询的，这在很大程度上可以阻止腐败甚至犯罪现象的发生，符合依法行政，为核对工作的法制化提出了新要求。

（二）法律法规依据不足

目前，《中华人民共和国商业银行法》《中华人民共和国证券法》等法规明确规定，我国的商业银行和证券公司有权不向任何机构提供个人的存款和证券信息，只有相关办案人员才可以依法提供个人存款和证券信息。虽然 2014 年颁布的《社会救助暂行办法》规定，县级以上人民政府可以根据被救助家庭的委托代为查询个人存款和证券信息，相关单位需要积极配合审查部门，以便为政府的社保工作提高信息上的支持，但当前的困难是，相关法律和政策文件对证券和银行业等机构如何配合核对人员，并没有做出详细的规定，这不利于各相关部门互相配合财产审核。此外，《社会救助暂行办法》的法律效力比较低，致使基层民政部门在具体工作中无法操作。所以，为了保障居民家庭核对工作的顺利进行，司法部门需要根据实际情况制定法律效力更高的法律条款，为居民家庭经济核对工作的顺利进行提供强有力的法律支持。①

（三）联席会议机制所发挥的功能有限

政府各部门之间的行政分割和部门利益现象客观存在，而信息核对工作涉及的部门又非常广泛，为了推动信息核对体系建设工作的顺利开展，各地纷纷建立了跨部门的联席会议制度。但是，由于缺乏详细的法律法规来指导工作，各个部门之间独立性比较强，部门主要职能不同，使得各个部门之间的配合十分困难。尤其是相关的非政府部门，不受政府的直接管辖，其独立性更强，核对工作很难获得这些部门的帮助，从而增大了核对工作的难度。甘肃省的调研发现，各级民政部门尽管都建立了联席会议机制，但联席会议联席什么、研究什么并不明确、不具体，实际作用发挥不明显；各级出台的核对办法没有细化、实化、量化，操作性不强，不能有效指导实际问题的解决。

（四）核对工作队伍建设有待加强

当前，各地信息核对工作队伍建设面临的主要问题包括三个方面：

一是部分地区核对工作人员编制难以解决。虽然《社会救助暂行办法》中明确规定，市、县应建立专门的核对机构。但在实际工作中，由于部分地区政府、编办等部门对此项工作的重要性认识还不足，重视不够，再加上部分地区民政系统二级单位少，编制紧张，人员调剂难度大，造成部分地方核对工作人员不足，职能不专，个别还有身兼多职的现象。从对甘肃省的调研情况看，信息核对工作机构设置问题主要采取加挂牌子的方式，未新增编制人员，由从事社会救助的工作人员兼职核对工作，一定程度上影响了工作的有效推进。

二是专职核对人员匮乏，基层工作人员压力大。目前，各地负责核对工作的人员较少。而社会救助人群范围却在不断扩大，目前核对人群范围已由城市低保扩大到农村低保、城市特困、"五保"、临时救助、医疗救助、住房救助和农村扶贫等所有社会救助领域。随着核对人群范围的不断扩大及核对频率的增加，很多地方核对系统工作人员超负荷工作。以低保为例，统计数据显示全国各地调查人员与低保对

① 王静：《居民家庭经济状况核对机制建设的积极意义》，载《企业改革与管理》2016 年第 9 期。

象的比例在 1∶800 左右。根据要求新增低保对象要全部进行入户调查，非新增低保对象要实现 30% 的调查，而且目前相关部门之间并没有形成共享网络，为了保障核查的准确性，工作人员往往需要往返多个部门进行必要的信息核对，极大地影响了办事效率，不利于低保对象能够及时获得相关保障。① 在甘肃省定西、陇南等社会救助任务繁重的农村边远地区，核对人员超负荷工作现象较为突出。调研显示，这些地区乡镇干部入户调查最快也得 30 分钟，有的村离镇政府约 20 千米，调查一户救助对象少则几小时，多则一天。由于缺乏足额、稳定的预算保障，乡镇民政干部走村串户没有交通、通信补助，经常是“私车公用、私话公打”。一些乡镇民政干部反映，平均每月自己要倒贴 200 元左右用于补充通信、交通费，一年下来差不多要倒贴自己一个多月的工资。②

三是业务水平有待进一步提高。核对工作是一项全新的工作，专业化程度较高，对核对工作者的综合素质要求比较高。核对系统工作人员一般要求具备熟练的社会救助、居民家庭经济状况、法律、金融、保险、证券、税务、工商等方面知识；核对业务涉及多个部门，要求工作人员必须具备沟通协调能力。当前基层核对工作处于起步阶段，工作人员少、业务知识欠缺，协调沟通能力还有待于学习，综合能力还有待进一步提高。

（五）数据采集和贡献困难

在核对系统建设过程中，各部门之间的信息对接和共享在各地碰到很大困难。各地相关部门协调阻力重重，掣肘核对工作的正常开展，特别是金融、住房等信息公开、共享难度大。从试点地区烟台市来看，一方面，由于各部门制定了个人信息使用调取范围、保密规范和其他部门使用信息流程，无法实现部门之间数据共享、互联互通。另一方面，跨省跨地区的数据调取、查阅、应用也成为核对工作的瓶颈，养老、公积金、房产等信息没有实现全国联网，无法对外地人员调取、查阅个人信息，在客观上缩小了核查范围，影响了核对工作的公平。③ 总体来看，数据收集和共享困难的主要原因有以下几个方面；

一是由于各部门信息化程度不一致，加上对信息核对平台建设的认识存在分歧，一定程度上导致信息对接协调难、周期长；二是由于反映家庭收入的数据分散在各个政府部门，出于安全性和其他方面的考虑，各部门都不愿提供相关数据，给数据

① 王静：《居民家庭经济状况核对机制建设的积极意义》，载《企业改革与管理》2016 年第 9 期。

② 甘肃省民政厅调研组：《甘肃居民家庭经济状况核对机制建设情况的调研报告》，载《中国民政》2014 年第 12 期。

③ 王永强：《有关烟台市居民家庭经济状况核对的思考》，载《中国民政》2015 年第 7 期。

集中造成了一定的障碍；三是一些省份虽然已经可以开展省级的信息核对，但由于社会救助申请家庭经济状况相关的数据分散在县、市、省三级，在大多数市县级核对平台未建立的情况下，将全部信息集中到省一级仍无法实现，因而无法实现数据信息的充分共享和跨地区核对；四是各部门的工作方式和信息建设等方面不一致，数据管辖权在更高层级机关，造成数据采集困难。比如，有些部门数据管辖权在垂直的国家、省、市、县等不同层级，有些数据则没办法获取；五是因为各部门的业务系统不同，形成的数据千差万别，采集的数据存在着冗余、错误等问题，造成无法准确认定救济对象家庭收入；六是部分群众为了申请救助，通过转移财产等手段规避信息收集，加上部分人口登记信息缺失的现实，造成了数据采集困难，隐形财产核对难。

（六）行政管控措施缺位

有关社会保障信息核对的政策和法律还不完善，目前民政部门对于不诚信填报，隐报、瞒报收入、财产的申请人和家庭缺少有效的行政约束。相关申请人员出现这些不正当的申报行为后得不到及时的惩罚和处理，这不仅不利于救助工作的开展，也在客观上使隐报、瞒报者无所顾忌，增加了信息核对工作的难度。

（七）家庭资产量化困难

资产不同于收入，不仅需要考虑其带来收入的可能性，也要考虑其维持家庭生计的必要性。因此，贫困家庭拥有一定的资产是被允许的，资产量化的关键问题是确立可允许持有的资产数量和临界标准。当前，家庭资产如何量化以及资产指标应如何纳入核对是困扰基层核对工作的难题。例如，农村的耕地、宅基地等有形资产的数据如何获取？参考的指标是什么？银行的理财产品及相关衍生产品如何纳入核对系统？相关的政策依据如何跟进？实物财产的价值如何确定？评估的职能是否需要纳入核对体系？水、电、燃气等公共事业类支出虽然目前可以获取数据，但相关的标准如何制定，等等。

（八）核对体系建设发展不均衡

调研发现，试点省份核对机制建设不均衡。一些地区高度重视核对工作，高规格配置机构和人员，按要求开通省级核对信息平台，并积极推进本地核对平台建设。但仍有一部分地区无论是在机构设置、能力建设、部门协调以及核对业务开展等方面推进缓慢，其重要原因是未能争取到领导的足够重视，或在工作推进中存在畏难情绪，对推进信息核对平台建设的必要性和紧迫性认识不够，缺乏开拓创新的精神。当前，我国核对体系建设和核对工作面临的具体问题可以参见专栏 7。

专栏7：居民家庭经济状况核对工作面临的问题

当前居民家庭经济状况核对工作面临“三缺”“三难”

缺人员。目前，虽然广西各县普遍建立了城乡低收入家庭经济状况核对工作机构，并已相应落实3—5名工作人员，但因服务范围广、救助对象多、工作任务重等原因，工作人员几乎没有精力走村串户开展专项核对，主要还是委托村（居）委会干部进行。而村（居）委会干部又与村（居）民有着千丝万缕的人情关系，完全依托他们进行核对，不可能从根本上杜绝“人情保”等现象。

缺经费。目前，从国家到地方，各级财政仅注重筹集安排城乡低保补助经费，忽视了基层一线落实国家政策、开展精准救助的工作成本投入。由于没有专项工作经费保障，村（居）委会一方面无法向参加评议活动的村（居）民代表提供误工补助，另一方面无法向开展入户调查的村（居）委会干部提供误工补贴和交通补助，致使当地城乡低保民主评议和入户调查工作不到位。

缺机制。虽然国务院出台的《社会救助暂行办法》已明确各有关部门的社会救助职责，但在实际工作中，地方各级政府还没有完全统筹社会救助工作资源，也没有完全建立和完善具体的、刚性的政策措施，导致市县民政部门统筹城乡居民家庭经济状况核对工作还存在协调难、信息共享难等问题。

统计难。随着时代发展，农村劳动力流动日益频繁，农民务工收入更加多元化，居民家庭收入统计存在着很大的漏洞，在社会统筹机制欠缺和社会诚信缺失的条件下，基层干部很难准确掌握和评估居民家庭的实际收入。

监督难。按有关规定，乡镇（街道）必须组织开展对当地申请低保的家庭经济状况进行民主评议和张榜公示，并建立相应的公众查询平台，以便接受社会监督。但由于受人员、经费等因素影响，部分村（社区）的低保家庭经济状况很难做到监督常态化、制度化。

规范难。在个别农村地区，享受低保待遇被一些村民视为福利待遇，虽然有关部门已采取整改措施，但因这项工作缺少统一的专业认定人员、统一的认定标准，导致当前农村低保“人情保”“轮流保”“特办保”等现象难以杜绝，也就难以实现应保尽保、按标施保、公平施保的目标。

资料来源：陈佳克：《实行政府购买服务　核对居民家庭收入　破解救助难题》，载《中国社会报》2015年11月5日，第003版。

三、信息核对体系建设政策建议

目前，全国绝大多数省（自治区、直辖市）民政厅（局）成立了事业单位性质的核对机构，并配备了相应工作人员。从现有核对系统开展业务的情况来看，已经取得了很大的成绩，不仅查出了大量“错保”人员，消除了不良社会影响，也节省了大量财政资金。但是，信息核对只是经济状况瞄准过程中的一个重要技术手段。较之传统方法，信息核对虽然有显著优势，但也不可能取代其他传统方法。针对信息核对系统建设过程中出现的问题，结合新的发展形势，提出以下几个政策建议：

（一）建立健全相关法律，明确相关规定

当前，我国居民家庭经济状况相关数据信息分散在各个部门和不同层级，没有做到全国层面的集中统一，需要从相关部门采集所需数据资源并完成核对业务。虽然低收入认定和经济状况核查相关政策文件对数据资源获取进行规定，要求相关部门予以配合，但力度有限。目前，地方核对业务开展过程中，数据信息的共享和查询主要依靠当地政府的推动，并且依赖于民政部门与其他部门已有的合作基础，甚至政府工作人员之间的私人关系有时也发挥着重要作用。这种数据共享和查询模式容易受外部环境的影响，推广性差。从立法的角度来看，具体工作主要包括三个方面：

第一，长远来看，应积极采取行动，尽快推动《社会救助法》的立法工作，尽快将信息登记、信息查询、数据共享等内容写进《社会救助法》，为数据信息的共享和查询提供法律依据，确保查询信息的完整性、准确性、权威性，客观真实地反映居民家庭经济状况。同时，在《社会救助法》中，要明确规定社会保障审核部门获得申请人授权的情况下，有权要求其他相关部门提供户籍、婚姻状况、住房、纳税情况、公积金、养老金、车辆、股票、证券、银行存款个人信用报告等一些相关信息。各部门也有义务为社会保障审核部门的核对工作提供帮助，以保证核对工作的正常进行。

第二，根据居民家庭经济情况审核工作的要求，对《中华人民共和国证券法》《中华人民共和国商业银行法》中有关保密的规定进行修改，出台具体的查询办法，允许相关部门在居民授权的情况下可以调取、查阅居民的相关数据。

第三，各地方政府应根据地区的经济情况审核工作的实际情况，制定相关的法规，以指导基础工作人员有效地进行审核工作，避免出现不必要的纠纷，影响政府的工作效率。

（二）统筹规划，科学构建核对体系平台

各地应根据本地的实际情况统筹规划核对平台建设，整体推进，科学构筑建设框架。由于核对平台最终的目标不仅要实现跨部门之间的信息共享，而且在未来条

件具备的情况下还要实现全国范围内跨省级的信息共享。因此，在核对平台建设过程中不仅需要照顾各地实际情况的差异，更要考虑部门之间和地域之间的信息对接和共享。因此，各地要在充分借鉴外省经验做法的基础上，按照“数据集中、服务延伸、标准统一、资源共享、安全高效、有序推进”的原则，推进核对信息平台建设。具体说来，就是做到“四个统一”，即统一开发软件。依托民政部开发的基础平台，由省民政厅通过招投标形式进行本地化开发、集中安装部署，各地尽量不另行开发。统一建设数据库。核对信息平台应采用先进的“大数据、大集中”方式进行设计建设，数据库集中部署在省一级，地级市建一个备份数据库，县区通过客户端接入，不另行建设硬件平台。统一核对网络。核对网络可以依托电子政务网，与现有的低保信息化网络实现平滑组网，与省直有关成员单位开通电子比对专线，纵向实现部、省、市、县四级核对工作机构的联网，横向实现与涉及个人收入、支出、财产信息相关部门的全覆盖。统一数据交换平台。此外，信息系统还要为跨省跨地区的数据提取、应用留有接口，使系统在满足当前需要的同时，为将来全国联网和系统升级预留扩展空间。

（三）注重部门间沟通协调，实现信息共享和互换

在对居民家庭经济状况的调查过程中会涉及金融、房产、保险等多个部门，需要各部门之间积极配合，才能很好地完成经济状况的核对工作。为此，要健全部门之间的联席会议制度，协调各项工作的顺利推进。要本着“合作、共享、双赢”的理念，充分发挥各级社会救助联席会议机制作用，按照核心事项优先比对、成熟事项优先实施的原则，制定时间表和路线图，由易到难，分阶段、有步骤稳步推进核对工作，与成员单位逐一对接，分批次签订信息共享互查合作协议。在信息共享互查方式上，双方可根据现有的信息化建设情况开展数据交换，并不断改进交换方式，以保证数据交换工作的稳定、及时、连续、安全。在信息共享互查的安全保障上，双方应采取必要的技术手段确保共享信息在传输、储存、使用等环节安全可靠。

此外，还要严格标准规范，促进数据共享和互联互通。核对信息系统建设是一项系统工程，需要统一规划，分步实施。在推进这项工作中必须坚持“标准先行”，标准的一致性，是数据交换、流程畅通的重要保障。因此，要重视核对信息系统相关标准的制定工作，组织力量，深入梳理并分析各项业务流程和数据结构，尽快完成《居民家庭经济状况核对标准》并下发实施。在此基础上，组织研发居民家庭经济状况核对信息系统基础平台并推广应用，以平台作为标准的载体，推动核对信息系统标准化建设。

（四）加强专业队伍建设，提高核对服务水平

一是要成立专门机构。居民家庭经济状况核对涉及领域广，牵扯部门多，必须由专门的机构承担此项工作。因此，要按照国家要求及部署成立居民家庭经济状况核对中心，统筹协调社会救助成员单位开展核对工作。

二是要配足专职专业工作人员。以信息共享为核心的居民家庭经济状况核对，改变了过去入户走访、手工操作的方法，而是以网络数据比对为基本手段。需要查询的申请救助人情况均以数据形式通过网络传输给相关部门，相关部门查询完毕后，再通过网络反馈给民政部门。这就要求核对人员必须是有网络专业知识的人才，才能胜任这项工作。在当前编制比较紧张的情况下，配足核对系统专业工作人员是十分必要的。

三是加强专业队伍专业水平。各级政府相关部门都应成立参照公务员管理的工作队伍，负责当地工作体系建设和日常管理工作。每年定期对乡镇、街道办事处、居（村）委会工作人员进行业务培训或开展知识竞赛，督促基层工作人员掌握政策变化动向，为核对业务工作正常开展奠定基础。

（五）加强信息安全督查监管

信息系统是一把“双刃剑”，个人信息一旦泄露会对个人造成严重危害。因此，在信息系统建设过程中通过加强日常监管和重点督察，切实强化对核对业务的把关和规范，一旦发现问题，拿出方案及时处理，有效杜绝居民个人隐私及其他重要业务数据外泄、篡改和滥用。要严格按照国家有关规定，将系统建设与安全保密措施有机结合。同时要综合利用成熟、可控的信息安全技术与产品，防止居民个人隐私及其他重要业务数据的外泄、篡改和滥用。

（六）预警惩戒并举，引导申请者如实填报

一是制定出台包括社会救助、社会保障、金融信贷等在内的一系列规范个人如实申报收入、财产的信用标准，引导申请人如实填报家庭经济状况；二是明确惩罚主体，建立失信惩戒措施。按照“申请对口部门”的原则，对核对出申请人所填写收入与实际不相符的，社会救助方面应不予批准，并列入怀疑名单，下次申请时对其重点核查。其他方面，对口部门除取消其当年的申请资格外，还要规定一定年限内，该申请人及其家庭成员不能申请享受政府的相关待遇。

（七）加强宣传引导，争取社会的理解和支持

核对工作是一项社会关注、群众期盼的民心工程，需要多维度做好宣传引导工

作。要广泛开展《社会救助暂行办法》的学习宣传活动，让核对工作深入人心、深得民心，争取社会的广泛理解和支持；强化核对工作在提高政府公信力、节约财政资金上的作用，争取政府的重视和支持；凸显核对工作在服务社会政策中的支撑能力，争取社会组织的参与，形成“政府领导、民政牵头、部门配合、社会参与”的强大工作合力。

（八）探索采用政府购买服务方式开展核对工作

政府购买服务开展居民家庭收入核对工作有利于提升低保规范管理和社会公信。随着我国经济社会的发展，人们对公共服务需求呈现动态化、多样化、复杂化、个性化的趋势，政府作为单一提供公共服务的主体已不现实。第三方机构独立于政府部门，其工作专业、运行灵活、程序规范、角度客观，与低保对象不存在人情关系，由他们对保障对象开展入户调查更容易获得群众的信任和认可，核查结果也更具专业性、精准性、权威性。

政府购买服务开展居民家庭收入核对工作也能有效解决基层民政部门人员不足的老问题。长期以来，乡镇（街道）民政干部除了负责救灾救济、“五保”供养、社会福利、殡葬改革、为老服务等繁重的民政业务工作外，还要加班加点完成城乡低保、医疗救助、城乡低收入家庭认定等大量社会救助的材料审核和报送工作。在当前中央三令五申强调行政事业编制人员只减不增的新形势下，要解决乡镇（街道）民政工作长期面临的工作人员严重不足的现状，进而改变依托村（居）委会干部开展低保家庭经济收入核对工作的被动局面，唯一的出路就是走政府购买服务的路子。只有这样，才能有效解决基层民政工作人员严重不足的老问题，推动社会救助政策公平、公正落地。

（九）发挥信息系统研究、发布以及社会救助决策咨询的功能

随着我国以最低生活保障为基础，医疗、住房、教育等专项救助相配套，受灾群众救助、临时救助为补充的综合性、多层次社会救助体系的基本形成，各地可根据实际需要，积极拓展低保、住房保障两大主要领域之外的其他业务领域，开展申请医疗救助、教育救助、临时救助等低收入家庭的经济状况核对工作，探索其他社会救助的核对业务。此外，核对信息系统积累了庞大的数据资源，是非常宝贵的研究资料，应当积极加强社会救助与其他部门的合作，统一开发和部署覆盖全国的社会救助监测信息系统和基础信息资源库，开展全国范围的社会救助监测工作，并提供决策咨询服务。

山东省试点案例分析报告[①]

一、试点的背景和意义

社会救助制度指国家和社会通过立法，在公民不能维持最低限度的生活水平时，由国家和社会按照法定的标准向其提供满足最低生活需求的资金和实物救助的社会保障制度，其在整个社会保障体系中起着基础性作用。改革开放以来，我国的社会救助事业得到了快速发展，不仅在全国普遍建立了城乡最低生活保障制度，而且建立并不断完善特困人员供养、受灾人员救助、医疗救助、教育救助、住房救助、就业救助、临时救助等专项救助制度，在保障困难群众分享改革开放的成果、促进社会公平公正、维护社会和谐稳定等方面发挥了重要作用。但与此同时，我国的社会救助制度也还存在许多问题，其突出表现，就是社会救助瞄准机制和核对体系建设开展时间不长，仍处于发展初期，还需要在总结各地做法和借鉴国际经验的基础上不断加以完善。例如，在机制上，如何有效识别和瞄准社会救助对象，杜绝“人情保”“关系保”等各种错保、骗保行为，保证有限的社会救助经费能够用于最需要的人群？在体系上，如何根据中国国情，建立一套行之有效的居民经济状况核对体系？等等。因此，深入开展社会救助瞄准机制和核对体系建设方面的研究和探索，不仅对于社会救助瞄准机制和核对体系建设，而且对于加强和完善我国社会救助制度建设，都具有重要的理论和现实意义。

（一）开展社会救助瞄准机制和核对体系建设是党中央、山东省委省政府的重要决策部署，是社会救助对象认定方法的重大改进和创新

社会救助是对不能维持最低限度的生活水平的公民救助，因此具有一定的普遍性，即不管任何个人或家庭，只要其陷入经济贫困，生活水平低于救助标准，就都

① 本课题由山东社会科学院崔树义研究员、田杨副研究员参与实施。

可以通过法定的程序获得国家的救助。从造成贫困的原因来划分，社会救助对象主要包括这样几类：一是生活没有依靠以及没有生活来源的社会群体。这一人群大多数是需要政府长期给予救助的对象，他们没有收入来源，生活长期处于贫困中，如孤儿群体、长期遭受疾病折磨的人群，以及其他一些原因造成丧失劳动能力、生活陷入困境的群体。二是因为突发性灾害造成生活暂时困难的人群。这部分人具有一定的劳动能力，本身也有固定的生活来源，只是由于意外的突如其来的天灾人祸，使其遭受了巨大的财产损失或人身伤害，导致其生活陷入困难，需要政府和社会给予一定的救助。三是有一定的收入来源，但是其生活水平低于国家所规定的最低生活保障线的群体。这类人有自身的生活来源，但是收入较少，不能保障当地的最低生活水平，因而需要国家给予救助。

由上可见，社会救助制度的根本目的在于弥补其他社会保障制度的不足，帮助那些陷入贫困的个人或家庭满足基本的生活需求，以保证其基本的生活水平。因此，社会救助是带有一定的条件性的，并不是面向全体国民，即只有生活贫困的群体才有资格接受国家的救助。因此，任何社会救助都必须要根据一定条件特别是根据救助对象的家庭经济条件来进行。这样就涉及救助的资格与标准的问题。所以在任何社会，对社会救助对象进行家庭经济状况调查，都是社会救助中的一项重要内容，是社会救助体系建设的基础工程，是社会救助工作科学化、精细化、规范化管理的基础，也是社会救助公平、公正实施的重要保障。它指的是以居民家庭收入和支出为主要调查内容的综合性的专门调查，亦称居民家庭收支调查。对社会救助对象进行家庭经济状况调查也是世界发达国家的通行做法，通常被称为“家计调查”，除了专门调查以外，在国外，还通常和人口普查结合，如英国的“英国人口和社会统计调查”，加拿大的“全国家计调查”。

在我国，关于社会救助的思想源远流长。在两千多年前的春秋战国时期，诸子百家就有各种济贫的学说，如儒家的“民本”“仁政”和“大同”思想。总的来说，中国古代的济贫措施主要是以丰补歉的储粮备荒制度，例如从汉朝开始，中国就有了由朝廷兴办的“常平仓”，隋朝有以地方劝募为主的“义仓”，南宋时期则出现了主要由社区管理、居民普遍参与、带有一定社会保险意义的“社仓”。除了仓储制度之外，中国历代都有由乡里、宗族和政府设立的养老、助残、济贫机构。到了近代，中国的济贫思想一方面继承了传统的儒家思想，另一方面又接受了西方资产阶级民主革命和福利思想的影响，逐渐形成了一种独特的中国式的补救型社会救助模式。1915 年，“中华民国”政府仿照英国的《伊丽莎白济贫法》颁布了《游民习艺所章程》，1928 年颁布了《管理各地方私立慈善机构》，1929 年颁布了《监督慈善团体法》，1930 年在全国推行了救灾准备金制度，表明中国政府以及开始尝试用法律手段来规范济贫行为。1943 年，中国历史上第一部国家济贫大法《社会救济法》公布实施，接着又公布了一系列法规，如《社会救济法实施细则》（1944 年）、《救济院规程》（1944 年）等，逐步形成了一整套与济贫相关的法律法规体系。但是，由于战乱等原因，这些法律法规并没有得到有效实施。

中华人民共和国成立伊始，国家就十分重视社会救助工作。在城市，为了解决大批灾民、难民、流民、失业人员以及无依无靠的孤老残疾的基本生活，国家通过以工代赈和生产自救等手段，开展了大规模的社会救济，迅速恢复了城市生活秩序。在农村，20 世纪 50 年代中期实行合作化后，农民的生老病死基本上依靠集体救济力量来给予保障。对无依无靠无劳动能力的孤寡老人、残疾人和孤儿，则由集体实行“五保”供给制度。到 20 世纪 50 年代后期，与计划经济相配套的社会救济制度框架已经基本确立。在城市的国家保障和农村的集体保障这两张安全网下，绝大多数人口的基本生活得到了保障。但是，改革开放以前，我国还没有形成比较完整的社会救助制度体系。改革开放以后，国家的各项工作逐渐步入正轨，社会救助工作的制度化、体系化也被列入议事日程。20 世纪 80 年代开始，国家对社会救助工作进行了一系列的改革，将社会救助概括为救灾、救济、“五保”和扶贫四个方面。后来经过不断发展完善，目前中国的社会救助制度包括城乡最低生活保障、特困人员供养、受灾人员救助、医疗救助、教育救助、住房救助、就业救助、临时救助八个方面。

随着社会救助工作的不断加强，社会救助对象的认定越来越成为一个十分突出的问题。长期以来，对社会救助对象的认定一直主要是个人自报、群众公认、有关部门认可，而缺乏对拟救助对象家庭经济状况的系统、科学的核对办法。特别是改革开放以来国家救助力度和救助范围的加大，社会救助工作中的种种弄虚作假现象日益突出，如何科学、客观地对居民家庭经济状况进行核对，从而对救助对象进行准确认定，成为一个亟须解决的重大问题，引起了社会各界的强烈关注。对此，党中央给予了高度重视。民政部从 2008 年探索开展社会救助家庭经济状况核对工作，先是会同上海市开展试点，然后逐渐将试点范围扩大到全国 143 个地区。2008 年 10 月，经国务院批准，民政部会同国家发改委、财政部等 11 部委下发《城市低收入家庭认定办法》（民发〔2008〕156 号），首次提出在社会救助对象认定中，要查询相关部门和机构掌握的居民家庭收入、财产信息。2012 年 9 月，国务院下发《关于进一步加强和改进最低生活保障工作的意见》（国发〔2012〕45 号），要求到“十二五”末在全国全面建立核对机制。2014 年 2 月国务院颁布《社会救助暂行办法》，首次以国务院行政法规形式，赋予民政部门承担在社会救助工作中开展信息核对的职责，并明确了有关部门和机构的配合义务。根据上述文件规定，民政部门在社会救助对象认定中不再单枪匹马，无法可依，这使经济核对工作突破了过去的传统做法，更加科学化、制度化、精确化，实现了社会救助对象认定方法的重大改进和创新。

山东省对核对机制建设高度重视。2013 年 10 月，省政府下发了《关于贯彻落实国发〔2012〕45 号文件加强和改进最低生活保障工作的实施意见》（鲁政发〔2013〕23 号），提出要完善认定条件，认为户籍状况、家庭收入、家庭财产是认定低保对象的 3 个基本条件。省民政厅要会同有关部门研究制定低保申请人家庭收入和家庭财产核算评估办法。各地要合理制定并公布享受低保的具体条件，完善低保对象认定标准体系。同时，要求建立核对机制，加快建立健全救助申请家庭经济状况核对工作机构和信息核对平台，配备相应人员，落实专项经费。经救助申请人及其家庭成员授权，公安、人力资源和社会保障、住房和城乡建设、金融、保险、工商、税务、住房公积金等部门和机构，应当根据有关规定和工作需要，及时向民政部门提供户籍、机动车、就业、保险、住房、存款、证券、个体工商户、纳税、公积金等方面的信息。省民政厅会同有关部门研究制定了信息核对办法。到“十二五”末，全省基本建立跨部门、多层次、信息共享的救助申请家庭经济状况核对机制，确保准确、高效、公正地认定救助对象。2014 年 11 月 1 日，《山东省社会救助办法》（省政府令第 279 号）正式实施，其中将“社会救助家庭经济状况核对”作为第十一章单列，要求县级以上人民政府应当建立健全跨部门的社会救助家庭经济状况核对机制和信息平台，对申请或者已获得社会救助家庭经济状况的真实性和完整性进行核对。申请或者已获得社会救助的家庭，应当主动配合开展入户调查和家庭经济状况核对，如实申报家庭人口、收入和财产等状况并及时报告变化情况。设区的市、县（市、区）人民政府民政部门根据社会救助申请人及其家庭成员的请求、委托，可以通过婚姻登记、社会组织登记、户籍管理、财政、税务、社会保险、不动产登记、工商登记、住房公积金管理、车船管理、农业农机等单位和银行、保险、证券等金融机构，代为查询、核对其家庭人口、收入和财产等状况。有关单位和金融机构应当予以配合，及时提供相关信息。县级以上人民政府民政部门可以通过社会救助家庭经济状况核对机制，对辖区内已获得社会救助家庭的经济状况进行定期复核或者抽查核对。有关单位和金融机构应当予以配合。申请救助的家庭应当如实申报家庭经济状况。家庭成员申报的家庭经济状况与核对结果不符并且明显超过有关社会救助标准的，社会救助管理部门可以将相关情况记入核对系统，或者交由人民银行记入征信系统。

为准确高效认定社会救助对象，公平公正实施社会救助，山东省民政厅根据《社会救助暂行办法》（国务院令第 649 号）、《山东省社会救助办法》（山东省人民政府令第 279 号）等有关法规规章和政策规定，结合山东省实际，于 2014 年 12 月

31 日联合公安、财政、人社、国土资源、住房和城乡建设、交通运输、水利、农业、海洋与渔业、国税、地税、统计、工商、中国人民银行等 18 个部门单位联合印发了《关于建立社会救助家庭经济状况核对机制的意见》（鲁民〔2014〕102 号），指出：建立社会救助家庭经济状况核对机制，对申请或者已获得社会救助家庭经济状况的真实性和完整性进行核对，是准确认定社会救助对象、促进社会救助对象动态管理的重要前提，是完善社会救助制度体系的基础工程，对提高社会救助管理服务水平，优化政府治理和服务方式，提升政府公信力，增强公民诚信意识，维护社会公平正义，具有十分重要的意义。各级各有关部门要进一步增强责任感和紧迫感，将建立社会救助家庭经济状况核对机制作为织密筑牢民生安全网的重要基础工作，加强组织领导，密切协作配合，强化工作措施，加大推进力度。强调为社会救助审核审批服务，凡申请社会救助必须经过核对；以社会救助申请人委托、授权为前提，依法开展核对；根据社会救助工作需要开展核对，正确运用和严格保密核对信息；部门协作，信息共享，保证核对数据及时有效、完整准确，提出了“到 2015 年底前，各市建立核对机构，省及各市、县（市、区）建立信息核对平台，形成上下联动、部门配合、信息共享、高效运转的核对工作体制机制”的工作目标，并对核对内容、核对方式、核对流程及部门职责等方面做了具体规定，从操作层面进行了规范，为与各部门数据对接提供了政策依据。

（二）开展社会救助瞄准机制和核对体系建设，是提高社会救助领域政府治理能力，回应社会关切和适应社会救助政策精细化实施的迫切要求

民生问题是中国改革最大的问题，解决民生问题是最大的政治，改善民生是最大政绩。关注民生、重视民生、保障民生、改善民生，是党和政府的神圣职责和终极目标。几十年来，发展经济，改善民生，始终是党和政府最重要的工作。党的十九大报告指出，带领人民创造美好生活，是我们党始终不渝的奋斗目标。必须始终把人民利益摆在至高无上的地位，让改革发展成果更多更公平惠及全体人民，朝着实现全体人民共同富裕不断迈进。要坚持在发展中保障和改善民生，保证全体人民在共建共享发展中有更多获得感，不断促进人的全面发展、全体人民共同富裕。不断改善民生，是实现以国家富强、民族振兴、人民幸福为主要内容的中国梦的题中之义和最终理想。梦想成真，民生改善是最好诠释。共筑中国梦，需要经济社会的不断发展，更需要民生的持续改善，这是复兴之本、梦想之基。加强和改善民生是一项长期的、系统的、艰巨的、复杂的工程。正如习近平总书记所强调的：“保障和改善民生是一项长期工作，没有终点站，只有连续不断的新起点。”这深刻阐述了解决民生问题的重要性和长期性，是高度的政治清醒，更是坚决的责任担当。保障和

改善民生是“立党为公，执政为民”思想的具体体现，需要踏石留印、抓铁有痕，实现经济发展和民生改善良性循环。这就要求各级各地党委政府、党政官员，要有长期抓、坚持做的决心和作为。要善始善终、善做善成，接力奋斗、持续努力，杜绝临时观念和等要靠思想。要狠抓落实、一抓到底，切忌虎头蛇尾、一曝十寒，要不断满足人民群众日益增长的民生需求，不断打造中国经济升级版，不断保障和改善民生。要善于涉险滩、破难题，以更大的勇气、更坚定的决心、更强的魄力，以更新的理念、更高的标准、更实的举措，全面推进民生幸福工程，不断刷新“民生高地”的惠民高度，让老百姓过上更有保障、更有尊严的幸福生活。

社会救助工作是中央加强和改善民生的重要组成部分，与困难群众生活密切相关。近年来，随着救助水平的不断提高和救助范围的不断扩大，越来越引起社会各界的高度关注，不仅社会舆论关注度高，各级纪检、审计、财政等部门对社会救助资金使用情况的关注度也逐年提高。加强核对机制和核对体系建设，已逐渐成为社会救助事业平稳、可持续发展的重要保障，成为民政系统内部加强党风廉政建设，保护各级干部的有力抓手。是否能够准确认定救助对象，合理分配救助资源，事关社会公正公平，事关社会救助工作以及党和政府在人民群众中的公信力。另外，从经济发展和财力分配角度看，近年来我国经济社会发展进入新常态，经济增速下行压力加大，各级财政增收速度趋缓。在这种大趋势下，一方面，社会救助的潜在对象可能有所增加，社会救助的资金需求加大；另一方面，政府能够提供给社会救助等社会政策的资金支持能力在下降，各级财政在社会救助方面加大投入的难度增加。在需求增加、供给减少的情况下，各级政府和财政对于精细化管理的要求必然提高，要将有限的社会救助资源分配到最需要的人手中，发挥资金的最大效益，必然要加强社会救助瞄准机制和核对体系建设，通过精确掌握家庭的户籍、收入、财产、支出、就业、健康等状况，严格落实各项救助政策，实现精准救助。通过加强社会救助瞄准机制和核对体系建设，一是有助于社会救助信息化。做到救前查询、救后录入、定期反馈，实现社会救助数据“一数一源，一源多用”，避免错助、漏助和重复救助、分散救助问题的发生。二是有助于审核审批精准化。审核环节采取逐户核查，加强信息比对，收入核对平台定期复审，精准识别救助对象，把符合条件的对象全部纳入低保救助范围，一户不漏，真正实现应保尽保；不符合低保救助条件的对象全部清退，一户不进，真正实现动态化管理。三是有助于评议公示制度化。村（居）委会建立民主评议准入制，对社会救助对象坚持集体协商，集中会审，审批结果和救助资金发放情况向社会公布。民政、纪委、审计等部门定期检查，加强监督。四是有助于分类施保规范化。坚持分类施保，结合保障对象年龄结构、健康状况、就业状况、人均收入、家庭困难程度等因素确定救助类别，类别之间拉开补差档次，确保救助资源有效利用。五是有助于动态管理常态化。认真落实月报、季度复审、年收入核对制度，对救助对象资格变化情况定期实施审核、审批调整，确保有进有出，补助水平有升有降。

（三）加快社会救助瞄准机制和核对体系建设，是未来社会救助政策向低收入、支出型贫困家庭延伸的重要保障

长期以来，我国一直实行的是收入型社会救助制度，即根据个人或家庭收入的多寡来确定是否给予救助，它在保障困难群众基本生活中起到了重要作用。但是，随着人们收入水平的普遍提高和绝对贫困人口数量的大幅度减少，传统的收入型社会救助制度也存在一些问题。其一，制度设计的系统性和整体性不足。一方面，社会救助体系内基本生活救助与专项救助、临时救助、慈善之间缺乏有效的衔接，重复救助与遗漏救助并存。专项救助与最低生活保障资格直接挂钩和简单叠加，造成最低生活保障制度的“悬崖效应”，即一旦进入最低生活保障制度，其他救助制度也可同时享有。救助资源被部分人集中享有，拉大了最低生活保障对象与低收入群体、支出型贫困家庭的福利差距。另一方面，社会救助与扶贫政策、就业促进政策、慈善事业、收养制度的整合不足。如果就业收入不能使最低生活保障对象的平均收入明显高于最低生活保障的标准，其整体收益将出现不升反降的尴尬局面。一般最低生活保障对象的就业多是收入低、稳定性差的工作，而重新申请救助的程序又十分复杂，使得这一群体的就业积极性不高。缺乏科学的进入—退出机制及就业激励机制，救助对象主动就业的积极性无法被充分调动起来。公共服务的政府垄断，对于涉及慈善、社会救助的社会组织和个人实行严格的审批、控制和限制，社会化救助资源的利用程度低。其二，社会救助权利不完整。首先，救助权利的内容不完整。随着社会的发展，生存权的内容由单纯的维持温饱扩大到健康、教育及面临风险的脆弱性等方面，而当前我国收入型社会救助制度还停留在解决物质匮乏的层面。其次，社会救助权利主体范围狭窄。救助对象资格的审核、标准的确定以收入型贫困为基准，支出型贫困人口被排除在救助制度外。较低的救助标准使处于最低生活保障标准边缘的困难群体无法得到救助，救助权利被架空。救助制度城乡割裂、地域化，生活困难的外来务工人员无法获得工作和生活地区的社会救助。再次，救助程序不合理。以控制支出为政策设计原则，如医疗救助中设置起付线、封顶线和事后报销制等限制条件，导致很多贫困人口因垫付不起医疗费而被阻挡在救助制度之外。救助权利的实现一般以救助申请为程序要件，且申请程序复杂、烦琐，社会救助的进入成本高，同时较长的审批周期减弱了社会救助特别是“急、难”问题的救助效果。其三，救助内容单一，缺乏灵活性。制度设计简单粗放，造成救助内容的单一

性、救助标准的非灵活性、救助政策的单向性及救助结果的滞后性。单一地以收入贫困线作为贫困衡量标准和救助资格的获得条件，其他救助项目、税收优惠、福利政策的享有多以收入型贫困救助资格为前提。救助条件缺乏弹性，“一刀切”地以“人均收入低于贫困线标准”作为救助条件，低收入家庭、“消费而非收入”型贫困人口被阻挡在救助制度之外。另外，忽视了家庭规模、家庭成员构成和健康状况等重要因素对家庭消费、抵御风险能力的影响。救助形式主要是货币、实物等物质层面的救助，服务、权利、心理等非物质层面的救助相对不足。从救助指向上看，政府单方面地以救助主体身份对符合救助条件的困难人口给予救助。从救助结果来看，多为风险发生后弥补损失的被动、消极救助，忽视事前风险预防和风险发生时止损的主动救助，无法消除贫困产生的原因，亦无法增强贫困人口抵御风险的能力。

传统的收入型社会救助制度的上述不足，已经引起政府及社会的高度重视，并正在通过完善社会救助制度体系来加以纠正和弥补。根据国家顶层设计，根据国家“十三五”规划，我国社会救助体系将逐步完善，教育、住房、医疗、就业等专项救助将逐步向低收入家庭拓展，并适当考虑支出型贫困家庭的需要。所谓支出型贫困，是指由于家庭成员出现重大疾病、子女就学、突发事件等原因，导致家庭财力支出远远超出承受能力而造成的绝对生活贫困。由于这些家庭人均收入略高于当地最低生活保障线，无法享受低保，实际处于社会救助的“夹心层”，一旦遇到不测，往往比低保对象更困难。在实际工作中，从 2007 年开始，我国开始逐步关注“支出型贫困”群体，一些地方已经将其纳入制度保障范围，或者对其实施临时救助制度，在很大程度上缓解了他们的生活困难，但目前从总体上讲，我国社会救助供给相对不足，部分地区社会救助供给严重不足，管理服务能力不能适应救助制度。目前，民政部正重点研究对困难群体实施重特大病救助这一课题。

支出型和收入型社会救助在救助理念、救助对象认定方法、制度设计思路、救助目标等方面均存在差异且相互补充。收入型社会救助的救助理念是生存救助，向救助对象提供必要的生活资料，满足其在既定社会经济条件下的基本生存需要，而支出型社会救助是发展救助，把健康、教育等发展性需求纳入救助范围；在救助对象的认定方法上，收入型社会救助单方面对收入水平、财产状况进行核定，而支出型社会救助从刚性支出、收入与支出平衡状况入手，核定内容更加全面；救助目标上，收入型社会救助主要解决物质的匮乏，支出型社会救助侧重于风险及脆弱性的防范；救助理念、目标的不同决定了两种制度设计思路的不同，收入型社会救助一般根据收入与贫困线的差距实施差额救助，即“缺多少，补多少”，而支出型社会救助则针对贫困产生的原因和特定需求实施个性化救助，即“缺什么，补什么”。

支出型社会救助涵盖收入与支出两方面内容，收支平衡的判断和评定是一大难点。"刚性支出""短期""收支平衡"等标准的确定与计算尚未形成统一的标准和方法，操作和精确预算的难度大。伴随着我国社会经济的快速发展，支出型贫困发生率上升，贫困程度加剧，支出型社会救助的规模也将不断扩大。但是受地域经济发展水平及风险抵御能力的限制，地方财政很难独立承担这一庞大的救助支出。另外，支出型贫困救助强调对家庭或者个人特殊需求的保障，是一种个案救助，救助对象识别、管理难度大，救助内容庞杂，因此对管理体系的一体化、管理方式的信息化、管理程序的科学化、管理队伍的专业化都提出了更高要求。无论是医疗等专项救助还是低保等基本生活救助，如果考虑支出型因素的话，就必然会涉及支出的认定，必然要依靠核对机制来进行认定。这实际上是将原来包括收入和财产两方面的核对工作，扩大为三方面核对，进一步拓展了核对的内容，提升了核对工作的重要性。为此，必须加快社会救助瞄准机制和核对体系建设，发挥核对工作在家庭支出认定方面的优势，为未来社会救助政策向低收入、支出型贫困家庭延伸提供重要保障。

二、试点的目标和整体设计架构

山东省根据民政部有关要求，结合本省实际，并参考国内外有关先进经验，确定了社会救助瞄准机制和核对体系建设试点的目标和整体架构。

（一）试点的目标

山东省作为民政部低收入家庭认定指导中心与世界银行正在进行的"社会救助瞄准与居民家庭经济状况核对体系研究"项目选定试点省份，严格按照民政部有关要求，并结合山东实际，围绕核对信息化、创新社会救助对象瞄准技术与流程、完善信息安全措施和相关制度规范、加强人员培训等主题，重点实现以下五个方面的建设目标：

1. 核对制度体系建设与工作规程创新

按照《社会救助暂行办法》（国务院令第 649 号）、《山东省社会救助办法》（山东省人民政府令第 279 号）等有关法规规章和政策规定，推动全省各级核对部门工作制度建设，明确核对工作目标、职责范围等一系列工作规程。

2. 核对业务和技术标准体系建设

参照民政部《居民家庭经济状况核对标准》，结合山东实际情况和工作创新，推动建立符合山东特色的核对业务和技术标准体系，作为全省开展社会救助瞄准机制和经济核对机制建设工作的总体依据，并逐步形成全省核对工作标准化体系。

3. 核对信息共享与交换机制建设

为保障核对工作的便捷、高效开展，遵照有关法规规章和政策规定，建立包括民政、公安、国地税、工商等18个部门在内的核对信息共享与交换机制，明确各部门职责分工，工作规范和技术实施细节。

4. 核对组织机构和队伍建设

加强省、市、县三级核对机构建设。建立和培养一支既熟悉核对业务管理又精通信息化建设维护的复合型人才队伍，建立健全培训考核机制，加强对相关人员的业务和技术培训。加强与专业技术公司的合作，合理利用外部专业技术力量。

5. 核对信息平台与安全保障体系建设

通过建设省级核对信息平台，建立健全上下联动、部门配合、信息共享、高效运转的社会救助家庭经济状况核对信息化工作机制。一是实现与民政部核对平台对接，有效获取民政部掌握的民政内部及有关部委数据信息；二是实现省民政厅有关数据与各有关单位部门信息数据共享，从省级层面最大限度掌握并整合社会救助家庭经济状况的信息资源；三是实现与各市、县（市、区）数据对接，将省级统筹数据应用于各级各类社会救助对象经济状况核对工作中。最终全力打造全省核对数据交互枢纽立交桥，全面实现全省社会救助家庭经济状况跨部门、跨层级、跨区域核对。

严格按照民政部入网检测的相关规范，实现部省之间安全的核对平台对接。同时参照国家电子政务建设相关标准，开展核对系统的等级保护三级评估。

（二）平台建设整体设计架构及功能

社会救助瞄准机制和核对体系平台是一个非常复杂的系统工程，必须根据实际情况，既要符合上级有关要求，又要切实可行，能够发挥既定功能。

1. 总体规划

由于山东省内核对机构及核对系统情况复杂，根据前期调查，全省核对信息平台将区分几类情况分别进行规划建设，如图1所示：

A类：地市和区县均没有经济核对信息系统：此种情况先期考虑通过B/S模式直接使用省级平台系统。

B类：地市具有市级平台系统，且系统符合民政部、山东省的标准规范：省级平台直接对接市级平台系统，实现互联互通与信息交互。市级平台对接同级工商、房管等外部门信息系统。

C类：地市具有市级平台系统，但平台系统不完全符合国家、省级核对平台相关标准：省级平台通过接口或前置机模式对接市级平台系统，实现互联互通与信息交换。市级平台对接同级工商、房管等外部门信息系统。

D类：地市没有核对平台系统，但区县具有核对系统：省级平台通过接口或前

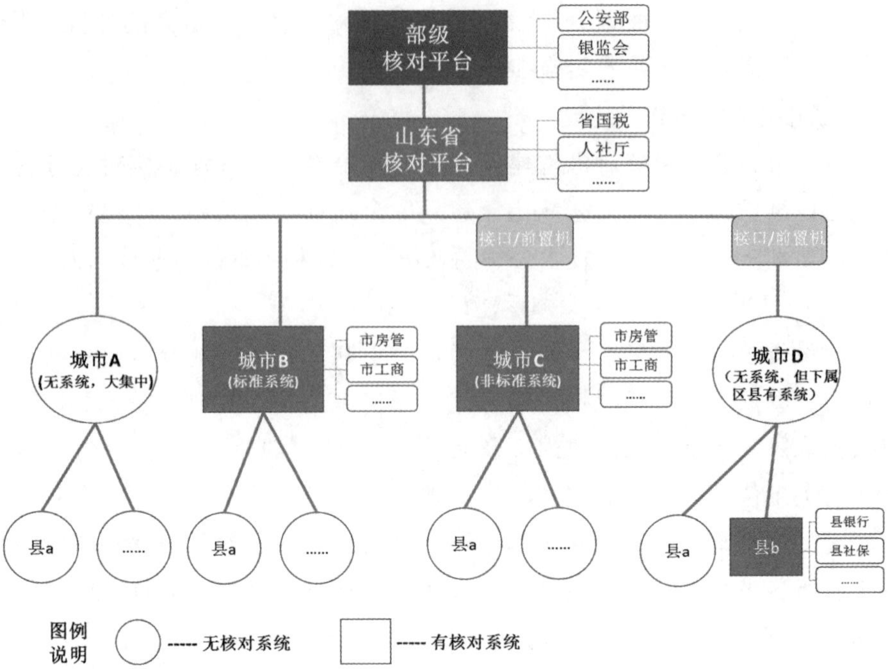

图 1　山东省信息核对平台架构

置机模式，虚拟市级节点，对接区县核对系统，区县核对系统对接同级车管、人社等外部部门信息系统。

对于上述四类复杂情况，山东省拟通过“数据节点”的方式进行统一设计、分步实施，实现思路如图 2 所示：

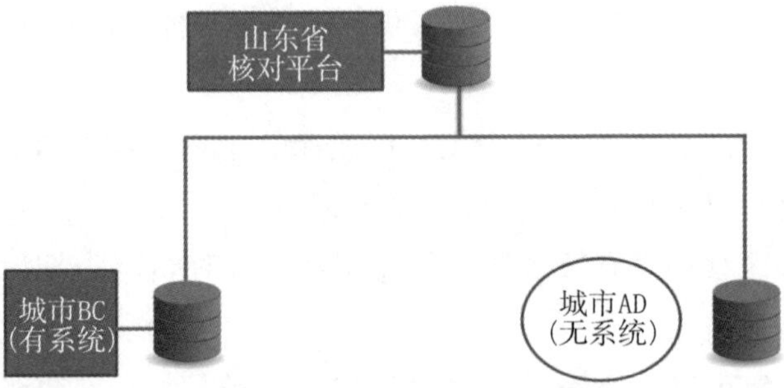

图 2　山东省信息核对平台架构

城市 BC 类，通过系统向数据节点发送共享单位查询请求，同时获得省平台的反馈数据；城市 AD 类，通过数据节点对接本级别共享单位，并获得共享信息。

总之，无论 BC 类、AD 类模式都可以在市级层面通过前置库（数据节点）的方式进行数据联通，进而确保了全省纵向层面的联通。而横向层面由各数据节点根据本级特点进行个性化联通，从而最终实现横纵交错的联通模式。

2. 系统架构

根据建设目标及建设内容，目前山东省规划的省级核对信息平台架构如图3所示：

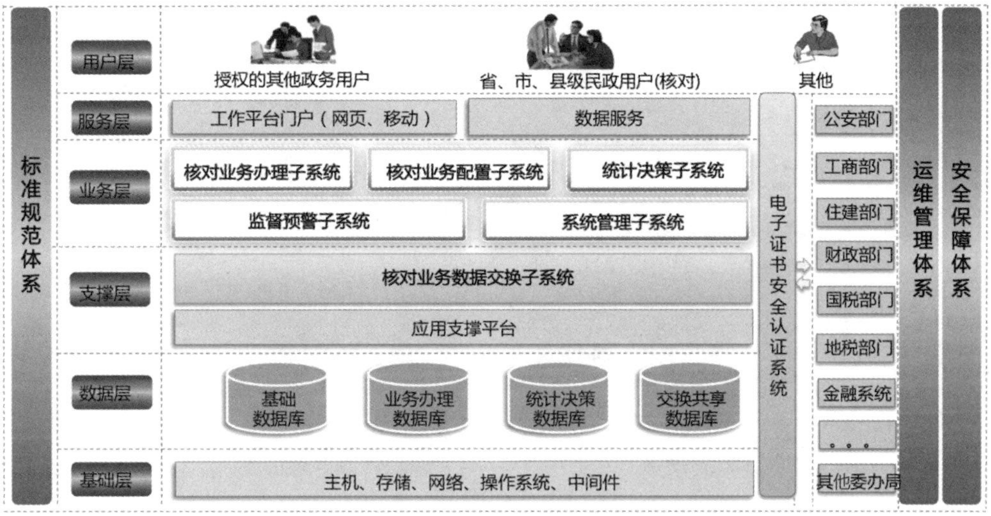

图3　山东省省级信息平台规划架构

如图3所示，山东省省级社会救助家庭经济状况核对信息平台主要由“三个体系”“六个层次”构成。三个体系包括：标准规范体系、运维管理体系和安全保障体系；六个层次包括：基础层、数据层、支撑层、业务层、服务层、用户层。在总体架构中，每个层次的结构和功能相对独立，下一层为上一层提供支持和服务。

基础层。主要是核对平台的基础运行环境包括主机、存储、网络、操作系统、中间件等软硬件设施。

数据层。提供系统数据信息层服务，包括核对基础数据库、业务办理数据库、核对统计数据库、数据交换数据库等物理或逻辑数据库。

支撑层。核对信息平台的支撑平台，数据交换子系统、应用支撑平台提供系统内部、横向系统、纵向系统之间的数据交换服务。

业务层。核对平台的应用层，包括业务办理子系统、业务配置子系统、统计决策子系统、监管预警子系统、系统管理子系统。

服务层。核对工作门户平台是所有系统的入口及各类重要信息集中展现的场所，提供数据服务及信息发布等功能。

用户层。主要包括授权的其他政务用户、山东省省级、市级、县级等民政用户（核对）、其他业务用户及有关部门用户。

3. 技术架构

信息平台拟采用基于J2EE多层软件体系，面向服务的SOA软件架构。总体技术架构如图 4 所示：

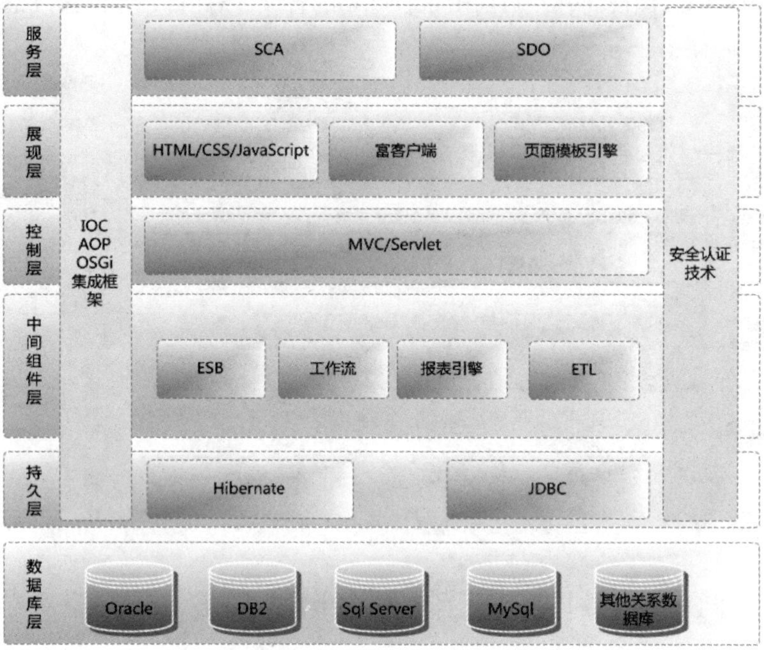

图 4　山东省信息核对平台技术架构

总体技术架构包含数据库层、持久层、中间组件层、控制层、展现层、服务层六个层次。

在数据库层上，系统支持各种主流的关系型数据库，如 Oracle、DB2、Sql Server、MySql 等。

在持久层上，主要采用 Hibernate 作为持久化解决方案，通过 Hibernate 可以方便地实现跨越各种数据库。Hibernate 是一个开放源代码的对象关系映射框架，它对 JDBC 进行了非常轻量级的对象封装，可使用对象编程思维来操纵数据库。对于不适合采用 Hibernate 的场景，则采用 JDBC 实现。

在中间组件层上，采用各种成熟先进的技术方案来实现业务上的不同需求。例如，ESB 实现系统外部接口服务，采用 JavaScript 动态脚本引擎和 JavaCC 语法编译引擎实现规则引擎，采用工作流技术实现业务流程的订制，采用电子表单实现业务表单的订制。

控制层主要采用基于 MVC 的模型。Model 2 是经典的 MVC（模型—视图—控制器）模型的 Web 应用变体，这个改变主要是由于网络应用的特性——HTTP 协议的无状态性引起的。Model 2 的目的和 MVC 一样，也是利用控制器来分离模型和视图，达到一种层间松散耦合的效果，提高系统灵活性、复用性和可维护性。在多数情况下，可以将 Model 2 与 MVC 等同起来。部分无法使用 MVC 的场合将使用 Servlet 作为控制器。

展现层除了采用传统的 HTML、JSP 等外，还采用业界流行的 JavaScript UI 作为基本的技术方案。JavaScript UI 是一种成熟、先进、完整的 UI 解决方案，用户可以感受到如同桌面应用般的操作体验，同时可以大大提高工作效率。

采用 Spring 框架将持久层、中间组件层、控制层、展现层、服务层各层集成起来，有效降低了各层次之间的耦合度，增强了系统的扩展性。Spring 提供了一套全面并且十分成熟的轻型应用程序基本框架，包括 IOC、AOP、OSGI 等，并且对复杂的应用开发提供了有力的支持。除此之外，从实际应用开发角度来看，Spring 最大的优势在于它是从实际项目开发经验中抽取的，其提供了丰富的类库，可大大节省编码量，它是一种高效的、可高度重用的应用框架。

采用 SCA、SDO 等 SOA 技术，实现系统的对外服务接口和系统流程服务编排。

4. 数据架构

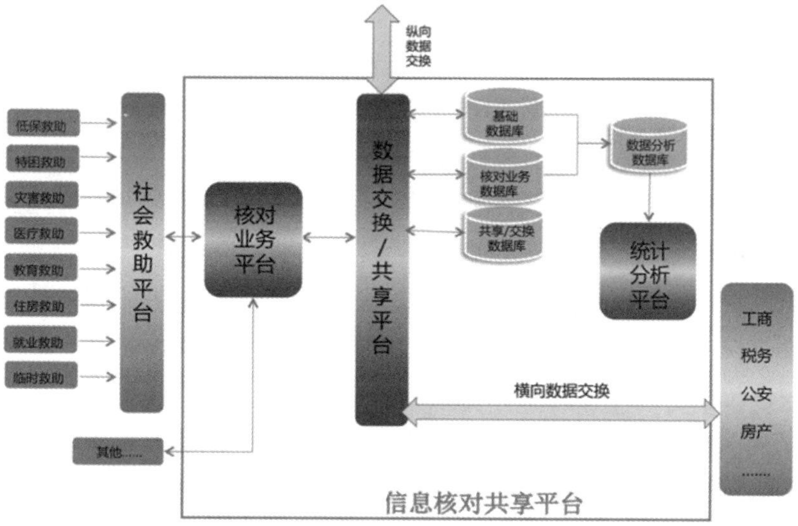

图 5　山东省信息核对平台数据架构

在整个平台数据架构中，山东省省级社会救助家庭经济状况核对信息平台主要实现三个方面的数据交换和共享。一是山东省省级社会救助家庭经济状况核对信息平台与拟建设的社会救助综合管理信息平台间数据交换和共享。社会救助平台上的低保救助、特困人员供养、医疗救助、受灾人员救助、教育救助、住房救助、就业救助和临时救助等业务，山东省省级社会救助家庭经济状况核对信息平台受理核对委托，委托数据就会被交换、录入或批量导入到山东省省级社会救助家庭经济状况核对信息平台，系统会对委托进行初步的信息验证，最终将核对业务办理结果数据反馈给社会救助平台。二是横向数据交换和共享。山东省省级社会救助家庭经济状况核对信息平台支持依据民政部门和其他部门间数据交换共享标准，采用自动作业和离线数据导入的形式，从信息共享单位获取委托项目所需的居民家庭经济状况数据，横向实现户籍、住房、车辆、税务、保险、金融、工商等管理部门相关信息的获取。平台支持所获数据的查询、审核，并对其进行自动的异常性校验，支持对异常数据进行相应处理。三是纵向数据交换和共享。山东省省级社会救助家庭经济状况核对信息平台依据“社会救助家庭经济状况核对标准”等民政数据交换共享标准，遵循“数据集中向上、服务延伸向下”的思路，实现上下贯通和联动的数据采集与处理。

5. 应用功能

（1）业务办理。省、市、县三级均有直接进行数据采集的权限。

核对的类型要与社会救助暂行办法相匹配，即八大类救助，另加一个自定义类型，用于满足非社会救助类定向共享单位核查的要求。

加入核对导入类型：新申请、复核。

数据采集时，以批次为主线进行汇集整理。

第一次核对时必须上传委托书和授权书，低保家庭在复核时，不再需要上传委托书和授权书，所有的城乡低保家庭自申请之日起，委托书和授权书一直有效，直到注销。对于注销的低保家庭需要向核对平台发送家庭注销指令，使其委托书和授权书失效。当再次申请低保时，需要重新上传委托书和授权书。

对于手工录入数据时，首先建立批次，然后再录入申请人的相关信息，必须上传委托书和授权书材料，可以不录入家庭及成员的收入、支出、财产等经济状况信息；在共享单位核查的所有信息原样返回。

（2）资料采集。资料采集是核对业务的入口，为了适应全省各地复杂的系统建设情况和网络情况，资料采集模块采用“单机版”的设计理念，是一个逻辑上和物理上都相对独立的子系统，该模块是脱离省核对系统的一个单机版系统，物理上可以任意部署在各级资料采集部门，也包括民政系统之外的委托单位。如果与省核对系统联网，可以通过接口的方式自动导入核对系统，如果未联网，则通过线下方式导出并发送至核对系统。

（3）工作监管。核对业务监管模块实现对业务流程的全面监管，包括资料采集、受理审核、审批、响应、确认、生成、报告打印等。数据交换监管实现对数据交换工作进行全面监管，包括全省集中办理的核对业务的交换部分，以及某些地市独立开发的核对系统接入省系统后的交换部分。

（4）业务查询。业务查询模块实现对核对业务、核对对象、共享单位多个信息的综合查询。查询结果可以进行打印和导出。

（5）统计分析。统计分析模块是通过对业务信息进行分析建模，形成统计分析库并从各种维度展示分析结果，以供领导分析决策使用。主要包括核对业务概况、核对对象统计、委托单位统计、信息共享单位统计、核对项目统计、核对结果统计、核对检出统计、低保人群分析等。

（6）业务配置。业务配置模块是进行业务办理的基础，对业务办理过程中的各种重要的参数进行配置，主要包括核对方案、资源目录、作业、流程及报告模板的配置管理。

（7）系统管理。系统管理模块是本系统运行的基础，主要包括数据字典管理、元数据管理、行政区划管理、功能管理、菜单管理、角色管理、用户管理、组织机构管理、授权管理。

三、试点过程中开展的工作及成效

山东省始终高度重视试点工作，民政厅积极主导，有关部门大力配合，积极推进核对机制建设，逐步提升核对规范化水平，快速扩充各级部门信息共享资源，试点工作取得了比较好的成效。

（一）积极推进核对机制建设

在民政部核对中心及各级党委政府的高度重视和有关部门的大力支持下，山东省各级核对部门按照民政部“四个一”要求，积极推进核对机制建设，取得了明显成效。

1. 顺利完成核对平台建设

2015 年，山东省民政厅救助处、核对中心将省级核对平台建设列为当年社会救助重点工作，作为省级层面首要任务全力推进，并瞄准国家基础平台标准，依法进行招标建设。其通过系统调研认为，国家基础平台基本功能完善，相关标准融入度高，使用它有利于与国家对接，有利于本省快速部署，有利于获得民政部在技术及其他方面的支持，因此，其选定国家核对基础平台作为本省系统招标的瞄准对象，拟通过国家基础平台作为省级平台的开发基础进行本省本地化开发。2015 年 8 月，山东省省级核对平台项目建设全面启动，是全国首批使用部基础平台进行本地化开发的省份。项目建设历时约 100 天，同年 11 月，组织专家及有关部门，共同对项目进行了验收。目前，省级平台已转向重点与有关部门开展信息共享数据对接工作，包括与部中心及各市级平台开展部省对接及省市对接工作。同时，全省各市、县（市、区）在核对平台建设方面也取得了较大突破，截至 2017 年 10 月，全省各市及

137 个县（市、区）已全部使用核对系统开展核对工作。其中，各市大都根据本地实际，在核对平台建设上实行了全市统一。如潍坊市在 2015 年初，依托潍坊市智慧办电子政务网列支 75 万元开发了全市统一的信息核对系统，市、县两级核对机构及参与核对的相关单位，统一登录使用。既避免了县（市、区）独立开发的系统不兼容问题，又节省了系统建设成本，同时，有效解决了县（市、区）可核对信息数据覆盖面小、核对结果不精准等问题。青岛市则实行"一级建立，三级使用"，即市本级建设平台，市、区（市）、镇（街）三级无偿使用；同时，在核对系统优化完善的过程中，对全市的社会救助业务平台进行同步改造，两个系统实现了有机、无缝衔接，两个平台既相互独立，又相互关联，实现与"大救助""低保业务""医疗即时结算"等各项救助业务的有效对接和数据共享，为科学、准确地认定社会救助对象并完善退出机制奠定了良好的技术基础。

2. 逐步健全核对法规体系

2014 年 9 月 12 日，《山东省社会救助办法》（省政府令第 279 号，以下简称《办法》）经省政府第 36 次常务会议通过，以省政府令的形式向社会公布，并于同年 11 月 1 日正式实施。《办法》的出台，初步形成了具有山东省特色的以八项救助制度为主要内容，以社会力量参与为重要补充，以核对机制、监督管理、法律责任三项措施为保障的社会救助体系。其中，核对机制建设独立成章，这既是山东的创新，也完全符合当前山东省社会救助工作迫切需要。《办法》明确要求政府建立健全核对机制和信息平台，实现部门间信息共享；强调申请人和救助对象要如实申报和配合开展经济状况核对，规定了核对的基本内容及有关单位的配合义务。随着山东省《办法》的出台，作为贯彻落实《办法》的具体措施和健全完善核对法规体系的重要内容，2014 年底，山东省民政厅与公安、财政、人社等 18 个部门单位联合印发了《关于建立社会救助家庭经济状况核对机制的意见》（鲁民〔2014〕102 号），提出 2015 年年底前，"各市建立核对机构，省及各市、县（市、区）建立信息核对平台，形成上下联动、部门配合、信息共享、高效运转的核对工作体制机制"的工作目标，并对核对内容、方式、流程及部门职责等方面做了具体规定，从操作层面对核对工作进行了规范，为与各部门数据对接提供了政策依据，打通了相关政策"瓶颈"。

截至目前，省本级及全省各市、县（市、区）全部出台了核对办法。部分市结合救助工作及核对业务需要，对原有办法进行了修订，出台了相关救助项目的实施细则，并制定了保密、信息安全、档案管理等方面的制度。

3. 不断壮大核对机构队伍

山东省各地坚持把核对机构和队伍建设摆上重要位置，将落实机构、人员和经费作为开展好核对工作的先决条件，在机关事业单位编制紧缩的情况下，经过各级民政部门努力争取，各地在机构成立、队伍建立方面取得突破性进展。山东省低收入家庭经济状况核对指导中心于 2013 年 7 月 18 日经省编办批复正式成立，并于 2014 年 4 月 1 日全面开展工作。截至 2017 年 10 月，全省 17 市已全部成立核对机构，其中事业单位 16 个，社会组织 1 个；全省 137 个县（市、区）中有 129 个县（市、区）成立了核对机构，占全省县（市、区）总数的 94.2%，高于全国平均水平，其中行政机构 3 个，事业单位 94 个，社会组织 32 个，机构总数比 2015 年同期增长 138.9%（2015 年底全省县级核对机构数为 54 个）。

4. 逐步健全核对协调机制

经济核对系统建设是一项复杂的系统工程，仅仅依靠民政部门是难以完成的，而是需要各有关部门的大力支持、配合。根据国务院《社会救助暂行办法》关于“建立健全政府领导、民政部门牵头、有关部门配合、社会力量参与的社会救助协调机制”的规定，经山东省政府领导同意，山东省建立了由省民政厅牵头，28 个省直部门为成员单位的山东省社会救助部门联席会议制度，并明确了各成员单位的职责分工。2014 年底，山东省民政厅与公安、财政、人社等 18 个部门单位联合印发了《关于建立社会救助家庭经济状况核对机制的意见》（鲁民〔2014〕102 号），进一步完善了核对工作协调机制，明确了有关单位职责分工。同时，各市、县普遍成立了相关协调机构，推动有关部门齐心协力，共同做好核对工作。如潍坊市、县（市、区）两级全部成立了社会救助协调委员会和居民经济状况核对工作协调推进委员会，建立了有关部门联席会议制度，定期召开会议，会商、研究解决社会救助工作特别是核对工作中的新情况、新问题。形成了较为完善的“政府领导、民政部门牵头、有关部门配合、社会力量参与”的社会救助核对工作协调机制。2014 年以来，市政府每年都专门组织召开一次市级核对工作协调推进委员会成员单位会议，交流会商工作开展情况，相关部门积极落实政策规定，协同配合民政部门建设核对信息平台，形成工作合力，推进城乡居民家庭经济状况核对工作顺利开展。

（二）逐步提升核对规范化水平

山东省以被列为 TCC6 子项目试点省份为契机，为将试点成果结实抓牢，做好成果转化，进一步提升社会救助管理和服务能力，着力解决当前较为突出的流程不统一、程序不规范、责任不明确、角色理解不一致、概念认识不清晰等问题，将 2016 年作为山东省核对工作规范化建设年，建规则、立规矩、抓规范。省民政厅于 2016 年 4 月 8 日下发了《关于印发〈2016 年全省社会救助家庭经济状况核对规范化建设年活动方案〉的通知》（鲁民函〔2016〕70 号），于 2016 年 4 月至 10 月，在全省部署开展了社会救助家庭经济状况核对规范化建设年活动。活动以组为单位开展，研究的重点领域分别为政策法规体系领域、岗位人员结构配置及培训考核领域、核对信息化建设领域、核对大数据分析领域，省、市、县三级全面参与。

第一组重点实施方向为政策法规体系领域。主要任务包括：一是试点市探索出台城乡低保、农村五保、临时救助、医疗救助、住房救助等社会救助项目家庭经济状况核对实施细则（操作规程），细化核对内容、核对方式、核对程序、内部管控、结果应用等内容，新出台的政策法规，要与已有社会救助政策做好衔接；二是完善核对报告、授权书、委托书、保密承诺书及部门间交换协议等文书要件。

第二组重点实施方向为岗位人员结构配置及培训考核领域。主要任务包括：建立一支业务精湛、作风过硬、岗位配置合理、人员相对稳定的核对人才队伍。一是结合市、县两级核对工作人员实际情况，进一步优化岗位设置，提出符合当前核对业务要求的市、县核对机构人员岗位设置方案并制定岗位职责，使现有人才队伍发挥最大效能；二是与部级培训相结合，制定省、市、县三级常态化的培训方案和机制，做到每年全员至少轮训一遍。结合人才岗位实际，以培养复合型核对人才为目标，设计制定全省核对业务培训课程方案；三是研究全省核对工作人员上岗考核计划，细化考核方式及考核内容，制定全省核对工作人员年度上岗考核办法。

第三组重点实施方向为核对信息化建设领域。主要任务包括：一是制定市、县两级核对平台网络安全、数据传输、信息交换、接口开发、系统运行等配置方案，确保所提方案达到等级保护三级要求；二是先期选择试点市开展省、市平台对接，制订省、市对接实施方案；三是摸清目前掌握典型家庭经济状况信息的外部门数据现状，从中提炼出对社会救助对象甄别有意义、有价值的数据项目，分项制定数据利用方案。

第四组重点实施方向为核对大数据分析领域。主要任务包括：以大数据思维，通过调研、分析等多种形式，研究制定能够客观反映核对工作业务量、核对机制发展、核对工作价值以及领导关注度高的统计分析数据项目及展现形式。

通过开展本次核对规范化建设年活动，进一步规范完善了全省核对工作机制，健全了政策法规体系，优化了岗位人员结构配置，提高了核对信息化和标准化建设水平，提升了核对大数据分析能力。逐步构建起了部门协同、多级联动、上下贯通、资源共享的全省民政核对工作格局，全面提升了社会救助对象瞄准、认定水平。

（三）快速扩充各级部门信息共享资源

自 2015 年以来，山东省致力于核对信息化数据源建设增点扩面。为创造良好顺畅和相对公平的沟通环境，在核对平台招标之前，山东省民政厅主动提出在满足民政核对工作基础上，根据外部门工作需要，向其提供民政婚姻、殡葬、社会组织、社会救助、区划等有关数据，作为交换的砝码。这一做法，经厅长办公会研究通过，并在与外部门沟通交流方面取得了良好的效果，推动了部门间信息共享和整合，由单一索要转向互惠互利，降低了沟通难度，避免了部门间相互推诿扯皮，增加了双方的信任度以及依赖度，变数据索取为数据共享。外部门提供的数据，除直接提高民政部门社会救助对象甄别能力之外，还为婚姻登记、殡葬管理、社会组织管理及养老等工作权威性的提高打下基础，同时也使省民政厅有关部门对核对中心的认同度、配合力度得到提升。对外提供的数据对于公安机关维护社会稳定、打击违法犯罪，人社部门加强人力资源管理和社会保障，地税部门提高税收监管能力与水平、降低征收成本，工商部门企业信用体系建设等起到了重要推动作用，符合大数据时代发展的需要，全面提高了行政效能和政府管理能力。目前，山东省级已经与民政内部的婚姻和殡葬，公安的人口和车辆，工商的个体工商户、企业以及农业合作社，农业部门的农机挂牌和农机补贴，人社的五类社会保险、基础养老金及失业金领取，地税的纳税登记和税款征收、国税的车辆购置税、海洋渔业的渔船信息及水域滩涂养殖信息、教育部门的本科新生录取信息等 9 个省级部门 22 类数据实现实时在线比对。全省各市利用市级平台积极推进与当地有关部门的数据对接工作，各市数据源规模普遍达到 7 个以上，其中青岛、潍坊、德州、菏泽四市在分别对接了 10 多个单位、20 多类数据基础上，探索突破了与金融及保险行业间的数据获取。其中，青岛市与 9 家银行、潍坊市与 9 家保险公司、德州市与 8 家保险公司实现了对接，菏泽市也实现了与银行、保险等金融机构间的数据比对。

例如，青岛市在中国人民银行青岛市中心支行的大力支持下，完成了与银行业金融机构的联网自动核查，实现了社会救助家庭经济状况核对的突破。截至目前，居民家庭经济状况核对系统已与民政、公安、人社、国土、国税、地税、公积金、工商、卫计委、交通委、残联、海洋渔业、水利、编制办、财政等 15 个部门及 9 家银行，共计 24 项数据源实现了信息共享。与证券部门的信息共享通过与省民政厅的系统对接完成；与其他相关委办单位的数据对接工作正在抓紧推进。随着数据来源的扩展，救助对象的家庭经济状况将展现得更加全面、翔实和立体，有效促进了社会救助工作的规范、公平、公正。

再如，潍坊市按照“先易后难、示范引领、信息共享”的原则，首先与人社、工商、税务、公积金等掌握典型经济状况信息、信息化程度高和配合支持力度大的单位实施即时对接，而后根据各有关单位实际信息平台建设情况，建立适当的信息对接和交换模式。市级各协查单位通过数据交换、专线直连、手工核对等多种方式按月按需向市核对中心提供各类数据。截至目前，已在 18 个会签文件部门中的 15 个部门（包括市民政局、市公安局、市住建局、市财政局、市人社局、市国税局、市地税局、市工商局、市水利局、市海洋局、市农机局、市国土局、市交通运输局、市公积金中心和市保险协会）安装了核对系统。目前，已开展核查的项目有社会组织登记、车辆、户籍、房产、公积金、工商、税务登记、社会保险等信息达到 28 项。其中，16 个核查项目已实现网络即时核对，达到节省且高效的目的。特别是保险数据，其具有涉及个人隐私、业务数据保密性强、集中度高等特点，经与市保险协会研究协商，确定先与 20 家大型保险公司（占全市商业保险业务量的 90% 以上）开展核对协查工作，并由市保险协会组织各保险公司与市民政局签订数据交换协议，具体核查工作由市民政局、市保险协会和各保险公司共同协调推进。另外，正在积极探索与银行、证券等机构进行数据交换的方式方法。

（四）核对成效日益显现

经过几年的努力，山东省社会救助瞄准机制和核对体系建设基本完成，并已取得明显成效。

1. 为全省精准救助提供了数据支撑

山东省各级自建立核对机制以来，随着信息共享部门的不断拓展，核对的精准度越来越高，核对信息平台的核查和震慑作用得到充分发挥。2014 年，全省共核对低保在保及新申请人员 450.51 万人次，核检出疑似不符合低保相关条件的经济状况数据 7.69 万人次。2015 年，全省共核对低保在保及新申请人员 500.72 万人次，核检出疑似不符合低保相关条件的经济状况数据 19.51 万人次。2016 年，省级核对机构对低保在保对象共核对 218 万人次，检出疑似不符合 2.6 万人次；与省扶贫办建档立卡贫困户数据进行比对 4 次，比对逾千万人次。市、县（市、区）核对机构共受托最低生活保障核对 679.22 万人次，检出疑似不符合 25.96 万人次；共受托住房保障核对 41.63 万人次，检出不实申报 6.93 万人次。截至 2017 年 10 月 31 日，省级核对机构共核对 70.9 万人次，检出疑似数据 16.8 万条；市、县（市、区）核对机构共受托最低生活保障核对 1007.15 万人次，检出异常 35.55 万人次。受托住房保障核对 28.65 万人次，检出 4.70 万人次。所有这些，都为全省精准救助、精准扶贫工作提供了有力的数据支撑。

同时，有的市还利用核对平台，积极开展低保以外的其他需求核对业务，并取得了良好成效。如青岛市通过将与低保平台相互关联，实现了与“大救助”“低保业务”“医疗即时结算”等各项救助业务的有效对接和数据共享，为科学、准确认定社会救助对象并完善退出机制奠定了良好的技术基础。截至目前，青岛市居民家庭经济状况核对系统开展了最低生活保障、特困人员供养、医疗救助（含因病支出型贫困家庭、非青岛籍务工人员和非青岛籍高校学生）、临时救助资格认定、困难老人入住公益性养老机构身份认定等核对业务，实现了民政社会救助的“逢进必核”。自2014年8月开展试点至2017年3月，核对系统共完成市级核对270批次，区市级1225批次。共核对224070户次、409102人次，累计出具核对报告224070份，共检出有价值信息的核对报告52088份，总检出率约为23.25%。提高了救助工作的公平性、公正性。潍坊市自2015年核对系统开始运行以来，社会救助家庭的信息核对全面实现动态化和常态化。核对周期以月为单位，对新申请家庭和在保收入变化较大的家庭每月都要信息核对，各县（市、区）核对中心每月10日前向市核对中心上报核对名单，市核对中心每月下旬反馈核对结果，确保单次核对从上报到反馈不出现跨月情况，为实现社会救助工作动态管理提供依据。在2016年审计署反馈的山东省申领低保、“五保”人员名单与机构实名编制数据、社会保险数据、财政供养人员数据比对结果中，全省合计20155条，潍坊仅有183条，占比0.9%，经核实，不符合低保条件但享受低保的人员共45人，远低于其他地区。截至2017年3月底，共信息核对低保在保人员、新申请人员家庭349489人次，出具核对报告217245份，推算疑似不符合低保条件的家庭比率约为4%。

2. 提高了共享各部门自身行政管理能力

近年来，党中央非常重视政府部门信息公开和信息资源共享工作。国务院《关于印发促进大数据发展行动纲要的通知》（国发〔2015〕50号）强调，要推动政府信息系统和公共数据互联共享，消除“信息孤岛”，加快整合各类政府信息平台，避免重复建设和数据“打架”，增强政府公信力，促进社会信用体系建设。优先推动交通、医疗、就业、社保等民生领域政府数据向社会开放，在城市建设、社会救助、质量安全、社区服务等方面开展大数据应用示范，提高社会治理水平。可以说，居民家庭经济状况核对机制和核对体系建设的关键，就是政府各有关部门间的信息资源共享。各地在有关居民家庭经济状况核对机制和核对体系建设的文件中，虽然明确规定了有关部门提供相关信息的职责，但在实际工作中，有的部门主动配合的积极性并不高，其中一个重要原因，就是这些部门认为提供数据只是尽义务，本部门从中得不到什么“好处”。为了激发有关部门在提供数据方面的积极性，真正实现互通有无，信息共享，山东省民政厅在与外部门沟通过程中，主动提出在满足民政核对工作基础上，根据对方工作需要，向其提供民政婚姻、殡葬、社会组织、社会救助、区划等有关数据，创造相对公平的沟通环境，由单一索要转向互惠互利，降低了沟通难度，避免了部门间相互推诿扯皮，增加了双方的信任度以及依赖度，变数据索取为数据共享，打破了信息的地区封锁和部门分割，推动了信息共享和整合，逐个建立了两两合作、多层次的信息共享机制。通过数据共享，不但大大提高了民政部门的经济核对能力和水平，同时，对外提供的数据对于公安机关维护社会稳定、打击违法犯罪，对于人社部门加强人力资源管理和社会保障，对于地税部门提高税收监管能力与水平、降低征收成本，对于工商部门企业信用体系建设等，都起到了重要推动作用，满足了大数据时代发展的需要，有效地提高了有关部门的行政效能和管理能力。

3. 进一步提升了全省核对工作人员凝聚力

核对对象的有关数据信息面广量大，而且往往分布于不同部门、不同层级，因此，核对工作单靠某一级或某一地区单打独斗难以取得并扩大实际效果，需要各级核对机构联动、协同，才能最终取得理想的效果。这一点有别于其他一些工作。山东省在顶层设计核对机制建设时，省本级就将绝大部分能够获取的数据全部由省级负责获取，并在实际工作中将其全部无偿、及时地提供给各市、县，变以往对下要数据为向下给数据，各市级也基本如此。这种模式得到了基层工作人员的充分认可，同时提高了对上级核对机构的信任、依赖程度，进一步提升了全省核对工作人员凝聚力和工作积极性。在 2016 年规范化建设年任务分配过程中，山东省要求各市全部参与、任务明确、成果共享，全省核对工作人员凝心聚力，形成了全省"一盘棋"、共同促发展的良好局面。

4. 取得了较为明显的经济效益

通过核对体系的运行，山东各地均取得了较为明显的经济效益。2016 年，全省各级核对机构共检出疑似不符合低保条件人员 28.56 万人次，按照大约 20% 的核实率计算，当年有 5.7 万多人被挡在低保之外。根据 2016 年山东省城乡低保月人均补差 210 元（城市月人均补差 335 元，农村月人均补差 192 元）测算，当年可减少救助资金支出 1436.4 万元；再以青岛市为例，2016 年全年青岛市居民家庭经济状况核对中心共核对 102522 户 192195 人，检出疑似异常核对报告 26937 份，报告总体疑似异常率 26.27%；通过入户调查、邻里走访等其他方式核查后，最终未通过审批的共 17784 份，未通过率 17.31%。从低保业务来看（含新申请、复核），通过信息核对被挡在低保之外的共 22579 人，按照 2016 年低保月人均补差 538 元（城市月人均补差 704 元，农村月人均补差 487 元）测算，每年可减少救助资金支出 1214.75 万元；从低保边缘认定业务来看，通过信息核对被挡在这一群体之外的共 14691 人，按照医疗救助、临时救助年人均救助额 3000 元测算（医疗 3017 元/人，临时 2910 元/人），每年可减少救助资金支出 4407.3 万元。以上两项业务合计，每年可减少财政支出约为 5622.05 万元。根据潍坊市核对体系运行结果来看，预计每年也可节省救助资金约 3000 万元。

5. 社会效益初步显现

从根本上说，开展居民家庭经济状况核对机制和核对体系建设，最终目的是为了提高社会救助管理服务水平，优化政府治理和服务方式，提升政府公信力，增强公民诚信意识，维护社会公平正义。从山东省开展居民家庭经济状况核对试点以来的情况看，不仅经济效益显著，同时也取得了良好的社会效益。一是提高了救助对象家庭经济状况认定的精准度和权威性，解决了传统手段核查内容不全面、隐性收入核查难的问题，有力促进了社会救助政策的公平公正实施，有效提高了政府在社会救助领域的权威性。二是通过信息化手段有效提高了核对审批的工作效率，解决了传统手段核查周期长、结果反馈慢的问题，大大降低了政府的运行成本，提高了政府社会救助的管理服务水平，优化了政府的治理和服务方式。三是通过核对工作，排除了一批不符合条件的申报救助人员，保证了救助资金的有效使用，把有限的资金用到真正困难群体身上，提高了政府的公信力。四是增强了广大居民的诚信意识，有效减少了隐瞒收入财产、开具不实证明等现象发生，对整个社会诚信体系建设起到了推动作用。潍坊市为落实中央和省委、省政府关于建立健全社会信用体系的部署要求，全面提升“诚信潍坊”建设水平，将社会救助纳入申请家庭信用系统。各级各有关部门在社会救助事项中，将申报的家庭经济状况与核对结果不符且不符合社会救助标准的家庭，列入社会救助申请家庭信用系统黑名单，落实暂缓、停办救助及其他相应的惩处办法，形成有效的监管机制。对不如实提供家庭情况，通过不正当手段骗取社会救助的申请人，一经查实，录入全市公共信用信息共享和交换平台，与市级信用信息实现互联共享，同时，报人民银行征信系统备案，从机制上不断强化申请人的诚信意识和责任意识。五是大数据效应开始展现。居民家庭经济状况核对机制的建立来源于大数据思维，通过汇集各单位掌握的单项数据，形成救助对象准确的家庭经济状况。通过对这些数据不同维度、不同指标的分析，可以为领导决策提供支持。例如青岛市发现：通过对每个信息共享单位的异常提醒数量的统计，可以看出各单位的数据价值，指导基层在入户调查时应该关注的重点；通过对核对报告每月异常次数的分析可以看出，低保复核业务的异常数比较高，以前的调查手段无法准确判断救助家庭的经济状况；通过对各区（市）异常率分析，可以反映出基层各项业务的开展情况；通过对救助对象去世数据的分析可以看出，低保人员死亡率远高于全市居民平均水平，死亡年龄低于全市平均值，这说明困难群体的健康状况与生活水平密切相关。

四、试点中的亮点和创新之处

山东省在试点工作中领导重视，部门努力，既积极贯彻响应上级要求，又结合本省实际，因地制宜，全力推动，使试点工作中出现了不少亮点和创新之处。

（一）全力打造全省核对资源域，加快推进全省核对信息平台互联互通

当前，山东省核对信息化的主要任务是持续增点扩面。所谓增点，就是增加数据源数量；扩面，就是扩大数据核查范围。核对工作是否权威、客观，主要取决于数据源的数量、质量及范围，数据源是核对工作的生命线。面对核对数据源分散在各级各部门、构成极为复杂、各地平台不统一、数据源统筹不够、各部门信息化发展水平不均等突出问题，山东省创新性地提出打造全省核对资源域，使数据向上集中、业务向下延伸。通过各级平台对接，统筹整合各级获取的核对资源，在数据共享方面突出权利与义务：权利是指省、市、县三级核对机构共享核对域中各级的资源；义务是指省、市、县三级核对机构要按照核对工作需要，丰富完善本级核对数据源。省、市两级重点获取数据，县级使用数据重点开展核对业务。山东省进行的核对资源域建设，能够有效提高各级核对机构间的依赖性、工作的积极性、数据源构成的合理性、外部门对民政部门的认同度以及核对工作的可持续性，快速构建起部门协同、多级联动、上下贯通、资源共享的立体式全省民政信息核对工作新格局。

（二）开展部、省、市、县四级平台对接工作

自 2016 年初开始，山东省围绕 TCC6 子项目主要任务，将核对信息化工作重点由平台自身建设转向数据对接，增点扩面。在逐步扩大省级核对数据源基础上，重点开展部、省、市、县四级平台对接工作。

1. 部省对接

2016 年 4 月，山东省被民政部列为全国唯一一个部省对接试点省份，全力配合民政部开展业务功能、系统对接、安全保障、设施设置等方案的测试与论证工作，这也是山东省 TCC6 子项目的首要任务。山东省积极配合部中心，先后完成省级平台环境搭建、政务外网链接、部省系统对接以及运行测试工作。在此基础上，山东省会同部中心研究制定了《部省居民家庭经济状况核对规程》及《部省级信息查询协议》，为今后全国联网核查提供了方案依据。2016 年底，山东省与部级平台成功完成了对接测试，可通过正式数据办理相关核查业务，2017 年将完成省级核对平台信息系统等级保护三级测评工作，并与部中心签订《全国居民家庭经济状况信息部省联网查询协议》，下一步将按照中心要求，将部省平台数据查询工作逐步常态化、规范化。

2. 省级部门对接

山东省对于核对数据源应用的思路，是省市两级要数据，县级具体干业务。目前省级已经与公安的人口和车辆，工商的个体工商户、企业以及农业合作社，农业

的农机挂牌和农机补贴等 3 个部门 7 类数据实现了省级在线实时比对，按照 TCC6 子项目中对接三个省级单位的任务要求，与部门对接任务已基本完成。截至 2017 年 10 月，山东省级核对平台已经与 9 个省级部门 22 类数据实现实时在线比对。如果说山东省 18 部门文件的出台是“开花”，那么当前山东省省级部门对接，已经开始“结果”。

3. 省市对接

根据 TCC6 任务要求以及“全省核对域”规划，山东省还探索开展了省市平台对接工作，2016 年与滨州市在专线的基础上开展省市对接试验工作。在省市对接工作中，山东省省级主动适应各市异同情况，选取以政务外网、专线等网络组网，构成相对异同的市开展省市平台对接工作，全面完成 TCC6 试点任务，并为省市平台全面对接提供方案依据。2017 年 5 月，山东省核对信息平台与枣庄、烟台、济宁、滨州 4 市核对信息平台实现首批对接，并签订数据查询协议书，实现了“部、省、市、县”四级核对平台初步的对接互联。2017 年 7 月初，在《中国社会报》总结的全国上半年地方民政工作创新与亮点摘要中，山东省救助家庭经济状况核对平台实现“部、省、市、县”四级贯通，被列为其中之一。截至 2017 年 11 月，山东省省级平台已与全省 17 个市中的 11 个市市级核对平台实现对接，并计划签订信息查询协议。

4. 市级部门对接

山东省在对接工作中，考虑到有的单位比如住建、国土资源没有实现省级数据大集中，有的数据比如海洋渔业具有地方区域性特点，这类数据的获取重点由各市落实。全省各市也在积极推进与当地有关部门的数据对接工作，济南、青岛、烟台、潍坊、泰安、威海、德州、滨州等市的数据源规模已达到 7 个以上，其中青岛、潍坊两市在分别对接了 10 多个单位、20 多类数据基础上攻坚克难，探索突破了与金融及保险行业间的数据获取。青岛市与 9 家银行，潍坊市与 9 家保险公司分别实现了数据核对。

（三）建立健全有关规章制度

为了保证核对体系规范、有序运行，山东省各地在普遍制定出台宏观指导性政策文件的同时，还注意制定完善内部工作制度等有关各种制度。如青岛市除了制定下发了《青岛市居民家庭经济状况核对办法》《关于做好全市社会救助申请家庭金融资产状况核查比对工作的通知》外，还先后制定了《青岛市最低生活保障家庭经济状况核对实施细则》《青岛市居民家庭经济状况核对工作管理规范》《核对中心工作职责、组织架构》《核对工作流程》《相关委办单位职责》《保密工作守则》《档案管理规定》《网络安全管理制度》等规章制度，为顺利推进居民家庭经济状况核对工作打下了坚实基础；潍坊市除了出台《潍坊市城乡居民家庭经济状况核对暂行办法》《潍坊市人民政府关于加强社会救助工作的实施意见》《关于建立社会救助家庭经济状况核对机制的实施意见》《潍坊市社会救助办法（试行）》外，还先后制定了《居民家庭经济状况核对档案册》《保密制度》《核对工作档案管理制度》《核对系统信息安全管理制度》《核对管理人员及协查单位人员培训制度》等系列配套政策文件，同时，市民政部门还同步指导各县（市、区）全部出台了核对工作相应的配套文件，确保核对工作全程依法合规开展。

五、试点中遇到的困难和存在的问题

总体来说，山东省的社会救助瞄准机制和核对体系建设比较顺利，并已发挥了显著成效，但在试点工作中，仍存在一些困难和问题。这些问题有的是属于国家层面的，有的是属于地方层面的；有的是属于技术层面的，有的则是属于法律层面的。对于其中比较突出并迫切需要解决的有三个：一是部门间配合力度有待进一步提高；二是全量数据核对难度大；三是农村家庭收入适用程度低。

（一）部门间配合力度有待进一步提高

在试点项目实施过程中，山东省民政厅积极与各有关部门协调沟通，并主动提出以数据换数据的思路，得到了多数有关部门的积极响应。但也有的部门在出台文件时积极配合，在实际业务实施中，却以法律层级不够高、资金投入无出处等理由推诿，使对接工作难以顺利实施。例如，在与银行等金融机构对接过程中，对方提出按照《中华人民共和国商业银行法》规定，“商业银行办理个人储蓄存款业务，应当遵循存款自愿、取款自由、存款有息、为存款人保密的原则”“对个人储蓄存款，商业银行有权拒绝任何单位或者个人的查询、冻结、扣划，但法律另有规定的除外”。因此对方认为，《中华人民共和国商业银行法》的法律层级高于我们所执行的《社会救助暂行办法》。在与国税等部门对接时，也存在类似情况，对方提出《中华人民共和国税收征管法》属特别法，其法律层级同样高于《社会救助暂行办法》，必须优先遵从《中华人民共和国税收征管法》所要求的为纳税人保密相关条款。

（二）全量数据核对难度较大

目前，从山东省的情况分析，对于新申请社会救助家庭经济状况把控能力比较高，基本能够做到有问题的进不来，但是对于在保对象有问题的及时退，难度较大。主要原因是有的部门查询接口虽然已经开放，但是个体查询时间长，造成全量查询周期长。以通过公安查询低保在保对象为例，在线查询一条的时间近半分钟，山东全省240余万低保对象全部线上查询，需要800多天。线下查询，需要定期投入大量的人工，特别是外部门人工的投入，难度较大。

（三）农村家庭收入适用程度低

居民家庭经济信息核对办法是建立在信息化、网络化基础上的，比较适合对城市居民家庭的核对，而对信息化、网络化程度低，居民收入和支出情况更加复杂的农村家庭，目前的适用程度则比较低。一是核查项目细化难。农村居民收入来源多元化，既有传统的农业生产性收入，也有各类工资性、转移性和财产性收入，虽然制定了较为详细的核算办法，但难以反映现实繁多复杂的实际收入和财产情况。二是核算标准量化难。由于种植、养殖品种的多样性、生长的季节周期性、地域分布的特殊性、生产技能的差异性、市场价格的不确定性等因素，难以公平合理地精准核算。

试点工作中存在的上述困难和问题，需要国家和地方共同作出努力，逐步加以解决。

湖南省试点案例分析报告[①]

前　言

社会救助是我国社会保障体系的重要组成部分，主要包括城乡低保、城乡医疗救助、临时救助、特困人员供养、流浪乞讨人员救助、救灾救济等内容。社会救助工作是一项托底线、救急难、保民生的基础性制度安排。自2014年国务院《社会救助暂行办法》颁布实施以来，社会救助事关社会稳定和谐的共识已经形成。

认真落实城乡最低生活保障、特困人员供养等社会救助制度，准确认定救助群体，确保救助政策公平公正实施，是全社会关注的焦点、人民群众反映的热点和政府实践的难点。

2015年10月至2016年12月，作为中部典型地区的湖南省，成功入选成为世界银行“中国经济改革促进与能力加强”（TCC6）子项目《社会救助瞄准与居民家庭经济状况核对体系研究》项目的三个试点省份之一，开展核对信息化试点干预。湖南省14个市（州）和122个县（市、区）的核对机构参与了这次试点工作。全省核对机构在社会救助部门的支持配合下，完成全省试点方案的各项工作，开展社会救助的瞄准机制和核对体系建设，开发完成居民家庭经济状况核对信息系统，有效提高了社会救助对象瞄准率和救助对象认定工作的效率。

一、试点的背景和意义

（一）社会救助的“瓶颈”

从20世纪90年代初开始，中央和地方政府先后出台了一系列针对困难群众的社会救助政策，渐进式推进，逐步完成了制度框架的构建。2014年2月国务院颁布、2014年5月1日起施行的《社会救助暂行办法》，标志着具有中国特色的社会救助制

① 本课题由长沙民政职业技术学院邹照兰教授参与实施。

度体系初步形成。《社会救助暂行办法》明确将最低生活保障、特困人员供养、受灾人员救助、医疗救助、教育救助、住房救助、就业救助、临时救助八项制度和社会力量参与作为社会救助基本内容，构建了一个分工负责、相互衔接、协调实施，政府救助和社会力量参与相结合的社会救助制度体系。每年国家财政拨款1800多亿元的资金（不含地方各级配套资金）用于各种社会救助。社会救助在保障困难群众得到实惠、促进社会公平公正、维护社会和谐稳定等方面发挥着重要作用。但与此同时，我国社会救助瞄准机制和核对体系建设仍处于发展的初期，还面临重大挑战。由于社会救助的无偿性，救助资格审核的复杂性、艰巨性及工作不够规范科学等原因，投机骗“保”、人情入“保”“开着宝马吃低保”“死人吃低保”“坐着奔驰住保障房”的现象屡有发生；部分申请对象提供“假残疾”“假病检”“假离婚”等证明骗取低保。这些丑恶现象虽属个案，但严重损害了政府的公信力，使得政府虽然投入了大量社会救助资金，但无法收获预期的治理效果。在机制和体制上，如何有效识别和瞄准社会救助对象，杜绝“人情保”“关系保”等各种错保、骗保行为？如何建立一套适合中国国情的救助对象识别制度，保证有限的社会救助经费用于最需要的人群，已成为社会救助工作者的当务之急。社会救助应当加快信息化平台建设势在必行：在民政系统内部，要利用数据管理软件，建立申请对象从登记、审核、复核、年审、救助到注销各环节的一整套信息档案；对外尽快实现与相关职能部门、银行、金融等部门的信息资源联网，打通与相关部门信息比对接口。只有借助信息化技术，整合救助信息、提高信息化管理和运用水平，才能从根本上实现救助对象信息流转、信息利用，提高经济状况核查的及时性、准确性和透明度。

（二）民政部基础平台助力全国居民家庭经济状况核对信息系统

2008年，为推进城市居民家庭住房困难问题的解决，经国务院同意，民政部联合多部委出台了《城市低收入家庭认定办法》（民发〔2008〕156号），该办法明确了各级民政部门负责居民家庭收入核定的管理工作。2009年，民政部在上海市核对平台试点经验基础上，发函要求全国32个试点单位借鉴上海经验，开展居民家庭认定工作，此项工作成效显著。国务院《关于进一步加强和改进最低生活保障工作的意见》明确要求加快建立救助申请家庭经济状况核对机制，并提出到“十二五”末，全国基本建立救助申请家庭经济状况核对机制的总体目标。这一重大举措为提高社会救助工作的科学性、精确性，从根本上解决社会救助对象认定世界性难题提供了一条切实可行的路径。在当前形势下，进一步推进居民家庭经济状况核对工作，不仅是贯彻落实《社会救助暂行办法》的具体要求，更是推动社会救助转型升级的重要举措，是提升最低生活保障、医疗救助和临时救助等各项社会救助工作科学化、精准化的重要手段。

2014 年 2 月公布的《社会救助暂行办法》，规定“县级以上人民政府民政部门应当建立申请和已获得社会救助家庭经济状况信息核对平台，为审核认定社会救助对象提供依据”。居民经济状况核对工作受到民政部的高度重视，2014 年 4 月，民政部下发《关于居民家庭经济状况核对信息系统建设的指导意见》（民发〔2014〕83 号），规定“各地核对机构负责本级核对信息系统的总体设计、组织实施、运维管理和应用推广”。民政部居民家庭经济状况核对信息系统基础平台基于普元 SOA 应用平台设计开发，并于 2015 年起，陆续与公安、银监、证监、税务、工商、住建等部委签署了《公安部　民政部关于信息共享快速查询的合作协议》等多份信息共享的相关文件，在顶层设计上做出了示范带动。随后，民政部以上海试点的经验为基础开展两批城市居民家庭经济状况核对试点，明确要求按照“整体规划、试点先行；上下联动、分层比对；规范流程、保护隐私；部门共享、合作双赢”的总体思路。湖南省的长沙市、常德市、岳阳市、株洲市、石门县、宁远县在第二批试点之列。

2009 年，上海市成功开发试点运用了居民经济状况核对系统，成立了隶属于市民政局的政府全额拨款的居民经济状况核对中心这一机构。核对中心通过与民政、人保、税务、公积金、房管、人行、证监、银监等 14 个部门间建立“电子核对专线”，核查人员可以直接查看申请家庭的存款账户、股市账户、纳税记录、房产登记、公积金缴纳等情况。通过试点，上海建成了全国首个为民生政策实施提供经济状况权威核对信息的支持性政务平台。上海居民收入核对系统先期在廉租房、经济适用房申请家庭中成功运用，截至 2014 年，核对中心已累计向房管部门出具了 63342 份经济状况核对报告，共有 10313 户家庭经核对被发现不符合申请条件，自愿退出廉租房或经济适用房的申请，为公共财政节省资金约 11.9 亿元，上海的成功给全国居民经济状况核对提供了可操作的指导性经验。

（三）湖南省的社会救助和核对机构状况

湖南是一个欠发达的农业大省，总人口 7202 万，其中农业人口 5603 万，年均各类救助人数约 800 万人，2016 年通过民政部门下达的社会救助资金达 107.5 亿元，比 2015 年增加了 15.1 亿元，涉及城乡 500 多万贫困人口的切身利益，与全省的社会稳定密切相关。建档立卡贫困对象 445 万，其中，全省城乡低保分别保障 116.6 万人和 299.3 万人，低保标准分别达到 429 元/月和 255 元/月。在救助资金高位运行的同时，各类救助资源相对需救助总人数而言相对缺乏，通过完善核对机制，确保有限的救助资金真正用到困难群众身上。

尽管湖南省贫困人口多、优抚对象多、自然灾害多，民政工作任务较为繁重。

但湖南省委、省政府高度重视民政工作，已先后出台了一系列民政领域政策文件，推动了各项民政事业发展，尤其是省政府办公厅《关于开展救助申请家庭经济状况核对工作的意见》（湘政办发〔2013〕58号），以省政府规范性文件的形式明确了核对工作的流程以及核对平台的建设，对各职能部门提出了工作要求，有效凝聚了核对工作合力。

2013年7月，湖南省低收入家庭认定指导中心成立。机构确定为正处级全额拨款事业单位，编制5人，省核对中心积极争取省民政厅、财政厅将建立居民家庭经济状况核对机构纳入社会救助绩效考核评价体系，并把“有机构、有人员、有平台、有办法”作为考核重点，实施“以奖代补”方式促进核对机构建设，2014—2016连续三年每年争取省财政安排500万元资金，对全省50个市、县的核对平台建设进行补助。目前，全省有119个县（市、区）建立了核对机构，落实了编制和工作人员，确保了核对工作有人办事、有钱办事、有条件办事。全省核对工作机制建设取得了明显成效。

2011年，湘潭市采用上海的经验，建立了核对信息平台，湘潭市被民政部评为全国首批城市居民家庭状况核对示范单位。长沙市作为湖南省省会城市，继湘潭市试点之后也开发应用了“居民家庭经济状况核对信息系统”，并从2010年7月上线运行，与市人社局、住建委、公安局等10个部门的20类信息实现了数据交换，其中人社、公积金、国税、地税实时数据交换，公安、房产周期数据交换，残联、婚登周期数据拷贝，该系统主要用于低保申请认定。湘潭市开发应用的居民家庭经济状况核对系统，在湘潭市范围内实现了与车管、人社、工商、税务、公积金、房管6个政府管理部门，15家银行，3家证券公司的跨部门、多层次的居民收入信息交换。该系统在低保申请办理中得到了成功应用。紧接着资兴、石门等市（县）在传统手工核对模式基础上，研发建设了本地核对信息系统并有效运转，极大地提高了核对工作效率和救助对象认定的准确率。由于家庭经济状况核查工作本身的复杂性，各州（市）核对情况不一样，各地做法往往差别性大、标准化低、法定效力不高，对于异地的情况无法查证，公信力也不高，所以迫切需要开发一个“整体规划、统一开放、整合资源、共同推进”的全省核对体系的省级系统来指导统筹全省的核对工作。

（四）试点的意义

世界银行TCC6子项目《社会救助瞄准与居民家庭经济状况核对体系研究》在湖南的实施，将有助于加快省级核对信息平台的建设步伐、有助于完善核对机制政策支持体系、有助于核对人员综合能力的提升，促使湖南在核对机制建设政策创制、信息平台建设资金筹集、部核对基础平台“本地化”配置、核对业务流程优化、项目监管、能力提升等方面的归纳总结，为全国核对机制建设提供可复制、可借鉴的经验。

世界银行TCC6子项目《社会救助瞄准与居民家庭经济状况核对体系研究》在湖南的实施，给湖南带来了机遇。湖南省低收入家庭认定指导中心将紧紧围绕服务社会救助瞄准这一核对工作核心，着力开展信息平台建设，通过准确有效的对象认定和动态管理，切实维护社会救助的公正性和公信力。居民家庭经济状况核对在精准救助中的基础地位和重要作用日益显现。笔者认为，通过参加此次试点，有以下五个方面的意义：

一是有利于提高社会救助政策创新。通过研究总结国内外社会救助的瞄准机制和核对体系经验做法，有利于提出适合湖南省情的社会救助对象瞄准机制和核对体系建设的政策建议。居民家庭经济状况核对是破解社会救助对象认定难题、保障社会公平正义的重大举措，也是加强和创新社会治理的具体举措。

二是有利于提升社会救助管理水平。通过加强社会救助部门人才队伍的能力建设，利用信息化的管理手段，提高社会救助对象认定的准确性，提升社会救助的业务经办能力。发挥救助资金最大效用，让真正困难的群众实实在在享受政府惠民政策的“阳光”。

三是有利于发挥财政资金使用效益。湖南省作为经济欠发达的中部省份，在7202万人口中，年均各类救助人数约800万人，2016年通过民政部门下达的社会救助资金达107.5亿元，比2015年增加了15.1亿元，涉及城乡500多万贫困人口的切身利益，与全省的社会稳定密切相关。其中，全省城乡低保分别保障116.6万人和299.3万人，低保标准分别达到429元/月和255元/月。在救助资金高位运行的同时，各类救助资源对需救助总人数而言相对缺乏，通过完善核对机制和工作手段，确保有限的救助资金真正用到困难群众身上。

四是培养公民申请救助的诚信意识。核对机制的建立向社会传递出国家救助机关有能力全面查询申请人家庭经济状况的信息，这在无形中提高了人们诚信申请救助的意识。据统计，2012年上海市对2.76万户保障性住房申请家庭进行了经济状况核对，廉租住房和经济适用房不实申报检出率分别下降至11%和3.4%，均较上年下降50%以上。

五是减少动态管理中的纠纷和争议。核对机制的建立，使救助管理部门可以从相关政府部门、机构获取客观、真实的确凿信息，可以有效减少动态管理中退出对象的抵触情绪，在一定程度上降低治理成本，提升社会救助的效率。湖南省长沙市核对机制建立前共有11.7万低保对象，核对系统应用后三年累计减少3.7万人，清退工作开展平稳。

二、湖南省省级核对信息平台建设的探索和实践

（一）试点的目标

总体目标：围绕核对信息化、创新社会救助对象瞄准技术与流程、完善信息安全措施和相关制度规范、加强人员培训等主题，在核对信息化试点改革方案设计的基础上，通过试点完善本地区居民家庭经济状况核对信息系统，创新核对工作流程，提升社会救助的业务经办能力，提高社会救助瞄准率和救助对象认定工作的效率。

“湖南省居民家庭经济状况核对信息系统”按照“数据集中、服务延伸、标准统一、资源共享、安全高效、有序推进”的原则，第一期建设目标是：完成省本级建设，形成以省民政厅为核心、涵盖试点市（州）、区（县、市），以及相关同级部门的试点平台，为全省全面建设的推开打下基础。如图1所示：

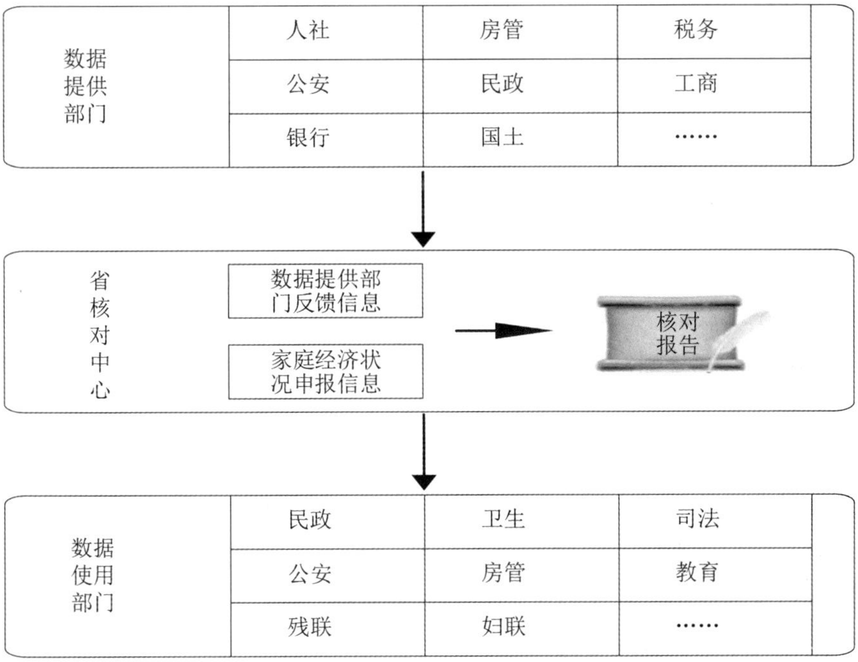

图1　湖南省居民家庭经济状况核对信息系统

具体要实现如下建设目标：

第一，力争数据信息集中。民政部门提供优抚、低保、婚姻、殡葬、民办非企业单位登记等方面的信息；公安部门提供人口户籍、机动车辆登记、出入境等方面的信息；人力资源和社会保障部门提供社会保险缴纳情况和领取社会保险待遇等方面的信息；住房和城建部门提供个人房屋产权等方面的信息；住房公积金管理部门

提供住房公积金缴纳使用等方面的信息；工商部门提供公布的个体商户和企业注册登记等方面的信息；税务部门提供个人、个体工商户以及相关企业的纳税等方面的信息；卫生计生部门提供医疗、新农合补助等方面的信息，等等。

第二，完善的业务支撑。能够为低保救助、保障性住房、医疗救助等各种社会救助业务提供电子化在线受理、审核、核查、比对提供支撑。

第三，高效的在线核对。建设省级数据中心归集各级机构的横向共享数据，提供高效准确的共享数据查询和分析比对功能，自动分析差异情况和出具核对报告。

第四，多口径的数据交换。提供高效的数据交换方案和机制，建立多业务口径数据交换平台，支持省级平台与地市级平台业务交互，形成跨部门、跨区域、多层次的居民家庭经济状况核对系统。实现与低保信息系统的有效衔接，提高监测的效率和准确度。

（二）总体设计架构

按照“整体规划、统一开放、整合资源、共同推进”的工作思路扎实推进各项工作。按省、市两级数据中心模式，以省级数据中心为核心，市级数据中心为支撑，全面建立贴合工作实际、符合行业要求，纵向上联民政部、向下覆盖区县、街道/乡镇、社区/村，横向连接相关部门/单位，技术先进、安全可靠、功能完善的核对工作业务平台；通过多层级、多部门信息资源共享与工作联动，科学、有效、准确地核对救助申请家庭经济状况，从根本上解决社会救助对象认定难题，强力保障公开、公平、公正、高效地分配低保金、医疗救助金、廉租房、司法援助等社会救助资源，促进社会公平与和谐。如图 2 所示：

一是基于云技术建立省级核对信息平台，满足核对受理、审核、信息核查比对、统计分析等需求，并通过专网向下延伸覆盖市、县核对机构，实现三级的业务联动。

二是通过建设标准统一的数据交换平台，依托完善的安全保障机制，实现与低保救助、住房救助等各类社会救助部门的业务衔接，同时提供多种的数据交换方式，满足不同信息共享部门的对接需求。

三是遵循民政部信息标准规范建设省级数据资源中心，横向逐步整合省级各信息共享单位的数据，纵向逐步归集市、县两级平台的共享信息。最终形成多层次、跨部门、多业务的居民家庭经济状况核对信息系统。

本着功能、架构、效果三者协调统一的要求，湖南省的居民家庭经济状况核对平台是这样的：

1. 模块：平台整体规划为六大模块：一是应用支持平台，基于民政部基础核心平台以业务为导向建设具有良好的可拓展性和可靠性的应用支撑平台，使核对系统

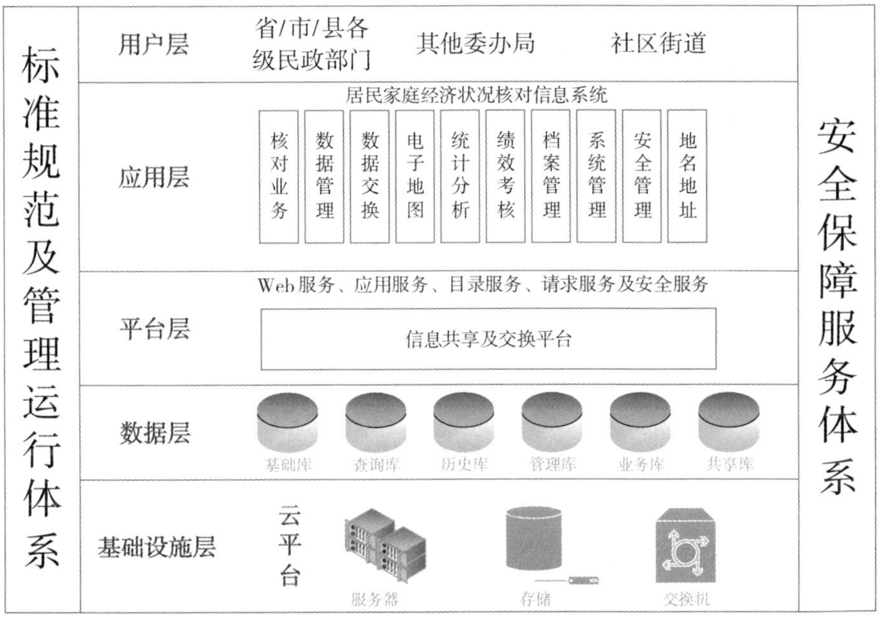

图2　省、市两级数据中心模式

建设技术标准统一规范、实现全国联网和缩短建设周期。二是数据管理平台，基于云计算技术，以大数据、大集中的方式建立省级的数据资源管理中心数据。三是电子比对交换子系统，主要面向横向和纵向的各类信息共享单位，实现数据资源整合和实时数据交换。四是核对业务子系统，以数据资源为基础，支撑核对业务从接受委托、数据审核、跨部门信息比对，到最终出具核对结果的完整业务流程。五是业务管理子系统，实现系统后台的用户、权限、安全等各项配置管理。六是统计分析子系统，实现对全省核对业务的监管统计，并可分析低收入人群分布特征、消费特点、致贫原因及变化趋势，为发布全面的统计数据分析和评估报告提供支撑。

2. 层级：市（州）平台收集市州固有数据、多部门的救助信息、慈善信息等。承担县（区、市）平台进行核对、数据统计、年度审计、档案管理等日常工作，是省级平台的有力支撑。

3. 网络：

（1）省—省　政务外网（专网线）

（2）省—市州—县区（电信租用专线安全、快捷、易连接）

（3）县区—乡镇（电子政务外网 VPN 加密云互联网）

4. 数据：数据是建好信息核对平台关键的关键，都说平台建好是“霸道”，而数据拥有是“正道”。我们把获取数据，整理更新数据作为重要工作从头到尾抓紧抓实。

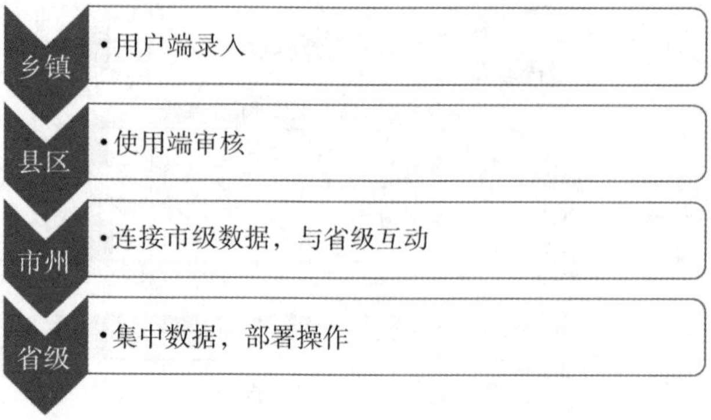

图 3　湖南省居民家庭经济状况核对平台模块

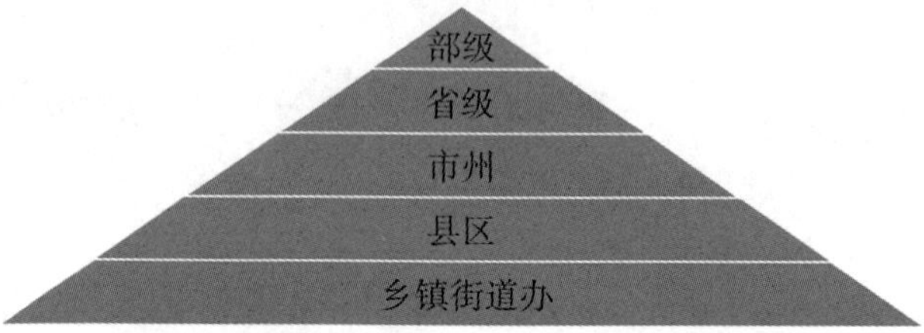

图 4　湖南省居民家庭经济状况核对平台层级

省级：目前拥有公安、卫生、财政、工商、地税、残联、民非、婚姻等 10 类省级集中数据。进行连接部中心股票信息、人社社保信息，住建房屋信息、公积金信息。

市级：银行、县（区、市）房产信息、公积金信息、新农合补贴信息。

5. 安全：系统安全十分重要，是一条红线，生命线分三个层面确保安全：

首先是技术层面，软件系统里对管理权职进行合理配置，省、市、县、乡四级权职由大到小，省里安全权职最大，乡镇最小。让信息交换在一定范围，可控范围下进行。购置安全设施解决安全问题，通往县区之间用 VPN 解决等。

其次是专人专机专责，专门操作人员、专用电脑、操作人员与单位和省中心签订安全保密协议书，法律形式明确专门操作人员责任。

再次是管理机制：一是当事人委托授权取得真实性，安全性、有效性。二是县区民政局为核对主体，对外承担法律责任，省市两级不受理具体申请，不以自己名义出具核对报告。

（三）项目执行情况

经过一年多的试点，2016 年 12 月 12 日至 13 日，省低收入家庭认定指导中心在长沙召开了全省核对监测暨 TCC6 项目总结会议，接受民政部低收入家庭认定指导中心对省级核对信息系统暨 TCC6 项目进行验收评估。部指导中心信息核对部宝力高处长、干部杨兰一行及 TCC6 项目专家组，试点省甘肃省居民家庭经济状况核对中心负责同志应邀出席，省低收入家庭认定指导中心、全省 14 个市（州）和部分县（区市）的核对机构负责人参加了会议。专家组负责人宝力高处长认为：“经湖南省核对中心和北京用友政务软件有限公司介绍和演示，认为该项目架构设计较为合理，功能齐备，在全省应用过程中取得良好成效，为社会救助提供快捷周到，安全服务。”并建议如下：

第一，进一步加强信息安全保障，做好信息安全等级保护定级备案、测评和整改；

第二，做好与部级核对基础平台对接，尽早实现全国联网核查。

试点期间，湖南省围绕 TCC6 项目实施和成果应用着力做好了以下几方面的工作：

1. 制订完善试点方案。结合湖南省社会救助瞄准和核对信息化建设情况以及基层需求，着力于解决当前核对体系和核对信息化建设中的重点和难点问题，在咨询专家协助下，制订符合湖南省省情实际的《湖南省社会救助瞄准机制和核对体系研究项目试点方案》。2015 年 10 月 29 日—31 日，民政部低收入家庭认定指导中心（以下简称部中心）在湖南省长沙市召开了世界银行 TCC6 子项目《社会救助瞄准与居民家庭经济状况核对体系研究》项目地区试点方案研讨会。湖南省民政厅党组成员、副厅长邓磊出席会议并致辞。来自部中心的相关领导，北师大、南开大学、上海交大、华北电力大学、长沙民政学院、兰州大学、山东省社会科学院等研究机构及高校的专家学者，以及山东省、湖南省、甘肃省三个试点地区的相关人员参加了此次会议。此外，来自全省各市（州）、县（市、区）的 30 余名核对机构负责人除全程参与这次研讨外，还参加了省民政厅组织的社会救助及核对工作业务培训，听取了北京用友政务软件公司项目负责人关于“湖南省居民家庭经济状况核对信息系统”开发情况介绍，观摩了该软件的主要功能、操作流程，提出了进一步的修改完善意见。

2. 完善项目政策支撑。根据《社会救助暂行办法》第五十八条关于“县级以上人民政府民政部门应当建立申请和已获得社会救助家庭经济状况核对信息平台，为审核认定社会救助对象提供依据”的规定，为了落实省政府办公厅《关于开展救助申请家庭经济状况核对工作的意见》（湘政办发〔2013〕58 号）文件要求，加快建立健全全省居民家庭经济状况核对机制，规范居民家庭经济状况核对工作，2013 年，湖南省人民政府办公厅出台了《关于开展救助申请家庭经济状况核对工作的意见》，对建立核对机构、规范核对机制、搭建核对平台等提出了明确要求。2015 年初，省民政厅、财政厅、公安厅、人社厅、住建厅、教育厅、卫生和计划生育委员会、工商局、地税局、人民银行 10 个部门联合印发了《湖南省城乡居民家庭经济状况核对办法》（湘民发〔2015〕2 号）文件，要求政府相关部门要实现信息共享，形成社会救助信息互联互通机制，并就核对内容、核对方式、核对程序、内部管控、结果应用等做出规定和要求，为破除部门信息壁垒，共同做好社会救助信息的互换互用工作，规范开展居民家庭经济状况核对工作，确保居民家庭经济状况核对信息平台的有效运转，提供了政策依据。

表 1　TCC6 项目成果支撑政策

子项目名称	试点省份	支持政策	政策级别	颁布者
社会救助瞄准与居民家庭经济状况核对体系研究	湖南	关于印发《湖南省农村低保制度与扶贫开发政策有效衔接工作实施方案》的通知（湘民发〔2016〕56 号）	省级	湖南省民政厅、省财政厅、省公安厅、省扶贫办、省教育厅、省人力资源和社会保障厅、省住房和城乡建设厅、省统计局、省残联联合颁布
		湖南省人民政府办公厅关于印发《社会保障兜底脱贫对象认定工作方案》的通知（湘政办发〔2016〕56 号）	省级	湖南省人民政府办公厅文件
		关于开展救助申请家庭经济状况核对工作的意见（湘政办发〔2013〕58 号）	省级	湖南省人民政府办公厅文件
		湖南省社会救助瞄准机制和核对体系研究项目试点方案	厅级	湖南省低收入家庭认定中心
		关于全面开通使用湖南省居民家庭经济状况核对信息系统的通知（湘民函〔2016〕84 号）	厅级	湖南省民政厅

3. 试点运行积累经验。2015 年 12 月 28 日—30 日，省低收入家庭认定指导中心在长沙军转大酒店成功举办了全省居民家庭经济状况信息核对软件系统上线运行培训班。省民政厅党组成员、副厅长邓磊在培训班开班仪式上讲话指出，加快推进核对机制建设，是贯彻落实《社会救助暂行办法》，推动全省社会救助转型升级的重要举措，是实现精准扶贫，提升最低生活保障、医疗救助和临时救助等各项社会救助工作科学化、精准化的重要手段，在今后的核对工作中，必须做到三个“真”：一是学到真本领，二是核出真数据，三是取得真实效。广西壮族自治区北海市核对中心主任罗成芳应邀分享核对工作经验，来自全省 14 个市（州）、28 个县（市、区）的 70 多名核对机构负责人及软件系统操作人员参加了这次培训。在试点运行的期间，有关人员了解试点进展情况和存在问题，并及时纠正偏差、总结和交流经验，进一步修改完善了核对信息平台。

4. 全面上线推广应用。在试运行测试过程中，北京用友政务公司根据基层使用意见，不断对系统进行优化和完善，并逐步与各信息共享单位实现数据对接共享。2016 年 8 月底完成了正式硬件网络环境的部署和调试，具备正式上线条件。9 月 24—26 日，省低收入家庭认定指导中心在长沙民政职业技术学院举办了全省居民家庭经济状况核对信息系统上线暨世行 TCC6 项目培训班，来自各市（州）、县（市、区）核对机构的工作人员 160 余人参加了培训，全省正式进入了居民家庭经济状况核对信息化阶段。10 月 21 日，省民政厅下发《关于全面开通使用湖南省居民家庭经济状况核对信息系统的通知》（湘民函〔2016〕84 号），对全省民政系统运用省级核对信息平台开展经济状况核对工作提出了明确要求。

5. 现场推进完善体系。为进一步交流工作经验，推动项目实施以及全省市（州）居民家庭经济状况核对平台建设工作全面深入开展，2016 年 11 月 3 日至 4 日，省低收入家庭认定指导中心在永州市组织召开了全省市（州）核对信息平台建设现场推进会。民政部低收入家庭认定指导中心副主任陈埙吹、综合处处长陈刚、综合处干部郭超男应邀出席，永州市民政局局长肖余胜、副局长吴林峰以及省低收入家庭认定指导中心全体成员、14 个市（州）及部分县（区、市）的核对机构负责人参加了会议。

会上，陈埙吹副主任就当前我国核对事业发展趋势和工作目标做了重要讲话，对湖南省核对工作取得的成绩和经验给予高度评价。他从国内国际两个方面的视角再次强调了核对工作的重要意义，要求各级核对部门自觉紧跟全球信息化发展趋势，在组织、政策、技术、机制四重保障下，依托统一规划、统一标准、统一平台，共同完善核对数据库，打造核对产业链，构建我国数据向上集中、服务向下延伸，互联互通、上下协同、智能化高的核对体系。之后，省低收入家庭认定指导中心与 14 个市（州）核对机构负责人就核对工作经验以及当前面临的主要问题进行了深入交流探讨，收集到了很好的工作建议，廖国核主任要求各级尽快使用省级核对系统开展工作，及早谋划本级核对平台建设工作，不断总结完善提升核对工作的能力和水平。

6. 深入基层督促落实。根据工作计划安排，省低收入家庭认定指导中心于 2016 年 11 月 17 日至 12 月 4 日前往郴州、常德、衡阳等 6 个市（州）检查工作情况，收集基层建议。从了解的情况来看，除个别县（市、区）存在由于硬件建设等问题影响工作进展的情况外，基本能够通过操作实践逐步总结经验，推进业务工作。

①湘潭市：湘潭对市一级核对系统建设的探索走在全省前列，2016 年省级核对系统正式上线后，其积极衔接省市系统对接事宜，下辖的湘潭县、湘乡县和韶山市三个县（市）试点使用省级系统开展工作。检查组考察了湘潭市级核对系统，并抽查了湘潭县和湘乡县。湘潭县和湘乡县机构编制配备水平较高，与省级系统连通响应情况良好，湘乡县完成了现场测试。②衡阳市：衡阳是全省使用省级核对系统开

展业务工作比较好的市，其中衡南县无论是业务开展的数量和质量都走在全省前列。检查组到衡南县和祁东县进行了检查，重点和衡南县核对机构工作人员进行了座谈听取工作意见，查阅了工作档案。衡阳市的抽查情况比较理想，工作人员业务熟练，管理规范，现场测试结果也很好。③岳阳市：岳阳各级一直使用的是省级核对系统，除湘阴县因拉通专线等硬件设施建设问题耽误了开通时间外，岳阳其他县（市、区）均开通了省级信息平台，检查组抽检了市本级、君山区和汨罗市，从检查的情况来看，当地领导对核对工作比较重视，人员配备比较充足，保密管理比较到位，检查到的县（市、区）都能够顺利通过现场测试。④常德市：常德于 2016 年完成了市一级核对信息系统的建设及与省级核对系统的连通工作，全市县市区使用常德市核对系统开展工作，其中，汉寿县一直作为试点使用省级核对系统，业务开展时间早，机构编制和人员设备全部到位，工作人员对系统的使用熟练，资料和规程管理规范，现场测试的效果比较好。检查组还考察了桃源县的工作情况。⑤郴州市：郴州通过省级核对系统开展业务工作，检查组抽查的是宜章县和永兴县。通过座谈、现场测试和查阅资料，检查组认为这两个县的机制建设比较到位，核对工作比较规范，能够较好地独立开展核对业务工作。⑥怀化市：怀化各级使用省级核对系统开展工作，检查组先后到市本级、鹤城区和新晃县进行了检查，从检查的情况来看，怀化能够克服困难推动工作，资金追缴力度大，核对队伍配备强，较好地完成了现场测试。

（四）项目执行具体案例

1. 省级核对平台的使用实际效果

湖南省核对信息系统数据录入分为五个层级，由小到大：乡镇街道办、县（区、市）、市（州）、省级、部级。由乡镇用户端录入，县（区、市）使用端审核，市（州）连接市级数据，与省级互动，省级集中数据，部署操作，省级与民政部对接。为了确保信息平台发挥作用，要求全省全面应用平台开展核对工作。在信息核对的过程中，积极履行信息核对职责，严格依法依规开展核对工作。能够及时快捷查询对象经济收入情况，对扶贫兜底保障对象、特供供养人员、新增低保人员进行核对。2016 年，全省累计完成对 426. 7 万人次的低保救助（含特困供养）及 58. 9 万人次的住房救助申请对象的受托核对工作，分别检出 80. 8 万人次和 6. 0 万人次，其中，运用省级核对系统完成对全省 6. 1 万人次的低保救助（含特困供养）及 6595 人次的住房救助申请对象的受托核对工作，分别检出 10230 人次和 639 人次，极大地提升了全省社会救助的公正性和公信力。截至 2016 年 12 月，全省各级核对机构通过省级核对系统核出拥有汽车 1148 人，摩托车 2992 人，个体经营 1344 人，企业注册 116 人，税务登记 183 人，财政供养 357 人，残疾人登记 4768 人，新农合补助 630 人，房产622人，公积金110人，社保缴纳1241人，涉农补贴36人，为社会救助部门做出高效、准确、公平公正的救助审批，提供了强有力的依据。目前，基层通过使用省级核对平台开展经济状况核对工作，反映良好，社会反映媒体宣传报道好，评价为社会救助对象家庭认定的“过滤网”，救助工作的“测谎仪”。下面是截至2016年12月底，利用省核对平台核对业务量排在前15的一个核对机构核查出的情况和核对查出的不合格救助对象的情况。

表2　湖南省核对业务量排序

序号	市州	县区	合计核对人数	车辆检出量	财政供养人员检出量	开办企业个体经营
	衡阳市	衡南县	17743	154	85	318
	娄底市	冷水江市	10557	385	39	333
	株洲市	炎陵县	7069	9	0	12
	邵阳市	北塔区	3472	223	125	239
	邵阳市	绥宁县	2461	60	10	79
	娄底市	双峰县	2299	63	5	54
	株洲市	醴陵市	2077	6	1	15
	邵阳市	双清区	1739	138	20	116
	娄底市	新华县	1672	51	4	45
	邵阳市	新宁县	1447	38	23	68
	常德市	汉寿县	1368	47	9	36
	湘潭市	韶山市	1328	47	9	36
	邵阳市	大祥区	1194	73	11	59
	郴州市	宜章县	1142	32	3	16
	永州市	江华瑶族自治县	1028	14	9	28

表3　湖南省社会救助业务检出率增长

市州	县区	合计核对人数	社会救助检出率	系统使用前检出率（2015年度社会救助）	增长率
衡阳市	衡南县	17743	0.142	0.043	2.329
娄底市	冷水江市	10557	0.35	0.160	1.184
邵阳市	北塔区	3472	0.287	0.119	1.414
株洲市	醴陵市	2077	0.094	0.024	2.904
邵阳市	双清区	1739	0.223	0.087	1.571
邵阳市	新宁县	1447	0.265	0.074	2.576

2. 常德市汉寿县省级信息核对平台的具体做法

常德汉寿从 2016 年 10 月开始应用省民政厅的信息核对平台，截至 12 月底已在平台录入 1368 户申请核对家庭信息。除与对接的公安、财政、工商等部门进行数据比对外，由于目前平台尚未对接社保、公积金、房产信息，还采取将数据发送给县人社局、房管局等部门进行手工比对的方法，基本平台出来核对报告，手工比对的结果也出来了，大大提高了工作效率。

开展低收入家庭认定工作的具体做法：

一是严格审核乡镇交来的申请核对审批表。要求其申报的家庭成员信息必须完整、真实，确保申请材料的可信度，尤其是申请农村低保的老年人，必须在申请书中写明共生育几个子女，乡镇民政干部也必须在入户调查结论中写明户主共生育几个子女，家庭中所有的成年人（包括户主的儿子、儿媳、女儿、女婿等）必须亲自授权捺手印并提供自己的身份证复印件，为进一步加强民政干部的责任，要求民政干部与村救助专干必须是个人授权的现场见证人，两人共同在见证人那一栏中签字。残疾人必须提供残疾人证，患重病的必须提供县级以上医院诊断证明，离异者必须提供离婚证复印件。欠缺资料或申报信息不完整的申请表将退回给乡镇民政所，并告知其不予核对的原因，及时做好政策解释工作。汉寿县低收入家庭认定指导中心怀着高度的工作责任感在整个审核过程中认真仔细，及时发现问题，阻止一些不符合核对条件的对象蒙混进来，确保严格把住救助的第一道关口。

二是广泛宣传。低收入家庭认定工作主要是核对申报者的家庭经济、收入状况，为了使核对工作更透明、更阳光，2016 年 11 月给各乡镇（街道）下发了常德市民政局印制的低收入家庭认定宣传册，要求各村（居）委会对当地的村（居）民做好政策的宣传，尽力做到政策家喻户晓，争取广大群众的理解和支持。

三是部门联动，有序推进。家庭收入和财产核查是低收入家庭认定工作的关键环节，汉寿县低收入家庭认定中心主动与相关的职能部门加强协调沟通，为相关救助部门全面了解和准确掌握城乡困难群众的基本情况提供了大量的准确信息。

四是做好档案归档工作，每月及时上报全国核对机制建设情况统计表。低收入家庭的档案建立与管理是认定工作的重要组成部分，切实做好低收入家庭档案的规范和管理工作，按照有关要求，一户一档，妥善保管，确保档案资料齐全、完整、规范。

3. 邵阳市邵阳县的核对比对情况

邵阳市在省级核对平台的使用上无论是数量还是质量都处于全省前列，又以其东部的邵阳县等县（区）为优。截至 2016 年 12 月底，邵阳县已受理居民家庭经济核对申请 562 人次，检出不合格救助申请 123 人次：其中，有 11 人次瞒报家庭存款、收入；16 人次享有社保金；15 人次拥有私家小轿车；其他不合格救助原因 81 人次，检出率达21.9%。2016年度，邵阳县经省级核对平台核查了低保申请49户56人次，其中，核查出个体工商户3人次，享受社保金2人次，拥有小车4人次。在经过乡镇及低保股入户调查筛选后进一步清理出不符合条件的申请10户11人，检出率达20%。有力维护了社会救助公正公平。

从汉寿县和邵阳县及各县（市）反映的情况来看，应用省民政厅信息核对平台的情况的优点如下：

一是平台让基层大大提高了工作效率，基本告别了复杂又落后的手工比对方式，既节省了时间，又节约了大量的人力、物力。现阶段只需将申请核对的人员录入平台，同时在县里相关部门核对房产、公积金及社保信息（因为这三个部门的数据目前核对平台还未对接好），基本上10个工作日就能得出核对结论。

二是平台数据日渐完善，便于核对。湖南省核对信息平台现已开通户籍、车辆、婚姻、新农合、工商个体、工商企业、财政供养人员、残疾人登记等10类信息查询，初步实现了全省社会救助家庭经济状况跨部门、跨区域、多层级核对，由于它涵盖了全省的数据，特别是车辆信息、工商信息，我们已经比对出来某些申请核对的人员在长沙、湘潭等地有车或是在工商注册了商店、公司，这样一来，那些想骗保、想隐瞒自己财产及收入的人再也无法轻易达到目的，省民政厅的核对平台已展示出了相当的比对准确率，体现了政府实现精准救助的决心与能力。2017年以来，两县申请低保的家庭明显比往年减少了，这应该也是与核对工作的严格审核、有序开展分不开的。

三是平台的操作流程简便易学，效率高，特别是配备高拍仪之后，应用更是得心应手，录入方便，节约了大量工作时间，核对平台返回核对数据都比较及时，有效减轻了基层人员的劳动强度，深受基层工作人员欢迎。

4. 核对信息系统使用过程中工作成效和典型案例

如果居民家庭核对信息系统省级平台尚未与公安、工商、税务、财政等部门间建立“电子核对通道”，核查人员是查不到申请家庭的车辆信息、纳税记录、工商登记等情况的。因此，杜绝不符合低保标准的对象违规享受救助政策是核对信息系统最重要的功能，在省级核对信息平台运行以来完成的核对业务中，不乏开豪车、办企业、有房产和高额收入的情况：

（1）检出各型车辆信息2147人次，其中：

某县段某某（女），经系统比对各部门信息，其名下登记有1辆奔驰轿车（挂异地牌照），其共同生活家庭成员李某某名下登记有1家电子科技公司，注册资金200万元，1家净水设备个体经营部，共同生活家庭成员蒋某名下登记有1家净水设备个体经营部。

某县黄某某，经系统比对各部门信息，其名下登记有1辆奔驰轿车及1辆丰田轿车，1家农业公司，注册资金200万元，以及1家采石场、1家文化用品个体经营部。

（2）检出房产信息1155人次，其中：

某县苏某某，经系统比对住建部门房产信息，其名下登记有一套总面积近650平方米的住宅。

某县高某（女），经系统比对各部门信息，其名下计税依据（近似于年收入）已达近17万元，登记有一套135.7平方米的住宅，其共同生活家庭成员黎某某名下有1家家纺个体经营部。

（3）检出企业（含个体工商）信息2770人次，其中：

某区谢某，经系统比对各部门信息，其名下登记有1辆奔驰轿车，1家农业公司，注册资金1000万元，以及1家建材个体经营部。

某县欧阳某某，经系统比对各部门信息，其名下登记有1家物流公司，注册资金500万元，3家百货、物流个体经营部，以及2辆大型货车，1辆小型汽车。

（4）检出财政供养人员信息581人次，其中：某区罗某，经系统比对各部门信息，其为一名财政供养人员，登记有小轿车2辆，其共同生活家庭成员刘某某名下登记有1家母婴个体经营部。

（5）系统检出个别对象有使用虚假身份信息蒙混过关的嫌疑。如：某县身份证号432××××××××××739×，经系统比对公安部门人口信息，出现了姓名不一致的现象，且该身份证还登记有1辆奔驰轿车（挂异地牌照）。

以上情况，没有省级部门的联合认定和联网的省级核对平台是完全查不出来的，也突出了平台的实用性。

（五）试点取得的主要成效

试点以来，湖南省依托TCC6项目在核对机制建设和业务工作开展上主要取得了以下成效：

1. 省级核对平台全面建成运行。湖南省是全国率先使用民政部指导中心基础平台进行本地化开发、全面建成省级核对系统并上线投入业务开展的省份。2016年9月，湖南省居民家庭经济状况核对信息系统正式上线，长沙等市（州）建成了与省级联通的市级核对信息系统，目前已与财政、公安、卫生、工商、地税、残联等部门完成省级信息共享合作，户籍人口、机动车辆、财政供养人员、企业工商、个体工商、新农合、税务登记、残疾人登记、婚姻登记、民办非企业单位10类数据实现了行之有效的信息共享。

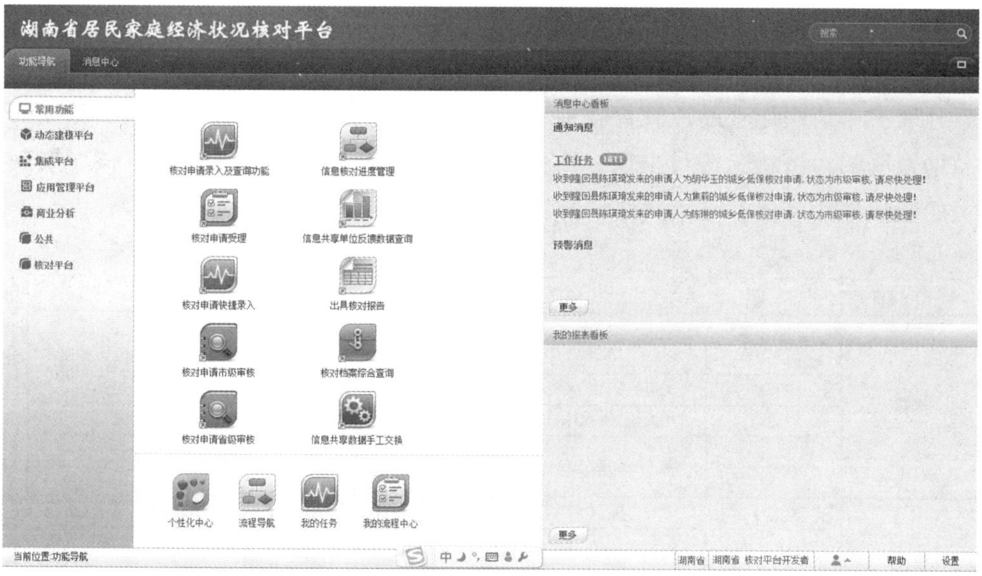

图 5　湖南省居民家庭经济状况核对平台界面

在此基础上，常德市等市（州）开发建设了市级核对信息平台，2016 年底正式上线运行，目前已成功与省级核对信息平台联通，既可以在常德市级系统中直接向省里发出核对申请，市本级也可以完成核对业务，市级“数据蓄水池”的投入使用，为省级数据提供了有效补充。

表 4　湖南省省级数据共享对接

省级	民政	婚姻信息	1040 万条
		民办非企业信息	17000 条
	公安	户籍信息	7000 万条
		机动车辆信息	1100 万条
	工商	个体及企业工商登记信息	520 万条
	财政	财政供养人员信息	290 万条
	卫计委	新农合信息	500 万条
	地税	税务登记信息	1300 万条
	残联	残疾人登记信息	150 万条

2. 核对工作队伍业务水平不断提升。2016 年组织全省各级机构赴京参加了 5 期核对工作业务培训；组织 3 个市（州）及 6 个县（区、市）赴江苏参加了民政部低收入家庭经济状况信息监测项目培训；召开了全省居民家庭经济状况核对业务座谈会，举办了全省居民家庭经济状况核对信息系统业务培训班，各级培训总人数达 2500 人。

3. 核对项目实施扎实开展。通过完成民政部 TCC6 项目和低收入家庭经济状况信息监测项目，居民家庭经济状况核对服务领域逐步拓展，辐射带动作用日益显现，探索开展了申请医疗救助、教育救助、临时救助、重大交通事故遇难人员救助等社会救助家庭的经济状况核对工作。社会救助不诚信行为日益减少，信息核对展现了巨大的威慑作用。

核查项目	反馈结果信息					
户籍	家庭成员	身份证件号码	与户主关系	行政区划	是否一致	
	李[redacted]	430412198706240[redacted]	女/媳	430422	姓名一致	
	刘[redacted]连	430422196011171[redacted]	配偶	430422	姓名一致	
	李[redacted]东	430522195611021[redacted]	户主/本人	430422	姓名一致	
车辆	所有人	号牌号码	号牌种类	车辆品牌	发牌日期	车辆状态
	李[redacted]	湘[redacted]8U24	小型汽车	梅赛德斯-奔驰牌	2010-12-06	违法未处理
	李[redacted]	湘[redacted]0V34	小型汽车	广汽菲亚特牌	2015-01-12	违法未处理
社保	姓名	缴费单位	首次缴费月份	首次领取养老金	末次领取养老金	首次领取养老金月份
	刘[redacted]连	[redacted]县钢火工具厂	无数据	无数据	1557.42	2015-12
财政供养	未查到相关数据					
新农合	未查到相关数据					
惠农补贴	未查到相关数据					
社会救助	未查到相关数据					
残疾登记	未查到相关数据					

图 6　某核对对象核对反馈信息

4. 核对工作机构实现全面覆盖。实施“以奖代补”方式促进核对机构建设，2014 年来，每年争取省财政安排资金 500 万元，对全省各市、县的核对平台建设和工作经费进行补助。目前，全省各市（州）全部成立了核对机构，122 个县（市、区）有九成建成了县级核对机构，其中，有 48 个县（区）成立了独立核对机构，其余与救助局（股）合并，相当一部分县（区）核对机构明确为副科级事业单位，部分市州、县区核对机构取得了行政机构身份，编制职数适应工作需要，形成了有人办事、有钱办事、有能力办事的工作格局。

（六）湖南的主要做法和经验

1. 领导重视支持是试点成功的关键

湖南对核对工作高度重视，2015 年 3 月初，副省长戴道晋在湖南省城乡社会救助体系建设工作领导小组会议上指出，要立足省情抓好《社会救助暂行办法》的贯彻落实，加强部门信息共享，努力实现全省居民家庭经济状况核对机制“全覆盖”。9月中旬，省长听取民政工作汇报时，专门提出了核对信息平台资金落实问题。8月中旬，省政府办公厅下发了《关于开展全省社会救助专项治理督查的通知》，由省政府副秘书长及相关厅（局）负责人带队组成14个督查组，深入市、县进行全面督查，特别是对核对机制建设进行了“补短板”“扫盲区”。这一做法，得到了民政部和省政府领导的高度肯定，民政部部长批示：“湖南省各有关部门联合开展社会救助专项治理督查，应予以肯定和推广。”省委原副书记、省长杜家毫在专程赴省民政厅调研时，充分肯定了社会救助工作成绩，并就核对信息平台建设等提出了明确要求。全省居民家庭经济状况核对工作的扎实推进和有效开展，为实施精准救助发挥了积极作用。厅党组书记、厅长唐白玉、省民政厅原厅长段林毅、副厅长邓磊等厅领导多次做出指示，要求省核对中心克服困难，不等不靠，扎实推进系统平台建设，尽快建立起互联互通，高效运转的省级核对信息平台，为实施相关社会救助工作服务。

2. 部中心的及时指导是试点成功的重要保证

2015年7月15日，应省低收入家庭认定指导中心邀请，民政部低收入家庭认定指导中心副主任李卫东、信息核对部宝力高处长等一行5人专程来到长沙，与省财政厅相关负责人、省核对中心全体人员、北京用友政务软件有限公司代表及长沙分公司负责人一起，就湖南省居民家庭经济状况核对信息系统平台建设有关情况进行了广泛深入的研讨。会上，宝力高处长就全国核对信息系统基础平台建设及升级情况做了介绍，省低收入家庭认定指导中心主任廖国核就省核对信息平台建设情况和进展做了汇报，软件开发公司就核对系统平台的整体架构、组织结构、流程等功能进行了解析。与会人员就民政部核对系统基础平台建设与湖南省核对系统平台建设的重点、难点问题进行了充分研讨，部中心技术专家对湖南省核对系统平台开发的合同文本进行了研究，并提出了宝贵的修改意见。李卫东副主任要求湖南省低收入家庭认定指导中心高度重视，加大力度，用友政务公司要加大技术力量投入，加快研发进程，立足部里核对基础平台，把湖南省居民家庭经济状况核对系统平台打造成全国示范性的核对平台，为全国核对信息系统建设树立标杆、积累经验。

2016年11月3日至4日，省低收入家庭认定指导中心组织全省市（州）核对信息平台建设机构的负责人在永州市召开了现场推进会。民政部低收入家庭认定指导中心副主任陈埙吹、综合处处长陈刚、综合处干部郭超男应邀出席，并深入市州、县区指导平台建设和TCC6项目工作，对湖南省核对工作给予了肯定。

2016年3月30日至4月1日以及6月21日至23日，民政部低收入家庭认定指导中心信息核对部宝力高处长、咨询指导部李延硼处长等领导再次莅临湖南省，并深入省低收入家庭认定指导中心及部分市（州）调研指导信息核对平台建设工作，详细听取了全省低收入家庭认定指导工作开展情况以及全省信息核对平台建设情况，对湖南省信息核对平台建设工作的细致、扎实、创新以及所取得的成效给予充分肯定，认为湖南省核对平台建设在建设理念、功能设计、实施效果等方面均走在全国前列，给各级核对平台建设提供了有益借鉴。在观看研发人员进行省级核对平台现场演示时，宝力高处长就如何进一步完善和改进当前的核对平台，与省核对中心、软件开发公司相关人员深入交换了意见，并提出中肯建议，要求湖南省在确保安全规范的基础上，进一步加大协调对接力度，创新核对体制机制，完善业务功能和细节，优化服务质量和效果，为民政部基础核对平台的完善积累经验，为湖南省社会救助工作的开展保驾护航。

3. 充分调研、争取资金是试点成功的重要基础

省低收入家庭认定指导中心为建设省核对系统平台进行了多层次、全方位的需求调研。第一，在前期完成系统建设方案和项目公开招标后，制订了《湖南省居民家庭经济状况核对平台需求调研计划》，并先后组织召开了省中心、社会救助局与开发公司，省中心、市县核对机构代表与开发公司的 3 次调研座谈研讨会；第二，去考察学习广西核对信息平台建设，积累初步经验；第三，由省低收入家庭认定指导中心、信息中心组成的调研小组，专程赴江西学习考察“数字民政”及核对信息平台建设情况，听取了江西省民政厅有关负责同志的情况介绍，并深入南昌市及所辖西湖区、宜春市考察了解核对信息平台实际应用情况。把江西的成功经验做法——《江西省数字民政应用平台建设方案》打印成册，并委托 IBM、华为等知名机构，对应用平台进行了广泛的可行性研究，确立了“建设一个支撑平台、开展两级数据处理、铺设三个应用网络、实施四项重点工程、确保五个全面统一”的工作思路。低保中心还积极筹措项目建设资金，争取江西省财政厅、人社厅支持，将“数字民政”建设纳入“金保工程”并安排项目经费 6000 万元。应用先进的云计算平台，采取政府购买服务方式，通过竞争性谈判，采购了中国移动提供的民政云平台服务（提供服务 5 年，服务费 1200 万元），可同时承载全省所有城市社区和民政工作机构的实时数据访问。江西省收入核对、社会救助、慈善捐助、协同办公等 18 个子系统已研发完毕并上线运行，建立了收入核对、民政核心业务和预警决策三个子平台，采用光纤专线，实现了省市县乡四级联网，确保数据共享和资源整合，极大地提高了各级民政部门的工作效率、服务水平和服务能力。通过吸纳借鉴兄弟省份广西壮族自治区、江西省“数字民政”及核对信息平台建设的成功经验和做法，制订切合湖南省实际情况的建设方案，有效地避免了试点过程中走弯路、错路，加快了湖南省居民家庭经济状况核对信息平台的建设进度。

4. 严格执行建设原则是试点成功的重要保证

为确保湖南省项目试点工作不偏离预定目标，始终走在正确的轨道上，制定科学的建设原则并严格执行是至关重要的。本项目建设主要遵循了以下原则：

标准性：严格执行《民政部关于居民家庭经济状况核对信息系统建设的指导意见》，符合民政部《居民经济状况核对标准》以及《居民家庭经济状况核对》民政行业标准（MZ/T 072—2016—MZ/T 075—2016）。

易用性：人机界面要足够友善，易于学习、操作，尤其对基层人员来说，业务内容和工作对象复杂，且计算机操作能力有限。

开放性、灵活性：选用标准技术，采用规范的接口和协议，确保与其他应用系统的兼容或可移植。应用软件应结构灵活化，各功能模块的维护和更新以及新模块的追加不影响其他模块。

稳定性、高效性：系统的使用者众多，系统必须具备良好的运行效率，操作响应迅速快捷。

适度超前性：系统设计时，考虑到未来业务发展需要的新增功能的接口，应用功能、稳定的升级。

信息安全性：提供系统操作日志的管理功能，用于记录、显示操作人员的使用记录。

5. 选好合作伙伴是试点成功的可靠保障

在众多的软件开发企业中，湖南省经过认真挑选，选择了综合实力出众的项目合作公司：北京用友政务软件有限公司。北京用友政务软件有限公司（以下简称用友政务）由用友软件集团和财政部财政科学研究所共同设立，是面向政府部门、事业单位、非营利组织的全方位业务管理信息化解决方案提供商。该公司的核心业务包括：行政事业单位资源管理软件（GRP）、公共财政管理软件、政府部门计划财务管理软件、社保基金管理软件、税务管理软件、非营利组织管理软件、IT咨询服务、应用集成服务等业务。用友政务是中国电子政务百强企业、中国最大的公共财政管理软件提供商、中国最大的行政事业单位计划财务管理软件提供商。全国有90%以上的中央部委、70%以上的行政事业单位使用用友政务综合计划财务软件，60%以上的财政部门使用用友政务财政管理软件。同时，用友政务还是“金保工程”多项子系统指定开发服务商。由于用友政务拥有一批国内一流的信息技术专家和行业应用专家，具备丰富的大型信息化项目经验、管理能力和技术能力，特别是该公司参与了部中心核对基础平台的研发，具备省级核对平台的开发经验，在参与试点过程中具有得天独厚的优越条件和比较优势。同时，在系统开发过程中，湖南省低收入家庭认定指导中心与北京用友政务分工合作、及时沟通，建立了良好的沟通合作机制，业主方在功能需求方面提供业务指导，开发方充分发挥团队优势和技术专长，双方配合密切，相得益彰，为试点成功提供了可靠保障。

6. 系统功能是试点成功的重要标志

强大的系统功能是实现核对信息系统建设初衷，发挥核对平台作用的重要保证。湖南省居民家庭经济状况核对系统应用平台开发项目根据合同要求并结合实际需求，最终建设完成了数据管理平台、应用支撑平台、核对业务处理子系统、电子比对交换子系统、统计分析子系统、业务管理子系统、外部接口等内容。具体如下：

一是应用支撑平台，基于民政部核心基础平台以业务为导向建设具有良好的可拓展性和可靠性的应用支撑平台，使核对系统建设技术规范、标准统一，可实现缩短全国联网建设周期。二是基于云计算技术数据管理平台，以大数据、大集中的方式建立省级的数据资源管理中心数据，包含基础数据库、业务生产库、交换共享库、决策分析库四大数据资源。三是横向和纵向的各类电子比对交换子系统，各级单位可信息共享，具备数据采集、清洗、转换、汇总、分析等数据处理功能，实现数据资源整合和实时数据交换。四是以数据资源为基础的核对业务子系统，支撑核对业务从接收委托、数据审核、跨部门信息比对、收入核算分析，到最终出具核对结果的完整业务流程。五是后台的用户、权限、安全等各项配置管理业务的子系统。六是对全省核对业务的监管统计子系统。在接口建设方面，湖南省核对系统通过建立多样化的数据交换机制，横向实现了与民政、公安、工商、卫计、财政、地税、残联等 10 类数据信息的即时共享交换，纵向实现了与市（州）平台及县（区、市）机构的数据对接和业务协同，与部级平台的接口也已开发完成。湖南省居民家庭经济状况核对信息系统具有如下功能特点：

（1）滚动核对。通过与低保信息系统的衔接，核对系统可定期或不定期地自动对已经享受低保待遇的对象进行经济状况的滚动复查，一旦发现有经济状况变化，将做明显标志并进行预警提示，提醒救助部门对这部分人开展委托核对。

（2）便民服务。系统提供高效快捷的便民服务，通过短信或 App 服务及时告知救助申请对象的核对结果以及救助审批情况，同时基于核对评估结果，在业务平台的动态数据基础上提供面向个人的网上查询服务。

（3）数据集中全覆盖。按照“数据向上集中，服务向下延伸”的原则，通过省、市、县三级网络层次，各级共享信息由下往上归集到省级数据中心，实现全省范围内的信息共享。通过未来与部中心全国数据中心的联网，最终实现跨县、跨市以及跨省的全覆盖信息共享核查。

（4）灵活配置。系统通过强大灵活的应用平台架构，可实现救助项目的扩展支持、业务流程的动态定制、信息共享单位的相关设置、比对规则的灵活调整、核对报告的模板配置，满足核对业务开展的多样化需求。

7. 突出本地化建设是试点的湖南特色

为了满足核对工作需要，项目组很注意数据交换核对平台的实用性和可扩展性，突出实用特色，强化安全措施。湖南省级核对信息平台的本地化主要具有以下特色：（1）湖南省居民家庭经济状况核对系统是基于民政部基础平台进行开发的。同时，加强对各市（州）数据交换平台进行指导，各市（州）按照民政部制定的《居民家庭经济状况核对标准》执行统一的数据标准、管理标准、技术标准，确保各类数据的有效集中汇总和使用，实现各类系统之间数据共享、业务协同和信息安全。（2）湖南省居民家庭经济状况核对系统可与低保系统进行对接，支持廉租房、医疗、教育等各类社会救助业务的核对需要。（3）核对系统架构采用了省、市两级架构，实现数据集中共享。按照“整体规划、统一开放、整合资源、共同推进”的工作思路扎实推进各项工作。省民政厅低收入家庭认定指导中心负责制定全省核对平台基本架构，建设全省统一的核对平台，实现部省对接，省市对接，全国联通。根据省民政厅下发的《关于市州居民家庭经济状况核对信息数据交换平台建设的通知》，14 个市（州）民政局核对机构按照“统一平台、两级部署”的思路，结合本市（州）需求建设市（州）级核对数据交换平台架构和部署，与省级平台共同形成一体化架构，在保持市（州）独立业务的同时，与省级平台实现业务联动与数据交互，目前已有长沙、湘潭、常德和永州建成了市级核对信息平台，株洲、邵阳、益阳、娄底正在筹建市级核对平台。122 个县（市、区）民政局核对机构是核对工作的实施主体，具体负责核对业务、出具核对报告。（4）数据交换方式灵活多变，根据实际情况采取专线实时对接、定期拷贝更新、人工导入等多种形式，满足各级核对数据交换需求，实现数据的全覆盖。居民家庭经济状况核对信息系统以救助申请家庭成员姓名和身份证号码为关键属性，通过与各部门的数据交换，采集该家庭成员相关核对信息。

三、湖南省居民家庭经济状况核对系统建设工作的制约因素

（一）金融查询缺乏强有力的法律支撑

目前《中华人民共和国商业银行法》《中华人民共和国证券法》等法律明确规定，商业银行、证券公司有权不向任何机构、个人提供他人的存款证券信息。银行、证券仅对安全、公安、检察、法院等机构的办案人员提供相关信息。自 2014 年 5 月 1 日实施的《社会救助暂行办法》虽然规定了县级以上民政部门根据申请或已获社会救助家庭的请求、委托，授权核对中心代为查询核对申请者或已获得家庭救助的家庭收入状况、财产状况时，相关单位，如户籍管理、税务、社会保险、不动产登

记、工商登记、住房公积金管理、车船管理等单位应予配合；而对银行、保险、证券等金融机构如何配合未做明确规定，并且《社会救助暂行办法》法律效力相对较低，在执行时会大打折扣，国有政策银行等机构相对强势，导致核对机构在具体工作中有时无法完成核对工作。如果核对平台能尽快对接好银行数据，这样可以检出更多不符合救助条件的人，以此维护公平正义，提高救助工作公信力。

（二）部门信息协调共享有待加强

湖南省居民家庭经济状况相关数据分散在省、市、县等不同层级的相应政府管理部门，民政部门要完成这些相关数据核对，就必须与各级相关职能部门的协同配合，要求他们提供所需数据资源，仅靠“单打独斗”，是难以为继的。虽然《社会救助暂行办法》明确要求“县级以上人民政府民政部门应当建立申请和已获得社会救助家庭经济状况信息核对平台，为审核认定社会救助对象提供依据”，但在具体落实过程中，虽然各地召开了协调会议，建立了核对工作协调小组，但因政策法规不健全，部门管理相对独立，加上各自利益关切点不同，在认定的过程中，如要从非政府部门如银行、证券、保险等金融机构获取信息时，由于与这些行业的法律法规有一定的冲突，再加上这些部门是非政府部门，不受政府直接管辖，到这些部门获取相关核对信息时，基本还是不配合的状态。

（三）核对机构依附性较强，核对工作受到制约

目前，核对机构名称缺乏统一的机构性质、机构名称、机构职能、机构规范，机构依附性强。具体表现在：第一，各地核对机构名称五花八门。名称包括“低收入家庭认定中心”“居民经济状况核对中心”“救助申请家庭经济状况核对中心”，等等。第二，机构性质、职能不统一。当前各地核对机构建设形式大体分四种情况，一是设立单独核对机构；二是救助管理机构内设科（股）室；三是与救助管理机构合二为一，两块牌子，一套人马；四是挂靠民政局机关信息中心。项目实施之初，湖南省核对机构的情况是：成立独立核对机构的市（州）3 个，占全省市（州）总数的 21%；县（市、区）33 个，占全省县（市、区）总数的 27%。由于人员编制的紧张，核对机构工作人员绝大部分为社会救助机构人员兼任。全省各地核对机构有事业编；行政编的；有独立的、半独立的，附在救助局没有独立的；不统一性质，待遇完全不一，难以留住优秀的核对人才，发展空间受限制。这种情形越到基层越普遍、越严重。核对机构及其工作人员的依附性状况，导致核对机构在实际工作过程中，很难保持第三方机构的中立性、客观性，其工作积极性、主动性和执行力受到严重影响和制约。

（四）农村收入难以量化核对

目前，受种种因素的制约，农村低保等社会救助制度的执行相对粗放，主要还是依据民政部、国家统计局《关于进一步加强农村最低生活保障申请家庭经济状况核查工作的意见》（民发〔2015〕55号）。国家层面缺乏统一、规范的农村社会救助申请家庭经济状况核查指导办法，虽然各地出台的有关政策文件和实施办法做了规定，然而，由于经办力量薄弱、工作经费不足等原因，农村低保等社会救助申请家庭的经济状况核对工作仍面临诸多困难：一是收入渠道多元化。随着农村外出务工人员的增多，农村居民收入来源更趋多元化，既有传统经营性收入，也有工资性收入、转移性收入、财产性收入等，收入的多样化更容易产生收入隐瞒的问题，从而很难将全部收入准确无误地纳入核对范围。二是收入统计难以货币化。农村经营性纯收入的计算，需要根据各类农产品的价格和成本投入进行核算，而一方面价格易受市场波动等多种复杂因素影响，另一方面，由于投入成本、产量不一致，实物收入尤其是对自产自用农产品、畜牧养殖产品难以准确折算，更增加了农业纯收入核算的难度。三是转移性收入认定的两难性。目前新农保、高龄津贴、残疾人补贴等惠农政策的实施，提高了部分低保申请家庭获得转移性收入的规模，在农村低保标准普遍偏低的情况下，若考虑核算转移性收入则使部分低保（申请）家庭的人均纯收入可能超过保障标准，若不予核算转移性收入，则各项政策造成的收入叠加效应又会使部分低保家庭的实际保障水平高于非低保困难家庭，造成不公平问题。

（五）基层核对平台实际应用不足

根据下去了解项目实施以及查询省级系统得到的情况，发现如下情况：（1）个别县市区暂时没有开通使用省级核对系统。截至2017年12月中旬，湘阴县、桑植县、古丈县、永顺县、花垣县5个县由于网线拉通、设备采购等问题暂时没有与省级核对系统连通。（2）个别县（市、区）系统安全管理存在漏洞。目前，省级系统数据录入功能还未下放到乡镇，核对资料录入需要在县一级核对机构完成。个别县（市、区）相关资料由下级通过互联网上传到县级，县级再用专用U盘转到系统所在专用电脑后再审核提交，没有完全实现物理隔离，仍存在一定安全风险。（3）个别县（市、区）业务工作进展较慢。由于准备仓促，个别县市区开通使用省级核对系统的时间只有半个月，加之临近年底，其业务量还很少，系统功能有待熟悉，实际操作还不熟练，在具体业务上可能存在的问题没有暴露。（4）部分县（市、区）核对人员工作比较被动。核对工作与社会救助工作的关联非常紧密，在机构改革的影响下，部分地方将核对队伍和救助队伍整合为一个整体，加之乡镇、街道和社区、村一级缺乏专职工作人员，基层工作人员难免有疲于应付之嫌。

（六）核对工作成效差异明显

居民家庭经济状况核对并不是社会救助对象瞄准一劳永逸的万能良药，当前，核对工作本身仍存在不少局限：一是核对工作实施的有效性受地域影响大。省域东部经济条件较好、地方信息化程度高、经济状况集中程度高的地方，核对工作的准确性大大高于相对条件较差的中、西部地区，核对工作在社会救助审核中的地位、重要性和有效性得到最充分的体现，在城市行之有效的核对工作，在农村实施起来却显得水土不服、力不从心。二是核对工作手段有限，信息化程度不高，目前主要依靠手工提取数据的方式，工作强度大、效率低，核对结果可能因为数据失真、数据缺乏全面性，导致核对结果准确性大打折扣。针对城市社会救助申请对象家庭经济状况核对的准确性，大大高于农村社会救助对象的准确性。三是核对结果的公信力不足，当前核对结果既不是审批社会救助申请对象的必要条件，也不是审批社会救助申请对象的充分条件，充其量不过是救助管理部门审核的参考因素，核对结果本身的公信力、权威性不足，实际使用范围有限，难以对社会救助政策实施的有效性进行社会评价，进而影响社会救助政策的制定。

（七）核对工作内驱动力不足

当前，由于湖南省中、西部各级政府财力不足，社会救助资金主要依赖中央财政资金补助，一旦实施严格的居民家庭经济状况核对，极有可能引起享受社会救助人数的较大变化，导致中央补助资金的大量削减，一方面，容易引发原有救助对象退出救助范围的不满情绪；另一方面，引起政府领导对救助管理部门及其工作人员工作不力、行政不作为等负面评价，严重一点儿甚至可能启动追责程序。在工作考核机制奖惩机制没有变化的情况下，作为社会救助管理及核对工作机构，有可能吃力不讨好，动辄得咎，这种情形下，要提升基层民政部门推进核对工作的积极性、主动性，显然是一个悖论。

（八）核对系统功能亟待完善

（1）与低保信息系统如何有效进行衔接。运用信息化技术与低保信息系统进行衔接，可以极大地提高救助对象认定工作的及时性、科学性和准确性，实现动态化管理。目前，湖南省作为全国低保管理信息系统的试点，本地尚未完成技术支撑，核对系统如何与其有效衔接，仍需要依托部中心统一规划以及结合实际情况进行解决。（2）与金融、证券等单位的对接难度大。目前，湖南省民政已与公安、人社、工商、地税、卫生等省直部门达成了信息共享合作，但针对商业银行、证券、保险等部门，难以借助行政协调的方式实现对接，该项工作将是后续的突破难点。（3）核对系统信息安全体系建设要进一步加强。核对信息安全体系是系统建设的重要内容，信息安全涉及环节众多，如何从用户监管、业务流程、数据交换、网络设施、规章制度等方面统一建设，相互结合形成完善的安全机制，同样是下一步要解决的重点问题。

（九）核对平台建设存在薄弱环节

核对平台是新生事物，各信息共享单位有一个逐渐认识的过程。到省、市一级，信息共享主要还有以下问题：（1）信息集中到省级的部门有限，省级平台搜集到的数据有限。目前，湖南省只有省公安厅、财政厅、工商局、地税局、卫计委等部门已经实现省级数据集中，可以通过省级平台实现数据对接交换，但是住房公积金、住建、商业银行、教育、保险、证券、涉农等部门的关键数据仍然在市（州）尚未实现省级集中。数据分散在各个市（州），各地只能依托市（州）级平台的建设实现数据对接交换。（2）信息内容不及时、完整，相关部门信息化建设滞后，导致数据采集、录取、整理归类困难。（3）救助申请对象支出的相关数据急需收集，仅财产状况还不足以证明问题。在公民个人信用体系缺乏的情况下，掌握救助申请对象日常开支状况，更利于全面瞄准。（4）银行存款及金融产品信息必须从国家层面提出要求和措施，省级民政部门协调金融信息难度大。要出台查询细则和办法，规范信息查取内容和流程。（5）市州、县（区、市）平台建设资金困难，核对机构自身力量薄弱，因此仅建设省本级的数据交换平台，不能完全适应家庭经济状况数据全覆盖的要求，居民家庭的经济信息量获取不足，容易导致社会救助对象认定失误或产生偏差，需要从上而下推动信息平台建设。

（十）行政管理措施缺位

目前，民政部门对于不诚信填报，隐报、瞒报收入财产的申请人及家庭成员缺少有效的行政约束手段，客观上使隐报者、瞒报者无所顾忌。这种管理缺位必将导致动态管理中的纠纷和争议的出现，尤其是一旦出现某些典型的对象识别不准确的情况，还会带来一些群体的不满乃至上访，甚至激化对象与救助部门的对立和抵触情绪，从而进一步增加了社会治理成本，不利于社会救助效果的提高。

四、对居民家庭经济状况核对信息化建设的构想

笔者认为，在现有试点成功的基础上，下一步核对工作信息化建设方面，要从

制度上推进核对工作的专业化、规范化和高效化，全面提升居民家庭经济状况核对工作水平，为准确认定救助对象，实现精准救助、精准扶贫提供有效保证。

（一）健全政策法规体系，提升核对工作法制化水平

一是尽快尽早出台《社会救助法》，并在其中明确规定：经救助申请人及家庭成员授权，公安、户籍管理、税务、社会保险、不动产登记、工商登记、住房公积金管理、车船管理、金融资产等全体核对范围内的单位和机构有义务向民政部门核对机构提供在这里的个人信用报告等有效信息，为信息核对提供对等的法律依据和授权；二是相应修改《中华人民共和国商业银行法》《中华人民共和国证券法》等法律法规有关信息保密的规定，出台具体的查询办法，明文特许居民家庭经济状况核对调取、查阅相关数据；三是积极推动以国务院的名义出台《居民家庭经济状况核对办法》，或从法律上将数据共享、信息查询等写进《社会救助法》，提供法律依据，健全工作机制，确保数据的及时性、完整性和准确性，客观真实地反映居民家庭经济状况；四是推动各地因地制宜制定居民经济状况核对相关政策，明晰部门职责、明确认定办法、规范操作规程，制订当地居民经济状况核对工作中长期发展规划，建立健全核对信息系统建设、运行、应用、安全、管理等方面的规章制度，使核对工作有法可依、有章可循。这样，居民家庭经济状况核对工作就有了法律制度的保障，从而制度层面上保证了核对工作的正常进行。

（二）扎实开展经济状况核对工作

（1）充分发挥核对信息平台作用，推动传统手工核对向信息化核对转型，将核对程序引入低保审核审批流程，新增救助对象经济状况核对达100%。（2）逐步拓展核对业务领域，积极开展申请医疗救助、教育救助、临时救助等低收入家庭的经济状况核对工作，提高社会救助对象认定的准确性和公正性。（3）加强对已获得社会救助对象家庭经济状况的定期核查，及时甄别不符合条件的救助对象，促进动态管理落实。（4）提升核对宣传工作成效，结合核对平台上线和全省培训以及各地好的经验做法，大力宣传、深入解读，积极争取党政部门的重视支持和人民群众的接受认可，进而增强群众诚信意识，提升核对工作社会成效。

（三）建设跨地区多层次的核对网络

按照民政部《关于居民家庭经济状况核对信息系统建设的指导意见》（民发〔2014〕83号）要求，省本级建立统一的核对平台，统一操作系统，市（州）建设数据交换平台为省级平台采集提供数据。省级平台核对系统提供给全省各市（州）、

县（区、市）使用，但个性化的、特殊化的需求需要市（州）自行建设。省平台集中全省两级数据资源为各县（区、市）核对工作提供应用和支撑，做到既能保证市（州）业务的独立性、差异性，又能实现全省范围的及时交换与信息比对。省级平台通过整合各市（州）级平台的经济状况信息数据及救助信息数据，实现省本级平台数据资源的准确性、完整性和全面性，最终实现全省范围内跨部门、跨区域、多层次的信息核查比对。下一步，省里要加强对市（州）核对平台建设工作指导，在省级建立统一的核对平台，提供市（州）、县（市、区）使用的基础上，指导有条件的市州建设数据交换平台。省里要加大扶持力度，优先选择基础条件好的市（州）进行创建示范，带动后续建设的市（州）推进工作。逐步实现长沙、湘潭、常德等市级核对平台与省级核对平台间的对接，并探索解决跨区域核对障碍问题。

（四）制定核对前置程序，确立“无核对，无救助”原则

居民家庭经济状况核对是社会救助对象认定的前提和基础，必须确立“无核对，无救助”原则，将核对工作纳入社会救助工作中不可缺少的重要环节。从湖南长沙等地近几年的社会救助实践来看，一方面，随着核对信息系统的完善，核对工作成为审批低保等专项社会救助的可靠依据，并有取代入户调查、邻里访问等传统经济状况核查手段成为主要核查手段的发展趋势；另一方面，信息化的经济状况核对，在促进社会救助审核公平公正、优化操作流程、最大限度减轻基层工作负担等方面具有无可比拟的优势。各地在制定居民家庭经济状况核对办法时，要注重加强与现行社会救助制度的衔接，特别是积极将核对程序引入低保等社会救助的审核审批流程。要将以往低保等社会救助审核过程中的后置核对变为前置核对，即凡申请社会救助的家庭，必须先进行家庭经济状况信息核对，核对后符合规定的，再组织入户调查；不符合规定的，不再进行后续程序，切实做到“无核对，无救助”“先核对，后救助”。

（五）统一标准科学规划，推进核对平台建设

在核对平台建设过程中，如果以县（市、区）为单位各自研发、分头建设，至少存在四个方面的弊端：一是信息整合层级低，信息完整性欠缺；二是造成重复建设、资金浪费；三是容易导致系统之间不兼容、对接难，形成“信息孤岛”；四是信息系统安全系数低，不利于数据安全保密。各地在推进核对信息平台建设过程中，应注意以下几个问题：第一，必须严格按照民政部统一制定的数据标准和相关规范，遵循“数据集中向上、服务延伸向下”思路，通过建设省级核对信息平台，努力实现全省社会救助家庭经济状况跨部门、跨区域、多层级核对。第二，在省级核对信

息平台建设过程中，应努力实现四个方面的对接：（1）加强与民政部基础核对平台的对接，有效获取民政系统内部及有关部委数据信息。（2）加强与湖南省国土资源、人力资源和社会保障等有关单位部门信息数据共享的技术衔接，从省级层面最大限度掌握并整合社会救助家庭经济状况的信息资源。（3）加强与各市（州）、县（市、区）数据对接，建好省级核对信息系统平台与市州级平台的标准化接口，既方便省级掌握市县工作动态和业务情况，也有利于市县更好地融入全省核对信息体系当中，将省级统筹数据应用于各级各类社会救助对象经济状况核对工作中。（4）联通相关职能部门，整合社会救助相关信息。加强与湖南省扶贫系统和低保信息系统的有效对接，减少信息的重复采集、重复录入，减轻基层压力，盘活数据资产，实现各类社会救助工作实施的高度协同。第三，统一标准，科学规划建设市州级核对信息平台。目前，湖南省只有公安厅、财政厅、工商局、地税局、卫计委、残联六个部门已经实现省级数据集中，可以通过省级核对平台实现数据对接交换，但是住房公积金、住房、商业银行、教育、保险、证券、涉农等部门的关键数据仍然在市州尚未实现省级集中。在省级建立统一的核对平台，提供市（州）、县（市、区）使用的基础上，有条件的市（州）也可建设数据交换平台，既可为省级平台采集提供数据，也可以满足市（州）、县（市、区）本地化、个性化等特殊需求，并支持今后业务的拓展。

（六）加大信息共享力度，避免过度重复施救

如上文所述，及时、全面、准确的经济状况信息，是确保核对工作成效的关键，只有整合数据资源，实现更大范围的居民家庭经济状况核对，才能确保核对结果的全面性、准确性。一是加强与民政部核对平台对接，民政部在国家最高层面归集各部委、各省份的数据最为齐全也最为权威，是开展跨区域核对的最佳选择，各省份对此需求呼声一直很高，湖南省迫切希望能够尽快获得部级层面数据的有力支持。为更有效地整合数据资源，实现更大范围的居民家庭经济状况核对，确保核对结果的全面性、准确性，建议民政部低收入家庭认定指导中心开发的基础信息平台，在确保安全的基础上，优先为试点省份居民家庭经济状况核对信息系统提供数据交换和服务。二是加强与本省国土资源、人力资源和社会保障等有关单位部门信息数据共享的技术支撑，畅通信息高速公路，同时，推动已有数据质量的提升和更高层次的共享，充分释放数据信息应有作用。三是加强与省内各市（州）、县（市、区）数据对接，建好省级核对信息系统平台与市州级平台的标准化接口。遵循“数据向上集中、服务向下延伸”思路，严格按照民政部统一制定的数据标准和相关规范，省级和市（州）级双方通过标准化接口实现实时联通，有机整合在一起形成全省居

民家庭经济状况核对数据交换平台体系，确保全省数据的全面性、完整性，满足真实、精准的核对工作要求。四是整合社会救助相关信息，探索核对业务拓展。目前，各类专项救助分散在不同层级的政府管理部门或社会组织，全省核对平台除了核查救助申请对象的经济状况信息之外，在居民家庭经济状况核对过程中，必须全面掌握救助申请对象的现有救助状况，特别是加强与湖南省扶贫系统和低保信息系统的有效对接，加强救助资源整合，实现救助实施的整体协同，避免重复施救、过度施救和资源浪费，最大限度地发挥社会救助资金使用效益。要尽可能打通部门间“信息孤岛”，对救助申请对象进行审查对照，实现精准管理。

（七）加强核对队伍建设，提升核对工作能力

各地要将建立居民家庭经济状况核对机制纳入社会救助绩效考核评价体系，把“有机构、有人员、有平台、有办法”作为考核重点，综合评估各地核对机制建设成效，推动核对机构建设。由于居民家庭经济状况核对是一项政策性强、涉及部门多、信息化要求高的工作，各级民政部门要在核对机制建设过程中注重业务培训，使工作人员的素质和能力适应形势需要，满足工作需要。从 TCC6 项目试点实施经验来看，2016 年，湖南省培训效果非常明显，核对工作人员素质明显提升，为全面使用省级核对信息平台开展工作奠定了坚实基础。各级民政部门要在今后的核对机制建设过程中注重业务培训，安排充足经费，使核对工作人员的素质和能力适应形势需要，满足工作需要。一是要加强相关法律知识的培训，核对工作内容涉及公民隐私，与很多法律法规会发生关系，必须按照建设法治国家、法治政府的要求，切实增强核对工作人员的法律意识和保密观念，视法律法规为行为红线，依法行政、照章办事。二是要加强信息技术和技能的培训，信息技术瞬息万变，升级换代速度前所未有，必须指导工作人员跟上时代步伐，掌握必要的信息化知识，熟悉工作流程，熟练操作能力，提高工作效率，用信息化武器为困难群众服务。三是加强社会救助政策的培训，核对工作和社会救助业务密不可分，核对工作的开展需要掌握基本的社会救助知识，必须使核对工作人员掌握社会救助政策变化、政策动向，工作要求等，以便他们在核对工作中能较好应对常见问题，不出现政策执行方面的偏差。

（八）引导社会力量参与，打破政府包揽格局

当前，城市低保推荐是以社区为基本单位的分割式的管理，农村低保先是个人申请，后入户调查，民主评议的程序，中国大部分农村社会仍然是彼此熟悉的熟人社会，熟人社会的特征决定了农村贫困在瞄准对象时需要依赖效果明显的民主评议，但是完全依赖群众的民主评议也会造成一些问题。比如：产生农村本地精英如家族

势力合力推举上去的乡、村干部等一些人为因素的控制现象，难以杜绝“人情保”“关系保”等各种错保、骗保行为。单纯依靠各级政府有限的工作力量和行政资源，很难实施社会救助对象的精准认定，必须打破政府包揽的工作格局，每年对每个乡镇预拨财政款项给予经费补助，可聘任或委托第三方入户调查和邻里访问，缓解基层核对工作人手不足的压力，借助市场的力量维护社会救助公平正义。一是在救助申请阶段，通过社会工作者引导申请对象有的放矢，更加精准地为申请人选择最有效的救助方式和种类，避免无效申请，从而实现精准救助。二是在审批复核环节，可聘任或委托第三方组织入户调查和邻里访问，在尽可能不受人为因素干扰的情况下，与救助对象及时沟通交流，作为居民家庭经济状况核查的重要补充内容。由他们承担起居民家庭经济状况相关信息核对、入户调查等事务性工作任务。三是在整个核对工作过程中，加强与专业技术公司的合作，安全、合理利用外部专业技术力量，提升政府核对工作能力。

（九）加强顶层规范指导，弥补农村核对“短板”

目前，农村低保是农村社会救助工作的主要内容，据统计，截至 2013 年底，全国共有农村低保对象 2931.1 万户 5388.0 万人，支出资金 866.6 亿元。作为社会救助瞄准机制的居民家庭经济状况核对工作，面对如此庞大的救助群体和资金总量，却束手无策，基本处于隐身、缺位状态。本文作者认为，在持续加大检查整顿力度，弥补现阶段农村低保规范性制度缺失的同时，需要制定出台农村低保申请家庭经济状况核对规范性文件势在必行。一是从民政部层面制定《农村低保申请家庭经济状况核对实施办法（试行）》，对申请低保经济状况核对的基本原则、主要内容、收入测算依据和公式、家庭财产核算的范围、财产核定标准做出指导性规定，明确省、市、县（区）民政部门、乡镇（街道）的基本职责、工作流程等内容。二是省级民政部门结合各地实际，修订和出台省级层面的农村低保申请家庭经济状况核对实施细则，细化收入测算和财产核定的量化操作办法和具体公式。总之，要增强农村社会救助工作中的经济状况核对工作的操作性和参与度，从“入户调查为主，经济状况核对为辅”逐步过渡到“经济状况核对为主，入户调查为辅”。

（十）加强诚信体系建设，强化责任追究机制

一是要建立和强化实施经济状况申报制度，凡申请城乡低保等社会救助的家庭，必须如实申报家庭经济状况，主动出具相关收入和家庭财产证明，并自觉接受有关部门的核查。民政部门要通过合理设计报表，进一步完善家庭经济状况申报制度，明确申报收入和财产的内容、类型，明确收入和财产的认定标准，增强低保申请者

对自觉申报经济状况的认同感和配合程度。二是要建立个人诚信管理体制，公民个人的核对信息状况与社会诚信体系有机结合起来，建立举报投诉制度，切实保障群众的知情权、参与权、监督权。申请核定的家庭隐瞒收入和财产、骗取救助待遇的，应记入银行企业和个人信息基础数据库及有关部门建立的诚信体系。三是要建立责任追究机制，明确和细化违反家庭经济状况申报制度的相关责任。对于拒报、瞒报家庭经济状况的救助申请者，在提出申请时发现的，不予受理申请；在得到救助后发现的，取消救助待遇，追回发放的救助金，并酌情给予处罚；企事业单位、社会团体、村（居）民委员会以及其他社会组织，拒不提供或不如实提供申请家庭及家庭成员的有关情况，或出具虚假证明的，也应依照有关法律法规和有关规定处理，让不诚信行为付出应有代价，从制度上防止欺诈行为，净化社会救助的社会环境。

（十一）升级完善核对信息平台，提升核对平台效能

（1）打通网络路径，将基础数据录入工作压力分散到乡镇层级。在调研中，我们了解到，很多县（市、区）特别是下辖乡镇多的人口大县希望能够通过核对系统功能的完善，将申请对象数据录入的工作化整为零，交给乡镇完成，缓解工作压力，减少数据误差，提高录入效率。（2）完善并对基层开放省级核对系统的管理功能。常德市汉寿县等地建议开发完善核对信息系统的电子档案管理功能，便于日后对海量业务资料的管理和查询。湘潭市、常德市等地建议完善对象信息滚动跟踪预警功能，便于减少恶意申请行为，强化对对象的动态管理。（3）解决新的行政区划代码不匹配的问题。2016 年上半年，湖南省完成了全省范围的并乡合村行政区划调整工作，由于旧的行政区划代码和新的行政区划不匹配，导致随之而来的乡镇合并后行政区划代码调整问题影响了部分县（市、区）的业务工作，基层反映比较迫切。同时，一些市县争取设立的名目繁多的经济技术开发区等非正式行政区划也存在一定业务需求，应统一考虑纳入现有核对体系，科学区分，并在硬件设施建设和工作人员监管上加以严格规范，在保证业务正常开展的同时确保系统安全。（4）完善省级核对系统的兼容性。督促各市（州）、县（市、区）按照省民政厅要求配置好硬件设备，鉴于市场上可供采购的硬件设备品牌繁多，功能设计标准不统一，一些县区使用的高拍仪等硬件设备还无法与省级核对系统进行很好的融合，导致录入信息工作量加大，容易造成信息错误和资源浪费，必须尽快在技术层面解决硬件设备兼容的问题。（5）强化统计分析功能。考虑在对接民政部核对基础平台的同时，充分利用民政部基础核对平台 2.0 中的统计分析模块，补充和加强湖南省级核对平台的统计分析功能不足的“短板”，并以合适的形式提供给各级核对部门服务决策，满足基层需求。（6）拓展主动发现识别能力。参考国内外的先进经验，伴随着业务逐步向

低收入群体拓展，打破信息不对称困局，主动发现、精准识别潜在受助对象将是一个大的发展方向，这是一个全新课题，也是实现“应保尽保、应救尽救”的必然要求，应该在政策覆盖和手段实现上进一步加以探索和建设，逐步探索建立主动发现机制，让社会救助的保障网“兜得住，兜得牢”。

（十二）健全规章制度，提升核对安保能力

（1）加强规范化管理，各级因地制宜制定出台核对信息系统建设、运行、应用、安全、管理等方面的规章制度，并加以严格执行，实现有章可循、有章必循。（2）做好湖南省核对信息系统及市县级核对平台的等级保护工作，查漏补缺，认真整改，堵住居民个人隐私及其他重要业务数据的外泄、篡改和滥用的技术漏洞，防止失密泄密事件的发生。在平时的工作中制订应急预案，定期开展应急演练，增强应急处置能力。（3）绷紧安全生产这根弦不放松。充分认识到人是安全生产最大的影响因素，把信息安全和隐私保护放到核对工作特别重要的位置。严格按照国家有关规定，将核对信息系统建设与安全保密措施有机结合，综合利用成熟、可控的各类信息安全要素，保证各级工作人员自觉严格依法核对、照章办事。（4）健全考核激励机制，将建立居民家庭经济状况核对机制纳入全省社会救助绩效考核评价体系，加大核对业务的督察指导，综合评估各地核对机制建设成效，积极争取省财政安排以奖代补资金，充分调动全省各级核对机构工作积极性。

甘肃省社会救助瞄准与居民家庭经济状况核对体系研究报告①

前　言

2015年甘肃省民政厅联合省级相关20个厅局级政府部门，下发了《甘肃省居民家庭经济状况核对办法》的通知（甘民发〔2015〕138号），为实施低保瞄准做好了政策衔接和准备。经甘肃省民政厅推荐，民政部低收入家庭认定指导中心和兰州大学资源环境学院丁文广教授签署了《社会救助瞄准与居民家庭经济状况核对体系研究》子项目合同。丁文广教授组建了8人研究团队，对选定的11个县（区）开展了项目调研工作，获取研究社会救助瞄准和核对体系的基础数据和信息，并对其进行整理、分析和总结，以便为甘肃省的社会救助核对工作提供政策性建议。

项目团队于2016年12月24日—2017年3月31日期间，分为两组在张掖市甘州区、陇南市武都区、酒泉市及甘肃省农区（陇南市成县、定西市安定区、兰州市城关区、武威市古浪县）、牧区（甘南藏族自治州合作市）、半农半牧区（张掖市山丹县）、少数民族聚居区（临夏回族自治州广河县、平凉市崆峒区）开展调研工作，主要利用参与观察、深度访谈等人类社会学的研究方法，调研社会救助核对平台运行面临的各种问题。

一、甘肃省核对体系建设目标

“甘肃省居民家庭经济状况核对信息系统”按照“数据集中、服务延伸、标准统一、资源共享、安全高效、有序推进”的原则，第一期建设目标是：

1. 横向数据交换。平台支持依据电子政务办和其他部门间数据交换标准，采用

① 本课题由兰州大学资源环境学院丁文广教授参与实施。

自动作业的形式，从电子政务办获取业务办理所需的居民家庭经济状况数据等，横向实现民政、户籍、住房、车辆、税务、保险、金融、工商、就医和社会保险等厅局相关信息的交换共享。平台支持所获数据的查询、审核，并对其进行自动的异常性校验，支持对异常数据进行相应处理。

2. 纵向数据交换。平台支持依据“全国居民家庭经济状况核对标准”等民政数据交换共享标准，遵循“数据集中向上、服务延伸向下”的思路，实现上下贯通和联动的数据采集与处理，准确、安全、便捷在不同级别的民政部门间进行数据交换。

3. 核对规模进一步完善。甘肃省民政厅居民家庭经济状况核对平台的使用用户纵向涉及省民政厅，14 个地级市、86 个县（区）三级民政机构，横向涉及公安、卫计、人力资源和社会保障、住房和城乡建设、金融、保险、工商、税务、住房公积金等部门。

二、甘肃省试点地区核对体系建设目标

1. 组建基本核对机构。甘肃省各级核对机构通过主动向当地党政领导汇报，积极争取编制，在成立工作机构、落实人员编制等方面取得了明显成效，全省各市（州）、县（区）均已成立核对机构并配有相应的专职工作人员。

2. 建立基本核对机制。制定了核对办法和实施细则。甘肃省各级核对机构参照《甘肃省居民家庭经济状况核对办法》制定了本地区的核对实施办法或细则，对核对范围、核对内容、核对方式、核对程序以及工作规则等进行了明确的规定。

3. 核对平台的搭建。甘肃省居民家庭经济状况核对平台由省级机构统一建设，在充分的本地化开发和中心基础平台的基础上，建成了覆盖省、市、县、乡四级核对机构的大平台。同时，鼓励各市（州）根据本地化需求，在省级平台的基础上，对部分数据仅汇总到市（州）一级的部门进行横向连接，县（区）平台进行核对、数据统计、年度审计、档案管理等日常工作，同时做好省级核对平台的辅助、补充工作。

4. 平台整体规划合理。甘肃省核对中心按照“目标决定功能，功能决定架构”的开发思路，将核对平台整体规划为六大模块：一是应用支持平台，二是数据管理平台，三是电子比对交换子系统，四是核对业务子系统，五是业务管理子系统，六是统计分析子系统。

5. 业务流程设置合理。甘肃省核对平台直接由省级建设，铺设到了乡镇（街道）一级，按照业务流程设计，其乡镇（街道）一级只负责申请受理及原始信息录入工作，受理后报县级核对机构进行处理。县级核对机构在核实申请对象基本信息后报由省、市两级进行核对，并将省、市两级核对结论反馈给乡镇（街道）。市（州）核对机构负责对县（区）受理情况进行复核，同时横向与各行政机关开展数

据对接共享工作。省级核对机构负责终审后向县（区）反馈核对结论。

6. 平台网络建设和安全工作准确到位。甘肃省核对平台网络构架是：省级横向通过政务外网（专线）连接，纵向到县（区）是通过电信租用专线连接，安全、快捷、易连接；乡镇一级通过电子政务外网 VPN 加互联网的方式与上级互联互通。同时，在信息安全方面，首先，甘肃省核对中心对平台的管理权职进行了合理配置。其次是专人专机专责，在平台推广使用的同时，要求各市州、县区配备专门的操作人员、设置专用电脑，操作人员与单位及省中心签订安全保密协议书，通过法律形式明确专门操作人员责任。

三、甘肃省核对体系总体设计架构

甘肃省按照“整体规划、统一开放、整合资源、共同推进”的工作思路扎实推进各项工作。按省、市两级数据中心模式，以省级数据中心为核心，市级数据中心为支撑，全面建立贴合工作实际、符合行业要求，纵向上联民政部、向下覆盖区县、街道（乡镇）、社区（村），横向连接相关部门（单位），技术先进、安全可靠、功能完善的核对工作业务平台；通过多层级、多部门信息资源共享与工作联动，科学、有效、准确地核对救助申请家庭经济状况，从根本上解决社会救助对象认定难题，强力保障公开、公平、公正、高效地分配低保金、医疗救助金、廉租房、司法援助等社会救助资源，促进社会公平与和谐。

四、甘肃省核对体系现状

1. 核对机制建设情况。各地均已成立了核对机构，并配备了2—3名专人负责核对业务。其中，天水市核对中心配有专人，出台了居民家庭经济状况核对办法。嘉峪关、张掖两地更是以政府名义下发了本地区的居民家庭经济状况核对办法。按照调研情况看，目前甘肃省已开展家庭经济状况核查的社会救助类别包括：城乡低保、农村五保、临时救助、医疗救助、灾害救助、经济适用房申请、住房补贴发放、福彩金秋助学金认定、教育救助、慈善救助等。各市、县（区）核对中心全面受理社会救助部门的核对委托，各类社会救助对象认定水平得到稳步提高。

2. 信息共享协议的签订。各地先后完成了与财政局、人社局、房管局、国税局、地税局、公安局、教育局、工商局、公积金管理中心等平行单位的信息共享协议签订，张掖市更是率先完成了同银监会、中国银行、工商银行、建设银行、农业银行等 10 家金融单位的信息共享协议签订。信息共享协议签订工作的积极推进，为我省核对工作的全面开展做好了“基本功”，也为下一步核对平台建设中实现部门间信息共享，奠定了基础。

3. 核对成效初步显现。各级核对机构经过多年的探索和实践，一方面，核对清查了一批各种违规低保现象，2016 年甘肃省开展农村低保清理和规范活动，仅 2016 年一年，全省各级核对机构受理低保委托 141 万人次，核检出不符合条件的 7.8 万余人，受理住房救助委托 2.57 万人，核检出不符合条件的 4704 人，受理教育救助等其他类型救助委托 18092 人次，核检出不符合条件的 2490 人次。另一方面，提高了动态管理的水平。过去，一些享受救助的人不愿主动退出救助范围，即使工作人员接到举报，也经常由于缺乏确凿证据，难以说服救助对象退出救助。核对机制建立后，各级民政部门可以从相关政府部门、机构获取信息，这些数据客观、真实，救助对象容易接受。从调研反映情况看，凡经信息核对后退出保障范围或被告知不符合条件的对象，极少产生争议，核对工作初见成效。

五、存在的问题

2014 年 5 月 1 日甘肃省开始建立居民家庭经济状况核对体系，省民政厅联合省发改委等 21 个部门修订出台了《甘肃省居民家庭经济状况核对办法》，现在甘肃省各市县都出台了自己的居民家庭经济状况核对办法，都有相对完整的核对体系，但也存在很多问题：

1. 工作人员数量不足。甘肃省很多市县核对中心编制没有落实、人员没有到位，导致很多市县核对中心没人或由其他岗位兼任，严重制约核对工作的正常开展。

2. 工作人员专业素质低。各级核对机构工作人员绝大部分是从社会救助和其他部门转岗而来，从事核对工作时间较短，缺乏应有的经验，业务操作不熟练，不善于与部门协调沟通，造成各地核对的口径、方式等有很大的不同，导致核对工作缺乏效率。

3. 信息平台不完善。至目前，全国已有 14 个省份、221 个地级市、1426 个县（区、市、旗）建成核对信息系统或正在建设，其中北京、上海、江苏、安徽、福建、江西、湖南、广东、广西、海南、宁夏、青海、新疆等 13 个省（自治区、直辖市）由省级核对机构统一开发部署核对信息系统并投入使用。但甘肃省的核对系统建设工作才刚刚开始，且信息共享平台中只有住房、工商、公安、税务等几个部门的联合信息，信息核对数据不完善。

六、创新之处

本次研究的甘肃省居民家庭经济状况核对试点包括张掖市甘州区、陇南市武都区及酒泉市，通过对这三个试点地区居民家庭经济状况核对体系的调查研究，项目团队发现并总结出这三个试点居民家庭经济状况核对体系相关工作的创新之处与存在的问题，详见表 1。

表 1　试点居民家庭经济状况核对体系研究现状

<table>
<tr><th>试点名称</th><th>创新之处</th><th>存在的问题</th></tr>
<tr><td>张掖市甘州区</td><td>（1）推进信息核对机制建设
（2）落实机构建设和工作人员
（3）推进硬件资源和经费落实</td><td rowspan="3">（1）核对系统中对接数据量有限，相关部门间数据共享困难
（2）核对系统部分功能需要进一步优化，核对效率低
（3）核对人员的业务素质有待进一步提高
（4）核对工作尚未覆盖现有社会救助对象</td></tr>
<tr><td>陇南市武都区</td><td>（1）强化组织领导，加强部门协作
（2）狠抓制度完善，增强自身建设
（3）规范核对流程
（4）强化保密管理</td></tr>
<tr><td>酒泉市</td><td>（1）成立了领导小组
（2）制订了实施方案
（3）强化部门协作
（4）建立了工作机制
（5）扩大核对工作队伍，配置相关硬件设施
（6）进一步规范核对流程</td></tr>
</table>

七、对策建议

根据调研结果，项目团队也有针对性地提出了如下建议对策：

1. 部门间的信息共享需要顶层推动。大数据平台的建立，并不仅仅是一个口号，而是要让建立的大数据平台发挥其真正的作用，实现其价值。虽然目前已建立了大数据平台，但处于大数据平台的起步阶段，不可避免地会出现各种各样的问题，因此在起步阶段采取相应的措施是至关重要的。制定相关的法律法规，克服信息跨部门共享的障碍，让公安户籍、车辆、税务、工商等需要省级数据平台建成专网对接，金融、保险、证券等部门为国家直管的信息能够为市、县（区）级民政核对部门使用，建议省级民政部门能够为市、县（区）级民政部门投入资金，加大支持力度，建立共享平台，拓宽信息渠道，加快推进市级信息管理部门和市级信息系统数据库建设，提高地方民政部门信息核对的效率与准确性。准确核实居民家庭经济状况需要政府各部门的数据作为基础，要从政府层面进行全面、细致、强力的规划推动，这样才能打通政府各部门间数据交换共享的渠道，将原本分散存储在不同部门、行业的公共数据陆续汇集到统一的公共数据中心，强力推进政府各部门数据共建共享。

2. 优化核对系统部分功能，提高核对效率。低保核对是一个数据量较大的工程，核对体系中简单的单个录入与批量录入并不能完全实现核对的准确性，建议在市、县（区）及以上核对机构增设连续快速扫描仪，在系统中设立固定的在册低保对象核对模块，可导入低保系统中的在册低保对象的基本家庭信息进行核对，适当简化需导入的身份证信息资料，优化核对系统的部分功能，以适应基层的工作需求，更好地服务于基层，使核对系统平台的功能得以更全面地发挥。

3. 提高基层工作人员的业务能力，完善基层硬件设施。居民家庭经济状况核对工作是一项新工作，工作的内容、程序和细节都在不断地探索和摸索当中，核对中心是一个要面向多个科室、部门开展业务的机构，针对核对机构新、人员新、业务新，核对工作人员年轻化，应加强对各级核对工作人员的培训，对核对政策、系统运用、系统管理、系统使用开展、数据安全、相关法规的培训。核对中心所涉业务范围较广，需经常同信息共享单位进行大量的沟通和协商。核对工作人员不仅要熟悉日常的社会救助业务工作还要有熟练的计算机操作水平。核对工作人员需要有更多的培训和学习机会，来全面提升核对工作的质量和水平，组建一支高素质高能力的人才队伍。为了进一步提高基层工作人员的工作积极性，建立合理的激励制度，完善硬件设施，即配备电脑、打印机、办公桌等，改善办公条件，提高办公质量。

4. 救助对象的核对能够实现全覆盖。建议核对平台与其他社会救助系统数据共享，并在后台设置定期核对。目前，社会救助系统与核对平台相对独立，在数据共享连接后，可对在册救助对象进行定期核查，方便社会救助管理部门掌握救助对象情况并及时调整，促进社会救助公平、公正，提升社会救助政策实施的公信力。

第一节　背　景

一、项目背景和意义

（一）项目背景

为保障和改善困难群众基本生活，近年来我国一直加大助推扶贫攻坚行动的力度，使得我国救助体系不断健全、操作程序日益规范、对象认定更加准确、补助水平逐年提高。但由于我国贫困面大、贫困人口多、贫困程度深等因素，我国社会救助任务依然艰巨。目前，我国社会信用体系尚不健全、现金交易量大、隐性就业和隐性收入较为普遍，传统的上户调查、邻里访问和信函索证的估算办法，不能有效地避免虚假收入和财产证明等问题，人情救助、关系救助等现象难以杜绝，成为影响社会救助制度发展的“瓶颈”问题。因此，建立跨部门、多层次的居民家庭经济状况核对共享机制，是改革创新传统家庭调查方法的重大突破，可从根本上解决居民家庭收入核算和救助对象认定的难题，有效杜绝隐瞒收入和财产、人情救助及关系救助等不正常现象，确保政府社会救助资源真正用到最符合条件的困难群众身上。

当前我国社会救助制度体系包括最低生活保障、特困人员供养、受灾人员救助、医疗救助、教育救助、住房救助、就业救助、临时救助等八项制度以及社会力量参与。其中，最低生活保障的瞄准、核对体系与社会救助瞄准、居民家庭经济状况核对体系的标准和方法是一致的。与此同时，我国的社会救助制度还存在许多问题，其突出表现，就是虽然中国城乡最低生活保障制度在瞄准率方面整体上已经达到很高的水平，但是对于应保尽保对象还存在较大的遗漏现象，而且居民家庭经济状况核对办法也存在着一些问题，等等。因此，深入开展社会救助瞄准机制和核对体系建设方面的研究和探索，不仅对于社会救助瞄准机制和核对体系建设，而且对于加强和完善我国社会救助制度建设，都具有重要的理论和现实意义。

（二）项目意义

1. 开展社会救助瞄准机制和核对体系建设是落实国家及相关部委明确要求，特别是落实《中共中央国务院关于打赢脱贫攻坚战的决定》的重大改进和创新。

2008 年，民政部、国家发改委等 11 部委联合下发的《城市低收入家庭认定办法》（民发〔2008〕156 号）中明确提出了要建立居民家庭经济状况核对机制的要求。2012 年 9 月，国务院《关于进一步加强和改进最低生活保障工作的意见》（国发〔2012〕45 号）明确要求，“在强化入户调查、邻里走访、信函索证等调查手段基础上，加快建立跨部门、多层次、信息共享的救助申请家庭经济状况核对机制，健全完善工作机构和信息平台，确保最低生活保障等社会救助对象准确、高效、公正认定”。同时提出“到‘十二五’末，全国要基本建立救助申请家庭经济状况核对机制”。

2014 年 2 月 21 日，国务院颁布《社会救助暂行办法》，并从 5 月 1 日正式施行。该办法明确规定“县级以上人民政府民政部门应当建立申请和已获得社会救助家庭经济状况信息核对平台，为审核认定社会救助对象提供依据”。4 月 9 日，民政部印发了《关于居民家庭经济状况核对信息系统建设的指导意见》（民发〔2014〕83 号），明确提出“在 2—3 年内，基本建立起覆盖全国所有省份，充分利用相关部门信息资源，上下贯通协同的全国核对信息系统，实现对居民家庭经济状况信息核对以及对相关数据的动态监测和汇总分析，为社会救助以及相关社会政策提供科学决策咨询”。10 月 3 日，国务院下发了《关于全面建立临时救助制度的通知》（国发〔2014〕47 号），明确提出“要依法完善跨部门、多层次、信息共享的救助申请家庭经济状况核对机制，提高审核甄别能力”。

2015年，中共中央、国务院颁布了指导当前和今后一个时期脱贫攻坚的纲要性文件《中共中央国务院关于打赢脱贫攻坚战的决定》，其中强调扶贫贵在精准、重在精准，提高扶贫成效，须改变传统“大水漫灌”的思路，实现“精准滴灌”。

社会救助是对不能维持最低限度的生活水平的公民救助，虽然具有一定的普遍性，即不管任何个人或家庭，只要其陷入经济贫困，生活水平低于救助标准，就都可以通过法定的程序获得国家的救助，但是因为我们所拥有和所能获得的社会资源是有限的，所以如何确定其是否陷入经济贫困，生活水平是否低于救助标准，它也是带有一定条件性的，因此，任何社会救助都必须根据一定条件、特别是根据救助对象的家庭经济条件来进行。这样就涉及救助的资格与标准的问题。

因此，甘肃省民政厅为进一步完善社会救助制度建设，提高民生保障水平，提出了居民家庭经济状况核对平台建设项目，其目的是实现核对业务的信息化、标准化、规范化，有助于高效科学认定救助申请对象，为甘肃省各级政府在民生问题决策方面提供数据依据，进一步推动甘肃省社会保障制度的健康运行以及社会公平正义。

2. 开展社会救助瞄准机制和核对体系建设是社会救助政策精细化实施以及实现和健全我国救助体系的迫切要求。

通过了解调研地区的人口、经济产业、城乡最低生活保障人口等基本信息，可以分析当地社会救助工作开展的基本情况与影响因素；通过公共治理理论和善治理论，可以研究居民经济状况核对采用的新型信息核对方式存在的难点和问题；通过对不同地区城市、农村低保户和非低保户家庭经济状况的调查和了解，可以分析当前各地区社会救助瞄准与核对工作的精确性；通过对基层民政干部、村干部等的访谈，可以了解当前基层开展社会救助工作的困难，提出当前关于社会救助方面相关政策的可行性和弊端；通过实地调研我国选取的非试点地区，利用典型的社会救助瞄准与核对体系案例的研究，可以提出适合中国国情的社会救助对象瞄准机制和核对体系；通过精确掌握家庭的户籍、收入、财产、支出、就业、健康等状况，严格落实各项救助政策，实现精准救助；有效掌握社会救助瞄准的准确性与居民家庭经济状况核对体系的运行情况，查出漏洞，及时反馈，从而可以提高家庭财产审核的准确性；通过对现行低保政策的实施办法与低保户实际情况的了解，可以对当前低保相关政策制度提出一些可行性的建议或方法，大力提高社会救助的工作效率。

3. 开展社会救助瞄准机制和核对体系建设是我国经济发展进入新常态下提高社会救助水平以及维护社会稳定的必然要求。

社会救助工作是中央加强和改善民生的重要组成部分，与困难群众生活密切相关。能够准确地认定救助对象并且合理地分配救助资源，事关社会公正公平，并且还事关社会救助工作以及党和政府在人民群众中的公信力。近年来，我国经济社会发展进入新常态，一方面经济增速下行压力加大，另一方面各级财政增收速度趋缓，而在这种情况下我们还要面对社会救助的潜在对象可能有所增加、社会救助的资金需求加大的情况，因此为了提高社会救助水平，各级政府和财政对于精细化管理的要求必须提高。而要将有限的社会救助资源分配到最需要的人手中，发挥资金的最大效益，必然要加强社会救助瞄准机制和核对体系建设。

而在深入了解低保实施情况的过程中，可以通过入户对居民进行访谈，从而了解当前居民身边低保的执行情况，调查是否存在“人情保”“关系保”的情况，发现问题，提出问题，避免产生居民间的纠纷，从而可以维护社会稳定也可以为以后更好地解决此类问题提供理论和现实依据。

4. 开展社会救助瞄准机制和核对体系建设是加强基层建设的基础，补齐个别地区“短板”，从而实现各地区共同发展的重要保障。

在开展社会救助瞄准机制和核对体系建设的过程中，可以通过进一步了解基层社会救助工作开展的具体情况，根据基层民政干部、工作人员等反映，总结基层社会救助工作的困难和阻碍，有针对性地提出政策性建议，有效缓解当地民政部门承受的压力，从而可以提高基层工作的建设水准。

与此同时，通过对居民个人信息获取和使用合法性与合理性的分析，探究部门协同和信息资源的共享模式，寻求相关对策，可以对探索整体实现服务型政府具有一定现实意义的建议。而且它还可以通过对研究区当地民政局的走访，了解各地区社会救助瞄准、核对等方面的工作特色及不足，经过各地区横向对比，使得各地区民政单位相互取长补短、共享经验、共同进步。

二、研究区概况

（一）地理位置[①]

甘肃省位于我国西部地区，地处黄河中上游，地域辽阔。介于北纬32°11′—42°57′、东经92°13′—108°46′之间，大部分位于中国地势二级阶梯上。东接陕西，南邻四川，西连青海、新疆，北靠内蒙古、宁夏并与蒙古人民共和国接壤。地貌复杂多样，山地、高原、平川、河谷、沙漠、戈壁，类型齐全，交错分布，地势自西南向东北倾斜，东西蜿蜒1600多千米，纵横45.37万平方千米，占中国总面积的4.72%。

① 百度百科“甘肃省”［EB/OL］. 2017.4.

（二）气候特征[①]

甘肃各地气候差别大，生态环境复杂多样。从南向北包括了亚热带季风气候、温带季风气候、温带大陆性（干旱）气候和高原高寒气候四大气候类型。年平均气温0—15℃，大部分地区气候干燥，年降水量在40—750毫米之间，干旱、半干旱区占总面积的75%。主要气象灾害有干旱、暴雨洪涝、冰雹、大风、沙尘暴和霜冻等。

（三）人口[②]

据甘肃省统计局发布的2016年全省人口变动主要数据，截至2016年年底，甘肃省常住人口为2609.95万人，比上年净增10.40万人。全省常住人口中，男性为1331.86万人，占51.03%；女性为1278.09万人，占48.97%。0—14岁人口为440.82万人，占16.89%；15—64岁人口为1932.41万人，占74.04%；65岁及以上人口为223.72万人，占9.07%。全年出生31.79万人，人口出生率为12.18‰，死亡16.13万人，人口死亡率为6.18‰，人口自然增长率为6.00‰。城镇人口1166.39万人，城镇化率为44.69%，比上年提高1.5个百分点。

（四）经济[③]

初步核算，2016年甘肃省生产总值7152.04亿元，比上年增长7.6%，增速比前三季度提高0.1个百分点。其中：第一产业增加值973.47亿元，增长5.5%；第二产业增加值2491.53亿元，增长6.8%；第三产业增加值3687.04亿元，增长8.9%。

（五）民族分布[④]

甘肃是一个多民族聚居的地区，有汉族、回族、藏族、东乡族、裕固族、保安族、蒙古族、哈萨克族、土族、撒拉族等民族。其中，东乡族、裕固族、保安族是甘肃特有的少数民族。甘肃省现有54个少数民族成分，少数民族总人口219.9万，占全省总人口的8.7%。世居甘肃的少数民族有回、藏、东乡、土、裕固、保安、蒙古、撒拉、哈萨克、满等16个少数民族。省内现有甘南、临夏两个民族自治州，有天祝、肃南、肃北、阿克塞、东乡、积石山、张家川7个民族自治县，有39个民族乡。甘肃省86个市、县（区）中，除少数民族聚居的21个市、县（区）外，其余

① 百度百科“甘肃省”[EB/OL]. 2017.4.
② 百度百科“甘肃省”[EB/OL]. 2017.4.
③ 百度百科“甘肃省”[EB/OL]. 2017.4.
④ 百度百科“甘肃省”[EB/OL]. 2017.4.

65个市、县（区）中均有散居的少数民族。

三、影响项目目标实现的主要因素

通过对社会救助瞄准与居民家庭经济状况核对体系的研究，主要的社会影响因素包括受影响人群的行为模式、地区政府相关工作的执行力度、地区环境、政策制度等。

由于经济、文化、自然条件等原因，本团队特选择甘肃省的8个县（区）作为调研地区（详见2.2非试点地区的选择），分别是兰州市城关区、平凉市崆峒区、甘南藏族自治州合作市、定西市安定区、张掖市山丹县、武威市古浪县、临夏回族自治州广河县、陇南市成县。

在项目实施阶段，可能遇到的影响因素包括受影响人群的社会经济状况、收入水平以及生活方式、风俗习惯，等等。特别是这8个县（区）的贫困问题、贫困的分布、程度和原因、当地社会救助工作的开展情况及相关政策规定，等等。

数据的准确性：在本项目研究中，主要针对居民家庭经济情况进行调查与评估，部分居民对于自己家庭的收入来源、收入情况、家庭固定资产等经济情况有所隐瞒，增加了我们在对居民家庭经济情况评估时的难度，但通过半结构式访谈的方法，大部分居民都能如实描述自己家庭的收入来源、收入情况、家庭固定资产等经济情况。因此，对于所呈现的居民家庭经济情况的调研结果具有一定的现实意义与参考性。

社区（村委会）的参与度：城市（农村）居民对于低保、社会救助方面的政策了解与否，很大程度上取决于当地居（村）委会对低保、社会救助政策的日常宣传工作是否得当。居（村）委会对于低保政策的宣传力度及宣传手段很大程度影响着居民对于低保的认知。在很多农村地区，由于村民居住分散、交通落后、信息闭塞、文化程度低等原因，大部分村民对于低保政策、标准并不了解。故城市（农村）低保户对城乡低保相关政策的了解与否、居（村）委会对低保政策的宣传力度和手段也是本项目关注的一个重点。

各级认识不够统一：一些市、县民政部门向当地党政领导汇报请示不够、政策宣传不够，使其对居民家庭经济状况核对机制建设的现实意义、长远意义缺乏足够认识，视其为一般性的机构建制问题，研究重视程度不够，推进协调力度不大，导致机构编制、人员经费等关键问题未取得实质性进展，严重制约了核对工作的正常开展。个别地区“等要靠”思想严重，主动出击、积极作为的意识不强，完全依赖省里安排部署，甚至误解国家和省有关政策精神，把争取机构编制、工作经费等应该由本地协调解决的困难和问题上交，寄希望于省级发文或条条干预。

核对报告的出具和保存问题：核对报告是认定社会救助对象的重要参考依据，

核对报告的格式内容和防伪验证上都需要有必要的规范和机制。如 2016 年张掖市累计开展受托核对 26 万人次，相当于全市社会救助对象每人核对两次，如何为数量庞大的核对工作对象出具核对报告？纸质版出具完后电子版核对报告存放在哪里？报告的内容如何校验回溯？

诚信系统建设问题：社会诚信体系建设是社会整体进步的重要组成部分，避免恶意骗取社会救助资金、争着享受社会救助现象，树立人民群众正确看待社会救助的观念，最直接有效的办法是建立社会救助诚信系统。将恶意骗取救助资金、故意隐瞒家庭经济状况、辱骂殴打工作人员、拒不退还救助资金等行为记入诚信系统，矫正“以吃到低保为荣”“社会救助不占白不占”的错误思想认识。

第二节　研究方法

一、研究方法

项目调研团队分为两个小组，分别在张掖市甘州区、陇南市武都区、酒泉市、平凉市崆峒区、定西市安定区、兰州市城关区、临夏回族自治州广河县、甘南藏族自治州合作市、陇南市成县、武威市古浪县及张掖市山丹县 11 个县（区）进行调研，调研模式基本一致。主要采用参与式监测评价方法（PM&E，Participatory Monitoring and Evaluation methods），即结合问卷、直接观察、对利益相关群体访谈、资料查阅与回顾等方法进行该项目的调查研究。

项目团队对行程制订了详细的规划，提前联系当地民政局，配合本团队对当地民政局核对中心工作人员进行访谈、获取政府资料，深入了解甘肃省社会救助核对平台建设运行情况，了解在建设运行过程中遇到的困难，各地区的创新点。

（一）直接观察法

到达调研地后，项目调研小组成员对周围事物进行观察，如核对工作如何展开。这些观察可以提供社会救助核对平台运行的基本信息，使小组成员直接取得对工作地点的基本认识。

（二）访谈法

为更精确地获取相关信息，推动项目目标的顺利达成，项目调研团队根据以往的工作经验，对相关工作人员进行了结构式访谈。

结构式访谈是一种定量的研究方法，为确保调研过程的高度标准化，调研团队对民政部门核对中心（工作人员）有针对性地设计了访谈提纲，主要包括其对于核对平台运行工作中出现的问题、工作的创新之处、个人意愿与诉求等。通过对核对中心工作人员的访谈，了解到基层民政工作中出现的一些问题及相关政策规定在具体操作层面所存在的弊端与不足，对于提出如何更好地建立服务型政府的建议提供现实依据。

（三）资料查阅与回顾

通过对各地区民政局核对中心、民政局社会救助中心、各级办公室文件的查阅，包括社会救助核对平台建设的报告等相关文件，了解各地区社会救助核对平台运行工作的具体流程和操作规范。

（四）案例研究

案例研究法是指对某一个体、某一群体或某一组织在较长时间里连续进行调查，从而研究其行为发展变化的全过程。调研团队通过结构式访谈、半结构式访谈，收集、记录并总结经典案例。

二、非试点地区的选择

甘肃省地域辽阔，经济发展水平不高，同时又是一个多民族聚集的地区，因此项目团队根据经济、文化、自然条件等不同原因选择合适的调研地点，分别是兰州市城关区、平凉市崆峒区、甘南藏族自治州合作市、定西市安定区、张掖市山丹县、武威市古浪县、临夏回族自治州广河县、陇南市成县。项目团队主要利用参与观察、深度访谈等人类社会学的研究方法，调研低保瞄准与居民家庭经济状况核对时面临的各种问题。在各非试点地区抽取城镇两个社区，农村三个村，以随机抽样的方式选取调查对象进行入户访谈。具体调研地点选择的参考依据如下：

首先，根据2016年甘肃省人均地区生产总值排名将甘肃省所辖地区划分为三类。第一类地区经济发展水平较其他地区相对发达，有嘉峪关市、兰州市、金昌市、酒泉市；第二类地区有白银市、庆阳市、张掖市、武威市及甘南藏族自治州；第三类地区有临夏回族自治州、平凉市、陇南市、定西市及天水市。[①]

其次，依据甘肃省最低工资标准水平来划分。其中，兰州市城关区为一类地区；

① 百度百科“甘肃省”［EB/OL］. 2017. 4.

平凉市崆峒区、甘南藏族自治州合作市为二类地区；定西市安定区为三类地区；张掖市山丹县、武威市古浪县、陇南市成县以及临夏回族自治州广河县为四类地区。

最后，依据农区、牧区、半农半牧区、少数民族聚居区划分选择具有代表性的县（区）。其中，陇南市成县、定西市安定区、兰州市城关区及武威市古浪县属农区；甘南藏族自治州合作市属牧区；张掖市山丹县属半农半牧区；临夏回族自治州广河县、平凉市崆峒区属少数民族聚居区。

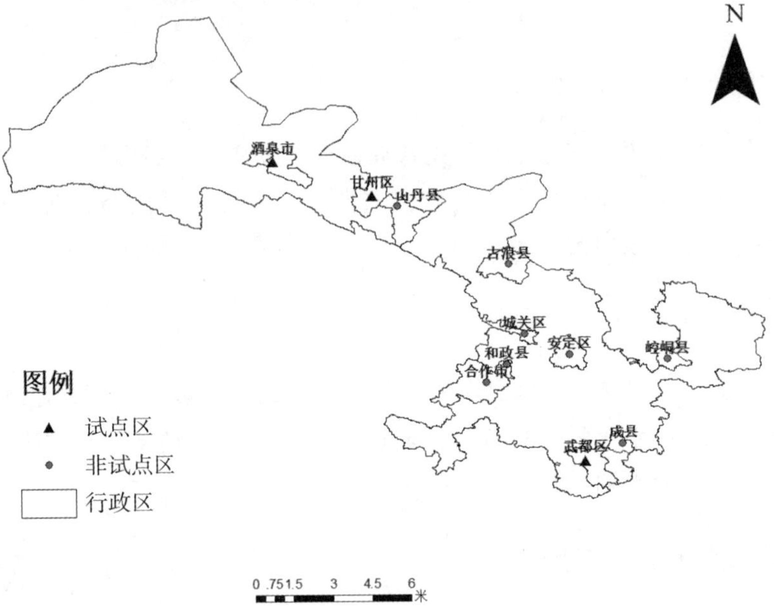

图 1 调研点地区地图

三、数据和资料来源

（一）一手数据和资料

项目组于 2016 年 12 月 24 日至 2017 年 3 月 31 日分两组，分别对 11 个县（区）展开调研工作。通过实地观察、对不同利益相关群体的评估和访谈等方式获取一手数据资料。

（二）二手数据资料

二手资料也是了解当地情况的重要来源。在前期准备阶段，项目团队制定了详细的资料收集清单，将清单中所列资料分发到相应政府部门，确保所有资料收集的完整性和及时性。表 2 是资料清单：

表 2 地方政府部门资料收集清单

政府部门	资料清单
县（区）民政局	1. 现行社会救助核对平台运行办法 2. 居民家庭经济状况核对办法 3. 现行低收入家庭经济状况核对中心工作职责 4. 低收入家庭经济状况核对中心工作内容 5. 居民家庭经济状况核对工作实施细则

第三节 项目区社会救助瞄准与居民家庭经济状况核对体系相关法律法规与政策

一、项目区社会救助瞄准与居民家庭经济情况核对体系政策框架

为建立和完善社会救助申请家庭经济状况核对制度，确保全国社会救助制度的有效实施，在中央的政策指导下，甘肃省及各市（县）就社会救助申请家庭核对工作出台各种政策。表 3 为中央部委、甘肃省、各项目区关于社会救助办法、社会救助对象瞄准、社会救助居民家庭经济状况核对信息等社会救助相关文件。

表 3 中央部委、甘肃省、各项目区社会救助文件一览

层级	政策文件	生效时间
国家与中央部委	《民政部关于居民家庭经济状况核对信息系统建设的指导意见》（民发〔2014〕83 号）	2014 年 4 月 9 日
甘肃省	《甘肃省民政厅、甘肃省发改委、甘肃省教育厅、甘肃省公安厅、甘肃省财政厅、甘肃省人社厅、甘肃省住建厅、甘肃省监察厅、甘肃省国税局、甘肃省地税局、甘肃省工商局、甘肃省统计局、中国人民银行兰州支行关于印发〈甘肃省社会救助申请家庭经济状况核对办法（试行）〉的通知》（甘民发〔2013〕198 号）	2013 年 10 月 10 日
张掖市山丹县	《张掖市居民家庭经济状况核对办法》（张政办发〔2016〕144 号）	2016 年 9 月 6 日
甘南藏族自治州合作市	《关于印发甘南州居民家庭经济状况核对办法的通知》（州民发〔2015〕253 号）	2015 年 12 月 23 日
	《关于印发合作市居民家庭经济情况核对实施细则（试行）的通知》（合民发〔2016〕154 号）	2016 年 11 月 2 日

续表

层级	政策文件	生效时间
武威市古浪县	《古浪县贫困家庭收入核定指导标准》（古民发〔2013〕144号）	2013年7月29日
	《关于印发古浪县农村贫困家庭收入核定办法（试行）的通知》（古政办发〔2013〕143号）	2013年7月29日
	《关于转发民政部最低生活保障审核审批办法（试行）的通知》（古民发〔2013〕41号）	2013年4月2日
平凉市崆峒区	《关于印发平凉市居民家庭经济状况核对办法的通知》（平市民〔2015〕186号）	2015年11月9日
临夏回族自治州广河县	《关于印发广河县城乡低保申请审核审批工作流程的通知》（广民字〔2013〕42号）	2013年4月3日
	关于转发州民政局等13部门关于印发《临夏州社会救助申请家庭经济状况核对办法》的通知的通知（广民字〔2013〕178号）	2013年12月17日
陇南市武都区	《关于成立陇南市武都区低收入家庭经济状况核对中心的通知》（武编办发〔2013〕74号）	2013年10月23日
	《陇南市武都区人民政府办公室转发陇南市人民政府办公室关于印发陇南市居民家庭经济状况核对办法的通知》（武政办发〔2016〕105号）	2016年9月12日
	《陇南市武都区低收入家庭经济状况核对中心工作职责》（陇政办发〔2015〕17号）	2015年2月13日
	《陇南市武都区低收入家庭经济状况核对中心工作内容》（陇政办发〔2015〕17号）	2015年2月13日
	《陇南市武都区低收入家庭经济状况核对中心申请城乡低保工作流程》（陇政办发〔2015〕17号）	2015年2月13日
张掖市甘州区	《甘州区居民家庭经济状况核对工作实施细则》（甘政办发〔2014〕140号）	2014年5月27日

第四节 甘肃省试点地区居民家庭经济状况核对体系现状和存在问题

一、甘肃省社会救助和核对体系建设基本情况

2014年5月1日甘肃省开始建立居民家庭经济状况核对体系，其后，甘肃省民政厅联合甘肃省发改委等21个部门修订出台了《甘肃省居民家庭经济状况核对办

法》。为进一步完善社会救助制度建设，提高民生保障水平，甘肃省民政厅于2016年开始着手建设全省居民家庭经济状况核对平台，目前已完成基础平台的搭建工作。

甘肃省的大数据平台已于2017年10月建立并实行，省、市、县三级铺平，并于11月在兰州对全省一线的低保核对工作人员进行统一培训。2017年12月12日与甘肃省政府电子政务办一起召开项目验收大会，与会的还有四位专家学者，他们对甘肃省大数据平台的建设给予了高度肯定。

（一）甘肃省核对体系建设目标

甘肃省作为民政部低收入家庭认定指导中心与世界银行正在进行的“社会救助瞄准与居民家庭经济状况核对体系研究”项目选定试点省份，严格按照民政部有关要求，并结合甘肃省实际，通过统一布局、规划实施，最终建成一个支撑甘肃省全面开展居民家庭经济状况核对业务的综合性平台。

“甘肃省居民家庭经济状况核对信息系统”按照“数据集中、服务延伸、标准统一、资源共享、安全高效、有序推进”的原则，第一期建设目标是：

1. 横向数据交换。平台支持依据电子政务办和其他部门间数据交换标准，采用自动作业的形式，从电子政务办获取业务办理所需的居民家庭经济状况数据等，横向实现民政、户籍、住房、车辆、税务、保险、金融、工商、就医和社会保险等厅（局）相关信息的交换共享。平台支持所获数据的查询、审核，并对其进行自动的异常性校验，支持对异常数据进行相应处理。

2. 纵向数据交换。平台支持依据“全国居民家庭经济状况核对标准”等民政数据交换共享标准，遵循“数据集中向上、服务延伸向下”的思路，实现上下贯通和联动的数据采集与处理，准确、安全、便捷在不同级别的民政部门间进行数据交换。

民政厅福利慈善、社会事务等业务部门，其他组织机构和社会公众等，也可向核对业务办理平台提交委托申请，待受理后，向平台录入或批量导入数据，并可接收平台反馈的业务办理结果数据。

3. 核对规模进一步完善。甘肃省民政厅居民家庭经济状况核对平台的使用用户纵向涉及省民政厅，14个地级市、86个县三级民政机构，横向涉及公安、卫计、人力资源和社会保障、住房和城乡建设、金融、保险、工商、税务、住房公积金等部门。

甘肃省民政厅居民家庭经济状况核对平台的建设工作，按照统筹兼顾、数据共享、分期实施、适度超前的原则，拟用一年时间，建成覆盖省、市（州）、县（区）二级民政机构，实现民政、公安、卫计、人力资源和社会保障、住房和城乡建设、金融、保险、工商、税务、住房公积金等多部门多项业务信息交换共享，实施对社会救助对象家庭收入、支出和财产状况的信息核对。

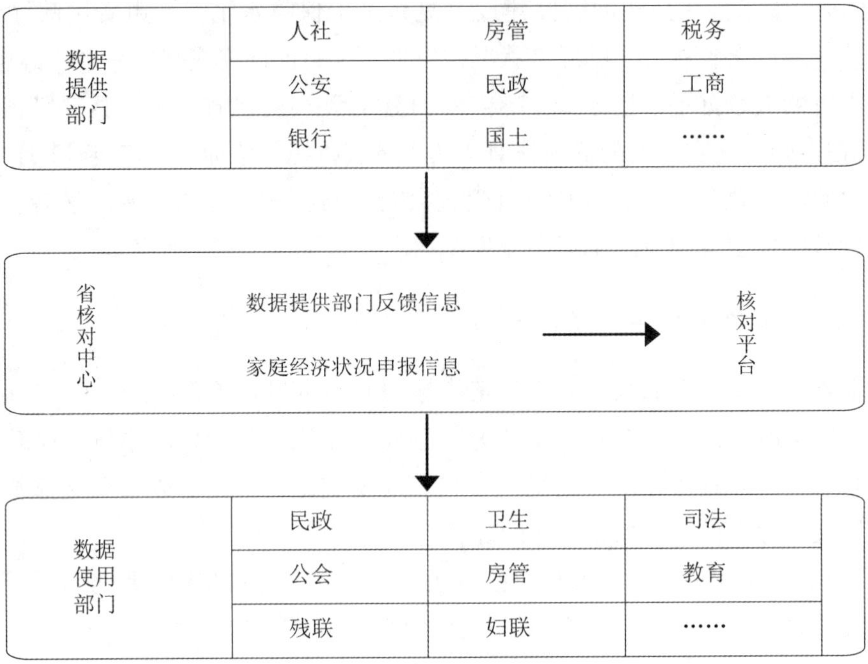

图 2　甘肃省核对平台核对目标

各级人民政府有关部门应向核对机构提供与核对对象家庭经济状况有关的信息，与民政部门建立数据交换和业务协同机制。根据有关数据信息集中的不同层级，有关部门应向同级核对机构提供数据查询接口。民政部门牵头开展居民家庭经济状况核对工作，提供婚姻、殡葬、区划地名、社会组织、社会救助等信息。教育部门提供核对对象接受教育救助等信息。公安部门提供核对对象户籍人口登记和机动车辆拥有等信息。财政部门提供本级社会救助资金预算、收支结余及申请社会救助家庭成员财政供养等信息。人社部门提供核对对象离退休、就业、失业登记以及缴纳社会保险费、接受就业援助和享受社会保险待遇等信息。国土部门提供核对对象土地登记等不动产信息。住建部门提供核对对象房产拥有、房产交易、房屋租赁、住房公积金等信息。交通运输部门提供核对对象从事运输的运营车辆、船舶等相关信息。卫生计生部门提供核对对象享受新型农村合作医疗、大病医疗保险、疾病应急救助、计划生育家庭等信息。税务部门提供核对对象纳税、从事个体工商户或企业纳税等信息。工商部门提供核对对象从事个体工商户或企业的注册登记等信息。银监、证监、保监等部门协调银行、证券、保险等金融性机构依法提供核对对象存款、证券交易、商业保险购买缴费和获益情况等信息。其他相关部门（机构）根据居民家庭经济状况核对需要提供相关信息。

（二）甘肃省试点地区核对体系建设目标

1. 组建基本核对机构。甘肃省各级核对机构通过主动向当地党政领导汇报，积极争取编制，在成立工作机构、落实人员编制等方面取得了明显成效，全省各市（州）、县（区）均已成立核对机构并配有相应的专职工作人员。

2. 建立基本核对机制。制定了核对办法和实施细则。甘肃省各级核对机构参照《甘肃省居民家庭经济状况核对办法》制定了本地区的核对实施办法或细则，对核对范围、核对内容、核对方式、核对程序以及工作规则等进行了明确的规定。

3. 核对平台的搭建。甘肃省居民家庭经济状况核对平台由省级机构统一建设，在充分的本地化开发和中心基础平台的基础上，建成了覆盖省、市、县、乡四级核对机构的大平台。同时，鼓励各市（州）根据本地化需求，在省级平台的基础上，对部分数据仅汇总到市（州）一级的部门进行横向连接，县（区）平台进行核对、数据统计、年度审计、档案管理等日常工作，同时做好省级核对平台的辅助、补充工作。

4. 平台整体规划合理。甘肃省核对中心按照“目标决定功能，功能决定架构”的开发思路，将核对平台整体规划为六大模块：一是应用支持平台，基于民政部基础核心平台，以业务为导向建设具有良好的可拓展性和可靠性的应用支持平台，使核对系统建设技术标准统一规范。二是数据管理平台，基于云计算技术，以大数据、大集中的方式建立省级的数据资源管理中心。三是电子比对交换子系统，主要面向横向和纵向的各类信息共享单位，实现数据资源整合和实时数据交换。四是核对业务子系统，以数据资源为基础，从接受委托、数据审核、跨部门信息比对、收入核算分析，到最终出核对结果。五是业务管理子系统，实现系统后台的用户、权限、安全等各项配置管理。六是统计分析子系统，实现对全省核对业务的监管统计，并可分析低收入人群分布特征、消费特点、致贫原因及变化趋势，为发布全面的统计数据分析和为救助部门提供可靠的评估报告提供支撑和依据。

5. 业务流程设置合理。甘肃省核对平台直接由省级建设，铺设到了乡镇（街道）一级，按照业务流程设计，其乡镇（街道）一级只负责申请受理及原始信息录入工作，受理后报县级核对机构进行处理。县级核对机构在核实申请对象基本信息后报由省、市两级进行核对，并将省、市两级核对结论反馈给乡镇（街道）。市（州）核对机构负责对县（区）受理情况进行复核，同时横向与各行政机关开展数据对接共享工作。省级核对机构负责终审后向县（区）反馈核对结论。

6. 平台网络建设和安全工作准确到位。甘肃省核对平台网络构架是：省级横向通过政务外网（专线）连接，纵向到县（区）是通过电信租用专线连接，安全、快捷、易连接；乡镇一级通过电子政务外网 VPN 加互联网的方式与上级互联互通。同时，在信息安全方面，首先，甘肃省核对中心对平台的管理权职进行了合理配置。其次，是专人专机专责，在平台推广使用的同时，要求各市（州）、县（区）配备专门的操作人员、设置专用电脑，操作人员与单位及省中心签订安全保密协议书，通过法律形式明确专门操作人员责任。

（三）甘肃省核对体系总体设计架构

甘肃省按照“整体规划、统一开放、整合资源、共同推进”的工作思路扎实推进各项工作。按省、市两级数据中心模式，以省级数据中心为核心，市级数据中心为支撑，全面建立贴合工作实际、符合行业要求，纵向上联民政部、向下覆盖区县、街道（乡镇）、社区（村），横向连接相关部门（单位），技术先进、安全可靠、功能完善的核对工作业务平台；通过多层级、多部门信息资源共享与工作联动，科学、有效、准确地核对救助申请家庭经济状况，从根本上解决社会救助对象认定难题，强力保障公开、公平、公正、高效地分配低保金、医疗救助金、廉租房、司法援助等社会救助资源，促进社会公平与和谐。如图 3 所示：

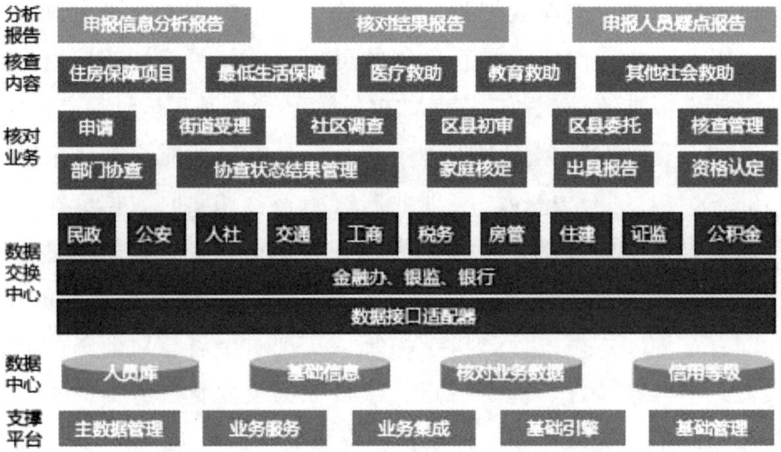

图 3　甘肃省核对体系总体设计架构

图 3 所示是甘肃省省级社会救助家庭经济状况核对信息平台主要由分析报告、核查内容、核对业务、数据交换中心、数据中心、支撑平台六个部分构成。核查内容主要有住房保障、最低生活保障、医疗救助、教育救助和其他社会救助。核对业务流程先由低保户申请—街道受理—社区（村委会）入户调查—区（县）初审—区（县）委托—核查管理—部门协查—协查状态结果管理—家庭核定—出具报告—资格认定。数据共享部门主要有民政、公安、人社、交通、工商、税务、房管、住建、证监、公积金等部门。数据中心提供系统数据信息层服务，包括核对基础数据库、

业务办理数据库、核对统计数据库、数据交换数据库等物理或逻辑数据库。核对信息平台的支撑平台，数据交换子系统、应用支撑平台提供系统内部、横向系统、纵向系统之间的数据交换服务。

（四）甘肃省核对体系现状

1. 核对机制建设情况。各地均已成立了核对机构，并配备了2—3名专人负责核对业务。其中，天水市核对中心配有专人，出台了居民家庭经济状况核对办法。嘉峪关、张掖两地更是以政府名义下发了本地区的居民家庭经济状况核对办法。按照调研情况看，目前甘肃省已开展家庭经济状况核查的社会救助类别包括：城乡低保、农村五保、临时救助、医疗救助、受灾人员救助、经济适用房申请、住房补贴发放、福彩金秋助学金认定、教育救助、慈善救助等。各市（州）、县（区）核对中心全面受理社会救助部门的核对委托，各类社会救助对象认定水平取得稳步提高。

2. 信息共享协议的签订。各地先后完成了与财政局、人社局、房管局、国税局、地税局、公安局、教育局、工商局、公积金管理中心等平行单位的信息共享协议签订，张掖市更是率先完成了同银监会、中国银行、工商银行、建设银行、农业银行等10家金融单位的信息共享协议签订。信息共享协议签订工作的积极推进，为甘肃省核对工作的全面开展做好了“基本功”，也为下一步核对平台建设中实现部门间信息共享奠定了基础。

3. 核对成效初步显现。各级核对机构经过多年的探索和实践，一方面，核对清查了一批各种违规低保现象，甘肃省开展农村低保清理和规范活动，仅2016年一年，全省各级核对机构受理低保委托141万人次，核检出不符合条件的7.8万余人，受理住房救助委托2.57万人，核检出不符合条件的4704人，受理教育救助等其他类型救助委托18092人次，核检出不符合条件的2490人次。另一方面，提高了动态管理的水平。过去，一些享受救助的人不愿主动退出救助范围，即使工作人员接到举报，也经常由于缺乏确凿证据，难以说服救助对象退出救助。核对机制建立后，各级民政部门可以从相关政府部门、机构获取信息，这些数据客观、真实，救助对象容易接受。从调研反映情况看，凡经信息核对后退出保障范围或被告知不符合条件的对象，极少产生争议，核对工作初见成效。

二、甘肃省居民家庭经济状况核对试点地区核对体系创新点

（一）张掖市甘州区

1. 基本情况

2013年9月，经甘州区政府第13次常务会议批准，成立了甘州区城乡居民家庭

经济状况核对中心，副科建制，核定参公事业编制 5 人，制定了联席会议制度，明确职能职责，为低保家庭信息核查比对机制建设提供了组织保证。各乡镇切实强化工作基础，均设立了 100 平方米以上的民政服务大厅，按照总人口在 1 万人以内的配备 3 名民政专干，总人口在 1 万人以上、2 万人以内的配备 5 名民政专干，总人口在 2 万人以上的配备 7 名民政专干的标准配齐配强低保工作力量，将年富力强、文化素质高、熟悉基层工作的干部选配到民政队伍，村、社区均配备了民政工作信息员，成立了低保评审委员会，基本形成了“政府领导、民政牵头、部门配合、社会参与”的社会救助工作机制。甘州区根据省、市规范低保的文件精神，甘州区委、区政府先后制定、修订下发了《甘州区关于进一步加强和改进最低生活保障工作实施意见》《甘州区农村居民最低生活保障实施细则》《甘州区城乡居民家庭经济状况核对工作联席会议制度》《甘州区城乡居民家庭经济状况核对办法》《甘州区城乡居民家庭经济状况核对工作实施意见》等文件，从资格条件、对象认定、申请审批、民主评议、公开公示、资金发放等方面完善低保制度。按照“公开、公平、公正、动态管理”的原则，制定了低保档案规范化管理制度，按照分级、分层、分类建档的方式，设置低保档案室，配备档案柜、档案盒，完善低保纸质档案和电子档案数据储备，做到一户一档、资料齐全、内容完善、手续齐备。同时，区财政、民政部门设立低保资金专户，实行专户管理，封闭运行，严格拨付程序，确保城乡最低生活保障资金及时、足额发放到位。

（1）核对工作开展情况。根据《甘肃省居民家庭经济状况核对办法》，张掖市于2016 年出台了《张掖市居民家庭经济状况核对实施办法》（张政办发〔2016〕144 号），进一步完善了社会救助对象家庭经济状况核对工作机制建设，各类社会救助对象认定水平明显提高。2016 年，张掖市开展各类社会救助对象家庭经济状况核对达 26 万人次，检出不符合条件的 1.6 万人次，其中，最低生活保障受托核对 21.7 万人 11.8 万户，检出 10790 人 5541 户；新申请最低生活保障对象受托核对 14021 人 7332 户，检出 1681 人 935 户；住房保障受托核对 17349 人 8013 户，检出 1338 人 707 户；其他类受托核对 11743 人 5151 户，检出 2493 人 894 户。按照 1.6 万名检出对象纳入低保简单计算，仅 2016 年的核对量，就为全市社会救助资金支出节约近 2000 万元。

（2）核对工作现状。目前，市、县（区）核对中心主要以手工核对开展工作，普遍面临着时间紧、任务多、难度大、责任重的问题。核对过程中仅有部分单位可以顺利协助提供信息核查结果，核对平台的建设需求迫在眉睫。如工商、住房、人社等部门完成一次核查需要 3—5 天才能反馈核对结果，公安、税务等部门则需要由核对中心工作人员在这些部门所提供的电脑上逐个进行核对，完成一批次核对至少需要 5—7 天时间，而且在遇到信息共享单位业务繁忙的时候完成时间会成倍增加。

通常情况下，从受理部门委托开始到出具核对报告至少需要3—4周，很难在核对办法规定的时限（15天）内完成一批次的核对任务，在一定程度上拉长了社会救助对象的认定周期。

（3）核对机制建设情况

①核对工作覆盖的范围。张掖市认真贯彻落实《社会救助暂行办法》中“对社会救助对象进行家庭经济状况核对”的规定，目前，已开展家庭经济状况核查的社会救助类别包括：城乡低保、农村五保、临时救助、医疗救助、受灾人员救助、经济适用房申请、住房补贴发放、福彩金秋助学金认定、教育救助、慈善救助等。市、县（区）核对中心全面受理社会救助部门的核对委托，各类社会救助对象认定水平取得稳步提高。

②信息共享协议的签订。自2014年9月起，张掖市民政局同市财政局、人社局、房管局、国税局、地税局、公安局、教育局、工商局、公积金管理中心等16个单位签订信息共享协议，并在甘肃省率先完成了同银监会、中国银行、工商银行、建设银行、农业银行等10家金融单位的信息共享协议签订。信息共享协议签订工作的积极推进，为张掖市核对工作的全面开展做好了“基本功”，也为下一步核对平台建设中实现部门间信息共享，奠定了基础。

③信息核查的内容。张掖市社会救助对象家庭经济状况核对的主要内容包括：“财政人员工资信息、社保金缴存信息、社保金领取信息、房屋（交易）信息、税务缴纳信息、家庭人口户籍信息、婚姻信息、车辆信息、公积金缴存信息、个体工商户登记注册信息”等。这些信息的获取，为张掖市社会救助对象的认定提供了重要参考依据，全面提升了社会救助对象认定水平，提高了社会救助资金的使用精准度。此外，还有部分单位和部门虽签订了信息共享协议，却因数据信息安全因素、政策体制不完善、工作机制不健全等原因，尚未进行信息交换，在下一步平台建设中将重点推进，扩大信息核对工作内容。

2. 创新点

（1）推进信息核对机制建设。核对试点建立三年以来，甘州区稳步推进数据共享。到2016年，甘州区民政部门已经同人社、财政、工商、国税、地税、房管、公积金、公安局、开发区地税局等17个单位（部门）重新协商并签订了数据共享协议，保证了数据核对业务的依法依规开展。

（2）落实机构建设和工作人员。在试点工作方案下发以后，甘州区民政局成立了“居民家庭经济状况核对系统试点工作领导小组”，领导小组针对核对工作的实际，选调4名工作人员承担日常核对工作任务，明确各自工作职责。建立了市、区、乡镇（街道）、村（社区）四级民政部门的救助、核对干部协同工作队伍，做到统一协调、统一部署、统一行动，为做好核对工作提供了强有力的组织保证。

（3）推进硬件资源和经费落实。甘州区民政局根据核对中心工作需要，为核对中心配备专用服务器 1 台、电脑 3 台，打印机 2 台，为核对系统的正常运行提供了基本保障。同时，甘州区在制定《甘州区居民家庭经济状况核对工作实施细则》时，在有关经费保障条款中列出工作经费的具体内容，“按全区总人口每人每年 1 元的标准列支核对工作经费”，为推行核对平台的应用、配备硬件设备的需要等方面打下良好运行基础。同时，甘州区系统访问在账户加密码验证基础上又增加指纹识别功能，做好了数据保密工作。

（二）陇南市武都区

1. 基本情况

武都区有 36 个乡镇、4 个街道办事处，650 个村、50 个社区，城乡居民 58 万人，其中农村居民 48 万人，城市居民 10 万人。有农村低保对象 36416 户 88800 人，占全区农村居民的 18.5%，有城市低保对象 7001 户 15040 人，占全区城市居民的 15%；有五保供养对象 3095 人。2017 年武都区核对中心积极开展信息核对，目前，全区核对农村低保 3139 户 10947 人；五保供养 830 户 1197 人。通过核对，核对出明显不符合保障条件的 63 人。

2. 创新点

（1）强化组织领导，加强部门协作

一是成立由区长任组长，各社会救助部门为成员单位的居民家庭经济状况核对工作领导小组，召开了居民家庭经济状况核对工作启动会议和业务人员培训会，认真安排部署，强化业务培训，全面推动核对工作。

二是为了加快建立两两合作、多层次的信息共享快速查询协作机制，不断提高武都区社会救助对象认定工作的科学性和准确性，建立信息共享查询协作机制。武都区民政局依据市民政与相关部门签订的信息共享互查合作协议，目前，已与武都区农牧、国税、地税、工商、教育、国土、人社、住建和卫计委 9 个部门签订了协议。同时，依据甘肃省民政厅、中国银监会省监管局转发《民政部中国银监会关于银行业金融机构协助开展社会救助家庭存款等金融资产信息查询工作的通知》，与驻武都区的 9 家银行开展居民家庭存款信息查询。

（2）狠抓制度完善，增强自身建设

武都区委、区政府高度重视居民家庭经济状况核对工作，设立了股级建制的区居民家庭经济状况核对中心，事业单位，核定编制 8 人，印发《关于成立陇南市武都区低收入家庭经济状况核对中心的通知》（武编办发〔2013〕74 号），配备了主任

1名，业务人员7名，重新修订印发了《陇南市武都区人民政府办公室转发〈陇南市人民政府办公室关于印发陇南市居民家庭经济状况核对办法的通知〉》（武政办发〔2016〕105号）。同时，武都区民政局为提高核对工作效率，进一步为核对中心增配了办公桌椅、电脑、打印机等办公设施。办公经费包含在全局社会救助工作经费当中，统一支付。自武都区低收入家庭经济状况核对中心成立以来，武都区核对中心相继建立健全了《陇南市武都区低收入家庭经济状况核对中心工作职责》《陇南市武都区低收入家庭经济状况核对中心工作内容》《陇南市武都区低收入家庭经济状况核对中心申请城乡低保工作操作流程》等一系列工作机制。

（3）规范核对流程

具体流程如下：

一是对象授权。现有申请社会救助对象家庭在提供相关证件证明材料的同时，填写《陇南市武都区低收入家庭经济状况核对诚信承诺及授权声明》，授权区核对中心对其家庭收入和财产状况进行调查、核对。

二是乡镇（街道）委托。乡镇、街道办对申请社会救助对象的信息采集、录入全部完成后，向区居民家庭经济状况核对中心写出委托报告，连同申请对象填写的《陇南市武都区低收入家庭经济状况核对诚信承诺及授权声明》一并提交核对中心。

三是受理登记。核对中心收到乡镇、街道办的核对委托报告后，严格把握“受理关”，对授权和委托的核对资料进行严格筛选，有明显漏洞或造假问题的坚决予以退回，做到“非诚勿核”，待要核对的材料审核无误后再进行审核登记。

四是信息核对。目前，在未正式建立信息核对系统的条件下，武都区采取的主要办法，就是向工商、国税、地税、人社、财政、住建等26个单位以信函索证的方式，通过人工收集所需相关信息数据，再进行信息核对。分3类情况予以收集信息：第一，对市级财政局、工商局、社保局、第一人民医院、中医院，区级卫生局、第一人民医院、地税局、财政局、工商局、国税局、人社局、社保局、道路运输管理局、住房公积金管理中心15个单位，由武都区核对中心工作人员携带本单位出具的便函收集相关电子数据。第二，针对武都区公安局户籍信息和车辆注册信息无法导出电子数据的情况，由武都区核对中心工作人员携带需要查询的申请社会救助对象及家庭成员的相关信息，分别在该单位的系统网站进行逐一查询核实。第三，武都区工商局、住建局两个单位的电子数据在本级系统内无法导出。武都区核对中心积极向甘肃省民政厅、陇南市民政局多次汇报、衔接，在上级部门的大力支持配合下，终于在省级平台为其导出电子数据，为信息比对工作节省了大量的人力物力。第四，金融系统涉及9家银行，分别是金桥村镇银行、甘肃银行、建设银行、农业银行、工商银行、农村合作银行、中国银行、邮政银行、兰州银行。由于银行本身业务的特殊性，且对客户存贷款信息保密程度要求高，无法向武都区核对中心提供电子存款信息，由核对中心工作人员向各银行依法提供需要查询的申请社会救助对象及家庭成员的基本信息，委托各银行代为查询，并将查询结果反馈核对中心。通过建立的 Access 数据库对申请社会救助对象及家庭成员经济状况进行信息比对。

五是信息复核。核对中心对核对数据结果反复进行复核，确保信息数据的准确性和权威性。

六是出具报告。信息核对完成后，向委托单位出具核对报告，为委托单位提供参考依据。

七是归档备查。对核对情况进行登记，将《陇南市武都区低收入家庭经济状况核对诚信承诺及授权声明》、委托报告及核对报告装订归档。

（4）强化保密管理

信息数据的保密工作是核对工作中的重中之重，在核对工作中，就强化数据保密管理主要做了以下几个方面工作：

①加强对涉密人员的管理。为做好涉密人员管理，核对中心在工作人员中选用了一名政治上可靠、业务上熟练的涉密人员，并与其签订了保密协议，确保信息数据的安全。

②加强对信息数据的管理。一是加强对涉密信息数据等纸质秘密载体的管理，严格按照有关规定签收、传阅、保存、销毁相关资料。二是加强对涉密磁介质、光盘等各类涉密载体的管理，对存有秘密文件资料的磁盘、光盘等，要和同密级的纸介质的文件同样管理。

③加强对计算机及其网络的安全保密管理。一是按照保密规定的要求，认真落实技术防范措施。计算机及其网络安全保密的根本措施是物理隔离，将一台存放信息数据的电脑由专人保管，不上公共信息网。二是公共信息网不得存储、处理、传输和发布涉密信息或内部文件资料。

④强化保密检查。武都区民政局定期或不定期对保密情况进行检查，发现问题及时纠正。

（三）酒泉市

1. 创新点

酒泉市根据甘肃省民政厅《关于印发〈甘肃省居民家庭经济状况核对平台运行试点工作方案〉的通知》，积极筹划，认真推进居民家庭经济状况核对平台运行试点工作，不断提升核对工作规范化、科学化水平，取得初步成效。

一是成立了领导小组。在试点通知下发之后酒泉市成立了以酒泉市民政局局长为组长，分管局长为副组长，市、县（区）分管领导为成员的酒泉市居民家庭经济状况核对平台运行工作领导小组。7 个县（市、区）民政局成立了领导小组，由主要领导负总责，分管领导牵头抓，明确了工作人员，信息查询操作人员或业务骨干至少配备 2 人。

二是制订了实施方案。酒泉市制订了《酒泉市居民家庭经济状况核对平台运行试点工作方案》，明确试点工作目标任务，将试点工作细化为准备工作、试点运行和巩固提升三个阶段具体实施，强调了各个阶段的工作要点和重点任务。方案要求，在做好市本级和敦煌市试点的同时，其他县（市、区）按试点工作要求开展工作。同时，预算市级核对平台建设经费，提交财政积极争取，为顺利实施试点工作打牢了基础。

三是强化部门协作。酒泉市积极协调公安、财政、人社、卫生、房管、税务、工商、公积金管理等相关部门以做好数据的对接和传输工作，确定专人负责提供核对对象信息和查询工作，明确了查询信息反馈的时限，确保了信息传递顺畅。

四是建立了工作机制。酒泉市建立了核对业务管理、网络安全管理、系统维护、信息保密等工作制度，加强业务人员信息保密措施，强化部门信息数据和保障对象信息的保密。试行联络员制度，畅通信息反馈渠道，发现问题及时逐级上报，市、县两级各确定了一名联络员，通过电话、网络向省民政厅、市民政局咨询业务达十余次。主动接受省民政厅信息中心的指导和监督工作，及时解决发现的问题，总结经验，不断完善平台功能。

五是扩大核对工作队伍，配置相关硬件设施。酒泉市让乡镇民政窗口参与核对工作，建立了有县（市、区）民政局、乡镇两级参与的核对架构，为减少县级核对中心工作负担，各个乡镇民政窗口均配备了高拍仪。群众在乡镇民政窗口申请社会救助的同时，乡镇民政窗口将申请人的授权委托书、身份证以及户口簿等相关材料扫描上传至县级核对中心，“让网络信息多跑路，困难群众少跑腿”。

六是进一步规范核对流程。酒泉市在原有核对流程上，进一步细化责任，规范流程。乡镇受理社会救助申请对象提出的社会救助项目申请并扫描相关资料，在出具委托书后将所有资料提交到核对中心，核对中心受理后制作批量导入文件由审核员按照救助类型录入核对平台，审批通过后平台自动核对。相对以往核对流程，核对平台适用全面，覆盖最低生活保障、医疗救助、临时救助、特困人员供养等社会救助，电子归档管理，授权更加明确，权责更加清晰。

三、试点地区存在的问题

（一）核对系统中对接数据量有限，相关部门间数据共享困难

居民家庭经济状况核对系统平台是跨部门核对信息系统，实现民政与涉及居民

家庭经济状况的部门间相关信息的互联互通、数据共享、业务协同，但是从核对系统目前运行情况来看，信息核对数据源覆盖面不足，限制了信息比对覆盖范围，影响系统实施效果，目前市级数据平台可对接到的数据只有个别部门，公安户籍、车辆，税务，工商等信息需要省级数据平台建成专网对接，或者是由省民政厅直接对接以后实现数据共享，而且金融、保险、证券等部门为国家直管，信息由于相关法律条款的约束，无法得到相关信息进行核对，对接信息不够完整导致很多核对家庭收入和财产核心要素无法核查，影响了核对的准确性。

（二）核对系统部分功能需要进一步优化，核对效率低

在批量上传文件制作功能中，目前的核对平台在资料录入上分为单个录入以及批量录入，可针对不同情形选择。对于每月新增低保人数较少的市来说，该功能不仅能够提高核对的效率，而且能够保证核对的准确性。但是对于大多数市来说，每月新增的低保人数相对较多，按照此功能核对，不仅在批量数据导入过程中，花费时间比较长，而且所需基础数据主要依托于手工录入，耗时费力，难以实现实时、高效的工作效率。

（三）核对人员的业务素质有待进一步提高

各级核对机构工作人员绝大部分是从社会救助和其他部门转岗而来，从事核对工作时间较短，缺乏应有的工作经验，业务操作不熟练，且不善于与部门协调沟通，大多数工作人员并没有取得相关的工作合格证书，相应的培训也很少，即使有培训也是以短期培训为主、长期培训为辅，核对工作者主要依靠平时在工作中积累的经验来做核对工作。县（区）级核对部门缺乏相应的硬件资源和经费，工作人员缺乏激励制度，在工作中不能全身心投入。

（四）核对工作尚未覆盖现有社会救助对象

最低生活保障对象是社会救助体系中数量最大，涉及情况也最为复杂的一部分，县（市、区）民政部门为确保已保对象精准，在每月发放低保金之前均需对已保障对象进行信息核对，若以目前的核对流程，对所有保障对象进行资料录入查询，工作量太过庞大，无法实现批量核对。

四、对策与建议

（一）部门间的信息共享需要顶层推动

大数据平台的建立，并不仅仅是一个口号，而是要让建立的大数据平台发挥它

真正的作用，实现其价值。虽然目前已建立了大数据平台，处于大数据平台的起步阶段，不可避免会出现各种各样的问题，因此在起步阶段采取相应的措施是至关重要的。制定相关的法律法规，克服信息跨部门共享的障碍，让公安户籍、车辆，税务，工商等需要省级数据平台建成专网对接，金融、保险、证券等部门为国家直管的信息能够为市、县（区）级民政核对部门使用，建议省级民政部门能够为市、县（区）级民政部门投入资金，加大支持力度，建立共享平台，拓宽信息渠道，加快推进市级信息管理部门和市级信息系统数据库建设，提高地方民政部门信息核对的效率与准确性。准确核实居民家庭经济状况需要政府各部门的数据作为基础，要从政府层面进行全面、细致、强力的规划推动，这样才能打通政府各部门间数据交换共享的渠道，将原本分散存储在不同部门、行业的公共数据陆续汇集到统一的公共数据中心，强力推进政府各部门数据共建共享。

（二）优化核对系统部分功能，提高核对效率

低保核对是一个数据量较大的工程，核对体系中简单的单个录入与批量录入并不能完全实现核对的准确性，建议在县（市、区）及以上核对机构增设连续快速扫描仪，在系统中设立固定的在册低保对象核对模块，可导入低保系统中的在册低保对象的基本家庭信息进行核对，适当简化需导入的身份证信息资料，优化核对系统的部分功能，以适应基层的工作需求，更好地服务于基层，使核对系统平台的功能得以更全面的发挥。

（三）提高基层工作人员的业务能力，完善基层硬件设施

居民家庭经济状况核对工作是一项新工作，工作的内容、程序和细节都在不断的探索和摸索当中，核对中心是一个要面向多个科室、部门开展业务的机构，针对核对机构新、人员新、业务新，核对工作人员年轻化，应加强对各级核对工作人员的培训，对核对政策、系统运用、系统管理、系统使用开展、数据安全、相关法规的培训。核对中心所涉业务范围较广，需经常同信息共享单位进行大量的沟通和协商。核对工作人员不仅要熟悉日常的社会救助业务工作还要有熟练的计算机操作水平，核对工作人员需要有更多的培训和学习机会，来全面提升核对工作的质量和水平，组建一支高素质高能力的人才队伍。为了进一步提高基层工作人员的工作积极性，建立合理的激励制度，也需完善硬件设施，即配备电脑、打印机、办公桌等，改善办公条件，提高办公质量。

（四）救助对象的核对能够实现全覆盖

建议核对平台与其他社会救助系统数据共享，并在后台设置定期核对。目前，

社会救助系统与核对平台相对独立，在数据共享连接后，可对在册救助对象进行定期核查，方便社会救助管理部门掌握救助对象情况并及时调整，促进社会救助公平、公正，提升社会救助政策实施的公信力。

第五节　甘肃省非试点地区社会救助瞄准与核对体系现状和存在问题

一、非试点地区居民家庭经济状况核对现状

（一）平凉市崆峒区

1. 基本概况

崆峒区为进一步规范本区城乡低保救助工作，保证城乡低保制度公正实施，切实维护群众利益，从2016年4月开始在崆峒区2016年城乡低保提标工作基础上开展了城乡低保清理核查工作。同时，根据平凉市民政局《关于在全市民政系统开展农村低保救灾资金“两查两保”专项检查工作的通知》文件精神，结合全市低保资金审计工作，抽组人员，入户核查，对全区救灾、农村低保资金中涉及的问题逐一进行了认真自查。对拟新进的城市低保对象353户902人，入户调查79户207人，入户率22%，信息核对353户902人，核对率达100%。通过核对个人购置车辆21人、两套及两套以上住房7户，个体工商户39户、私营企业1人、财政供养人员3人、退休职工领取区级养老保险2人、失地人员领取区级养老保险2人；2016年下半年崆峒区纳入城市低保共计296户759人，入户调查60户151人，入户率21%，信息核对296户759人，核对率达100%。通过核对个人购置车辆15人、两套及两套以上住房4户，个体工商户34户、私营企业1人、财政供养人员1人、退休职工领取区级养老保险1人，在入户核对的基础上衔接工商、住建、财政、人社、住房公积金等10个部门，对家庭经济状况在线数据进行信息比对，核对符合条件的799人，不符合条件的103人。崆峒区通过清理核查和自查，确保保障对象认定精准，实现兜底保障、应保尽保、应改尽改、应退尽退。

2. 核对办法

为确保平凉市社会救助制度的有效实施，建立和完善社会救助申请家庭经济状况核对制度，依据甘肃省民政厅出台的《甘肃省社会救助申请家庭经济核对办法》，

平凉市民政局印发了《平凉市居民家庭经济状况核对办法》。该办法的实施需要通过申请人及其家庭成员授权，对提出申请的城乡居民个人或家庭的经济状况开展调查、核实并出具书面报告等。已享受救助的家庭，需要通过本办法进行家庭经济状况的复审。

（1）核对内容

平凉区社会救助核对内容包括核对对象户籍状况①、家庭收入②、家庭财产③（国家和省市明文规定不计入家庭收入和财产范围的项目除外）。工作人员对申请对象进行入户调查，了解申请对象的户籍状况、家庭收入、家庭财产状况，根据这些情况初步判断申请对象是否符合申请资格。

（2）核对标准

在核对申请对象家庭收入时根据工资性收入④、经营净收入⑤、财产净收入⑥、转移净收入⑦核算申请家庭的总收入。

（3）核对职责

平凉市规定市、县（区）人民政府民政部门是居民家庭经济状况核对工作的主管部门。市、县（区）人民政府民政、发改、教育、公安、财政、人社、国土、住建、交通、农牧、林业、卫生计生、税务、工商、统计、扶贫、银监、证监、保监等部门，在各自职责范围内配合做好居民家庭经济状况核对的有关工作。平凉市市

① 户籍状况指配偶、子女、父母以及其他具有法定赡养、扶养、抚养义务关系的家庭成员的户籍登记状况、婚姻登记状况、就业状况等。

② 家庭收入指共同生活的家庭成员在规定期限内获得的全部现金及实物收入，包括工资性收入、经营净收入、财产净收入、转移净收入以及其他应计入的收入。

③ 家庭财产指家庭成员拥有的全部动产和不动产，即房屋、现金、贵金属及其金融衍生产品、银行存款、有价证券、商业保险、机动车辆（不含残疾人功能性补偿代步机动车辆）、船舶、大型农机具、第三方支付平台账户余额等。

④ 工资性收入。城镇居民，按个人任职或者受雇单位劳资部门出具的相关证明计算收入；不能提供证明的和所提供证明低于当地职工月最低工资标准的，按当地职工月最低工资标准计算。农村务工人员，根据工作单位相关证明计算实际收入；不能提供的，按当地农民上年度人均收入或职工月最低工资标准中较低标准计算。

⑤ 经营净收入。种植业收入，以本地区同等作物的市场价格与实际产量核算，不能确定实际产量的，以当地上年度同等作物平均产量核算。养殖业等收入，以本地区同等养殖品种市场价格与实际出栏数核算，不能确定实际出栏数的，以当地同行业上年度平均产量核算。其他家庭经营性收入，能够出示有效经营性收入证明的，按证明的收入计算；无收入证明，但有合同规定或固定价格的，按合同规定或固定价格计算；其他情形按当地评估标准和计算方法计算。

⑥ 财产净收入。按租赁、转让协议（合同）计算；个人不能提供租赁、转让协议（合同）的或租赁、转让协议（合同）价格明显偏低的，按当地同类物品的市场租赁、转让价格计算。储蓄存款利息、有价证券红利、投资股息红利等可以按照金融机构出具的证明计算，集体财产收入分红按集体出具的分配记录计算。

⑦ 转移净收入。有实际发生数额凭证的，以凭证数额计算；有协议、裁决或判决法律文书的，按照法律文书所规定的数额计算。赡养费无法确定数额的，按县级以上人民政府确定的核算办法进行核算。

核对机构主要负责对全市核对业务的指导和培训；负责平凉市核对信息平台的建设、运营、维护、管理等工作；承担平凉市市核对数据信息的统计分析和汇总工作，并出具年度分析报告；承担县（区）核对机构提出的需要跨市、跨省核对数据信息的协助比对等工作。受本级社会救助主管部门委托，对平凉市本级申请社会救助家庭经济状况进行核对，出具核对报告并及时反馈委托单位。

（4）核对流程

崆峒区规定核对对象应当提交对其家庭户籍、收入、财产等情况进行核对的授权书，由社会救助主管部门对其是否符合救助条件进行初审，符合条件的可委托核对机构对其经济状况进行核对，并出具《甘肃省申请×××救助居民家庭经济状况核对委托书》。

崆峒区核对机构在收到本级社会救助主管部门的核对委托书后，会在 5 个工作日内对符合要求的对象进行核对，并开具受理委托收据。当核对对象户籍所在地和居住地不一致的，由其居住地核对机构进行核对。因核对技术、核对数量等因素，导致无法按时完成需要延期核对的，崆峒区规定核对机构应当书面告知核对委托方。延期核对的时间一般不得超过 5 个工作日。延期核对不计入核对工作的期限。

（5）核对方式

崆峒区规定的核对方式有以下三种：

①自动比对。通过甘肃省居民家庭经济状况核对信息平台（该平台于 2017 年 8 月开始运行），对核对对象的信息数据进行自动查询和实时比对。

②人工比对。通过人工接收和发送、导入、导出，使用加密 U 盘定期交换核对对象的数据信息，或由相关部门（机构）按需求提供核对所需的数据信息。

③实证调查。通过入户调查、邻里走访、信函索证、群众评议等方式对核对对象声明的家庭经济状况进行调查，侧重查看实物或凭证。相关佐证材料应当全部存档。

调研时，甘肃省居民家庭经济核对信息平台还未投入运行，崆峒区也没有建立自己的核对平台，所采用的核对方式主要为实证调查，人工比对做辅助。且人工比对主要应用于城市低保申请者的核对。

（二）定西市安定区

1. 基本概况

定西市按照国务院《关于进一步加强和改进最低生活保障工作的意见》（国发 45 号文件）以及《甘肃省农村居民最低生活保障办法》《甘肃省人民政府办公厅关于进一步做好农村低保工作的意见》《定西市农村居民最低生活保障办法》《定西市最低生活保障审核审批办法》等各项政策规定，进一步明确不按规定如实申报家庭收入或不配合核查家庭收入的家庭不得享受低保，采取家庭人均纯收入、家庭成员户籍状况、家庭财产状况与民主评议“3+1”综合评测办法，执行低保经办人员和村（社区）干部亲属登记备案等制度，印发20万份政策到户宣传单，建立完善乡（镇）村（社区）两级公示栏，做到公示准确、政策明确，坚决纠正执行低保政策随意化和搞“土规定”“土办法”等问题。

2. 核对办法

（1）核对内容①

①户籍状况：享受城市低保必须是持有非农业户口的城市居民。取消农业户口和非农业户口划分的地区，原则上可以将户籍所在地为城镇行政区域且居住超过一定期限、无承包土地，不参加农村集体经济收益分配等作为申请城市低保的户籍条件。对于户口不在一起的家庭，应首先将户口迁移到一起，然后再申请低保。因特殊原因无法将户口迁移到一起的，应由户主在其户籍所在地提出低保申请，其他家庭成员分别提供收入证明。原则上，户籍不在本地的家庭成员应申请享受其户籍所在地的低保待遇；特殊情况也可随户主一起申请享受居住地的低保待遇。申请享受居住地低保待遇的，应由其户籍所在地街道办事处、乡镇人民政府或居（村）民委员会出具未享受低保待遇的证明。家庭生活的确有困难，且已丧失劳动能力的成年重度残疾人，应在单独立户后申请低保。持有当地常住户口的居民，凡共同生活的家庭成员人均收入低于全区低保标准，且家庭财产状况符合最低生活保障条件的，可以申请低保。农村低保共同生活的家庭成员，包括配偶、父母和未成年子女、已成年但不能独立生活的子女、在校接受本科及其以下学历教育的成年子女；其他具有法定赡养、扶养、抚养义务关系并长期共同居住的人员。

②家庭收入：指共同生活的家庭成员在规定期限内获得的全部现金及实物收入，包括工资性收入、经营净收入、财产净收入、转移净收入以及其他应计入的收入。②

（2）核对标准

①货币财产按提出社会救助申请之日的实际价值计算；

②机动车辆按照车辆购置登记人认定，机动车辆的价值，按照委托指定的车辆价格认证机构鉴证后认定；

③银行存款按照账户余额认定。

（3）核对职责

为确保城乡低保工作运行规范，阳光操作，安定区严格按照规定，抓住关键环节，严把每个关口。严格执行乡镇长（街道办主任）总负责、包村（居）领导为第

① 资料来源：定西市安定区人民政府办公室文件。

② 资料来源：定西市安定区民政局。

一领导责任人、驻村（居）干部为第一责任人的工作责任制，按照“谁入户，谁签字，谁负责”的要求，由乡镇包村（居）干部为调查员进行入户调查，调查入户率达到100%。不断健全“政府组织、民政牵头、部门配合、各负其责”的部门联动机制，采取“六联动、六查看”的部门联合核查办法，实行责任到人，减少了漏保错保的现象。

（4）核对流程①

①核对对象应当提交对其家庭户籍、收入、财产等情况进行核对的授权书，由社会救助主管部门对其是否符合救助条件进行初审，符合条件的可委托核对机构对其经济状况进行核对，并出具《定西市申请社会救助居民家庭经济状况核对委托书》。

②核对机构在收到本级社会救助主管部门的核对委托书后，在7个工作日内对符合要求的对象开始核对，并出具受理委托收据。核对对象户籍所在地和居住地不一致的，由其居住地核对机构进行核对。

③核对机构在受理核对委托后，应根据需核对数据信息的特点、来源、种类，采取自动比对、人工比对、实证调查等方式对核对对象经济状况进行核对。

（5）核对方式

①实行分类管理制度。对于孤寡、智障、残疾的“三无对象”，其共同生活的家庭成员收入变化不大，只需随时掌握减员情况，实行长期保障；对于除“三无对象”以外的保障对象实行限期保障。

②实行定期报告制度。保障对象应在每年12月底前向村（居）委员会报告并登记保障金领取情况。家庭成员减少或收入状况发生变化应随时向村（居）委会报告，并通过村委会逐级上报。不按期报告的，视为自动放弃保障资格。

③实行年度核查制度。各乡镇民政工作站每年对辖区内的保障对象核查一次，核查率要达到100%，核查结果报县（区）民政部门；县（区）民政、财政部门每年对保障对象定期进行抽查。

④实行常年公示制度。对享受保障待遇的城乡居民在政务公开栏中实行常年公示，接受群众监督。

（三）兰州市城关区

1. 基本概况

城关区从2015年开始对低保对象家庭财产状况进行核对。由于城关区特殊的地

---

① 资料来源：定西市安定区民政局。

理位置和其经济的发展情况，目前城关区实行的是城乡一体化低保体系——城市与农村具体核算内容不同（例：城市核算居民工资收入、养老保险等，农村核算种地所得收入及各种土地补贴等），但低保标准相同。城关区民政局较注重核对工作人员的素质，民政局在应聘工作人员时会有严格的考试流程，通过考试的人员还会参加就业培训，街道办的工作人员有民政局和就业部门的工作人员和临时聘用人员。2014 年下半年兰州市民政局核对中心成立，2015 年初开始进行核对工作，共核对兰州市具有低保资格人员 9000 多户；截至 2016 年底，兰州市低保户共 7230 户。低保人数逐月有减。

2. 核对办法[①]

（1）核对内容

家庭人口及户籍状况、家庭成员经济状况核对范围主要包括家庭收入、家庭财产以及其他基本情况。家庭人口及户籍状况包括配偶、子女、父母以及其他具有法定赡养、扶养、抚养义务关系的家庭成员的户口登记状况、婚姻登记状况、就业状况等。家庭财产是指家庭成员拥有的现金、存款、有价证券、机动车辆、房屋等所有货币财产和实物财产。家庭可支配收入包括工资性收入、经营性净收入、财产性收入、转移性收入以及其他应计入的收入。

（2）核对标准

低保发放核算公式：家庭人口数 ×612[②] - 家庭月人均总收入 + 上浮（学生上浮率为 30%，单亲家庭上浮率为 30%—60%，轻残上浮率为 10%，重残上浮率为 20%）。

核对对象家庭财产按以下指导标准认定：

①货币财产按提出社会救助申请之日的实际价值计算。

②房屋按照《房地产权证》或者《租用居住公房凭证》《房屋所有权证》《土地使用权证》《不动产权证》《宅基地使用证》等记载的权利人或者承租人认定。房屋的价值依据同地段上年度二手房成交均价认定。有异议的，可根据房地产评估机构的评估价值认定，评估费用由申请社会救助家庭自行承担。对共有产权按所有权比例分摊房屋价。

③银行存款、有价证券和商业保险等货币财产所有权按照实名认定。银行存款按照账户余额认定；股票类有价证券按照股票市值和资金账户余额的总和认定；基金类有价证券按照净值认定；商业保险按照保险合同现金价值认定。

④机动车辆按照车辆购置登记人认定。机动车辆（含牌照）的价值，按照委托

① 资料来源：兰州市城关区民政局。

② 612 元为兰州市城关区的低保标准。

指定的车辆价格认证机构鉴证后认定。

⑤核对期间出售、赠予、支取的较大价值的财产，需提供合理说明以及资金流转凭证或者法院判决书、公证书等有效凭证后，据实认定；无合同或合同价格明显低于市场价格的，根据市场价格认定。

⑥其他财产的所有权和价值，根据本条规定的原则或者其他合理的方式予以认定。

（3）核对职责

兰州市社会救助部门联席会议办公室负责协调建立社会救助申请家庭经济状况核对和信息共享机制；兰州市社会救助对象家庭经济状况核对机构负责全市社会救助对象家庭经济状况核对的具体工作。

各级民政部门是社会救助对象家庭经济状况核对工作的主管部门。县级以上民政、发改、教育、公安、财政、人社、国土、房管、住建、交通、农工办、农委、卫生计生、税务、工商、统计、扶贫、物价、金融、公积金、大数据局等部门，在各自职责范围内做好社会救助家庭经济状况核对的有关工作。

①市级核对机构受本级社会救助主管部门委托，对市本级申请社会救助家庭经济状况进行核对，出具核对报告及时反馈委托单位；承担本市核对数据信息的统计和汇总工作；负责全市核对业务的指导和培训；承担所辖区（县）核对机构提出的需要市本级核对和跨区（县）核对数据信息的协助核对等工作。

②区（县）级核对机构受本级社会救助管理部门或乡镇人民政府（街道办事处）委托，对本行政区域内申请社会救助家庭经济状况进行核对，出具核对报告并及时反馈委托单位。

区（县）民政部门应当指导、督促居（村）民委员会协助街道办事处（乡镇人民政府），通过入户调查、邻里访问、信函索证、群众评议等实证调查形式，对申请社会救助家庭经济状况调查核实。

（4）核对流程

兰州市每年会对审核出的不符合标准的低保对象进行清理，按照清理程序，申请对象在申请低保待遇时应签署授权承诺书，申报家庭财产及收入，同时授权对其家庭财产进行核对。各县（区）社会救助家庭财产核对中心在受理申请后，由社会救助家庭财产核对联席会议成员单位按照职责对申请对象家庭财产进行核对，实行有效期管理。有效期满后，需要继续享受城市低保的困难家庭必须重新申请。人户分离的保障对象家庭实行居住地申请。

（5）核对方式

建立低保对象动态管理制度。对符合低保条件的要随时纳入保障范围；家庭收入发生变化的要及时增发、减发或停发低保金。对取消低保待遇的，管理审批机关要履行必要的程序，以适当的形式通知本人，并说明理由，由街道办事处或社区居委会办理取消低保待遇手续，并收回低保证。

建立低保对象家庭档案管理制度。低保对象档案要一户一档，其档案材料为：户主申请书、家庭成员户口簿复印件、身份证复印件、入户调查表、审批表、复核表、个人及家庭收入情况证明材料、单位证明、减发、停发低保金通知书等材料。

（四）武威市古浪县

1. 基本概况

为建立和完善社会救助申请家庭经济状况核对制度，确保全县社会救助制度的有效实施，古浪县民政局印发了《古浪县社会救助申请家庭经济状况核对办法》。该办法的实施需要通过申请人及其家庭成员授权，对提出申请的城乡居民个人或家庭的经济状况开展调查、核实并出具书面报告等。已享受救助的家庭，需要通过本办法进行家庭经济状况的复审。

2. 核对办法[①]

（1）核对内容

家庭成员经济状况核对范围主要包括家庭收入、家庭财产以及其他基本情况。本办法所称家庭收入指家庭成员在一定期限内拥有的全部可支配收入，包括扣除缴纳个人所得税及个人按规定缴纳的社会保障支出后的工资性收入、经营性收入、财产性收入和转移性收入及其他可支配收入等。家庭财产是指家庭成员拥有的现金、存款、有价证券、机动车辆、房屋等所有货币财产和实物财产等。

①工资性收入：指就业人员通过各种途径得到的全部劳动报酬。

②经营性收入：指从事生产经营活动获得的净收入。主要包括个体工商户的生产、经营所得，对企事业单位的承包经营、承租经营所得，转包等收入；从事种植、养殖等农副生产劳动获得的纯收入的总和等。

③财产性收入：指家庭拥有的动产、不动产所获得的收入。主要包括利息、股息、红利所得，集体分配股息和红利，财产租赁所得、财产转让所得、保险收益、彩票收益等收入。

④转移性收入：指国家机关、企事业单位、社会团体及其他社会组织对居民家庭的各种转移支付和居民家庭间的收入转移。主要包括离退休金、养老保险金、失业保险金、辞退金、保险索赔、住房公积金、赠予和赡养等。

---

① 资料来源：古浪县民政局。

（2）核对标准

①城市家庭收入核对标准：城镇居民家庭人均月收入须低于 451 元。

家庭财产核对标准：每户名下不可有两套商品房、不可有例如小轿车这样的消耗型车辆、出租车。

②农村家庭收入核对标准：农村人均月收入须低于 291 元。

工资性收入核定：农民工资性人均月纯收入 1279 元。

经营性收入核定：小麦亩产量价格标准为川区水地小麦亩产量 760 斤，单价 1.1 元/斤，亩产量价格 836 元，亩均纯收入 500 元；山区小麦亩产 180 斤，单价 1 元/斤，亩产量价格 180 元，亩均纯收入 108 元。玉米亩产量价格标准为大田玉米亩产 1650 斤，单价 1.1 元/斤，亩产量价格 1815 元，亩均纯收入 1200 元。洋芋亩产量价格标准为山区亩产 2000 斤，单价 0.35 元/斤，亩产量价格 700 元，亩均纯收入 420 元。家禽家畜净收入价格标准为牛，每年每头收入 400 元；羊，每年每只收入 150 元；鸡，每年每只收入 10 元。

财产性收入核定：根据当地实际情况统一核定。

转移性收入核定：依据各乡镇财政所提供数据为准。

（3）核对职责

古浪县民政局社会救助核对中心在开展社会救助家庭经济状况核对时，需要核对的对象包括：

①拟申请享受城乡低保、城乡低收入困难救助的对象及其家庭成员；

②已享受城乡低保、城乡低收入困难救助的对象及其家庭成员；

③拟申请享受临时救助、医疗救助、教育救助的对象及其家庭成员；

④拟申请享受城市廉租住房、经济适用住房和公共租赁住房的对象及其家庭成员；

⑤已享受城市廉租住房、经济适用住房和公共租赁住房的对象及其家庭成员；

⑥受委托因工作需要核对家庭收入的其他救助申请对象及其家庭成员。

（4）核对流程

为了能够较为准确地核对申请人的家庭经济状况信息，核对机构依次通过相关部门、组织、企事业单位、公民调查、查阅相关资料、证明及抽取 30% 的低保对象进行走访的方式完成对古浪县低保家庭经济状况信息的核查工作。其中，从各相关部门获取信息是一条非常重要的渠道。为此，本县建立了城乡低保家庭信息比对工作联动机制，通过从各相关部门获取低保对象相关信息后，对其住房、车辆等信息进行逐一比对核查。但是，目前来看，本县的各部门联动机制尚未完善，据调研小组对县民政局社会救助核对中心主任进行访谈得知，古浪县城镇低保核对中心目前涉及的信息核对仅局限于车辆核对（车管所）、住房核对（建设局）、养老保险核对（人社局）、个体工商户核对（工商局）和住房公积金核对（住房公积金管理部门）。由此可见，县民政局低保核对中心所能获取低保申请人的信息十分有限。

（5）核对方式

为了能够及时准确地将低保对象的信息核对到位，古浪县依据国家、部委与甘肃省低保救助相关文件并结合当地实际情况，采取动态管理和分类指导相结合的方法对低保对象信息进行核查，确保本县城乡低保清理和规范工作顺利进行。

①动态管理。古浪县城乡低保对象均实行动态管理机制，包括实行有效期管理办法、实行定期报告制度、建立定期核查制度，通过这三方面工作全面推进和落实动态管理。在执行过程中，乡（镇）人民政府、社区低保办根据低保家庭成员及其家庭经济状况的变化情况进行定期复核，并根据复核情况及时报请县民政局办理动态调整手续，对于复核家庭经济等变动情况属实的低保对象立即调整，保障金在下次发放时按最新复核结果进行发放，对于不符合低保申请条件的家庭，立即停止发放。

②分类指导。由于古浪县经济发展落后、贫困程度深，城乡之间、乡与乡、村与村之间贫困程度千差万别，各不相同。因此，在实际的清理和规范工作中，在现有农村低保人数、保障面的基础上，实行分类指导、统筹协调、科学施保，尽力做到“应保尽保”。

（五）张掖市山丹县

1. 基本概况

为规范全市居民家庭经济状况核对工作，精准确定救助对象，全面提升社会救助管理和服务水平，根据国务院《社会救助暂行办法》以及《甘肃省社会救助条例》《甘肃省居民家庭经济状况核对办法》和有关法律法规制定《张掖市居民家庭经济状况核对办法》，适用于张掖市行政区域内的最低生活保障、特困人员供养、受灾人员救助、医疗救助、教育救助、住房救助、就业救助、临时救助以及社会力量参与等社会救助工作所涉及的申请社会救助对象经济状况核对工作。

2. 核对办法[①]

（1）核对内容

①户籍状况：指配偶、子女、父母以及其他具有法定赡养、扶养、抚养义务关

① 资料来源：《张掖市居民家庭经济状况核对办法》。

系的家庭成员的户籍登记状况、婚姻登记状况、就业状况等。

②家庭收入：指这个家庭的所有成员在这一年内除了纳税之后所拥有的所有的可支配收入。

工资性收入指就业人员通过各种途径得到的全部劳动报酬和各种福利，包括受雇于单位或个人、从事各种自由职业、兼职和零星劳动得到的全部劳动报酬和福利，同时扣除个人所得税和社会保障支出；

经营净收入指从事生产经营活动所获得的净收入，是全部经营收入中扣除经营费用、生产性固定资产折旧和生产税之后得到的净收入；

财产净收入指家庭成员所拥有的金融资产、住房等非金融资产和自然资源交由其他机构、单位或个人使用而获得的回报并扣除相关费用之后得到的净收入；

转移净收入指国家、单位、社会团体对居民的各种经常性转移支付和居民之间的经常性转移净收入。

③家庭财产：指这个家庭的所有成员在申请低保这一年内所拥有的所有的财产。

（2）核对标准

①家庭收入的核对标准

a. 工资性收入。城镇居民，按个人任职或者受雇单位劳资部门出具的相关证明计算收入。

b. 经营净收入。经营性收入，可以通过调查个体工商户、企业的经营情况及其纳税情况等进行核算。

c. 财产净收入。

d. 转移净收入。有实际发生数额凭证的，以凭证数额计算；有协议、裁决或判决法律文书的，按照法律文书所规定的数额计算。赡养费无法确定数额的，按市级以上人民政府确定的核算办法进行核算。

②家庭财产的核对标准

a. 货币财产按提出社会救助申请之日的实际价值计算。

b. 已办理房屋登记房屋按照《租用居住公房凭证》《房屋所有权证》《土地使用权证》《宅基地使用证》等记载的权利人或者承租人认定；未办理房屋登记的已购房屋按照已签订的《商品房买卖合同》认定。房屋的价值依据同地段上年度二手房成交均价认定。有异议的，可根据房地产评估机构的评估价值认定，评估费用由申请社会救助家庭自行承担。对共有产权按所有权比例分摊房屋价值。

c. 银行存款、有价证券和商业保险等货币财产所有权按照实名认定。

d. 机动车辆按照车辆购置登记人认定。

e. 核对期间出售、赠予、支取的较大价值的财产，需提供合理说明以及资金流转凭证或者法院判决书、公证书等有效凭证后，据实认定；无合同或合同价格明显低于市场价格的，根据市场价格认定。其他财产的所有权和价值，根据本条规定的原则或者其他合理的方式予以认定。

（3）核对职责

①县级以上人民政府民政部门是居民家庭经济状况核对工作的主管部门。县级以上人民政府民政、发改、教育、公安、财政、人社、国土、房管、住建、交通、农业、畜牧、林业、卫生计生、税务、工商、统计、扶贫、公积金、银监、证监、保监等部门，在各自职责范围内配合做好全市居民家庭经济状况核对的有关工作。

②张掖市核对工作采取市、县（区）两级逐级核对模式。市、县（区）核对机构应按照属地管理要求开展核对工作。本级核对机构无法核对的事项，应报同级社会救助主管部门批准后，逐级提交上级核对机构协助比对。

③市、县（区）人民政府民政部门应当指导、督促村（居）民委员会协助乡镇人民政府（街道办事处），通过入户调查、邻里访问、信函索证、群众评议等实证调查形式，对申请社会救助家庭经济状况调查核实。

（4）核对流程

①山丹县规定申请对象应向核对机构提交对其家庭经济状况进行核对的授权书，由低保核对部门对其资格进行第一次审查，对资格审查合格的申请者委托核对机构对其进行家庭经济状况的核查并出具《张掖市申请社会救助居民家庭经济状况核对委托书》。

②核对机构收到核对委托书后，要求至少在 5 个工作日内对申请合格者进行核查。核对对象户籍所在地和居住地不一致的，由其居住地核对机构进行核对。

③核对机构在受理核对委托后，对申请者所提供的资料采取自动比对，人工比对和实证调查等方式进行核对。核对机构应成立由 2 人以上组成的工作组，实行一事一授权。

（5）核对方式

采取“先授权、后核对，无委托、不核对，只核对、不认定”的方法，对一、二类低保两年审核一次，三、四类低保一年审核一次。各县（区）乡镇（街道）、民政部门要加强动态管理，坚决杜绝补助水平和标准“一刀切”“平均发”、人为降低或拔高等不规范行为，以及保障对象“只进不出”、违规保障等现象，确保做到应保尽保、应退尽退。要定期跟踪核查已保、拟申请对象家庭收入、家庭财产等情况，家庭经济状况发生变化的要及时增发、减发或停发救助金，切实做到保障对象有进有出、补助水平有升有降。

（六）甘南藏族自治州合作市

1. 基本概况

甘南藏族自治州把确保基本民生保障作为深化党的群众路线教育实践活动的有效载体，将农牧民群众反映强烈的“低保不公”问题纳入专项整治范畴，结合“专项整治月”活动的总体部署，以实现“四化”目标为抓手，全面深入开展城乡低保清理和规范工作。截至 2015 年，已全面完成全州农牧村低保的清理规范工作，全州共清理农牧村低保对象 9667 户 31280 人，新纳入低保人员 10555 户 32186 人。

2. 核对办法

为进一步规范甘南藏族自治州居民家庭经济状况核对工作，精准确定救助对象，全面提高社会救助管理和服务水平，根据国务院《社会救助暂行办法》《甘肃省社会救助条例》等法律法规，结合甘南藏族自治州实际，修订了《甘南藏族自治州居民家庭经济状况核对办法》。① 该办法的实施需要通过申请人及其家庭成员授权，对提出申请的城乡居民个人或家庭的经济状况开展调查、核实并出具书面报告等。已享受救助的家庭，需要通过本办法进行家庭经济状况的复审。

（1）核对内容

核对内容包括核对对象户籍状况、家庭收入、家庭财产，但国家和省、州明文规定不计入家庭收入和财产范围的项目除外。

户籍状况指配偶、子女、父母以及其他具有法定赡养、扶养、抚养义务关系的家庭成员的户籍登记状况、婚姻登记状况、就业状况等。

家庭收入指共同生活的家庭成员在规定期限内获得的全部现金及实物收入。

家庭财产指家庭成员拥有的全部动产和不动产。

其他依法应由县级以上人民政府确定的需要核对的内容。

（2）核对标准

在调查农村困难家庭经济收入时，合作市对困难家庭的收入核定采取《合作市农村困难家庭收入核定办法》。具体内容如下：

①工资性收入核定

务工收入 = 外出务工人数 × 当地最低工资标准 × 月数。

月数分长期务工、短期务工和灵活务工。长期务工按 10 个月计算，短期务工按 6 个月计算，灵活务工按 3 个月计算。

---

① 资料来源：关于印发《甘南州居民家庭经济状况核对办法》的通知，州民发〔2015〕253 号。

②经营性收入核定

小麦亩产量价格、玉米亩产量价格、育种苗亩产量价格、果树亩产量价格、家禽牲畜价格，以当地民政部门和统计部门共同确定的标准为依据。

a. 农业收入 =［（小麦亩产量价格 + 玉米亩产量价格）÷2］× 旱地亩数 ×60% +［（小麦亩产量价格 + 玉米亩产量价格）÷2］× 水地亩数 ×60%。

b. 林业收入 =［（育种苗亩产量价格 + 果树亩产量价格）÷2］× 种植亩数 ×70%。

c. 养殖收入 = 家禽、牲畜价格 × 饲养头（只）数 ×50%。

农业收入、林业收入、养殖收入中的系数（60%、70%、50%）均为减去生产成本后的实际收入系数。

③财产性收入核定

a. 生产资料中如有汽车、货车、农用车、拖拉机时，根据当地民政部门和统计部门共同确定的收入标准计算。

财产性收入 =（汽车数量 × 年收入）+（货车数量 × 年收入）+（农用车数量 × 年收入）+（拖拉机数量 × 年收入）。

b. 如有出租房屋，根据当地民政部门和统计部门共同确定的年收入计算。

④转移性收入核定

转移性收入 = 退耕还林还草补贴 + 粮食直补 + 农资补贴 + 其他转移性收入（优待抚恤金、医疗救助、临时救助、医疗保险和“十二五”期间 60 岁以上老人领取的基础养老金不计入转移性收入）。

⑤总收入核定

总收入 = 工资性收入 + 经营性收入 + 财产性收入 + 转移性收入。

⑥人均纯收入核定

人均纯收入 = 总收入 ÷ 家庭人口数。

3. 核对职责

①州、县（市）人民政府民政部门是居民家庭经济情况核对工作的主管部门。州、县（市）人民政府民政、发改、教育、公安、财政、人社、国土、住建、运政、农牧、林业、卫生计生、税务、工商、统计、扶贫、银监等部门，在各自职责范围内配合做好全州居民家庭经济状况核对的有关工作。

②甘南藏族自治州核对工作采取州、县（市）两级逐级核对模式。州、县（市）核对机构应按照属地管理要求开展核对工作。

③州、县（市）人民政府民政部门应当指导、督促村（居）民委员会协助乡镇人民政府（街道办事处），通过入户调查、邻里访问、信函索证、群众评议等实证调查形式，对申请社会救助家庭经济状况调查核实。

4. 核对流程

合作市居民家庭经济状况核对流程如下：

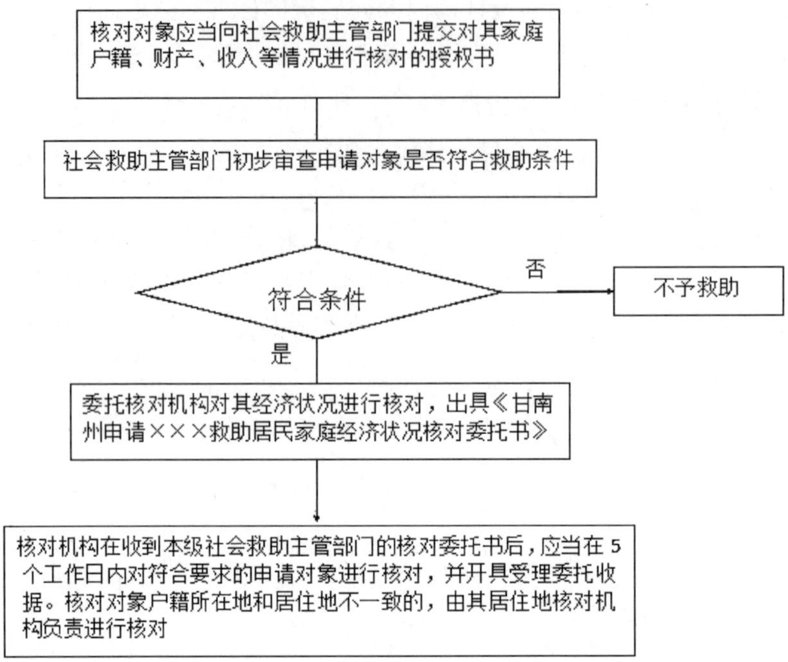

图 4　合作市居民家庭经济状况核对流程

受理核对委托后，核对机构应根据需核对信息的来源、特点、种类，采取自动比对、人工比对、实证调查等方式对核对对象经济状况进行核对。核对机构应成立由两名工作人员组成的工作组，实行一事一授权。

因个别原因造成无法按时核对的，核对机构应向核对委托方书面告知。延期时间一般不得超过 5 个工作日。延期时间不计入核对工作的期限。

5. 核对方式

2016 年州政府对城乡低保核对工作采取动态管理机制化方法，结合甘南实际，加大政策宣传，强化制度执行，健全监督机制为重点，切实巩固清理规范成果。

明确各级职责。严格履行低保工作的申请受理、入户调查、评议公示等审核职责，细化分类条件，明确四类保障对象的具体条件和不予纳入保障范围的人员和条件，采用“3 +1”综合测评法和“村（居）民小组群众推荐与建制村民主评议相结合”的办法认定城乡低保对象，有效提高保障对象的准确率。

落实动态管理。对农村低保对象实行一、二类两年和三、四类一年的有效期管理办法，到期后必须按政策规定重新进行申请、审核和审批，该进的进，该出的出，该调整类别的调整类别。每半年对低保对象人口、财产和收入等情况进行核查，准确掌握家庭成员收入变化，根据实际情况及时进行局部调整，着力形成“保障对象有进有出、补助水平有升有降”的动态管理机制。

强化过程监管。严格按照“应保尽保、应退则退”和“公开、公平、公正”的原则，对已纳入保障范围的农牧村低保的对象再次进行张榜公示，对群众有异议的进一步调查核实；对不符合条件的坚决予以清退，对符合条件的贫困人口按户纳入保障范围，坚决纠正“人情保”“关系保”等问题。

（七）临夏回族自治州广河县

1. 基本概况

广河县现行的居民家庭经济状况核对办法是，由审计组统一对全县住房公积金缴存信息、注册企业信息、村干部信息、死亡人员信息等外部数据进行比对和审计，然后将结果直接反馈乡镇政府，由乡镇政府对各乡镇中所存在的各种问题进行整改，再将整改结果向县政府汇报。

2. 核对办法[①]

（1）核对内容

广河县居民家庭经济状况核对范围主要包括户籍状况、家庭收入、家庭财产以及其他基本状况，国家和省、州、县（市）明文规定不计入家庭收入和家庭财产范围的项目除外。

①家庭收入是指家庭成员在上年或当年内拥有的全部可支配的收入，包括扣除缴纳的所得税、个人按规定缴纳的社会保障支出后的工资性收入、经营净收入、财产性收入、转移性收入和其他可支配收入等。

②家庭财产是指家庭成员拥有的现金、存款、有价证券、机动车辆、房屋等所有货币财产和实物财产。

（2）核对标准

乡镇政府（街道办事处）或“社会救助综合服务窗口”在受理城乡低保书面申请后，委托县（市）居民家庭经济状况核对中心，在7个工作日内完成申请家庭的经济状况核对工作，做到“逢进必核”；属于甘肃省“9类不得享受农村低保”和“14类不得享受城市低保”的家庭，由乡镇政府（街道办事处）负责书面告知申请人其不符合低保申请条件的具体情况，并签字确认。

①工资性收入

a. 与用人单位形成劳动关系的劳动者，按照用人单位或者人力资源和社会保障

---

① 资料来源：《临夏州社会救助申请家庭经济状况核对办法》《关于印发临夏市低收入家庭经济状况核对办法的通知》。

部门出具的相关证明计算收入。若本人不如实申报收入，短期内难以核查，其收入按所在地最低工资标准计算。

b. 在职职工、离岗职工，因所在单位长期亏损、停产、半停产、破产等原因，已经连续6个月以上未领取或者未足额领取工资或生活补助费，且无力予以补发的，经该单位上级主管部门或者所在地人力资源和社会保障部门认定并出具证明后，按照实际收入计算。

②经营性净收入

a. 从事经营性活动所得，按实际收入计算。本人不如实申报收入，短期内难以核查的，按当地同行业中等水平收入计算。

b. 打零工、做小生意、摆摊修理、人力搬运、家政服务等非固定从业人员，按实际收入计算。若本人不如实申报收入，短期内难以核查的，参照当地本行业收入评估基本标准计算。

③财产性收入

财产租赁、转让所得，按照租赁、转让协议（合同）计算。个人不能提供租赁、转让协议（合同）的或者租赁、转让协议（合同）价格明显偏低的，按照当地同类、同期市场租赁、转让价格计算。

④转移性收入

a. 因征地领取一次性征地补偿安置费的家庭，其领取的一次性收入应按照家庭人口数和当地最低生活保障标准逐月分摊计入家庭收入。在可分摊月数内，该家庭不予享受最低生活保障。

b. 因房屋拆迁领取拆迁补偿费的家庭，应凭有效凭证，在领取的拆迁补偿费中扣除购置安居性质自住房屋实际支出费用和必要的拆迁、装修、购置普通家具家电等实际支出费用后，剩余部分按照家庭人口数和当地最低生活保障标准逐月分摊计入家庭收入。

c. 与用人单位解除劳动关系领取一次性安置费、经济赔偿（补助、补偿）金、生活补助（补偿）金的人员，应凭基本社会保障缴费凭证，在领取的一次性收入中扣除该职工自解除劳动关系之日起到法定退休年龄之前个人应缴纳的基本社会保险费，剩余部分按照家庭人口数和当地最低生活保障标准逐月分摊计入家庭收入。在可分摊月数内，该家庭不予享受最低生活保障。

（3）核对职责

关于居民家庭经济状况核对工作需要财政部门、工商管理部门、国税部门、车辆管理部门、运输管理部门、地税部门、户籍管理部门、住房公基金管理部门、银行、人社部门、房产管理部门、农村信用合作联社提供核对对象的相关信息。其中信息比对时相关部门要提供的数据有：财政供养人员信息表（财政部门）、领取退休金的人员（财政部门）、企业缴纳养老保险人员明细表（人社部门）、领取养老保险人员明细表（人社部门）、个人缴纳和提取公基金情况、死亡人员明细表（公安部门）、开办企业注册明细表、企业投资人明细表（工商部门）、私人购置商品房产权登记表（住建部门）、货运客运车辆信息表（运管部门）等。但由于条件有限，具体的核对工作很难操作；当前各部门之间缺乏一个统一的协调机制，很多其他信息的核对工作无法展开，例如银行存款等。故目前只对车辆、房产、财政供养进行审计。

（4）核对流程

经济核对工作是广河县城乡低保工作流程中不可或缺的一步，经济核对工作一般是在申请人向户籍所在地乡镇人民政府（街道办事处）或乡镇（街道）便民大厅“社会救助综合服务窗口”提出书面申请之后进行的，对于申请有困难的，可以委托村委会（社区）进行申请。申请城乡低保的家庭，必须承诺如实申报家庭人口、家庭收入和家庭财产状况，并积极配合乡镇人民政府（街道办事处）做好入户调查和复查核实工作。

（5）核对方式

开展经济核对，居民家庭经济状况核对指导中心要严格按照《临夏州社会救助申请家庭经济状况核对办法》（临州民发〔2013〕262 号）和《关于印发临夏市低收入家庭经济状况核对办法的通知》（临市府发〔2013〕96 号），认真翔实做好居民家庭经济状况核对工作。

①现有低保对象。市居民家庭经济状况核对中心对现有城市低保对象的家庭户籍、收入、财产等状况逐一进行梳理和核对。由民政部门、乡镇（街道）共同审查核对结果，符合条件的现有城市低保对象进入听证评议程序，不符合条件的及时清退，并说明原因。

②新申请低保家庭。凡认为符合申请低保条件，且实际居住一年以上的城市常住居民，均可以家庭为单位提出申请，也可以委托村（社区）申请，提交户籍状况、收入状况和财产状况等书面材料，并签字确认。乡镇（街道）民政服务窗口受理，初审后转市居民家庭经济状况核对中心。核对中心对新申请家庭的户籍、收入、财产等状况逐一进行核对。对符合经济核对条件的，乡镇（街道）转入复查核实程序，不符合的告知核对结果，并说明原因。

③理顺户籍状况。享受城市低保必须是持有非农业户口的城市居民。对于家庭成员户口不在同一户口簿的城市家庭，应首先将户口迁移到同一户口簿，然后再申请城市低保。因特殊原因无法将户口迁移到一起的，由户主向户籍所在地的乡镇（街道）提出城市低保申请，户口不在一处的家庭成员提交收入证明，并提供易地乡

镇（街道）出具的未享受城市低保待遇证明。

（八）陇南市成县

1. 基本概况

成县低收入家庭经济状况核对中心成立于 2014 年 6 月，属事业单位，股级建制，在民政局设立办公室，有专职工作人员 3 名，配备了完备的办公设施。

近年来，核对中心不断加强与联席会议成员单位的联系，分别与财政、地税、国税、工商、教育、交通、农牧、人社、住建、林业、国土、卫计局等 13 个部门签订了信息共享互查协议。2014 年，提取部门信息 37364 条，对 14 个社区委托的拟纳入城市居民最低生活保障的 2827 户 8637 人进行了核对，核查出 812 人有疑似问题，其中重复申报信息 278 人；对县住房和城乡建设局委托核对中心核对的在 2013 年审计中退出低保的廉租住房保障户 24 户 78 人以及 2014 年新申请廉租房人员 74 户 225 人进行了核对，并将结果及时反馈给委托单位。2015 年，提取整理了 5 个部门共 30501 条信息，对 17 个乡镇委托的拟纳入农村最低生活保障 7964 户 24495 人、6 个社区的城市最低生活保障 279 户 959 人进行核对，核查出 119 人有疑似问题；对住房和城乡建设局委托核对中心核对的 196 户 380 人经济适用房住户人员信息进行了核对，并将结果及时反馈给委托单位。2016 年，共享了成县审计局审计民政局社会救助资金时在全市提取的部门信息 146734 条，核对拟纳入城市最低生活保障家庭 1705 户 4878 人，核查出 121 条有疑似问题人员；农村最低生活保障家庭 2151 户 7150 人，核查出 204 条有疑似问题人员；对住房和城乡建设局委托核对中心核对的 194 户 669 人经济适用房住户人员信息进行了核对，核查出 62 条疑似问题人员，并将结果及时反馈给委托单位。[①]

2. 核对办法

（1）核对内容

核对内容包括户籍状况、家庭收入、家庭财产，但国家和省、市明文规定不计入家庭收入和财产范围的项目除外。户籍状况指申请者的配偶、子女、父母以及其他具有法定赡养、扶养、抚养义务关系的家庭成员的户籍登记状况、婚姻登记状况、就业状况等。家庭收入指共同生活的家庭成员在规定期限内获得的全部现金及实物收入，其中，工资性收入指就业人员通过各种途径得到的全部劳动报酬和各种福利，同时要扣除个人所得税和社会保障支出；经营净收入指从事生产经营活动所获得的净收入，财产净收入指家庭成员所拥有的金融资产、住房等非金融资产和自然资源

① 资料来源：陇南市成县民政局。

交由其他机构、单位或个人使用而获得的回报并扣除相关费用之后得到的净收入；转移净收入指国家、单位、社会团体对居民的各种经常性转移支付和居民之间的经常性转移净收入。家庭财产指家庭成员拥有的全部动产和不动产。

（2）核对标准

成县低收入家庭经济状况核对中心核对对象家庭收入时按以下指导标准认定：

①工资性收入。应该按照核对对象个人所在工作单位所出具的相关书面性的证明计算收入。

②经营净收入。包括种植业的收入和养殖业等收入。家庭有自己经营生意的，按能够出示的有效证明的收入计算。

③财产净收入。对于核对对象的银行存款、名下有价证券和名下的商业保险等货币财产的所有权需要按照核对对象实名进行认定。

④转移净收入。核对期间进行出售、赠予、支取的较大价值的财产动态，需要核对对象提供合理说明以及提供依法资金流转凭证或者法院的书面判决、公证书等有效法律凭证后，据实认定；没有合同或者是合同价格很明显低于市场价格的，核对部门应该根据市场价格进行认定。

（3）核对职责

成县民政局低收入家庭经济核对中心为核对工作的主管部门，民政、发改、教育、公安、财政、人社、国土、住建、交通、农牧、林业、卫生计生、税务、工商、统计、扶贫、金融监管等部门，在各自职责范围内配合做好全县居民家庭经济状况核对的有关工作。

①核对机构受社会救助管理部门或乡镇人民政府的委托，对成县内申请社会救助家庭经济状况进行核对，出具核对报告并及时反馈委托单位。

②跨市、跨省的核对信息报市民政局批准后，提交省、市核对机构协调比对。

民政部门应当指导、督促村（居）民委员会协助乡镇人民政府，通过入户调查、邻里访问、信函索证、群众评议等实证调查形式，对申请社会救助家庭经济状况调查核实。

（4）核对流程

当地核对机构在收到社会救助主管部门对社会救助核对对象的核对委托书后，应该在 5 个工作日内对符合核对要求的核对对象进行核对，并且依照规定开具受理委托收据。核对对象户籍所在地和居住地不一致的，由其居住地核对机构进行核对。

核对机构在受理核对委托后，应该根据需核对数据信息的特点、来源、种类，采取自动比对、人工比对、实证调查等方式进行核对。核对机构应成立由两名工作人员及以上组成的工作组，实行一事一授权。

①自动比对。通过使用甘肃省居民家庭经济状况核对信息平台，对核对对象的信息数据进行查询和比对。

②人工比对。通过使用加密 U 盘定期交换核对对象的数据信息，或者由相关部门（机构）按需求提供核对所需的数据信息。

③实证调查。通过相关规定的方式对核对对象的家庭经济状况进行调查，主要查看实物和相关的凭证。相关佐证材料应当全部存档。

（5）核对方式

各级发改、教育、公安、民政、财政、人社、农牧、林业、国土、住建、监察、税务、工商、统计、计生卫生、金融监管等部门在各自职责范围内配合做好成县低收入家庭经济状况核对的有关工作。

各地区的居民家庭经济状况核对内容都大体相同，主要包括核对对象的户籍状况、家庭收入、家庭财产等，但在具体执行时，却略有不同，各地区居民家庭经济状况核对内容如表 4 所示：

表 4　非试点地区居民家庭经济状况核对内容

非试点地区	居民家庭经济状况核对内容
平凉市崆峒区	1. 对象户籍状况 2. 家庭收入 3. 家庭财产 4. 国家和省、市明文规定不计入家庭收入和财产范围的项目除外
定西市安定区	1. 户籍状况 2. 家庭收入
兰州市城关区	1. 家庭人口及户籍状况 2. 家庭可支配收入 3. 家庭财产和家庭支出 4. 国家和本省明文规定不计入家庭收入和财产范围的项目除外
武威市古浪县	1. 家庭收入 2. 家庭财产以及其他基本情况
张掖市山丹县	1. 户籍状况 2. 家庭收入 3. 家庭财产
甘南藏族自治州合作市	1. 户籍状况 2. 家庭收入 3. 家庭财产 4. 国家和省、州明文规定不计入家庭收入和财产范围的项目除外

续表

非试点地区	居民家庭经济状况核对内容
临夏回族自治州广河县	1. 户籍状况 2. 家庭收入 3. 家庭财产以及其他基本状况 4. 国家和省、州、县（市）明文规定不计入家庭收入和家庭财产范围的项目除外
陇南市成县	1. 户籍状况 2. 家庭收入 3. 家庭财产 4. 国家和省、市明文规定不计入家庭收入和财产范围的项目除外

大部分地区的居民家庭经济状况核对标准都基本相同，主要包括核对对象的家庭收入、家庭财产等情况，但个别地区是对整体居民家庭经济状况进行了界定，各地区居民家庭经济状况核对标准如表5所示：

表5　非试点地区居民家庭经济状况核对标准

非试点地区	居民家庭经济状况核对标准
平凉市崆峒区	1. 工资性收入核定 2. 经营净收入核定 3. 财产净收入核定
定西市安定区	1. 货币财产核定 2. 机动车辆价值核定 3. 银行存款核定
兰州市城关区	低保发放核算公式：家庭人口数×612－家庭月人均总收入＋上浮（学生上浮率为30%，单亲家庭上浮率为30%—60%，轻残上浮率为10%，重残上浮率为20%）
武威市古浪县	城市、农村家庭收入核对标准 （1）工资性收入核定 （2）经营性收入核定 （3）财产性收入核定 （4）转移性收入核定
张掖市山丹县	1. 家庭收入的核对标准 （1）工资性收入核定 （2）经营净收入核定 （3）财产净收入核定 （4）转移净收入核定 2. 家庭财产的核对标准 （1）货币财产的实际价值计算 （2）房屋价值的计算 （3）银行存款、有价证券和商业保险等货币财产所有权 （4）机动车辆价值核定 （5）核对期间出售、赠予、支取的较大价值的财产的核定 （6）其他财产的所有权和价值

续表

非试点地区	居民家庭经济状况核对标准
甘南藏族自治州合作市	1. 家庭收入的核对标准 （1）工资性收入核定 （2）经营性收入核定 （3）财产性收入核定 （4）转移性收入核定 （5）总收入核定 （6）人均纯收入核定
临夏回族自治州广河县	1. 工资性收入核定 2. 经营性净收入核定 3. 财产性收入核定 4. 转移性收入核定
陇南市成县	1. 工资性收入 2. 经营净收入 3. 财产净收入 4. 转移净收入 5. 家庭财产认定 （1）货币财产的实际价值计算 （2）房屋价值计算 （3）银行存款、有价证券和商业保险等货币财产所有权认定 （4）机动车辆价值认定 （5）核对期间出售、赠予、支取的较大价值的财产认定 （6）其他财产的所有权和价值

由于居民家庭经济状况核对工作程序复杂，需要的数据信息范围广、私密性高，故需相关部门的配合才能完成。各地区居民家庭经济状况核对工作都对相关工作进行了具体的职责分配，具体各地区居民家庭经济状况核对职责如表6所示：

表6　非试点地区居民家庭经济状况核对职责

非试点地区	居民家庭经济状况核对职责
定西市安定区	负责居民家庭经济状况核对的部门有：乡镇长（街道办主任）总负责、包村（居）领导为第一领导责任人、驻村（居）干部为第一责任人的工作责任制
兰州市城关区	负责居民家庭经济状况核对的部门有：甘肃省行政区域内乡镇人民政府、街道办事处和社会救助管理部门
武威市古浪县	负责居民家庭经济状况核对工作的是县民政局社会救助核对中心
张掖市山丹县	负责居民家庭经济状况核对工作的职责分配情况为：县级以上人民政府民政部门是居民家庭经济状况核对工作的主管部门

续表

非试点地区	居民家庭经济状况核对职责
甘南藏族自治州合作市	负责居民家庭经济状况核对工作的职责分配情况为：州、县（市）人民政府民政部门是居民家庭经济情况核对工作的主管部门
临夏回族自治州广河县	负责居民家庭经济状况核对工作的部门有：当地民政部门、财政部门、工商管理部门、国税部门、车辆管理部门、运输管理部门、地税部门、户籍管理部门、住房公基金管理部门、银行、人社部门、房产管理部门、农村信用合作联社
陇南市成县	负责居民家庭经济状况核对工作的职责分配情况为：民政部门是居民家庭经济状况核对工作的主管部门

调研各地区根据当地居民家庭经济状况核对办法的具体操作标准，对核对对象的户籍状况、家庭收入、家庭财产等状况严格按照一定的流程进行，各地区居民家庭经济状况核对流程如表 7 所示：

表 7　非试点地区居民家庭经济状况核对流程

非试点地区	居民家庭经济状况核对流程
平凉市崆峒区	1. 核对对象提交核对授权书 2. 社会救助主管部门进行审核 3. 核对机构进行核对 4. 核对机构完成核对，出具书面核对报告 5. 核对对象对核对结果有异议的，应自收到核对报告之日起 5 个工作日内提出申诉
定西市安定区	1. 核对对象应当提交核对授权书 2. 由社会救助主管部门进行初审 3. 核对机构开始核对，并出具受理委托收据 4. 核对机构在受理核对委托后，采取自动比对、人工比对、实证调查等方式对核对对象经济状况进行核对
兰州市城关区	1. 申请对象在申请低保时应签署授权承诺书，授权进行核对 2. 各县（区）社会救助家庭财产核对中心在受理申请后，相关人员进行核对 3. 实行有效期管理。有效期满后，需要继续享受城市低保的困难家庭必须重新申请
武威市古浪县	1. 申请低保对象与社会救助核对部门进行签署核对授权同意书 2. 核对机构依次通过相关部门、组织、企事业单位、公民调查、查阅相关资料、证明 3. 核对机构在居（村）民委员会的协助下抽取 30% 的低保户进行走访核实申请低保户家庭经济状况信息 4. 核对机构在完成申请低保户家庭信息核对后，核对对象对核对结果有异议的，应自收到核对报告之日起 5 个工作日内，通过居住地的社会救助主管部门向同级核对机构提出申诉，最终无异议，即可逐级按期张榜公示结果

续表

非试点地区	居民家庭经济状况核对流程
张掖市山丹县	1. 核对对象提交核对授权书 2. 社会救助主管部门进行审核 3. 核对机构进行核对 4. 核对机构完成核对，出具书面核对报告 5. 核对对象对核对结果有异议的，应自收到核对报告之日起 5 个工作日内提出申诉
甘南藏族自治州合作市	1. 核对对象应当提交核对授权书 2. 由社会救助主管部门进行初审 3. 核对机构在进行核对，并开具受理委托收据 4. 核对机构在受理核对委托后，采取自动比对、人工比对、实证调查等方式对核对对象经济状况进行核对 5. 核对机构完成核对，并向委托方出具书面核对报告 6. 核对对象对核对结果有异议的，应自收到核对报告之日起 5 个工作日内，通过居住地的社会救助主管部门向同级核对机构提出申诉
临夏回族自治州广河县	1. 申请人提出书面申请与授权书 2. 相关部门进行审核 3. 乡镇人民政府（街道办事处）进行入户调查和复查核实工作
陇南市成县	1. 核对对象应当提交核对授权书 2. 社会救助主管部门进行初审 3. 核对机构在 5 个工作日内对符合要求的对象进行核对 4. 核对机构在受理核对委托后，进行核对 5. 核对机构完成核对，并出具书面核对报告 6. 核对对象对核对结果有异议的，应自收到核对报告之日起 5 个工作日内，通过居住地的社会救助主管部门向同级核对机构提出申诉

由于居民家庭经济状况核对工作需要根据当地各部门的技术条件、各部门的配合程度等因素而相对调整，故各地区居民家庭经济状况核对方式也略有不同，具体情况如表 8 所示：

表 8　非试点地区居民家庭经济状况核对方式

非试点地区	居民家庭经济状况核对方式
平凉市崆峒区	1. 自动比对 2. 人工比对 3. 实证调查
定西市安定区	1. 实行分类管理制度 2. 实行定期报告制度 3. 实行年度核查制度 4. 实行常年公示制度

续表

非试点地区	居民家庭经济状况核对方式
兰州市城关区	1. 各地民政部门指导 2. 督村（居）民委员会协助乡镇人民政府（街道办事处） 3. 组织驻村（社区）干部、社区救助专干、专业社会工作者等工作人员进行调查核实
武威市古浪县	1. 动态管理 2. 分类指导
张掖市山丹县	1. “先授权、后核对，无委托、不核对，只核对、不认定” 2. 动态管理 3. 定期跟踪
甘南藏族自治州合作市	1. 明确各级职责 2. 落实动态管理 3. 强化过程监管
临夏回族自治州广河县	1. 对现有城市低保对象的相关状况逐一进行梳理和核对 2. 对符合条件的新申请的低保家庭进行核对 3. 理顺户籍状况 4. 各部门配合及时获取居民家庭经济状况的最新情况 5. 进行动态管理
陇南市成县	1. 各地民政部门指导 2. 督村（居）民委员会协助乡镇人民政府（街道办事处） 3. 驻村（社区）干部、社区救助专干、专业社会工作者等工作人员进行调研、核查

第六节　结论与建议

一、结论

从2014年5月1日甘肃省开始建立居民家庭经济状况核对体系，省民政厅联合省发改委等21个部门修订出台了《甘肃省居民家庭经济状况核对办法》，到现在甘肃省各市县都出台了自己的居民家庭经济状况核对办法，都有相对完整的核对体系，但也存在很多问题：

（1）核对工作人员缺乏。甘肃省很多市县核对中心编制没有落实、人员没有到位，导致很多市县核对中心没人或由其他岗位兼任，严重制约核对工作的正常开展。

（2）工作人员专业务水平低。各级核对机构工作人员绝大部分是从社会救助和其他部门转岗而来，从事核对工作时间较短，缺乏应有的经验，业务操作不熟练，不善于与部门协调沟通，造成各地核对的口径、方式等有很大的不同，导致核对工作缺乏效率。

（3）信息平台不完善。至目前，全国已有 14 个省份、221 个地级市、1426 个县（区、市、旗）建成核对信息系统或正在建设，其中北京、上海、江苏、安徽、福建、江西、湖南、广东、广西、海南、宁夏、青海、新疆等 13 个省（自治区、直辖市）由省级核对机构统一开发部署核对信息系统并投入使用。但甘肃省的核对系统建设工作才刚刚开始，且信息化平台中只有住房、工商、公安、税务等几个部门的联合信息，信息核对数据不完善。

二、试点地区与非试点地区的对比

甘肃省试点地区与非试点地区的社会救助瞄准机制和核对体系工作都是在国务院和甘肃省的具体政策方针下实施的，具体的瞄准方法、瞄准对象都基本一致，各县市之间有细微差别，但总体来说差别不大。但是试点地区根据《甘肃省居民家庭经济状况核对平台运行试点工作方案的通知》，根据自身实际情况不断摸索，出台了适应试点地区开展的核对体系。主要区别为：

（一）工作人员配备差异

非试点地区核对中心工作人员配备不足，通常是一人身兼数职或者核对中心只配备两三个人，且全部为事业编制，没有交通补助，而社会救助核对工作通常需要入户调查，工作人员需要自己支付交通费用，这对社会救助核对工作带来了很多的不便。

而在甘肃省的试点地区进行试点改革时都注重了且加强了核对力量的配备，保证核对工作的顺利进行。

（1）张掖甘州区核对中心有 5 名专职核对工作人员，同时各乡镇均设立了 100 平方米以上的民政服务大厅，按照总人口在 1 万人以内的配备 3 名民政专干，总人口在 1 万人以上、2 万人以内的配备 5 名民政专干，总人口在 2 万人以上的配备 7 名民政专干的标准配齐配强低保工作力量。

（2）陇南市武都区作为甘肃省 7 个核对试点市区之一，虽然没有建立大数据平台，采取人工核对，但是核对力量足，对已享受和新申请社会救助家庭 100% 进行信息核对、对享受社会救助保障家庭 100% 进行信息核对、与当地 100% 的成员单位实现信息共享互查，做到了应核尽核、先核后保，避免骗保、错保发生。

（3）酒泉市也扩大核对工作队伍，配置相关硬件设施。酒泉市让乡镇民政窗口参与核对工作，建立了有县（市、区）民政局、乡镇两级参与的核对架构，以减轻县级核对中心工作负担。

（二）顶层推动差异

在甘肃省非试点地区顶层推动不充分，社会救助基础数据核对需要花费大量的人力、物力、财力，但是各部门间协调不足，致使效率低下。

甘肃省试点地区在试点工作推行时，在甘肃省政府的领导之下，各市都成立了以主管领导为组长的领导小组，在各市政府的推动之下实现各部门之间的数据共享，提高了核对的准确度及效率。

（1）张掖市甘州区核对试点建立三年以来，稳步推进数据共享。到2016年，甘州区民政部门已经同人社、财政、工商、国税、地税、房管、公积金、公安局、开发区地税局等17个单位（部门）重新协商并签订了数据共享协议，保证了数据核对业务工作的依法依规开展。

（2）酒泉市推行乡镇受理社会救助申请对象提出的社会救助项目申请并扫描相关资料，在出具委托书后将所有资料提交到核对中心，核对中心受理后制作批量导入文件由审核员按照救助类型录入核对平台，审批通过后平台自动核对。相对以往核对流程，核对平台适用全面，覆盖最低生活保障、医疗救助、临时救助、特困人员供养等社会救助，电子归档管理，授权更加明确，权责更加清晰。同时酒泉市积极协调公安、财政、人社、卫生、房管、税务、工商、公积金管理等相关部门做好数据的对接和传输工作，确定专人负责提供核对对象信息和查询工作，明确了查询信息反馈的时限，确保了信息传递顺畅。

三、建议

根据甘肃省试点地区的经验总结及我们调研所发现的问题，研究小组对甘肃社会救助瞄准机制和核对体系的建设提出以下建议：

（一）统一信息技术标准，建立大数据平台

1. 统一信息技术标准

在进行居民家庭收入、家庭财产等信息核查过程中，由于没有统一的信息技术标准，使核查者和居民之间出现了信息的不对称，导致社会救助对象的瞄准出现了偏差。

居民的家庭经济状况信息的获取需要多部门和单位的配合协作，通常是受理部门与执行部门缺乏统一的信息技术标准。部门之间存在信息壁垒加上标准不统一导致的在信息资源共享的过程中产生的信息不对称，给居民家庭经济状况调查增加了许多难度，而处理这些问题又要额外增加人力成本、物力成本和财力成本。但是这并不是在居民家庭经济状况核查中所面临的问题，而是我国政府部门在信息资源共享过程中所面临的普遍性问题。

居民的家庭经济状况核查的一个关键环节就是家庭收入状况的统计及核对，居民的收入主要包括工资性收入、财产性收入、经营性收入和其他收入，在核查的过程中除了对居民的工资性收入进行核查外还需要登录保险系统对居民所缴纳的社会保险进行核对，要通过一种综合的方式来对居民的收入状况进行核对。通过核查可以准确地反映居民的实际收入情况，这样在社会救助政策的制定中就能够根据每个地区的实际情况制订出科学合理的分配方案，使社会救助资金实现其真正价值。

2. 建立大数据平台

居民家庭经济状况核对需要对县级以上人民政府民政、发改、教育、公安、财政、人社、国土、房管、住建、交通、农业、畜牧、林业、卫生计生、税务、工商、统计、扶贫、公积金、银监、证监、保监等部门的信息均要进行核对，但是，由于没有建立大数据平台，各个部门的数据涉及居民的隐私问题以及各部门之间相互独立没有直接的隶属关系，因此在核查过程中数据的共享基本不可能实现，所以就出现了居民谎报瞒报自己收入的情况。以上海市为例，上海市建立了一套符合当地实际情况的核对体系，因此在上海市的周边农村地区低保户的识别是相当精准的，平均每个村的低保户 3—4 户，而在我国的西部地区，由于经济的发展落后以及没有独立的居民家庭经济状况核对体系，往往会出现低保“瞄偏”现象。所以建立大数据平台对精准识别社会救助人群有很大的帮助。

第一，应建立一套完整的信息资源共享的网络系统，用来收集各单位各部门之间需要共享的各种信息，并实行动态更新，在信息资源共享目录体系确定的基础上建立低保中心数据库，及时更新完善。加大科技的投入，将民政信息网络向社区居委会和各村村委会进行延伸，形成市、县（区）、乡（镇）三级集城乡低保、医疗救助和灾害救助等为一体的民政信息网络；同时，政府工作人员应充分运用数字化、科学化、现代化的管理手段，推广网上办公，逐步提高工作效率。

第二，建立信息资源共享的管理制度，根据每个地区的实际情况建立大救助架构，实行“一口上下”的运作模式，在各部门各单位之间形成纵向贯通，横向互联的信息资源的共享系统，为核查部门对居民的家庭经济状况核查提供准确的数据支撑，为社会救助政策的制定、数据的查询和动态管理提供依据。与之前的人工信息比对核查相比，大数据平台的建立可以节约大量的人力，物力、财力，提高工作效率。并且能够确保救助对象的广覆盖、不遗漏、少重复。对低保对象的记录、低保资金的核算、查询、支付等进行约束，对信息数据、信息系统、共享数据库等进行管理。

（二）完善社会救助动态管理系统

1. 建立社会救助的主动发现机制，减少应保未保的现象

社会救助对象一般都是通过贫困户自己申请和根据居民最低生活保障中的各项

标准来确定的，但是作者在调研的过程中发现，很多真正的贫困户并不会去申请救助，他们觉得自己人微言轻，贫困的生活已经使自己在村（社区）里被别人所“同情”，不想再去通过申请将自己的贫困状况公之于众，只想安心过好自己的苦日子。相反，有些申请社会救助的人往往是那些生活状况相对较好的家庭，与贫困户相比，他们更多地了解社会救助给他们带来的附加值。以低保为例，首先，低保户可以享受到比一般农户优惠得多的医疗资源，医疗报销比例更高，申请大病救助和社会救助比一般居民有更低的门槛，让低保户用更低的价格来获得更优质的医疗资源。其次，低保户还享受学杂费减免、医疗救助减免、年节补助等。这样就背离了最初社会救助制度建立的初衷。因此，需要社会救助工作者主动去发现和了解受助人群，建立一个主动发现机制，让社会救助制度能够使那些真正的贫困户受益，而不是将它视为一种负担、一种指标，分配完即可。

建立社会救助主动发现机制，首先，需要建立贫困户动态信息跟踪系统，对城乡贫困户的各种信息不断地进行跟踪。其次，利用各种信息手段来了解贫困户的信息，例如建立一个包括社会爱心人士和志愿者，民政、民委、残联、教育、新农合、劳动保障、妇联、卫生等有相关救助项目的部门经办人、组织者在内的网络管理（如 QQ 群、微信群等），动员人民群众，使得救助工作者更全面了解受助人群的生活情况，提高社会救助工作效率，从而减少应保未保现象的发生。主动发现社会救助对象，不仅可以减少极端事件的发生，维护社会的稳定，而且可以使贫困群体真切地享受到社会救助政策给他们带来的各项益处。

2. 加强社会救助对象准入与退出的动态监管

从源头上对低保对象确定、经费来源、发放等情况监管，减少“错保”“漏保”是社会救助工作顺利实施要解决的首要问题。因此，我们应该严格做好对救助对象的贫困监测，把受助者家庭财产核查及资产收入及其他收入作为重要参考依据，努力搜集低收入家庭的相关资料，及时更新相关资料，调整救助方案。防止“瞄偏”，及时“纠偏”。对准入的社会救助对象要进行严格的动态管理。将申请人员所提供的申请材料作为动态管理的法律依据，如果申请材料与实际核查情况不符，则要对申请者进行相应的惩罚。在准入监管工作中，加强对基层工作者的约束和监管，定期公示监督，实现监管到位促进社会救助工作规范有序。

社会救助对象的退出是救助的终结，是否使社会救助对象退出救助范围，有时会影响一个家庭的基本生活状况，因此对于救助对象的退出也要力求精准。面对我国“错保”“漏保”等现象突出的情况，我们认为，“退出”人数应少于“进入”人数，退出的监管尤为重要。当前，对社会救助对象进出及救助水平等救助效果监测还不到位。如果退出缺乏动态的监管，家庭收入提高后不符合救助标准却不退保，养成福利依赖，不仅使新产生的救助对象难以进入，应退出的对象出现滞留，而且还会造成救助资源的浪费与效率低下，使救助资源不能实现最优配置，影响社会救助制度的持续发展。加强对退出救助的信息跟踪，完善延缓退保机制，保证低保系统的“进退畅通”，应采取定期与不定期相结合的动态管理方式。

3. 采取定期与不定期相结合的动态管理方式

在对低保对象进行动态管理的过程中，原则上，一、二类低保两年审核一次，三、四类低保一年审核一次，差额全额低保由于变动幅度较大，基本上每个月都要进行动态管理。农村低保由于审核周期相对较长，会出现低保户与核查者之间的信息不对称，导致农村低保的退出出现了滞留的现象。因此，应该改变这种动态管理方式，对于家庭结构比较稳定，每个月的收入相对稳定的家庭可进行每年核查一次；对于家庭结构不稳定，每个月的收入都处于起伏状态的家庭可每个月核查一次，实行分类管理；做到具体问题具体分析，及时办理停发、增发或减发社会救助金及相关手续。在按计划、按程序对低保对象进行定期审核的同时，各地区可根据自身的实际情况动员县局工作人员、在校大学生建立低保动态管理核查组，对低保对象进行不定期的核查，通过暗访、观察、交谈等方式来了解实际情况。同时，工作人员也应该对有就业意愿的受助者进行心理疏导和就业培训，鼓励受助者积极走出困境。

（三）科学确定低保对象

1. 低保对象核定标准多元化

要准确地界定社会救助对象，就要对居民的家庭经济状况进行准确的了解，居民家庭收入核查由于烦琐并且不易量化、难以精细化，使得核查难度较大。国家应对居民的这些收入界定一个准确的计算标准，结合自身的实际情况因地制宜，根据市场变动等因素，增加一些易于观测的指标，间或结合便捷有效的计算方法对居民收入进行判断。

2. 低保对象核定程序严格化

一要把握好审核关。在居民提交了低保申请，由县乡（镇）民政工作人员进行审核时，不能仅仅依靠居民提交的申请确定其是否有资格进入低保，首先要通过与居（村）委会的工作人员交谈，将明显不符合低保标准的申请家庭进行排除；其次，对通过初审的家庭进行入户调查，在审核过程中要将入户调查作为审核的核心，尽量坚持逐一入户而不是抽查入户，通过入户调查可以实地查看申请人的家庭住房情况、劳动力状况、收入情况等，可以较直观地感受到申请者家里的困难程度，对入户过程中有疑问的家庭，可以通过与邻里的交谈、与村民座谈以及信息核对等方式进一步判断申请人的家里实际情况，过滤掉不符合瞄准要求的申请人，对有特殊情况的一定要单独登记备案、存档。

二是要充分做好民主评议。民政部《最低生活保障审核审批办法（试行）》规定，民主评议由乡镇人民政府（街道办事处）工作人员、村（居）党组织和村（居）委会成员、熟悉村（居）民情况的党员代表、村（居）民代表等参加。在评议的过程中，重点要重视老人、残疾人、生大病的人对自己家庭情况的陈述，在村里或社区里他们的话语权相对较弱，因此要重视这些人的人陈述，让评议过程更公平公正。

三要做好公开公示。在确定了救助对象后，要对这些救助对象的名单进行公示。公示一般分为三级，一级公示在县民政局，二级公示在乡镇，三级公示在村（居）委会，公示周期均为7天。同时，要公开县、乡两级低保监督电话，规范公示内容、增加低保瞄准的透明度，随时听取群众的意见，真正实现民主监督。

3. 明确规定违规获取或给予救助资格行为的法律责任

对社会救助运行过程中的犯罪行为、违规行为以及滥用权力或者不作为的行政机关工作人员追究相关责任人员的法律责任，现有的规定条例等的法律效力不足，为了保障低保制度执行需要进一步完善社会救助的法律体系。在现实生活中，之所以会出现“人情保”“关系保”就是因为法律法规对他们的约束力较弱。例如，低保负责人给个别贫困户违规办理了低保，或者由于低保动态管理的缺陷，贫困户多年连续吃低保，实际其已脱贫多年，但由于看到低保的附加值，本着上面不查自己也不主动退出的原则，一直占用低保名额。对于这些情况没有明确规定相应的处罚措施，及时发现了也会不了了之。因此，为了保证低保制度的公平公正，应尽快健全完善“社会救助法”，同时推进地方性社会救助立法，在审查过程中如故意隐瞒自己的家庭收入，脱贫后不主动退出低保者，通过某种关系获得低保者，均撤销低保名额，对情节较轻的处以罚款，并追回救助金，对于性质严重者要追究其刑事责任，并将其行为记录在案，作为其以后申请各种救助项目的一个重要参照。对于违规给申请人确定低保名额的低保工作人员，应视其违规严重程度对其进行通报批评、调离原工作岗位、党纪政纪处分，构成犯罪的，严惩不贷。此外，还应提高低保政策的知晓度，对低保政策的目的、申请流程等基本知识用群众喜闻乐见的方式进行宣传，提高群众对低保制度的认识水平和参与的积极性。同时，对低保管理经办人员、机构、村级干部、社会救助服务人员的违规行为及时核查。

（四）提高低保工作者数量和工作能力

在最低生活保障工作中，低保工作者起着举足轻重的作用，低保工作者数量的多少、能力的高低直接影响着低保的公平与应保尽保程度。最低生活保障从短期的社会效益看是救，长期的则是助，但是社会救助工作的认知水平、法律素养、职业道德等都是至关重要的。低保工作者如果对政策及执行没有全面深入的了解，缺少专业知识的培训，不仅救助效率不高，而且成效也甚微。高素质、高质量、专业化的低保队伍能使最低生活保障工作的开展更规范、更顺利、更有成效。因此，有必要充实低保工作队伍，提高低保工作人员的工作能力，这样可以有效地减少“欺保”“漏保”“骗保”“错保”“人情保”现象的发生，避免瞄准偏离。

1. 确保低保工作者数量

上级部门要重视基层工作机构的建设，规范基层工作机构的程序合理，增加编制和人员。在县（乡）镇选用受过系统培训的工作人员作为全职的低保工作者，专职负责城乡低保工作的推广和执行。完善县（乡）镇救助工作站，适当招录非营利性质岗位人员专人专管，补充低保工作队伍；在农村选取高素质的有较高学历且乐于助人的村民作为低保信息员，及时向村委会反映低保户的家庭状况。我们认为，可以由村干部、大学生村官、低保信息员组成低保工作队伍。

2. 加强低保工作者业务培训

在我们所调研的地区，大多数低保工作者并没有取得相关的工作合格证书，相应的培训也很少，大都依靠平时在工作中积累的经验来做低保工作。因此，我们认为，可以通过组织培训、经验交流等方式对他们进行全面系统的培训教育，让他们充分了解低保政策、相关的配套文件，不断提高低保工作者的专业知识、业务能力和素质，提高他们对低保工作政策推广和执行的认识，增强他们的法制观念和自律意识，明确自身的工作任务与职责，减少工作不细致和利用政策漏洞徇私产生的负面现象。

3. 安排专项工作经费，完善激励机制

最低生活保障工作在最基层，应增加低保相关机构的经费投入，改善基层低保工作者的正常收入，保障必要的经费支出。将低保专项工作经费纳入财政预算，解决经费各级配套，以促进最低生活保障的快速发展。同时，提高低保工作者的工资待遇，建立完善的激励机制，提升工作质量，激励他们认真做好低保审核、调查工作，保证工作的顺利执行。

4. 基层低保工作人员专业化，灵活运用市场机能

由于低保专干人员少造成工作实施的种种困难，增加专业性的低保工作人员会更利于低保工作的开展。因此，可以推行政务分离工作，将现有的社区专干、网格员、楼院长进行资源整合，合并为网格楼院长团队，对每个网格实行全方位、扁平化的动态管理，实行效能问责制，及时掌握网格内民政、社保等信息。在工作人员不够的情况下，可以考虑“合同外包”，将基本入户工作交由专业的核对公司来做，灵活运用市场机能。

国际经验

社会救助瞄准机制的国际比较及其经验借鉴[①]

一、社会救助瞄准的理论概述

社会救助制度是社会保障制度体系中最基础、最悠久的制度设计，与社会保险制度、社会福利制度并列为社会保障的三大基本保障制度。它指的是，国家按照法定的程序和标准，以财政拨款为物质基础，向难以维持最低生活水平的公民提供无偿的社会救助，从而保障公民的基本权利，促进社会公平，维护社会和谐稳定。而社会救助对象瞄准（Targeting）在其中起到了公共财政支出的目标指向和资源分配的作用。寻找一个“最优”的社会救助对象瞄准方法并通过它实现最有效的扶贫政策目标，是世界各国和地区社会保障专家一直致力研究的方向。社会资源的稀缺性是瞄准机制得到广泛应用的根本原因，传统的“普惠型”救助不但给政府带来了巨大的财政压力，同时也容易给受益者带来救助依赖，失去劳动和创造的源泉动力，滋生消极懒惰的社会风气。20 世纪 90 年代以来，随着福利国家改革趋势在世界范围内不断扩张，“对象瞄准”“选择性”等理念开始活跃起来。

从国际视角来看，经历了 20 世纪 70 年代的两次石油危机以后，西方发达国家的经济遭到严重打击。根据 OECD 发布的统计数据来看，在 1960—1995 年期间，发达国家在社会项目的财政支出增长比例逐渐趋于平缓，社会人口基数不断增加，人口结构趋于老龄化，而期间税率的调整却趋于上限。失去了财政政策的调节手段，大部分发达国家面临着巨大的财政支出压力（Besharov et al.，1998）。可以预见，自 20 世纪 60 年代建立的传统福利国家制度框架终将难以维持，福利国家的制度改革势在必行。而在 90 年代开始的改革过程中，对于如何定义“需要”的范围，指标瞄准政策因为其简单易行的操作特点，成为世界各国和地区普遍确认受益资格的限制方式。社会福利资源具有稀缺性，因此采用差别化的分配福利方式有利于社会资源的

① 本课题由上海交通大学国际与公共事务学院章晓懿、杨帆、晏子、黄剑锋、巫泽人、余红霞、熊博和澳洲国立大学亚太学院政治与社会变迁系高淳远参与实施。

再分配。其现实意义在于，福利国家的政府只有通过减少受益人群，降低福利水平，才能摆脱财政困难，为此必须进行改革。同时，“选择性”原则是社会救助最突出的特点，为了保证有限的社会救助资源用到最需要的人群身上，缓解社会救助中“泄露率”和“遗漏率”的问题，通常会有一套称为家计调查（means-test）的法定工作程序来审核申请救助公民的收入状况。

基于西方各国在社会救助指标瞄准的应用上先于我国，且已经有了一定的实践成果，国际上既有的经验和教训可以为我国当前的“精准扶贫”事业提供重要的借鉴和参考。本文旨在整理发达国家在社会救助指标瞄准中的相关研究成果，具体分析指标瞄准在不同社会救助项目应用中的优点和缺点，提炼出具有规律性的经验和教训，给我国的精准扶贫工作提供相对科学的参考范本。

（一）社会救助瞄准的内涵

在扶贫政策领域中，最常讨论的话题就是如何寻找一个“最优的”解决方案用于辨别穷人并匹配给这个群体相应的社会救助（Besley & Kanbur，1990）。关于采用瞄准机制的社会救助，还是普遍性的社会救助的争论，是一个相当古老、同时无论是在发达国家还是发展中国家都同样具有争议性的话题（Garfinkel，1982）。大部分学者反对瞄准机制的观点主要集中在瞄准机制存在着行政成本花费昂贵，收入核查的激励效果不显著和相应的道德风险问题（如救助欺诈、救助依赖）等因素。在20世纪末，“普惠制”的社会福利制度框架受到财政压力和各种社会因素的束缚，西方福利国家纷纷进行减少受益对象范围，合理配置社会资金的制度改革（Gilbert，2001），但同时这也存在极大的局限性，由于缺乏实践经验与技术支持，瞄准机制在当时的发展中国家并不可行，政策制定者很难平衡瞄准成本和福利给付之间的关系。如何提升瞄准机制的效率，采用合理的瞄准策略，需要构建一个原则框架作为理论基础（Besley & Kanbur，1990）。“社会救助对象瞄准”也因此成为当时西方发达国家在扶贫政策上的一剂“万能药”。

虽然我们从前文的研究背景中可知，瞄准型社会救助是发达国家在经济危机的情况下的必然选择，但有关普惠型社会救助和瞄准型社会救助究竟哪一种的扶贫效果更加有效，时至今日仍然存在着争议（Abe，2001）。Dutrey（2007）就明确指出，Coady 等学者在 2004 年基于 48 国的社会救助瞄准机制的研究虽然被当成教科书式的研究，但仍有极大的问题。因此，我们在讨论瞄准机制研究现状前，有必要厘清其分类依据。

不过，尽管有所争议，但社会救助对象瞄准在目前环境中的优越性是任何其他社会救助政策难以匹敌的。Meessen 和 Criel（2008）指出，社会救助对象瞄准是一种将社会福利转移给那些被识别出的特定人群的政策选择，被广泛运用在各种扶贫项目中，包括食品分发、住房、健康、就业以及教育等（Imai，Bitran and Munoz，2000；Conning and Kevane，2000；Tekleselassie and Johnstone，2004；Soares et al.，2006；Children's Institute in University of Cape Town December，2005）。有证据表明，社会部门采取的瞄准式公共支出在加强社会公平上可以获得更好的效果（Bitran and Munoz，2000）。

根据 Coady 和 Grosh（2004）对社会救助瞄准机制的分类来看，指标瞄准未能成为单独的一种瞄准分类，而是被分在了类别瞄准下的一个分支。实际上，目前学界对于指标瞄准的瞄准方式仍没有一个明确的定义。自 20 世纪 90 年代开始，世界各国和地区不断开始在社会救助项目中应用指标瞄准，理论和实践成果不断涌现，我们现在可以清晰地看出指标瞄准在识别贫困群体精准度的作用。Haddad 等学者在 1991 年用家庭收入水平的数据说明，在许多情况下，替代型指标比受益者的回忆能够更好地反映实际需求。其他的研究也通过对大量指标的回归分析提供了充分的支持论据（Glewwe and Kanaan，1989；Grosh and Baker，1995；Nnarayan et al.，2005；Ahmed and Bouis，2002）。更加振奋人心的结论是，智利等拉丁美洲国家自 19 世纪 80 年代开始施行替代型指标瞄准，以及哥伦比亚、哥斯达黎加等在 90 年代末期施行指标瞄准的案例显示，指标瞄准在识别贫困群体的效果十分出色（Castenada and Lindert，2005）。例如在智利和墨西哥，最贫穷的 40% 贫困者得到了社会救助项目总资源的 80%—90%，这个结果是非常惊人的。

但也有学者提出了指标瞄准存在的一些缺陷，主要集中在瞄准成本上。因为部分国家的财政支出不足以提供所有贫困者达到最低的生活保障，指标瞄准的气球挤占效应在拉丁美洲部分国家表现显著。同时，指标瞄准中的指标选定需要大量的行政成本和信息成本，过长的制定周期对于部分国家来说相对困难。

（二）社会救助瞄准的原则

社会救助指标瞄准的原则可谓是整个制度设计的根基。国外学者十分热衷于探索社会救助瞄准机制的运作原则，先进行抽象化、理论化的规范分析研究，再结合实际国家案例验证的相关研究非常多。相比之下，国内的学者通常采用的是实证分析的方法，通过整理我国在社会救助对象瞄准中的具体做法，逐步归纳出我国目前采用的社会救助对象瞄准的原则。

由于不同环境下作用机制的差异性，目前学界对于社会救助制度中应该依照什么样的原则标准进行对象瞄准的制度设计并没有一个权威的界定，整体的研究侧重于各国（地区）制度独特性的解释而缺乏普遍性的应用。通过大量的文献阅读可以发现，虽然各国和地区学者在不同时间、不同地点、不同的政策环境下，各自总结出了相对可行的瞄准原则，但是其中仍然存在着大量的共性特征。在此，本文希望通过介绍 1990 年以来其中三种原则制定的过程，帮助读者建立起一个较为完善的认知框架。

1. Besley 和 Kanbur（1990）运用规范研究的方法，通过控制变量构建出了一个“完美的瞄准机制”的模型，找到了在瞄准机制中起关键作用的三个方面：

（1）瞄准机制应用的行政和信息成本；

（2）瞄准机制作用后的个体回应和激励效果；

（3）当地的政治经济因素。

他们的研究在学界第一次量化了行政和信息成本的计算，这给后来的研究打下了坚实的基础。同时具体结合巴西的实际案例（Macedo，1987）进行讨论，验证这些因素在巴西的贫困瞄准工作中是否取得了相应的成效。

2. 在随后的 1996 年，Eardley（1996）等学者在世界经济合作组织（OECD）组织的一项覆盖所有成员国社会救助制度的调查报告中，更加具体地阐述了社会救助瞄准机制的原则。社会救助制度的具体要求普遍被列入了各国的立法或政策声明中，一些国家甚至已经将国家有义务保证公民的最低生活标准也列入了宪法的条款。澳大利亚是其中直接将社会救助同经济、社会目标构建直接联系的代表国家之一，通过每年对政策的提案和修订，加强社会在促进公平正义方面的作用。在这些国家的宪法或法律中，社会救助指标瞄准的原则更加具备可操作性，主要围绕着以下三个方面：

（1）受益者应是在其他方式或途径缺乏足够能力养活自己的受益对象；

（2）社会救助瞄准机制应保证低收入者能够维持一个最低的生活标准；

（3）社会救助制度的出发点不是鼓励依赖，而应当包括促使受益者自力更生的方法。

相比 Besley 和 Kanbur 建立的三条原则，以上三个方面可以看出，在各国和地区普遍将社会救助瞄准机制制度化的情况下，社会救助对象瞄准的原则逐步从原来的制度构建开始向受益对象的实际需求转变，从政府视角向社会公众视角转变。

3. 目前发达国家比较常用的救助原则可以分为三类：选择型社会救助、支持型社会救助和包容型社会救助。

选择型制度设计通常对资格的审核要求高，主要以贫困人群的主动申请为主，比较适用于发展中国家或是在社会救助中财政支出不高、地方财政裁量权较大的国家。同时选择型社会制度会对家庭内部的团结因素有具体的要求，对福利期限的时长还有明确的限制。在这种制度设计下，社会救助的功能主要表现在托底的功效上，并没有过多摆脱贫困的有效手段。它通常会以家庭为救助对象，对家庭内部团结程度要求高，对福利的时长期限也有着严格的监管和限制。

支持型制度设计在慷慨度方面的程度非常高，同时在公民重新返回正常生活的激励程度也具有很强的能力，主要在发达国家和高福利国家中施行（如北欧和中欧国家）。社会救助安排的托底功能并不强，因为政府在其他社会制度上提供了极好的社会保障。最典型的案例就是荷兰和瑞典，两国在社会救助中提供了极为慷慨的资金支持，同时也具有极为完备的社会培训机制，但是这样的制度却很少需要落实，因为大部分贫困人群已经从其他制度中得到了足够的资金给付。

包容型制度设计是一种对道德要求较高的社会救助制度设计。这种制度需要在一个国民素质较高的社会中施行，因为在包容型制度设计中，硬性的规定并不常见，有些国家可以依靠强大的家计调查系统进行识别审查，而有些国家通常运用自我瞄准的测试救助提供给那些真正需要救助的对象。

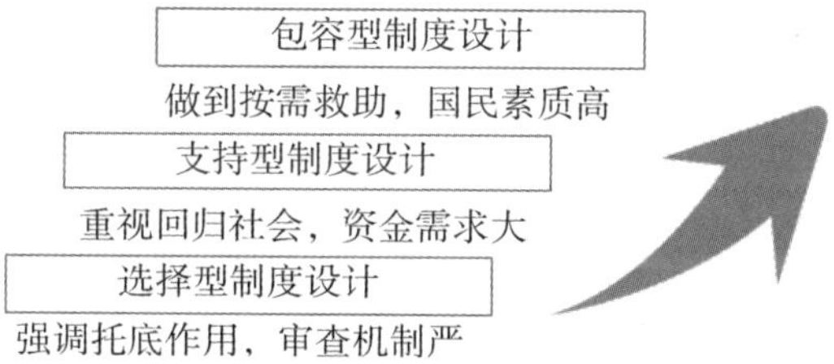

图 1　社会救助对象瞄准的原则

（三）社会救助瞄准的方法

对于社会救助对象瞄准的具体方法分类，每位学者都有各自的倾向方案。研究社会救助对象瞄准，首先就是对贫困者的特征、需求进行科学系统的划分和归类。在社会保障发展的不同时期，许多学者提出了众多分类方式，本文在此选择其中两种认可度最高的分类方式进行介绍。

1. 分类方法一（Ross Mackay）

表 1　社会救助对象瞄准的分类方法一

类型	特征	优缺点
类别瞄准	类别瞄准以受益者的年龄、性别、居住地；就业情况、健康状况；家庭类型、子女年龄等来区分定义不同的贫困类别	进行详细的收入、资产、经济需求的评估较为复杂，而测量与贫困相关性较大的贫困人群类型作为替代方法较为容易，主要需要考量替代类别的合理性

续表

类型	特征	优缺点
财产瞄准	财产瞄准需要采用家计调查的方式，通常是采用对申请人的收入进行详细评估的形式（某些时候采用资产评估）以确认是否有资格获得社会救助	家计调查的方法虽然较为瞄准精度高，但是工作量大，行政成本高，对档案信息的管理和调用效率依赖性强，对即时信息的更新要求频繁
需求瞄准	需求瞄准是一项理念较为明确的瞄准方法。它除了需要调查申请人的收入情况，同时也要对申请人的需求有所了解。最典型的案例就是固定开支调查，例如住房开支、食品开支、健康开支、生活开支等	需求瞄准的好处是，不但能够通过一定的调查方法筛选出需要救助的对象，而且能够将申请人的需求细化，从而做到救助资金的精准给付，救助项目的合理匹配，最终达到救助效果的最大收益。这种方式比较适合采用实物补助、自我瞄准补助方式的国家

2. 分类方法二（Coady & Grosh）

表 2 社会救助对象瞄准的分类方法二

指标制定依据			社会救助指标瞄准	代表国家
具体指标	以收入为依据（By income）	收入特征瞄准	认证型指标瞄准法（Verified means test）	美国（USA）
	以其他变量为依据（By another variable）	资产特征瞄准（Asset targeting）	替代型指标瞄准法（Proxy means test）	澳大利亚（AUS）
		地理位置瞄准（Geographical targeting）	地理型指标瞄准法（Geographical targeting）	乌干达（UGA）尼日利亚（NGR）
		人口特征（Demographic targeting）	生命周期型指标瞄准法（life course targeting）	欧盟 EU（具体偏福利）
抽象指标	以本地知识为依据（by local knowledge）	社区瞄准（Community targeting）	社区瞄准法	
	以选择为依据（by choices）	自我瞄准（Self-targeting）	自我瞄准法	

（1）社区瞄准法：以社区为目标的对象识别方法常用于社区在社会救助裁量中有较大权利的情况下，英国的部分社会救助项目在 20 世纪 80 年代中后期开始以这种瞄准方法开展。PMT 的作用对象适用于长期贫困者，在应急以及短期经济冲击的影响下效应并不显著，因此以本地知识和经验来进行判断的社区瞄准可以弥补短期细微变化的问题。但是由于社区中常见的熟人社会文化，“寻租”现象发生的可能性极高，对于社会资源的合理分配以及社会救助的瞄准效果有着非常大的副作用。

（2）自我瞄准法：社会救助的自我瞄准法通过制造一个假性成本（排队、污名化、劣质品、工作要求）的设计来吸引真正的贫困者，是一种验证瞄准机制作用对象的需求是否真实的瞄准机制。这种瞄准机制并不会明确地将某些对象排除在社会救助范围之外，但是由于自我瞄准机制的项目一般制定的标准仅提供能维持最低生存限制的物品，因此只会吸引真正的贫困人口加入其中（Weiss，2004）。

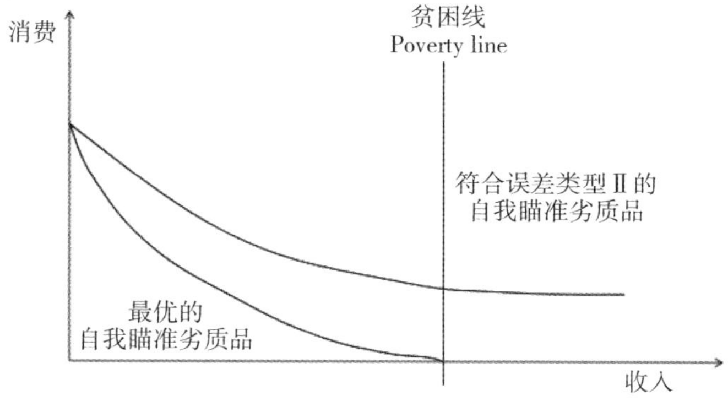

图2　自我瞄准法示意

（四）社会救助对象瞄准的流程

合理的申报流程有助于减少政府的行政成本，拦截存在社会欺诈行为的申请者以及最大限度地保障贫困者的权利。综合比较多个瞄准方案的申请流程，我们可以看出一个对象瞄准申请流程主要包括如下几个步骤，通过一层层的细化筛选，不断将受益者的范围缩小，最终达到精准扶贫的效果。不过我们也会发现，在不同申请阶段会产生不一样的瞄准误差，为了将这些误差的产生概率减小到最低，就必须要不断优化申请流程，加大审核力度，完善复核机制。

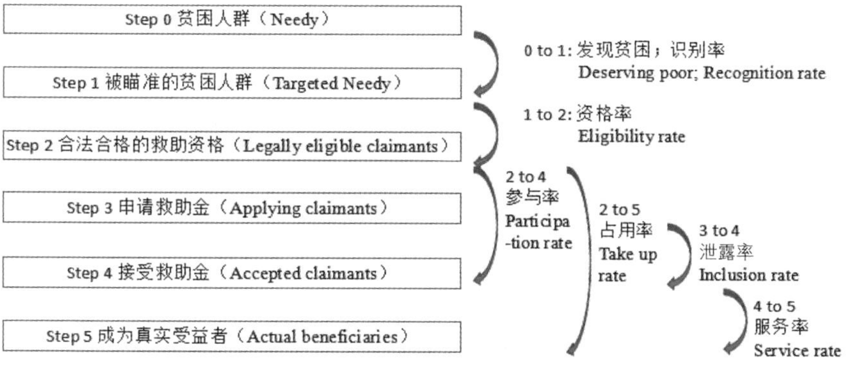

图3　社会救助对象瞄准的申请流程

（五）社会救助瞄准的效果

在社会救助对象瞄准的应用过程中，必定会产生一些因项目操作或是制度设计而导致的不利因素，大部分学者称其为瞄准成本。瞄准成本可以从社会救助的主体角度和被救助对象角度进行分类讨论，主要分成了以下四个部分：

（1）行政成本，制定严格而准确的贫困线需要大量的行政成本和信息成本，比如家计调查的调查成本，电子系统的建设、维护和更新成本以及绘制贫困地图的信息采集成本等。

（2）激励成本，分为正激励成本和负激励成本。正激励成本包括提高某一指标的救助水平而挤占其他救助类型的气球效应，部分救助项目提供帮助受益者回归生活的额外支出。从新西兰的案例中看，在失业补助受益人群减少的情况下，病残补助受益人群的增加占据了更大的社会资源份额。从澳大利亚的案例中可以看出，为了帮助弱势群体和贫困高风险人群以防他们未来陷入贫困危机，在社会救助瞄准中，同样应当匹配合适的社会救助项目进行干预措施。负激励成本包括救助依赖、救助欺诈等行为（Cox & Jiminez，1993；Jensen，1998）。随着收入的上升，社会救助的资金扶持将不断减少直到取消。这样的制度设计造成了较大的有效边际税率，许多救助受益者会选择拒绝就业或是隐瞒就业等行为来获得更多的经济支持。这样的行为被称为救助依赖和救助欺诈，也被称为道德风险。如何科学客观、高效可行地进行瞄准方式的选择也因此得到了极大的重视。

（3）个体成本，申请对象在申请社会救助时产生的不可避免的成本，如就业的机会成本、证明材料的成本、往返申请处的交通成本等。

（4）社会成本，即受益者会被社会污名化，不愿领取社会救助服务的现象（D. Coady，Grosh & H.，2004）

表 3　社会救助对象瞄准的瞄准成本

<table>
<tr><th colspan="2">成本类型</th><th>典型现象</th></tr>
<tr><td rowspan="6">救助主体角度</td><td rowspan="3">行政成本</td><td>系统建设</td></tr>
<tr><td>系统维护</td></tr>
<tr><td>系统更新</td></tr>
<tr><td rowspan="3">激励成本</td><td>气球效应</td></tr>
<tr><td>救助依赖（Incentives）</td></tr>
<tr><td>救助欺诈（Fraud）</td></tr>
<tr><td rowspan="2">救助对象
角度</td><td>个体成本</td><td>交通成本等</td></tr>
<tr><td>社会成本</td><td>污名化（Stigma）</td></tr>
</table>

（六）社会救助瞄准的误差

在社会救助对象瞄准这个概念下，无论你采用何种对象瞄准方式，评价一个具体瞄准方法是否具有有效性的标准就是测量这个方法的瞄准精度。而瞄准精度中最重要的两个指标："弃真型误差"的遗漏率（常被标为误差类型Ⅰ）和"存伪型"的泄漏率（常被标为误差类型Ⅱ）。

表4　社会救助对象瞄准的瞄准效果

		政策分类（Classification）	
		政策覆盖	政策未覆盖
实际状态（Actual status）	贫穷（Poor）	瞄准成功（Successful targeting）	遗露率（Ⅰ）（Exclusion error/under coverage）
	非贫穷（Non-poor）	泄露率（Ⅱ）（Inclusion error/leakage）	排除成功（Successful exclusion）

从动态的角度来分析，政府设定贫困线是对象瞄准的关键所在。提高贫困线标准 z 可以减少误差类型Ⅱ的发生概率；反之亦然。但也因此导致了一个矛盾：降低误差类型Ⅰ的发生概率需要以增加误差类型Ⅱ的发生概率为代价。所以在两种误差类型的中间选择一个平衡正是对象瞄准的意义所在。

准确了解受益者的实际情况和实际需求有助于贫困线的合理制定，但同样这会加大社会救助对象瞄准的行政和信息成本，降低瞄准方法的可行性。而指标瞄准在保证瞄准精度的前提下，可以通过合理的类别划分和指标设计，将设立贫困线的标准进行量化统计，在所有社会救助瞄准方法中是最为简单可行的。

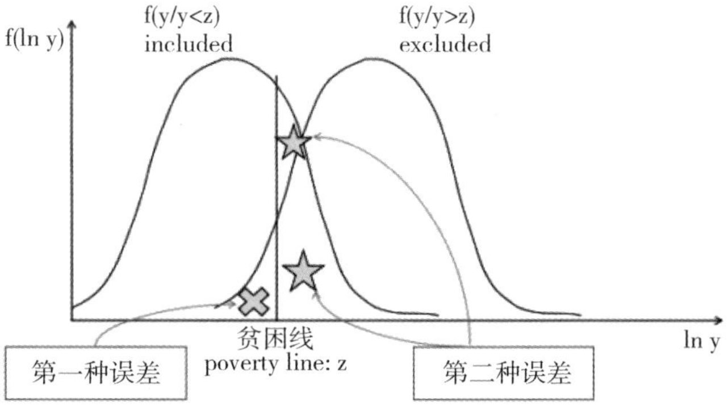

图4　社会救助瞄准精度中的两种误差

二、拉美国家社会救助瞄准：有条件的现金转移项目

（一）拉美国家社会救助瞄准政策的实施背景

从20世纪80年代末90年代初开始，拉美国家对社会救助政策进行了重大改革，具体体现为广泛推行以"有条件的现金转移"（Conditional Cash Transfer，CCT）项目为代表的社会救助瞄准政策。拉美国家实施社会救助瞄准政策主要基于三方面的

宏观背景：一是对长期处于“中等收入陷阱”（middle income gap）状态的反思，二是受到了西方发达国家新自由主义经济和政治改革思潮的影响，三是传统补缺型社会救助政策的失效。

首先，自 20 世纪 70 年代以来，拉美陷入发展停滞状态，经济模式改革的滞后使经济发展长期徘徊在中等收入水平，并伴之民主乱象、腐败多发、过度城市化、社会公共服务短缺等问题，其中尤其以贫富分化问题最为根深蒂固和影响深远。“二战”结束后，拉美国家的经济发展驶入快车道，到 20 世纪 70 年代中期，该地区人均 GDP 接近 3000 美元，巴西等国的人均 GDP 甚至接近 5000 美元，较为快速地进入了中等收入国家行列。但贫富分化的不断加剧抵消了经济发展的成就，导致中低收入居民消费严重不足，消费需求对经济增长的拉动作用减弱，影响了整个经济的活力。20 世纪 70 年代以来，拉美国家的基尼系数普遍高达 0. 44—0. 66 之间，巴西到 90 年代末仍高达 0. 64，一些国家还由于贫富悬殊、社会严重分化，引发激烈的社会动荡，甚至政权更迭（Gasparini & Lustig，2011）。基于此，20 世纪 80 年代以来贫困治理问题被纳入拉美各国的重要议事日程，在联合国、世界银行、美洲开发银行等国际组织的支持下，各种创新性的减贫措施和实践项目也不断得到总结和推广，而有条件的现金转移项目则是其中的主要代表。

其次，20 世纪 80 年代中后期开始，以美英为代表的西方国家大肆推行新自由主义理念，并通过国际货币基金组织和世界银行的经济稳定项目和经济结构转型项目深刻地影响了拉美国家的社会政策制定范式。“华盛顿共识”在拉美地区大行其道，具体表现为市场的去管制化、竞争程度提高和私有化程度提高（Kuczynski & John，2003）。这些变化弱化了国家机器、削减了国家的公共开支，摧毁了本就问题丛生的社会救助体系。在有限的公共财政下，拉美国家开始探索社会救助的瞄准机制。根据 Hall（2006）的观点，这背后的实质是对普遍公民权的规避，是政客将国家利益与公民的社会权利进行选择性的连接。基于此，拉美国家的政客们为取得政治和经济效用的最大化，将稀缺性的公共资源通过由政府、市民社会、国际组织和地方社区等运作的社会基金引导给最为贫困和脆弱的社会群体，而引导的方法则主要基于家计调查和遴选，并进而形成国家的社会安全网体系。

最后，在经济停滞、贫富分化加剧，以及西方新自由主义思潮的影响下，拉美各国曾经长期施行的补缺型社会救助政策显得捉襟见肘。一般认为，拉美地区在 20 世纪 80 年代以前施行的社会救助制度只是边缘性制度，覆盖范围极为有限，且以临时救助为主，带有补残的性质（张浩淼，2010）。在拉美遭遇了严重的经济危机，并且贫困群体人数大增的严峻状况下，传统的社会保险和传统的边缘性社会救助均无力应对，有限的公共财政无力为为数众多的贫困家庭“供血”。拉美各国不得不尝试改革传统的社会救助，而主要的改革方向则是探索发展型的社会救助政策，即通过有限的公共资源来促进贫困个体的自我增能和发展。它们将救助单位由个体转变为家庭，注重从人的全面发展、生活质量等来考察、分析和测量贫困问题，从维护“可持续生计”、提高“可行能力”的角度救助贫困者，并鼓励和要求贫困家庭进行人力资本投资。

（二）拉美国家的有条件的现金转移项目实践

1. 有条件的现金转移型项目

拉美国家的社会救助瞄准政策以有条件的现金转移型项目为代表。自20世纪90年代以来，有条件的现金转移型项目已成为巴西、墨西哥、哥伦比亚、智利、尼加拉瓜、阿根廷和厄瓜多尔等国的主要社会救助政策工具（Handa & Davis，2006）。它的基本做法是以现金为激励，鼓励贫困家庭更多地接受医疗、教育、营养补充等促进个体人力资本增加的公共服务。其理论出发点是“经济理性人”假设，即金钱回报能够激励人们更多地采取某种行为（Adato，Roopnaraine，& Becker，2011）。这种附加条件的现金救助是拉美地区首创，它关注受助人的某些特别行为和行动事项，必须以符合预定条件为前提，所提供的资金支持必须用于特定用途，如适龄儿童教育、恢复生产等。出于维护“可持续生计”、提高“可行能力”的考虑，这种救助计划寄望于提升受助人个人能力，并改变其行为方式，以此实现长期的减贫、脱贫和能力建设，将培养发展能力与满足生存需求放到同等重要的位置。

相较之传统的社会救助政策，有条件的现金转移型项目的创新之处主要体现在以下三个方面：首先，不同于传统社会救助政策专注于短期的社会利益再分配，它强调通过向贫困家庭提供现金，来劝导他们通过更多地接受教育和医疗等公共服务来投资自己，进而提升自己的人力资本（Hall，2006）。传统的社会救助政策主要关注物质层面的补缺，也就是为穷人进行简单的“输血”。通过对社会财富进行二次分配，社会的低收入群体获得了实在的福利资源，但这并未解决他们在市场竞争中处于能力弱势的境况。世界各国和地区的社会救助实践表明，短期的“输血”并不能达到长期、稳定的脱贫效果。一方面，短期的利益再分配可能只是暂时缓解了受助者的基本生活问题，对导致其贫困的深层次原因则并未触及，而这些深层次的原因大多是个人发展能力方面的，并非简单给予物质救助就能得到提升（Kuklys & Robeyns，2005）。另一方面，仅关注短期利益再分配的政策设计理念还可能在贫困群体中形成根深蒂固的贫困文化，进而导致福利依赖和贫困的代际转移。阶级上升流动的无望加之社会救助福利水平的提升，可能会让受助者家庭满足于现状，通过种种方式停留在救助体系中而不肯实现个人发展，并将这种理念在家庭中进行代际传递（张望，2016）。为了突破传统社会救助模式在这两个方面的缺陷，有条件的现金转移型救助项目将关注点放在更为直接而实际的目标上，即投资孩子。通过促进贫困家庭中的儿童的长期人力资本积累，来打破贫困的代际转移恶性循环圈。同时，有条件的现金转移型项目还能拓展社会公共服务的有效需求，使教育和医疗资源能真正惠及穷人。

其次，不同于传统社会救助政策中的政府恩庇主义倾向，CCT 项目更加强调家庭应与政府形成合力来应对贫困问题（Dapuez，Gavigan & Eger，2016）。在传统的社会救助政策中，政府往往以一个庇护者的形象出现，政府与受助者的关系是不对等的。政府掌握有限的社会救助资源，它在庇护交换活动中，向受助者提供有助于他们减少和缓解来自环境威胁的物质和服务，从而获取相对无形的回报，例如个人服务、尊重、服从或忠诚，或者一种直接具有政治性质的服务如投票（陈尧，2007）。但这种非正式结构形成的目的更大程度上是为了维护政府统治的稳定，并非为了根除受助者的贫困问题。在某种程度上，为了维系这一恩庇关系，政府甚至会弱化对受助者进行赋能的政策。但随着社会救助压力的空前增大和致贫原因的复杂化，这一恩庇关系变得越来越不可持续。政府需要同包括贫困家庭本身在内的各方力量进行密切合作，才能够真正制定和落实好社会救助政策。基于此，有条件的现金转移型项目通常会对家庭中的父母，尤其是母亲，进行赋能，让他们能够更明智地理财、对子女的人生发展做出积极而明确的规划，并保证孩子能享受足够的医疗和教育等公共服务。

最后，较之传统的社会救助项目，有条件的现金转移型救助项目在实践中更能瞄准真正需要帮助的社会弱势群体，也更能应对他们的救助需要。传统的社会救助政策往往将救助行为简单化为物质资源的帮扶，并且对救助对象的瞄准不进行或进行较少和较不完善的政策安排，它们不会去了解受助个体的具体需求。这一方面是落后的救助理念的结果，另一方面也是政府维系非正式且不对称的恩庇关系的结果。而 CCT 项目则突破了这些理念和制度性的障碍，它不仅进行技术上的创新，通过多种方法多维度地认识贫困和识别贫困人口，而且在提供现金救助的方法方面，也较之实物和购物券等更为灵活和节省行政成本，较为有效地避免了政策在执行过程中发生扭曲。

在具体实践中，拉美国家的有条件现金转移型项目可大致根据项目内容分为三大类：第一类项目通常包含医疗、教育和营养三方面目标，如墨西哥的 OPORTUNIDADES 计划、哥伦比亚的 Familias en Acción programme（FA）、洪都拉斯的 Programa de Asignación Familiar（PRAF）、牙买加的 Programme of Advancement through Health and Education（PATH）、尼加拉瓜的 Red de Protección Social（RPS）计划、玻利维亚

的 Beca Futuro 计划、厄瓜多尔的 Bono de Desarrollo Humano 计划、智利的 Subsidio Unitario Familiar 计划，以及巴西的 Bolsa Familia 计划；第二类项目通常只包含教育类的目标，如巴西的 Programa Nacional de Bolsa Escola 计划等；第三类项目则只包括医疗及营养类的目标，如巴西的 Bolsa Alimentação and Cartão Alimentação 计划等。在以下的部分将会分国别对不同的有条件的现金转移型项目进行介绍。

2. 拉美国家的有条件的现金转移型项目

（1）巴西的 Bolsa Familia 项目

巴西的 Bolsa Familia 计划制定于 2003 年，是一个具有综合性目标的全国性扶贫项目。它在设立后先后纳入了之前设立的 Bolsa Escola、Bolsa Alimentação、Auxilio-Gás，以及根除童工计划。该综合性计划由中央、州和市三级政府共同出资参与，对受助家庭定期发放现金，所设定的前提是必须保证家庭中的适龄儿童入学、定期到健康中心体检，以及接受相关的营养补充服务。该计划运用家计调查的方式来遴选受助家庭。

项目会首先对极度贫困和贫困分别划定标准线，然后，被认定为极度贫困的家庭可获得子女资助金（受资助的子女不超过 5 人，其中 16 岁以下的儿童和 16—17 岁的青年子女所获得的资助金额有所不同，后者更高一些）和定额基本生活资助金；而被认定为贫困的家庭则只能享受子女资助金（受资助的子女不超过 5 人）。根据该项目的规定，救助现金将优先发放给贫困家庭中的女性成员。获助家庭将收到一张名为“公民卡”的借记卡，该借记卡由政府所有的储蓄银行颁发，可从全国范围内超过 1.4 万个营业网点提取现金。这种方式有效地避免了腐败行为并压缩了权力寻租空间。每位受助者的名字以及他们获得救助的金额均可以在该项目的网站上查询到。尤其值得注意的是，在针对童工的社会救助政策方面，Bolsa Familia 计划整合了巴西政府、国际劳工组织、世界银行以及联合国儿童基金会等组织的资源，为在巴西国内危险行业集中的城市里生活的童工家庭（有 7—14 岁的童工）提供现金资助，项目规定受助者的收入门槛是家庭收入须低于最低工资水平的一半，同时要求受助者必须参与教育和培训活动。除了救助需求方之外，项目还资助公共服务资源的供给方，即学校和医疗机构，让学校为已经成为童工的孩子提供额外的教育培训机会，并让医院为这些童工提供必要的体检和医疗服务。

综合世界银行及其他国际组织的数据，Bolsa Familia 计划目前覆盖了大约 1200 万个巴西贫困家庭，覆盖人数约 4500 万，占该国总人口的 26%。这使得该计划成为全球覆盖人群最大的有条件的现金转移型社会救助项目。巴西政府每年在该计划上的投入约占 GDP 总额的 0.5%，占政府总支出的 2.5%。根据世界银行的评估报告，Bolsa Familia 计划显著地降低了巴西人口的贫困率，同时还有效地改善了就业市场和提升了最低工资水平。

（2）阿根廷的 Families for Social Inclusion 项目

Families for Social Inclusion 项目设立于 2004 年，主要由阿根廷的地方政府出资和运作。它为极端贫困且就业能力较低的家庭提供收入支持，以及让这些家庭中的儿童有接受教育和健康服务的机会。该项目包括两个部分：①家庭收入支持项目；②家庭及社区发展项目。项目的目标是促进极端贫困家庭中的儿童的发展、健康和教育，并避免他们受到社会排斥。它主要针对有 19 周岁以下儿童的贫困家庭，以及有 19—24 周岁未受过教育且未工作但愿意受教育的孩子的家庭。该计划为一个家庭内至多 6 个孩子提供现金救助，以接受足够的教育和健康服务（定期体检、接种疫苗等）为前提条件。项目的一大特色是将救助金按月发放给母亲，并让她们参与到设计孩子人生发展计划的活动中来。

Families for Social Inclusion 项目覆盖约 100 万个阿根廷家庭，项目主要施行内部审查和评估。根据评估结果，在项目实施的头三年（即 2005—2008 年）间，阿根廷国内 6—17 岁儿童的入学率从 76.3% 提升至 85%；0—6 岁儿童的疫苗接种率由 80.1% 提高到 89.3%。项目的年花费在 4.5 亿美元左右，主要由地方政府筹措和运作。

（3）智利的 Chile Solidario 项目

Chile Solidario 项目由智利的拉各斯政府于 2002 年设立，由智利中央政府和社会基金合作资助。项目设计的总体理念是通过将极端贫困家庭纳入社会服务的公共网络，从而使他们达到社会融合。该项目覆盖智利最贫困的 22.5 万个家庭，它最主要的特点是从一个多维的角度去理解贫困问题，即贫困不仅是收入的缺乏，而且还是社会和人力资本的缺乏，以及心理和情绪层面的剥夺感。基于此，Chile Solidario 项目以系统和整合的方式，从需求端和供给端两个方面来应对贫困问题。

首先在社会救助的需求端方面，Chile Solidario 项目为所有受助家庭提供一个为期两年的心理—社会支持服务包，名为“Programa Puente”。项目聘用专业社会工作者按照七个方面的基本标准对申请家庭进行需求和能力评估，进而设计出使他们摆脱贫困、融入社会和公共服务的有效策略。这七个方面的基本标准包括：①身份识别，即家庭所有成员都需要进行登记和拥有一张身份识别卡，并且家庭中的残疾人需要登记进入全国残疾人登记系统；②就业，即家庭中至少要有一人拥有稳定的工作和稳定的收入，且没有 15 岁以下的儿童辍学参加工作；③健康，即儿童必须定期接受疫苗注射、慢病者须有基本医疗服务支持、残疾者有基本的康复计划，并且所有成员均能获得基本的健康信息和健康教育；④教育，即学前及学龄儿童均能够入托或入学、12 周岁以上儿童具备基本读写能力、残疾儿童能够进入一般或特殊学校；

⑤收入，即所有家庭成员均能够享受到应得的社会救助资源，且收入应在绝对贫困线之上；⑥家庭能力，即家庭具备处理矛盾、平均分担家务、知晓社区服务和资源、照顾儿童等方面的能力；⑦住房，即家庭须拥有稳定的居所、拥有干净的饮用水、能源及排污设施、每个家庭成员都拥有床、被子和枕头。专业社工会根据每个家庭在七大能力方面的不同缺陷情况，将他们纳入相应的公共服务计划，从而最大限度地匹配他们的需求和支持他们的发展。在两年的 Programa Puente 期间，受助家庭所享受的资助将逐渐递减。两年受助到期后，受助家庭还有资格继续享受为期三年的救助项目，但受助金额将进一步减少。

其次在社会救助的供给端方面，Chile Solidario 项目强调对已有的公共服务进行重组，从而为受助人群提供更加协调和有针对性的服务。尽管智利的规划部是该项目的主管部门，但它将具体的执行权下放到各个市，让它们充分运用各个市知识和经验来确保项目的高效运行。每个参加该项目的市的市长都会任命一位当地代表来负责运营“家庭干预中心”，该中心是执行 Chile Solidario 项目的基本单位，中心会招募相应数量的专业社工来评估受助家庭。在具体工作中，家庭干预中心还会获得来自地区各方力量的支持，如各种公立和私立的社会救助组织。在项目资金不足以满足救助需求的时候，这些力量也可以进行及时的补充。

（4）秘鲁的 Programa Juntos 项目

Programa Juntos 项目设立于 2005 年，它的资金来源于秘鲁中央政府、联合国发展计划署和世界银行。该项目覆盖秘鲁全国最贫困的 880 个区，超过 50 万个家庭。它的两大目标是：①短期内，通过现金救助来降低贫困率；②长期内，通过改善医疗服务和教育水平来促进人力资本的提升，进而打破贫困的代际转移。该项目的具体做法是为符合条件的贫困家庭每月提供现金救助，但这笔救助金是一次性拨付的且在不同贫困家庭中不存在差异，即孩子多的家庭并不会获得更多的救助金。为获得这笔救助金，贫困家庭须满足以下条件：①有 5 岁以下儿童的家庭，须保证该儿童参加定期健康体检和营养补充计划，如定期测量身高和体重、接种疫苗、补充铁和维生素 A，以及抗寄生虫检查等；②有 6—14 岁儿童的家庭，须保证儿童的学校出勤率达到 85%；③有孕期及哺乳期女性的家庭，须保证该女性参加产前及产后检查（注射必要的疫苗、进行叶酸和铁元素补充）。

它的一大特色是既对贫困家庭（需方）提供现金救助，也对医疗健康和教育服务提供者（供方），如学校、诊所、医院等，提供资助。该项目的重点覆盖群体是有孕妇或者 14 周岁以下儿童的贫困家庭，并且在受助对象的筛选过程中会借助社区力量，通过社区工作者来确认受助对象的名单。

（5）巴拉圭的 Red de Protección y Promoción Social（PROPAIS-Ⅱ）项目

巴拉圭的 PROPAIS-Ⅱ项目设立于 2004 年，其出资者为巴拉圭总统办公室和美洲开发银行，执行机构是巴拉圭社会行动秘书处。该项目先根据社会经济发展水平划定巴拉圭的贫困地区，再在贫困地区内遴选有 0—14 周岁孩子的贫困家庭，每户受资助的孩子不超过 4 个。该计划规定获得救助的前提是受助家庭保证孩子能够接受基本教育和医疗健康服务。PROPAIS-Ⅱ的总体目标是改善贫困人群的生活质量，从而降低弱势群体（如女性家长、原住民社区、残疾人和老人）所面临的各类风险，让他们在社会和经济层面全面融入社会。该计划的具体目标有以下三个：一是增强政府制定、执行和监督反贫困社会政策项目的能力，二是增强市民社会发现、表达和呈现其自身的社会服务需求的能力，三是改善反贫困类社会投资项目的有效性。

该项目由两个部分组成，第一个部分是资助社会投资项目，目的是通过为巴拉圭“综合社会发展计划”（PIDSs）、“城区改进计划”（PMBs）以及各项为弱势群体设立的专门计划提供资金，来改善城乡社区中贫困和弱势群体的生存状况。第二个部分是机构发展计划。该计划的目的是通过各类措施来提升社会行动秘书处以下三个方面的能力：①制定社会政策和策略的能力；②对反贫困和解决社会弱势群体问题的政策计划进行分类和优化的能力；③对计划执行进行预算规划、审查，以及评估计划实施的结果和影响的能力。除支持政府机构的能力建设外，该计划还支持非政府组织和市民社会组织的能力发展，以及负担各类扶贫项目的行政、管理和运作经费。

（6）巴拿马的 Red de Oportunidades 项目

Red de Oportunidades 项目由巴拿马中央政府、世界银行、美洲开发银行于 2006 年共同出资设立。该项目会先划定巴拿马国内的贫困地区，再在地区内通过家计调查等方法选取受助家庭。项目的总体目标是使国内贫困和极端贫困家庭融入国家发展的进程中，确保他们能够接受基本的教育和医疗服务。它为发放救助金设定的前提条件包括：①进行避孕检查；②为 5 岁以下儿童接种疫苗；③确保儿童入学；④参加学校家长会；⑤家庭中至少一位成员应定期参加各个机构提供的谋生技能培训。

Red de Oportunidades 项目提供的救助项目通常包括：现金救助、家庭服务支持、基本公共服务支持和区域基础设施建设等。该项目每两个月发放一次救助金，发放对象是受助家庭中的女性家长。在家庭服务方面，项目会充分调动基层力量，为所有贫困家庭成员进行身份登记，并培训受助家庭的成员如何通过行使公民权利来改善自身物质生活和社会生活的条件。在基本公共服务支持和区域基础设施建设方面，该项目会举办一系列针对城乡居民的学习活动，学习如何改善自身的环境和生活质量。此外，项目还会集中资源，对极度贫困的农村地区的水、卫生、电力、道路等基础设施进行投资建设。

（7）墨西哥的 Oportunidades 项目

Oportunidades 项目由墨西哥政府和世界银行在 1997 年共同出资成立，它是拉丁美洲最早设立的有条件的现金转移型社会救助项目。它的运作经费约占墨西哥 GDP 的 0.32%，占该国社会救助总投入的约一半资金，覆盖全国超过 400 万个城乡家庭。该项目认为，贫困家庭是由于需要满足当前的消费需要才使孩子辍学并开始工作的。因此，它的目标是为贫困家庭的家长提供基本的收入，以使他们能让孩子返校学习。

Oportunidades 项目会先选择国内的落后地区，再根据家庭层面的经济及生活指标来确定受助对象，它的政策分为三个部分，即教育救助、医疗救助和营养救助政策。在教育救助政策部分，该项目为受助家庭中每个 22 岁以下的、在小学三年级至高中三年级之间的入学青少年儿童提供货币资助，且资助金额随孩子升入更高的年级而逐渐增多。从初中阶段开始，给女童的救助金会比给男童的救助金稍多一些，以此措施来抑制较高的女童辍学率。在医疗政策部分，受助家庭的所有成员均有资格获得基本的医疗服务，尤其是预防性的医疗服务。这项公共服务由政府的公共卫生部门提供。而在营养补充政策方面，该计划向三类贫困人群每月定额发放营养补充金，以改善他们的营养摄入情况，这三类人群是：4 个月至 2 岁的儿童、2—4 岁间营养不良的儿童、孕期及哺乳期的女性。

（8）哥伦比亚的 Familias en Acción 项目

Familias en Acción 项目由哥伦比亚中央政府、美洲开发银行和世界银行在 2001 年合作设立。它覆盖该国内 70% 的城市和 5% 的总人口。该项目拥有每年固定的预算，项目经费约占哥伦比亚 GDP 的 0.12%。在总经费中，行政费用占比约 15%，其余均直接拨付给受助家庭。该项目有四个主要目标：①增加有儿童的极端贫困家庭的收入；②降低小学及中学学生的缺课率和辍学率；③增加对 7 周岁以下儿童的医疗卫生服务供给；④改善营养方面的医疗措施以及促进早期教育发展。

Familias en Acción 项目按月为受助家庭提供救助金，而受助家庭领取救助金的条件是：①保证 7 岁以下的儿童接受定期医疗检查；②保证 7—18 岁的儿童参加 80% 以上的学校课程。它首先选取了哥伦比亚国内人口在 10 万以下，并且有银行、医疗服务机构和教育设施的城市，这样做的目的是确保当地有提供相应基本公共服务给受助者的能力。然后再筛选出当地有 0—18 周岁孩子的贫困家庭来提供救助金。

（9）多米尼克的 Programa Solidaridad 项目

Programa Solidaridad 项目由多米尼克总统办公室和联合国发展计划署于 2005 年

设立，其经费约占该国 GDP 的 0.34%。该项目的总体目标是通过提升谋生能力、就业能力和改善福利条件，来帮助多米尼克的极端贫困家庭。它有五个方面的具体目标。①通过家访以确保受助家庭都履行了保证家庭成员食物和营养安全的责任，从而将这些贫困家庭都纳入一个综合的发展计划；②协调各类提升家庭收入的发展政策，从而使项目能够精准投资未成年受助者的教育和健康，以及培育受助家庭的就业技能和进取精神；③举办与个人和社会发展相关的各类活动，促进受助家庭的成员获得更好的就业技能和机会，并有行使自己公民权利的机会；④通过提供相关信息、指导和培训，对极端贫困家庭和弱势群体进行赋能，让他们知晓可以从国家和市民社会中获取哪些服务，从而保障他们的基本权利；⑤通过对极端贫困家庭和弱势群体进行能力建设，以及为他们协调各种机会和资源，来影响他们的发展。

该项目先通过一系列社会经济发展指标选定国内的贫困社区，再根据家计调查选择中度和重度贫困家庭，为这些家庭发放贫困登记磁卡，并为这些贫困家庭提供救助金和为每个家庭中不超过 4 个孩子提供教育救助金。Programa Solidaridad 项目的具体政策内容包括七个方面：①身份登记，支持那些未进行身份登记的人申领身份证并行使自己的基本权力；②健康，为受助家庭提供及时的信息和指导，以便于他们预防或检测出早期的慢性、病毒性或其他类疾病，以及促进受助家庭的健康饮食和疫苗注射；③教育，通过向受助家庭的家长发放现金激励，来降低受助家庭中儿童的辍学率和提升他们的成绩；④社会权利意识，通过培养受助家庭的人类价值和公民权利意识，让他们更多地参与社区活动和进行利益表达，从而构建和平与进步的文化；⑤食品安全、营养及收入，为受助家庭成员提供技术和职业方面的培训，以促进他们融入社会、自力更生；⑥居住和环境，确保受助家庭居住在有两个卧室、有水泥地面、有卫生排污系统和有水的居所；⑦知晓信息和通信技术，受助家庭成员应在社区信息中心中接受数字技术和信息通信技术扫盲。

（10）厄瓜多尔的 Bono de Desarrollo Humano（BDH）项目

Bono de Desarrollo Humano（BDH）项目由厄瓜多尔中央政府于 2003 年出资成立和运作，其经费约占该国 GDP 的 0.7%，覆盖人口约 160 万，是拉美地区规模较大的有条件的现金转移型社会救助项目。项目的覆盖人群包括三类：经济收入最低的 40% 的人口、残疾人和老人。它的四大政策目标是：①确保贫困家庭有最低水平的消费能力；②降低 5 岁以下儿童的营养不良和疾病流行率；③提升入学率，确保 5—18 岁的儿童都能够接受教育；④为残疾人和老年人提供必要保障。

项目通过私人银行来发放救助金，并为银行的每笔转账交易支付相应的费用，受助者可以在银行网点领取救助金。厄瓜多尔政府还鼓励受助家庭用这笔救助金作为抵押品来申请小额信贷，从而实现稳定的脱贫。总体而言，BDH 项目包含两大部分，第一部分是针对执行机构的能力建设和社会救助项目改革。该部分政策目的是：①增强 BDH 项目的核心执行架构；②夯实项目的关键政策和流程；③探索与其他社会救助项目合作，共同为极端贫困家庭和社会弱势群体创造机会。第二部分则是对救助者进行现金转移，其设置的前提条件也是受助家庭须保证儿童接受基础教育及定期的医疗服务。

（11）洪都拉斯的 Programa de Asignación Familiar（PRAF-Ⅱ）项目

Programa de Asignación Familiar（PRAF-Ⅱ）是由洪都拉斯中央政府（出资占小部分）和美洲开发银行（出资占大部分）于 2000 年正式设立的。其设立的目的是为了解决 PRAF-Ⅰ项目过低的瞄准率和过高的遗漏率，以及在社会救助服务供给端方面的缺陷。它的运作经费总共约 5000 万美元，覆盖洪都拉斯的 70 个城市，约 6 万个家庭。项目的总体目标是提升该国内最贫困家庭中的孩子的人力资本，进而打破贫困的代际传递。项目的具体目标是：①提升教育的需求度；②鼓励社区参与儿童的教育发展规划；③培训贫困家庭中母亲的营养和卫生知识；④确保贫困家庭有足够的钱来支撑最基本的消费水平；⑤提高孕期及哺乳期母亲在医疗服务方面的需求和服务可及性；⑥对贫困家庭的健康状况保持适时适度的关注。

PRAF－Ⅱ项目主要是由美洲开发银行和国际粮食政策研究所（IFPRI）设计的，它包含社会救助需求端和供给端两个方面的政策内容。在需求端，它主要体现为营养和健康券政策，该政策的受益者是孕期和哺乳期母亲和 3 岁及以下儿童。对受助儿童，该政策每年会给予定额现金补助，且最多补贴每个受助家庭两个孩子。获得该救助金须满足两个条件：①母亲须在孕期进行五次产前检查，并且接受一次产后检查；②儿童须定期参加营养和健康状况检查。在供给端，该项目制定了健康质量激励政策，主要的受益对象是农村健康服务站。具体措施是，根据服务站的服务群体数量，拨付 3000 至 15000 美元的费用。获得这笔资助的条件有两个：①农村健康服务站的管理人员必须参与服务质量改进行动；②服务站必须根据卫生部制定的标准提供卫生服务，并且必须完成服务受助人群的年度目标。

（三）拉美国家 CCT 项目识别受助对象的方法

根据 Coady 等（2004）的总结，社会救助项目识别受助对象的方法一般有以下三类。第一类是个人/家计调查。具体来说，这类方法包括：①审查性家计调查（verified means test），即获取家庭收入和财富的完整信息，并对工资存根、收入和物业税等信息等真实性进行核查；②简单家计调查（simple means test），它不对个人或家庭收入进行独立核查，通常由社工上门对申请者生活状况进行定性评估，该方法使用不广泛，代表性的有牙买加的食品券计划（Grosh，1992）；③替代物家计调查（proxy means test），它根据较明显的家庭特征，如居住地位置、房屋质量、耐用品数量、家庭人口结构，以及教育和职业等指标来形成一个分数，以分值的高低来确定社会救助的分配（Johannsen，2006；Narayan & Yoshida，2005）；④基于社区的瞄准机制，该方法强调社区的本土经验，通过社区成员或与社会救助项目没有利害关系的社区领袖来确定救助的获得者。

第二类是分类瞄准，即社会救助覆盖属于某一类别的所有成员。例如，出于工具理性，各国和地区政府在制定社会救助政策时均会对贫困儿童予以政策倾斜，尤其是在营养补充和医疗卫生服务方面更加关注儿童。此外，还会有为贫困妇女、贫困老年人、某一贫困地区的居民，以及为某个民族（如土著居民）而专门设立的社会救助项目或差异化的救助政策安排（Barrientos & Santibáñez，2009；De Neubourg，Castonguay & Roelen，2007），这些项目实施的也是分类瞄准。

第三类是自我选择。使用该瞄准方法的救助项目具有普惠性，但项目的设计原则是鼓励最需要救助的人去申请，如低工资的公共就业项目、一定时间段内需排队等候领取的救济等（Mkandawire & United Nations Research Institute for Social Development，2005）。这些项目的救助力度往往较小，只会吸引最需要的人去领取。

结合这一划分标准，我们可以发现拉美各国所实施的有条件的现金转移型社会救助项目主要是运用了家计调查和分类瞄准这两大类方法来对救助对象进行识别。而在家计调查这一方法中，最常用到的是替代物家计调查；在分类瞄准这一方法中，最常用到的是年龄分类瞄准和地区分类瞄准（具体参见表 5）。

表 5　拉美各国 CCT 项目的社会救助对象识别方法

国家	项目名称	救助对象识别方法	救助对象
巴西	Bolsa Familia	审查性家计调查	极端贫困和贫困家庭
阿根廷	Families for social inclusion	1. 年龄段分类瞄准 2. 审查性家计调查	1. 有 19 岁以下儿童的贫困家庭 2. 有 19—24 岁未受教育、未工作但愿意受教育的孩子的家庭
智利	Chile Solidario	1. 能力分类瞄准 2. 替代物家计调查	在身份识别、就业、健康、雇佣、收入、教育、家庭动态等七方面的能力低于最低标准的家庭
秘鲁	Programa Juntos	1. 地区分类瞄准 2. 替代物家计调查	最贫困地区中的有孩子的贫困家庭
巴拉圭	Red de Protección y Promoción Social	1. 地区分类瞄准 2. 替代物家计调查	有 0—14 岁孩子的贫困家庭

续表

国家	项目名称	救助对象识别方法	救助对象
巴拿马	Red de Oportunidades	1. 地区分类瞄准 2. 替代物家计调查	贫困社区中有孩子的贫困家庭
墨西哥	OPORTUNIDADES	1. 地区分类瞄准 2. 替代物家计调查	贫困社区中有孩子的贫困家庭
哥伦比亚	Familias en Acción	1. 地区分类瞄准 2. 替代物家计调查	10 万人口以下、有基本公共服务设施的城市中有 0—17 岁孩子的贫困家庭
多米尼克	Programa Solidaridad	1. 地区分类瞄准 2. 替代物家计调查	经济落后地区中的中度和重度贫困家庭
厄瓜多尔	Bono de Desarrollo Humano	1. 年龄段分类瞄准 2. 审查性家计调查	有孩子、老人和残疾人的贫困家庭
洪都拉斯	Programa de Asignación Familiar	1. 地区分类瞄准 2. 审查性家计调查	在平均身高年龄标准分数最低的、且有教育医疗资源的市中，所有有 3 岁以下儿童、12 岁以下残疾儿童、孕妇、老年贫者，或 1—4 年级儿童的家庭

具体来说，拉美各国在社会救助瞄准中较少使用审查性家计调查的原因有两点：一是审查性家计调查的成本往往较高，需要较为发达的信息系统和对审查人员进行较为详细的培训；二是农村地区家庭的收入和资产较难进行货币化操作，而拉美国家的社会救助项目大多面向贫困的农村地区。而在常用的替代物家计调查方法方面，拉美各国大多倾向发挥地方政府的主观能动性，让地方政府根据自身地区的实际情况来制定相应的收入和资产替代物标准。

在分类瞄准方法方面，拉美各国均会根据人口学特征对贫困人群进行分类救助，政策会对儿童进行倾斜，目的是通过为他们提供更好的医疗和教育服务，让他们积累更好的人力资本，从而打破贫穷的代际传递。除此以外，还经常会使用到地区分类瞄准。以洪都拉斯的 Programa de Asignación Familiar 项目为例，它要求所选地区为该国内平均身高和年龄标准分数最低的、且有基本的教育和医疗资源的城市；而哥伦比亚的 Familias en Acción 项目则要求所选择的地区的人口应少于 10 万，且不是地区首府，但至少应有一家银行，以方便救助金的发放。

（四）拉美国家社会救助项目的瞄准效果评估

社会救助瞄准项目的实施效果通常由其政策目的的达成程度来衡量，即这些政策项目为社会带来多大的积极效应。社会救助瞄准政策一般会以发放现金的形式来增加特定贫困对象的收入，但政策的结果还可以通过其他社会指标来进行评估。

1. 家庭消费水平

如根据当地的生活必需品来构建家庭消费指数来评估瞄准政策是否提升了家庭的消费水平（Skoufias，Davis & Behrman，1999）；儿童体质及教育。如测量贫困家庭的儿童出生体重和身高等发育指标、医疗服务可及性（疫苗接种、体检等）、儿童入学率等（Fernald，Gertler & Neufeld，2008；Soares，Ribas & Osório，2010）；就业水平。如测量就业意愿和就业率等（L. B. Rawlings & Rubio，2003）。同时，在具体的实施效果评估方法方面，经常会用到的方法包括：跟踪调查评估法和准试验法（对实验组和对照组进行对比）。

既往的众多评估研究表明，拉美国家有条件的现金转移型社会救助项目取得了比较突出的实施效果，具体可参见表6内容。

表6　拉美各国CCT项目的实施效果评估

国家	项目名称	效果评估指标	评估结果
巴西	Bolsa Familia	入学率、童工率、升学率、受助儿童进入高危行业比例	入学率和升学率提高；童工率及进入高危行业比例降低（Yap，Sedlacek & Orazem，2002）
阿根廷	Families for social inclusion	入学率、疫苗接种率	提升了入学率和疫苗接种率（Rawlings，2006）
智利	Chile Solidario	贫困率	对减贫有效；但财政配额制度是缺陷（Bertranou，Solorio & Van Ginneken，2002）
秘鲁	Programa Juntos	入学率、就医率、疫苗接种率、资金使用率	指标均有所提高；资金使用率高（1.18:1）（Perova & Vakis，2009）
巴拉圭	Red de Protección y Promoción Social	服务质量、满意度、经费投入、志愿者数量、覆盖范围、基础设施发展等	－*
巴拿马	Red de Oportunidades	－*	－*
墨西哥	OPORTUNIDADES	项目覆盖面、儿童入学率、营养状况、儿童体质	覆盖面拓广、儿童入学率提高（尤其是女童和中学入学率）、70%家庭营养状况改善、儿童体质改善明显（Coady & Parker，2004）
哥伦比亚	Familias en Acción	入学率、家庭消费、儿童营养和体质，以及疫苗接种率	指标均得到提高（Angrist，Bettinger & Kremer，2006；Attanasio et al.，2005）

续表

国家	项目名称	效果评估指标	评估结果
多米尼克	Programa Solidaridad	—	—
厄瓜多尔	Bono de Desarrollo Humano	儿童认知功能、语言功能	无显著提升（Perova & Vakis, 2009; Ponce & Bedi, 2010）
洪都拉斯	Programa de Asignación Familiar	社会救助供给端和需求端的匹配程度	供给端改革措施的影响难以评估；在需求端，入学率有所提升，但健康和营养水平未提升（Moore, 2008）

（五）拉美国家社会救助瞄准项目的瞄准率评估

综合 Coad 等（2004）、Ravallion（2009）以及 Zeller 等（2006）的研究，测量社会救助的瞄准情况的方法大致有以下三类：第一，将遗漏比率（exclusion error）与错误纳入比率（inclusion error）进行对比，遗漏比率越低、错误纳入比率越高，则瞄准成效越好。第二，计算社会救助项目预算的配比，即不同收入水平的群体所获得的救助的占比，收入水平越低的群体获得的救助金额占比越高，则瞄准成效越好。第三，量化社会救助瞄准政策所达到的减贫效果，并计算达到相同效果所需要花费的最低成本，进而计算瞄准成本与最低成本之间的差额，差额越小则瞄准成效越好。

这三种方法广泛地运用于各国和地区的测量社会救助瞄准绩效的实践中，尤以第一种方法使用最多。然而，根据联合国社会发展研究所（UNRISD）2007 年的报告：一方面，单独使用这三种方法中的一种容易导致瞄准成效评估的误差；另一方面，除了这三种方法外，还有其他更为可靠的方法和指标可供利用。在此基础上，Dutrey（2007）结合拉美及北美国家的实际案例，提出了四类评估社会救助瞄准情况的方法和指标：

（1）综合使用社会救助项目预算配比指标与遗漏率指标。研究者发现，许多被视为“成功样板”的拉美国家社会救助瞄准项目的确拥有较高的预算配比指标，即项目资金更多地流向了真正有需要的人，但它们的遗漏率也非常之高，大部分项目的遗漏率超过 50%（见表 2－3）。因此在具体评估时，需要将两项指标综合起来看。综合 Castaneda 和 Fernandez（2003）、De la Brière 和 Lindert（2005）、Schady 和 Araujo（2006）、Velásquez Pinto（2003）等的研究，可将拉美国家社会救助瞄准项目的预算配比与遗漏率情况总结为表 7。

表 7　拉美国家社会救助瞄准项目的预算配比与遗漏率情况

国家	项目名称	预算项目配比	遗漏率
巴西	Bolsa Familia	1.98	73%
智利	PASIS	2.67	84%
智利	SUF	3.32	73%
哥伦比亚	SHIR	1.68	26%
墨西哥	Oportunidades	2.90	40%
厄瓜多尔	Red de Protección Social	–	67%

（2）计算瞄准的经济成本，具体包括行政成本、对象核对成本和转移支付成本等。根据研究者对已有社会救助瞄准项目的系统性综述，社会救助瞄准项目的经济成本普遍比普惠型的救助项目的成本更高，根据 Smith（2003）的统计，低收入国家所施行的社会救助瞄准项目中，经济成本的占比平均在 30% 左右，而它们所施行的普惠型救助项目的经济成本则仅占总成本的 15% 左右，而这还不包括贪污、私自挪用所导致的项目资金损失。Coady 等（2004）的研究表明，贪污等违法行为所导致的瞄准成本比正常的瞄准成本还要高。因此，许多研究者建议将瞄准项目与普惠型项目的经济成本进行对比，以确定瞄准项目的绩效。在各国和地区的具体实践中，各种社会救助瞄准方法的经济成本如表 8 所示：

表 8　不同瞄准方法的经济成本对比

社会救助瞄准方法	瞄准有效性	经济成本占总成本比例	数据来源
个人/家计调查	高	0.4%—29%	(Gwatkin，2000)
地区瞄准	中	6%—7%	(Grosh，1994)
自我瞄准	低	6%—13%	(Rawlings，Sherburne-Benz & VanDomelen，2004)

（3）政策执行机构的效能，具体是指机构的执行能力和数据收集能力。由于社会救助瞄准项目多存在于低收入国家，而这些国家通常缺乏公民个人或家庭的收入财产信息统计、没有自觉披露个人收入财产信息的传统，并且诚信环境差，救助项目的瞄准情况很大程度上依赖于政策执行机构的效能。根据 Tekleselassie 和 Johnstone（2004）对于非洲国家社会救助瞄准项目的研究，在政策执行机构效能低的国家，瞄准项目的效能比普惠型项目的效能更低。

（4）政策所获得的政治支持。由于减贫工作的长期性和复杂性，社会救助瞄准项目需要来自民众的持续支持。在民主政体中，普惠型的项目往往容易获得更多的政治支持，因为它能顾及各个基层的利益。而社会救助瞄准项目，尤其是那些瞄准群体偏小的项目往往会引发一般纳税人的反感，将救助获得者变为少数群体，并进而导致社会排斥和歧视等问题（Laurell，Zepeda & Mussot，2005）。

此外，一些学者还从社会救助瞄准政策的执行过程出发，提出了对政策的瞄准绩效进行综合评估的方法。Miller、Tsoka 和 Reichert（2010）基于非洲国家实施现金类救助瞄准项目的实践，将项目的执行划分为项目计划、定位、实施和结果四个阶段，并对每个阶段进行瞄准绩效的评估。①项目计划阶段。在该阶段，瞄准情况的评估指标是项目的准入条件。该阶段的评估任务就是确定项目准入条件是否与特定情境中对贫困的理解和定义相符，以及是否在预算允许范围之内。②项目定位阶段。在该阶段，评估的主要内容是项目的瞄准概念，即项目的瞄准概念（如“赤贫人口”“残疾人群”等）多大程度上与预期瞄准的人群重叠。③项目实施阶段。在该阶段，评估的主要内容是项目在基层社区的实施质量。所使用到的评估指标包括：基层工作人员的项目动员能力、培训基层工作人员的能力、基层工作人员对社区的了解程度、基层工作人员的评估能力、是否有基层意见领袖、是否有社区各方意见协商机制、基层应变能力。④项目结果评估阶段。计算项目实施过程中存在的遗漏率与错误纳入率。

（六）拉美国家社会救助瞄准的经验总结

过去数十年的全球经验表明：经济发展并不足以减少贫困。世界发展报告（World Development Report）指出，减少贫困还需要具备三个重要条件（Moore & Putzel，1999）：第一，应使贫困家庭建立起资产基础，以使他们能够参与到发展过程中来；第二，应促进贫困者的资产及其所在的行业的更大的增长；第三，由于由扶贫战略的落实需要耗费一定时间，应制定短期的公共转移支付项目来保护和提升最贫困家庭的消费水平。要达成这三项条件，必须有实用而适当的贫困瞄准机制。拉美国家的实践表明，有条件的现金转移型社会救助瞄准政策能较为有效地平衡这三项目标。基于以上的文献综述和分析结果，可以发现拉美国家的社会救助瞄准政策实践的基本经验可以归纳为以下四个方面。

首先，重视对贫困家庭的儿童的人生发展规划以及家庭成员的赋能，从而培育贫困者的个人和社会资本，避免贫困陷阱和贫困的代际传递。根据诺贝尔经济学奖获得者阿马蒂亚·森的能力方法理论，贫困者的致贫原因是能力的贫困，是缺乏对资源进行转化的能力。拉美国家社会救助瞄准政策实践中对贫困家庭，尤其是儿童进行赋能的做法，无疑是从根本上铲除贫根的有效途径。

其次，不仅重视对需求方的投入，对资源的提供方，如提供基本医疗健康服务和教育服务的机构也予以充分利用和投资。我国在长期扶贫的实践中，存在着扶贫投入方面的“补供方”与“补需方”的不平衡，倾向于将资源直接提供给贫困者，而忽视了当地基础设施建设、第三方服务机构发展等方面的重要性，对扶贫效果的持续性和有效性产生了负面影响。因此，拉美国家在积极培育贫困地区扶贫和教育服务供给能力方面的做法值得我国借鉴。

再次，重视发挥家庭尤其是母亲在脱贫中的重要角色。具体措施包括将救助金发放给母亲，以及对母亲进行培训以增强其培养孩子的能力等。世界各国和地区的经验表明，女性在面对贫困时较之男性更为脆弱，贫困的女性化是一个共同的难题。对贫困女性，尤其是家庭中的母亲进行经济上的赋权，有利于提升女性的地位、提升扶贫资源的利用率，以及降低代际贫困转移的发生率。

最后，重视对家庭主要成员细分能力的具体评估，从而重点提供相匹配的公共服务。以智利为代表的拉美国家强调对贫困家庭进行专业评估，根据能力缺陷来提供相对应的服务，使扶贫投入更加有的放矢。这对于我国当前的“精准扶贫”实践具有较强的借鉴意义，即不单单看重经济指标方面的缺陷，还应重视家庭发展能力、社会功能等方面的不足，进而实施物质支持和服务支持并举且更有针对性的扶贫政策。

但与此同时，在具体实践中，拉美地区的社会救助瞄准机制也出现了许多问题和弊病，其经验教训也值得我国政策制定者警惕。它们主要包括：①许多救助项目没有瞄准效果的评估（甚至没有政策效果评估），有相关评估的显示许多项目的瞄准效果非常低；②预算难以保证，影响瞄准机制和政策实施效果；③一些国家的社会救助项目被过度政治化，可持续性存疑；④一些社会救助瞄准项目在国内的区域间准入门槛差异过大，造成新的地区间不平等；⑤一些项目由于预算和机制设计中的缺陷等问题，将最贫穷、最没有申请能力的群体排除在救助项目之外。对此，我国政府在当前和今后一段时间的扶贫实践中，应注意完善政策评估和效果追踪机制、保障政策的财政投入、提高政策的包容性、避免将扶贫政策过度政治化，使贫困群体能真正受益于社会救助瞄准，并在全面建成小康社会的道路上不掉队。

三、转型国家社会救助瞄准：社区瞄准的经验

自 20 世纪 90 年代苏联解体以来，如何将公共资源更好地瞄准贫困群体，如何保护穷人和弱势群体成为大多数独联体国家共同关心的议题。本文将主要比较分析乌兹别克斯坦的马哈拉救助计划（Mahallas）、拉脱维亚的最低生活保障计划（GMI）、吉尔吉斯斯坦的社会救助计划（SP），以及阿尔巴尼亚的多层级社会救助计划（NE 计划）。

文章第二部分将主要阐述这四个转型国家贫困救助瞄准中一些具体细节，包括

救助瞄准项目的实施主体、救助资金的拨付和救助对象的识别、救助瞄准项目中的一些明显的优劣势。第三部分将对这四个转型国家的瞄准项目进行总结评估。

（一）乌兹别克斯坦的马哈拉救助计划（Mahallas）

1. 马哈拉救助计划的实施背景

直至20世纪80年代末，乌兹别克斯坦一直都是中亚地区人口最多的国家，同时也是苏联加盟共和国中最贫穷的国家之一。20世纪90年代贫困的加剧促使乌兹别克斯坦重新考虑如何将公共资源瞄准贫困人群，改变从之前沿袭下来并不适应现状的救助系统。1994年末，乌兹别克斯坦引入了一项新的社会救助计划，鉴于伊斯兰地区特有的传统市民自治组织——“马哈拉”（Mahallas）对当地情况最为了解，政府计划由当地传统的基层自治组织马哈拉来执行，并由马哈拉来设定生活水平衡量指标，以期更加准确地瞄准社区中最贫困的家庭，减少多头管理的现象。拥有悠久的历史的马哈拉，最初是由专门为社会居民解决纷争与矛盾、通过多种形式帮助社区贫困家庭的长者组成的自治组织，在历史上曾经发挥过极其重要的作用。乌兹别克斯坦大约有12000个马哈拉，每个马哈拉社区大约有150—1500个不等的家庭，平均每个马哈拉有400户家庭。

乌兹别克斯坦独立以来，政府一直十分重视马哈拉的社会角色，将其作为可供选择的社会控制工具，纳入到了国家系统中。不仅竞选马哈拉的候选人必须得到当地政府部门的批准，当地政府部门还直接支付马哈拉首领和秘书的薪水。虽然马哈拉并非宗教组织，但在社会规范和行为方面一直推崇传统的伊斯兰思想。首领和马哈拉成员原则上是由当地民众选举产生的。但是大多数情况下成员其实是由马哈拉社区中的长者指定的，并且女人很少参与到组织中（Poliakov，1992：77）。

2. 救助资金的拨付及救助对象的瞄准

（1）救助资金的拨付。马哈拉用于社会救助的资金几乎全部来自中央政府，资金由财政部通过州（地区）和行政分区（下一级地区）办事处来分配。每年用于社会福利的资金一旦拨给各马哈拉社区后，政府不会再追加拨款。每个马哈拉组织以每月现金转移支付的方式来援助贫困家庭，援助的提供以三个月为限（可以在到期后继续申请援助），援助标准是给予1.5—3倍最低工资标准的现金。在资金的分配方面，马哈拉救助计划瞄准的是每个马哈拉社区中最贫困的家庭，而不是这个国家中最贫困的家庭，因此最富有地区的马哈拉社区中的家庭和那些最贫困地区的马哈拉社区中的家庭获得同样多的援助资金。但在实际操作中，州或行政分区的财政部会明显在不同的马哈拉社区之间重新分配资金。

（2）救助对象的瞄准。希望获得援助的家庭必须要向当地的马哈拉组织提出书面申请或者由当地马哈拉首领指定受助家庭。然后由“最受尊重的公民”——马哈拉组织首领的顾问、劳动部、税务督察以及财政部等当地办事处代表组成的委员会决定这个家庭是否有获得救助的资格。如果具备资格的，分配多少救助金取决于马哈拉组织给予的走访报告，报告将会涵盖申请家庭成员的就业情况、收入和资产、获得和使用自留地情况等。根据委员会的建议，由马哈拉组织召开全体会议，会议会记录下批准和拒绝援助的理由并存档保留。

救助计划包含了严格的规定和相当多的程序。劳动部会针对如何瞄准贫困家庭给予相关的指导意见：“救助应当给予不可能通过增加经济活动来迅速提升他们的收入的家庭，物质援助应当主要给有众多孩子的家庭、失业家庭、家庭主要经济支柱是残疾人的家庭、完全或部分丧失劳动能力的家庭，失去主要经济支柱的家庭和退休独居的老人。”同时，有关瞄准率评估的规定要求考虑：“家庭的组成，上个月的家庭收入，家庭资产的评估，拥有自留地的规模和从自留地中获得收益的可能性。在考虑家庭资产时，委员会应该看家庭是否有在日常生活中不重要的非维持生存必需的贵重物品，比如说：一辆车，乡间别墅或者其他奢侈品。”尽管如此，马哈拉组织仍然有非常大的自由裁量权。实际上，从劳动部获得的指导意见指出马哈拉组织有权利独立制定受益的原则和标准。

3. 马哈拉救助计划的实施效果

John Micklewright（2005）和 Sheila Marnie（2005）通过 1994 年至 1998 年的行政档案以及 1995 年 6 月和 1999 年 2 月分别在乌兹别克斯坦的塔什干市、费尔干纳和卡拉卡尔帕克斯坦——三个代表不同生活水平的城市进行的家计调查数据对马哈拉计划的瞄准效果进行了初步的评估。其中塔什干（包含逾 200 万人口）的生活水平比两个地区要高，作为农业城市的费尔干纳生活水平居于中间层次，而卡拉卡尔帕克斯坦作为乌兹别克斯坦最贫困的地区，毗邻咸海，生活水平最低，环境问题突出。研究人员在三个地区各抽取了约 500 个家庭，通过信件的方式将问卷寄送给每个家庭的户主，问卷包含了所有 16 岁以上成年人的教育、就业、收入等信息外还包括家庭组成、家庭设施、耐用商品所有权、私人农场的使用权和利用及私人资金转移等信息，并收集了所有学龄前儿童身高、体重等人体测量信息，通过逻辑回归对家庭受助的可能性进行了预测分析。

结果显示，相对生存状况好的家庭，马哈拉计划将援助更多地提供给那些生存状况不佳的家庭。同时，提出救助申请的家庭逐年下降，并且家庭提出申请的概率随着家庭收入的增加迅速降低，证明基于传统社会组织的马哈拉救助计划能够使富裕家庭正确地认识到救助并非是面向他们的。然而，正如上面所提到的，马哈拉计划的缺陷也显而易见，基于马哈拉组织的天然属性——传统伊斯兰自治组织，马哈拉计划导致斯拉夫家庭和某些中亚少数民族家庭无法有效地获取救助计划信息。

4. 马哈拉救助计划实施中的优势与劣势

依托传统市民自治组织实施救助的马哈拉计划在贫困家庭瞄准和救助计划实施方面拥有明显的优势：首先，在一个高度集权的国家，马哈拉计划能够尽量多地了解当地家庭的基本情况，能够减少家庭隐瞒他们真实状况的现象，减少救助金管理者和潜在受助者之间信息不对称的问题；其次，给予马哈拉组织自由裁量权能够使马哈拉及时将社区居民对救助方式的偏好融合到计划的执行中；最后，通过马哈拉这样形式上的非政府组织执行救助计划可以降低行政成本，增加信息的扩散度和计划原则的可接受性，增加贫困家庭的领受率和防止虚假的救助申请。与此同时，马哈拉首领可以在家庭不提交申请（或者对计划不知情）的情况对有家庭是否有资格受助进行评估；更重要的是，马哈拉计划还将一些反映家庭生活水平的指标纳入考量的范围：如，收入的种类、家庭拥有土地的农业生产力等，这主要是因为相较于以前，现在更多的家庭从事自我雇佣且政府对经济活动的管控比以前更加放任。除此之外，马哈拉计划特别强调动态扶贫，扶贫的对象是那些“不能显著增加他们收入”的家庭而不只是贫困家庭本身，救助金只发放三个月，之后如果还需要继续获得资助必须要再次提出申请。

然而，马哈拉计划也存在明显的劣势：首先，自由裁量权意味着可能存在主观和任意，救助程序可能会存在对少数派的种族和宗教歧视，导致马哈拉官员滥用权力，而马哈拉计划缺乏建立对申请结果上诉的机制，可能更会加剧不公平的产生；其次，救助金的分配显然没有考虑到每个社区不同的平均生活水平和由此产生的不同的福利需求，作为一个国家层面的社会救助计划，马哈拉计划不是根据国家普遍的国民生活水平进行救助分配，这将导致一些贫困家庭无法获得救助而相对富裕的家庭却得到好处；再次，尽管马哈拉有助于降低成本，但审核救助申请的委员会中的公务员和每个马哈拉的首领和秘书的工资都由国家负担（虽然他们的社会功能远不止实施社会救助计划），由于存在众多数量的马哈拉，监管成本也在增加；最后，向马哈拉递交救助申请和审批救助的公共性质可能导致斯拉夫人或其他非中亚民族的家庭（大城市中存在的少数民族）放弃救助申请的权利。

因此，马哈拉计划能否很好地瞄准贫困家庭，取决于对计划优劣势两者之间平衡的把握。

（二）拉脱维亚最低收入保障计划（GMI）

1. 最低收入保障计划（GMI）的实施背景及内容

与大部分东欧国家和苏联国家相似，拉脱维亚在1991年独立之前的社会救助制度是以低工资、补贴、家庭福利、养老金，以及对老年人和残疾人的制度关怀为特征的。属于中等收入国家的拉脱维亚，具有很高的不平等性。除此之外，拉脱维亚民众大多仍旧保持旧的“计划经济体制”思维，计划经济体制下国家为民众提供“从摇篮到坟墓”的照顾，以及“贫困”是由个人造成的悲剧的思想观念，人们普遍认为一些群体应该比其他人获得更多的福利救助，最突出的例子就是老人和残疾人，那些不应该获得福利救助的却往往是最脆弱的群体，他们不遵守社会的规范和价值，不努力来使自身收支平衡。旧制度在援助穷人方面的无效促使拉脱维亚政府一直试图进行社会救助制度改革。

2003 年 1 月 1 日，拉脱维亚政府引入了一种全新的城市社会福利制度——最低收入保障计划（GMI），并颁布了《社会服务和社会救助法》，明确地方和中央政府在提供社会救助和服务中的责任，旨在通过一个具有成本效益的社会救助制度，向最有需要的居民提供有针对性的救助以消除贫困，促进弱势群体融入社会。

然而，如果像拉脱维亚这样很高的不平等性伴随着差距较大的收入分配，要实现目标是不容易的。出现纳入或排除资格水平错误的概率非常高，在资格门槛上的一个小变化，都会对符合领取福利资格家庭的数量产生巨大的影响。

2. 救助资金的拨付及救助对象的识别

（1）救助资金的拨付

在拉脱维亚，最低收入水平每年由内阁部长来确定（2003 年是人均 15LVL[①]），直辖市可以根据当地需要和财政资金自由增加最低收入水平。有针对性的社会救助资金 100% 来自地方预算。中央政府对地方政府层面政策执行的影响是有限的。地方政府在决定谁应该获得有针对性的社会救助福利时不会放弃他们的自由裁量权，而保持地方政策实施中的最大的自由裁量权是导致 GMI 水平低的原因之一。除 GMI 救助金拨付外，地方政府还提供其他如住房、急救等福利，这一部分福利也是由地方政府预算全额资助。

（2）救助对象的瞄准

GMI 主要通过申请人上报的家庭总收入为指标确定救助资格。领取最低收入水平的资格评估分两个步骤：首先，申请人必须证明家庭人均收入在过去的三个月低于最低工资的一半；其次，GMI 只授予家庭人均收入在过去的三个月低于 GMI 水平的家庭。

是否获得社会救助是由当地社工评估确定的，主要取决于几个因素：非正式收入的规模、总收入中现金的份额、人们报告自己真实收入的倾向性。在拉脱维亚，

① LVL，拉脱维亚货币单位拉兹。

是否获得救助不能仅仅通过正式收入决定，高额的社会保障税使得瞒报收入的现象极其普遍。而通过社工对申请情况和行为进行主观判断，不仅有助于提高救助效率，还有助于在核实申请人提供的信息的收入登记（例如税务登记）缺失的情况下形成良好的监督。因此在识别贫困受助者过程中的一个极其重要的角色就是当地的社会工作者。Franziska Gassmann 通过对 2003 年的行政数据的计量统计发现，那些拥有接受过专业训练的社会工作者的直辖市，GMI 救助接受者领取的份额略高。

（3）最低收入保障计划的实施效果

Franziska Gassmann（2005）通过 1997 年、2000 年和 2003 年由拉脱维亚中央统计局开展实施的 HBS（拉脱维亚家庭预算）调查数据建立了一个贫困档案，通过计量经济模型对接受社会救助概率的影响因素进行评估。此外，还通过 2003 年社会救助基金会（SAF）的行政数据，对地方社会救助福利、GMI 福利、国家社会福利进行了比较，从而更好地对地方政府政策执行差异的决定因素进行识别。结果显示，国家社会福利使更多的贫困家庭获益，超过一半的贫困人口获得至少一份国家福利；但地方社会福利遗漏非常严重，10% 最贫困的人口只收到当地政府社会救助的 16%，地方社会福利的 27% 给予了最富有的 40% 的家庭，几乎 30% 给予了中等收入家庭；并且，在实际的 GMI 福利接受者中，有 82% 的人口在人均福利水平方面是没有达到 GMI 资格要求的，综合考虑所有地方社会救助，有 88% 的福利接受家庭不属于贫困家庭。

3. 最低收入保障计划（GMI）实施中的优劣势

基于收入调查结果的最低收入保障计划（GMI）是来自苏联式福利国家的一个新的概念。计划经济的一个特点是几乎“从摇篮到坟墓”的社会保障制度，预见所有的基本需求。安全网提供了就业保证、安全的工资、慷慨的家庭福利、与就业相关的社会保险、免费的基本必需品或补贴。官方声明中是不存在贫困的，那些无法应付的人不得不责怪自己。随着社会保障制度的崩溃和产量下降、失业率的上升和实际收入的下降，那些不容易适应新环境的人需要一种新型的安全网，但拉脱维亚的人们却仍然在旧的思维方式中。

相较于拉脱维亚之前的普遍福利救助，由家庭收入调查确定结果的最低收入保障计划（GMI），一个突出的优点就是有效地使用了稀缺资源。GMI 计划实施后，针对穷人的救助目标绩效得到了改善，但仍然存在相当大的不足，很大一部分当地的社会救助给予了非贫困的家庭和个人。虽然从理论上说，分散的系统可以更好地评估穷人的需求，地方层面的工作人员可以更好地了解需要帮助的人，但同时这也意味着容易滋生地方腐败和精英垄断。同时，GMI 行政成本也更高，获得的政治支持则更低，救助申请者跨越资格门槛的边际税率更高，并且面临更高的福利退出风险。

更重要的是，GMI 计划实施的过程中，由于融资机制是完全分散的，中央政府几乎没有任何杠杆工具来影响政策在地方层面的实施。市政当局对 GMI 的引进不感兴趣，因为他们担心在福利分配方面损失自由裁量权，影响他们未来的选票。

在政策执行方面，一方面有接受过培训的社会工作者很重要，虽然拉脱维亚大多数城市都有电脑，但只有少数几个城市使用专门的软件进行福利管理，很大一部分办公室仍旧使用纸质文件和登记簿进行福利管理（Gassmann & Sowa，2004；Rajevska，2004），城市间的差异极大地影响到政策实施的效果。另一方面，由于地方政府在决定谁应该获得有针对性的社会救助福利时不会放弃他们的自由裁量权，因此保持地方政策实施中的最大的自由裁量权是导致 GMI 水平低的原因之一，拉脱维亚引进严格的目标性福利 GMI 是减少了地方层面可用的预算，尽管与之前的福利相比，有需要的家庭从 GMI 中获得了更多的家庭福利，然而分配到的福利金额却比之前要低得多。此外，调查结果显示，地方政府更倾向于目标群体而非有收入调查结果确定的福利接受者。

拉脱维亚 GMI 计划实施的失败，启示在政策改革和实施的过程中，政治经济的影响是不可低估的。根据目前的调查研究和数据都显示，相较于有收入调查确定福利的 GMI 计划，拉脱维亚普遍支持此前的普遍福利政策。在普遍福利政策下，没有必要去核实救助申请人提供的信息，行政成本相当低，地方政府乐于接受。同时，在一个有相当大的非正式经济或隐性收入的国家，由收入调查结果确定的福利仍然是有问题的。但不可否认，在一个分散的系统中，社会工作者在地方层面的作用是决定性的，他们能为那些在基层有需要的人得到公平的对待，并能为他们在全国争取获得平等的社会保护，因此对现有社工的培训和新的社工的教育投资，对拉脱维亚的未来来说，是会得到回报的。然而，就目前而言，地方政府并没有动力去优化这些福利目标，只要这些福利完全由地方预算资助，中央层面无法进一步减少可用福利的数量，GMI 救助计划的实施就会陷入两难。

（三）吉尔吉斯斯坦统一月度福利计划（UMB）

1. 计划实施的背景及内容

按照人均 GDP300 美元来看，吉尔吉斯斯坦是苏联几个加盟共和国中，仅次于塔吉克斯坦的第二贫穷国家。自 20 世纪 90 年代以来，保护穷人和弱势群体一直是吉尔吉斯斯坦政府一贯的政策重点。尽管其 GDP 水平较低，税收也在不断减少，政府仍投入了大量资源以保障社保工作顺利开展。按相对价值计算，社保支出占 GDP 的 20%（1995 年经济萧条达到顶峰）到 12%（2001 年）。吉尔吉斯斯坦的救助安全网主要由社会保险、社会救助计划及与电力消费相关的准财政转移几个部分组成。

社会保险主要由为前政府雇员、农民（老人和残疾人）及其亲属提供的养老金、医疗保险以及相关的其他福利（疾病或生育津贴和为养老金领取者提供的丧葬补助）组成。2001 年社会保险体系占 GDP 的 5.1%。从社会风险管理角度来看，社会保险体系减轻了不少社会风险，如失业、意外、残疾，以及年老者缺乏谋生能力等。社会保险发挥的再分配功能已逐渐超过其最初的保险功能。在社会保险体系中，养老金是吉尔吉斯斯坦社会救助项目中最为重要的救助项目，覆盖了 36% 的人口，几乎是所有消费人群最重要的收入来源，在贫困家庭中收入占比更高。

社会救助体系包括多项现金福利、福利津贴等，其中针对贫困家庭和某些特别人群的统一月福利（Unified Monthly Benefit，下文简称 UMB）占比是最大的，作为吉主要的减贫项目，UMB 试图通过现金补助将最贫困家庭的收入差距提高至贫困线，保证其达到最低消费水平。福利津贴也是以现金补助的形式发放给那些特定的、无法工作的人，如残疾人、家中有残疾儿童的、孤儿、一位母亲带着多个孩子和没有养老金收入的老人等。发放的标准根据不同对象来定，但必须保证最低人均在 UMB 的 75%—300% 之间。此外，还有两项有针对性的津贴方案：①所有人均收入低于 350 索姆/月，且无其他补贴用于支付电、煤、热水和达到一定配额的区域供暖的家庭，都由预算来填补差额（上述价格和半国营企业的关税间的差额），这个方案在全国范围内实施，但首都比什凯克除外；②在比什凯克，如果家庭水电费账单超过总收入的 27%，就可以申请住房津贴。由于覆盖面窄，这项津贴的 GDP 占比极低。除此之外，还有一项优待政策，或称价格优惠，这一政策覆盖的特定类别如下：运输、通信、能源、医药、卫生服务、住房、公用事业等。享受优待的公民包括：退伍军人、执法人员、军人、残疾人、高地人、切尔诺贝利核事故受害者以及一些贫困家庭。根据这些分类，优待公民可享受 100%、50%、20% 不等的价格优惠直到一个定额（社会规范的消费定额）。市价（能源和公用事业的关税）与优待人员（在社会规范内）实际支付额间的差价，由劳动和社会保障部支付给能源/公用事业供应商。这些优待公民（48 万人）享受价格优惠的估计成本约占 2001 年 GDP 的 0.5%。

准财政转移不同于社会救助，是一种暗补，不设目标群体。因此，电耗远高于穷人的富裕家庭，获得了绝大多数的补贴。这部分转移的估值约占 2001 年 GDP 的 5.9%。

2. 救助资金的拨付及救助对象的识别

（1）救助资金的拨付

UMB 补贴金额所覆盖的类别人群包括：①16 周岁以下的儿童及在中等教育机构的 18 周岁以下的学生；②在高等院校、中专和职业技术学院（兼职、函授的除外）

就读的 21 周岁以下的学生。如果家庭人均收入低于最低消费水平（GMLC），并且家庭中有成员符合上述条件的，其家庭所获福利的计算公式为：

$$UMB = (GMLC - APMI)P$$

其中，UMB 是每个家庭获得的总额，APMI 是人均月收入，P 是家庭中符合 UMB 的人数。因此，将月收入至少提高到 GMLC 水平的福利大小，与家庭中 UMB 资格者的人数成正比。

（2）救助对象的识别

家计调查中家庭总收入是评估 UMB 资格第一步，其中包括现金收入和估算的农业收入。现金收入包括任何形式的税后现金收入，如工资、奖金、社保转移、公司利润、租金和其他财产收入、股息、保险费和私人转移；还包括临时或一次性福利如伤残抚恤金、产假津贴等；农业收入包括家庭从田地中获得的所有收入的估值，遵循的是 1998 年颁布的关于变更土地所有权所得收益的一套准则，一直使用到 2003 年。根据国家福利法，议会有权每年修改并批准有关农业收入的准则、种植结构及其市场价格的调整。

3. UMB 的实施效果

通过对吉尔吉斯斯坦社保项目缓减不公平现象和最终受益群体的效果进行评估。结果显示，尽管政府在财政预算上做了很多努力，但社保福利只覆盖到了不到一半的穷人，其中包括 40% 的极端贫困人口。总体上，有 36% 的人口从社会保险项目中受益。从覆盖范围（和转移资金量）来看，最重要的是养老金项目（是领取养老金家庭的规模较大，并不是符合条件的老年群体占比大，仅占总人口的 10%）。从社会保险的覆盖范围来看，最底层的 1/5 高出最上层 1/5 人群 50%；对城镇居民和女户主家庭的覆盖面也更多。社会救助项目中，设置的限定条件越多，越能让最需要救助的穷人获得帮助，约有 14% 的人获得了某种形式的社会救助，这一比例远高于最贫困群体、农村以及女户主家庭。相反的，奖学金和优待的受益对象中，富人占绝大多数。

尽管贫困问题在吉尔吉斯斯坦大范围存在，但吉政府采取的措施却无法瞄准那些最需要帮助的群体。首先，针对减贫的家计调查项目只占总预算的很小一部分，主要的减贫项目 UMB 和社会津贴也只占社保转移总额的 6%；其次，大量资源是在无瞄准机制情况下进行的，这些福利绝大多数渗漏到了富裕家庭如准财政补贴、价格折扣，这类补贴的总额与消费水平相关，消费越高，得到的补贴越多；最后，现行的社保体系忽视了最重要的弱势群体，在覆盖范围上，应该把那些处于工作年龄段且没有孩子的贫困家庭纳入进来。

此外，现有的项目缺乏应对正式劳动力市场冲击的失业福利计划，UMB 大部分的受益者是没有固定收入并且依赖于温饱型农业的农村居民，判断这些家庭主要看家庭拥有的农田数量、住房面积及人口结构，因此，那些拥有很多田地但被冲击的家庭往往被排除在项目之外。由于UMB经济调查不规范、预算又十分有限、大型项目标准不严甚至没有标准、优待项目缺乏监管及缺乏量化的目标，救助项目的整体瞄准性较差。

4. UMB的优劣势

吉尔吉斯斯坦几乎所有的项目，尤其是UMB项目受益者都来自少有余粮的极度贫困的农村居民；而对那些难以进行经济收入调查的家庭，取而代之的却是有缺陷的土地测量。许多社会救助项目在瞄准贫困群体时，使用不同的收入限额确定其资格，这样不仅很难评估那些没有被覆盖到的穷人群体，还容易导致劳工部行政能力不足被放大，存在重复浪费的潜在可能。因此对于那些本身不同但资格限额相同的项目，使用连贯的减贫项目准则更为有效。

尽管UMB已经是救助瞄准较好的项目，但UMB在项目设计上仍存在很多问题，针对个人层面的瞄准机制有很多缺点，而且有大量福利渗漏到非极端贫困的家庭：①贫穷是一个家庭特征，政府有选择地帮助家庭中的某些成员，但实际上是整个家庭在共享这些资源，项目的本意是想要帮助弱势群体，事实往往不是如此。②UMB项目不会帮助有工作的穷人。即使这个项目已成功将没有孩子的家庭纳入帮扶中，但是仍有许多年轻的家庭缺少良好的就业机会来建立经济基础，而长期贫困对这些家庭的发展前景是消极的。③由于存在大量的非正式部门以及薄弱的行政能力，资产调查进行得很困难，政府无法核查人均收入数字是否准确，比如，很大一部分收入是非正式的农业收入，受季节、天气和价格的影响，当前收入常偏离议会制定的静态收入准则，而且有很大一部分来自畜牧生产的农业收入，没有被考虑进来，租金、红利或保险费同样很难监管，财政登记系统不仅没有相互连接，而且只有少数进行过计算。④UMB项目存在负激励效应，很多时候，经济调查的运行成本很高，使项目缺乏吸引力。

对于吉尔吉斯斯坦来说，未来要做的几个方面工作是：①通过多样的政策明确目标群体，并使用可比较的标准确定那些最需要帮助的人，虽说不指明群体是为了保护穷人和弱势群体，但每个项目都应该有其自身的标准，以确定受益者是否具备资格。②通过增加资金和提高UMB资格限额，扩大覆盖面与合理提高一些低效项目的支出，以此增加社会救助支出对最贫穷群体的影响。③应该加强社会救助项目的监管与评估，政府应该继续平衡好收入充足、收入替代、财政平衡和可持续发展等多重目标间的关系，同时逐渐提高养老保险的缴费率。养老金应该能够根据消费者物价指数的变化进行调整，政府应该认识到更充足的养老金水平只会流动到新增的养老金领取者身上，唯有经济增长才能带动实际工资的增长。

（四）阿尔巴尼亚 NE 计划

1. NE 安全网计划的实施背景及内容

像大多数东欧和苏联国家一样，阿尔巴尼亚计划经济体制的崩溃不但引起了一场“工业雪崩”，产生了大量的失业者，还直接导致了国家财政收入的萎缩。不过相较于其他低收入国家，阿尔巴尼亚在社会救助瞄准方面做得相对较好，这主要得益于阿尔巴尼亚 Ndihme Ekonomika（NE）安全网计划的颁布实施。

最初，NE 计划是在阿尔巴尼亚首都地拉那实施的以收入为标准的条件性补贴。政府建立并发布了补助金的最高和最低限额并监督其发放。家庭可以向劳动和社会保障部申请 NE 补贴，申请时需要提供证明本家庭占有土地和目前雇佣状态的相关文件。由于该计划并不涉及联合融资，并且阿尔巴尼亚政府的税收收入很少，地方委员会并没有什么动机去核实这些文件的真伪，然而劳动与社会保障部的地区官员还是会抽查申请者提供的信息。1994 年前期，阿尔巴尼亚政府由于担心计划超出政府负荷缩减了 NE 计划资金——平均每一个社区（一个社区指一个由 9 个村庄和平均 1500 个家庭组成的行政单元）所分配到的补助减少了 25%。1995 年 10 月，政府改革了控制 NE 计划的法律，目的是让其更加倾向于整体补助款计划，于是 NE 计划开始成为一个津贴计划，而非其设计初衷。政府保留了每个家庭能够获得的补贴的最高限额，取消了除了一小部分生理残疾者之外的最低限额。不仅如此，地方行政官员获得了一项权利：在这些官员从劳动与社会保障部获得的整体社会救助款和他们实际分配给当地家庭的救助款之间可以有 50% 的差异。地方政府被授权去使用这些剩余的资金来为社区公共事业项目提供经费，并将资金保留一年（无论是实际上还是账面上）以积累到需要的额度来开始新的公共事业项目。

2. 救助资金的拨付及救助对象的识别

NE 救助金的拨付及救助对象的识别主要分为三个步骤：首先，家庭向社区办公室申请社会救助。计划管理人（一个由劳动与社会保障部支付薪水的官员）会列出一张有资格接受者的清单，并根据每个家庭的规模、土地拥有量、家庭成员是否有薪水或补贴来预估其需要。其次，失业保险和补贴从上述金额中被扣除，因为它们已经通过一个家庭从土地里获得的潜在收入来估价了。最后，选举产生的社区委员会决定每个家庭实际获得的补助金。这个委员会可以自由增减获得者姓名，也可以根据重要拨款调整每户所得。每个月补助金数额都会根据最新信息和中央拨款总量而变化。农村地区的申请和筛选流程与城市基本相同，只是在社区的规模上会比城市社区的平均规模大 10 倍。

3. NE 安全网计划的实施效果

基于阿尔巴尼亚劳动与社会保障部赞助的多用途的、模块化的生活标准衡量调查（LSMS）通过集群抽样对 NE 安全网计划的实施效果进行评估。之后，又通过两套回归模型对社区获得救助金多少是如何影响当地管辖区内贫困者瞄准进行了验证。1995 年 10 月到 1996 年 11 月的调查数据显示，几乎一半的最贫穷家庭获得了一些来自 NE 安全网救助计划的救助，而相对富裕家庭得到的救助较少。具体来说，一半的社会救助给到了 1/5 最穷的人口。NE 计划同其他许多发展中国家中一些效率非常高的价格补贴、与食物相关的转移支付计划（Alderman1991，Alderman and Lindert1998，Grosh1994）或者非 OECD 国家的现金转移支付（如南非的津贴计划）（Case and Deaton1998）一样，有着很好的瞄准机制。

4. NE 安全网计划实施中的优劣势

阿尔巴尼亚的 NE 安全网计划针对穷人的社会救助比其他发展中国家做得好得多，地方政府向每个家庭分配的救助金比中央政府向地方政府的救助金分配做得要好，NE 安全网计划精确的瞄准机制有明显的优势值得借鉴：首先，政府部门的分权化通常被认为是一种更好的手段来匹配偏好和政策，来实施政策，或者两者皆有，在瞄准服务和面向贫穷者的转移支付方面，分权化可以减少为了获得有关收入和需求方面的精确信息而造成的高花费。其次，地方官员有可能对他们的社区更加了解，并且更有能力甄别谁是真正的贫困者，相较于国家政府，一个家庭在地方政府面前能够隐藏的境况信息要少得多，除此以外，由于一个社区中的致贫因素与另一个社区可能存在差异，一个分权系统也可以通过允许地方政府决定当地的福利获取资格标准来提高安全网计划的效率。

然而，NE 安全网计划也存在明显的缺陷：首先，由于缺少有关土地占有量或救助金人口数量的信息，劳动与社会保障部也没有分解到社区层面的失业数据，对于社会救助资金的分配基本都是临时的，也没有与社区的贫穷程度十分紧密地联系在一起；其次，有效的分权并不仅仅依地方政府的责任和效率而定，整个计划设计需要中央政府进行关键决策，这些决策的内容是如何在地方政府之间分配补助金，以完成内化经济外部性和达到公平性目标（Bird and Vaillancourt 1998，Wildasin 1998）。但是这个分配过程中存在一个固有的矛盾：阿尔巴尼亚在中央政府给地方政府补助金额的确定上缺少一个清晰、客观的标准，同时在如何实施这一标准的问题上能够获得的信息也十分有限，可能是因为中央政府无法获得必要的信息，或者地方政府没有将必要信息输送给中央政府的动机，这就是为什么关键补助金分配决策是利用不完整或者间接的信息做出的。如果从中央政府到地方政府的资金转移能够得到更好的分配，即便是地方政府所瞄准的救助水平处于非常低的程度，瞄准机制也能够取得很大的成功。

救助金到达穷人手中的传递链上薄弱的环节出现在从中央到地方的过程中。如果阿尔巴尼亚中央政府能够将 NE 变成一个应得权益计划或者他们能够将发放给各社区的救助金与其贫困程度匹配得更加一致，那么 NE 计划的瞄准效率将会更高。阿尔巴尼亚 NE 安全网计划的启示在于：为了利用地方政府对当地信息的熟悉优势，中央和地方政府之间必须有相互联系的信息流和使用这些信息的动机。对救助计划进行分权的复杂性可能会使输送系统得以完善，但是也可能增加资金分配在不同节点出现失误的可能性。

（五）转型国家社会救助指标瞄准经验与启示

从计划体制到市场经济转型期国家面临着类似的制度背景和路径依赖问题，必须共同面对新的挑战：重新考虑如何更有效地把公共资源给有需要的人。新的人口风险已经出现，但原来的制度体系已经很难适应新的挑战。新的社会救助计划面对的问题包括：第一，家庭资源的重新定义与家庭需要的再认识；第二，分权与权力下放成为必然趋势，但是行政能力和地方财力存在差异，因此需要慎重选择社会救助代理人；第三，一个新的社会救助计划能否很快普及？福利代理机构充满琐碎的申请程序，是否会导致更高额的行政运行成本？或者申请者家庭发现申请补助金的规则不尽合理？同样重要的是，符合条件的家庭是否会使用他们的权利？最后，计划的设计如何避免不利于恢复增长的福利依赖的增加，等等，这些问题在所有的转型经济体中都会有不同程度的存在。面对这些挑战，转型国家纷纷从各国国情特点出发，采取了不同的应对，也取得了富有启发意义的经验。

通过对乌兹别克斯坦的马哈拉救助计划（Mahallas）、拉脱维亚的最低生活保障计划（GMI）、吉尔吉斯斯坦消除贫困计划（UMB）、阿尔巴尼亚的经济支持安全网计划（NE）等社会救助瞄准机制分析，从救助瞄准项目的实施特点、救助资金来源、救助瞄准项目的优势与缺陷等四个方面进行比较，总结出下列特点（见表 9）。

表 9　四个转型国家社会救助瞄准机制的比较

救助项目	MAHALLAS（哈）	GMI（拉）	NE（阿）	UMB（吉）
瞄准机制特点	市民组织的自我瞄准	专业社工承担瞄准	多层级分权化机制：社区层面具体实施瞄准，中央承担财政职能	通过家计调查（现金和农业收入）和家庭成员类别判断
救助资金来源	中央政府拨付一定额度资金	100% 来自地方财政	中央对地方整体拨款，地方对 50% 有支配权	中央政府财政预算

续表

救助项目	MAHALLAS（哈）	GMI（拉）	NE（阿）	UMB（吉）
项目优势	1. 了解更多当地家庭状况信息，减少隐藏家庭状况的发生 2. 增加信息扩散度和计划原则的可接受性 3. 增加贫困家庭受助率和防止虚假申请 4. 增加了真实生活水平指标 5. 强调动态扶贫，针对不能显著增加收入的家庭，而不只是贫困家庭，救助金只发三个月	1. 有效地使用了稀缺资源，针对穷人的救助目标绩效得到改善 2. 专业社会工作者的存在有利于促进实现救助贫困者的目标 3. 分散的系统可以更好地评估穷人的需求	1. 分权机制下针对穷人的瞄准准确率更高 2. 更有能力甄别谁是真正的贫穷者	1. 是所有项目中瞄准性最好的项目 2. 资源利用率较高
项目缺陷	1. 自由裁量权意味着可能存在的主观性和任意性 2. 救助金的分配没有考虑到每个社区不同的平均生活水平的不同需求 3. 国家的行政成本和监管成本不能忽视 4. 在领受救助上的金钱和心理成本可能使得一些贫困家庭放弃申请权利	1. 效率低下，最贫穷 20% 人口福利发生率仅为 14% 2. 因高额社会保障税，资格认定中少报收入非常普遍。在一个有相当大非正式经济或隐性收入的国家，由收入调查结果确定福利难度大成本高 3. 资格认定不一定基于正式收入，还有社工主观评价的介入，个人态度和偏见可能会产生影响 4. 政策过多反映地方政府的偏好，中央政府几乎没有任何杠杆工具来影响地方层面的政策实施 5. 缺乏政治上的支持	1. 中央政府对于地方政府补助资金的确定缺少清晰的标准 2. 中央政府缺乏充分地确定贫困标准的基本信息 3. 中央和地方政府间缺乏信息沟通的机制	1. 项目预算被严重削减带来覆盖范围、瞄准效率和减贫效果锐减 2. 救助水平受制于预算，而不是贫困群体的需求 3. 覆盖面太小，受益人均为极度贫困的农户，大量有需要的穷人得不到救助 4. 忽视了有工作的穷人，把就业年龄段没有孩子的贫困家庭排除在外 5. 经济调查不规范，农村贫困家庭难以实施经济收入调查，代之的土地测量存在缺陷

这四个转型国家社会救助瞄准机制的分析，对于今天中国正在积极探索的精准扶贫具有一定借鉴与启示。

1. 关于收入核对瞄准机制实施条件的启示。社会救助瞄准是一项复杂的操作，救助对象的识别与信息可获得性是密切相关的。正如 Atkinson（1995）指出，政府实现目标的能力取决于信息的可用性、信息可以被核实的程度、行政能力和福利接受者的行为。成功运用收入核对方法识别贫困受助者的重要条件是：一个家庭或个人可以在合理的成本下被容易地评估和验证。乌兹别克斯坦的马哈拉项目中，以申请人上报的家庭总收入为指标，由社区组织马哈拉来确定福利资格。通过正式收入来评估领取福利的资格的有效性受到以下因素的影响：非正式经济的规模、总收入中现金的份额、人们报告真实收入的倾向性。当用于核实申请人提供的信息的收入登记（例如税务登记）缺失的情况下，后者就非常重要。而事实上，拉脱维亚少报收入并不罕见，高额的社会保障税刺激了一些雇主和员工上报低于实际支付工资的金额。企业通常正式支付给员工最低工资，再将额外的工资放在信封中给予员工。这种现象，对于政府建立经济调查机制造成了很大的阻力，会造成收入核对出现很大的偏差，以致其实施效果很不理想。这一情况与中国非常相似，如果不顾现行经济社会特点，所有的瞄准项目都用同一套收入评估和分类体系简单处理，是很不科学的。

2. 关于社区参与提高社会救助瞄准效果的启示。乌兹别克斯坦的马哈拉以及阿尔巴尼亚的经济支持（NE）项目等，都是基于社区的瞄准项目。基于社区的瞄准有许多明显的优势，如：更低的行政成本；社区瞄准有更好的筛选、控制及责任感；社区代理人了解申请人的详细信息，因而会减少谎报行为。社区层面对于贫困对象的认定可能会比国家层面更加符合当地实际，项目会因此更容易管理，社会弱势群体可以因此被赋权并能表达自己的需求与主张。但是，评估社区组织作为瞄准代理人的优势时，也应考虑到可能产生的负面因素：①社区可以利用当地信息或社会资本的优势可能会被高额的寻租成本所抵消；②社区能结合当地实际的优势，也会被可能存在着的由当地精英攫取项目好处或当地并非穷人的申请者所抵消；③项目效果可能会因为社区组织为更容易地获取资金来源或政治支持而改变瞄准政略。因此，由国家决定及掌控瞄准分类的混合机制在多数情况下要优于尚不成熟的社区组织，尤其是在今天的中国农村。

3. 对于专业社会工作者在贫困瞄准中角色的启示。Rajevska（2004）认为，有专业人员能够提供更好的服务，专业社工的存在有利于实现救助贫困者的目标绩效。在拉脱维亚项目中，对 2003 年的数据分析发现，在有着专业训练过的社会工作者的直辖市中，GMI 福利接受者领取的份额略高。在 GMI 项目中，申请人是否有权获得领取福利的资格，这个决定不一定是基于正式收入来确定，而且还要由专业社工对申请人的情况和行为进行主观评价，因此社工个人的态度和偏见也可能会发挥作用。尤其是在较小社区里，每个人之间都相互认识，这会诱惑个人利用已有的信息去获得福利，从而影响贫困受助者的公平和公正的待遇，社工的态度和偏见可能会妨碍客观评估的进行。在拉脱维亚的 GMI 项目中，一方面是由专业社工承担着救助瞄准的责任，但同时又面临着接受过培训的专业社会工作者缺乏的困境。在一个分散的系统中，社会工作者在地方层面的作用是决定性的，他们为那些在基层有需要的人得到公平对待负责，并有在全国各地获得社会保护的平等机会。因此，对现有员工的培训和新的社会工作者的教育投资将在未来得到回报。

（4）关于社会救助瞄准中央与地方政府关系的启示。从拉脱维亚的社会救助发现，看似相似的直辖市在 GMI 福利接受者数量上存在较大的差异，这是因为拉脱维亚社会救助资金 100% 来自地方预算，中央政府对地方层面政策执行的影响十分有限，政策制定者往往忘记了立法必须在地方层面实施。由于融资机制完全分散，中央政府没有一个实用的杠杆来强制地方政府严格执行法律和规定，而地方政府也没有动力去遵守国家规则和最低标准。保持地方政策实施中的最大的自由裁量权是导致 GMI 水平低的重要原因之一，地方资金的不足也会导致将 GMI 福利设置在较低的水平。只要救助项目完全由地方预算资助，中央层面无法进一步提高针对穷人的社会救助目标的效率和效益。阿尔巴尼亚 NE 项目的多层级分权化机制，即由地方政府具体负责救助瞄准的实施，中央承担财政职能，为地方政府和中央政府的责任分担提供了一个成功的案例，同时也反映了该项目救助瞄准何以成功的原因。吉尔吉斯斯坦的 UMB 项目则从反面说明了财政预算被严重削减带来覆盖范围、瞄准效率和减贫效果锐减的后果。这些正反两方面的经验，对于今天中国在地区差别巨大的背景下如何成功实施精准扶贫无疑有很大的启发。

四、发达国家社会救助瞄准：指标瞄准的经验

（一）社会救助指标瞄准概述

贾莉英等国内学者通过文献检索法，通过对 24 个数据库、7 个国际网站、10244 个相关有效检索记录的系统分析和筛选，最终选取了 58 个社会救助项目类型进行分类，做出了下面的社会救助项目类型分布情况表。

表 10　世界各国应用社会救助指标瞄准的分布情况

瞄准方法 Means-test method	北美洲 North America	欧洲 Europe	南美洲 South America	亚洲/大洋洲 Asia/Pacific	非洲 Africa
认证型指标瞄准 Verified means test （VMT）	USA（13）				
简单型指标瞄准 Simple means test （SMT）		IRE（1） ROM（1） TUR（1） GUK（1）	Costa Rica（1） Dominican Republic（1）	Bangladesh（2） India（1） South Korea（1） Thailand（1） Fiji（1）	Burkina Faso（1） Belize（2） South Africa（1） Zimbabwe（2）

续表

瞄准方法 Means-test method	北美洲 North America	欧洲 Europe	南美洲 South America	亚洲/大洋洲 Asia/Pacific	非洲 Africa
替代型指标瞄准 Proxy means test (PMT)		SPA (1)	Colombia (1) Ecuador (1) Nicaragua (1)	Cambodia (6) Indonesia (1) Thailand (1) Vienam (2)	Congo (2) Kenya (3) Malawi (3)
混合方法 Mixed approaches (MA)			Chile (2) Honduras (1) Mexico (3) Nicaragua (1) Peru (2)	Thailand (1)	Central African Republic (1) Ethiopia (4) Ghana (3) Mali (1) Niger (1) Senegal (2) Zaire (1) Zimbabwe (1)

将以上四种情况结合地理特征、健康特征以及其他特征进行组合来进行分类，但是其中 SMT 和 MA 与社会救助指标瞄准的相关性并不高。所以根据本文的分类情况，我们选取了 VMT 代表的美国和 PMT 应用国家之一的澳大利亚进行详细的案例分析。

1. 指标瞄准中指标设计的依据

2007 年，de Neubourg（2007）等学者在世界银行（World Bank）针对欧洲国家以及部分世界经合组织成员国社会救助瞄准机制的研究报告中指出，各个国家由于政治、经济和社会环境因素的不同，逐渐形成了更加细致的瞄准原则 de Neubourg（2007），可以被列为以下 5 个维度：

（1）家庭成员之间的团结和睦程度；

（2）选择性和瞄准性；

（3）制度决策层面；

（4）慷慨度；

（5）回归生活的激励。

表 11　社会救助指标瞄准的原则一览表

维度	具体解释
（1）家庭成员之间的团结和睦程度	德国和意大利的社会救助政策要求家庭成员间相互帮助，家庭成员的收入同样作为家计调查的一部分，而只有在家庭无法帮助的情况下，社会救助制度才会介入；瑞典则只单独针对个体评估，可以独立得到福利支持

续表

维度	具体解释
（2）选择性和瞄准性	如何制定合理的收入门槛，如何进行收入计算都是在社会救助瞄准中需要考虑的问题，在家庭的经济审核中，是以个人为单位进行补助，还是将家庭视为一个整体进行补助
（3）制度决策层面	政策的制定是由不同的行政部门做决策，在不同国家中，公民得到的权利，地方政府的参与程度都有所不同。例如：法国的政策由中央政府制定；其他大多数欧洲国家是由地方政府负责；北欧国家的社会福利形式在宪法中规定，而南欧等国家在当地行政部门就有较大的处置权
（4）慷慨度	不同国家对于社会救助各个项目的救助资金给付比例各不相同，无论是从救助的数量上还是持续时间上都有较大的差异
（5）回归生活的激励	政府通过社会项目培养受益者的工作能力，使受益者能够更好更快地回归正常的社会生活

2. 指标瞄准的指标分类

目前世界各国使用最为广泛的认定指标是由1998年诺贝尔经济学奖得主Amartya Sen提出的“多维度贫困指数”理论（Multidimensional Poverty Index，MPI）。森在他的理论中指出，贫困不应该成为剥夺人的基本可行能力的原因，而这正是政府和社会需要提供保障的。他认为除了收入低下还有许多其他因素导致贫困，比如饮用水问题、道路交通问题、卫生设施问题等都是对人的能力的剥夺。因此Sen基于健康、教育和生活三个角度的思考，制定了10项指标来衡量人们在生存发展中的三个需求。

在不同国家的社会救助项目中，具体指标设计得更为简单易理解。主要包括就业补助、再就业补贴、医疗补助、伤残补贴、护工补助、事故补助、退伍军人补贴、移民难民补助和偏远地区补贴等指标。

3. 指标瞄准的资金给付裁量

在不同国家中，社会救助的行政裁量机构各不相同，主要分为中央型、地方型和宪法规定型。

国家统一管理社会救助资金的代表是澳大利亚。澳大利亚的中央社会救助局负责对申请者情况的指标设计、资格审核与资金给付裁量。这个系统由中央和地方两级单位构成，地方基层受理处主要负责申请材料的填写、相关证明的审核以及数据的录入，通过规范的计算公式可以当场得出救助金额的给付标准。中央管理部门存档全国统一的信息数据，通过与银行、税务等机构的合规性协同办公，进行第二次资产审核，在审核无误后批准发放社会救助补助，而审核不通过的申请者也可以收到及时的反馈。澳大利亚在复审方面的做法同样值得学习，社会救助补助的发放与薪资制度同步，以两周为周期进行发放，相应的资产变动登记和举报制度也由中央社会救助局负责。

在某些国家，地方各级政府对于社会救助政策的控制力比国家更强，这是在经济和政治的共同作用下导致的。最典型的案例是美国，美国的社会救助裁量权主要掌握在各个州的行政部门而不是联邦政府。这是因为美国提供的许多社会救助项目的财政投入主要依靠州政府自行筹措，联邦政府仅在部分项目中提供有限的资金支持。这样的裁量模式虽然比较容易设置小范围的社会救助标准，但是不利于信息与救助记录的统一管理。这也是美国近些年在不断调整的原因。

欧洲许多国家社会救助制度在社会保障制度中的比重虽然并不明显，但是在部分国家中，社会救助的资金给付按照不同的指标在宪法中有着详细的规定，完善的法律制度保障也加强了社会救助作为社会保障的最后一道安全网的托底作用。

4. 指标瞄准的成本核算

在成本核算方面，指标瞄准的成本与其他对象瞄准大致相同，在前文 2. 1. 4 中已经有了详细的介绍。但是在目前电子信息技术与精准扶贫概念的不断融合下，社会救助的自动化办公系统给行政成本的核算提出了一个更加严峻的挑战。建立一个全国性数据库的前期成本巨大，但是其联网功能能够轻松解决社会救助中的各种审核与认证需求。独立的电子信息平台虽然满足了部分地区的实际需要，但是缺乏标准化的数据处理以及一致性的系统构建原则，在社会不断发展的情况下容易形成难以打破的"信息孤岛"。

从美国的具体案例中我们可以吸取教训，碎片化的社会救助项目必将导致整个制度体系的无序与低效。合理运用电子信息化工具，建立系统的社会救助项目名录，优化对象瞄准识别指标，才能真正减少瞄准成本，提高瞄准效率。

5. 指标瞄准的精度测量

指标瞄准的精度测量同样需要依靠泄露率和遗漏率这两个关键指标，从前文的研究结果可以知道，在社会救助中的量化体现就是贫困线的设置。将指标瞄准所需的指标量化成对贫困界定的具体要求（例如澳大利亚将贫困线设定在收入中位数的 50%），从而能够更好地控制公共财政资金在社会救助项目中的使用情况。更重要的是，指标瞄准的贫困线需要保持一定频率的更新，以保证适应社会的发展。同时也为复核机制提供了数据上的支撑，能够有效地降低社会成本中的负激励成本，减少救助依赖、救助欺诈等行为的发生。

（二）美国的认证型指标瞄准法（VMT）

1. 实施背景与社会环境

在过去的 60 年时间里，伴随着美国的人均国民生产总值从 1959 年到 2004 年翻了一倍，最低生活标准也有了明显的增长。但是某些人群的生活水平似乎一直处于一个停滞状态。20 世纪 90 年代末，美国的平均贫困率在 13.7%，2000 年降至最低点 11.3%，2001 年又上升至 11.7%。美国的贫困率始终保持在一个相对固定的区域内。

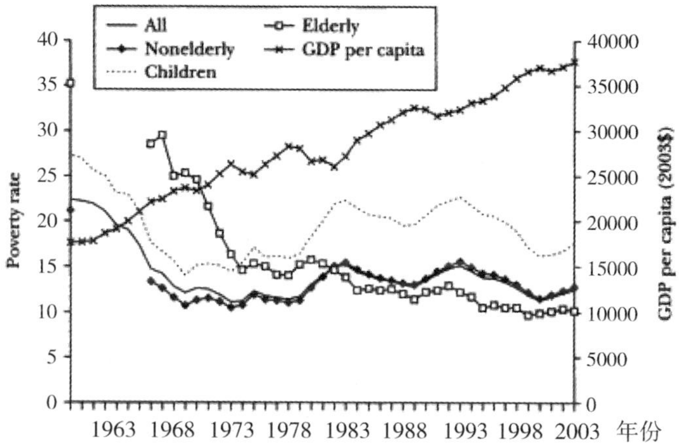

图 5　1959—2003 年美国个体贫困率与人均 GDP 的趋势

基于这种社会情况，美国设置了 80 余种社会救助项目，通过实物或者现金的方式对贫困人群进行救助。主要从医疗（9 个）、教育（14 个）、住房（16 个）等多个领域进行救助。其中联邦政府提供了 70% 的财政资金，而地方政府提供了其中的 30%。

2. 申请表单与指标介绍

美国的社会救助项目的瞄准大多基于家计调查的形式，通过数量众多且种类细化的官方表格（Official Form 122A -2）对申请人进行资格审核。大致包括如下几个方面：

资产审核：对申请者的固定资产、金融资产进行统计，与政府预设的救助线进行比对，符合条件的申请者才可以申领；

总收入审核：以家庭为单位，将申请者劳务所得和非劳务所得的总和与救助线进行比对；

净收入审核：以家庭为单位，将总收入中获得减免等免除项目扣除，与救助线进行比对；

待遇计算：救助金的给付标准等于救助项目所能提供的标准救助金减去家庭总/净收入。

在具体社会救助项目中还有着更加细化的要求。

表 12 美国社会救助项目的申请条件

项目	TANF	食品券（Food Stamp）
监管部门	人类健康服务司，家庭救助办公室 立法委员会，众议院拨款委员会	农业司，食品与营养司 立法委员会
资格认定	州政府；联邦政府（儿童、居民）	联邦政府
裁量权归属	当地政府：通常使用州政府提供的统一申请数据，信息系统是统一的，但是标准根据项目会有差异	
救助时限	联邦政府规定最常时限，州政府可修订	劳动能力的正常成年人 3 年中 最多可申领 3 个月
受益对象管理	州政府或地方政府	
资金给付	州政府统一方案	联邦政府方案
财政支出	联邦政府提供拨款， 州政府提供 75%	联邦政府提供 100% 给付及 50% 的 行政成本
支付方式	借记卡或支票	银行卡
主要绩效指标	工作参与率，财政罚款	错误率和质量控制
受益对象窗口	当地政府救助办公室	
时长限制	一生中最多可领取 5 年 部分州有更严格的规定	最多可领取 3 年
强制工作要求	40 小时	（16—60 岁）20 小时
学分要求	34	无
体检要求	6	无

3. 申请流程与裁量归属

美国的社会救助制度是基于申请者需求的被动式审核方法，而并非是针对性瞄准干预。公民可以登录美国议会官网下载表格，或到当地的救助办公室领取表格，并填写提交。大多数州政府已经将 TANF 项目、食品券项目以及 Medicaid 等项目的申请进行了合并审批以减少申请者的重复申请。

美国社会救助的裁量权主要在各州政府手中，他们在各地的救助办公室进行初步的审核。具体的申请步骤包括：

（1）接受申请。救助办公室为申请人提供空白表格服务，受理表格服务和问询服务。在部分地区，当地的救助办公室也会进行初次筛选的工作，具体了解申请者的实际需求，并为他们指导相应的救助项目。

（2）初次筛选。通过标准化作业对申请者的申请进行筛选，主要包括：①将原始申请数据录入系统，形成申请编号；②确认申请者的需求是否需要紧急救助；

③根据申请人的相关信息匹配对应的项目并进行资金给付评估；④为申请人提供救助项目信息介绍和材料清单；⑤进行申请资格确认面试。

（3）集体指导。对于初次申领救助项目的申请者进行集体学习培训，保证他们了解社会救助项目的特征和规则。在指导中，申请时长、就业要求等规定将被重点提醒，同时还需要签订个体责任书。通过一个小时左右的学习后，申请者才可以领取申请编号并预约资格确认面试时间。

预先要求：某些地区对申请者还有其他的限定条件，例如：①强制性的救助推荐；②药物滥用监测；③强制性的儿童救助；④留取指纹、照片信息；⑤家访。

（4）资格确认面试。大部分州政府要求 TANF 项目和食品券项目的申请者需要接受个案顾问的面试，主要内容有：救助需求评估，申请资料回顾和其他模糊的信息核实。个案顾问需要对整个认证机制负责，同时也需要尽可能地为申请者提供更多的救助项目推荐。

（5）确定资格。在完成所有步骤后，申请者会被及时告知申请状态。申请成功的对象将从指定时间开始领取救助金。

（6）再认证机制。美国的社会救助项目通常会进行救助再认证，一是通过申请者主动的信息变更申请进行调整，二是通过周期性的资格再认证模式来确保受益者仍然符合条件。具体来说，食品券项目的期限一般在 12 个月，TANF 项目的间隔按照救助对象的家庭特征而有所不同。在再认证机制中被淘汰的申请者一般会有申诉机会，但同样具有时效性。

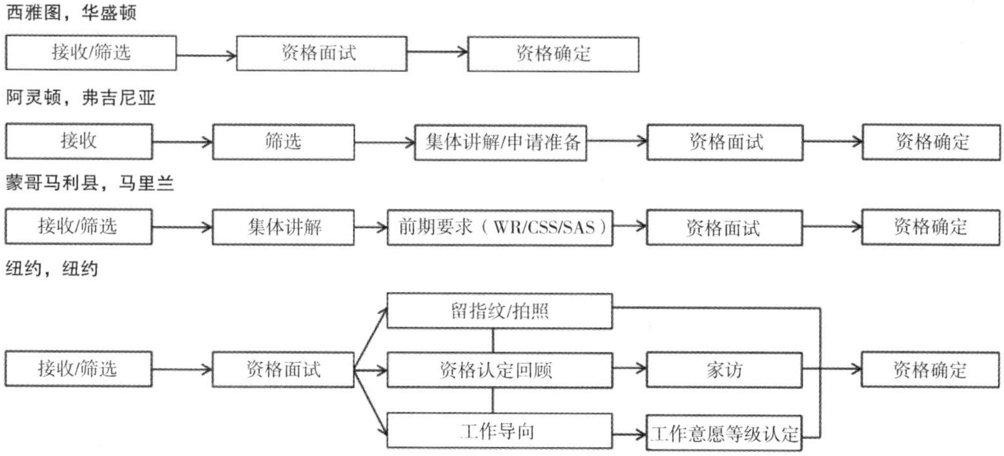

图 6　美国社会救助项目申请流程图（案例）

4. 成本分析与控制方法

美国在控制社会救助项目的瞄准成本上采取了大量的措施。在施行过程中，救助欺诈（隐瞒或提供错误信息以获得救助金）的行为将受到极为严厉的处罚。无论是故意错误或是非故意错误，美国的联邦政府和州政府都出台了多项政策以尽量避免此类现象的产生。同时，错误率等指标还将用于衡量地方办公室和个案顾问的工作绩效。

食品券项目是由联邦政府直接负责的社会救助项目，资金来源为联邦政府，因此联邦政府对项目进行了质量管控。质量管控是测量资格认定和救助金给付准确性的一个关键指标。通过分析领取食品券样本的准确性，将样本分为“积极案例”和“消极案例”，计算出“联合错误率”。质量控制的结果会与财政奖惩关联，从而确保地方政府尽量提高救助的准确性。

对于社会欺诈行为，因为救助隐蔽性的特征很难得出一个具体的测量方案。但是在目前信息化不断提高的现在，通过质量控制审计、指纹照片匹配、收入资产核对、财政措施惩罚、举报反馈机制等手段，不断降低社会救助的负激励效应。

5. 瞄准精度与瞄准效果

美国的社会救助瞄准的应用从总体上看是非常好的，瞄准效果也得到了一致的认可，但是从实际的精度来看，还是会存在有一部分贫困者不可避免地被排除在了救助范围之外。

TANF 项目中，1998 年的时候约有 66% 的救助金被分配给了最底层的 20% 贫困群体，17% 用于第二百分位的群体。

而食品券项目的瞄准精度在所有救助项目中最高。1998 年，80% 的救助金发放给了最底层的 20% 贫困群体，第五百分位的泄漏率仅 0. 6% 。这与其严格的绩效评估方式和相应的奖惩机制有着密切的关系。

（三）澳大利亚的替代型指标瞄准法（PMT）

澳大利亚是发达国家中福利国家的典型，其社会救助制度是社会福利的一个组成部分，包括了以常规性救助项目、专项救助项目、特殊救助项目和涉农救助项目为支柱项目的四种类型，贫困类型主要是相对贫困（富裕型贫困）。通过《残障和老年养老金法案》《社会保障综合法》等相关法律的法律保障，“资产审查 + 收入审查”的双重经济审查手段，合理制定贫困线，定期积极调整社会救助标准，公开透明社会救助申请流程，最大限度地保障了公民的生存权利，更加有利于降低贫困率，解决社会不平等和社会排斥等问题。在下面的分析中，我们具体论述养老金项目分析指标瞄准在其中起到的作用和效果。

1. 实施背景与社会环境

2016 年澳大利亚社会政策研究中心发布的贫困报告《澳大利亚的贫困》一书中

介绍，2014 年澳大利亚的单人贫困线（收入中位数的 50%）是 426.30 美元/周，两个孩子的四口之家的贫困线设定在 895.22 美元/周。在考虑了住房开支之后，澳大利亚有 299 万居民的收入低于贫困线，大约占总人口的 13%，而其中 15 岁以下的儿童有 73 万人之多。

表 13　2013—2014 年澳大利亚家庭贫困线（税后）

	中位数的 50%	中位数的 60%	除住房开支 中位数的 50%	除住房开支 中位数的 60%
单人生活	MYM426.30	MYM511.55	MYM343.00	MYM411.60
无子女夫妻	MYM639.44	MYM767.33	MYM514.44	MYM617.33
两个孩子的四口之家	MYM895.22	MYM1,074.27	MYM720.22	MYM864.26
两个孩子的单亲家庭	MYM682.07	MYM818.49	MYM548.74	MYM658.26

从历年的贫困趋势图可以看出，2014 年相比 2012 年的贫困比例有所降低，但是从十年的相对比例图来分析，澳大利亚的贫困比例依旧持续而顽强。

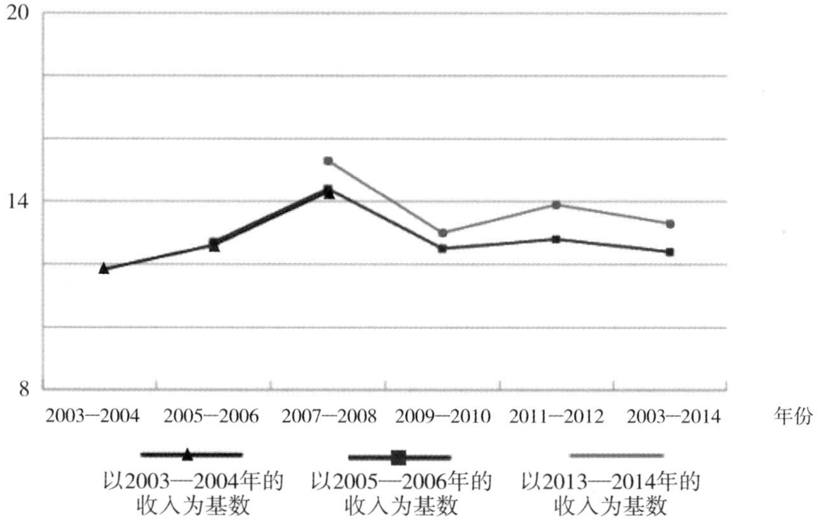

图 7　澳大利亚的贫困趋势（排除住房开支的收入中位数的 50%）

从比例上看，在接受社会救助资金补贴的人中，36.1% 的人生活收入低于贫困线。其中 55% 的人领取再就业补贴，36.2% 的人领取伤残补贴，13.9% 的人领取养老金补贴。而且在低于贫困线下的人中 57.3% 的贫困者主要依靠社会救助，还有 32.1% 的贫困者能够以自己的工资为主要经济来源。

2. 申请表单与指标介绍

澳大利亚的申请流程主要采用的是“收入调查 + 资产调查”的双轨制审核模式。结合不同的瞄准指标设定，澳大利亚将社会救助项目分为了如下 10 大类（见表 14）。

表 14　澳大利亚的社会救助项目分类

家庭类	就业类	老龄类	健康类	残疾类
学生和学徒	护工类	偏远地区类	本土土著类	紧急救助

澳大利亚对于社会救助的分类主要以年龄为划分标准，同时考虑了相关的特定因素，比如就业类、教育类和残疾类等特殊情况，以及紧急救助等应急情况，可以说覆盖的人群特征性十分明显。同时在救助资金给付上，澳大利亚也采用了比较特殊的“三支柱”法，通过充分型贫困补助、强制型收入转移和志愿型财产储蓄的方式进行社会救助。

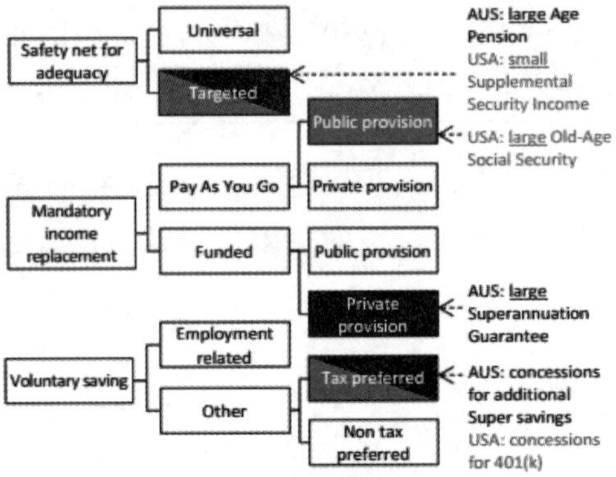

图 8　澳大利亚社会救助的“三支柱”法

3. 申请流程与裁量归属

澳大利亚社会救助的主要负责机构是澳大利亚中央社会救助局，统一协调管理社会救助的资格认定、指标设计和资金给付等问题。中央社会救助局主要从两方面对申请者的具体情况进行审查，一是真实性审查，二是补助核定审查。从图 4 – 6 可以看出，真实性审查主要负责个人收入的经济核对以及资产中固定资产、商业资产的投资。而补助核定审核则是对个人的其他资产的一种核算方式，主要为了确定申请者享受的其他社会保障福利以及待遇水平。

真实性审查包括四个部分：

（1）基层办公室进行初步审查。申请者在网上下载或在办公室中可以申领救助申请表，办公室的作用在于资格的初步认定并录入信息系统，计算补助金额。

（2）中央社会救助局进行后台技术复审。通过比对银行和税务系统的数据库，检查资料的真实性。

（3）定期复审。澳大利亚的社会救助金发放通常与工资方法周期相同，申请者每两周进行一次资产变更报告。

（4）非常规性审查。主要通过电话访问、社区访问的方式来进行严格的举报和反馈机制，对存在救助欺诈的行为进行严厉的惩处。

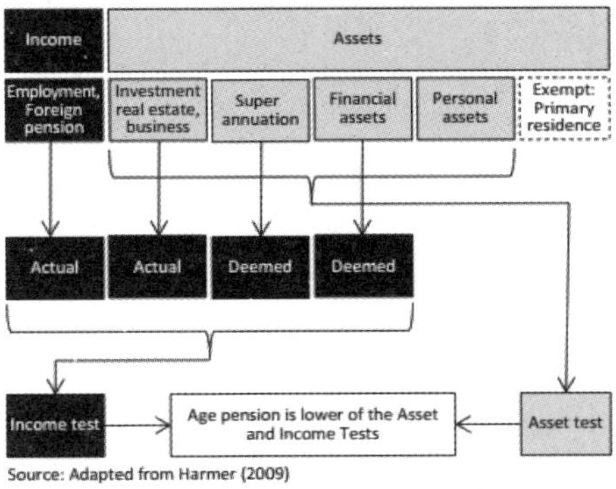

图 9　澳大利亚社会救助的审核流程

4. 成本分析与控制方法

在澳大利亚的社会救助瞄准中，主要的成本来源于行政成本和激励成本。

在行政成本上，总体来看，许多特征都有助于提高澳大利亚指标瞄准的运营成本效率。虽然行政成本与社会救助瞄准方法很难真正区分开，但是仍然有必要考虑行政成本的测量。根据测算，澳大利亚社会救助部门的行政成本大约占了支出福利的 3.6%，而美国社会保障局在 2013 年的同等数值仅为 1.4%。因此，虽然澳大利亚的瞄准精度很高，但不可否认的是，这也造成了行政成本的大量增加。

澳大利亚的经验同时表明，系统性误差和社会欺诈造成的合规性问题是可以通过预防、检测和威慑等质量控制框架来解决的。这主要涉及一个自动抽样和审计工作，用于识别这些误差到底来源于受益者、操作者、申请流程还是指导材料。在澳大利亚的早期审查中发现，养老金项目在初始评估中产生的重大欠款和超额支付数据上显示都不显著，存在的救助欺诈较少。根据一项针对所有社会救助项目的统计显示，2008—2009 年的 2.5 万多次欺诈调查中，只有约 3000 次最终判罪进行处罚，相对来说仍然是一个比较低的数据。因此，有效的进行与银行、基金、证券交易所、土地登记处和税务机关的合规性调查是十分必要的。

5. 瞄准精度与瞄准效果

测量社会救助瞄准的精度实在是一件非常复杂的事情，它和每个国家的经济目标、社会目标以及社会人口结构都存在着极大的相关性。

从澳大利亚养老金项目来看，我们以当年家庭收入中位数的 40% 作为基准来测量瞄准率，同时和美国同期的数据进行对比。从图 10 可以看出，数据显示澳大利亚的养老金项目在防止老年贫困方面的成效极为显著，能够一直维持在一个极低的比例。通过和美国的比较可以发现，澳大利亚的养老金项目可以保持一个比较平稳的状态。类似的指标瞄准法在加拿大的实践中也得到了数据上的验证。

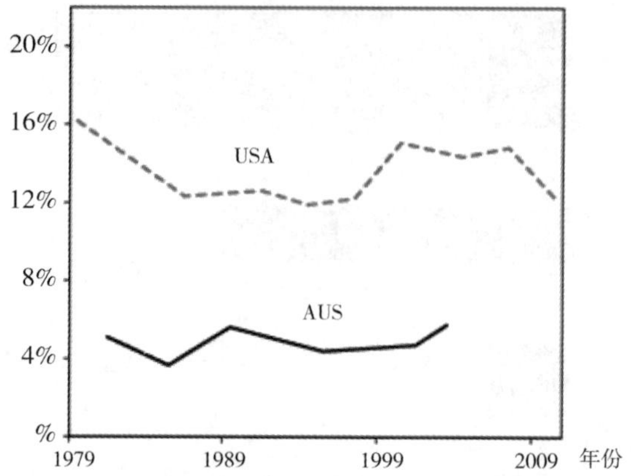

图 10　澳大利亚的老年贫困率（以收入中位数的 40% 为标准）

（四）发达国家社会救助指标瞄准的经验

总体来说，发达国家在社会救助瞄准机制的实施和运用上并不存在固定标准的瞄准方法。但可以肯定的是，制定一个好的瞄准机制需要考量地区差异性、信息可得性、不平等程度、政府治理能力以及社会人口特征等多方面因素。综合多数社会救助项目实例，可以发现发达国家在制定和应用社会救助瞄准的过程中主要是基于五个方面的考量：

1. 贫困瞄准的原则：为了达成不同的社会目标

由于社会政策通常会有多个社会目标，因此政策制定者通常采用多种瞄准方法的组合策略来优化社会目标的实现路径，同时组合策略的方式也能够很好地控制任何单一方法的局限性。

为了能够实现不同的社会目标，不同的社会救助项目会采用侧重点不同的指标瞄准方法，因此瞄准地区的甄别划定、瞄准群体的资格标准、申请流程、资金给付以及效果评估方式都会有所不同，这样的一套组合策略可以形象地称为“工具包”（Toolkit）。

不同社会救助项目工具包的设计原则可能并不相同，例如失业救助更加侧重选择性和社会激励，而养老救助更侧重普惠性和资金给付。但其在应用层面的主要功能在于宣传和普及社会救助项目的原则、受众以及相应的服务。具体来说，通过“工具包”的设计需要实现：

（1）向项目执行者介绍扶贫工作中的关键问题；

（2）向项目受益者提供有针对性的社会救助，同时定期进行复核与反馈；

（3）利用现有的实证数据，及时改进社会救助指标方案和实施过程；

（4）实践结果为项目制定者提供一套有效监测贫困目标的关键绩效指标。

2. 地理位置瞄准指标：最简单常用的指标瞄准法

地理位置瞄准是社会救助项目中最常用的一种瞄准方法。无论是国家间还是国家内部，地理隔绝是导致社会群体差异性的重要原因之一。通过使用地理位置瞄准指标进行瞄准，能够实现：

（1）识别符合条件或需要优先干预的贫困地区；

（2）转移国家范围的优先事项，例如应急重建；

（3）确定扶贫资源的配置导向；

（4）可以有针对性地新建更加密集化的培训机构。

地理位置瞄准的优点十分显著。成本相对较低，行政上简单，特别是在现有的贫困地图已经建立使用之后。资源分配的标准透明度大幅度提高，能够尽量减少政治干预。同时它也有助于纠正社会救助中“先到先得”模式的弱点，能够更加便利地设置社区的优先级别引导资源流向，将资源定位到可能更需要的社区。

然而地理位置瞄准也有一些缺点。最现实的问题在于政府可能缺乏可靠和及时的数据，同时也没有可以适用的贫困地图，危机之后（如自然灾害或内部冲突，资产被摧毁，人口流离失所）的国家尤其如此。关于贫穷的地理数据可能不能被充分地分类为具有很大价值的贫困预测因素。还需要考虑的是，即使有良好的地图存在，地方政府是否有政治意愿来追求有利于穷人的资源分配（如中国早先的“贫困村”设计，并不能很好地解决社会救助资源的分配）。

3. 救助资格标准设定：更加精确的指标瞄准法选项

在制定救助资格标准指标的过程中，需要考虑两个可能会影响瞄准结果的特征。首先，社会救助的目标是为了给受益者提供一个更高水平的服务，还是相反只是保障贫困群体的最低需求。其次，社会救助项目的受益者是作为公共物品提供给全体社会成员（普惠性），还是作为私人物品只提供给部分符合条件的群体可以享受（选择性）。

因此，某些救助的资格标准可能会排除穷人而造成“弃真型误差”。固定的救助资格标准在法律方面确实存在可操作性和透明性，但由于指标的限制也导致了社会救助缺乏灵活性和适用性。美国、澳大利亚等发达国家通过建立完善的电子档案系统实现了对救助对象档案信息的全国联网，而在大部分社会救助制度不完善的国家，固定的资格标准设定无疑增加了大量的行政成本和资金管理压力。

4. 有弹性的瞄准实施过程：更加灵活的指标瞄准法选项

在确定社会救助优先级别的时候，建立规模较小的社区管理委员会或者利用社会信用评级机制，能够灵活迅速地实现社会救助资源的分配。这也是“社区瞄准”

和“自我瞄准”两个抽象指标瞄准法的内涵。

这种方法上的创新虽然无法从根本上解决社会贫困的难题，但无疑能给社会救助指标瞄准提供一种绝佳的政策补充。设立救助资格标准的指标瞄准法适合长期贫困者，但是对于短期贫困认定的影响并不显著，因此依据对本地的熟悉程度和经验进行判断的社区瞄准可以达到对短期细微变化及时掌握的效果。但由于社区中熟人社会文化的因素，“寻租”现象发生的可能性也不可避免，因而对于社会救助瞄准效果可能会产生较大的副作用。在这方面，有社区参与的社会救助项目必须严格设置社会目标和实施制度，要求用透明和开放的程序来进行扶贫优先权的分配问题。在流程设计过程中可以侧重以下三个阶段：①社区动员和需求识别；②社区管理委员会的组建和运作；③社会控制机制和社会信用评级机制。

5. 监测和评估瞄准效果：指标瞄准中的最终要素

一个有效的指标瞄准机制的最终要素在于监测和评估系统，可以跟踪社会救助受益对象的实际情况，从而在下一阶段进行更好的瞄准，最终帮助贫困摆脱困境。在美国和澳大利亚的社会救助项目中，虽然已经有了对受益对象的资格审核和过程追踪，但是仍然需要完善对瞄准效果的监测。而建立一套具有明确目标的关键绩效指标（KPI）是一个较为合理可行的方案。

关键绩效指标的设立应当符合政府或社会项目的发展原则和社会目标。例如，如果一个方案试图利用贫穷地图惠及最穷社区，绩效指标应包括监测地域分配；如果目的是惠及穷人和弱势群体，则需要测量家庭贫困发生率。

基础上看，关键绩效指标应当以在地理和家庭层面上为衡量贫困目标的指标基础。地理水平是最简单和最低成本的，因为它只是简单的比较实际的支出水平与地理贫穷线图。评估家庭贫困目标的结果更为困难和昂贵，因为这通常依赖家计调查等强有力的措施。同时在家计调查中，我们也可以嵌入替代型指标，如就业、医疗、教育、残疾等经济替代型指标。

表 15　发达国家社会救助瞄准机制经验总结

	设计层面	应用层面
贫困瞄准的原则	• 划定特定瞄准区域的原则和规范 • 筛选特定受众人群的原则和规范 • 政府的政策意图或者社救救助项目的偏好	• 所有利益相关者（议会，新闻媒体，政府部门，民间组织等）的期望共识 • 将瞄准策略列入国家发展战略规划
地理位置瞄准指标	• 贫困地图的甄别绘制（不同程度上可提供） • 扶贫资源的分配制定 • 筛选瞄准区域内受众的原则和规范（二次瞄准）	• 定期修正、更换贫困地图 • 向贫困地区提供技术援助 • 向利益相关者公布分配方案

续表

	设计层面	应用层面
救助资格标准设定	• 识别贫困发生高危人群的原则和规范 • 建立配套的资金分配规则 • 收入核对机制避免“存伪型” • 行政成本、激励成本、社会成本	• 引入试用更多扶贫干预措施 • 根据经验调整配套的资金分配规则 • 修改最低工资标准以符合劳动力市场状况 • 比对尚未涵盖的瞄准群体，并有针对性地修改资格标准
有弹性的瞄准实施过程	• 设计便利的社区瞄准和自我瞄准评估机制 • 社区管理委员会评定机制 • 社会控制机制和社会信用评级机制	• 比较扶贫优先级别与资金支持之间的侧重 • 根据需要，调整社区瞄准和自我瞄准的流程 • 根据需要，调整社区管理委员会评定机制
监测和评估瞄准效果	• 找到指标瞄准相关扶贫政策的关键绩效指标 • 每年至少开展一次有关瞄准发生率的入户调查 • 设计用于监测和评估指标瞄准效果的关键绩效指标	• 定期报告扶贫政策的关键绩效指标 • 执行每年至少开展一次有关瞄准发生率的入户调查 • 对被瞄准贫困人群的影响程度分析 • 及时发布用于评估指标瞄准效果的关键绩效指标

通过分析美国和澳大利亚社会救助指标瞄准中的经验规律，结合中国当下“精准扶贫”的制度环境，我们提出三条政策建议：

1. 完善法律体系建设，制定社会政策目标

美国和澳大利亚等发达国家社会救助指标瞄准的实施都是在不断完善的法律框架下进行的。社会保障的相关法律不仅能够规范约束社会救助瞄准的流程，更重要的意义在于其反映了国家对于贫困瞄准的原则和社会救助政策希望实现的社会目标。法律对社会救助的受益人群，社会救助项目的指标设计，申请表单与申请流程、财政支出与行政部门以及发生救助欺诈时的处罚等行为规范性进行了严格的保障。依法进行资格认定，依法进行救助申请以及依法享受国家救助补贴，既能够保障公民的基本生存权利，同时也能够有效地控制瞄准成本，减少救助依赖和救助欺诈行为，更加科学合理地进行社会资源的分配与利用。

2. 合理制定贫困线，严格资格标准设定

要做到在确保瞄准精度的前提下尽可能地减少瞄准成本，就需要合理制定贫困线。贫困线的制定是一个复杂的工程，需要综合考虑国家的经济水平、社会预期效果和社会人口结构，将与我国扶贫工作相关的影响指标设计一个“工具包”，便于社会救助政策在实际操作中更加简单可行。在应用社会救助指标瞄准的过程中，美国

和澳大利亚等发达国家通常先对贫困群体进行细致的分类，逐一项目设置救助项目“工具包”，结合不同对象的实际情况匹配不同的社会救助项目，实施差异化的资金给付标准，而不是简单的“一刀切”，从而最大限度地保障社会资源利用效率。

3. 采取有弹性的瞄准实施过程，贯彻以人为本思想

社区瞄准和自我瞄准是指标瞄准法的进一步尝试。利用社区管理委员会和社会信用评级机制是迎合时代发展和技术进步的新探索，能够更加灵活迅速地提供社会救助。

积极运用电子信息化手段有助于资料的管理、信息的记录以及快速查询和资格审核。全国范围内的联网使重复救助、救助欺诈行为的边际成本大幅度提高，电子档案更方便社会救助部门了解贫困者的实际情况。从美国的实践经验来看，虽然在初期的投入成本极大，且维护成本高，但是各地单独设立的网络“信息孤岛”在未来的社会发展中更加难以打破，因此在制度设计之初就应该有长远的信息化规划，逐步将信息化手段应用于社会救助瞄准的工作中。

同时，建立救助复核和定期退出机制也十分必要。美国和澳大利亚的社会救助经验都显示：定期的信息变更调查、资格复核和有效的退出机制能够有效地降低社会依赖以及社会欺诈行为的发生。从美国食品券项目最能直观地体现出，严格的复核机制以及退出机制导致了瞄准精度的大幅度提高。但是需要注意的是，对于复核机制淘汰的对象同样应该提供完善的申诉机制，这样才能够有效降低申请者的个体成本和社会成本，真正做到保障全体公民的基本生活权利。

五、罗马尼亚社会救助瞄准的评估

罗马尼亚在转型过程中破除了种种困难，尤其是在解决国内的贫困问题上。对其贫困瞄准的方法与成效进行探究，确实能够从中获得很多有益的经验和启发，为此世界银行专家对 1995—2002 年间罗马尼亚消除贫困所进行的措施和项目进行了调研。以下罗马尼亚的贫困救助瞄准资料是基于世界银行 2003 年整合的罗马尼亚贫困估测报告（World Bank，2003）做出的。

（一）罗马尼亚进行贫困瞄准的背景

1. 政治背景

（1）申请加入欧盟的谈判攻坚期

众所皆知，2007 年 1 月罗马尼亚正式成为欧盟的成员国。欧盟对申请入盟的成员国制定了严格的政治、经济和法律标准，以保证欧盟的生存质量和一体化关系。1995—2002 年正是罗马尼亚申请入盟的谈判攻坚期，罗马尼亚政府必须对国内的政

治、经济与法律进行相应的调整，以达到入欧的标准。罗马尼亚的贫困评估关系到国家政治的稳定、经济发展和相关国民政策的调整，在攻坚期间进行该项目的评估也是特殊历史背景条件下，罗马尼亚政府必须进行的工作。

（2）罗马尼亚的政治腐败

腐败是罗马尼亚政府面临的一个重大问题。据2003年5月开放社会基金会委托进行的一项民意测验显示，大约80%的罗马尼亚人认为该国普遍遭受腐败的困扰。国际上也比较支持这一观点。据国际透明组织发布的数据显示，1998年世界最腐败的国家的排名中罗马尼亚排在前1/3，在85个没有腐败的国家TI指数排名为第67位。虽然宏观经济自1998年以来有显著的提高，但腐败似乎已经恶化，到2002年，罗马尼亚的腐败指数下降到2.6，在102个国家中位居第77位。腐败对于市场投资、商业环境的构建都产生严重的阻碍影响。罗马尼亚人认为，执法不力、官僚主义和不良的法律是腐败的主要根源，更有受访者表示与国家机构打交道的唯一途径是贿赂官员。罗马尼亚还依靠个人非凡交际能力来解决与政府的关系，高收入家庭更有这样的途径和金钱去靠近政府，但这些趋势对穷人有双重影响：首先，孱弱的投资环境降低了他们的就业机会；其次，利用个人接触来解决问题显然对贫困家庭是不利的，尤其是即使有机会以贿赂的形式靠近权力中心，也增加了他们的生活成本，且还无法确定自己的问题能否得以有效解决。

2. 经济背景

（1）经济结构发生变化、劳动力就业结构农业化与老龄化

从过渡时期开始，罗马尼亚的经济结构发生了翻天覆地的变化，与其他欧盟成员国一样，农业和工业占GDP总量的份额不断下降，以服务业为代表的第三产业成为收入的一个重要来源。但是罗马尼亚的劳动力结构较之其他欧盟国家有着很大的不同：首先，转型初期，农业和工业占GDP总量较大的份额，是其他典型加盟国的三倍，由于农业和工业的原始体量较大，也就使经济结构的转型面临较大的困难和较长的周期。其次，劳动力的转移也有着较大的不同。假如将欧盟的加入国作为一个团体，他们的工业和农业就业份额明显下降，在20世纪90年代初和2001年的占比分别约为4%和1%。相反，在罗马尼亚，工业的就业总人数的比例从38%急剧下降到23%，而农业的市场份额从29%急剧上升到41%；同样地，将劳动人口作为一个整体，1990—2000年间，由于对外净移民，罗马尼亚的总人口几乎下降了4%。总体而言，农村比城市地区失去了更多的人口，但农村人口占总人口的比重却从1990年的43%增加到2001年的45%。劳动力结构不仅呈现出农村化的特点，也出现了老龄化，这很大程度上是由于近年来低于预期的总生育率仅为1.3，同时也是对外净移民所造成的。65岁及以上的就业人口占总人口的比例从1996年的8.2%上升

到 2001 年的 10% 左右。

（2）国有企业改革和公共部门重组缓慢

在国有企业方面，私有化进程正在持续中，但是其速度并没有达到原来的预期。许多关键的国有企业，特别是在能源方面，仍未进行改组，并继续产生巨大的亏损，导致了大量准财政赤字的积累。同时在公共部门方面，部门重组也在缓慢地进行中，为了降低改革的阻力，许多公共部门的雇员在部门重组而导致失业的情况下能够获得显著的遣散福利，但是从贫穷和脆弱性的角度来看，继续拖延结构性改革的进程使穷人和弱势群体从中获利，这并非明智之举。拖延国有企业改革和公共部门重组的速度，只会增加相关的成本，从长远来看，并不能使国家和民众从中获益。

（3）低经济增长率、高通胀率与财政赤字积累

1990—2002 年间，罗马尼亚经济的年平均增长率约为 -1%，而不是像所有的“第一次浪潮”加入欧盟的国家的 1.5% 增长率。罗马尼亚的通货膨胀自 1995 年以来平均超过了 54%，而其他成员国只有 11%。经过三年的经济一致衰退导致高通货膨胀和宏观经济不稳定。1996 年（选举年）的扩张后，出口持续下跌。同时，国有企业产生的巨额亏损，导致了大量的准财政赤字的积累。反过来，这些赤字货币化使罗马尼亚成为转型国家中通胀率最高的国家之一。随之而来的是不恰当的汇率政策，包括双交换系统和外汇管制。此外，不良的财政管理与银行存款利率的控制相结合，造成了信贷紧缩，再加上普遍的腐败现象，带来了投资停顿。

然而在过去的两年中，经济经历了通胀和增长强劲的一个特殊的组合。2000 年下半年，国内需求存在着选举驱动的扩张，这是再加上出口量的增加（主要是来自欧盟国家加工输入的再出口）、更合适的汇率政策（汇率按现在实际价值计算更具有竞争力）的结果，并在出口方面降低税负。内需的扩大和出口的增加带动该国经济增长达到最高水平。从信贷扩张中获益，增加投资，保持经济增长。通货膨胀率也从 2001 年中期的 36% 降低到 2002 年底的 19%。

3. 社会结构背景

（1）贫困率相对较高

贫困人口自 2000 年以来已经大幅下降。贫困的下降在很大程度上是由于经济增长。社会保障项目的运作，特别是最低收入保证项目（MIG），也较好地帮助了那些不能够从经济增长中受益的人。尽管最近有所改善，贫困率在罗马尼亚依旧很高，2002 年贫困人口占总人口的 29%。

（2）社会不平等水平低、贫富差距较小

经济增长增加了社会不平等的状况，这是大多数国家的典型问题，然而这个情况在罗马尼亚并不突出。罗马尼亚的社会不平等水平在东欧和中欧地区中处于较低

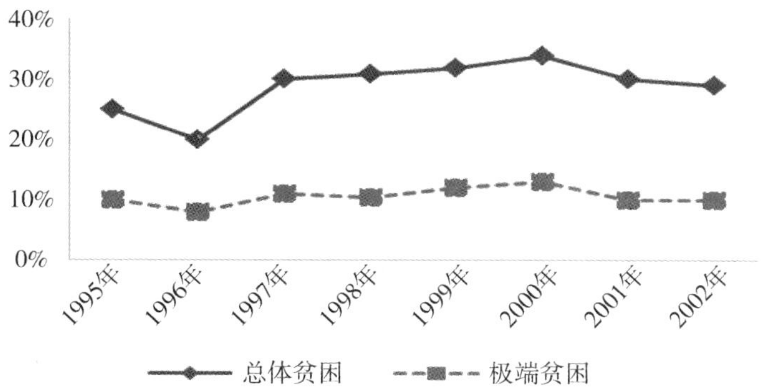

图 11　1995—2002 年罗马尼亚的贫困趋势

的水平。与其他国家相比，2002 年罗马尼亚的基尼系数为 0. 29。其次，罗马尼亚的不平等水平的增长相对较温和与缓慢，在过去的 8 年里，政府高度重视将不平等维持在较低的水平。在 1996—2000 年间，罗马尼亚国内生产总值下降，不平等程度一直保持较低水平。在这期间，基尼系数从 1996 年的 0. 31 下降到 2000 年的 0. 28。经济增长自 2000 年以来得以恢复，不平等的现象也略有增长，基尼系数从 2000 年的 0. 28 上涨到 2002 年的 0. 29，不平等的增长处于一个可持续的低水平状态，这对罗马尼亚的发展是非常有利的前提条件。

表 16　选定国家的基尼系数

国家	基尼系数
保加利亚	0. 27
匈牙利	0. 28
斯洛文尼亚	0. 28
罗马尼亚	0. 29
克罗地亚	0. 32
亚美尼亚	0. 32
塔吉克斯坦	0. 32
拉脱维亚	0. 34
波兰	0. 34
马其顿	0. 34
格鲁吉亚	0. 37
摩尔多瓦	0. 41
吉尔吉斯斯坦	0. 42
俄罗斯联邦	0. 47

（二）识别贫困受助者的方法与内容

1. 贫困的度量

（1）贫困的度量指标是消费度量。度量贫困最常用的经济性指标是收入，这同人们对贫穷的日常理解是极为吻合的，所谓的“穷人”就是没钱的人。但是由于家庭年收入不易测量，本报告不是采用基于收入的贫困测量方法，而是使用消费指标进行度量。这是因为：第一，短期性（一个月）和季节性收入来源占总收入很大的份额；第二，收入来源信息的记录不完备。一些常规的收入来源（非季节性），如工资和转移，都能在调查中准确测量，但是一些不稳定的来源，如短期收入、农场或某些类型的自雇收入，不能算入家庭收入。另一种极端是，如果农户在农忙之后接受调查，就会显示富裕；如果农户在农闲之时接受调查，就会显得穷一些。此外，很少有调查资料来估计非正式活动的净收入指标，如个体户从事非农业和农业活动所获得的收益。没有这些信息，不能精确地计算出一个家庭的年收入指标。从家庭调查得出的收入度量往往会高估那些从事非正规性（如耕种、自谋职业）或季节性活动（如养殖、旅游、施工）以维持生计家庭的贫困状况。

用消费指标对福利进行跨户、跨空间和跨时比较，是因为消费度量指标比收入度量指标能更好地反映一个家庭的实际生活水准和满足基本需要的能力。消费反映了在有经济压力时，家庭借助或调动其他资源的能力。在许多情况下，消费比收入更能获取货物和服务的可用性。指标的选择也会考虑到国家的特殊情况而决定，在罗马尼亚，消费数据比收入数据采集更可靠。

（2）数据的来源。基于消费的贫困度量的数据主要来自两个可比较的具有代表性的全国调查：2001—2002 年间的罗马尼亚住户收支调查（ABF）和 1995—2000 年间综合住户统计调查（AIG）。其他方面缺乏的材料在 2002 年的生活状况调查（ACOVI）中获取。

ABF（AIG）是由罗马尼亚国家统计研究所（INS）与劳动和社会团结部合作管理设计，并得到世界银行技术援助的多用途全国代表性的调查。这项调查第一次是从 1994 年 4 月开始，并延续至今。本次调查的目标是 36000 户的年样品，实际上，每年每月采访了 3000 户家庭重复横截面，共重复 12 次。每个月选择 2600—2800 户进行回应。这些家庭提供一个月内有关人口、资产、劳动力市场活动、收入、购买量和消费量的详细信息。该信息是使用家庭调查问卷（由训练有素的采访者三次访问管理），通过一本日记补充收集。日记是用来帮助家庭跟踪现金流量：收入、支出和储蓄。

ABF（AIG）的长处是可以衡量每月的消费流通量，即家庭购买的食品、非食品和服务，以及除了自己生产外的食品消费。食品消费模块使用平衡方法收集了 104

（83）种商品消费信息。家庭报告说明了商品、资本当月的流入与流出，最终股票的初始库存。商品购买（Bo）之间的资本流入（价值和数量）与农场的生产数量，从加工、赠予或与其他商品交易所获得是相分离的。流出包括家庭成员的商品销售、加工、由当作礼物赠送、用作农业投入、货物交换和消费（Cs）。我们可以判断出自己生产的消费为 Sc = max（0，Cs-Bo），家庭成员购买食物为 Pr = Cs-Sc。非食品模块收集了 121（113）个项目，主要是月总支出的采购信息。类似地，服务模块记录的 89（56）项，描述的是每月购买服务的信息。该调查不记录非食品或服务的自我消耗。调查还收集了家庭所拥有的耐用品信息。

虽然 ABF 和 AIG 使用不同的问卷调查——ABF 问卷比 AIG 收集了更多消费的详细信息，但两份调查是完全具有可比性的。两个调查的主要信息使用相同的家庭日记，更详细地获取食品、非食品和服务的消费数据。受访者高水平的文字记载使得日记成为一个重要测量工具。此外，两项调查基于相同的抽样设计，并使用同一组访谈对象。

生活状况调查（ACOVI）是自 2000 年以来，罗马尼亚国家统计协会管理的一项具有全国代表性的年度调查，样本量约有 10500 户。这项调查并没有像家庭预算调查一样有详细的消费模块，但它关系到健康、生活条件、保险、社会关系等模块。

（3）贫困的度量方法。本报告中使用的消费总量包括了食品的消费（包括消费了自己生产的）、非食物、服务和选择的耐用品在内，先计算家庭户的消费总量并进行排序，然后根据排序，再进行五等分的层级划分。同时，基于两个参数使用成人等规模：家庭中成人和儿童的经济成本。根据 1999 年和 2000 年的数据估计，一个孩子的花费大概为成人的 50%。为确保在高通胀期间跨时间段的可比性，各部分的消费量（用于食品，非食品和服务）与当年 12 月的 CPI 相对应。

报告的结果使用福斯特－格里尔－托尔贝克的贫困分类测量方法：应用人口比例、贫困差距和贫困平方差距的方式（福斯特－格里尔－托尔贝克，1984）。所有的估计，从简单对比到回归，结合调查设计计算的标准误差。制表使用扩张的因素纠正分布样本的边缘分布，并按年龄组别、性别和居住地区的人口重新调整。

2. 贫困线的选择与评估

本报告使用基本需求的成本方法来确定 2002 年 12 月总贫困线和极端贫困线这两条贫困线。每条贫困线包括食品成本（两线通用），加上基本的非食品和服务的津贴（两线不同）。

贫困线的食物成本是由第五分之二层级和第五分之三层级的人首选的食品篮的成本确定的，售价为面对本组的单位价值，统计为每人每天 2550 卡路里的热量摄入。每人每天 2550 大卡的热量摄入符合联合国粮食及农业组织、OMS、联合国营养专家组的建议（1989）以及国家要求（卫生部，2002 年）。例如，2002 年第二和第三层级的人，每人每天消耗的平均热量为 2610 卡，高于要求的 4%。将消耗量的矢量乘以 0.962，然后售价特定于该基团的单元值，确定贫困线产生的食物成本，用 2002 年 12 月的城市价格计算为 87.2005 万 ROL。

极端贫困线是通过总结贫困线的食物成本和那些总消费量等价于粮食需求消耗的非食品和服务量决定。如果只能满足自己的食物需求的家庭为了消费某商品而放弃了对食品的消费，那么这些项目应该是必需品。因此，极端贫困线是食品和其他非食品类生活必需品的总和。极端贫困线用 2002 年 12 月的价格表现是 106.0658 万 ROL。如果每位成年人的消费低于极端贫困线，将被归类为极端贫困。

总的贫困线是通过添加到食品成本的那些家庭的食品消费，等于贫困线的食品部分的金额和非食品服务的花费来确定。总的贫困线用 2002 年 12 月的价格表现是 153.5570 万 ROL。如果每位成年人的消费低于总的贫困线，将被归类为（总）贫困。

贫困线是食品和非食品（和服务）成分加在一起获得的。确定绝对贫困线的方式具有有形的含义：它表示满足基本需要的费用，由较低程度地满足了所规定的热量摄入消耗食物的成本，以及其他必要的非食物的成本构成。

（三）瞄准率评估的结果分析

1. 贫困概览：谁是罗马尼亚的穷人？

（1）消费贫困。2002 年有多少罗马尼亚人是消费贫困的？有多少人消费低于下表的社会最低消费的贫困线？表 17 列出了 2002 年罗马尼亚的贫困概况：

表 17　2002 年罗马尼亚的消费贫困状况

	消费贫困	极端贫困	总体情况
贫困人口	1250410	2443668	6470551
贫困人口占总人口的比例	5.6%	10.9%	28.9%
贫困差距—平均消费赤字	0.011	0.024	0.076
贫困者的平均消费赤字	0.204	0.219	0.263
严重贫困者	0.004	0.008	0.030

大约 650 万罗马尼亚人或 28.9% 的总人口，消费低于 150 万 ROL（按 2002 年 12 月的价格）的贫困线。平均而言，这一群体的消费比贫困线低 26.3%。在这一组中，约 250 万人或 10.9% 的人口生活在极端贫困。他们的消费低于 100 万 ROL（按 2002 年 12 月的价格）的极端贫困线。

最后，125 万罗马尼亚人或 5.6% 的总人口，不能足够的支付他们的基本粮食需求。最少的粮食需求价格估计为 87.5 万 ROL（按 2002 年 12 月的价格）。

消费贫困度与物质福利等其他措施，如足够的营养摄入、重要的耐用消费品的可用性或适当的住房设施（见表18）有关：

表18　物质消费具体层面的贫困状况（%）

	全国			城市			农村		
	非贫困	贫困	总体	非贫困	贫困	总体	非贫困	贫困	总体
总体贫困状况	71	29	100	82	18	100	58	42	100
营养（贫困）									
消耗少于最低卡路里摄入量	14	35	20	21	50	26	4	28	14
缺乏消费性资产									
没有煤气灶	7	33	14	3	10	4	15	44	27
没有冰箱	13	42	22	9	21	11	20	53	34
没有洗衣机	34	74	45	22	54	28	54	84	67
住房贫困									
一间住3个人以上	7	28	13	7	30	11	8	28	16
人均住房面积少于5平方米	3	16	7	2	14	4	4	18	10
没有浴室	35	73	46	9	33	13	78	93	84
没有抽水马桶	26	58	36	5	20	8	62	77	68
没有热水器	37	75	48	11	36	15	80	95	86
不能连接热水系统	2	3	3	4	8	5	0	0	0
没有供热系统	3	3	3	4	8	5	0	0	0
不能及时缴纳电费	12	23	15	11	26	14	14	21	17
不能及时缴纳公共事业费用	27	29	28	32	52	36	18	18	18

营养贫困。相比29%消费贫困的人，只有20%的人因营养摄入不足而受到影响。在消费贫困中，有35%的人营养摄入不足。相比之下，14%的非贫困人口的消费低于推荐的卡路里摄入量，但有足够的手段来掩盖赤字。相比农村贫困人口（28%），营养贫困在城市贫困人口（50%）中更为普遍。

必需耐用品的缺乏。在全国范围内，14%的人没有燃气灶，22%的人没有冰箱。正如预期的那样，必需耐用品在非贫困和城市地区已较为普遍。

住房贫困。住房贫困根据不同的居住地区有各自的特点。在国家层面上，30%的贫困人口居住在拥挤的房子里，有一半没有抽水马桶，超过70%的没有卫生间。几乎所有农村居民缺乏基本公用设施，如卫生间、抽水马桶和热水，而在城市地区主要是分布在贫困家庭中。较大比例的城市贫困人口发现自己无力支付公共事业费因此积累债务（超过50%），或区域的供热和/或热水系统（8%）被断开。

（2）能力贫困。到目前为止，所有使用的贫困度量考量的都是家庭属性，前提是消费都算在家庭内部。这个假设是由于既定的消费指标用个人尺度来测量是困难的。然而，教育、卫生和就业这些属性并不能从整体的家庭属性来衡量。有人可能会被认为是教育匮乏，如果没有达到国家义务教育的最低要求；有人因慢性病或残疾影响正常的社会工作能力，可能被视为健康很差。这种类型的贫困是接近于阿马蒂亚·森（森，2000）指出的机能或“能力”。

表 19　能力缺失：教育、健康和就业　（%）

	全国			城市			农村		
	非贫困	贫困	总体	非贫困	贫困	总体	非贫困	贫困	总体
总体贫困状况	71	29	100	82	18	100	58	42	100
教育贫困									
8—14 岁：辍学儿童	1.8	6.4	3.3	1.1	5.4	2.0	2.9	6.9	4.8
15—48 岁：没有上过初中	1.3	10.5	4.0	0.8	6.1	1.8	2.4	13.3	7.3
15—24 岁：没有上过职校或者高中	9.8	39.4	20.7	4.8	19.6	8.5	21.1	51.9	37.8
健康贫困									
有慢性疾病且上个月有两周不能进行正常活动，残疾	7.0	5.8	6.6	7.4	6.6	7.3	6.3	5.4	5.9
就业贫困									
16—59 岁：失业且在上个月中即使有工作机会也存在就业困难	5.6	11.8	7.3	6.9	21.2	9.4	3.0	6.0	4.3

在城市，消费贫困与教育贫困、就业贫困具有较强的相关性，但与健康贫穷相关性较差：

教育贫困的定义是：①辍学儿童达 14 岁；②15—48 岁中辍学或者没有就读初中；③15—24 岁青年没有就读职业教育或高中。由前两个定义来看，罗马尼亚教育贫乏的人相对较少，全国估计为 3%—4%。如果使用更严格的定义，则有五分之一的 15—24 岁的罗马尼亚人属于教育匮乏。教育贫穷不成比例地影响到更多的穷人、青年和农村地区。农村地区超过 50% 的 15—24 岁的穷人不上学，也没有参加职业教育或高中。需要注意的是城市地区穷人教育贫困的相对风险要高得多。控制居住区这一变量，可以发现教育贫困的风险在城市地区为 4—8 倍，比农村地区高了 2—4 倍。

健康贫困的定义为慢性疾病或伤残。按这样的基准，健康贫困的人约占总人口的 6.6%，整个居住区域或消费贫困状态只有很小的差异。这一发现可能表明，健康贫困与其他因素相关性更强，如年龄、性别、生活方式和暴露的触发健康的危害。

就业贫困定义为劳动年龄的人口的失业。约 7% 的工作年龄的人处于就业贫困，城市比农村地区更多，城市居民的失业风险最高（21.2%）。

（3）社区贫困。虽然消费贫困能从私人物品的消费中获取信息，如食品、非食品、服务、耐用消费品和住房设施。社区贫困测量了社区中公开提供的服务的可用性，如被调查的领域内（只在农村地区）邮局、卫生所、药店、文化厅或游乐场所的可用性。调查的其他因素还包括附近的感知安全性和基础交通设施的质量。

在所有相关方面的分析中，社区贫困与消费贫困的相关性最低（见表20）。

表20　社区贫困（%）

	全国			城市			农村		
	非贫困	贫困	总体	非贫困	贫困	总体	非贫困	贫困	总体
总体贫困状况	71	29	100	82	18	100	58	42	100
社区贫困									
当地没有邮局	6	12	7	—	—	—	15	18	16
当地没有健康服务中心	5	11	7	—	—	—	14	17	15
当地没有药房	14	28	18	0	1	0	38	41	40
当地没有娱乐/文化中心	10	19	13	2	2	2	24	27	25
当地没有儿童广场	36	63	44	7	12	8	85	89	87
居住在高危地带（会有噪声、盗窃）	2	2	2	3	4	3	1	1	1
居住在道路基础设施破旧的地方	13	17	14	10	7	9	19	21	20

不过，需要注意的是：社区贫困发生率比消费贫困来得低。换句话说，对比公共部门提供服务的可用性，人们更关心的是他们的私人消费。然而，这里使用的社区贫困的测量方式没有考虑到贫困和非贫困区之间服务质量的潜在区别，或消费贫困人口在一定领域内获得这种服务的潜在歧视。按居住地区，社区贫穷的类型有很大的差异。农村地区缺乏接入服务和基础设施，市区大多则有不安全的影响。

（4）对贫困的感知。根据客观的消费贫困度量方法，29%的罗马尼亚人是穷人，其中有11%为极端贫困，大多数家庭清楚地感知他们的经济状况。大约有一半的人认为，他们买不到足够的粮食，而2/3的人认为自己的经常性支出与收入不相匹配。这些百分比中，穷人比非穷人更高，然而农村与城市地区没有显著的变化。非贫困人口对于目前的消费水平的不满是非常明显的：其中42%的人认为自己的收入不足以支付他们的食物需求，而大约59%的人认为收入不足以支付经常性开支。

在某种程度上，客观和主观消费贫困之间的差距可能是由于在评估当前的经济状况时使用不同的基准。度量消费贫困的目的是鉴于目前的价格和个人收入的比重，确定谁不能达到最低的食品和非食品的需求。相比之下，家庭被要求报告他们的经济状况可能会将他们目前的经济实力与一些老旧的、理想化的基准相比较，如1997年之前的购买力。

表 21　贫困的感知　（%）

	全国			城市			农村		
	非贫困	贫困	总体	非贫困	贫困	总体	非贫困	贫困	总体
总体贫困状况	71	29	100	82	18	100	58	42	100
营养									
不能购买足够的食物	42	69	50	41	68	45	44	70	55
入不敷出	59	86	67	59	88	64	59	84	70

2. 结果分析：如何有效瞄准贫困群体?

（1）长期贫困与短暂贫困之分

制定一个有效的减贫战略，了解贫穷是短暂的还是长期的是尤为重要的，同时对于贫困群体的瞄准也是至关重要的。短暂贫困的信号是家庭无力稳定跨时消费，而长期贫困的信号是由于较低的资产禀赋和资产的低回报。

从概念上讲，引发贫困情况有两种可能：有足够强度的收入冲击，使家庭陷入贫困，或禀赋与资产较低不足以产生足够的收入来摆脱贫困。收入冲击可能会使家庭暂时陷入贫困，这些家庭被称为短暂贫困。他们会摆脱贫困，即使没有外界的帮助，经过一段时间成比例的收入冲击和资产（包括劳动力）下降，他们的收入会返回。这一类人包括失业者，在经济衰退时期，失去他们的工作。当经济复苏和就业增长，这些个人将重新进入劳动力市场，并可能摆脱贫困。而即使经济复苏时，他们也没有能够摆脱贫困，是由于他们所拥有的资产不能够产生足够的收入使他们从贫困现状中突围。这类家庭微薄的资产体量在经济繁荣时期虽然有类似的回报，但总体情况还是衰退的，这样的家庭被称为永久贫困（长期贫困），通常情况下这一类包括残疾人，还有无法工作的贫穷老人。

从贫穷风险的动态来看，大部分约 58.4% 的人是短暂贫困。出人意料的是，永久性的贫困仅为 21.9%，非常接近非典型贫穷的数字（21.4%）。极低水平的永久贫困很少会注意到企业员工为户主的家庭。这样的家庭似乎也能在收入波动后恢复消费水平，使其一年或两年高于贫困线。相比之下，个体户或农民为户主这样“至少一次贫困”的家庭有很大一部分年复一年地承受着贫困的压力。正如预期的那样，我们发现员工或退休人员为首的贫困家庭更容易从贫穷退出，失业人员、农民和自雇为户主的家庭相对较难。

永久性贫穷，包含了有残疾人、老人和有大量儿童（四个或以上）的家庭。根据这个标准，在 1995 年和 1996 年，永久贫困的人口都约为 28%。正如预期的那样，在 1997 年和 1998 年，虽然有多年的经济衰退，但比例却下降到 24%，这是由于大量的人转入到“短暂贫困”。这说明大部分贫困在罗马尼亚是短暂性的。这种分析带来的积极信息是，当今许多罗马尼亚人所面临的贫困也是短暂的。当经济恢复增长，短暂贫困会缩水。这充分说明了宏观经济稳定和经济可持续增长在罗马尼亚的扶贫战略中应该发挥重要角色。对于剩余贫困人口，社会制度应该来保护他们，社会政策制定者应更注重后者。

（2）家庭与个人的特征属性

家庭人口与贫穷。家庭规模越大，贫困风险越高。比起早先的研究，我们发现一个、两个或三个人的家庭的贫困风险在统计学上并没有显著的差异。2002 年，较大的家庭（五名成员及以上）的总贫困和极端贫困的发生率较高。事实上，在图 12 中显示，贫困是渗透到所有类型的家庭的一个特点。

1995—2000 年，四个成员的家庭的贫困风险相对增加，少于四个成员的住户大致保持不变。有五个或更多的成员的家庭，在整个周期中，贫困风险较高的情况几乎是恒定的（比平均总贫困高出 71%，而极端贫困高 110%）。

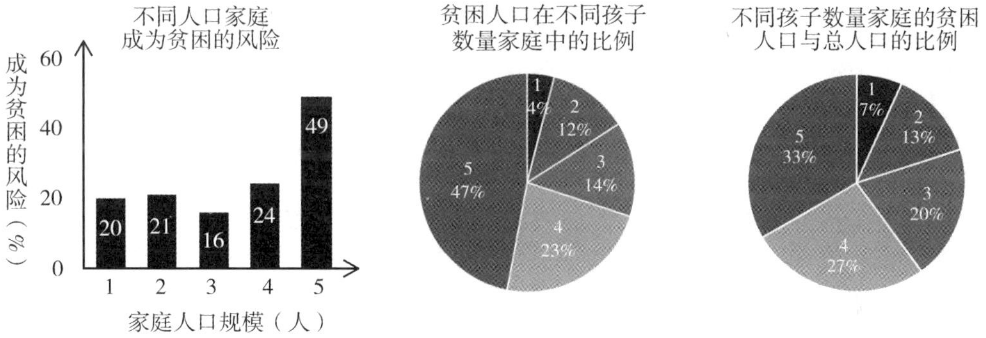

图 12　成员更多的家庭面临更大的贫困风险

儿童的数量与贫困。大约有一半的罗马尼亚家庭有孩子。在有孩子的家庭中，51% 有一个孩子，35% 有两个孩子，14% 拥有三个或三个以上的孩子。随着孩子数量的增加，变穷的风险也随之增加，两个孩子最为适度，随后急剧上升。虽然三个以上孩子的家庭并不能代表穷人，但其中有 2/3 生活在贫困之中。

有孩子的家庭的大人不能将全部劳动禀赋投入到工作中，因为在这个时期他们需要照顾孩子。20 世纪 90 年代末，抚养孩子的机会成本上升，由于育儿成本的增加，成年母亲为照顾孩子而减少劳动，应对危机的主要反应是计划生育，少生孩子。历届政府出于人口和经济的担忧制定政策奖励有孩子的家庭。有工作的母亲如果选择养育自己的婴儿，将会由社会保险预算支付享受长达两年的产假。类似的分析确定了罗马尼亚政府提出家庭津贴，所有家庭的每个孩子都有津贴，第二到第四个孩子有补充津贴。

对于有一个或两个孩子的家庭，贫困风险的加剧会与单亲养育有关。一个单亲家庭面临贫困风险比双亲家庭的更高，单亲家庭更易深陷贫困的深渊。

年龄和贫穷。最终谁是贫困的，孩子、老人或大人？按年龄，贫困的风险中最高的是儿童，尤其是在青少年时期（15—24 岁）（见表 22）。与 1995 年相比，老人的贫困相对危险下降，部分原因是养老金体系的改革，而对于孩子们来说贫困的风险却是增加的。

表 22　1995—2002 年按年龄段分布的贫困风险评估

年龄＼年份	1995	1996	1997	1998	1999	2000	2001	2002
0—6 岁	0. 30	0. 24	0. 35	0. 35	0. 39	0. 42	0. 38	0. 35
7—14	0. 27	0. 21	0. 32	0. 34	0. 37	0. 41	0. 34	0. 34
15—24	0. 32	0. 27	0. 38	0. 38	0. 41	0. 45	0. 39	0. 37
25—34	0. 20	0. 16	0. 25	0. 26	0. 29	0. 31	0. 27	0. 25
35—44	0. 20	0. 16	0. 25	0. 26	0. 29	0. 33	0. 26	0. 25
45—54	0. 21	0. 18	0. 27	0. 27	0. 29	0. 31	0. 26	0. 24
55—64	0. 23	0. 17	0. 27	0. 27	0. 27	0. 30	0. 24	0. 23
65 岁及以上	0. 31	0. 22	0. 34	0. 34	0. 35	0. 35	0. 32	0. 29

性别与贫困。整个周期中，个人层面上贫困的发生率在性别上无明显差异。但是，女户主家庭面临的贫困风险比男性的高，是由于在这个类别中发现的单户父母、低养老金水平的年老寡妇比例更高。总体而言，女性户主家庭总贫困或极端贫困的比例为 21%。

女户主的家庭不仅面临更高的贫困风险，摆脱贫困的能力较低。女户主家庭无法摆脱贫困的风险比平均水平高 1. 3 倍。女户主家庭中最脆弱的类别是农村人口和老年人。在大多数情况下，老年女性户主家庭为单人家庭并无法工作，且土地没有给她们任何形式的经济支撑。特别是他们可能会被排除在有针对性的社会援助计划（如最低收入保障计划）之外，因为他们拥有土地。

罗姆人更加容易陷入极度贫困。除了多数罗马尼亚族裔的人口，生活在罗马尼亚的三个主要少数民族有匈牙利人（5. 9%）、罗姆人（2. 5%）和日耳曼人（0. 5%）。匈牙利族人与日耳曼人跟大多数人口一样在总的或者极度贫困水平上并无显著差异。相反，罗姆人和其他人之间存在很大的差距。相比 1995 年，这些差距在 1996 年上升，此后下降。到 2002 年，罗姆人中的穷人是其他人口中发现的穷人的 2. 7 倍，重度贫穷的更可能达到 5 倍。总贫困人口中罗姆人占 7%，占严重的贫困人口的 12. 5%。事实上，3/5 的罗姆人生活在极度贫困中，只有 1/5 的人生活不太贫穷。然而，贫困问题在罗马尼亚并不是一个民族问题。总的（87%）和极端的

（82%）贫困人口数量最多的是罗马尼亚族。

教育成就与贫困。获得更多的学校教育，贫困的风险会大幅下降。如果户主没有上学，陷入贫困的概率为 67% 左右，占总贫困的 7% 或严重贫困的 10%。然而，大多数穷人都是在户主大部分完成了中等或者职业教育的家庭中发现的。1998 年后户主没有上学的家庭的贫困风险相对下降了，以职业培训教育为首的家庭，因为他们的技能与罗马尼亚发生的产业结构调整不相匹配。有高中或大学毕业生的家庭的贫困的风险保持不变。

户主职业与贫困。与家庭的人力资本相关的另一个特点属性就是户主的职业。职业也揭示了家庭主要经济支柱的活动状态（领取养老金或其他活动），是参加正式的还是非正式经济活动。在这个时期，家庭的生计来源于正式的经济收入，如雇主和雇员，贫困的发生率最低。领取养老金的人，特别是那些过去在正式的企业就业获得社会养老保险的人，在低贫困风险中排第三。以失业为首的家庭，或其在非正规企业中的工作——农民或在非农业活动中的个体经营者——面临着最高的贫困风险，居于 50%—61%。

然而最大的贫困群体是雇员和退休老人为户主的家庭，这两个群体占贫困人口的 76%。具有较多的家庭成员，且家庭中只有一个工薪族，或者低工资（在养殖、贸易或某些服务）的家庭面临着更高的贫困风险。退休人员在城市地区只依靠养老金度日的家庭，或在农村地区退休人员且有少量的土地，这样的人更有可能成为穷人。在整个社会转型时期，农民为户主的家庭的贫穷数量最多。

城乡差别和贫困。无论是贫困的发生率还是贫困人口的数量，农村比城市地区高。尽管这是恒定的趋势，但 2002 年农村的贫困风险依然比城市地区高很多。

贫困的区域维度。贫困的发生率有很大的地域区别。东北部贫困的风险最高，高出全国平均水平的 47%（高出严重贫困率的 77%）。这一地区还承载了最大的贫困（总贫困的 25%，严重贫困的 30%）。首都布加勒斯特贫困风险最低，约为全国平均水平的 1/3。1996 年后，总的和严重的贫困区域差距略有减弱。

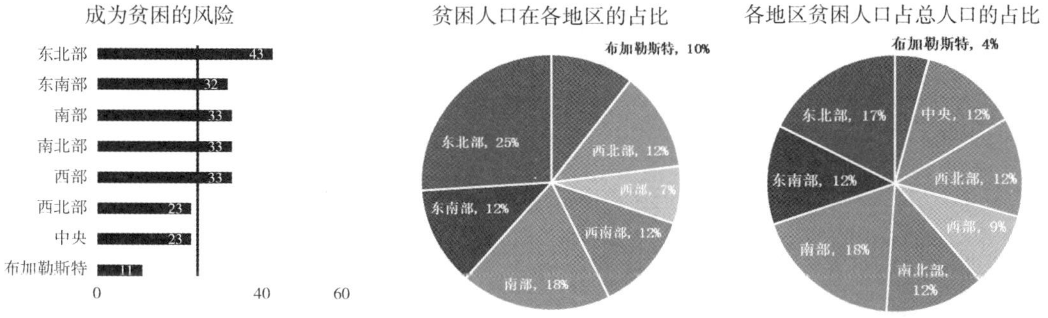

图 13　东北部面临的贫困风险最高，首都布加勒斯特的贫困风险最低

（四）针对瞄准对象的救助方案、效果评估与政策建议

根据一系列的贫困度量方法对罗马尼亚的贫困现状进行评估，同时依据评估结果瞄准了罗马尼亚的穷人，穷人出于消费贫穷和能力贫穷，他们没有资源和能力摆脱贫穷的现状，因而就必须借助政府和社会的力量缓解他们的贫困状况。所以根据政府和社会行动的区别，罗马尼亚为帮扶穷人走出贫穷的泥沼设立了一系列政府公共资源转移项目和来自私人部门的援助。

1. 政府的公共转移的救助方案、效果评估与政策建议

罗马尼亚国家的社会保障计划占国内生产总值的 10% 左右，1995—2002 年间，国内生产总值中社会保障转移支付的比例相当稳定，占国内生产总值的 9% 和 11% 之间（见表 23）。

表 23　社会保障占 GDP 比重及社会保障计划的资金来源　（%）

年份	社会保障占 GDP 的比重	社会保障计划的资金来源				总量
		中央预算	地方预算	社会保险	失业基金	
1995	9.3	15	3	73	9	100
1996	8.9	15	3	76	7	100
1997	9.6	19	2	67	13	100
1998	10.5	19	3	65	13	100
1999	10.8	18	3	65	13	100
2000	9.8	16	5	69	10	100
2001	10.1	20	6	69	6	100
2002	10.0	18	8	69	5	100

社会保护方案可以分为不同的两大类：社会救助和社会保险。社会救助方案包括最低收入保障（MIG）、供暖补贴、国家儿童津贴和子女补充福利。社会保险项目主要包括前雇员或农民（老人和残疾人）及其家属（幸存者）的退休金和失业救济金。除了这些好处，社会保险制度为贡献者提供了广泛的利益和服务，如孕产妇和儿童照顾假（child-ingaise leave）、病假、丧葬抚恤，再加上失业保险、遣散费和积极的劳动力市场等措施。

（1）社会救助方案

①最低收入保障项目（MIG）于 2002 年颁布，实际上取代了 1995—2001 年的社会援助计划，这是由于社会救助计划的融资不畅，设计和实施变得无效。最低收入保障的目标是为了使那些有需要的人受益。在 2002 年，该项目几乎涵盖 619000 个家庭，总成本为国内生产总值的 0.28%。截至 2002 年底，从最低收入保障项目中受

益的家庭数约 38 万，占该国总人口的 5.4%。项目受益人有权从其他两个并列的福利中受益：医疗保险和供暖补贴。

②供暖补贴方案是在寒冷季节中为低收入家庭提供一次性补助性收益（11 月至 3 月），根据不同的家庭总收入水平和用于加热的燃料的类型的不同来决定补助的数量。在 2002 年，近 75.6 万个家庭（302.3048 万人）从该方案中受益，覆盖了全国总人口的 13.5%，总支出占国内生产总值的 0.1%。最初，供暖补贴只提供给最低收入保障项目的受益人。在 2002 年的 1 月和 9 月，政府颁布法令修改最低收入保障法，提高供暖补贴的资格门槛，力图覆盖更多的人。

③到目前为止，占社会救助转移最大份额的是国家儿童津贴和多子女家庭补助津贴。483.5606 万名儿童（国家儿童津贴）和 102.29 万个家庭（补助津贴）从中受益，在 2002 年，总支出占国内生产总值的 0.68%。

国家儿童津贴是一项普遍的利益政策，只要超过 7 岁的孩子常规性入学，政府对每个孩子每月进行资助，直到 16 岁（如果就读于普通中学教育系统，可资助到 18 岁）。自 2003 年 1 月，资助的水平被定为 21 万 ROL/月。

补充儿童福利的受益对象是两个以上子女的家庭，福利水平是在 1997 年设置为：有两个孩子为每月 4 万 ROL，有三个孩子的家庭为每月 8 万 ROL，有四个或四个以上孩子的家庭为每月 10 万 ROL，自 1997 年福利水平没有什么变化。

表 24　主要的社会救助收益

	受益人数	占 GDP 比重（%）
家庭津贴		
国家儿童津贴	48356060	0.63
儿童家庭支持津贴	1022900	0.05
新生儿津贴	150011	0.01
社会救助		
社会救助收益（MIG）	1098453	0.28
供暖津贴	3023048	0.07
家庭照护与培育津贴	43114	0.02
临时救助	468	0.00
基金会与协会补贴	5862	0.00
补助	2295	0.00
残疾人救助		
盲人津贴	—	0.08
每月的补偿	—	0.08
个人救助	—	—

（2）选择的社会保险计划

①公共养老金制度是一个经典的随收随付制方案，尽管在 2001 进行了改革，但仍然面临长期的赤字（占 GDP 的接近 1%）。赤字主要是因为：首先，人口老龄化和员工的数量锐减导致的低抚养率；其次，过去提前退休的政策。为了保持养老金系统的财政平衡，管理者选择了较低的替代率，以至于不能阻止许多养老金领取者陷入贫困——平均公共养老金与平均工资的比例大约是 37%。目前，政府正在实施一个为期三年的重新相关计划，在类似的贡献下，不同层次的养老金领取者在养老金水平之间有明显的不同，以恢复他们之间的公平。

②失业救济金。由失业保险制度提供的失业救济金在 2002 年颁布新立法中被合法化，福利水平被设置为最低工资总额的 75%，为期 6 至 12 个月。此外，遣散费主要用于救助集体解雇的工人，救济水平与之前的平均工资和工龄相挂钩。除了现金津贴，失业基金资助范围也包含了广泛的积极的劳动力市场的措施，包括职业咨询、公共工程和小额信贷方案。

（3）公共转移项目的效果评估

①所取得的成就。首先，从社会保障计划的覆盖面来看，87% 的人口直接或间接地接受至少一个的社会保障转移。覆盖面最广的是国家儿童津贴（在城乡为 56.6%，农村为 54.6%），其次是养老金（城市为 1.5%，农村为 24.3%）、失业救济金（城市为 7.6%，农村为 6.3%）和最低收入保障项目（2% 在城市，农村 6.1%）。在 2002 年，低收入保障项目成功地涵盖大部分家庭，包括了那些夫妻俩住在一起或未婚的、罗姆人、那些没有或很少接受正规教育的成年人、农民、失业人员和家庭主妇为户主的家庭。失业补助计划的覆盖范围与经济周期高度相关，在 1997—1999 年经济衰退期间，项目却扩张，此后收缩。大多数的社会保障计划保持了他们的覆盖率，最低收入保障项目（承继了原先的社会救助项目）却是例外的——在 2002 年，覆盖率从总人口的 0.5% 上升到 3.9%，这种扩张主要是通过增加资金支出推动的。

表 25　1995—2002 年社会保障项目覆盖率变化

	1995 年	1996 年	1997 年	1998 年	1999 年	2000 年	2001 年	2002 年
社会保险	48.9%	46.5%	46.1%	49.4%	51.6%	51.4%	52.6%	51.3%
长寿养老金	23.9%	24.4%	25.0%	25.7%	26.5%	27.6%	29.0%	29.2%
残疾人养老金	5.6%	5.7%	6.0%	6.8%	6.8%	7.1%	8.6%	9.0%
遗属养老金	5.2%	5.4%	5.4%	5.6%	5.9%	6.0%	6.4%	6.4%
农民养老金	12.1%	11.7%	11.5%	11.8%	11.6%	11.8%	12.1%	11.9%
退伍军人养老金	0.5%	0.4%	0.5%	0.4%	0.3%	0.3%	0.3%	0.3%

续表

	1995 年	1996 年	1997 年	1998 年	1999 年	2000 年	2001 年	2002 年
社会救助养老金	1.0%	1.1%	0.6%	0.2%	0.2%	0.2%	0.2%	0.2%
失业保险	11.8%	7.5%	7.4%	10.0%	12.3%	10.9%	9.0%	7.0%
裁员津贴	—	—	—	—	—	—	0.3%	0.1%
儿童照护	1.6%	1.1%	1.1%	1.4%	1.3%	1.0%	1.0%	0.8%
育儿假	1.6%	1.1%	1.1%	1.4%	1.3%	1.0%	1.0%	0.8%
社会救助	54.1%	52.6%	62.5%	56.5%	56.4%	56.5%	56.8%	57.9%
儿童津贴	52.4%	50.9%	53.6%	54.8%	55.0%	54.9%	55.1%	55.5%
奖学金	1.2%	0.9%	0.8%	0.7%	0.5%	0.8%	0.7%	0.6%
残疾人支援	1.6%	1.8%	2.2%	2.1%	1.9%	2.0%	2.2%	2.2%
社会救援	—	—	0.7%	0.5%	0.4%	0.5%	0.5%	3.9%
其他的社会救助收益	0.9%	1.2%	14.0%	1.0%	0.6%	0.6%	0.8%	0.7%
其他的缴费性项目收益	3.6%	3.4%	3.0%	3.2%	2.8%	2.5%	2.6%	2.4%
退伍军人津贴	3.4%	3.3%	2.8%	3.1%	2.7%	2.4%	2.3%	2.2%
政治迫害受害者津贴	0.2%	0.2%	0.2%	0.2%	0.2%	0.1%	0.3%	0.2%
总的社会保障	83.3%	81.5%	85.2%	85.5%	86.1%	85.9%	87.0%	86.8%

第二，社会保护方案的定位效果相对较好。罗马尼亚大多数的社会保障转移是高度进步的。具体而言，相比前1/5层级（富人）的人接受了12%的公共社会保障支出，底层的1/5层级的人（穷人）所接受的收益占公共社会保障支出近1/4（25%）。换句话说，最富有的人获得公共转移支付的份额比最贫穷的人绝对少得多。贫困瞄准最有针对性的方案是最低收入保障项目、残疾人的救助和退伍军人津贴。值得注意的是，最低收入保障项目成功地将62%的项目利益转移给了最底层的贫困人口。

表26　2002年不同社会层级的社会保障金分配覆盖率

	最穷的	2	3	4	最富裕的	总计
社会保障	25%	24%	21%	18%	12%	100%
社会保险						
养老金	24%	24%	22%	18%	12%	100%
残疾人养老金	21%	23%	22%	22%	12%	100%
遗属养老金	26%	28%	22%	15%	9%	100%
农民养老金	30%	30%	22%	13%	6%	100%
退伍军人养老金	32%	24%	13%	18%	13%	100%

续表

	最穷的	2	3	4	最富裕的	总计
社会救助养老金	25%	37%	17%	13%	9%	100%
失业保险	25%	26%	21%	18%	11%	100%
裁员津贴	29%	27%	26%	9%	9%	100%
社会救助						
儿童津贴	20%	20%	20%	21%	19%	100%
奖学金	16%	18%	17%	21%	28%	100%
残疾人支援	42%	22%	20%	10%	6%	100%
退伍军人津贴	37%	23%	21%	14%	6%	100%
政治迫害受害者津贴	18%	14%	26%	31%	12%	100%
市长办公室提供的社会救助	62%	21%	12%	4%	2%	100%
其他的社会救助收益	33%	24%	19%	11%	13%	100%
备注						
占总人口数的比重	20%	20%	20%	20%	20%	100%
占总消费的比重	7%	12%	17%	23%	40%	100%

第三，社会保护计划对贫困减少的影响。从社会保障方案直接（项目参与者）或间接（计划参与者的家庭成员）受益的人约占总人口的87%，其中包括96%的最贫困人口。最低收入保障项目是对抗贫困的社会安全网的底线，具有很好的瞄准性，覆盖20%的最贫穷的人口中的11.7%。

②社会救助项目存在的问题。首先，尽管最低收入保障项目是罗马尼亚政府减少极度贫困的良好工具，但有些严重的贫困人口还是可能被该项目遗漏。一般情况下，最低收入保障项目的受益者和社会救助体系帮扶的家庭一样；他们大多接受一些其他的社会救助福利，特别是儿童津贴。最低收入保障项目的效益未能到达城市贫困家庭，是由于受产业结构调整的影响和歧视成本的原因（即这些家庭有两个或多个身强力壮的成员），使得这些家庭不能列入项目的帮扶范畴中，但是这些家庭仍旧处于贫困状态，他们需要获得项目的救助。所以需要改变最低收入保障项目的管理规则，将他们列入社会安全网中，以帮助他们摆脱贫困将是一个重大的挑战。

其次，补充津贴项目的目标与方案的设计、实施之间存在两个矛盾点：一是项目中有四个孩子的家庭的边际收益率较低（每月 2 万 ROL），对五个以上子女的家庭没有提供额外的福利。尽管扩大覆盖方案在这组人员中的潜在成本相当低，该方案还是没能覆盖那些贫困风险最高的家庭的边际收入差距。二是儿童津贴针对性相对微弱，而更有针对性的补助津贴会随着时间流逝而失去购买力。

③完善社会救助管理。在社会救助方案中，最低收入保障项目具有最好的目标瞄准性能，但穷人的覆盖率相对较低。所以在完善社会救助项目的管理时，需要从以下两个方面入手：资金安排和项目实施。

资金安排方面。根据法律规定，最低收入保障方案的财政来源主要有专项的中央财政和地方预算内财政两者提供，从理论上说，中央和地方财政出资相结合为地方行政部门管理的有效性提供了一个很好的组合。但是这样的组合也带来了相关的问题：一是财政出资权力下放导致瞄准性差，单单依靠地方行政机构的财政能力，会造成大项目集中在相对富裕地区而小项目在贫困地区，不利于贫困地区的发展；二是中央和地方行政部门之间的财政负担分配不清，使地方政府在该项目的财政支出上缺乏有效的强制性与制约性，容易出现不出资、“名义性”出资的现象；三是缺乏权威，劳动和社会团结部的任务是监测方案，但没有任何权力对只支付部分或根本没有支付任何财政支出的地方当局施加制裁，因为地方财政对资金的分配是完全在自治区县理事会的控制下的，以及资格标准是松是紧全由地方当局（地方议会）决定。

具体实施方面。由于地方政府行政部门在资产评估和资格标准方面有自由裁量权，导致了地方与地方在确定项目救助人的个人资产存在着很大的差异，这样更不利于救助对象的瞄准。

因此，政府需要对最低收入保障项目的设计、筹资和执行加以完善：

第一，提出一个更公平的共同出资方案，并要考虑到贫困人口数量的预期和地方的财政能力。按规定，越穷的地方政府出资越少。为了测算地方一级的贫困水平，可以借助基本需求贫困地图、2002 年的人口普查与 2002 年的 ABF 信息，来确定各地方政府的贫困水平。如果监测到当地财政能力较弱，第二个最好的办法是中央财政计划全部出资。

第二，县级别的资产评估准则同质化。政府可以考虑借助某些地方议会的好习惯——建立最小和最大估算值来确定家庭收入并将其运用到全国生产性资产的确定。一个可能的选择是完全放弃了资产评估，并使用全部所得税的信息。但并不推荐使用此方法，因为全部所得税不能很好地获取农业收入信息。

第三，恰当的最低收入保障项目执行机制。如果立法机关保持地方政府共同筹资的要求，就应该有足够的执法机制加以补充。如果没有这样的机制，拖欠福利金的积累，或只支付部分最低收入保障项目财政需求等不良做法将会继续。恰当执法机制的制度化也将阻止地方行政一级对于“值得关注的穷人”使用的价值判断或刻板印象。

第四，统一资格标准。目前该法律对那些背负国家债务但符合救助条件的人取消了资格。法律或二级立法应该明确提到，在这种情况下，被救助人是可以首先将补助用于支付这些债务，清除债务后才能允许剩下几个月的救助收入转移到他们手中。

第五，转变思路，提出工作福利的替代方案。目前地方议会倡导的工作福利几乎全部集中在小型的生态项目，如街道清洁或垃圾收集。传统上，这些工作是由教育程度较低的人为主提供的。许多新产生的穷人，如工作熟练的蓝领工人因国有企业倒闭或重组失去了他们的工作时，不愿意接受现行的工作福利要求，更愿意从事能发挥他们技能的工作。政府和地方议会应该考虑工作福利替代的方案，使之不仅有利于贫困人群，而且有利于当地社区。

2. 私人转移方面的表现与评估

私人转移作为政府社会救助公共转移的补充部分，主要从两个方面进行讨论：正规私人的社会流动和非正式的家庭间的流动。正规私人网络包括工会、教会团体、家长委员会、社区协会、农业协会、专业协会和非政府组织等团体。在这项研究中列举的非正式转让包括贷款、交流、为未成年人服务的付款和赠送礼物。

（1）正式的私人社会流动。总体而言，在这些组织中成员的积极性是相当高的，但相比富裕家庭，贫困家庭的团体活动参与率低。在团体参与方面，最贫困家庭为33%，相比最高收入的1/5层级的家庭有60.5%。所有团体中，成员最多的是贸易协会和工会、业主协会和农业协会。这三者中，贸易和工会的贫困会员是最少的（大约4%），农业协会最高（有11.43%）。

与此同时，穷人是私人协会的积极贡献者——69%来自最贫困层级的家庭对这些团体做出了贡献，相对于78%来自最高收入层级的人口（见表27）。农村贫困家庭提供给教会团体的贡献超过农村高收入家庭三倍。

表27　不同社会层级的私人组织的贡献

类别	总数			城市			农村		
	数量	平均数	比例	数量	平均数	比例	数量	平均数	比例
五分之一	390	706861	2.8%	93	768752	2.7%	297	687480	2.8%
五分之二	388	783823	1.5%	176	714326	1.2%	212	841518	1.9%
五分之三	384	824964	1.2%	219	656971	0.9%	165	1047937	1.6%
五分之四	390	942682	1.1%	281	972354	1.0%	109	866189	1.1%
五分之五	397	1105023	0.6%	296	1177137	0.6%	101	893677	0.6%
总数	1949	873743	1.0%	1065	903996	0.9%	884	837295	1.5%

私人服务提供者和私营经济机构也给自己的员工、客户和同事提供协助。这些转移被发现是高度递减的（见表28）。收入最高层级的家庭更多地接受来自正规私

营机构的援助，最有可能是通过他们的雇主或私营服务提供者。

表 28　来自私人服务提供者和私营经济机构的救助

类别	从私人业务转移			从私人服务提供者转移		
	数量	平均数	比例	数量	平均数	比例
五分之一	14	86677	0.3%	0	0	0.00%
五分之二	28	175353	0.4%	7	13291	0.03%
五分之三	38	584563	0.9%	11	72908	0.11%
五分之四	31	521567	0.6%	3	12000	0.01%
五分之五	33	3390530	2.0%	7	69035	0.04%
总数	144	956829	1.2%	28	27922	0.03%

（2）家庭间的非正式流动。所有收入阶层家庭在非正式的家庭间的转移都是广泛参与（所有抽样住户近97%）。在罗马尼亚家庭间转移的净效应似乎是收入中性的，这与相关文献报道的结果——私人间的资源转移与公共转移相类似，与由富人向穷人流动的结果——相违背。

交易的最流行的形式是礼物，93.6%的家庭互赠礼品。送礼交易在所有住户间的转移支付中价值最高，是温和渐进的。农村特困户认为自己是净支出的，而城市贫困家庭则认为自己是净接收。

小型服务的现金支付返还给家庭是第二种重要交易方式。农村贫困人口在参与这项交易时显得更加活跃，并认为自己是净赢家，而所有的城市人口和富裕的农村家庭认为相比他们的收获，自己放弃了更多的资源。付款作为住户间转让收入的份额较前者有一定的进步。

交换商品和服务在农村地区更广泛，现金交易似乎都以溢价的形式出现。这些交换是非常有进步意义的，同时农村和城市穷人都把自己看作是这些交易的获益者。出人意料的是，发现民间借贷在倒退。在农村地区收入最高层级的家庭比收入最低层级的人更多地从事非正式借贷活动。这种模式与发展中国家明显不同，在发展中国家穷人背负着高水平的非正式债务。这可能是因为：一方面，那些转型国家缺乏专业民间借贷的传统；另一方面，罗马尼亚的国民对国家援助形成了传统依赖。

（3）总结。在大多数国家，私人间正式和非正式的流动是渐进的。然而在罗马尼亚，私人间正式流动是倒退的，且非正式流动是收入中性的。这使公共转移支付成为罗马尼亚贫困家庭更重要的收入来源。这也意味着，国家要更关注私营机构的福利服务。

六、土耳其社会救助瞄准的评估

世界银行、联合国发展项目及土耳其政府从 2000 年到 2003 年针对土耳其贫困问题做出了大量的研究贡献。2005 年，土耳其国家统计局与世界银行发布的土耳其联合贫困测量报告进一步展示了对于土耳其贫困问题的全面分析（世行报告号：29619 – TU）。该报告集聚了土耳其贫困研究的过往数据、经验与专业的科研团队。在社会风险减轻项目（SRMP）下，世界银行向土耳其统计局提供了贫困测量与分析的技术支援，其中包括世界银行早已建立的方法论体系（Coudouel and Hentschel 2000；Deaton 1997；Deaton and Zaidi 2002；Foster，Greer，and Thorbecke 1984；Lanjouw and Ravallion 1995；Ravallion 1992，1994，1998，2000；World Bank 1990，2001）。土耳其联合贫困测量报告包括了土耳其贫困的背景、状况、测量瞄准方法、救助方案与政策建议。本章节在该报告介绍的基础上介绍土耳其贫困与救助瞄准方法。

（一）土耳其贫困瞄准的背景

土耳其一直以来遭受由高速通货膨胀与商业剧烈动荡带来的宏观经济不稳定，虽然具有战略性的地理优势与人口的多样性优势，但并没有稳定高速增长的市场经济。平均来说，1993 年至 2005 年，土耳其每年的经济增长低于 3%，大幅少于经济高速增长的国家。20 世纪 90 年代的通货膨胀高于 80 年代，而经济增长低于 80 年代。在这段时间里，不可持续的货币政策一直对土耳其里拉（TL）施压，加剧了通货膨胀并破坏了经济稳定。公开的资本账户与规范不善的银行系统同时加剧了不可持续货币政策对宏观经济稳定造成破坏。这导致短期资金流大范围的波动，投资者对大起大落的经济环境决策非常不稳定。

2000 年，土耳其实行了爬行钉住汇率制（crawling peg）以摆脱通货膨胀。同时对社会保障、公共基础建设、农业、私有化及银行业进行了多方面改革。然而，在超过十几年的财政金融缺陷与改革拖延的背景下，这些成就不足以避免危机。到 2001 年，对爬行钉住汇率制的持续质疑与潜在的财政不稳定，导致了针对货币的爆发式攻击。利息保障百分之数千，迫使政府放弃钉住汇率制并浮动土耳其里拉汇率。土耳其里拉最高在一天之内损失了 40% 的价值。

为应对此危机，在钉住汇率制瓦解与贬值之后，土耳其政府于 2001 年 5 月公布实行了新的推动经济项目。此项目的关键结构是：①恢复金融稳定与保障公共债务的宏观经济框架；②快速重建银行领域；③公共领域改革项目；④新的私有化体制；⑤加强社会救助。

2002年土耳其经济开始快速增长，经济增长率达到7.9%，2003年为5.9%。在库存增长带领2002年复苏的同时，个人消费与投资在2003年大幅增长。财政赤字虽然扩大到了大约2003年GNP的3%，但被短期资金流、公共领域海外贷款以及反向货币替代轻松地补充。通胀在2003年跌到18.4%。最新数据显示，在2004年中期，通胀自20世纪70年代以来第一次跌到个位数水平。由于暂时的劳动力收缩，失业率合计仍稳定在10%。2003年财政收入非常显著，基本盈余从2002年的GNP的4%升到2003年的GNP的6%，接近项目的目标6.5%。货币政策伴随着其后的隐形通货膨胀目标制，同时土耳其中央银行偶尔干涉外汇市场以抑制被认为过度浮动的汇率。通过膨胀的降低，加上土耳其里拉的力量，导致了2003年60%的相对利息降低，以及2004年早期约25%的利息降低。

然而，2004年5月的全球金融恶化加上超过预期的财政赤字，不可避免地导致了土耳其国内各项金融指标削弱。外汇市场的过度易变性在一定程度上被中央银行所抑制，可以看出国内金融市场仍具有相对的稳定性。这些近期的金融恶化强化了土耳其暴露在外来冲击的环境中。虽然土耳其里拉的贬值是针对恶化中的财政收支平衡所作的调整，但这很可能也同时影响到对通胀的期望以及国内的利率。高利率与贬值同时也会反过来影响财政赤字与经济活动。全球流动资产收紧与利差上升的溢出很可能导致外债支出升高。这些变化如果持续下去，可能会打乱土耳其经济改革以来的良性循环。

从报告中可以看出，土耳其的经济风险主要来源于国内金融、财政系统的体制的问题与国际金融市场的冲击。前者随着持续的改革，风险因素正在逐步地降低。而后者虽然一定程度上无法单方面规避，但依然可以通过改革与新政策有效地控制风险。

（二）识别贫困受助者的方法与内容

1. 贫困的度量

（1）数据来源及可比性。此报告的基本数据来源于土耳其统计局的2002年家庭收支调查（HBS），同时对1987年与1994年的家庭收支调查进行比较分析。附加的定性数据来源于其他多种的一手及二手资料。在一些章节中也采用了有限的非官方调查与土耳其政府其他部门的行政资料。从贫困数据的角度，HBS的高精准性、覆盖面、代表性、详尽度都极具借鉴意义。HBS同时也属于及受益于世界银行针对发展中国家的家庭生活水平调查项目（Living Standards Measurement Study-LSMS）。因此该调查借鉴了来自其他发展中国家LSMS的经验，也具备广泛技术支援。一项成熟的LSMS必然从数据上可以有效地支持贫困研究与救助瞄准。

虽然 2002 年 HBS 对土耳其的总体人口具有代表性，并对城乡差距提供了可靠的数据，然而样本对于土耳其各个地区并非具有代表性，所以仅采用定性数据和二手资料分析区域性的贫困问题。世界银行与土耳其统计局计划将进行进一步的调查，以包含地区性的数据。

2002 年与 1994 年 HBS 的深度分析比较报告显示，土耳其的生活水平基本没有变化。根据以往的贫困线，从 1987 年到 2002 年，土耳其贫困逐渐从 38.5% 降到 34.5%。根据新的贫困线方法，从 1994 年到 2002 年，贫困从 28.3% 降到了 27%。另外，社会不平等少量地增长了。原本已经极少的极度贫困从 1994 年到 2002 年进一步减少。食物贫困百分比从 2.9 降到了 1.4。同时，根据购买力平价（PPP）得出的每人每天一美元贫困在百分之二到三或甚至忽略不计（0.2%）。

数据报告同时揭示了，虽然经济增长是贫困减少的主要力量，但大部分的增长所得都被不平等抵消。当然很多结论需要谨慎的处理，因为 1994 年与 2002 年正值危机，所以无法测量贫困持续增长的效果。土耳其统计局之后进行了问卷调查以测量每年的专项贫困，因此测量困难应该在目前可以得到解决。

（2）贫困指标：总消费与总收入。消费支出与收入两者显然高关联，但相比之下必然通常更偏向使用消费支出。尤其土耳其市场参与了庞大的非正式行业与个人汇款，收入因此可能是很有缺陷的家庭测量指标。

2002 年 HBS 的总消费是基于 Deaton 与 Zaidi 的新算法（Deaton 1980；Deaton & Zaidi，2002）。老的计算法则与之前的世界银行贫困测量报告相同。区别新老方法很重要，因为贫困与不平等的数据分析将会不同。尤其是老方法中的非消耗品花费被新方法排除。新方法计入了老方法中不包括的自住宅估值。新方法的食物消费包括在食物上的花费、自己生产食物的花费、收礼所得食物。非食物消费包括花费在个人照护、卫生用品、衣物、器材、交通以及其他经常或不是很经常购买的物品，此外还包括从非消耗品中呈现出服务的估价。根据按目的分类的个人消费（COICOP），家庭报告不可能报告所有非消耗品的消费，因此非消耗品本身的花费并不计入。同时非消耗品也并非当时购买时的价格与新旧损耗。半消耗品的花费仍然是计入的。

房屋出租市场在土耳其非常繁荣。根据 2002 年家庭收支调查，20.2% 的家庭正出租他们房屋。可以采用 Hedonic 回归去估计房屋的出租价值。总消费并不会计入家庭住用其自己的房屋的消费。对租金的分享则使家庭自住房屋的估价变得可以计算。新老方法都包括自己所报告的每月租金花费，但新方法同时计入自有住宅估价。这个估价是对房屋月租的采用半逻辑回归所得出。

家庭总收入来自 HBS 的收入部分。收入根据调查家庭当月的月收入与过去的 12 个月的年收入决定。收入包括市场性收入、公共与个人转账、家庭生产商品的估价。

市场新收入包括工资性的现款收入、自雇者（含农业）的净收入、资本收入。公共转账包括养老金、津贴、失业补贴、社会救助与其他社会保险收益。个人转账包括国内外亲友的援助。

（3）贫困的等价度量方法。由于不同家庭的大小与构成不同，测量时需要做出调整。如果简单叠加每个成员的消费，那么大型家庭的贫困程度会被过度测量（Lanjouw & Ravallion，1995）。同时采用为等价化的家庭人均消费必然忽略家庭内成员的异质性。基本的调整逻辑是：儿童需要更少的食物；成年男性的消费特征与工作相关；老人不需要的衣物、通信设配等。考虑到这些因素，需要使用一个等价量表。举例来说，儿童消费可等价于成年男性消费的50%，女性与老人消费可等价于成年男性消费的70%。

恩格尔方法被使用了很多年以估算调查数据中的等价性（Deaton and Muellbauer 1980，1986）。然而 Deaton 并不认为这方法是正确的（Deaton and Paxon 1998）。Deaton 与 Zaidi（2002）指出上述方法会高估家庭总消费，他们建议进行进一步调整。此后并没有文献解释如何在实践中估测等价性。然而，几种并不能被实践检验的等价量表经常会被使用到，包括被经济合作与发展组织（OECD）使用的量表，及另一种被美国食品与农业办公室（FAO）基于食物信息的量表。

不同等价计算方法从而对贫困测量会产生严重的不同影响（Lanjouw，Milanovic，and Patemostro 1998）。虽然土耳其联合贫困测量报告更倾向使用 Deaton 与 Zaidi 的调整公式，但在报告中仍然对比了上述多种不同的计算结果的区别，其公式分别为：

①成年人当量常规公式：$AEi = (Ai + \alpha ci)\theta$

其中，AE 为成年人当量，i 为指定家庭，A 为家庭中成年人数量，C 为儿童数量（14 岁以下），α 与 θ 为参量。

②经 Deaton 与 Zaidi 调整的成年人当量公式：

$$AE\_ADJ_i = \frac{A_0 + C_0}{(A_0 + aC_0)^{\theta}} AE_i$$

其中，A_0 与 C_0 是成人与“关键”家庭中的成年人与儿童数量。对于土耳其模型是两个成年人与两个儿童组成的 4 人家庭。

③OECD 的等价公式：

AE_OECD = 1 + [number of children under age 14] × 0.5 + ([number of adults] − 1) × 0.75

④FAO 的等价公式：

AE_FA0 = (n_ch5 × 0.64 + nch5_11 + nm12_17 + nfl2_17 × 0.84 + nm18_39 + nfl8_39 × 0.84 + nmZ0_ × 0.88 + nf40_ × 0.76) × 0.75

其中，n_ch5 为 5 岁以下儿童，nch5_11 为 5—11 岁儿童，nm12_17 与 nfl2_17 分别为 12—17 岁的男性与女性，以此类推。

表 29 显示了采用不同等价方法所计算的土耳其成人等价家庭大小与真实家庭大小比较：

表 29　土耳其：成年人等价家庭大小与真实家庭大小

	农村	城市	总体
真实平均家庭大小	4. 30	4. 07	4. 16
常规公式	2. 29	2. 23	2. 26
Deaton 与 Zaidi 调整公式	4. 12	4. 01	4. 05
OECD 公式	3. 21	3. 02	3. 09
FAO 公式	2. 63	2. 65	2. 58

（4）不平等测量。分布中的低收入、低消费与不平等是人口福祉的决定因素。最普遍的测量指标是 10/90 十分位。这篇报告分析根据家庭成年人等价模型对 10/90 十分位做了调整后以第 90 百分位除以第 10 百分位，即在最穷十分位中最富者的每成人等价消费（per adult equivalent deflated consumption，PEC）比上最富十分位中最穷者的每成人等价消费。PEC 与调整过的成人人均等价收入（PEI）如表 30 所示：

表 30　土耳其：PEC 与调整过的成年人人均等价收入

PEC 人口十分位	经调整的成人等量人均消费	人均消费
1	43, 115, 181	37, 501, 076
2	60, 866, 086	55, 348, 090
3	73, 810, 886	68, 683, 964
4	87, 597, 753	84, 127, 921
5	100， 436, 817	96, 184, 245
6	115, 135, 441	112, 996, 782
7	133, 399, 439	132, 822, 262
8	158, 096, 645	161, 169, 364
9	198, 202, 279	207, 645, 813
10	350, 591, 794	380, 364, 749
土耳其总体	132, 137, 395	133, 701, 603

另一个常用的不平等衡量指标是基尼系数，敏感于整个人口分布。基尼系数取值 0 与 1 之间，0 为绝对的平等，意味着每个人等量的消费；1 为绝对的不平等，意味着一个人消费了所有，而其他人没有消费。基尼系数公式为：

$$G = \frac{2}{\mu n^2} \sum_{i=1}^{n} \left(r_i = \frac{n+1}{2} \right) c_i$$

其中，n 为人数，被 i 所标记。它们等价消费为 C_i，等价消费平均数为钦瑀$_i$ 为家庭 i 在等价消费中的排序（即最低等价消费家庭的 $r_i = 1$，最高 $r_i = n$）。

基尼系数是基于 HBS 的个人信息数据库计算而出的，比十分位收入更准确。基尼系数并非一种额外的或可分解的测量方法，意味着它不能去分析不同的人口组别或收入组别。

戴尔系数是对分布顶端最敏感的测量方法，而平均对数偏差，即戴尔 T 系数对分布底端最敏感。公式分别如下：

$$Theil\_L = \frac{1}{n} \sum_{i=1}^{n} \frac{C_i}{\mu} \ln\left(\frac{C_i}{\mu}\right)$$

$$Theil\_T = \frac{1}{n} \sum_{i=1}^{n} \ln\left(\frac{\mu}{C_i}\right) = \ln\left(\frac{1}{n} \sum_{i=1}^{n} C_i\right) = \frac{1}{n} \sum_{i=1}^{n} \ln(C_i)$$

除非是对照不同的国家或同国中不同的时间点，否则戴尔系数或平均对数偏差都不容易进行分析。同样 0 代表绝对的平等。对于完全的不平等（一人消费所有），戴尔 T 为正无穷，戴尔（L）达到 nln（n）。采用三种系数计算，则土耳其情况如下：

表 31　土耳其：Gini，Theil－T 与 Theil－L 系数计算得出的贫困指标

		Gini	Theil_T	Theil_L
PEC	总体	0. 3358	0. 1856	0. 2033
	农村	0. 3105	0. 1590	0. 1720
	城市	0. 3377	0. 1883	0. 2058
PEI	总体	0. 4398	0. 3375	0. 3960
	农村	0. 4210	0. 3143	0. 3397
	城市	0. 4439	0. 3398	0. 4134

2. 贫困线的选择

通常世界银行在实践中设立至少两条贫困线，一条针对极度贫困或食物贫困，另一条针对全面的贫困。然而世界银行也使用几条绝对贫困线用于国际比较的目的，以及相对贫困用于比较 OCED 国家。该报告采用了多种的贫困线。其中最主要的是完全贫困线（complete poverty line），它可以再分成全面贫困或食物贫困。

以下的绝对贫困线被用来国际比较上分析：1 美元、2. 15 美元、4. 30 美元的购买力平价（PPP）。分析中使用的相对贫困线为每人每天消费中位数的 60%。这是 OECD 国家的使用的普遍方法，反映了总体的贫困，而非生存上的。

食物贫困线是使用第三与第四人口十分位中最具代表性的 80 种商品。价格按照 2002 年国家平衡价格调查。卡路里摄入的信息来源于 2002 年家庭收支调查，并通过美国农业部的营养数据进行计算。在此计算基础上，最小的食品篮组合以达到每人每天 2100 卡路里（HAO 与 WHO 所建议的最小摄入）。由此得出，土耳其每人每天最小食品消费是 1082359 里拉。

完全贫困线除了食物贫困线还需加入非食物消费。土耳其采用了 Ravallion（1994）的下限方法。首先选取调查中刚刚高于食物贫困线的人。这些作为样本成为总体贫困的参考组。然后计算他们的非食物消费。把这个参考组的非食物消费线加入食物贫困线即得出完全贫困线，即：

完全贫困线（CPL）= 食物消费 + 非食物消费

对土耳其：

食物消费 = 食物贫困线 = TL1.08Mlm = 43% of CPL

非食物消费 = 57% of CPL

CPL = TL1.08Mln/0.43 = TL2.5Mln = TL1.08 Mln + TL1.42 Mln

3. 贫困统计数据

土耳其贫困分析中使用到三种贫困测量，都属于 Foster、Greer 与 Thorbecke（1984）的附加与分解方法。第一种方法是贫困的人头计算指标（Headcount Index of Poverty），由人口中每人的家庭消费（收入）y 低于贫困线 z 的比例得出。这是最常用的方法，优点是简便。如果 q 是人口 n 中的穷人数，那么，公式如下：

$$P_0 = \frac{q}{n}$$

然而这种方法无法测量贫困的深度。使用贫困差距指标（Poverty Gap Index）能看到贫困与贫困线的差距。Q 是穷人中的子群，那么，贫困差距可由下得出：

$$P_1 = \frac{1}{n} \sum_{i \in Q} \frac{(z_i - y_i)}{z_i}$$

贫困差距指标可以用于分析消除贫困所需要的财政投入，综合人口中所有的贫困差距将得出消除贫困所需的最小投入。贫困差距指标的缺点是无法合理指出贫困严重度的区别。一种解决的方法是加入贫困严重度指标（Severity of Poverty Index）。这种方法给予更大的权重给远低与贫困线的家庭的消费（收入）差距。公式如下：

$$P_2 = \frac{1}{n} \sum_{i \in Q} \frac{(z_i - y_i)^2}{z_i^2}$$

贫困严重度指标有利于比较针对最贫困人口的政策，但缺点是比起前两者更难以分析。表 32 显示了用以上三种指标对于不同的贫困线基于调整后的 PEC 测量土耳其贫困的结果：

表32　土耳其：多种贫困线反映的贫困程度

	食物贫困线	完全贫困线	相对贫困线	1美元PPP	2.15美元PPP	4.3美元PPP
P_0	0.0135	0.2696	0.1474	0.0021	0.0411	0.3414
P_1	0.0026	0.0688	0.0313	0.0004	0.0083	0.0973
P_3	0.0008	0.0253	0.0104	0.0001	0.0027	0.0384

（三）贫困瞄准：土耳其穷人的特征

1. 家庭大小及构成

土耳其的贫困与年龄及家庭构成有高相关性；儿童及有儿童的家庭比平均水平贫穷。当家庭人口达到三时，贫困伴随着家庭人口增加而上升（土耳其很少有一人或两人组成的家庭，样本中只有1%的单人家庭与8%的两人家庭）。大型家庭比小型家庭贫困，因为新增的人口往往是儿童。没有儿童或仅有一个儿童的家庭贫困比率低于平均水平。家庭是否有老人也同样与贫困相关，虽然老人与家庭贫困的相关度没有儿童强。基于土耳其人口结构，可以发现，许多家庭老人占的比例比孩子少（老人约占1/4，孩子占79%）。一个老人并不明显增加贫困的风险，有两个或更多的老人仅轻微增加贫困风险。就年龄而言，年幼的儿童更易导致贫困，青年则没有平均水平贫困，老人比青年更可能贫困，但不如儿童对贫困的影响严重。孩子比老人更容易增加贫困风险这点也表现在土耳其的家庭组成上。分为以下情况：有小孩或老人，同时有，或都没有。都没有的家庭在土耳其极少，约12%；然而66%的家庭有孩子却没有老人，仅4%的家庭有老人却没有小孩。

表33　土耳其：贫困与家庭人数

家庭人数	贫困率	非贫困率	人口小计	占总人口比
1	16.8	83.2	665,749	1.0
2	16.4	83.6	5,206,447	7.6
3	13.6	86.4	9,259,359	13.5
4	18.3	81.7	17,682,710	25.9
5	25.2	74.8	12,515,003	18.3
6	35.2	64.8	9,136,305	13.4
7	38.7	61.3	5,107,004	7.5
8	51.1	48.9	2,697,456	3.9
9	47.5	52.5	2,100,168	3.1

续表

家庭人数	贫困率	非贫困率	人口小计	占总人口比
10 +	55.9	44.1	4, 022, 830	5.9
总计	27.0	73.0	68, 393, 031	99.9

资料来源：DIE 2002 HBS。

表 34　土耳其：贫困与家庭儿童数量

家庭儿童人数	贫困率	非贫困率	人口小计	占总人口比
0	14.2	85.8	14, 568, 372	21.3
1	16.1	83.9	13, 635, 893	19.9
2	22.3	77.7	18, 300, 785	26.8
3	38.1	61.9	10, 288, 633	15.0
4	48.0	52.0	5, 407, 902	7.9
5	46.3	53.7	2, 608, 002	3.8
6 +	66.1	33.9	3, 493, 444	5.1
总计	27.0	73.0	68, 303, 031	99.9

资料来源：DIE 2002 HBS。

表 35　土耳其：贫困与家庭老人数量

家庭老人数	贫困率	非贫困率	人口小计	占总人口比
0	25.9	74.1	50, 394, 138	73.7
1	28.0	72.0	11, 684, 961	17.1
2 +	33.7	66.3	6, 313, 935	9.2
总计	27.0	73.0	68, 393, 034	100.0

资料来源：DIE 2002 HBS。

2. 户主特征

户主的就业、收入对于家庭是否贫困具有非常重要的影响。户主失业的家庭有35.4%的贫困率（相比总样本27%的贫困率）。此外，其他人口特征也与家庭贫困相关，包括户主性别（女性32%贫困率，男性26.6%贫困率）与教育水平。教育水平比性别有着更强的影响力。土耳其很少有女性户主家庭（占样本的6.5%）。未完成小学教育的户主家庭贫困率达到两倍的平均水平，文盲户主占样本的9%，同时超过7%的户主仅为识字或无任何学历。少数具有硕士或其他高等学历的家庭贫困率为零，即使仅高中或职业学校毕业也是对抗贫困的巨大保障，这两类户主家庭仅分别有9%与8%的贫困率。户主性别与教育程度与贫困关联如图14、图15所示。

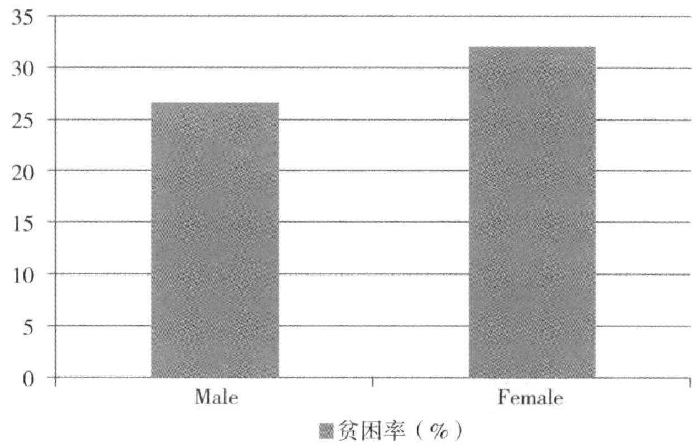

图 14　土耳其：贫困与户主性别

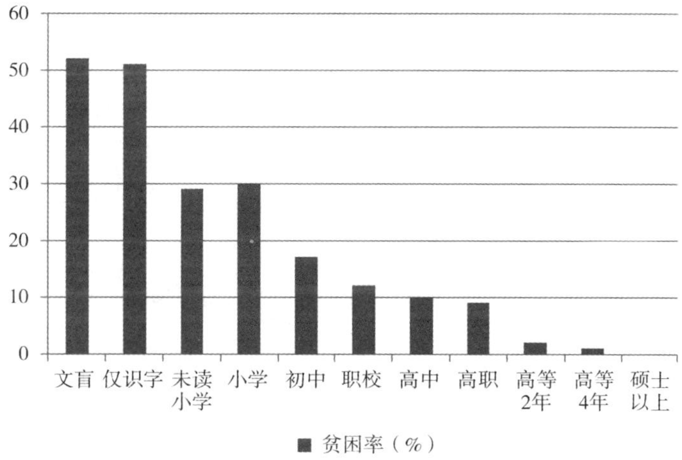

图 15　土耳其：贫困与户主教育程度

3. 空间特征

土耳其亦存在严重的城乡二元结构。城乡之间有巨大的贫困差异。农村人口贫困率为 35%，城市人口为 22%。农村人口的贫困因素与总体人口的贫困因素并没有差别。农村地区的重要问题是就业机会有限。农村失业的户主家庭有极大的贫困风险。其他种类的无经济活动对城乡有不同的影响。就业领域是影响城乡就业差别的推动因素。农村基本由农业主导，比起城市中的正式就业更难得益（值得一提的是 10% 受雇城市人口也积极参与农业活动，这些家庭比不参与的有更高的贫困率，即 32% 比 21%）。同时农村贫困最大的推动因素与城市贫困一样，即是家庭大小与结构。农村平均家庭大小为 4. 30 人，城市为 4. 07 人。虽然报告认为多人口与多孩子的家庭在农村更普遍，因此导致了更高的贫困风险，但事实上土耳其的城乡家庭大小差距并不显著。由此可推测农村的贫困更大程度上来源于城乡经济发展的结构性差异问题。

教育对于城乡具有相同的影响。小学或以下的教育水平有更高的贫困率，更高的教育水平则不易贫困。城乡贫困率都随受教育年数增加而减少。其他因素包括户主给出以年长（超过 60 岁）理由而不工作的个案中在农村地区有 55% 处于贫困，在城市仅 34% 处于贫困。

贫困、家庭大小、就业的地区差别如图 16、图 17、图 18 所示：

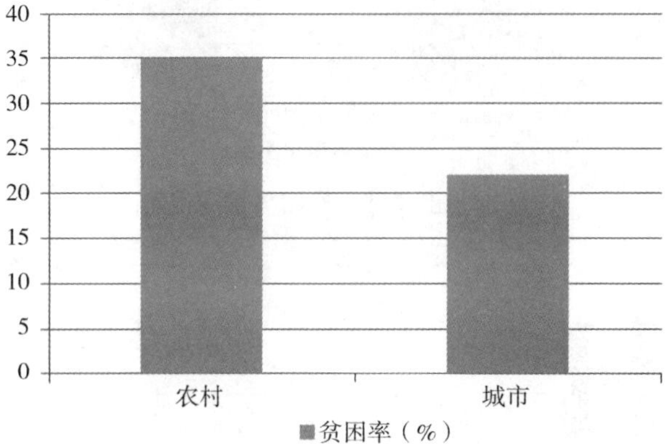

图 16　土耳其：贫困与地区

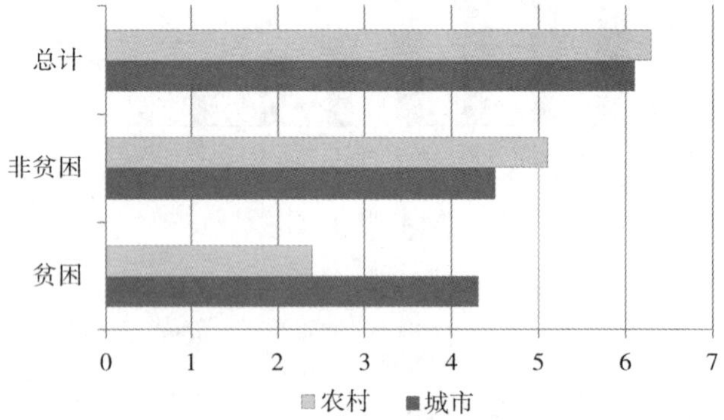

图 17　土耳其：家庭规模与地区

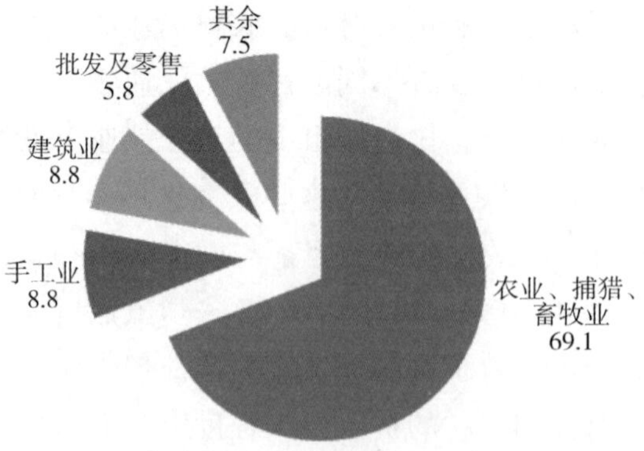

图 18　土耳其：农村就业行业

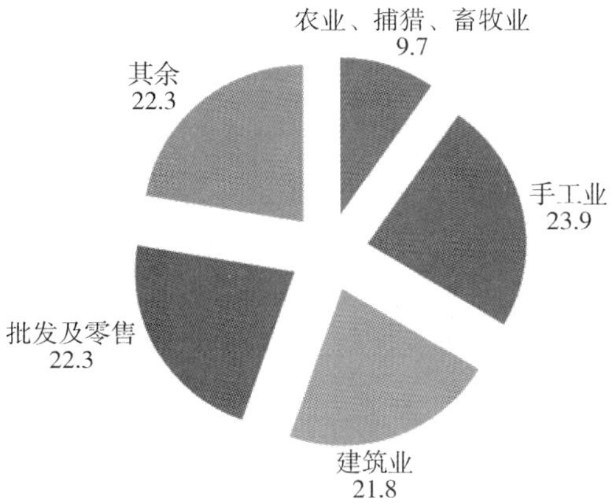

图 19　土耳其：城市就业行业（%）

4. 土地、住房与消费特征

贫困阻碍了穷人接受更多元的商品与服务。这里非收入指的是最终通过收入取得的物品、资产或服务。在土耳其，住所种类存在一个明显的差别。有一半的样本人口居住在（整栋）房屋中，而另外 27% 居住于公寓。通常个人房屋是农村的特征，而城市几乎都是公寓。因此贫困并不与居住面积正相关，仅 6.5% 的公寓住户贫困，而 36% 的房屋住户贫困。显然住房种类在这里作为一种中介变量反映了城乡贫困程度差距。

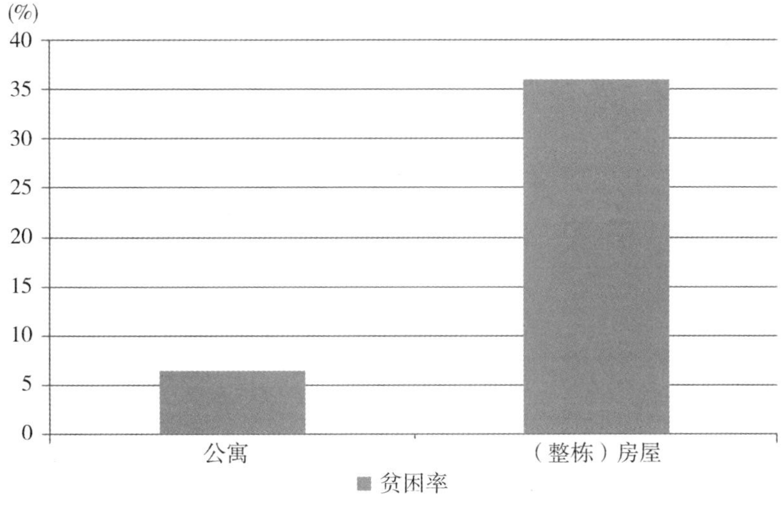

图 20　土耳其：贫困与住房

另外，仅 4% 的样本报告拥有额外的房产或他们现居的房屋属于“高档”类型的，这些的贫困率在零点几，几乎可以忽略不计。相反，使用粪便燃料与贫困有高相关，如图 21 所示：

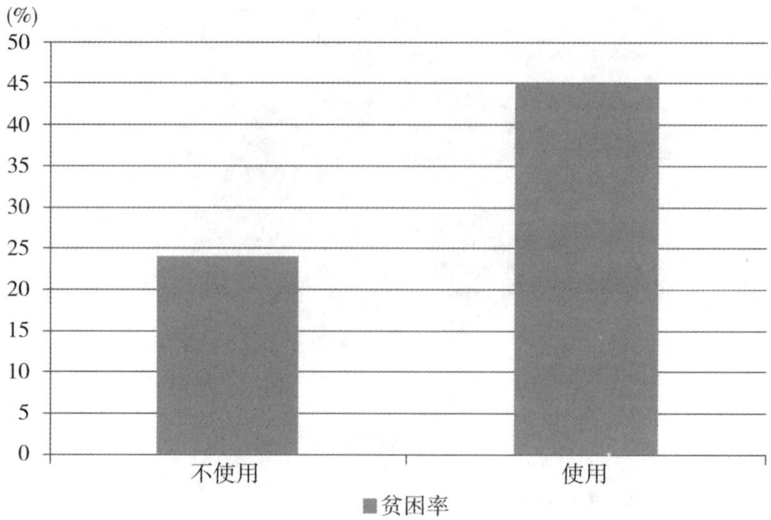

图21　土耳其：贫困与粪便燃料使用

在土地所有权方面，报告中27%的样本人口拥有土地，但他们的家庭比平均水平贫困。贫困家庭的土地平均面积是非贫困家庭的75%。可以看出土地拥有权依然是反映城乡差距的中介变量。小轿车拥有情况则可以直接反映非贫困性，超过1/5的家庭拥有小轿车，其中仅6%的家庭贫困。贫困者更难以负担自由的消费。例如吸烟、饮酒、进修电脑课程以及搭乘公共交通上学的人低于总体贫困率。贫困者与非贫困者的消费特征也不同，非贫困者更倾向在市场与集市消费。详细消费特征如表36所示：

表36　土耳其：贫困与消费品

消费品	贫困率	非贫困率	人口小计	占总人口比
电话	23	77	59, 089, 964	86. 4
手机	12. 9	87. 1	34, 416, 585	50. 3
电脑	2. 4	97. 6	4, 730, 193	6. 9
电视	25. 5	74. 5	65, 340, 390	95. 6
录像机	4. 1	95. 9	4, 592, 430	6. 7
DVD或VCD	7. 8	92. 2	7, 667, 317	11. 2
卫星天线	18. 9	81. 1	13, 970, 954	20. 4
Hi-Fi系统	14. 9	85. 1	23, 229, 877	34. 1
CD播放机	7. 1	92. 9	4, 214, 942	6. 2
冰箱	25. 7	74. 3	65, 324, 626	95. 5

续表

消费品	贫困率	非贫困率	人口小计	占总人口比
冷藏箱	7. 5	92. 5	4, 052, 528	5. 9
洗碗机	3. 7	96. 3	11, 859, 054	17. 3
煤气炉灶	19. 2	80. 8	39, 153, 013	57. 3
电磁炉	17. 9	82. 1	27, 224, 636	39. 8
洗衣机	16. 6	83. 4	49, 390, 983	72. 2
吸尘器	18. 4	81. 6	48, 464, 639	70. 9
地毯清洗器	4. 7	95. 3	7, 485, 992	10. 0
热水器	11. 9	88. 1	33, 594, 478	49. 1
抽风机	5. 5	94. 5	15, 535, 335	22. 7

资料来源：DIE 2002 HBS。

（四）社会保障与政策建议

1. 社会保障

土耳其的社会保障分为正式机制与非正式机制两大部分。这包括数个有限的养老金与社会救助的正式系统，并由非正式机制大幅度的补充。这里主要介绍其正式部分：养老金系统，以及社会救助与凝聚力鼓励资金（SYDTF）。从属于此的有931个社会凝聚力基金会（SYDVs）。非正式部分还有待进一步的系统研究。

（1）养老金系统。土耳其的社会保障系统是高度分裂的。付出与得益取决于一个人的工作职位。社会保险机构（SKK）覆盖了大多数劳动力，尤其是私营行业雇员与公立行业的非公务员。公务员由养老基金（ES）覆盖。自雇者与农民则由Bag-Kur（BK）覆盖。同时其他不同的职业群体另有不同的计划。

总体来说，42%（1100万）劳动力正参与一项养老金计划。从好的一面看，仅29%（120万）超过65岁人口领取养老金。然而，种种问题导致将近300万低于65岁者正领取养老金，其中很多远远低于65岁。因此，养老金系统每年的财政损失巨大，需要政府周转相当于2004年4%的GDP以填补缺口。

SSK是目前最大的保障系统，覆盖了大多数私营行业的雇员。雇主向养老金缴工资的11%，雇员缴工资的9%。1999年，社会保障法修改了大多数SSK的收益参数。社会保护章节对改革前与改革后养老金变化做出了详细的规定。BK的缴纳比例非常低。工作者在工作阶段支付很少，在临退休前，需要一次性缴纳过去连本带息的应付款，之后才能领取养老金。ES覆盖公务员，包括军队。ES与其他不含健康保险的养老金不同，对于ES，养老金与健康保险都由公务员相关的主管部门所覆盖。

另一个ES与其他计划的不同在于缴费与收益的基础不同。ES不影响基础工资，即不从公务员收入中扣除。所以这关系到财政缺口与社会平等问题。可以看到低收入工作者反而为他们的养老金支付的更多，但得到的更少。虽然这份官方报告明显意识到土耳其的公务员系统给政府带来了巨大的财政压力与社会平等及舆论压力，但是实际改革却从未也未准备触及这块敏感的奶酪，而是期望在金融制度、税制与经济发展中另辟蹊径。尽管存在上述问题，土耳其仍向 65 岁以上收入低于福利程度地提供少量的无须缴费的养老金。

（2）社会救助与凝聚力鼓励资金。社会救助与凝聚力鼓励资金（SYDTF）是成立于 1986 年的伞式组织与融资实体，由内阁大臣主持，来源于预算内的指定用途税收。SYDTF 与其 931 家地方附属基金会，是土耳其最大的社会救助项目。其宗旨被定义为“在需要的情况下帮助贫困的公民以及其他被土耳其接纳或旅游至此的人，以促进更公平的分配财富，提高社会公义、社会救助及凝聚力”。SYDTF 的各地附属基金会拥有判断救助对象的自由裁量权。基金会为需要救助者提供多样化的救助方案，如表 37 所示：

表 37　土耳其：SYDTF 救助种类，1997 年 7 月 1 日至 1999 年 3 月 26 日

救助种类	额度（万亿 TL）	占总额度比	受益人数
定期救助	13.7	11	NA
健康救助	14.7	11	682, 001
项目救助	15.1	12	161, 759
投资	10.7	8	25, 604
喂养中心	1.7	1	51, 225
教育	21.6	17	1, 346, 548
食物及衣物	11.6	9	961, 767
取暖	6.7	5	532, 340
自然灾害	10.2	8	51, 062
恐怖主义	0.5	1	3, 504
奖学金	20.6	16	404, 556
其他	1.3	1	11, 656
总计	128.4	100	4, 232, 022

（3）有条件的现金转账。有条件的现金转账（CCTs）是土耳其新推出的全国性项目，由世界银行的社会风险减轻项目（SRMP）所支持。该项目是向贫困儿童的母亲提供钱款，以提供其就学、就医。在墨西哥，CCTs 被证实可以显著提高女孩的就学比率以及总体的就学率。在拉丁美洲已有大型的 CCTs 项目，其中最大的是巴西，其次是哥伦比亚。土耳其是欧洲第一个正式实行由世界银行支持的 CCTs 的国家。

报告指出，CCTs是瞄准贫困中的最贫困者的有力工具，其中很多人没有足够现款供子女上学。国家社会救助与凝聚力推动基金（Social Assistance and Solidarity Encouragement Fund-SYDTF）及社会救助与凝聚力基金会（Social Assistance and Solidarity Foundations-SYDVs）认为CCTs有助于达到多个目标：①缓解极度的贫穷；②提高女孩的上学率；③改善贫困儿童的医疗照护；④改善孕妇的产前照护（在牙买加及部分其他拉丁美洲国家，怀孕妇女亦可被纳入项目计划）。同时，CCTs次要的好处是可以提高国家身份、出生及结婚信息的登记。

2005年5月，已有601400户家庭包括160万儿童受益于此项目。土耳其在2004年开始全面实施CCTs。一项对CCTs成效的评估将会在未来进行。

（4）地方措施。土耳其政府正进行一项由SRMP所支持的小型计划扩展（传统上由SYDVs着手，经过STDTF同意）。2004年末，94490人在创收、就业与社会服务机会方面从SRMP的地方措施中受益。这些地方措施旨在为他们提供可持续生活的能力，由此永久性地将对象从贫困中移除。

2. 政策建议

（1）宏观经济。JPAR与贫困测量强调创造高收入的正规行业职位是减缓贫困的主要杠杆。然而自1987年以来，宏观经济的不稳定性严重限制了土耳其的贫困减缓。土耳其政府在世界银行的支持下已经推出了一系列稳定经济的政策。此外，报告列举了政府的改革项目包含加强税收系统的措施，包括填补漏洞、加强透明的、增强公平性及渐进性。这样的税收政策有助于应对土耳其长期的收入不平等。土耳其政府所采用的税收改革策略将使其税收体系相当于欧盟中的优秀国家。一个透明渐进的税收体制将有益于土耳其达成其他经济改革目标，例如针对卫生教育等社会领域的花费。然而该报告未能解答土耳其未来的税制如何应对国内庞大的非正式市场。

（2）健康医疗。报告提出四方面的改革，将在本质上提高低收入群体对医疗卫生服务的取得，同时整体提高国家健康水平。这包括：①扩展健康保险以保证对低收入家庭更大的覆盖性；②采取措施保障具有健康问题的弱势地区可取得专业的医疗卫生服务；③加强主要医疗卫生服务的质量，尤其在不发达地区；④加强对产妇、幼儿及儿童的医疗卫生服务及预防性照护的质量与范围。

（3）教育。为保障长期的经济增长与平等，需要保持至少4.25% GDP的公共教育支出（这也是教育部多个出版物上规定的目标）。8年义务教育的入学总比例是97%。这个入学率可以进一步提高，未受过或受极少教育的家长的孩子可以被鼓励入学。如果义务教育被增加到12年，正如一些政府文件提到的，受益人将会是最弱势的群体。尽管如此，这样做的前提是提升现有中学的使用效率，并可能需要建立新的中学。穷人受到的教育质量也需提高，因为贫困家庭孩子的家长更容易报告学校的教育质量问题。

（4）劳动力。实行教育体系的改革与 SRMP 的现金转账会帮助更多受教育的女性在未来参与劳动力市场。地方措施中的读写能力的训练与小型项目也会有利于这个长期目标。对于非正式就业及农业与贫困的关系，这里给土耳其最好的政策建议是保持现有已取得经济增长成果的宏观经济改革。随着经济发展，更多的正式工作及更高收入的工作机会将出现，使得土耳其 27% 的贫困人口找到工作脱离贫困。

（5）社会保障。可以计划实施的养老金体制改革包括：短期与长期来看要提高退休年龄；提高取得养老金所需的必要缴纳年数；减低应计收益率（benefit accrual rate）；让工资指标所决定的包括养老金的收入取代目前根据名义上 GDP 增长的固定价格；根据 1999 年社会保障法保持养老金的价格指标以维持成本；消除和避免养老金支付者的补充支出；保持或减少缴纳比例；在行政管理与获益结构上统一不同的养老金计划以提高平等性；整合社会养老金与其他社会救助。

报告中对于社会救助的建议包括：重构一个由单部门负责的系统以管理 SYDTF，并分散化服务提供以更符合不同地方需要；适当地向社会救助系统拨款；提高社会救助的瞄准能力；以及扩大 CCTs 的范围。虽然这是该长篇报告中非常简短的一部分，但也许恰恰是最复杂、艰难及重要的问题。对于社会救助的政府管理问题与福利的社会公平性问题，21 世纪以来土耳其已经取得了一定的进展，逐步提高了政策的瞄准能力。但作为发展中国家，社会福利的发展道路依然险阻漫长。土耳其在发展与改革的同时也必将向世界各国提供宝贵的经验。

参考文献

[1] Gilbert, N. Targeting Social Benefits: International Perspectives& Trends [M]. New Brunswick, New Jersey: Transaction Publishers, 2001.

[2] Besharov, Douglas with Ehrle, Jennifer and Gardiner, Karen. Social Welfare's Twin Dilemmas: 'Universalism vs. Targeting' and 'support vs. Dependency' [C]. Paper presented at the International Social Security Association Research Conference, Jerusalem, Israel, 1998.

[3] Besley T., Kanbur R. The Principles of Targeting [R]. The World Bank, 1990: 2.

[4] Garfinkel, P. E. and Gamer, D. M. Anorexia Nervosa: A multidimensional perspective [M]. New York, Brunner/Mazel, 1982.

[5] Besley T., Kanbur R. The Principles of Targeting [R]. The World Bank, 1990: 20.

[6] Abe, A. K. (2001). Universalism and Targeting: an international comparison unsing the LIS database.

[7] Dutrey A P., Successful Targeting? Reporting Efficiency and Costs in Targeted Alleviation Pro-

grammes Social Policy and Development [R]. UNRISD, 2007.

[8] Coady D P, Grosh M E, Hoddinott J. Targeting of transfers in developing countries: Review of lessons and experience [M]. World Bank Publication, 2004.

[9] Meessem B., Criel B. Public interventions targeting the poor: An analytical framework [J]. Studies in HSO&P 23: 263 - 294 2008.

[10] Imai K. Targeting versus Universalism: An Evaluation of Indirect Effects of the Employment Guarantee Scheme in India [J].

[11] Bitran R., Munoz C., Wavers and exemptions for health Services in Developing countries [J]. Social Safety Primer Notes, No 9, 2000.

[12] Conning J., Kevane M. Community based targeting mechanisms for social safety nets [J]. Social Protection Discussion Paper No0102. Boston University, Santa Clara, 2000.

[13] Tekleselassie A. A., Johnstone D. B. Means testing: The Dilemma of Targeting Subsidies in African Higher Education. [J]. JHEA/RESA 2 (2): 135 - 158, 2004.

[14] Soares F. V. et al. Cash Transfer programs in Brazil: impacts in unequity and poverty [R]. International Poverty Center, UNDP/IPEA, Working Paper No 21, 2006.

[15] Children's Institute in University of Cape Town. Accommodating the Poor? A review of the Housing Subsidy Scheme and its implications for children, 2005. 09.

[16] Bitran R., Munoz C., Wavers and exemptions for health Services in Developing countries [J]. Social Safety Primer Notes, No 9, 2000.

[17] Coady D P, Grosh M E, Hoddinott J. Targeting of transfers in developing countries: Review of lessons and experience [M]. World Bank Publication, 2004.

[18] L. Haddad, J. Sullivan, E. Kennedy. Identification and Ecaluation of Alternative Indicatiors of Food and Nutrition Security: Some Conceptual Issues and Analysis of Extant Data. IFPRI, Washington DC, 1991.

[19] Macedo R. The Mistargeting of Social Programs in Brazil: the Federal Health and Nutrition Programs [R]. Mimeographed, University of Sao Paolo, 1978.

[20] Earley T., Bradshaw J., Ditch J., Gough I., Whiteford P. Social Assistance in OECD Countries: Synthesis Report [R]. HMSO, 1996.

[21] Weiss A, et al. High-throughput phenotypic profiling of gene-environment interactions by quantitative growth curve analysis in Saccharomyces cerevisiae [J]. Anal Biochem 327 (1), 2004.

[22] De Neubourg C., Castonguay J., Roelen K. Social Safety Nets and Targeted Social Assistance: Lessons from the European Experience [R]. World Bank. 2007.

[23] Alkire. Santos. Acute Muptidimensional Poverty: A New Index for Developing Countries. Human Development Research Paper. 2010. 11.

[24] P. Dorsch, J. Phillips, C. Crowe. Poverty in Australia [R]. Australian Council of Social Service, 2016.

[25] Angrist, Joshua, Bettinger, Eric, & Kremer, Michael. (2006). Long-term educational consequences of secondary school vouchers: Evidence from administrative records in Colombia. *The American Economic Review*, 847 - 862.

[26] Attanasio et al. (2005). How Effective are Conditional Cash Transfer Programs? *London: Institute for Fiscal Studies.* http://www.ifs.org.uk/bns/bn54.pdf.

[27] Barrientos, Armando. (2013). *Social assistance in developing countries*: Cambridge University Press.

[28] Barrientos, Armando, & Santibáñez, Claudio. (2009). New forms of social assistance and the evolution of social protection in Latin America. *Journal of Latin American Studies*, 41 (01), 1 - 26.

[29] Bertranou, Fabio, Solorio, Carmen, & Van Ginneken, Wouter. (2002). *Pensiones no contributivas y asistenciales: Argentina, Brasil, Chile, Costa Rica y Uruguay*: Oficina Internacional del Trabajo.

[30] Cardoso, Eliana, & Souza, André Portela. (2004). The impact of cash transfers on child labor and school attendance in Brazil.

[31] Coady, David, Grosh, Margaret E, & Hoddinott, John. (2004). *Targeting of transfers in developing countries: Review of lessons and experience* (Vol. 1): World Bank Publications.

[32] Coady, David P, & Parker, Susan W. (2004). Cost-effectiveness analysis of demand-and supply-side education interventions: the case of PROGRESA in Mexico. *Review of Development Economics*, 8 (3), 440 - 451.

[33] Cox, Donald, & Jiminez, Emmanuel. (1993). Private transfers and the effectiveness of public income redistribution in the Philippines: Boston College Department of Economics.

[34] Craig, Gary, & Mayo, Marjorie. (1995). *Community empowerment: a reader in participation and development*: Zed Books.

[35] De la Brière, Bénédicte, & Rawlings, L. (2006). Examining conditional cash transfer programmes: A role for increased social inclusion? *Social Protection and Inclusion: Experiences and Policy Issues*, 9 - 32.

[36] De Neubourg, Chris, Castonguay, Julie, & Roelen, Keetie. (2007). Social safety nets and targeted social assistance: lessons from the European experience. *World Bank, Social Protection Discussion Paper* (718).

[37] Destremau, Blandine. (2007). Social Protection and inclusion. Experiences and policy issues: Armand Colin.

[38] Dutrey, Alexander Peyre. (2007). *Successful targeting?: reporting efficiency and costs in targeted poverty alleviation programmes*: United Nations Research Institute for Social Development.

[39] Elbers, Chris, Fujii, Tomoki, Lanjouw, Peter, Özler, Berk, & Yin, Wesley. (2007). Poverty alleviation through geographic targeting: How much does disaggregation help? *Journal of Development Economics*, 83 (1), 198 - 213.

[40] Fan, Lida, & Habibov, Nazim. (2008). Targeting social assistance in Azerbaijan: what can we learn from micro-data? *International Journal of Social Welfare*, 17 (4), 346 – 354.

[41] Fiszbein, Ariel, Schady, Norbert Rüdiger, & Ferreira, Francisco HG. (2009). *Conditional cash transfers: reducing present and future poverty*: World Bank Publications.

[42] Galasso, Emanuela, & Ravallion, Martin. (2005). Decentralized targeting of an antipoverty program. *Journal of Public Economics*, 89 (4), 705 – 727.

[43] Hall, Anthony. (2006). From Fome Zero to Bolsa Família: social policies and poverty alleviation under Lula. *Journal of Latin American Studies*, 38 (4), 689 – 709.

[44] Jensen, Robert. (1998). Public transfers, private transfers, and the 'crowding out' hypothesis: Evidence from South Africa. *John F. Kennedy School of Government Faculty Working Paper. Cambridge, MA: Harvard University.*

[45] Johannsen, Julia. (2006). Operational Poverty Targeting In Peru? Proxy Means Testing With Non-Income Indicators.

[46] Leach, Jennifer. (1998). *Bolivia's BONOSOL.* Paper presented at the Transfers & Social Assistance for the Poor in the LAC Regional Workshop.

[47] Maluccio, John, & Flores, Rafael. (2005). *Impact evaluation of a conditional cash transfer program: The Nicaraguan Red de Protección Social*: Intl Food Policy Res Inst.

[48] Martinez, Sebastian. (2004). Pensions, poverty and household investments in Bolivia. *Berkeley, CA: University of California at Berkeley.*

[49] Mkandawire, Thandika, & United Nations Research Institute for Social Development. (2005). *Targeting and universalism in poverty reduction*: United Nations Research Institute for Social Development Geneva.

[50] Moore, Mick, & Putzel, James. (1999). Politics and Poverty: a background paper for the World Development Report 2000/1. *IDS, Brighton.*

[51] Narayan, Ambar, & Yoshida, Nobuo. (2005). Proxy Means Tests for Targeting Welfare Benefits in Sri Lanka. *Report No. SASPR – 7, Washington, DC: World Bank*, http://siteresources.worldbank.org/EXTSAREGTOPPOVRED/Resources/49344 0 – 1102216396155/572861 – 1102221461685/Proxy + Means + Test + for + Targeting + Welfare + Benefits.pdf, accessed February, 5, 2009.

[52] Ravallion, Martin. (2009). How relevant is targeting to the success of an antipoverty program? *The World Bank Research Observer*, lkp009.

[53] Rawlings, Laura B. (2005). A new approach to social assistance: Latin America's experience with conditional cash transfer programmes. *International Social Security Review*, 58 (2 – 3), 133 – 161.

[54] Robeyns, Ingrid. (2005). The capability approach: a theoretical survey. *Journal of human development*, 6 (1), 93 – 117.

[55] Schady, Norbert Rüdiger, & Araujo, Maria. (2006). *Cash transfers, conditions, school enrollment, and child work: Evidence from a randomized experiment in Ecuador* (Vol. 3): World Bank Pub-

lications.

[56] Schwarzer, Helmut, & Querino, Ana Carolina. (2002). *Non-contributory pensions in Brazil: The impact on poverty reduction*: International Labour Office.

[57] Sen, Amartya. (2004). Capabilities, lists, and public reason: continuing the conversation. *Feminist economics*, 10 (3), 77-80.

[58] Silver, Hilary, & Miller, SM. (2003). Social exclusion. *Indicators*, 2 (2), 5-21.

[59] Velásquez Pinto, Mario. (2003). The Bono Solidario en el Ecuador: An Exercise in Targeting. *Genebra: ESS Paper* (17).

[60] Yap, Yoon-Tien, Sedlacek, Guilherme, & Orazem, Peter. (2002). Limiting child labor through behavior-based income transfers: An experimental evaluation of the PETI program in rural Brazil. *The World Bank, Washington DC.*

[61] Zeller, Manfred, Sharma, Manohar, Henry, Carla, & Lapenu, Cécile. (2006). An operational method for assessing the poverty outreach performance of development policies and projects: Results of case studies in Africa, Asia, and Latin America. *World Development*, 34 (3), 446-464.

[62] Adato, Michelle, Roopnaraine, Terry, & Becker, Elisabeth. (2011). Understanding use of health services in conditional cash transfer programs: Insights from qualitative research in Latin America and Turkey. *Social science & medicine* (1982), 72 (12), 1921-1929.

[63] Castaneda, Tarsicio, & Fernandez, L. (2003). Targeting social spending to the poor with proxy-means testing: Colombia's SISBEN system. *World Bank. Washington, DC. Processed.*

[64] Dapuez, Andrés, Gavigan, Sabrina, & Eger, Talita. (2016). Monetizing State Services to the Poor: Intentional Analysis of Three Latin-American Conditional Cash Transfer Programs. *Journal of International & Global Studies.*

[65] De la Brière, Bénédicte, & Lindert, Kathy. (2005). Reforming Brazil's Cadastro único to improve the targeting of the Bolsa Família Program. *World Bank, Social Protection Unit and DFID.*

[66] Dutrey, Alexander Peyre. (2007). *Successful targeting?: reporting efficiency and costs in targeted poverty alleviation programmes*: United Nations Research Institute for Social Development.

[67] Fernald, Lia CH, Gertler, Paul J, & Neufeld, Lynnette M. (2008). Role of cash in conditional cash transfer programmes for child health, growth, and development: an analysis of Mexico's Oportunidades. *The Lancet*, 371 (9615), 828-837.

[68] Gasparini, Leonardo, & Lustig, Ana L. (2011). The rise and fall of income inequality in Latin America. *Documentos de Trabajo del CEDLAS.*

[69] Grosh, Margaret E. (1994). *Administering targeted social programs in Latin America: From platitudes to practice* (Vol. 94): World Bank Publications.

[70] Gwatkin, Davidson. (2000). The current state of knowledge about targeting health programs to reach the poor. *Washington, DC: World Bank*, 1-25.

[71] Hall, Anthony. (2006). From Fome Zero to Bolsa Família: Social Policies and Poverty Allevia-

tion under Lula. *Journal of Latin American Studies*, 38 (4): 689 - 709.

[72] Handa, Sudhanshu, & Davis, Benjamin. (2006). The Experience of Conditional Cash Transfers in Latin America and the Caribbean. *Esa Working Paper*, 24 (5): 513; 536.

[73] Kuczynski, Pedro Pablo, & John. (2003). *After the Washington Consensus: Restarting Growth and Reform in Latin America*: Peterson Institute for International Economics.

[74] Laurell, Asa Cristina, Zepeda, Eduardo, & Mussot, Luisa. (2005). Eliminating economic barriers in health care: the Mexico City Government's experience *Commercialization of Health Care* (pp. 216 - 233): Springer.

[75] Miller, Candace M, Tsoka, Maxton, & Reichert, Kathryn. (2010). Targeting cash to Malawi's ultra-poor: a mixed methods evaluation. *Development policy review*, 28 (4): 481 - 502.

[76] Perova, Elizaveta, & Vakis, Renos. (2009). Welfare impacts of the "Juntos" Program in Peru: Evidence from a non-experimental evaluation. *The World Bank*, 1 - 59.

[77] Ponce, Juan, & Bedi, Arjun S. (2010). The impact of a cash transfer program on cognitive achievement: The Bono de Desarrollo Humano of Ecuador. *Economics of Education Review*, 29 (1): 116 - 125.

[78] Rawlings, Laura B. (2006). Examining conditional cash transfer programmes: A role for increased social inclusion? *Social protection and inclusion: Experiences and policy issues*, 9.

[79] Rawlings, Laura B, & Rubio, Gloria. (2003). *Evaluating the impact of conditional cash transfer programs: Lessons from Latin America* (Vol. 3119): World Bank Publications.

[80] Rawlings, Laura, Sherburne-Benz, Lynne Darling, & VanDomelen, Julie. (2004). *Evaluating Social Funds: a cross-country analysis of community investments*: World Bank Publications.

[81] Skoufias, Emmanuel, Davis, Benjamin, & Behrman, Jere. (1999). An evaluation of the selection of beneficiary households in the education, health, and nutrition program (PROGRESA) of Mexico. *International Food Policy Research Institute, Washington, DC.*

[82] Smith, W. James. (2003). What Role for Safety Net Transfers in Very Low Income Countries?

[83] Soares, Fábio Veras, Ribas, Rafael Perez, & Osório, Rafael Guerreiro. (2010). Evaluating the impact of Brazil's Bolsa Familia: Cash transfer programs in comparative perspective. *Latin American Research Review*, 45 (2): 173 - 190.

[84] Tekleselassie, Abebayehu A, & Johnstone, D Bruce. (2004). Means testing: The dilemma of targeting subsidies in African higher education. *Journal of Higher Education in Africa/Revue de l'enseignement supérieur en Afrique*, 135 - 158.

[85] Micklewright, John; Coudouel, Aline; Marnie, Sheila, (2004). *Targeting and Self-Targeting in a New Social Assistance Scheme.* IZA Discussion paper series, No. 1112.

[86] Harold Alderman, (2001). *Multi-Tier Targeting of Social Assistance: The Role of Intergovernmental Transfers.* The World Bank Economic Review, Vol. 15, No. 1, pp. 33 - 53.

[87] Emil Daniel Tesliuc, (2004). *Mitigating Social Risks in Kyrgyz Republic.* Social Protection Specialist HDNSP, World Bank April.

[88] Steines, Verdon, (2003). *Social Assistance Programs and Poverty in the Kyrgyz Republic.* mimeo, World Bank, Washington DC.

[89] Franziska Gassmann. *How to Improve Access to Social Protection for the Poor? Lessons from the Social Assistance Reform in Latvia.* Working paper. Maastricht University. MGSoG/2006/WP2005/002 September 2005.

[90] Coudouel, A (1998). *Living Standards in Transition: The Case of Uzbekistan.* PhD Thesis, European University Institute, Florence.

[91] Coudouel, A and Marnie, S (1999). *From Universal to Targeted Social Assistance: An Assessment of the Uzbek Experience.* MOCT-MOST, 8 (4): 443 -458.

[92] Lapins, L., Vaskis, E., Priede, Z. and S. Balina (2002). *Household Surveys in Latvia.* mimeo.

[93] Latvijas Vestesis (2002), Law on Social Services and Social Assistance, 168. 19. 11.

[94] Rajevska, F. (2004). *Social Safety Net in Latvia.* Politika un Sociologija, Latvijas Universitates Raksti, 663, pp. 40 -59.

[95] World Bank (2000). *The Republic of Latvia Poverty Assessment.* Report 20707 - LV, The World Bank, Washington DC.

[96] Holzmann, R. (2002). *Risk and Vulnerability: The forward looking role of Social Protection in a globalizing world.* E. Dowler and P. Mosely (eds.): Poverty and Social Exclusion in North and South, London and New York (Routledge).

[97] Steines, Verdon, (2003). *Social Assistance Programs and Poverty in the Kyrgyz Republic .* mimeo, The World Bank, Washington DC.

[98] Atkinson, A. B. (1995). *On Targeting Social Security: Theory and Western Experience with Family Benefits.* Walle van de, D. and K. Nead (eds.), Public Spending and the Poor, Johns Hopkins University Press, Baltimore.

[99] Gassmann, F. and A. Sowa (2004). *Development of a Methodology for Monitoring Poverty and Social Exclusion.* Final Report, Ministry of Welfare, Riga.

[100] Beckley, T. Nadeau, S. Wall, E,, Martz, D. and Reimer, W. MultipleCapacities, Multiple Outcomes: Delving Deeper into the Meaning of Community Capacity [J]. Journal of Rural and Community Development, 2004 (3): 56 -75.

[101] Goodman, R. Speers, M. Mcleroy, K. Fawcett, S. Kegler, M. Parker, E. Smith, R. Sterling, T. and Wallerstein, N. Identifying.

[102] and Defining the Dimensions of Community Capacity to Provide a Basis for Measurement [J]. Health Education and Behaviour, 1998 (3): 258 -278.

[103] Labonte, R., Laverack, G. Capacity Building in Health Promotion, Part 1: For Whom and

For What Purpose [J]. CriticalPublic Health, 2001 (2): 129 – 138.

[104] Chaskin Robert J., Brown Prudence, Venkatesh Sudhir, and Vidal Avis. Building Community Capacity [M]. New York: Aldine De Gruyter, 2001: 14 – 150.

[105] Devereux S. Social protection for the poor: lessons from recent international experience. Institute of Development Studies, 2002 (142).

[106] Conning J, Kevane M. Community-Based Targeting Mechanism for Social Safety Nets: A Critical Review. World Development, 2002, 30 (3): 375 – 394.

[107] Kreuter M W, Lezin N A, Young L A. Evaluating Community-Based Collaborative Mechanism: Implications for Practitioners. Health Promotion Practice, 2000, 1 (1): 49 – 63.

[108] Coady D P, Grosh M E, Hoddinott J. Targeting of transfers in developing countries: Review of lessons and experience. World Bank Publications, 2004.

[109] Copestake J G. The Integrated Rural Development Program-me: Performance during the Sixth Plan, Policy Responses andProposals for Reform. Poverty in India [J]. Research and Po-licy, 1992 (3): 209 – 30.

[110] Posner P W. Targeted Assistance and Social Capital: Housing Policy in Chile's Neoliberal Democracy. InternationalJournal of Urban and Regional Research, 2012, 36 (1): 49 – 70.

[111] Camacho A, Conover E. Manipulation of Social ProgramEligibility [J]. American Economic Journal: Economic Policy, 2011 (3): 41 – 65.

[112] Gallassoe, Ravallion M. Decentralized Targeting of anAntipoverty Program [J] Journal of Public Economics, 2005, 89 (4): 705 – 27.

[113] La Ferrara, E., "Inequality and Participation: Theory and Evidence from Rural Tanzania,": Harvard University and IGIER, Bocconi University, 1999).

[114] Conning, J. H., "Outreach, Sustainability and Leverage in Monitored and Peer-Monitored lending", Journal of Development Economics, volume 60, 1 1999.

[115] Kusel, J. Assessing Well-being in Forest Dependent Communities [A]. In Understanding Community-Based Forest Ecosystem Management, G. J. Gray, M. J. Enzer and J. Kusel (eds.), 359 – 382, New York, London and Oxford: The Haworth Press, 2001: 374.

[116] Abe, A. K. Universalism and Targeting: an international comparison using the LIS database [R]. 2001.

[117] A. B. Atlinson. Poverty in Europe [M]. Blackwell, 1998.

[118] Alkire., Santos. Acute Muptidimensional Poverty: A New Index for Developing Countries. Human Development Research Paper, 2010. 11.

[119] Besharov, Douglas with Ehrle, Jennifer and Gardiner, Karen. Social Welfare's Twin Dilemmas: 'Universalism vs. Targeting' and 'support vs. Dependency' [C]. Paper presented at the International Social Security Association Research Conference, Jerusalem, Israel, 1998.

[120] Besley T., Kanbur R. The Principles of Targeting [R]. The World Bank, 1990: 2.

[121] Bradshaw J., Ditch J., Holmes H., Whiteford P. Exceptional needs, social assistance and discretionary, additions in 15 countries [R]. SPRU Working Paper DSS 1052, York: Social Policy Research Unit, 1993.

[122] Bitran R., Munoz C., Wavers and exemptions for health Services in Developing countries [J]. Social Safety Primer Notes, No. 9, 2000.

[123] Bolderson H. and Mabbett D. 'Cost containment in complex social security systems: The limitations of targeting. [J], International Social Security Review, Vol. 49 No. 1, 3 - 17, 1996.

[124] Barbara R. Bergmann. What the United States Can Learn from France: A Summary of an Important New Book on Child Poverty, The institute for Women's Policy Research, 1997.

[125] Castles F., Mitchell D. Three worlds of welfare capitalism or four? [J]. Australian National Universuty Discussion Paper 21. Camberra: ANU 1991.

[126] Children's Institute in University of Cape Town. Accommodating the Poor? A review of the Housing Subsidy Scheme and its implications for children, 2005. 09.

[127] Coady D P, Grosh M E, Hoddinott J. Targeting of transfers in developing countries: Review of lessons and experience [M]. World Bank Publication, 2004.

[128] Conning J., Kevane M. Community based targeting mechanisms for social safety nets [J]. Social Protection Discussion Paper No. 0102. Boston University, Santa Clara, 2000.

[129] David T. Ellwood, Lawrence H. Summers. Poverty in America: Is Welfare the Answer or the Problem? National bureau of Economic Research, 1985.

[130] Dutrey A P., Successful Targeting? Reporting Efficiency and Costs in Targeted Alleviation Programmes Social Policy and Development [R]. UNRISD, 2007.

[131] De Neubourg C., Castonguay J., Roelen K. Social Safety Nets and Targeted Social Assistance: Lessons from the European Experience [R]. World Bank. 2007.

[132] Earley T., Bradshaw J., Ditch J., Gough I., Whiteford P. Social Assistance in OECD Countries: Synthesis Report [R]. HMSO, 1996.

[133] Esping-Andersen G. The Three Worlds of Welfare Capitalism [M]. Cambridge: Polity Press, 1990.

[134] European Commission. Europe 2020targets [EB/OL], 2016.

[135] http://ec.europa.eu/europe2020/targets/eu-targets/index_en.htm.

[136] Förster, Michael F., Mira D'Ercole, Marco. Income Distribution and Poverty: Countries in the Second Half of the 1990s [J]. OECD. 2005. 02.

[137] Garfinkel, P. E. and Gamer, D. M. Anorexia Nervosa: A multidimensional perspective [M]. New York, Brunner/Mazel, 1982.

[138] Gilbert, N. Targeting Social Benefits: International Perspectives& Trends [M]. New Brunswick, New Jersey: Transaction Publishers, 2001.

[139] Imai K. Targeting versus Universalism: An Evaluation of Indirect Effects of the Employment

Guarantee Scheme in India [J].

[140] Ida C. Merriam. Social Welfare Programs in the United States, Bullentin, 1953.

[141] Kay, J. A. And M. A. King. The British Tax System [R]. Macmillan, 1978.

[142] Lewis J. Gender and the development of welfare regimes [J]. Journal of European Social Policy, 2, 3: 159 - 173, 1992.

[143] Lindert K. Implementing Means-tested Welfare Systems in the United States [R]. The World Bank. 2005. 06.

[144] Meessem B., Criel B. Public interventions targeting the poor: An analytical framework. [J]. Studies in HSO&P 23: 263 - 294 2008.

[145] Mkandawire T. Targeting and Universalism in poverty reduction, United Nations Institute for Social Development, 2005.

[146] Macedo R. The Mistargeting of Social Programs in Brazil: the Federal Health and Nutrition Programs [R]. Mimeographed, University of Sao Paolo, 1978.

[147] Own calculation based on OECD Social Expenditure Database Edition, 2004.

[148] OECD. OECD project on income distribution and poverty [R]. Social Expenditure Database.

[149] Soares F. V. et al. Cash Transfer programs in Brazil: impacts in unequity and poverty [R]. International Poverty Center, UNDP/IPEA, Working Paper No. 21, 2006.

[150] Sen A. The Political economy of targeting, World Bank, 1992.

[151] Simmel G, Jacobson C. The poor, Social Problems, 1965.

[152] Simon Maxwell. Poverty Briefing. The Meaning and Measurement of Poverty, Overseas Development Institute, 1999.

[153] S. I. Oladeji. Definitions and Measurement of Poverty, Obafemi Awolowo University.

[154] Tekleselassie A. A., Johnstone D. B. Means testing: The Dilemma of Targeting Subsidies in African Higher Education. [J] JHEA/RESA 2 (2): 135 - 158, 2004.

[155] Weiss A, et al. High-throughput phenotypic profiling of gene-environment interactions by quantitative growth curve analysis in Saccharomyces cerevisiae [J]. Anal Biochem 327 (1): 2004.

[156] 联合国开发计划署(UNDP). 1990年人文发展报告.

[157] 李华. 国际社会保障动态: 反贫困模式与管理 [J]. 上海人民出版社, 2015.

[158] 罗江月, 唐丽霞. 扶贫瞄准方法与反思的国际研究成果 [J]. 中国农业大学学报, 2014.

[159] 唐丽霞. 瞄准性社会政策的三种目标群体识别方法 [J]. 中国民政, 2016.

[160] 姚建平. 城市社会救助对象瞄准方法、偏离原因和对策 [J]. 中国民政, 2016.

[161] 周冬霞. 城市低保目标瞄准政策的评估与完善 [D]. 武汉大学: 武汉大学社会学系, 2015.

[162] World Bank. (2003). *Romania Poverty Assessment Report.* World Bank Report No. 29619 - RO.

[163] Coudouel, Aline, and Jesko Hentschel. (2000). *Poverty Data and Measurement.* A Source-

book for Poverty Reduction Strategies. World Bank.

[164] Deaton, Angus. (1997). *The Analysis of Household Surveys: Microeconomic Analysis for Development Policy.* Johns Hopkins University Press for the World Bank.

[165] Deaton, Angus, and John Muellbauer. (1980). *Economics and Consumer Behavior.* Cambridge University Press.

[166] —— (1986). *On Measuring Child Costs: With Applications to Poor Countries.* Journal of Political Economy, 94: 72&44.

[167] Deaton, Angus, and Salman Zaidi. (2002). *Guidelines for Constructing Consumption Aggregates for Welfare Analysis.* LSMS Working Paper 135. World Bank.

[168] Foster, James, J. Greer, and Eric Thorbecke. (1984). *A Class of Decomposable Poverty Measures.* Econometrica, 52: 761 - 66.

[169] Lanjouw, Peter, and Martin Ravallion. 1995. *Poverty and Household Size.* Economic Journal, 105: 1415 - 34.

[170] Lanjouw, Peter, Branko Milanovic, and Stefano Paternostro. (1998). *Poverty and the Economic Transition: How Do Changes in Economies of Scale Affect Poverty Rates for Different Households?* Policy Research Working Papers 2009. World Bank.

[171] Ravallion, Martin. (1992). *Poverty Comparisons: A Guide to Concepts and Methods.* LSMS Working Paper 88. Washington, D. C.: World Bank.

[172] —— (1994). *Poverty Comparisons: Fundamentals of Pure and Applied Economics.* Harwood Academic Press.

[173] —— (1998). *Poverty Lines in Theory and Practice.* LSMS Working Paper 133. World Bank.

[174] —— (1999). *Poverty Lines in Theory and Practice.* LSMS Worlung Paper No. 133. World Bank.

[175] —— (2000). *Poverty in Theory and Practice.* Living Standards Measurement Study Working Paper No. 133. Washington, DC: World Bank.

[176] World Bank. (1990). *World Development Report* 1990: *Poverty*..

[177] —— (2001). *World Development Report* 2000/2001: *Attacking Poverty.* World Bank and Oxford University Press.

[178] World Bank & The State Institute of Statistics, Turkey. (2005). *Turkey Joint Poverty Assessment Report.* World Bank Report No. 29619 - TU.

国际社会安全网建设经验介绍

杨　兰　王　冠　罗海平

社会安全网建设是社会救助领域的重要议题。本文整理总结了目前国外社会安全网建设的最新研究成果和实践经验，以期为中国社会救助领域相关研究提供参考。

一、社会安全网概述

社会安全网是指提供给贫穷、弱势人群的非缴费型转移支付。转移支付的可以是政府提供的现金、抵用券或者实物，既可以是普惠性的，也可以是瞄准特定群体的，依托设置条件的或无条件的相关项目实施。社会安全网是广义社会保护体系的一个组成部分，后者还包括保险类型的干预（如健康保险、养老金）和劳动力参与项目。这些制度使贫困、弱势人群免于陷入赤贫的风险，保障他们获得基本的生活保障和社会服务。

社会安全网的干预方式主要包括现金转移支付（有条件的现金转移支付和无条件的现金转移支付）、公共工程、实物救济等。不论是现金转移支付，还是实物救助或者提供服务，都遵循一定的原则，符合相关工作要求，比如及时性、可靠性、规律性等。及时性是指将实物、现金、服务快速有效地提供给受助者，可靠性是指按照政策规定的标准和水平进行供给，规律性是指受助者可以根据受助项目的预期收益提前做出生存或发展方面的计划和安排。

（一）社会安全网项目机构设置

社会安全网包括各种各样的项目和服务等，用于提升弱势个体和家庭的福利。这些项目通常由不同层级的机构、部门来运作和管理。每个项目都有独特的准入标准、实施机制和管理原则，有不同的瞄准对象和受益群体。有的项目是非常有成效的，但是有的项目的实施效果并不明显。此外，项目之间还存在福利叠加的现象。每个项目的设计、实施及不同项目之间的整合非常重要，这直接关系到项目的产出，关系到能否真正让目标群体受益。就项目设计、实施及协调的主体来看，世界不同国家和地区在机构设置上存在不同的模式。第一种模式是在中央层面设置一个统一的、强有力的领导机构，统筹负责社会安全网项目的设计、实施、评估及沟通协调，比如巴西和秘鲁。第二种模式是设置多个部门、多头管理，各个部门负责不同的社会安全网项目，像印度尼西亚、印度的旁遮普地区，在这多个部门之间还设有协调主体，而孟加拉国、哥斯达黎加等国则未设置管理部门之间的协调机构。第三种模式是设置跨部门的社会安全网项目规划设计机构，尼泊尔和巴基斯坦就采用这种模式。

社会安全网涉及项目多，目标群体广泛，管理体系和运作机制复杂，造成了在社会安全网项目实施中经常遇到的跨部门沟通不完善、数据难以共享、资源不到位等问题。这需要通过加强部门间沟通协调，改善工作衔接和减少资源浪费，此外通过不同部门之间的协作，加强项目宣传，扩大政策知晓度。社会安全网设计之初就应加强各管理部门之间的沟通，共同加快救助信息化及专业人员队伍建设，促进信息共享和资源整合。

（二）社会安全网对象瞄准机制

对象瞄准是界定、识别特定项目的受益人的过程。理论上，对象瞄准是为最贫困的群体提供更多的资源，保证符合救助资格的人群能够从项目中获益。对象瞄准过程中，要确保贫困家庭能够申请特定救助项目，并定期把不符合资格的人员剔除出去。要不要进行对象瞄准，以及选择什么样的方法进行瞄准，是权衡成本和效益两个关键因素的结果。

对象瞄准的方法主要有以下几种。

一是家计调查。这个方法收集了涉及申请对象家庭收入、财产、支出的绝大部分信息，并验证这些信息的准确性和客观性。该方法需要依托强大的数据库系统以及高效的跨部门合作。项目主管部门登记、审核申请者的信息。当申请者的收入、财产、支出等部分信息不能从数据库中获取时，申请者需要提供此类情况的相关证明。

二是代理家计调查。这种方法是基于申请家庭居住地点、房屋质量和生活耐用品等可观测内容来进行评价。申请人提供的信息通常可以通过工作人员的入户核查来确认。

三是社区瞄准法。该方法是由符合特定条件的社区成员通过民主评议来决定社区中谁应该获得救助。通常来说，是由社区委员会或者当地政府官员和社区成员组成的评审小组，来决定项目的受益人。

四是地理位置瞄准法。该方法依据地理位置来决定受益群体，在这个指定区域生活的人有资格获得救助。实践中，很少项目是仅仅基于地理位置来判断受益群体的。大多数项目是将地理位置瞄准法和其他方法结合使用。

五是自我认定法。理论上，自我认定法对所有人都开放，但在实践中用于穷人的概率比其他人更高。该方法最常用在低工资的公共工程中，最可能吸引穷人来参与，因为穷人在其他工作中获得高收入的可能性较低。

六是人口特征法。该方法简单易行，通常基于年龄来选择。儿童津贴和社会养老金是最常见的基于年龄来确定对象的项目。该方法的逻辑出发点是老年和儿童更有可能是困难群体。

在选择对象瞄准方法时，项目管理者需要平衡贫困群体的需求与财政情况、获得精确信息的可行性、资格标准的核查等多方面因素。通常可以结合多种方法来进行对象瞄准，比如，在数据信息难以获得的情况下，尤其是针对偏远地区的对象瞄准，可以结合采用地理位置瞄准法和社区瞄准法。在经济条件较好、数据容易获得的地区，可以采用家计调查和代理家计调查的方法。

（三）社会安全网项目的效果评估

社会安全网项目的评估是管理人员收集项目相关的数据，了解项目进展情况，并将其与实施目标和计划进行比较，以发现项目实施是否存在问题。系统地、客观地去评估项目，可以了解项目运行情况，有利于项目的持续实施。值得注意的是，通过项目监测可以清晰地观察和描述项目进度和成效，有助于提升项目成员的积极性。在社会安全网项目评估监测中，可采用随机评估和持续监测的方式来进行，例如科特迪瓦的公共彩票项目便是采用了随机评估和监测的方式来进行管理。此外，对目标群体进行问卷调查或入户访问也是评估项目执行效果的有效方式。

评估过程中可以将绩效考核纳入其中。各个国家和地区根据本国和地区的实际情况，对社会安全网项目的执行单位和各级工作人员的工作实绩进行评估，可以及时解决项目执行中遇到的问题，提升工作激励性，并打造出一支业务精干的高素质人才队伍。评估的基本原则是讲诚信，只有评估公正可靠，才可以避免腐败和资源浪费，才能达到提高人民生活质量的最终目的。

（四）社会安全网退出机制

受助者从社会安全网项目中退出，是指受助者具备了自立的能力，依靠个体可以顾全个人及家庭，不再因能力不足或者收入过低而必须依靠社会安全网的支持。当具备了必要的社会条件或者激励因素，受助者对社会安全网的依赖性降低，可以自食其力、维持生计的时候，受助者应该退出社会安全网项目。退出不只是社会救助部门的工作和责任，它涉及一系列相关部门的协调和配合，比如农业部门、卫生部门、教育部门、财政部门、国土部门、统计部门等。

二、针对特殊群体的社会安全网项目设计

（一）针对残疾人的社会安全网项目设计

在低收入国家中，因残致贫时有发生，而因贫致残也经常伴随着社会问题而出现，例如无力支付医疗费用而导致残疾，不良的卫生环境和饮食也会导致残疾。残疾人中贫困者占比较大，他们在就业、就医、子女就学以及参与社会生活方面更为困难。

如何保障残疾人享受应有的社会待遇和基本救助，是大多数第三世界国家共同面临的问题，对此，联合国提出的要求是——“促进、保护和确保所有残疾人充分和平等地享有一切人权和基本自由，并促进对残疾人固有尊严的尊重”。

世界银行专家对关于残疾人的社会安全网项目的设计和实施提出以下建议：①保障残疾人可以有效地享受主要的社会公共服务；②支持对残疾人项目的社会投资；③在国家层面对残疾人项目进行规划设计；④鼓励普通群众参与到残疾人项目中；⑤在残疾人项目中充分提升人力资源的使用效率；⑥加大对残疾人项目的资金支持；⑦加强残疾人社会安全项目的宣传，提升社会关注度；⑧提高残疾人安全网项目相关数据的使用质量；⑨加强残疾人项目研究。

此外，残疾人的自身意外风险高于普通人群，在社会保险工作的开展过程中，要鼓励残疾人参加意外伤害保险。对家庭经济状况特别困难的群体应给予政策上的优惠，帮助残疾人实现保险权利、获得保险利益。

（二）针对妇女和儿童的社会安全网项目设计

在发展中国家，特别是贫困国家，妇女和儿童属于最易受伤害的群体之一。在设计社会安全网项目时，仅仅考虑妇女儿童本身特点是不够的，还需要考虑到整体的社会状况、经济发展水平、文化差异等因素。针对妇女儿童的社会安全网项目需要关注以下几个方面。

在项目设计之初需要对项目的潜在受益群体、政策制定及机构建设等方面进行整体分析。各国和地区情况不同，社会安全网项目的规划设计、实施也需要因地制宜，制订符合实际的、有针对性的、可操作性的计划。

增强对核心目标群体的重点干预，项目开展中可以鼓励更多的非政府组织及社会力量的参与，并对社区人员进行宣传教育，以减少项目实施中产生的摩擦，提高项目的执行效率和实施效果。

项目的成果产出和项目的发展目标需要一致，项目目标评估一般可以采用编制逻辑框架图的方法，分析总目标、直接目的、具体产出等不同层次的目标，并确定各层次评估的指标。此外，可以将绩效管理纳入项目实施中。

鼓励男性群体参与到针对妇女儿童的社会安全网项目中来，男性群体的参与有助于更新观念，减轻传统性别歧视的风险。要积极鼓励女性群体参与到社会就业中，确保女性在社会中的平等机遇。除了就业机会和就业参与，女性的社会地位、受教育机会等方面也需要根据实际情况，尽可能地予以保障或提升。

此外，那些受到严重暴力伤害的妇女、儿童往往伴随着心理障碍，他们不仅需要维权，更需要心理医疗救助和人文关怀。社会安全网项目设计中应考虑将心理援助纳入服务范围中。

三、城市化背景下的社会安全网建设

整体来看，发展中国家城市化发展迅速，而且规模庞大。同时，贫困也具有向城市蔓延的态势，城镇地区的贫困问题日益突出，而且具有其独特性，主要体现在以下几个方面。

一是较高的流动性，包括周期性移民。比如，在印度尼西亚，6 个月后再去原居住地追访最初被调查的家庭，20% 的受访户已经找不到了。

二是有限的交通条件。在乌干达首都坎帕拉，70% 的工人步行上班，只有 41% 的高收入群体能负担起公共交通费用。在印度普纳，人们会为了离工作地点近而选择居住在贫民窟。

三是较差的居住条件。全球来看，8. 63 亿人居住在贫民窟。在撒哈拉以南的地区，62% 的城市人口居住在贫民窟。

四是低质量并且紧缺的社会服务。在肯尼亚首都内罗毕的贫民窟，1/500 的人才能使用厕所。在孟加拉国首都达卡，最贫困的 1/5 的人口中，只有 10% 的人能使用管道排污。

五是靠市场调节的食物供应。在孟加拉国首都达卡，买卖粮食的超市数量从 2001 年的 1 个增加到 2009 年的 80 个，全球粮食价格波动对这里食物供应及价格的影响非常明显。

六是城市风险。在塞内加尔，发展迅速的城市 40% 集中在有高风险性的高地、河岸等地，这给城市的发展带来较高的不稳定性。

七是社会经济的边缘化。在巴西，生活在高犯罪率地区的人会受到就业方面的歧视。在哥伦比亚的暴力高发区，“家庭安全网项目”是让人们感受到这个国家存在的唯一实质内容。

一般来说，农村地区社会安全网建设的经验要比城市地区丰富。多数情况下，社会安全网项目的设计和实施没有充分考虑对城市特殊情况的适应性。目前，针对城市地区社会安全网项目的设计也在逐步积累经验，逐步成熟。从全球来看，城市、农村之间在社会安全网项目的覆盖面方面没有明显的差距（城市覆盖率为27%，农村覆盖率为25%），但是城市地区的社会保险和劳动力市场政策覆盖方面比农村地区要好得多；就社会保险来看，城市地区社会保险的覆盖率为19%，农村地区仅为7%。对于贫困群体来说，城市、农村之间在社会安全网项目覆盖率方面的差距就较大（城市覆盖率为23.4%，农村覆盖率为16.6%），但是城市、农村之间在社会保险和劳动力市场政策覆盖方面差别不大，且覆盖率都比较低；就社会保险来看，城市地区社会保险的覆盖率为4.3%，农村地区为2.3%。劳动力市场政策方面，城市地区为3.3%，农村地区为1.5%。

实践中，由于城乡差距的存在，简单复制农村地区的社会安全网项目设计和实施路径是不可行的，应该从整体上对城市社会安全网项目进行考量，针对具体的情形进行特定的设计，增强其适用性。城市地区人口流动规模大且速度快，要对此建立可持续的反馈机制。此外，要做好城市规划，在住房、交通、废物处理、空间布局等方面加强科学设计和评估，注重满足城市人口的需求。

四、几点启示

当前，我国社会救助体系日益完善，管理运行机制不断健全，救助成效明显。同时，在经济新常态和国家脱贫攻坚战略环境下，社会救助的创新发展还面临许多挑战。结合国际社会安全网建设的相关经验，主要有以下几点启示。

（一）加强部门协作，提升救助统筹管理水平

各国和地区基于不同的情况设立了多种多样的社会安全网项目，并通过采用不同的机构设置和运作模式，来加强对各类社会安全网项目的统筹管理，确保项目执行的效果。孟加拉国、尼泊尔、巴基斯坦等多数国家建立了政府主导的协调机构，对不同的社会安全网项目的目标群体选择、资金分配、部门沟通协调、绩效评价等进行规划管理。我国于2014年颁布并实施《社会救助暂行办法》，构建了最低生活保障、特困人员供养、受灾人员救助、医疗救助、教育救助、住房救助、就业救助、临时救助及社会力量参与的社会救助体系。从部门管理和协调机制来看，民政部门统筹全国社会救助体系建设，卫生计生、教育、住房和城乡建设、人力资源和社会保障等部门，按照各自职责负责相应的社会救助管理工作，形成了“政府领导、民政牵头、有关部门配合、社会力量参与”的社会救助管理协调机制。从实践中来看，

我国社会救助制度在统筹管理上还存在部门分散、管理多头、衔接不畅、沟通协调效率低、资源共享不充分等问题，还需要合理借鉴国外经验，通过加大统筹协调力度、强化部门沟通和协作、提升综合管理水平，来整体推进城乡社会救助体系建设，确保困难群众基本生活。

（二）健全评估机制，提高救助资源使用效益

世界银行在社会安全网项目评估中有着十分丰富的经验。世界银行与各国和地区合作中也十分强调项目评估的重要性，并鼓励各国和地区在社会安全网项目中增加绩效评估环节，重视评估的设计和执行。项目评估有助于对公共机构的行为产生更大的影响力，同时也能够提高这些机构或组织所能接受的责任程度。对公共支出进行绩效评估，能减少公共支出过程中政府部门与社会公众之间、政府各部门之间由于信息不对称带来的资源浪费，以提高资金使用效率。目前大多数实施有条件的现金转移支付项目的国家建立了较完备的项目绩效评估体系，普遍采用政府、实施机构和第三方或者市民代表共同参与的评估方式，如巴西的家庭补贴计划项目设定了 68 项监测指标，采用三级监测体系，每两个月进行一次项目管理监测；邀请专家或专业机构定期对项目运作过程进行绩效评估。近年来，我国政府在民生保障尤其是困难群众基本生活保障方面的资金投入不断增加，这一庞大资金的使用效益如何，是否真正用于有需要的困难群众，是政府和社会公众关注的重点，需要通过科学合理的评估体系来进行。自 2014 年起，民政部、财政部联合开展了针对城乡最低生活保障工作的绩效评估，对低保制度的管理和运行情况做出评价。我国社会救助项目较多，各专项救助项目在目标设定、对象瞄准、救助标准、资金规模、救助程序等方面各不相同，都需要通过合理的评价指标和严谨的评估方法来全面评估，以帮助政策设计和执行者、社会公众全面了解政策运行情况，加强对救助项目的管理、监督，提升救助的规范化，提高救助资源的使用效益。

（三）完善对象瞄准机制，提升救助准确性

社会救助对象瞄准是发展中国家普遍关注的议题，从国外经验来看，各个国家和地区通过多种方式来瞄准和确定社会安全网项目的受益对象，比如地理位置瞄准法、人口特征法、家计调查法、社区瞄准法等，或者是多种瞄准方法的综合使用。拉丁美洲国家多采用区域瞄准和收入财产核查相结合的方法，哥伦比亚、墨西哥、秘鲁还运用了社区瞄准法，个别项目直接采取人群瞄准方式，例如，巴西“家庭补助金”计划中消除童工项目直接面向有 16 岁以下劳工的家庭。这对我国新形势下救助对象瞄准具有一定的参考价值。当前我国经济发展进入新常态，经济增长速度和

财政收入增长放缓，社会救助资金投入面临多项约束，管理使用要求更加严格。同时国家精准扶贫、脱贫攻坚战略也对准确认定救助对象提出新要求。此外，由于城镇化进程加快、人口流动频繁、居民收入来源多样，准确核查居民收入、财产状况面临更多的复杂性。只有立足本国实际，同时参考借鉴国际有益经验，根据不同的救助项目目标设计，通过综合运用多种对象瞄准方法，准确识别和认定救助对象，才能把有限的救助资源真正用于最需要的困难群体。我国在社会救助对象选择和瞄准方面做了大量工作，尤其是居民家庭经济状况核对机制的建立和完善，大幅度提高了对象瞄准和认定的准确性，有力地提升了社会救助的有效性和公平性，保障了困难群体的生活权益。同时，我国核对机制建设方面，还存在部门信息共享不充分、核对平台尚未全面建成并推广应用等问题，迫切需要加强核对信息化建设，更好地为社会救助发展提供强有力的技术支撑。在经济发展新常态和精准扶贫战略背景下，社会政策要托底，还需要按照我国“十三五”规划纲要提出的“建立健全社会救助家庭经济状况核对机制，努力做到应救尽救、应退尽退”的要求，加快完善居民家庭经济状况核对机制，为社会救助的规范化、精细化、科学化发展服务，为国家打赢脱贫攻坚战大局服务。

社会救助瞄准机制和核对体系

——巴西与智利篇[①]

一、社会救助瞄准机制：概念与理论

（一）何为瞄准机制

所谓瞄准是指将符合资格的潜在政策目标对象（可能是个体、家庭、社区等）准确识别出来的一个过程。瞄准的目的是将福利资源更多地递送给最需要的人，同时最小化不符合资格群体所享有的福利资源。瞄准过程会产生两类误差，一类称为遗漏误差（errors of exclusion），即未能将某些符合资格的目标对象覆盖进政策而引起的误差；另一类称为受伪误差（errors of inclusion），即由于政策覆盖了不符合资格的对象而引起的误差。

与普惠型福利比较起来，瞄准型福利的优势在于能够将资源集中在最需要的人身上。但是在实践中人们往往过于强调瞄准的这个优势，而忽视了瞄准的成本代价。简单来讲瞄准的成本有：①瞄准具有较高的行政管理成本，瞄准机制越复杂所需要的行政管理成本越大。②瞄准可能对人的行为产生正向或负向激励效果。例如，旨在让单亲家庭中的儿童生活更好的救助津贴可能激励单亲妈妈生育更多的孩子；100%的边际税率设计使得某些救助对象没有动力去通过工作赚取更多钱，因为工作收入增加多少元钱，救助金就会减少多少。③政治经济学影响。通常，在西方社会，普惠型的项目比起定位于某一特定人口的福利项目更能获得政治上的支持，特别是当该项目定位于饱受污名、政治发言权较低的低收入人口时。那么一个有趣的问题是，这个结论适合中国吗？笔者通过中英文期刊检索尚没有发现有研究专门探讨福利资源分配机制对政策满意度的影响。笔者认为中国既有“民不患寡而患不均”的观念，同时也有“老吾老以及人之老，幼吾幼以及人之幼”的优良传统，所以普惠

---

① 本课题由北京师范大学社会发展与公共政策学院刘凤芹副教授参与实施。

型的福利，或者将福利资源真正递送到贫困者身上都能提高政策的满意度。

根据李侃如在《治理中国》一书中所阐释的观点[①]：儒家文化对于人性和社会的理解，与美国人的思维大相径庭。后者认为由于人类具有共同人性，所以每个人对他人负有社会责任。而儒家社会没有这种抽象的社会责任概念，它的责任由特定的社会关系所决定。个体永远是社会关系网（妻子、母亲、女儿、姐妹、丈夫、儿子、学生）中一员。人们通过这些社会关系相互交往。这种社会责任的特性，有助于解释我们经常观察到的一个现象：即使一个贫寒的家庭，也会接纳任何一个登门求助的远亲。这个亲戚可以住进他们本不宽敞的房子，与他们同吃同住，并且这个家庭也会尽力为他的远亲找到一个合适的工作。但是同时他们，可能不会付给沿街乞讨的乞丐一毛钱，因为在儒家伦理观念里，应该对远亲负有一定的责任，但是对乞丐是没有责任的。即一个没有任何关系的陌生人对该家庭来说是无关紧要的。这种社会责任的特性始终是中国公民意识发展的主要障碍，因为中国人更多地视自己为特定关系网中的一员，而不是一个国家的共同成员。同时，这种社会责任观对福利制度的影响是，中国老百姓在自己遇到困难的时候通常寻求家族亲戚解决问题，而不习惯寻求他人或者政府的帮助。同时，我们可以据此推理，中国老百姓更为赞成社会救助对象应该是那些真正的贫困者，故而瞄准机制是非常必要的。

瞄准机制是一把“双刃剑”，一方面能够提高稀缺资源的使用效率，控制支出；另一方面瞄准（特别是家计调查形式）可能会带来污名化，也可能改变受助对象的行为，从而导致福利陷阱、贫困陷阱。

就瞄准机制的设计而言，可以很简单（如属于类别瞄准的单亲家庭），也可以很复杂（如家计调查），其效果可以是精准的，也可以是粗略的。从理论上讲，复杂的瞄准机制能够产生更为精准的效果，但是同时也提高了管理实施成本；简单的瞄准机制虽然效果较为粗糙，但是所需要的成本也较低。粗略的瞄准机制虽然可能将福利资源泄露给不符合救助资格的人口，减少了真正需要者能够享有的资源，但是一个精确的瞄准机制能够将不符合资格，特别是那些徘徊在标准附近的对象（如边缘贫困群体，这种排斥对于反贫困战略的长期影响未必是正面的）排斥出来。因此，瞄准机制的选择实际上是充分权衡瞄准效果、实施成本、反贫困效果等多方面因素后的一个妥协。

（二）瞄准机制的起源与类型

社会福利瞄准起源于英国的《济贫法》[②]，英国在制定《济贫法》后的几个世

① 李侃如：《治理中国》，中国社会科学出版社，2010 年版。
② 丁建定：《英国济贫法制度史》，人民出版社，2014 年版。

纪，不断完善其社会福利瞄准机制和工具。作为当时一个鼎盛的资本主义国家，英国的社会福利无论从文化角度还是制度设计角度都对当时的其他国家产生了显著影响。虽然第二次世界大战以后，英国在贝弗里奇的主导下建立了“普享型”社会保障，但是“选择性”社会福利一直是英国福利国家的一个重要构成部分。

瞄准机制之所以在许多国家受到欢迎，除了福利资源的稀缺性这一根本原因外，还有如下几个重要的影响因素：①1973 年的石油危机以来，西方福利国家都不同程度地陷入财政危机，消减福利支出成为必然，因此瞄准性的福利政策而不是普惠型政策更受人们青睐。瞄准机制，特别是结合某些行为要求的瞄准机制不仅是一种短暂地度过财政困难的手段，同时也是被寄予改变福利国家模式的希望。②新保守主义（或称新自由主义）政治力量的兴起。他们强调个人、家庭、市场的重要作用，这使“选择性”福利变得名正言顺，从而推动了“瞄准机制”的普及[①]。

在大量的实践中，各国创造了多种适合自己国情的瞄准机制。在实践中，这些瞄准机制一般都是混合的、难以将其归为简单的一个类别。但是从分析的角度，瞄准方法大致有如下几类，各种政策实际采用的瞄准机制都是这些瞄准方法的不同组合。

（1）家计调查与代理家计调查：依据收入，有些时候也将财产考虑进去。但是由于收入信息是很难准确获取的，所以一些国家采用代理家计调查。所谓代理家计调查就是采用某些指标（如家庭中劳动力数量、家庭成员最高教育水平）来预测收入，而不是直接测量收入。

（2）类别瞄准：类别定位通过某类容易观察的特征（如残疾、年龄、家庭结构）来判定个体是否具有资格。在实践中，类别津贴往往是以家计调查为基础的，通常作为一般性社会救助的补充，以更好地回应某些特殊群体的独特需求。如德国的社会救助对贫困怀孕女性的营养补贴。

（3）地理瞄准：顾名思义，地理瞄准就是依据对象的居住地来判定受益资格的瞄准方法。尽管地理瞄准的行政管理成本较低，但是对于那些社会经济情况异质性较大的区域，地理瞄准的效果是很差的，同时地理瞄准不太容易长期获得群众支持。

（4）自我瞄准：所谓自我瞄准是指该项目的设计使得只有符合资格的人才会去申请，这可能是因为时间成本、污名化、质量较低的产品、较低的报酬等因素使一般人不会去申请该项目。

（5）社区瞄准：所谓社区瞄准是指某项制度的政府主管部门和社区代理（community agents）之间签订一项契约，以授权社区代理来识别该制度的目标人群、核定

① ［英］吉尔伯特：《社会福利的目标定位》，北京·中国劳动社会保障出版社，2014 年版。

具体救助额度，或者部分参与到服务的递送过程中。此处的社区代理可以是非政府组织、基层政府机构、宗教组织或者其他社会团体。一个社区代理是否合格取决于该组织在多大程度上了解贫困人群的真实生活状态。社区瞄准适合信息系统匮乏、家计调查难以实施的社会环境。比如：英国 19 世纪时期的济贫制度就是利用当地的教会来识别和救助穷人（刘凤芹，2016）。在某些情况下，社区管理者依据国家有关法规来瞄准（如中国的社会救助），有些情况下，相关法规是社区自己制定的。同样在融资方面，一些社区瞄准项目利用国家（中央或者省级）资金（如中国西部较为落后的省份），而其他的则利用当地资金或者两者都用（如发达地区，特别是当地社会力量参与社会救助发展较好的地区）。

以上所列举五种传统的瞄准方法虽然在理论上能够将福利资源分配给最需要的人。但是却无法解决长期困扰福利政策的一些负面效应，如：福利依赖、贫困陷阱等。为了消除这些负面效应，各国的瞄准机制在实践中发展了“行为瞄准”“道德瞄准”“个案管理制”等新的瞄准方法（吉尔伯特，2004）。这些瞄准方法不仅考虑了资源配置的效率，同时也考虑了资源配置的社会效应（吉尔伯特，2004）。

（6）行为瞄准：所谓行为瞄准是指“个人行为”是确定受益资格的重要依据。如拉美的有条件现金转移项目。美国 1996 年实施 60 多年的 AFDC 项目改为 TANF 项目。TANF 项目增加的三个行为标准是：第一，生育行为。TANF 规定在接受公共救助期间怀孕和再生育的妇女只能得到和以前一样多的救助金。而 AFDC 则规定救助金可以随着孩子的增多而增多，这项旨在保障儿童权益的规定却不可避免地被妇女滥用以谋求更多福利。第二，就业行为。TANF 规定妇女在接受救助的两年内每周至少工作 20 小时。抵制就业的女性会被降低甚至停止各类援助。第三，养育行为。TANF 规定妇女只有在达到一定的养育标准时，才能获得救助。

行为瞄准的采用说明当前国际福利政策设计中不仅强调救助对象的权利，同时强调接受救助的对象对社会也负有一定的义务。但是对于 TANF 这些行为瞄准的效果如何则是含混而又有争议的，大量的相关研究揭示这些行为要求并没有达到预期的目标，反而增加了女性和儿童贫困。这也说明行为瞄准比起传统的瞄准方式是更为精妙的，需要高明的设计技巧和强有力的执行。

（7）道德瞄准：在目标对象的确定准则方面，将道德因素考虑进来。尽管政策的目标对象的设定是客观的，貌似价值中性。如中国农村最低生活保障制度规定：“农村最低生活保障对象是家庭年人均纯收入低于当地最低生活保障标准的农村居民，主要是因病残、年老体弱、丧失劳动能力以及生存条件恶劣等原因造成生活常年困难的农村居民。”显然，该政策文本的规定是价值中性的，没有考虑道德因素。但是在瞄准机制的实际执行中，道德因素是不可避免的，只是卷入的程度不同而已。

有些国家在政策设计时明确了加入了各类道德因素，有些政策则是在具体执行中基层人员在行使“自由裁量权”的时候使用。道德瞄准能够对“问题人口”“行为失控者”进行重新塑造，会影响该社会对待政府、个体、家庭和社会在各自责任方面的态度，长期来看，将会对一个社会产生深远影响。国际经验研究表明，将道德因素纳入瞄准机制中，有利于提升该政策的群众满意度。

显然，道德瞄准和行为瞄准有密切的联系，但两者并非完全一致。

（8）个案管理制：个案管理是指福利提供方（政府，或者与政府签约的非营利组织）为每个受益人分别制订个人（家庭）计划，并建立相应的档案，以满足其个性化需求。如：国家扶贫部门为每一个贫困人口建档立卡。该瞄准方式与前面的瞄准方式最大的不同在于，前面的瞄准机制仅仅触及某个群体（如低于低保标准的人口），但是个案管理制进一步将触角深入到个体层面，同时也不仅仅是判定是否符合资格，而是更为进一步的瞄准“个性化需求”。从理论上讲，如果不仅清楚地知道谁是符合资格的，而且清楚地知道为达到政策目标（如脱离贫困）应该给予该目标何种救助（应该给多少现金救助，抑或是提供何种服务），此时资源配置是最有效率的。但是，在实际执行中，个案管理的成本以及实施有效个案管理的人力资本和政策环境要求都是值得考虑的重要因素。笔者认为，如果实施个案管理的现实条件不具备，那么盲目实施的个案管理制将是无效的。1992 年，英国在社区保健项目推行时就采用个案管理制。英国的社区保健是一个旨在为生活无法自理或靠别人帮助的老年人提供起居和家庭护理服务的一个传统福利项目。个案管理制应用于社区保健的最大显著效果就是自 1992 年应用后，到 1996 年老年受益总人数减少了 11.2%。具体而言，65—84 岁的人数减少了 17.9%，而年龄在 85 岁以上的人数则增长了 3.5%。所以在英国个案管理制最初是用来压缩受益人口的，其次才是为民众提供更为个性化服务的工具。当然各国的大背景不同，当时英国的背景是公众对于社区保健项目的批评越来越多，认为一方面存在严重的福利欺诈、资源浪费；另一方面，很多个性化需求没有被满足。个案管理制对于当前中国精准救助具有非常重要的借鉴意义，但是如何在中国当前的大环境下实施个案管理制则需要系统深入的研究[①]。

（三）瞄准机制的效果

针对以上列举的八类瞄准方法，一个有趣的问题是，哪种瞄准方法更为有效？答案是，没有一种瞄准方法是最优的，瞄准方法的选择要充分考虑政策所实施的环境、行政体系、文化政治背景和能够承受的管理成本。在瞄准效果方面，甚至有的

---

① ［英］吉尔伯特：《社会福利的目标定位》，北京·中国劳动社会保障出版社，2014 年版。

学者认为采用哪种方法不重要，重要的是具体的执行过程。换言之，该观点的直白含义是：在完全相同的两个社会中，实施同样的政策，即使是同一种瞄准机制，如果两种政策的执行过程有较大差距，那么瞄准效果也将会有显著差距。虽然该观点有些极端，但是却鲜明地点出了政策执行在瞄准效果方面的重要性。

（四）瞄准机制演化的国际趋势

从国际上来讲，对瞄准机制的要求越来越高，政策制定者期望不仅是找到符合资格的救助对象，而且是找到符合社会期望的救助对象，以解决福利欺诈、从福利到工作的问题。在当前这个大背景下，国际瞄准机制的发展呈现出如下趋势：

（1）社区瞄准方法得到越来越多的使用，特别是在北欧国家。在这些国家，地方政府基于国家的指导或者基于自定的规章制度，负责管理社会救助项目。

（2）单亲父母的待遇有着显著的国别差异，显然这部分取决于一个国家关于性别角色观念和政府资助儿童津贴的获得性。北欧国家的单亲母亲被期望利用普惠型的儿童津贴积极参与劳动力市场，因此在这些国家没有特别基于类别定位（如针对单亲家庭儿童）的津贴来支持他们的生活。相较之下，澳大利亚和英国则为单亲父母提供了较为客观的津贴以便让他们能够在家中照顾孩子，但是他们没有普惠型的儿童津贴。当然这些政策都是在动态变化中。

（3）积极寻找工作、参加职业培训等诸如此类的要求在瞄准机制中已是司空见惯。虽然各国在具体的项目目标和行为条件严格性方面中存在些许的差异，但是都在某种程度上加入了自我瞄准机制，以识别那些真正能够就业的人。

（五）社会救助瞄准机制分析框架

鉴于瞄准机制在福利资源分配中的重要作用，当前中国的精准扶贫实践呼唤越来越多的相关研究。但是综观目前的有关文献资料，学者对瞄准机制的研究更多集中在瞄准效果方面，缺乏系统的分析。鉴于这种系统性瞄准机制研究的匮乏，本研究提出一个关于瞄准机制系统研究的分析框架。该分析框架由五个维度构成：

（1）政策所嵌入的社会政治文化经济大背景。已有的经验研究充分表明，瞄准机制的实施环境和执行过程对其效果有着重要影响。

（2）政策的目标。虽然对于大部分的救助政策，缓解和消除贫困是其核心目标，但是不同政策的目标还是不一样的。有的更偏向于鼓励就业，如德国的社会救助政策，美国的从福利到工作；有的政策则旨在消除贫困，如中国的低保制度。

（3）瞄准机制。瞄准机制可以由三部分组成：第一，该政策的瞄准机制是由哪些方法组成的；第二，辅助的核对信息系统是怎样的；第三，各类具体的瞄准方法是如何实施的。

(4) 瞄准的效果与影响因素。通常我们会用遗漏率、错保率、福利资源在收入五等分或者十等分人群中的分布等指标来测量。

(5) 瞄准效果与政策目标。直觉上，人们通常会认为瞄准的效果越好越有利于政策目标的实现，但是研究发现这只是一种错觉。研究表明，瞄准效果和反贫困效果之间没有显著的关系。

二、巴西社会救助瞄准与核对[①]

本章将介绍巴西的社会救助制度、社会救助瞄准机制和核对体系。

(一) 巴西社会救助制度

在经历了20年的军事独裁统治之后，1988年颁布的巴西宪法标志着该国开始重启社会政策，并为社会救助制度的推行扫除了障碍。巴西的社会救助是一个独立的体系，它以公民权为基础。无论从哪个方面来看，巴西1988年开始的新型社会救助体系的建设都是对传统政策的一次突破。1988年以前，巴西政府在社会救助层面所承担的责任仅限于向私人机构、慈善机构的社会服务提供部分或补充式的支持，而1988年宪法明确规定老年人和残疾人群体享有最低收入保障的权利。

1. 引入社会救助型养老金

在1988年宪法颁布之后的一段时间里，巴西进行了一系列法律制度和政策的整合，包括1993年出台的《社会救助法》，该法明确了政府在实施社会救助计划中的角色地位。同时，1988年宪法在界定社会保险和社会救助的过程中反映了传统的福利理念，它将有能力工作的人与没有能力工作的人区分开来，有工作能力的人将通过强制缴费式的社会保险获得救助，而没有工作能力的人才有获得社会救助的资格。当选择何种政策工具能有效实施社会救助计划时，政策的焦点集中在饱受贫困和剥削之苦的老人和残疾人上。《社会救助法》推动了持续福利提供计划(BPC)的有效实施。这个计划是针对处于极端贫困的老人和残疾人的非强制缴费型养老金。实际上，BPC计划是终生月度养老金计划(20世纪70年代由军事独裁者颁布，限制条件相当严格的一种制度)的拓展。BPC计划于1996年开始正式执行，给予70岁及以上的老人(2003年降至65岁)和残疾人每月转移支付一笔最低工资收入(依据1988年宪法规定)，同时覆盖群体还包括家庭人均收入低于最低工资标准四分之一的人群。按照政策规定，对享有社会养老金的人群，每两

① Lindert, K., Linder, A., Hobbs, J., De, B., & Brière, L. (2007). The nuts and bolts of brazil's bolsa família program: implementing conditional cash transfers in a decentralized context.

年将对其进行一次资格审查。

此外，1988 年宪法也推动了第二个相似的计划，即农村社会福利计划（PSR）。在这里，有必要回顾一下农村福利计划的制度路径演变历程。1988 年宪法强调缩小巴西城乡差异的重要性和必要性，并试图为农业工人提供一系列社会保障来解决这一问题。因此，巴西政府开始推行 PSR 计划，以政策文件的形式规定现有的社会保险制度的惠及人群扩大到从事农业的非正式工人，并推迟了对他们的缴费要求。这也表示了官方开始承认农业部门就业岗位存在非正规性和不稳定性的特征。按照 PSR 计划的规定，那些 55 岁以上的女性及 60 岁以上的男性，如果能够证明他们曾经从事过采矿、农业、渔业这些非正规就业的，都有资格享有每月的最低工资收入，这笔收入相当于一份养老金。根据法规要求，只有缴纳社会保险费年限 10 年的人才有资格获取这笔养老金，但到 2005 年该法才正式实施，整整推迟了 10 年，这让那些从事非正规就业的工人有机会、有动力开始缴纳社会保险。事实上，缴费的要求一直都没有实施，所以该计划也被称为“部分缴费计划”。早期的 PSR 计划可以追溯到 1963 年，那时巴西政府建立了农业工人救济基金（FUNRURAL），为农业工人提供医疗保险和养老金。该基金于 1971 年以农村优先（Pro-Rural）的名义重新建立。和终生月度养老金计划一样，该计划在惠及的目标人群及转移支付水平上都极其有限。PSR 计划将目标群体扩大至全体农业工人，这原本是属于私人部门工人的社会保险计划。该计划由巴西的劳动与社会保障部统筹。

BPC 计划和 PSR 计划存在很大的差异，包括目标人群的年龄以及资格要求等都不尽相同。PSR 计划是一项永久性的权利，而且仅限于从事农业的工人。但是，两者在转移支付的水平、目标群体的社会经济地位以及资金来源等方面具有一定的相似性。巴西的政策研究学者将 PSR 计划排除在社会救助计划的范围之外，尽管两者在功能及资金来源上都相同。在接下来的讨论中，“社会养老金”一词既包括非缴费型的 BPC 计划，也包含“部分缴费”型的 PSR 计划（需要指出的是，一些学者对于 BPC 和 PSR 是否属于社会救助是有争议的）。

2. 从学校补助金计划到家庭救助金计划的转变

巴西的家庭救助金计划和前面探讨的计划不同，它起源于助学补助金计划，1995 年在部分城市同时推出，是为解决社会危机给贫困家庭带来的消极影响而实施的计划。从理论上看，该计划源于国内政策制定者及研究人员对于保障性收入作用的反思，以及对贫困的多维性和长期性的关注和思考。Jose Marcio Camargo，一位在贫困研究领域享有声望的学术大师，同时也是巴西劳工党党员，他提出，如果保障性收入无法促进贫困家庭提高生产力的话，就难以对巴西多年来的贫困现状产生积极的影响（这一观点也值得我们反思）。所以，他认为将转移支付与促进儿童教育现状结合起来更有意义。

1988 年宪法并没有改变巴西基本的政治组织架构，但它却推动了巴西分权体制的建立。巴西各大城市是联邦实体，拥有较大的自主空间。所以，一些城市已经开始试点，将儿童教育与保障性收入等其他干预措施相结合。助学补助金计划就起源于巴西市政当局致力于减贫的维权行动当中。随后，这一计划很快在其他城市推广。1997 年，联邦政府开始向各大城市推行财政激励措施，以支持助学补助金计划的有效实施。2001 年 4 月，助学补助金计划成为联邦政府的计划之一，并交由巴西教育部负责。其他的联邦行动如杜绝童工计划（PETI）也于 1996 年首次提出。PETI 计划最初是在一些童工危险发生率较高的城市推行，该计划向儿童所在的家庭提供直接转移支付，并为儿童进行课后辅导。该计划之所以取得了这么大的成就，很大一部分原因在于其提供的课后辅导教育。助学补助金计划和杜绝童工计划的成功，尤其是它们为贫困家庭提供直接转移支付的核心思想，刺激了政府在其他社会领域推行类似的政策计划。2001 年 9 月，巴西卫生部出台了粮食救济金计划，其目标人群为准妈妈和婴儿，目的在于降低其营养不良和婴儿死亡率。2003 年，巴西矿产能源部推行了燃气救济补贴计划，用于弥补贫困家庭因燃气市场价格的自由化而蒙受的损失。青年代理人计划是另外一项针对青少年的直接转移支付计划。起初，2002 年卢拉获选总统时对这一政策并无好感，他将更多的精力投向消灭饥饿的斗争中。他所提倡的零饥饿计划强调让巴西所有人都能吃上一日三餐，而不是将保障性收入放在前列。为此，卢拉政府特别成立了一个社会发展和反饥饿部，同时还实施了一系列新的干预举措，包括新的家庭救助金计划、膳食计划、提供实物及现金转移支付，等等。不久，这一计划遭到不少专家学者、政策制定者及受益者本人的反对，因此不得不重新调整该政策。随后，卢拉总统宣布实施家庭救助金计划，旨在为 1100 万个处于极端贫困的家庭提供现金转移支付，同时将所有的补贴计划整合到该计划当中。家庭救助金计划将由一个新成立的部门——社会发展与反饥饿部全权负责。2003 年，整合工作开始启动，家庭救助金计划也随之出台。

巴西家庭救助金计划由以往的四个现金转移支付计划整合而成。通过合并各项计划，提高了社会安全网的保障效果，扩大了社会救助的规模，巴西贫困人口基本实现了全覆盖。该计划为贫困家庭提供每月 15 雷亚尔至 95 雷亚尔（相当于 7—45 美元）的现金救助。和其他有条件现金转移支付计划一样，家庭救助金计划希望为极端贫困家庭提供最低生活保障金，从而减少当前贫困人口数量，减轻社会不平等；同时通过达到入学率、定期接种疫苗、产前检测等为条件，防止贫困的代际传递。此外，家庭救助金计划也希望通过采取一些配套措施（如培训等）提升救助对象的能力。

作为发展中国家最大的有条件现金转移支付计划，家庭救助金计划引起了巴西国内外的广泛关注。目前，家庭救助金计划已取得了一定的成就，并带来意想不到的瞄准效果。其中，73%的救助金分配给了最贫穷的1/5人口，94%的救助金分配给了最贫穷的2/5人口。此外，研究表明，家庭救助金计划在缓解收入不平等方面发挥了重要作用，成为减少极端贫困的一大利器。的确，年度家计调查结果显示，家庭救助金计划对于减轻巴西不平等现象、消除极端贫困的作用不可小觑。

表1总结了巴西社会救助体系的主要框架，包括上文所述的PSR计划。很显然，社会救助体系不是一朝一夕就能够建立起来的，它既是一个政治过程，同时也是一个不断认识的过程，这就包含两个相对独立的组成部分，一个关注的焦点是弱势群体，另一个则关注于长期贫困群体（当然这两个群体既相互联系又在很大程度上重叠）。在接下来的两个部分，我们将探讨这两者的演变历程。

表1　巴西社会救助的主要项目

	农村社会福利（PSR）	社会救助型养老金（BPC）	家庭救助金（BOLSA）
目标人群	缺乏缴纳能力的农村非正式就业工人	极端贫困家庭中的老年人和残疾人	极端贫困家庭
资格	在农业、渔业、矿业中长期从事（>15年）非正式就业的少地劳动者	人均收入≤最低工资的1/4的家庭中≥65岁的老年人	人均月收入≤40美元的家庭 人均月收入≤83美元的有子女家庭
月收益	老年人养老金额度为最低318美元	最低318美元	基本转移额度40美元，每个0—15岁子女（最多5个）18美元，每个16—17岁子女（最多2个）22美元；人均收入>40美元却≤80美元的家庭仅获得子女转移支付
覆盖人口数量	780万	310万	1230万
占GDP的比例	1.4（%）	0.6（%）	0.4（%）
负责部门	一般性社会保障部门 社会保障部	社会发展部 社会保障部	社会发展与反饥饿部 Caixa联邦经济银行

（二）巴西社会救助瞄准机制

如第一节所述，巴西社会救助一共有三部分：农村社会福利（PSR）、社会救助型养老金（BPC）和家庭救助金（BOLSA）。由于学术界对于PSR和BPC是否属于社会救助尚有争议。因此，本研究仅仅就家庭救助金（BOLSA）的瞄准机制展开分析。

家庭救助金计划的瞄准机制主要包括地理瞄准、家计调查和行为瞄准三种方法。“贫困地图”和“社会计划独家登记系统”是地理瞄准和家计调查的主要信息来源。

地理定位机制包括联邦和地方两个层面。首先，联邦政府根据各地方的贫困程度，分配家庭救助金计划的救助名额。早期的名额分配是通过将2001年全国家计调查以及2000年全国普查数据与救助资格的标准（人均收入在100雷亚尔以内）相比较而得出的。所以，2003年10月推行家庭救助金计划时，救助家庭的数量为1120万户。2006年，社会发展与反饥饿部根据2004年的全国家计调查（PNAD）数据，对瞄准范围（减至1100万户）及具体分配名额进行了调整。相应的，地方政府对分配名额也进行了调整，部分地区还减少了家庭救助金计划的拨款。其次，在一些地区，贫困空间分布（贫困地图）、人类发展指数等指标也被用于瞄准贫困人群。据此我们可以看到，地理定位依据的数据有全国普查数据和全国家计调查数据（PNAD）。

家庭救助金计划的名额分配与社会计划独家登记系统（改革前）的登记注册名额不同。登记注册名额有很多的不足：第一，被访家庭的信息透明度不够；第二，存在政治操纵的可能（比如政治家为寻求选票而给那些支持他们的家庭提供救助）；第三，容易在地方层级产生不平等的现象（极端贫困的地区由于缺乏信息来源而被排除在外，获得登记注册名额的可能性变小）。

家庭救助金计划的改革取消了社会计划独家登记系统的登记注册名额形式。对注册人数没有数量限制，地方可以根据实际情况注册任意数量的家庭，任何想要注册的家庭都能获得机会。同时，这进一步增强了信息的透明度，只要家庭或者个人认为自己是穷人就可以申请注册，然后接受家计调查，但是会被提前告知：即使进行了信息登记也并不能保证其能够享受救助。

分配救助名额是地理定位的一种有效方式，它能够解决地方层级潜在的道德风险问题。地方的救助名额加上社会控制机制会在一定程度上迫使地方政府将精力放在真正贫困的人群身上。如果没有救助名额限制，地方政府的道德风险可能会变高，因为他们在开展家计调查工作的时候容易松懈，而且又是联邦政府负责掏钱，所以地方政府有可能将更多的人纳入救助名单里。因此，限定救助名额能够提高救助瞄准的效果，降低地方政府过度救助的道德风险。

一旦按地区给予救助名额，就需采取家计调查的方式来决定谁能享受家庭救助金计划的救助。救助的资格确定主要以家庭的登记注册信息作为依据。

（三）巴西社会救助核对系统：社会计划独家登记系统

社会发展与反饥饿部和家庭救助金计划仍使用着改革前的转移支付计划登记系

统。这一系统是2001年7月开发的，当时联邦政府投入了大量的精力建立起救助对象的信息数据库系统，以便更好地推行各类社会救助计划。在此之前，每一项计划都有自己的一套信息系统。比如，学校助学金计划创建了一套救助对象登记系统（CADBES），粮食救助金计划则使用健康信息系统……然而，所有这些计划（改革前的）都使用未经核实的家计调查信息作为个人资格认定的依据。“社会计划独家登记系统”的建立是对提高救助管理效率，降低行政成本的初步探索。通过将各类信息系统进行合并，统一使用“社会计划独家登记系统”，从而推进各类转移支付计划（改革前的）的整合，建立家庭救助金计划。

使用“社会计划独家登记系统”这一国家数据库系统进行救助资格的认定有以下优势：第一，防止重复救助的情况发生（救助对象在多个地区享受救助，或者享受多个相同性质的救助政策）；第二，降低行政管理成本；第三，对救助对象的救助期限及其是否达到退出标准（达到脱贫标准时，应及时退出）进行监测。

然而，根据2003年（家庭救助金计划推行之前）的评估结果显示，早期的登记系统有很多地方需要改进，比如：第一，系统操作指南不够清晰；第二，系统用户（如社会发展与反饥饿部、地方政府）不能获取数据信息；第三，数据库是静态的，也就是说在查看数据的时候它已经被生成好了，没有和服务器数据库进行交互；第四，缺乏审计和政策效果监控系统，包括如何核查救助对象申报的收入；第五，软件运行方面存在较多问题。因此，社会计划独家登记系统改进了这些缺陷。

社会计划独家登记系统的制度安排。巴西政府安排了大量的工作人员，负责系统运行的各个部分。有些部分由中央负责，有些部分由地方负责。2004年起，政府颁布了一系列红头文件（法令、法规、章程、指南等），明确各自的责任和义务。这些官方文件内容主要涉及以下几个方面：第一，各自的制度角色（制定者、执行者、遵循者）；第二，数据收集、登记录入、核查的规范性程序；第三，数据库的共享、合并、管理；第四，救助对象重新认定的时间周期（如一年一次），等等。

社会发展与反饥饿部通过设计基本参数，用于指导社会计划独家登记系统的运行和管理。这些基本参数包括：一是界定各部门的职责；二是按区域分配救助名额，设置救助资格规则；三是建立数据收集的标准和规则，包括入户调查问卷、手册等规范化；四是设置数据库管理规定，监督数据库的运行；五是建立家庭救助金计划的救助对象认定和信息核对规则。基于以上设计参数，实施“社会计划独家登记系统”这一瞄准方式，包括三个基本的步骤：第一，数据收集与信息登记：由地方政府负责（各自治州、市），包括收集数据、登记数据、部分信息核对；第二，数据库整合与管理：由Caixa联邦经济银行负责运行（Caixa联邦经济银行和社会发展与反饥饿部签订了绩效合同）。Caixa联邦经济银行负责整合各自治州/市的数据信息、发放救助识别号及部分信息核对工作。同时，这一系统包括所有登记注册的家庭信息（不管其是否具有救助资格）；第三，救助对象资格认定：由社会发展与反饥饿部负责，通过反复核实申报家庭信息，确定最终的救助对象名单（每月）。下面将详细讲解上面三个步骤。

1. 第一步数据收集与信息登记

各地方政府负责收集救助对象信息，并登记录入到社会计划独家登记系统中。为此，联邦政府为地方提供了系统操作指南，主要包括五个方面：第一，概念界定（如“family”或“household”）；第二，救助家庭成员的认定文件和审核程序；第三，家庭调查问卷的使用标准（社会计划独家登记系统问卷），包括家庭结构、家庭收入、居住条件以及当前亟待改进和解决的问题等信息；第四，救助对象重新认定的时间周期及持续更新救助对象信息的规定；第五，地方政府的培训机制。除此之外，地方有权力根据自身的实际情况，简化数据收集的流程。所以，各地在运行这一系统的过程中存在较强的异质性，主要包括：

（1）地理定位机制的运用

通过地理定位，能够清楚地看到贫困人群的集中区域。如上所述，很多地方通过使用贫困地图及其他多维贫困指标（如脆弱性、知识的获得性、劳动力、资源的获得性、儿童发展、家庭状况等）来帮助他们在空间上瞄准贫困人群。据2005年一项调查显示，68%的救助对象是在社区进行信息登记的，这意味着地理定位机制是家庭救助金计划瞄准救助对象的一种重要方式。

（2）定点登记

社会计划独家登记系统管理条例将入户走访作为收集数据信息的方式。然而，入户走访花费的成本较高，一般情况下，地方政府会在公共场所或办公地点开展信息登记工作，但必须具备以下两个条件：一是确保时间、地点等信息都传达到目标群体（贫困人口）；二是地方政府须按登记家庭（在公共场所或办公地点登记的）数量的10%比例进行随机抽样，开展入户调查。同时，各地必须有常设办公地点，便于救助对象信息的登记，并实时更新救助对象信息。据2005年9月的一项调查显示，15%的救助对象是在自己家里登记信息的；54%是在学校完成登记的；13%是在地方政府办公室登记的（主要是社会救助中心）；12%是在市政厅登记的；8%在医疗机构，6%在社区邻里协会，4%在教堂，还有2%在其他地方登记的。此外，部分地区为了核实所收集数据的真实性（或是收集遗漏的信息），在救助对象进行初次登记之后，还会再次进行入户走访。

（3）登记指南

根据联邦政府的操作指南规定，所有的登记对象每两年（至少）必须重新认定一次。2005 年 9 月至 2006 年 3 月是第一次对救助对象进行重新认定的时期。在这期间，地方政府公布了各自的认定时间。

（4）访谈员和监管员的选用

地方政府可以自己选用访谈队伍和监管团队的成员。在一项对东北部 261 个市的调查结果表明，78% 的市将政府官员（正式工或合同工）作为访谈队伍和监管团队的成员；54% 的市是医疗机构的人员；20% 的市是教师（大部分市是挑选不同职业领域的人员纳入团队，即一部分成员是政府官员、一部分成员是医疗机构人员等等）。但数据信息的更新及核实工作更多是由地方政府的官员来完成。社会发展与反饥饿部则通过运用分权管理指标、实施相应的财政激励措施，使地方政府不断增强自身的工作能力（数据收集、登记、管理等工作）。

（5）调查员和监管员的培训

地方政府应根据联邦政府的工作指南，对调查团队成员进行培训。各自治州也应对其行政范围内的市开展培训工作。由于各地的管理水平及制度安排不同，其培训工作的开展情况也千差万别。为增强各地方政府的组织管理能力，社会发展与反饥饿部及 Caixa 联邦经济银行为各州 5000 多个自治市提供了大量的培训机会。希望通过这些培训，能够提高基层人员收集数据的质量，增强对登记系统数据的分析和处理能力。

（6）地方政府的技术应用

当前，地方政府都使用由 Caixa 联邦经济银行开发的软件系统，与中央数据库系统实时对接。然而，各地的信息化建设水平参差不齐。有些地区配备了很多电脑，专门用于当地登记系统的操作管理工作（数据登记、救助对象的重新认定、信息核实等），而有些地区仅配备了一台电脑。因此，近期的工作指南提出一项新规定，即根据各地区的大小，设定信息化建设的最低要求，保证社会计划独家登记系统的正常运转。

（7）宣传

为鼓励群众主动登记信息，各地方政府一般会通过社会救助中心、学校、地方医疗机构、教堂、非营利组织以及电视、广播及其他传播媒介进行宣传（联邦政府也会通过发布公告等形式）。2005 年 7 月，社会发展与反饥饿部开始定期发行简报（Informe Bolsa Familia），主要通过电子邮件的形式发送给各地方政府的家庭救助金计划协调员、联邦和州政府的合作机构（如 Caixa 联邦经济银行）、群众代表，等等。简报的内容包括家庭救助金计划的一些基本信息、登记信息、政策变动情况等。数据收集上来以后，地方政府官员就会把信息登记到一个叫“Cadúnico”的离线系统里（由 Caixa 联邦经济银行开发和维护）。同时，登记信息时需要一个用户名和密码，这需要得到社会发展与反饥饿部或 Caixia 联邦经济银行的授权。2005 年 5 月以来，各地方政府都已经开始使用这一数据系统，帮助其核实登记信息的完整性和一致性。只需要点击一下软件按钮（“个人信息错误”或“家庭信息错误”），系统将自动进行信息核实，并显示出所有信息不一致的人员名单。同时，还可以通过姓名、识别号、地址等其他基本信息进行搜索。如果救助家庭要从一个城市迁移到另一城市，必须在离开之前向当地政府报告，同时到迁入地政府进行信息登记，从而继续享有家庭救助金计划的救助、接受有关部门的监督等。当前，救助家庭从迁出地到迁入地的信息登记工作已经可以在系统中自动完成，不管其有没有上报迁移情况。一旦救助对象在迁入地登记信息后，系统将从迁出地政府获取救助对象的相关信息。

救助对象的重新认定是地方政府的职责。为确保登记系统信息的有效性，地方政府每两年（至少）必须开展一次救助对象的重新认定工作。两年的周期是在监管法令中明文规定的，这是为了确保将那些不再具备救助资格的人移除出救助对象名单，使具备救助资格的家庭得到家庭救助金计划的帮助。因为各地有救助名额的限制，所以地方政府会将那些不再享受救助资格的名额分配给新纳入的救助对象。第一次全国性的救助对象重新认定工作在2005 年9 月至2006 年3 月进行。在2006 年5 月，接近 1400 万户家庭（5800 万人）在社会计划独家登记系统中进行了信息登记。这意味着有 86% 的家庭（人均收入低于最低工资的一半，这部分家庭约有 1610 万户）成为这一登记系统的瞄准对象。通过这次大规模的认定工作，登记系统的数据信息效度从 2005 年 3 月的 31% 增长至 2006 年 6 月的 78%。在这期间，登记系统的数据信息主要有以下变化：家庭人均收入的变化（34.6%），家庭地址的变化（21.1%），个人法律责任（如履行相应的条件）的条文变动（20.1%），家庭成员的数量及结构变化（19%）。同时，有 270 万户家庭（之前未得到救助）的信息被登记到系统里。

2006 年，通过对救助对象进行重新认定，有 140 万户家庭被移出救助名单。与此同时，取消了 562351 户家庭享有的福利（如电费补贴、免费搭乘公共交通等），主要原因在于他们的收入水平超过了家庭救助金计划的规定。这意味着两种可能，一是这部分人的收入有所提高，二是收入核算的技能得到提升。还有部分原因包括救助家庭没有养育小孩，即使其收入在 60—120 雷亚尔之间；或者存在过度救助、重复救助的情况。为了弥补在救助对象重新认定过程中的成本，提高认定效果，社会发展与反饥饿部为各地方提供一次性的、有条件的财政补贴。然而，在此之前，由于各地的财政能力和技术能力差异，其信息登记工作成效千差万别。所以，为提高信息登记管理水平，社会发展与反饥饿部提供了大量的培训机会以及相应的财政激励政策（根据工作成效，提供一次性、有条件的财政补贴）。那么，如何检验其工作成效？主要包括以下几个方面：一是数据缺失情况；二是对救助对象（年龄超过 16 周岁）认定材料的核实情况；三是社会发展与反饥饿部的检查情况（检查工作在财政补贴下发前进行，并且在补贴下发后，每两个月进行一次），检查内容包括救助家庭自行申报的收入、消费等情况。

2. 第二步数据库整合与管理

根据社会发展与反饥饿部与 Caixa 联邦经济银行签署的官方协议，Caixa 联邦经济银行负责数据库的整合与管理工作。近期的两大体制改革大大提高了数据库系统的管理水平：一是 2005 年 1 月，授予社会发展与反饥饿部和地方政府登记系统的访问权限（以前仅有 Caixa 联邦经济银行的能够访问）；二是 2006 年 1 月，社会发展与反饥饿部与 Caixa 联邦经济银行就绩效机制重新进行协商。2005 年 1 月以前，社会计划独家登记系统完全由 Caixa 联邦经济银行负责，使社会发展与反饥饿部面临着委托代理困境，因为社会发展与反饥饿部对登记系统访问权限有限，存在信息不对称的情况。很多人都觉得，完全由 Caixa 联邦经济银行负责，会给予其太大的社会政策决定权（自由裁量权），况且还是在缺少监督的情况下。2005 年 1 月，社会发展与反饥饿部首次与登记系统的数据库进行信息对接。这对于提升家庭救助金计划及信息登记工作成效具有里程碑式的意义。从那时起，社会发展与反饥饿部开始迅速采取行动，对数据库信息进行反复核对。随后，社会发展与反饥饿部研发了一套“质量报告”（评估政策执行效果，能找到这份质量报告吗），并在 2005 年 5 月给每个市（具备完整的数据系统）都发放了一套 CD 和“质量报告”。随后，这些措施通过签署合作协议的形式得以制度化。

当前，社会发展与反饥饿部和各地方政府都能实时链接登记系统数据库（Caixa 联邦经济银行每个月都会定期更新数据）。尽管如此，有些地方在数据库系统中获取数据时仍存在延迟的情况。2006 年 1 月，社会发展与反饥饿部与 Caixa 联邦经济银行就绩效合同重新进行了谈判。该合同旨在达到以下几个目标：一是平衡两者的角色，使社会发展与反饥饿部这一政策制定主体具有完全访问权限；二是将绩效激励机制写进协议（其中包括 17 个绩效指标，用于衡量 Caixa 联邦经济银行的服务提供水平（信息登记、救助金发放等）。而合同监管委员会，由社会发展与反饥饿部各部门的代表组成，负责监管协议履行情况（每月一次）。如果存在不履行协议的情况，社会发展与反饥饿部将根据协议规定，对 Caixa 联邦经济银行给予制裁（罚款等）。而且 Caixa 联邦经济银行的员工也签订了个人的绩效合约，对 Caixa 联邦经济银行实行制裁同样会影响员工个人的薪资待遇。

基于协议，Caixa 联邦经济银行承担起“社会计划独家登记系统”的管理和整合工作，并采取了如下措施：第一，地方数据信息的整合。当地方政府对数据进行核实，并汇总至当地的登记系统后，地方应通过在线系统，将信息共享至 Caixa 联邦经济银行的中央数据库。然后 Caixa 联邦经济银行将所有的信息整合到“社会计划独家登记系统”的数据库里。第二，发放救助识别号码。不管个人是否在系统中有救助识别号码，Caixa 联邦经济银行都将对其进行信息核对。对于这部分没有证件号的人群，Caixa 联邦经济银行会为其发放一个新的证件号码（这个号码在其他社会计划中也有效，如就业、社会保障、教育、医疗等）。第三，整合数据的传输及核对。通过数据整合、发放证件号码后，Caixa 联邦经济银行每月都会将不合格的数据返还给地方，地方政府再对数据进行调查核实、处理其中的问题（数据重复、缺失、不一致等）。同时，Caixa 联邦经济银行每个月也会将登记系统里的整合数据传输到社会发展与反饥饿部（自 2005 年 1 月以来）。社会发展与反饥饿部再对登记系统的数据反复核实，从而消除重复数据、进一步核实信息的一致性等。第四，软件管理。Caixa 联邦经济银行同时肩负起开发、管理和更新软件系统的重任，使中央和地方政府的登记系统能够正常运转。最新开发的软件系统引进了先进的信息技术，并构建起系统网络平台，能够对数据信息进行自动核对。

3. 第三步是救助对象的资格认定

社会发展与反饥饿部负责对家庭救助金计划的救助对象进行认定，主要通过以下几种方式：第一，基于贫困地图（人口普查和家计调查信息），分配救助名额；第二，设立救助资格规则，如收入上限、家庭构成等；第三，根据制定的资格规则，对拟救助对象的信息进行核实，并确定最终的救助对象名单（每月）。

这一认定程序与之前的学校助学金计划大为不同。两个计划都是由联邦政府根据各地的贫困情况分配救助名额。然而，学校助学金计划随后却由地方政府来负责救助资格规则制定，确定救助对象名单。事实上，据 2004 年的一项调查显示（巴西东北的 261 个市），地方政府对于学校助学金计划的认定程序和规则非常混乱。37% 的市认为认定权应掌握在地方政府手中（7% 是市长办公室，30% 是社会管理委员会）；63% 的市认为联邦政府及教育部门负责救助对象的认定工作。正因如此，各地学校助学金计划的瞄准效果千差万别。

之后，家庭救助金计划的认定权限交由中央政府，从而保证计划的连贯性和一致性，减少地方政府滥用联邦资金的现象。救助对象的资格规则可直接应用于“社会计划独家登记系统”，系统根据申报人的收入和家庭结构，将其上报收入与官方制定的标准进行对比，符合条件的对象可获得救助资格。随后，社会发展与反饥饿部将开展信息核对工作，对上报信息进行核实，从而确立最终的救助名单。信息核对工作主要包括：一是在登记系统数据库进行核实（通过所收集的系统问卷）；二是在其他的数据库进行核查（这在之后会谈到）。对于新纳入的救助家庭，社会发展与反饥饿部每月都会进行一次资格规则的认定。对于那些已救助的对象，则会对系统更新数据进行核实。

（四）家庭救助金计划的瞄准效果

根据 2004 年的全国家计调查结果显示，家庭救助金计划的瞄准效果远远大于巴西其他的社会救助计划。这次调查涉及社会救助计划的瞄准效率问题。瞄准效率是指根据人均家庭收入情况，计算应救助人口与实际救助人口的比例。

巴西社会救助计划的瞄准效果。家庭救助金计划的救助对象数量占巴西总人口的 25%（家庭人均收入低于 120 雷亚尔）。在此，我们将人口平均分为四组（贫困人群、贫困边缘人群、中等收入人群、富裕人群），每组的人口比例为 25%。其他的社会救助计划的救助对象同样也是其中的贫困人群。结果显示，家庭救助金计划的瞄准效果非常好。最贫困的人群（25%）中有 80% 的人口获得了救助，有 1/5 的救助资源分配给了“错保”对象。而漏保对象中，有 85% 的人在贫困边缘行列（25%），几乎没有人在最富有的那个部分（25%）。

家庭救助金计划的瞄准效果远胜于之前的转移支付计划（学校助学金计划、粮食救助金计划、燃气救济补贴计划、膳食计划）。之前的四项计划合在一起也只是给最贫穷的 25% 的人口分配了 64% 的救助资源（意味着漏保率达 36%）。家庭救助金计划之所以能够取得这一成就，很大一部分原因在于其充分运用了“社会计划独家登记系统”以及地理定位机制（贫困地图）。

社会保险计划的再分配结果。家庭救助金计划的瞄准效果也远胜于社会保险计划，如失业保险等。事实上，巴西的失业保险等计划确实开始出现倒退，主要有以下两个因素：一是正规劳动力市场中失业保险的覆盖面积有限（将大部分的贫困人口排除在外）；二是大量的福利都分配给了上层人士（富裕人群）。此外，这一倒退还体现在社会保险资金的转移支付问题上：2003 年，联邦政府的两大主要养老金计划出现了严重赤字（占当年 GDP 的 3. 7%）。

家庭救助金计划瞄准效果的国际比较。家庭救助金计划的瞄准效果也令世界各国为之赞叹。以下，我们将使用五分法（即按人均收入排名，从低到高，将人口划分为五个部分，每个部分占比为 20%）进行比较。根据 2004 年全国家计调查数据显示，最贫困的人群（20%）获得了家庭救助金计划 75% 的救助资源，40% 的贫困人口（前两个部分）获得了 94% 的救助资源。这一瞄准结果远超过其他国家的有条件现金转移支付计划。

家庭救助金计划的瞄准精度调整。所有的救助计划多多少少都会存在漏保的情况。以目标人群为贫困人群（25%）作为参考，家庭救助金计划的漏保率在 20% 左右，即1100万户救助家庭中有220万户未被纳入救助名单。当然，这一结果比世界其他的救助计划要低得多。尽管如此，社会发展与反饥饿部仍不断在调整家庭救助金计划的瞄准精度，并为此采取了一系列措施：对信息登记问卷进行改进、加强信息核对、更新贫困地图等。尽管如此，家庭救助金计划仍不可避免地会漏保一些贫困人口或极端贫困人口，原因在于：部分漏保对象被划入非贫困家庭行列；部分漏保对象确实很难瞄准（如流浪家庭或居无定所的家庭）。

（五）巴西社会救助核对体系面临的挑战

依照国际经验，要提高瞄准效果，必须不断完善和强化信息登记系统。因为不断会有新的问题出现、新的技术产生以及政策的变化，“社会计划独家登记系统”也不例外。社会发展与反饥饿部也意识到了这些挑战的存在，并积极采取措施予以应对：

1. 确定最终的信息登记问卷，并开始新一轮的救助对象重新认定工作；
2. 继续改进登记系统，供其他社会计划使用（正在进行的）；
3. 由Caixa联邦经济银行改进数据库管理系统和软件系统；
4. 为各地方政府提供大量的培训机会，增强其数据收集能力和当地的信息登记系统管理能力；
5. 增强各地方政府与社会发展与反饥饿部及Caixa联邦经济银行的沟通交流，进一步明确各自的职责；
6. 通过登记系统的自动核对，减少重复数据和不合格的数据；
7. 不断更新贫困地图的信息；
8. 进一步核实救助对象上报的收入信息；采用多维贫困的测量方法，并将其应用于系统中的信息登记问卷，从而更好地瞄准贫困人群。

三、智利社会救助的瞄准和核对[①]

（一）智利社会救助—团结计划

2002年，智利推行了团结计划（Chile Solidario），该项社会救助制度的目标群体为智利贫困家庭（约占总人口的5%）和其他被排除在社会福利服务政策之外的困难群体。

在团结计划推行之前，社会救助计划并没有相应的福利服务。2004年之后，团

---

① Carneiro, P. M., Galasso, E., & Ginja, R. (2014). Tackling social exclusion: evidence from chile. *Social Science Electronic Publishing* (15).

结计划开始进行家庭信息登记，也正是在这个时候，社会服务提供才开始不断扩展。2002 年以前，SUF（儿童津贴）计划的占比增长了 22%，而享受这一计划的家庭并没有获得货币补贴，直到 4 年之后，这些家庭才被纳入团结计划当中。如果 2004 年之后进一步加强团结计划的注册登记工作，SUF（儿童津贴）计划的占有比会增至 32%。同样的，女性（户主的配偶）的就业率增长了 20%，而这些女性在 2002 年前并没有就业，而是 2004 年后被纳入团结计划当中。

团结计划是一项社会计划，它试图通过整合各项福利服务计划应对社会排斥问题，因为它可将社会的贫困家庭与福利体系相结合。然而，尽管团结计划作为一项创新的救助计划，但其并不能改变贫困家庭的生活状况，如就业和居住条件。从就业结果来看，就业项目并没有带来理想的效果。而且没有证据能够证明救助家庭的居住条件得到改善。由于缺乏正确的认知技能和非认知技能，被瞄准对象很难就业。团结计划的目的就是要为救助对象提供个性化的社会支持。

在低收入环境下，有证据表明通过整合各类救助计划并加强技能培训对个体经营者有着较大的影响。在中等收入国家，比如智利，在同一干预部门中（within the same intervention agency），各类社会计划没有实现整合。然而，社会服务的相关条款规定了福利体系应有的职责，即负责协调各类救助计划以满足贫困家庭的需求。在为特殊群体提供服务的大型计划中，对救助对象需求的认定（由智利的社会工作者完成）须与救助计划本身（即供给方）相适应，这样才能为贫困人群提供针对性的服务。

智利的社会救助有社会工作的深入介入。地方的社会工作者通过家访提供心理支持，了解救助对象的需求，帮助救助家庭获得实现自立所必需的技能。

家访。在团结计划中，家访这一环节将持续 24 个月。其中，一个家庭大约会进行 21 次家访，每次家访用时 40 至 45 分钟，其间间隔的次数会有所增加。而家访环节主要由社会工作者来完成。家访环节又分为两个阶段：第一阶段也就是最初的 6 至 8 个月，这一时期主要是社会工作者对家庭开展深入调查；第二阶段是最后 16 至 18 个月，该时期主要是对救助家庭的情况进行监测。在第一阶段，社会工作者需确定被访家庭是否满足 53 个最低要求，这些条件包括家庭劳动力、居住条件、就业情况、健康状况及教育程度等。事实上，被访家庭都能满足大部分限定条件。具体信息见表 2。

表 2　被访家庭需满足的最低条件清单

		适用于家庭的比例（Applies to % fams）	享受团结计划需达到的比例
认定			
I_1	家庭所有成员都有合法登记	N. A.	N. A.
I_2	家庭所有成员均有身份证	N. A.	N. A.
I_3	家庭满足居住地的 CAS 分数	N. A.	N. A.
I_4	超过 18 岁的男性都参过军	N. A.	N. A.
I_5	所有的成年人接受过学校教育	N. A.	N. A.
I_6	如家中有残疾人，须有由 COMPIN 机构和国家残疾人中心的认定	N. A.	N. A.
健康状况			
H_1	家庭服务（family service）在初级医疗机构登记过	100%	92%
H_2	孕妇定期去做产检	30%	55%
H_3	6 岁以下的儿童定期接种疫苗	64%	92%
H_4	6 岁以下的儿童定期体检	64%	91%
H_5	35 岁及以上的妇女定期接受乳头检查	85%	64%
H_6	妇女采取避孕措施需遵循医嘱	73%	76%
H_7	老年人遵循医嘱	43%	71%
H_8	家中有慢性疾病的成员遵循医嘱	56%	74%
H_9	家中的残疾人参加康复计划	32%	46%
H_{10}	家庭成员获取关于保健的信息	100%	74%
教育			
E_1	学龄前儿童上幼儿园	51%	74%
E_2	如果母亲工作且家中无大人照看小孩，必须有某种形式的儿童照顾	45%	81%
E_3	儿童（直到 15 岁）在教育机构就读	76%	94%
E_4	在幼儿园、小学、中学就读的儿童从学校获得相应的救助	79%	86%
E_5	12 岁以上的儿童接受过教育	68%	95%
E_6	有学习能力的残疾儿童被纳入教育系统当中	32%	56%
E_7	家中有专人负责儿童教育，且定期与学校保持联系	82%	95%
E_8	家长应对教育持有负责任的态度，意识到接受正规教育的价值	87%	94%
E_9	家长接受过教育	99%	86%
家庭动力			
F_1	日常谈话主题包括生活习惯、时间、娱乐场所	100%	86%

续表

		适用于家庭的比例（Applies to % fams）	享受团结计划需达到的比例
F_2	家庭有适当的处理矛盾的方式	100%	80%
F_3	家中有明确的和平相处的规则	100%	85%
F_4	布置家务相对公平（不管是性别还是年龄）	100%	85%
F_5	家庭知晓社区资源与发展项目	100%	80%
F_6	遭受过家庭暴力的人接受相应的家庭支持项目	45%	52%
F_7	家中若有儿童处于社会保护体系中，应定期与儿童见面	35%	39%
F_8	家中若有青少年接受行为矫正，应给予青少年一定的支持	34%	36%
居住条件			
C_1	家庭的居住信息明确，如房产所有、居住地址	100%	89%
C_2	若家庭想申请住房补贴，应该立即去做	78%	40%
C_3	能喝上干净的水	100%	90%
C_4	有完善的电力系统	100%	83%
C_5	有污水处理系统	100%	73%
C_6	房屋没有漏雨、遭受洪水，封闭性好	100%	36%
C_7	有至少两间适合居住的卧室	100%	67%
C_8	每个家庭成员都有自己的床，且具备基本的床上用品（被单、被罩、枕头）	100%	45%
C_9	有基本的家庭设施（壶、锅、餐具）	100%	75%
C_{10}	必须有适合的垃圾处理系统	100%	91%
C_{11}	居住环境没有遭受污染	100%	85%
C_{12}	家中有饮用水经费补贴	57%	53%
劳动力市场			
L_1	家中至少有一位成员拥有稳定的工作	99%	40%
L_2	家中 15 岁以下的儿童没有辍学去工作的	88%	97%
L_3	家中失业的成员在 OMIL 部门有注册登记	82%	42%
收入			
G_1	家庭成员享受 SUF（儿童津贴）计划的救助（或正在申请）	90%	79%
C_2	家庭成员享受家庭津贴	68%	76%
C_3	家庭成员享受福利养老金（或正在申请）	72%	71%
C_4	家庭收入超过贫困线	100%	27%
C_5	家庭根据自身情况编制了相应的预算	100%	64%

一名社会工作者每年一般会负责 50 户家庭的家访工作。在 2002 年至 2006 年期间，每年会有 2400 位社会工作者负责团结计划的家访工作。由于社会工作者成员数量较多，在这期间，有 20% 的家庭接受过不止一位社会工作者的家访。

家访工作的直接成本包括进行家访的费用、社会工作者的培训和监管费用（不包括社会工作者的薪酬）。其中，每个家庭平均每年所需要的家访费用为 131 美元。在家访工作实施的第一年，家访工作所需费用几乎占据整个项目的所有经费。2004 年以后，家访部分的经费来源基本保持不变，但其所占比重减至整个项目预算的 4%。

保证货币补贴发放。在最初的 24 个月，救助家庭每月可获得一定的现金转移（被称为 Bono Solidario），其现金转移支付的金额为每月 8 美元至 21 美元。在随后的三年，救助家庭获得 Bono de Engreso 的救助，大约每月 8 美元，每个家庭获得的金额相同。团结计划的现金转移金额要比拉美其他国家的现金转移要低得多。提供现金转移的目的是弥补家庭成员参与该计划的成本。

如果家庭获得救助资格，家中 18 岁以下的儿童可获得：每月的救助津贴（SUF）；贫困老人、残疾人及精神疾病患者可获得养老金（PASIS）；水费补贴（SAP），该补贴涵盖每月 15 立方米用水费用。SUF 和 PASIS 计划的资格规则要求明确，救助对象需接受家计调查（基于家庭收入和 CAS 得分）。

享受社会服务的优先权及服务提供者的组织调整。救助家庭在其居住地有优先享有社会服务的资格。理论上来说，社会服务的内容涵盖七大部分（见表 2）。然而，在 2002 年至 2004 年期间，地方政府和社会服务提供者不断协调和整合不同的社会计划（并没有增加服务提供部门和工作人员），从而更好地瞄准救助对象。2004 年，政府颁布了规范团结计划的法律，提高了社会服务的数量和质量，包括：第一，规定了服务提供者的需求回应情况，第二，针对每个救助对象的需求提供个性化的服务，第三，制定了新的项目（如就业项目）。

就业培训项目对救助家庭的收入具有长远的影响，同时对劳动力市场有着潜在的效益。正因为政府对社会服务的投入增加，团结计划的受益者接受就业项目的覆盖率从 2004 年的 24% 增至 2007 年的 100%。

（二）智利团结计划的瞄准机制

CAS 得分是通过运用一项运算工具来认定哪些家庭能够享受智利的社会救助。每个地区救助家庭的数量是按照极端贫困人口的比例进行分配的，即 Pm（根据 2000 年的收入分配结果）。同时，每个地区的官方 CAS 分数也就是 CAS 值，其救助家庭的比例（低于地区的 CAS 值）也就是 Pm 值。

事实上，并不是所有分数低于 Pm 的家庭都能被纳入第一年推行的计划，它也有名额的限制。所以，2002 年有 22.5 万户家庭拥有这一资格，但政府每年（直至 2005 年）只能救助 5 万户家庭。在每个地区，CAS 分数最低的家庭可第一时间被纳入救助计划。

实际上，在团结计划实施的最初几年，每个地区设定的救助家庭名额都与其自身经济社会状况相适应。然而，在认定救助家庭的过程中，并不总是首先考虑到最贫困的家庭。地方政府需设定一个标准来认定哪户家庭达到贫困标准，能够享受团结计划救助。同时，地方政府在认定救助对象时也会受到限制，即考虑它们所在的区域是否有社会工作者，或者该地区即将引入一名社会工作者。

资格规则的阈值。地方政府每年都需要设定一个阈值以分配所有的救助名额。有证据表明，该阈值的设定是通过将每年救助的贫困家庭的最大数量与社会工作者所需最小成本之间妥协的结果。例如，假设某地区有 X 个救助名额，该地区所有的家庭根据 CAS 得分进行排序，则有 X 个贫困家庭可享受救助。如果社会工作者被派去寻找额外的家庭以完成所有救助名额的分配，这个过程意味着 CAS 分数就会下降。然而，出现这个情况，主要有两个原因：第一，在 CAS 系统中救助家庭有充分的进入和退出机制，而且他们的 CAS 分数会经常变化（每个家庭的 CAS 分数至少每两年需要调整一次）。第二，由于每个地区的社会工作者数量有限，他们的工作量会很大。这意味着每个社会工作者被分配到某个特定的区域或者邻近的地区，而社会工作者工作的地方和被访家庭居住的地方距离太远，他们就会在路上花费太多时间。所以，每个地区在估计救助对象的数量时会考虑到家庭的 CAS 得分以及地区社会工作者的数量。

研究表明，团结计划的受益者参与情况存在显著的不连续性，这也是因为智利 300 多个地区的 CAS 分数不一的结果。此外，具有救助资格的家庭参与团结计划的比例低于 100%，这并不是需求的问题，因为每个被纳入团结计划的家庭都将接受邀请（accept the invitation）。参与率较低的原因主要在于供给问题，因为有限的资源以及并不完善的阈值设定影响了救助对象的瞄准效果。

（三）智利社会救助瞄准的影响因素

自 20 世纪 80 年代以来，智利政府一直都使用 Ficha CAS 作为救助对象瞄准的工具。它由两页纸的家计调查表组成。如果有家庭想申请救助，它必须填写这一表格。这一表格的信息主要包括家庭条件（如房屋的建筑材料、是否有干净的饮用水、卫生设施等）、家庭成员的基本特征（职业、教育水平、出生日期、收入等）、财产所有（如家庭财产、冰箱等）。这些信息将以分数的形式呈现，从 380 分至 770 分。如果某一家庭的 CAS 得分低于 500 则被视为非常贫困；如果得分在 500 至 540 之间则被视为贫困；CAS 得分的有效期为两年。直至 2007 年，CAS 得分一直作为认定收入转移计划、饮用水补贴计划、住房计划和儿童照料中心计划的救助资格规则。

2007 年，Ficha CAS 被一项新的瞄准工具即 FPS 所取代。FPS 表格中的信息通过与其他的管理数据进行交互检验，每个月更新一次。

智利的国民身份证号码将 CAS 和 FPS 融合在一起，一是包括团结计划推行初始至 2009 年 5 月登记注册的家庭信息，二是包括 2004 年至 2007 年间所有参与由 FOSIS 部门提供的社会促进与培训项目的个人。

以下分析采用的样本是 2002 年的 430 万户家庭（这些家庭的户主年龄从 18 至 75 岁）。我们把调查样本限制在至少被调查过两次的家庭（第一次为可能进入团结计划的时期，这时进行资格规则的认定；第二次至少在一年之后，这时的瞄准结果已经确定）。最后，我们把分析的焦点集中在约 50 万户家庭。

描述性统计。表 3 描述的就是团结计划中所有家庭的样本数据，呈现出第一次调查时的家庭基本特征（2000 年或 2001 年）。同时对整个样本及被纳入团结计划的家庭进行单独统计，这些统计数据根据 2002 年至 2006 年每个地区的公认的临界值来确定。这些基本信息主要被分为五个部分：一是货币补贴的作用；二是居住条件的特征；三是与团结计划相关的变量，即团结计划的参与率与 CAS 得分；四是与就业和收入相关的变量；五是人口统计学特征。

表 3　家庭的基线特征

变量	全部人口			符合资格的人口		
	N	平均值	方差	N	平均值	方差
所有补贴	1788715	0.35	0.48	390382	0.51	0.50
SAP	1788243	0.16	0.37	390184	0.09	0.29
SUF	1094825	0.24	0.43	258880	0.47	0.50
居住条件						
合法房产	1788706	0.60	0.49	390380	0.39	0.49
房产所有	1072670	0.82	0.39	152437	0.77	0.42
坚实的墙壁	1788717	0.45	0.50	390382	0.24	0.43
坚实的屋顶	1788717	0.64	0.48	390382	0.33	0.47
过度拥挤	1783921	1.24	0.78	389537	1.59	1.03
自来水	1788717	0.90	0.31	390382	0.73	0.44
冰箱	1788706	0.59	0.49	390380	0.27	0.44
污水处理	1788717	0.65	0.48	390382	0.30	0.46
CS 与 CAS	1788706	0.26	0.44	390380	0.02	0.15

续表

变量	全部人口			符合资格的人口		
	N	平均值	方差	N	平均值	方差
供暖设施						
CAS	1788706	542.15	55.22	390380	478.06	34.28
劳动力市场与收入情况						
CS	1788717	0.22	0.41	390382	0.47	0.50
就业（户主）	1788599	0.71	0.45	390349	0.69	0.46
个体经营（户主）	1788599	0.41	0.49	390349	0.57	0.50
就业依赖（户主）dependent worker	1788599	0.31	0.46	390349	0.12	0.33
就业（配偶）	1152166	0.21	0.41	239648	0.13	0.34
个体经营（配偶）	1152166	0.11	0.31	239648	0.11	0.31
就业依赖（配偶）	1152166	0.10	0.30	239648	0.03	0.17
估算收入	1639269	0.57	0.50	323166	0.79	0.40
人口统计学特征						
人均月收入	1788717	30317.15	27087.26	390382	16453.52	14854.09
户主年龄	1788717	45.82	14.41	390382	45.73	15.06
户主单身	1788717	0.36	0.48	390382	0.39	0.49
男主人	1788717	0.70	0.46	390382	0.70	0.46
户主接受教育的年限	1788714	7.36	3.82	390380	4.85	3.26
配偶接受教育的年限	732779	7.44	3.74	150185	7.43	3.75
是否有孩子	1788717	0.61	0.49	390382	0.66	0.47
家庭规模	1788717	3.64	1.71	390382	3.83	1.87
农村家庭	1788717	0.17	0.38	390382	0.34	0.47

正如所预料的那样，享有救助资格的家庭在多个维度上都处于劣势。他们普遍具有较低的 CAS 得分，更容易获得货币补贴，而且他们更有可能非法居住他人房屋。他们的房屋一般没有完整的天花板以及坚实的墙壁，没有由公共部门提供的自来水，没有冰箱，没有热水，居住环境非常拥挤。此外，享有救助资格的家庭相对普通家庭而言在就业方面也有所不同。享有救助资格的家庭，户主一般很少工作，即使工作，也是个体经营户；其配偶一般也没有工作。最后，享有救助资格的家庭一般来说家中都有儿童，但基本都由教育水平较低的父母来养育。

（四）现金救助与社工服务的融合——团结计划评述

Banerjee、Duflo（2007）和 Duflo（2012）强调，由于处于极端贫困的家庭花费了大量的时间和精力来应对基本的物质困境，他们很难对生活当中出现的种种问题做出理性的决定。因此，看似混乱的生活，以及没有能力满足基本的生活需求，这些都是他们所处困境的一种表现。

团结计划的推行试图帮助这些极端贫困家庭生活得更好，不仅为他们提供基本的生活必需品，而且经过专业培训的社会工作者还会为他们提供个性化的救助服务。被纳入团结计划的家庭在短期内可获得现金以维持基本的物质需求。与此同时，团结计划还为他们提供一系列社会服务项目（如就业培训等），帮助其摆脱贫穷困境。

团结计划，从表面上来看，是一个非常宏伟的计划。在具体的实施过程中，它将极端贫困家庭与社会福利系统联系起来，为其提供一系列社会服务。从这个维度来说，团结计划是成功的。团结计划通过其瞄准机制找准极端贫困家庭（尤其是那些一开始就被排除在福利体系之外的家庭），同时为其提供个性化服务。但团结计划对于贫困人群就业或住房条件改善方面的影响有限，总体而言在统计意义上不存在显著性。

我们发现，团结计划的影响力之所以有限，主要原因在于供给层面（服务提供者）的差异。结果显示，供给层面（服务提供者）对于团结计划的影响占据主要因素。团结计划对于大多数中等收入国家具有较强的借鉴作用，它试图将现金转移项目与其他社会服务（如咨询服务等）结合起来，从而为贫困家庭提供生产生活能力。通过提供两年的心理咨询服务，服务提供者（供给方）对救助对象的需求有了更深入的了解，从而更好地回应救助对象的需求。因为许多现有的救助计划并不符合救助对象的需求，救助对象的需求得不到有效满足。这也意味着服务提供者（供给方）所提供的社会服务还远远不够。所以，要真正有效回应救助对象的需求，必须提供心理支持等其他社会服务，了解救助对象的真实需求，同时还要精确地瞄准救助对象，为其提供全面的救助服务。

四、附录

附录 1　巴西社会救助瞄准效果

到 2016 年 6 月，家庭救助金计划的覆盖数量已达 1380 万户家庭，4800 万人。（资料来源：The Bolsa Familia Program：Access to and Dissemination of Information）。

当前该计划以 120 雷亚尔（37 美元）作为收入上限（基于 2004 年的全国家计调查数据）。

巴西社会救助计划的瞄准效果。结果显示，家庭救助金项目具有很好的瞄准效果。收入最低的 25% 人口中 80% 获得了救助，即仅有 20% 救助资源泄露给了“非穷人”。进一步对数据进行分析，我们会发现错保对象中，有 85% 的人在贫困边缘行列（25%），几乎没有人在最富有的那个部分（25%）。

Figure 4 – Targeting Outcomes of Bolsa Familia and other Social Assistance Programs in Brazil (by Quartile of the Population; PNAD 2004)

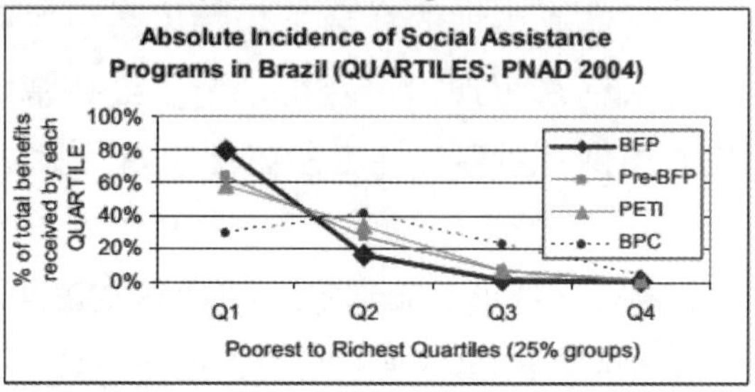

资料来源：2004 年 PNAD 调查结果（虽然年份有点久远，但至少证明巴西的社会救助瞄准在早期就已经达到了很好的效果）。

附录 2　什么是贫困地图？

贫困地图不仅仅是一张简单的国家地图。它是一种数据统计工具，能够获得小区域范围内（如县、市或地区）的“福利水平估计”信息。

由于受到数据的局限性影响，要想分析一个国家小区域范围内的福利资源是如何分配的，基本不可能实现。一方面，人口普查数据通常没有关于收入或消费支出的信息；另一方面，家计调查结果即使包括这些数据信息，也不具备小区域范围的代表性。贫困地图（或者更准确地讲，应该是“小区域估计”）这一统计工具是由 Elbers，Lanjouw，and Lanjouw（2003 年）创造的。它将家计调查中的详细信息与人口普查数据结合起来，从而获得小区域范围内可靠的“福利水平估计”信息。此外，这一统计工具还可用于估计其他的指标，比如小区域范围内的不平等程度以及贫穷率。所有的估计值将以图表的形式，通过不同颜色（或深浅）在地图上展现出来，这就是我们常说的“贫困地图”。

Elbers，Lanjouw and Lanjouw 构建的这一统计分析工具能够更好地理解经济的空间分布状况，找出贫困与其他地理性因素之间的关系。它是基于以收入或支出的随机效应回归模型（资料来源：Brazil within Brazil：Testing the Poverty Map Methodology in Minas Gerais）。

首先，将家计调查数据与人口普查数据结合，确定用于预测贫困的共同变量。

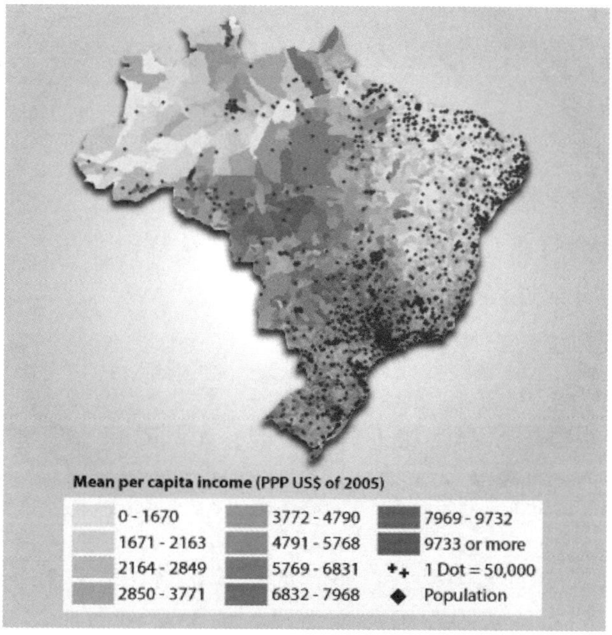

其次，基于家计调查数据，使用回归分析方法估计家庭福利函数模型（常见的预测模型有一元线性回归模型，计算公式为 $Y = a + b \times x$；一元非线性回归模型：$Y = a + b_1 \times x_1 + b_2 \times x_2 + \cdots + b_m \times x_m$）。随后，参数估计值与包含家庭特征的人口普查数据相结合，预测在普查数据中每一个家庭的福利状况，从而利用地理信息系统技术绘制贫困地图，揭示各区域的贫困的空间分布模式等。其中，最关键的假设在于，这一从家计调查数据中估计的预测模型应与包含家庭基本特征人口普查数据相结合（资料来源：How Good a Map? Putting Small Area Estimation to the Test）。

贫困地图具有以下作用：

1. 清楚地显示出不同地区的贫困程度；

2. 了解引起贫困的决定性因素；

3. 瞄准贫困人群，采取干预措施：

（1）项目计划的瞄准（基础设施、医疗卫生、教育等不同的救助计划）；

（2）转移支付计划的瞄准；

（3）制定区域性发展政策；

（4）各部门之间的协调；

（5）各项政策、计划等的协调。

4. 经费分配：

（1）不同计划之间、计划内部之间（如家庭救助金计划中，教育和医疗等不同领域）的资源分配；

（2）不同地区间的资源分配；

（3）提高资源分配过程的信息透明度，增强问责实效。

5. 监测和评估

（1）提供一条有关生活条件的基准线；

（2）监测输出结果指标。

6. 透明度与社会问责

（1）提高资源分配过程的透明度；

（2）提高问责力度。

贫困地图的实际应用：

当前，全世界很多国家都构建了贫困地图。尤其是拉丁美洲和加勒比海地区，贫困地图已成为政府和研究者不可或缺的统计分析工具。

贫困地图在中国：

中国是一个发展中的大国，人口多，面积广，贫困人口在空间分布上极其不平衡。虽然贫困人口主要集中在中西部地区，地理位置偏远、自然条件恶劣、基础设施薄弱等农村地区，但东部发达地区的失业、低薪等新城市贫困问题也较为突出。这给贫困地图的绘制带来很多挑战。目前，我国还没有绘制出较为详细的贫困地图。大多从国家或省级层面对贫困程度进行测度，难以反映国家内部各区域（尤其是较小尺度区域）的贫困状况。我国可以借鉴国外的小区域估计测量方法，将人口普查数据与家计调查数据结合起来，但必须保证所有信息的真实性和透明性。

（资料来源：http：//web. worldbank. org/Wbsite/External/Countries/Lacext/extlacregtoppovana/0，contentMDK：20795440 ~ pagePK：34004173 ~ piPK：3400 3707 ~ theSitePK：841175，00. html）

附录3　巴西全国家计调查（PNAD）

巴西每年都会进行一次全国家计调查（PNAD），主要调查人口的一些基本特征，包括教育、劳动力、收入、居住条件。此外，还包括迁移、生育、结婚率、医疗健康、食品安全等信息。这些统计数据是政策制定、执行和评估的一项重要工具，这些政策旨在提高巴西的社会经济发展水平和人民生活水平（资料来源：http：//www. ibge. gov. br/english/estatistica/populacao/trabalhoerendimento/pnad2014/default. shtm）。

随着社会经济发展以及人们对信息需求的日益增长，加上信息资源获取的有限性，巴西国家地理与统计局对全国家计调查项目重新进行了调整。这次调整包含了一些新的内容，并规定了家计调查要定期进行，使调查更加深入全面。为提高信息统计部门对新环境的适应性，巴西国家地理统计局使用了数据源与数据库整合的系统模型。

巴西国家地理与统计局主要负责全国性家计调查（PNAD）、每月就业调查（PME）、消费者支出调查（POF）和城市非正式经济调查（ECINF），这些调查一直以来都是单独进行的。然而，最近几年，巴西国家地理统计局建立了家计调查整合系统（SIPD），这些调查都成为整合系统中的一个部分（作为经济或人口统计学指标）。每一项调查计划的制订、执行、宣传、结果分析等都整合到一起，从而实现资源的优化配置。巴西国家地理统计局提出的模型包括：

- 共享样本记录和样本设计，旨在优化家计调查的统计信息；
- 统一整合系统中各调查计划的概念、变量和分类，以便比较分析的结果；
- 统一程序编辑、表格、问责机制；
- 提高技术手段，用于获取数据，包括决策过程使用到的技术（PDA、笔记本、智能电话系统）；
- 开展纵向研究；
- 提供联邦层面短期内的劳动力就业和收入的详细信息；
- 持续更新消费支出信息，主要是针对生活条件、账户和通货膨胀等；
- 细化已调查的信息，如食品安全、社会救助计划的收入转移情况。

该系统模型的核心在于持续性的全国家计调查，它将整合全国家计调查计划、每月的就业调查计划以及消费者支出调查。

（资料来源：http：//www. ibge. gov. br/english/estatistica/indicadores/sipd/default. shtm）

其中，全国家计调查的问卷主要包括以下信息：

1. 住房基本信息

住房类型（公寓、单间等）

住房产权、房屋材料、房间数

住房基础设施（房间是否有自来水、炉灶、浴室、厕所、排水系统；是否有手机、固定电话；照明情况、垃圾处理等情况如何）

家用电器（是否有收音机、电视、平板电脑、DVD 等）

消费品（是否有汽车、摩托车等）

2.“社会计划登记系统”注册

居民身份证明（姓名、性别、出生日期）

家庭主要成员

是否听过或参与过注册登记

是否听过或享受过某一社会救助计划（家庭救助金计划等）

3. 家庭情况

家庭关系（配偶、子女、监护人等）

家庭成员数量

肤色或种族

母亲是否健在？是否住在你的家里？

婚姻状况，是否和配偶或伴侣住在一起？

4. 迁移情况

居民迁移的特点（居民的出生点、出生日期、现居住地、迁移时长等）

5. 教育情况

是否会读写？是否上过学？

所上学校的类型（公立、私立；联邦、地方）

教育程度（小学、中学、大学、成人教育等）

学习过哪些课程？

6. 工作和收入情况

是否在某个时期（2014 年 9 月）工作过？是否有报酬？

从事的职业是什么？

工作所在地（车间、商场、工厂等）

员工情况（是否有临时工、永久雇员）

每周的工作时长；工作年限（什么时候开始工作的）

是否签订了劳动合同？

每月的收入是多少？

7. 童工现象（5—9 岁）

是否从事过养殖、捕捞、建筑等工作？或其他的工作？工作年限？

每月的收入情况

每周的工作时长

8. 生育情况

是否生育子女？有几个？男孩还是女孩？出生日期？

婴儿死亡情况、胎儿死亡情况

9. 教育资质及其专业

本科学位、硕士学位、博士学位（专业）

是否参加过中级技术课程、专业培训课程？课程名称？

就读学校

授课形式（面对面、远程）

10. 职业流动（16岁及以上居民）
现居住地点
第一份工作的职业、场所
父亲的工作情况（职业、薪酬、工作时数等）
母亲的工作情况（职业、薪酬、工作时数等）

附录4 巴西分权背景下的绩效管理工具

巴西是联邦分权制国家，地方享有高度的自治权。在分权的政治环境中实施家庭救助金计划面临很多的挑战，包括委托代理困境、政策执行的异质性强等，为应对这一系列挑战，巴西通过签署合作协议、运用分权管理指标、财政补贴等来应对这些挑战，加强社会控制。

分权背景下的绩效管理工具

管理工具 & 角色	适用范围	功能覆盖
合作协议 * 分权背景下建立制度框架	所有地方政府	地方政府的责任： 1. 指定地方家庭救助金计划的协调员 2. 在“社会计划独家登记系统”登记信息 3. 监管救助对象的履行义务的情况 4. 成立社会管理委员会
分权管理指数	所有地方政府	监管工具： 1.“社会计划独家登记系统” 2. 监督救助对象是否履行教育、医疗方面的义务
管理费用补贴 以绩效为基础的积极性财政政策	财政激励政策取决于地方的分权管理指数得分（低于40分则不享受财政补贴）	基于分权管理指数得分进行计算： 1. 社会计划独家登记系统 2. 监督救助对象是否履行教育、医疗方面的义务

附录5 巴西社会救助登记系统的问卷信息

巴西社会救助登记系统的问卷一共13页，其中1页是解释说明。登记的数据信息包括：

1. 身份号码（巴西国民有很多的身份号码，包括工作证卡号、社会保障号、税务登记证号等），所以，该问卷会收集很多的身份号码

2. 家庭基本信息

3. 居住地址及房屋特征（房屋产权、房屋类型、房间数、建筑材料、是否有自

来水、照明情况、卫生设备、垃圾处理等）

4. 收入情况

月收入（从劳动力市场中获得）、农业生产情况、退休金、失业救济金、赡养费等其他收入。

5. 消费支出情况

租金、住房贷款、食品、饮水、电费、交通、医疗、天然气及其他消费。

6. 其他信息（土地所有、社会组织成员信息、雇佣劳动力、农业损失等）

住房及土地之外的财产不计入数据收集范围。

（资料来源：Reforming Brazil's Cadastro único to Improve the Targeting of the Bolsa Família Program）

核对登记系统信息，保证居民登记信息的真实性

1. 申报人登记信息后，地方政府将按 10% 比例进行随机抽样，开展入户调查；同时，各地方政府须设立社会管理委员会（SCCs），负责监管地方登记系统数据收集、识别救助对象、实时更新登记信息等。

2. 数据上传至社会发展与反饥饿部后，该部门会对数据进行反复核实：

（1）对系统登记信息进行核实

如果有人在系统中填写的性别是“男”，而在问题“你是否正在哺乳”一项勾选了“是”，那么证明此人所填写的信息有误；或者申报人的姓名、证件号等出现重复，系统都会弹出错误警示。

如果申报的消费支出高于申报的收入，系统也会马上检测出其矛盾之处，并要求地方政府再次核实数据。

（2）核实其他的数据库信息

包括将登记系统中申报的收入与巴西劳动部数据库中的收入信息进行比对，核实登记系统中的收入是否失真。如果有，当地政府则开展进一步的调查。同时，地方政府也开始将登记系统数据信息与其他数据库信息进行比较，如交通部门，以此核实申报人的机动车辆等财产信息。

3. 如果注册信息不属实，涉及欺骗则取消福利并且要求退还领取的救济金和利息；如果注册信息填写涉嫌欺诈，申请者会被判坐牢（Decree no. 6, 135, of June 26th 2007）（没有找到法律原文，根据世界银行 2005 年的报告“Reforming Brazil's Cadastro único to Improve the Targeting of the Bolsa Família Program”，最后一部分提出要规范程序，惩罚错误行为“Clear procedures should be established (and published) for punishing fraud”，推出 2007 年颁布的 6135 号法令中，应对登记注册程序等进行了明确规定）。

附录6：人类发展指数 Human Development Index（HDI）及多维贫困指数（MPI）

人类发展指数是由联合国开发计划署（UNDP）提出的，用以衡量联合国各成员国经济社会发展水平的指标，它强调衡量一个国家发展水平的根本标准是人口及其发展能力，而非经济增长。人类发展指数通过人类发展的多个维度进行衡量，包括健康程度、教育水平、生活质量。其中，健康程度通过预期寿命来衡量；教育水平以平均受教育年限（成人25岁及以上）和适龄入学儿童预期的受教育年限来衡量；生活质量由人均国民收入进行衡量。随后，这三个维度的分数通过几何平均的方法得出综合指标分数。计算公式为：

Dimension index =（actual value - minimum value）/（maximum value - minimum value）

$HDI = (IHealth.\ \ IEducation.\ \ IIncome)^{1/3}$

如果分数高于0.800，说明具有非常高的人类发展水平；

如果分数在0.700—0.799，说明具有较高的人类发展水平；

如果分数在0.550—0.699，说明具有中等的人类发展水平；

如果分数低于0.550，说明具有较低的人类发展水平；

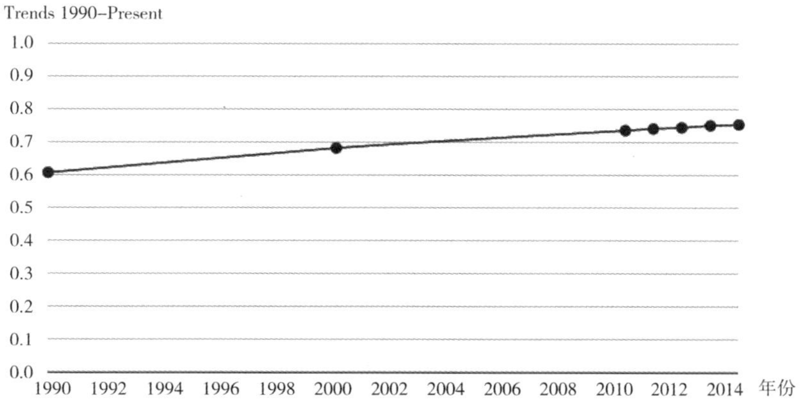

巴西1990年至2014年的人类发展指数

多维贫困指数（Multidimensional Poverty Index）MPI

多维贫困指数用于衡量各家庭的教育、健康、生活质量的剥夺程度。根据10个衡量指标，每个人都会有一个剥夺值，最高为100分，所以某一个维度的权重各占33.3%。教育和健康两个维度各有两个指标，即每个指标的权重占16.7%；生活质量维度有6个指标，即个指标的权重占33.3/6=5.6%。具体说明如下：

教育——教育水平、出勤率

健康——营养状况、儿童死亡率

生活质量——电、饮用水、卫生设施、燃料、垃圾处理、资产

如果其剥夺值等于或高于 33. 3%，意味着该家庭为贫困户；剥夺值在 20%—33. 3%，则为边缘贫困；剥削值等于或高于 50%，则为极端贫困。

Example using hypothetical data

Indicator	Household 1	Household 2	Household 3	Household 4
Household size	4	7	5	4
Education				
No one has completed six years of schooling	0	1	0	1
At least one school-age child not enrolled in school	0	1	0	0
Health				
At least one member is malnourished	0	0	1	0
One or more children have died	1	1	0	1
Living conditions				
No electricity	0	1	1	1
No access to clean drinking water	0	0	1	0
No access to adequate sanitation	0	1	1	0
House has dirt floor	0	0	0	0
Household uses 'dirty' cooking fuel (dung, firewood or charcoal)	1	1	1	1
Household has no access to information and has no assets related to mobility or assets related to livelihood.	0	1	0	1
Results				
Household deprivation score, *c* (sum of each deprivation multiplied by its weight)	22.2%	72.2%	38.9%	50.0%
Is the household poor ($c \geq 33.3$ percent)?	No	Yes	Yes	Yes

（资料来源：HUMAN DEVELOPMENT REPORT 2015 Work for Human Development）

巴西、智利社会救助与核对体系建设经验与启示

陈埙吹　薛秋霁　陈　刚　宝力高　田　固　罗　新

近年来，巴西和智利等国家的社会救助体系建设取得了较大进展，巴西家庭救助金项目（Bolsa Family Program）和统一身份注册系统（Unified Registry）、智利的社会保障家庭档案等卓有成效，引起了国际社会以及世界银行等国际组织的关注。本文系统介绍了上述两个国家社会救助政策内容与特点，并结合我国社会救助工作实际，提出了几点启示。

一、国家概况及社会保障制度概况

巴西国土面积851万平方千米，总人口2.04亿，共设26个州和巴西利亚联邦区，州下设5570个市。2014年GDP为2.346万亿美元，人均GDP为1.62万美元，农业、工业和服务业对GDP的贡献分别为6%、22%和72%。中产阶层人口1.08亿，占总人口的54%，基尼系数0.497，失业率4.8%。人类发展指数HDI=0.755。

20世纪80年代，巴西是世界上贫富差距巨大的国家之一，大部分劳动力没有任何保障。1988年联邦宪法的出台标志着以公民权和国家责任为基石的社会保障体系的建立，其基本目标是消除贫困并减少社会和地区之间的不平等，确定了免费的公立医疗服务体系以维护公民的健康权，老年人和残疾人群体享有最低收入保障权，与此同时，加强了社会监督和问责。在此之后，巴西社会救助制度不断整合完善，逐步形成统一的社会救助体系，该体系通过提供服务、项目和救济金等手段，保障脆弱和面临社会风险的家庭和个人：①为贫困或绝对贫困人群、不能维持生活的老年人和残疾人提供最低收入保障；②为克服暴力、遗弃等家庭和社会问题提供支持；③为无家可归的人提供住所；④救助受灾人群；⑤帮助社会救助对象获得其他部门的服务；⑥动员和开展社区宣传。

智利国土面积75.7万平方千米，总人口1740万，人口增长率低，只有0.84%，老龄化较为严重。全国共分为15个大区，下设54个省和346个市。2014年GDP为2580万亿美元，人均GDP为1.45万美元，农业、工业和服务业对GDP的贡献分别

为 3.6%、36% 和 60.4%。智利经济的一大特征是信奉新自由主义，“小政府、大市场”，市场经济高度发达，政府主要出台政策和进行监管。中产阶层约占总人口的 69.8%，人类发展指数 HDI = 0.819，为拉美地区最高。与此同时，智利的基尼系数 0.51，是全球贫富差距最大的 15 个国家之一，贫困率 14.4%，绝对贫困率 4.5%。

智利的社会救助制度是伴随社会保险制度改革逐步建立起来的，改革前的社会保险制度具有现收现付、政府运营和管理、赤字由国家财政弥补的特征，通常与为穷人设计的社会救助计划混在一起。智利通过建立基金制的养老金制度，将部分医疗保险交由私营保险公司管理；同时，将分散的社会救助计划与社会保险剥离开，由社会发展部及大区和市政府的社会发展部门管理，从而形成独立的社会救助体系。“小政府、大市场”的特点在社会保障体系也有所体现，教会、私人机构等非政府组织在社会救助体系中也扮演着重要角色。例如，智利的养老保险基金是私营化管理的，由一些社会救助项目与基金会或者企业合作开展。

二、巴西的家庭救助金项目（BOLSA）

BOLSA 是 2003 年 10 月由巴西联邦政府启动的有条件现金转移支付项目，主要目标：①提高政策效率和一致性；②通过最低收入保障减少贫困和不平等；③通过受益人履行健康和教育方面的义务，增进其健康和受教育权利，打破贫困的代际循环；④提高受益人在劳动力市场的竞争力。该项目整合了之前分散的由不同部门主管的助学补助金、粮食救济金、燃气救济金等几大直接转移支付项目，这些项目有不同的资格标准、受益人群和数据系统。

BOLSA 项目设计的几个关键点：一是义务条件，指受益人必须履行的教育和健康方面的义务，如 8—15 岁的儿童须接受至少 85% 的课程，并由学校提供出勤证明；0—7 岁儿童须接种疫苗，孕妇接受孕期和产前检查等，如不履行义务，则会被警告、扣减救助金甚至取消该家庭的救助资格。二是资格标准，绝对贫困家庭和贫困家庭具有 BOLSA 项目资格，绝对贫困家庭的标准是人均月收入小于等于 22 美元，贫困家庭的标准是人均月收入大于 22 美元、小于等于 44 美元。三是支付形式，每个月通过巴西联邦储蓄银行（Caixa）支付受益人，支付金额由受益人家庭结构及收入共同决定，如果家庭人均月收入低于 22 美元，这个家庭可获得每个月 22 美元的救助金，还可获得每个（最多 5 个）15 岁以下的儿童 10 美元，每个（最多 2 个）15—17 岁儿童 12 雷亚尔的救助金。四是管理机制，包括统一的身份注册，地方政府的执行，拨付地方政府财政资金，与教育、卫生、巴西联邦储蓄银行等部门合作，声明收入以及之后政府对数据的核验和公布。

BOLSA 项目已经覆盖巴西的 1380 万个家庭，占总人口的 1/4，是巴西最大的减贫项目。2003—2015年平均每年支出80亿美金，虽然支出占GDP比重不到0.5%，却对巴西的减贫工作，尤其是消除绝对贫困做出了不可磨灭的贡献。据介绍，绝对贫困家庭平均受益68美元/月，贫困家庭平均受益47美元/月，3600万人口脱离绝对贫困；基本健康指标有所改善，围产期保健服务提高了50%，婴儿早产率降低了14%，99%的儿童按规定接种了疫苗，0—5岁儿童腹泻和营养不良导致的死亡率分别下降46%和58%；教育公平性得到较大幅度提高，最贫困的20%家庭的15岁儿童公立学校就读率由32.1%提高到2014年的58.2%。

三、巴西的消除绝对贫困计划

消除绝对贫困计划是在该国中央政府层面实施的，是以消除贫困、减少社会和地区不平等为基本目标的一项计划。该计划启动于2011年，由社会发展与反饥饿部总体协调，22个部门以及所有的州和市共同参与。该计划瞄准绝对贫困人群，以人均月收入22美元划定绝对贫困线，并实施了100余项干预行动，通过这些干预行动提高绝对贫困人群的收入并增进福利。

该计划的主要内容：①通过贫困地图主动发现潜在贫困对象并提供转移支付。在过去的4年里，有超过120万绝对贫困家庭被发现并进行登记注册，成为BOLSA项目的受益人。②提高对象的生产能力。对城市就业人员提供职业培训、职业定位和就业推荐，对城市创业人员提供小额贷款，在农村地区提供水电基础设施、为农业生产提供技术指导、扩大销售渠道。③提高对象的公共服务可及性，包括托儿所、全日制教育、更多的医生、所有人用上电等。

据统计，该项目实施以来，已帮助220万人摆脱了绝对贫困，向17万人提供了628类免费的专业培训课程，向超过35万个农村家庭提供技术指导，70万儿童入学接受教育。该计划成功实施的主要原因：一是政府重视，将消除绝对贫困和为所有人创造机会作为执政的最高目标；二是设计简单，登记注册非常简便并且由当地机构执行，收入由个人进行声明，通过银行卡进行现金转移支付；三是项目规模大并且易复制；四是目标清晰，在国家层面制定了绝对贫困线。

四、巴西的统一注册制和社会救助对象瞄准

巴西的统一注册制始于2001年，在此之前，各救助项目分散在不同部门进行管理，并且都通过自己的系统来瞄准对象。随着社会救助体系的发展，教育救助、医疗救助、就业救助等专项救助逐步发展和融合，需要更多的信息和手段来辅助决策、实施监测评估并不断完善体系。为此，联邦政府试图构建统一的注册系统和数据库，服务于多个社会救助项目。

注册制由联邦政府统一管理、协调、监测和评估，州政府为市政府管理该系统提供技术支持，市政府识别低收入家庭居住的地方并更新数据。凡人均月收入少于、等于最低工资的一半的家庭个人，均可电话预约或者直接到注册中心，凭借身份证和选民证进行登记注册。登记信息包括个人和家庭的基本身份和概况，如家庭特征、学校教育、劳动力和收入、家庭支出、家庭所面临的困难等。如果家庭信息发生变更，如婚姻状况、死亡信息等，需要申请人主动更新信息，如果注册系统中的信息两年没有进行过任何更新，则取消其救助。如果注册者发生了地域流动，则须向流出地报告并在流入地注册，其注册信息通过互联网直接进行变更。

注册制对注册人数没有数量限制，地方可以根据实际情况注册任意数量的家庭，任何想要注册的家庭都能获得机会，但是会被提前告知：注册不一定保证获得救助。登记注册时，工作人员会向申请人有针对性地宣传救助服务，可以享受的福利包括批准穷人用地、电费补贴、农村地区帮助打井、老年人免费乘坐公共交通工具、流浪汉可到收容所、公共考试补助费、免费幼儿园等。目前，超过 230 万个家庭和 70 万个人在该系统进行了注册，约占巴西总人口的 30%。注册系统在全国层面形成了统一的数据库，为政府提供了贫困和脆弱人群的基本信息，是识别贫困家庭社会经济特征的强有力工具。基于统一注册制，联邦政府于 2003 年将各社会救助项目进一步统一为 BOLSA 项目，并应用于消除绝对贫困计划，有力地促进了社会救助项目的融合并发挥合力作用，提高行政效率、避免重复救助。

巴西的社会救助对象瞄准相对复杂，首先，联邦政府根据国家家庭调查和普查数据确定不同地区的贫困水平，根据贫困水平分配市一级的受益者名额；其次，市级利用地理瞄准方法如贫困地图，识别贫困人群集中的区域，向潜在的受益者宣传政策；然后，潜在受益者到机构注册，也可在学校或诊所等公共场所进行注册（对在公共场所注册的家庭进行随机家访抽查，抽查比例不低于 10%）；随后，这些信息汇总上报到联邦政府，联邦政府通过注册数据确定谁有资格享受救助；最后，联邦政府向各地方公布受助者名单。综上，注册系统及数据库是巴西社会救助对象瞄准的首要工具，但巴西的社会瞄准不仅限于注册系统及数据库，还有联邦和市级层面的区域瞄准。

基于注册系统及数据库的瞄准包括三个基本步骤：市政府采集并不断更新数据→中央层面归集和管理数据，由联邦储蓄银行对数据库进行开发并管理数据→联邦政府决定受助者资格和名单。注册系统及数据库是认定社会救助对象资格，进行申请人信息比对防止欺诈的主要工具，具有法律依据。如果该系统有申请人的信息，在资格认定过程中，申请人不需要再提供相关证明。如果注册信息不属实，涉及欺诈则取消福利并且要求退还领取的救济金和利息；如果注册信息填写涉嫌欺诈，申请者会被判坐牢。

社会发展和反饥饿部掌握注册系统的3个关键点：①数据收集的规范，包括家庭问卷的标准和指导手册；②数据库管理的质量标准及监管，社会发展部与联邦储蓄银行签订了基于效率的合约，由社会发展部制定质量标准并实施监管；③定义如何确定和检查验证受益人资格，主要核对三个方面信息：一是劳工部的工资单，二是社保网缴纳保险的数据，三是房产部门信息。此外，家庭发展指数也是校验和监测的重要工具，家庭发展指数是用于测量贫困和生活质量的多维指数，维度包括脆弱性、知识的获得性、劳动力、资源的获得性、儿童发展、家庭状况。

五、智利社会共济与保障基金项目（FOSIS）

智利社会发展部致力于提高贫困和弱势人群生产力、促进社会进步，其主要职能包括对劳动力市场进行干预，开展创业和培训项目；对贫困家庭进行有条件的现金转移支付；对贫困家庭提供洁净的饮用水；鼓励家庭参与心理和社会支持项目。其工作的五类重点人群分别是最贫困的人、残疾人、老年人、青少年和原住民。

智利社会共济与保障基金项目（FOSIS）主要面向这五类重点人群中最贫困的人开展工作。FOSIS的使命是消除贫困和减少社会脆弱性，帮助贫困和脆弱人群提高他们的生活质量。FOSIS在圣地亚哥设立了总部，是全国的智库和指挥部，在15个大区分别设置了办事处，共有工作人员1200人。FOSIS总部主要有两个分部，一是开展社会政策评估、管理社会救助对象的社会评估部；二是在操作层面具体提供服务的社会服务部。根据提供服务的方式，FOSIS提供的服务可以分为两大类：一类是直接提供服务，包括对创业项目的资本进行资助、开展就业培训、上门提供咨询服务；另一类是与基金会或者企业合作提供技术援助。

智利社会救助的目标是到2018年实现全面脱贫、医疗服务改善和促进农村地区发展。基本工作思路是：改变贫困状态要从改变态度和习惯开始，改变态度和习惯比直接发放现金更有效。在这一思路的指导下，智利社会救助政策呈现出综合性、生产性、个性化的特征，针对每个贫困家庭开展技术评估，制订个性化的救助方案，提供一揽子侧重生产能力提高的服务和其他服务。例如，FOSIS管理的住房救助项目，不只是为贫困人群和弱势人群建造房子，还在生产方面提供生产工具、小额贷款、就业项目，在生活方面指导养成良好的居住和生活习惯、提供托儿所服务、0—6岁儿童发放牛奶、鼓励家庭自己种菜并提供技术指导，实现健康和营养饮食的目标。2015年，智利全国共有16.7万的FOSIS项目受益人。

六、智利的社会救助对象瞄准

社会救助对象瞄准方面，智利在国家层面建立了家庭社会保障档案，该档案系统的主要作用是识别和甄别，具体包括四个子系统/数据库：母婴数据库、绝对贫困家庭数据库、老年人数据库和露宿街头流浪汉（约1200人）[①]数据库。该系统于2016年1月1日建成并开始使用，取代了之前使用了8年的社会保障计分卡工具。两者相比较，社会保障档案以实际收入为依据，计分卡根据产生收入的能力进行打分，这个分数代表的是潜在收入，与实际收入存在差异。社会保障档案在设立时坚持了三项基本原则：一是尽可能充分利用政府已有的数据信息，例如国税局的收入信息；二是使用每个人都有的身份证号码来联通各个部门的数据；三是向家庭宣传该系统，使他们充分了解和参与，主动补充和更新信息。

申请人可以向所在市政府进行信息申报或自愿登录网站进行注册登记。之前使用计分卡已记录的信息将自动进入社保档案，有些信息可能不全，需要不断更新。社保档案系统的数据每个月更新一次。在信息收录之后，将比对申请人自行填报的数据，将比对社保系统以及其他联通的数据信息，验证申报信息是否准确无误，如果信息不一致涉及隐瞒或欺骗则取消申请人的福利。当然系统中的数据信息可能滞后，如年收入信息滞后12个月。

在甄选受益人时，首先根据收集的信息对申请人进行社会经济评级，评级是分段进行的，如以40%、50%、60%、70%对收入进行分段，然后针对不同收入段的人群制定不同的社会政策。评级主要根据家庭收入，包括工资、养老金、政府转移支付、家庭财产等指标来完成，并根据家庭结构，如老年人、残疾人、儿童设置不同的权重进行因数调整。

在国家层面建立的家庭社会保障档案促进了扶贫工作的精准化，大大提高了社会救助对象的识别和甄别能力。该系统应用非常广泛，在智利的85个社会保障项目中，只有13个项目不使用该系统，该系统是社会保障项目的门槛。目前，该系统共记录了450万个家庭，约75%总人口的信息。

七、几点启示

巴西和智利的社会救助制度和瞄准体系建设具有许多相似的特点，概括起来有以下七点：一是社会救助体系的设计和建立都基于明确的目标和使命，各个救助项目/计划在开展前，都要对政策目标、成本、效果等因素进行综合评估和论证。二是基于目标和使命，建立整合的社会救助体系，整合的社会救助体系不仅在制度设计上统筹各个社会救助项目，而且实现了管理、资金等方面的统筹。三是整合的社会救助体系针对贫困问题开具的药方/制定的救助项目和提供的服务是一揽子的，现金

① 由于家庭社保档案必须有户主身份证号和家庭住址信息，是识别信息，因此，流浪汉和非法移民不在该系统中。

发放（有条件的现金转移支付）只是多种救助手段中的一种，还包括提供营养食品、培养健康生活习惯、就业培训、小额贷款等。四是统一的注册系统和数据库是社会救助政策制定、救助对象识别和甄别、服务追踪、救助效果评估等各个环节得以顺利进行的强有力工具，是实现社会救助精细化、科学化管理的必要手段。五是注册制需要填写的信息非常翔实，不仅包括家庭成员、住址等基本信息，还包括收入、房产甚至身心状态信息，由此生成的数据库已成为绘制贫困地图、了解贫困特征、发现潜在贫困者、预测贫困趋势和政策开发的重要工具。六是重视社会救助项目的监测评估，通过监测评估，政府能够清楚地了解项目实施达到的效果是什么，距离目标的差距，从而进一步完善政策措施。七是社会力量参与社会救助非常活跃，政府在社会救助领域扮演的主要角色是制定政策和规则、监督管理，相关服务的提供更多的是由企业、基金会等机构和组织提供。这些制度特点对我国社会救助体系完善和核对体系建设具有重要借鉴意义。

（一）加强统筹，不断整合完善我国的社会救助制度

我国社会救助制度的基本目标是保障公民的基本生活，促进社会公平，维护社会和谐稳定。目前，我国已建立了“政府领导、民政牵头、有关部门配合、社会力量参与”的社会救助工作协调机制，构建了“8+1”社会救助体系。但是，现行的社会救助体系在实践过程中仍存在一些问题：①宏观层面上，需要进一步明确科学的发展规划；②中观层面上，社会救助与其他保障及扶贫项目间有待于进一步统筹整合，加强部门协作配合；③微观层面上，社会救助制度之间缺乏衔接，救助的“悬崖效应”进一步强化。为此，可以借鉴巴西和智利的经验，突出问题导向和目标导向，统筹并整合我国的社会救助体系。首先，针对社会救助存在城乡分割、地区差异大、发展规划不清晰的问题，从城乡、地区和目标定位方面进行统筹。其次，在管理层面，整合管理体制，解决管理分散、沟通不畅、重复受助等问题。再次，在技术层面，通过加快推进申请救助家庭经济状况核对系统和数据库建设，为社会救助项目衔接、对象识别与甄选、政策效果评估等方面提供强有力的工具。

（二）提高认识，加快建设全国统一的救助申请家庭经济状况信息系统和数据库

巴西和智利均在全国层面建立了贫困人群登记注册系统和数据库，登记注册人群分别达到了国家总人口的30%和75%，只要家庭或者个人认为自己是穷人就可以申请注册，但注册不代表一定成为救助对象。在这种情况下，注册系统发挥的作用不仅限于识别和甄选社会救助对象、比对申请社会救助家庭或者个人信息，这个系统已经拓展成为了解社会脆弱群体基本情况的基础数据库，收录了贫困人群和贫困

潜在人群的基本信息，通过分析汇总对贫困需求进行细分，制定针对性强、相互衔接的救助项目的强有力工具，同时还可以通过相关功能模块的开发，描绘贫困地图，主动发现社会救助对象，开展社会救助监测评估，进行贫困预警。据统计，巴西的社会救助项目有百余种，智利的社会救助项目有85种，如果没有这样一个全国统一的管理信息系统，如此数量多、规模大的社会救助项目很难并行不悖并衔接良好。因此，当前应进一步加快我国申请救助家庭经济状况系统建设，建成全国统一的申请救助家庭经济状况系统数据库，使其成为贫困人群的基础数据库，为社会政策决策提供全面、可靠、准确的信息，促进社会救助制度统筹发展。

（三）不断拓展社会救助手段，丰富社会救助制度内容

从不同的角度社会救助可以划分为不同的类别，依据救助的实际内容来划分，可分为生活救助、住房救助、医疗救助、教育救助、就业救助等；依据救助手段来划分，可分为资金救助、实物救助和服务救助等。当前，社会救助理念不断进步，救助不仅要解决温饱问题，还要帮助贫困人群摆脱贫困，使他们具备脱离贫困的能力。在这一理念的指导下，救助手段就不仅限于提供实物和现金，还要提高他们生产等方面的能力，例如帮助养成健康的生活习惯、提供促使生产能力提高的必要培训、提供必要的心理和精神疏导等。

我国传统的社会救助手段较为单一，已经不能满足当前社会救助快速发展的需要。在实物和现金救助基础上，重视救助服务的提供，开展生活照料、精神慰藉、心理疏导、能力提升和社会融入等方面的综合救助，是丰富社会救助体系内容，提升社会救助体系能力的有效手段。同时，还应借鉴有条件的现金转移支付的设计思路和做法，优化最低生活保障等现金转移支付项目，为社会救助对象设定有利于人生发展的、培育个人和社会资本的条件，如接受教育、健康检查、就业培训等服务，提升救助对象自我发展能力，阻断贫困的代际传递。

（四）健全评估机制，持续促进社会救助体系能力提升

评估是项目管理的重要环节，是收集相关数据，了解项目进展情况，并与项目目标和计划进行比较，发现项目实施过程中存在的问题，避免资源浪费和低效率的过程。巴西和智利均建立了较完备的救助项目评估体系，设定了系统科学的评估指标，通过评估了解项目的工作效率、实施效果和影响，发现实施过程中已经存在和可能发生的问题，并持续地改进项目。从2014年起，我国民政部、财政部探索开展了城乡最低生活保障绩效评估，对低保制度的管理和运行情况进行评价。但总体而言，我国社会救助项目的评估工作相对滞后，应用范围小且没有形成长效机制，成

为社会救助管理的薄弱环节。为此，今后应有目的、有计划、分步骤地针对其他社会救助项目开展评估工作，制订评估方案和指标体系，了解救助对象管理、资金发放、服务提供等情况，评估政策实施效果，促进社会救助资源更加合理地分配和使用，并适时公布评估结果，接受公众监督。

（五）引导社会力量参与，助力社会救助事业蓬勃发展

通常意义上，社会力量指公司企业和社会组织[①]。巴西和智利的社会救助体系中，社会力量都扮演着重要角色，政府主要负责制订计划并进行监督管理。相关国际经验也表明，社会力量参与有助于实现救助机制多元化、开拓社区服务功能和体系，保障弱势群体的生活需要和基本利益诉求，从而提高社会救助的水平。在我国，2014 年 5 月 1 日正式实施的《社会救助暂行办法》，第一次对社会力量参与社会救助做出了专门的法律规定，也引出了一系列需要讨论解决的问题：我国的非政府组织力量薄弱，相应的管理机制不健全也缺乏社会公信力，一大部分社会组织行政色彩浓厚，对政府的依赖性较强，缺乏发展生机与活力，社会工作服务机构等社会力量参与主体发育不够完善，需要培育和扶持等。要解决这些问题，并非一朝一夕之力，是伴随相关法律法规的逐步健全、社会组织力量的逐步壮大、社会信任的逐渐建立缓慢发展的。近年来，我国广东东莞、深圳等地探索了许多成功经验，例如东莞市民政部门开展了社会组织孵化项目，通过政府购买服务，由社会工作服务机构提供救助对象认定、社会融入、能力提升、心理疏导等专业服务，实现了救助管理方式多样化、救助服务人性化、救助队伍专业化，这些经验值得认真总结并适度推广。

① 唐钧：《社会力量参与社会救助之解读》，http：//www.360doc.com/content/14/0926/16/5719126_412540051.shtml。

土耳其与罗马尼亚社会救助制度及其瞄准机制研究[①]

一、土耳其社会救助与信息集成系统

（一）土耳其的社会救助体系

1. 土耳其社会经济概况

土耳其横跨欧亚、辐射中东，是全球第18大、中东第一大经济体，主要新兴经济体和伊斯兰世界重要国家。2015年土耳其国内生产总值7199.7亿美元，经济增速4%。服务业是土耳其的第一大产业，产值在国内生产总值中的占比约为59%，尤以交通、旅游、银行、零售业最为发达。工业产值占国内生产总值比重约为32%，其中汽车制造、纺织、食品加工、钢铁、水泥、采矿等为主要行业。农业产值占国内生产总值比重约为9%，是世界粮食、蔬菜、水果、坚果、烟草和食用油主要产地之一。

当然，在分析土耳其的社会救助时，我们也需要关注到土耳其的政治。土耳其现任总统埃尔多安鼓吹复兴奥斯曼帝国，在文化上主张泛伊斯兰化和保守主义，在经济上推行自由化并积极吸引外资，在内政上以反腐反垄断为名打压军方势力。土耳其在过去十年经历了快速的经济增长，因此其经济水平得以显著提高。仅就GDP的增长而言，土耳其是最为成功的个案之一，其GDP从2002年的2330亿美元提高到2013年7850亿美元，成功跻身为世界第18大经济体。更为重要的是，土耳其从一个中等人类发展指数国家（0.671）发展为一个高人类发展指数国家（0.722）。

① 本课题由北京师范大学社会发展与公共政策学院刘凤芹副教授参与实施。

表 1　土耳其人类发展指数变化趋势

年份	预期寿命	预期受教育年数	平均受教育年数	人均 GNI（2005 年 PPPMYM）	HDI 指数
1980	56.5	7.4	2.9	5872	0.474
1985	60.1	8.3	4	6583	0.530
1990	63.1	8.8	4.5	7960	0.569
1995	66.1	9.5	4.8	8539	0.598
2000	69.5	10.6	5.5	9675	0.645
2005	72.1	11.7	6.1	11320	0.684
2010	73.7	12.9	6.5	12440	0.715
2011	74	12.9	6.5	13344	0.720
2012	74.2	12.9	6.5	13710	0.722

表 1 显示了土耳其 1980—2012 年在各项人类发展指标方面的提升状况。与经济发展携手而进的是土耳其政府对社会安全网的投资。2001 年，土耳其的经济危机使得数以万计家庭在一夜之间失去了财产和工作，沦为穷人。这为土耳其政府构建社会安全网增加了不少压力。随着经济在过去十年的持续增长，土耳其政府向国民递送社会救助服务的能力也随之增强。

2. 土耳其社会救助体系

传统上，社会救助是土耳其整个社会保护体系中分量较小的一部分，但是在过去十年（大约 2003—2013），政府发展了大量新的社会救助项目。土耳其的社会安全网主要包括：津贴补助（subsidies）、现金转移（cash transfers）和瞄准的非贡献项目（targeted non-contributory programmes）。土耳其政府和一些国际 NGO、大型募捐组织是这些项目的主要供给者。到 2014 年，土耳其的全部社会救助开支大约为 229 亿土耳其里拉（Turkish Lira），占 GDP 的 1.31%，而 2003 年仅占 GDP 的 0.57%。表 2 给出了 2014 年土耳其各项社会救助项目的覆盖规模。

表 2　2014 年土耳其社会救助相关数据

全部社会救助支出	229 亿土耳其里拉
社会救助支出占 GDP 比例	1.31%
社会救助覆盖家庭数量	3,005,898 户
其中接受常规社会救助家庭数量	2,274,182 户
其中接受临时社会救助家庭数量	1,892,656 户
年老者与残障工资受益人（Law No. 2022）	1,300,377 人
由政府替其支付 UHI（Universal Health Insurance）费用的人数	9,261,748 人

续表

全部社会救助支出	229 亿土耳其里拉
人均日消费低于 2.25MYM（PPP，2013）	0.06%
社会救助和团结基金（SASF）数量	1000 个
SASF 员工数量	8611 人

现行社会救助制度的基础是 1976 年根据 2022 法案（Law2022）创立的社会救助体系。旧的社会救助仅仅为为数不多的贫困老人和残疾人提供少量的补贴。2005 年，政府扩展并提升了土耳其“普遍健康保险”项目（Universal Health Insurance），该项目是土耳其当时最大的社会救助项目。同时，一系列新的社会救助项目也得到发展，如，食品、燃料供给以及教育健康条件现金转移项目。土耳其的教育社会救助旨在提高基础教育的可及性，包括免费的教材、学校午餐、交通和住房补助，等等。2005 年，土耳其实施《土耳其残疾法案》，并又于 2009 年对该法案进行了重大改善。2012 和 2013 年，土耳其分别发展了针对孀居妇女和军人家庭的现金转移项目。土耳其家庭与社会政策部（MoFSP）于 2011 年建立，整合了一系列以前缺乏彼此协调的社会创新项目，降低了部门碎片化。表 3 给出了土耳其现有的社会救助体系各个构成项目。从中我们可以看出，土耳其社会救助是综合的、全面的，同时又照顾到了公民的个性需要。如，土耳其对宗教节日前的食品援助充分考虑个别居民的宗教需要，而不仅仅止于填饱肚皮。概括来讲，土耳其社会救助体系包括：收入支持项目、医疗卫生服务保健项目、住房服务、教育服务和食品服务等几大类。

表 3　土耳其社会救助项目：覆盖面和支出

分类		具体项目	收益人数	金额	是否集成到 ISAS
收入支持 Income Support	家庭	食品	615, 376（户）	185, 860, 000	是
		燃料	2, 159, 190（户）	733, 932, 000	是
		孀居妇女	301, 469	814, 747, 000	是
		军人家庭	125, 954	222, 006, 000	是
	教育	教材等	94, 853	651, 465, 000	是
		有条件现金转移（CCT）	2, 359, 843	579, 150, 860	是
	健康	有条件现金转移（CCT）	1, 012, 663	280, 123, 445	是
	2022 法案	老龄津贴	629, 590	1, 009, 195, 602	是
		残疾津贴	687, 554	2, 591, 989, 395	是
	家庭照料	家庭照料支持	450, 036	3, 982, 549	是

续表

分类		具体项目	收益人数	金额	是否集成到 ISAS
医疗卫生保健服务利用		Universal Health Coverage 卫生保健普遍覆盖	9, 368, 920	6, 132, 725, 570	是
住房服务利用		居所	22. 609（hane）	85, 970, 000	是
		公屋（Social Housing）	24. 000	210, 000, 000	是
食品服务利用		（汤厨房）Soup Kitchen	34, 911	11, 470, 000	是
教育服务利用	基础和中等教育	免费教材	17. 000. 000	125, 000, 000	否
		午餐	672. 000	430, 000, 000	否
		交通和住房补贴	1810（hane）	300, 000	否
		残疾学生交通	61000	95, 000, 000	否
		学校牛奶项目	5, 583, 649	138, 735, 000	否
		MOE 奖学金	285, 639	338, 837, 000	否
	高级教育	KYK 奖学金	385, 500	1, 140, 029	是
		KYK 食品支持	366, 987	385, 905, 000	否
市区政府		其他		939, 592, 000	是

3. 土耳其社会救助管理

总的来说，土耳其的社会救助是其社会保护策略的一个重要组成部分（土耳其政府更愿意称其为救助而不是社会安全网）。从 2011 年，土耳其改变了社会保护管理模式。在此之前，一般性社会救助支出和社会保险体系分散在各个不同的机构。这种分裂的碎片式模式意味着失业者、残障者、孤儿和脆弱群体不得不依赖其他形式的社会保护，包括非正式保护。如此的运行模式招致了很多批评。批评者认为土耳其政府旧的社会保护组织方式并非一个公平的系统，因为该组织模式没有能够将服务递送到合适的穷人手中。相反，在分裂的碎片化模式和庇护关系（clientilism）的基础上，大部分社会支持被递送到具有各类社会关系的人群上，这类人群由于他们与政治性组织、有影响的组织和特设的慈善机构的各种社会关系而积累的被救助“特权”；另外，没有该类社会关系的穷人则只好依靠亲友等非正式的社会支持。分割的碎片化社会救助服务供给以及越来越多相关机构的卷入大大增加了微观层面需要决策的情景，从而产生了大量的协调（coordination）、规范和监管的需求。为了回应这些问题，提高瞄准机制和减少救助金向富人的泄露，土耳其政府于 2011 年实施了如下重要措施：

（1）强化制度框架，建立更为综合的社会救助体系。土耳其政府通过将一系列不同的机构整合成一个政府部门来创立更为统一、整合的社会安全网体系。2011 年

6 月，所有中央政策负责的社会救助都统一划归新成立的家庭与社会政策部（Ministry of Family and Social Policies）管理。

（2）提升瞄准机制和信息系统，能够很好地递送服务和影响监测评估。家庭与社会政策部实行了一项更为稳健的措施——建立社会救助信息集成系统，以降低泄露程度，减少社会救助供给的区域差异和不平等。基于社会救助信息集成系统，统一的代理家计调查方法可以提供高效的瞄准结果。同时所有的社会救助对象都必须在就业管理部门登记注册。

图 1 给出了土耳其社会保护的管理机构分布。劳动与社会保障部负责劳动力市场政策、就业环境、养老金和社会保险。社会发展部（The Ministry of Development）负责递送社会支持工程，这些工程主要目标是瞄准土耳其最穷的区域。市政当局主要负责给穷人以实物类的救助。家庭与社会政策部是社会安全网的主要负责机构，主要负责为老人、残疾人、儿童等弱势群体提供服务，为贫困家庭提供有条件现金转移服务（主要以送子女入学和为其进行卫生免疫为条件）。

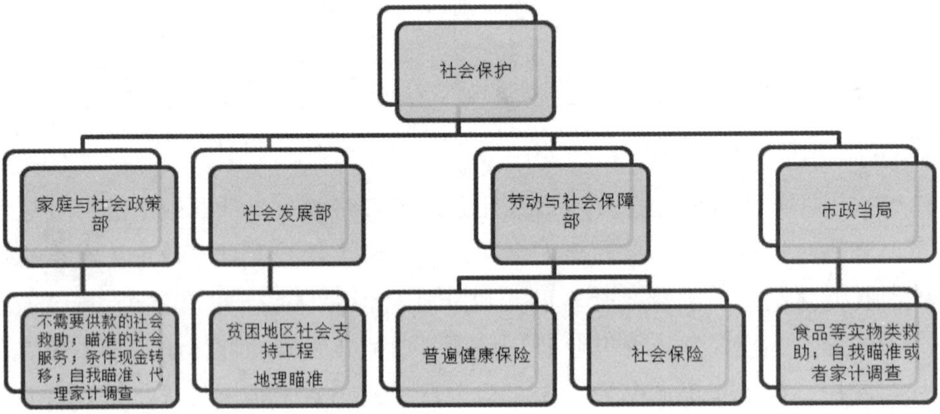

图 1　土耳其社会保护管理机构分布

1986 年，法案 3294（law 3294）对 2022 法案（Law 2022）进行了增补，增补后的法案建立了一直沿用至今的社会救助与团结基金会 SASFs，发展了去中心化（decentralized）结构，当前，地方层面的社会救助与团结基金会 SASFs 和中央层面的家庭与社会政策部（MoFSP）构成了土耳其社会救助核心行政管理机构。地方层面则由社会救助与团结基金会 SASFs 管理。

土耳其社会救助在国家层面由家庭与社会政策部下专设的社会救助管理机构（Social Assistance Directorate General，SADG）管理。在地方层面由大约 1000 个社会救助与团结基金会（Social Assistance and Solidarity Foundations，SASFs）具体执行社会救助各项业务，社会救助与团结基金会的主席通常是省或者县的政府官员担任。

4. 土耳其社会救助瞄准机制

表4给出了土耳其各个社会安全网的目标、救助类型和瞄准机制。土耳其家庭与社会政策部主要提供五个领域的救助：

（1）家庭和儿童津贴（family and children's benefits）；

（2）老年的残障津贴（old age and disability benefits）；

（3）无须供款健康保险（non-contributory health insurance）；

（4）家庭实物救助（in-kind transfers to families）；

（5）救灾和特定目的公共厨房（Disaster relief and Public Soup-Kitchen or Assistance for specific Purpose）。

这五个领域的救助使用了不同的瞄准机制，包括地理瞄准、家计调查、自我瞄准（self-targeting）、代理家计调查（CCT）、验证家计调查（verified means testing）和类别瞄准（categorical targeting）。瞄准型社会救助为土耳其最为贫困的人口提供各类生活必需支持，该类人口大约占土耳其总人口的6%。两项有条件现金转移项目主要帮助贫困家庭送自己的子女上学和接受常规的卫生免疫和体检，同时也支持贫困怀孕女性的产检费用。有条件现金转移项目开始于2003年，通过代理家计调查（公式来自家庭收入和支出调查）识别了大约110万家庭。自2003年以来，该项目持续扩展。到2013年，大约覆盖887008个小学男孩、857530个小学女孩、152566个小学高中男孩和138324个小学高中女孩。2013年，大约889871个5岁以下幼童和25699位怀孕女性得到相关的保健服务支持。

2011年，土耳其政府改变了瞄准穷人的方法以反映变化的贫困水平。家庭与社会政府部建立了一个新的中央集成的国家系统，该系统的使命是更精准地识别穷人。这涉及使用复杂的计算机数据库。系统被用于瞄准和识别各类社会救助潜在对象。该系统将14个部门的相关信息链接在一起，可以提供有关申请者的详细信息以供项目决策使用。例如，就业信息可以从劳动与社会保障部获取，土地信息可以从农业部获取，等等。另外，有劳动能力者获得救助的条件是必须到就业部门登记注册。

医疗救助（health assistance）目标群体包括女性、有经济困难的家庭和没有社会保险的穷人。医疗救助的覆盖率很高，是土耳其最大的社会救助项目。政府为大约950万低收入者支付医疗费用。政府资助程度与家庭收入有关。如果家庭人均收入低于当地最低工资1/3，则该家庭属于贫困家庭，政府为此类家庭支付全部医疗费用。现行系统利用验证的家计调查（verified means testing）来决定救助资格。这是一种混合瞄准机制，该机制综合了中央准则（central criteria）和地方的相关贫困信息。田野调查和入户核查等信息被用于验证申请者自我提供的信息，该类信息由分布于土耳其26个省973个区的社会救助工作人员提供。基层社会救助工作人员是土耳其家庭与社会政策部以及贫困人群之间沟通的桥梁，发挥着重要作用。

表 4　土耳其社会救助项目：目标、救助类型和瞄准机制

项目	目标	救助类型和水平	瞄准机制
有条件现金转移支付—教育	使用教育服务	小学：男孩 30TL、女孩 35TL； 高中：男孩 45TL 女孩：每月 55TL	没有社会保险的家庭 代理家计调查
有条件现金转移支付—健康	使用卫生保健服务	初级保健服务： 怀孕阶段 30TL，孩子 30TL	怀孕女性，0—5 岁婴幼儿 代理家计调查
食物救助（家庭救助）	文化和宗教；满足贫困者基本需求	在宗教节日之前或者家庭需要食物的时候	月人均收入低于 234TL 或者低于最低工资 1/3 的家庭 验证家计调查 （Verified means tests） 身份证； 自我瞄准（Self targeting）
住所（家庭救助）	社会融合	为贫困者提供实物或者现金援助，以帮助其修缮房屋 救助金额最高 25000TL	月人均收入低于 234TL 或者低于最低工资 1/3 的家庭 验证家计调查 （Verified means tests） 身份证
公共住房（家庭救助）	社会融合	为最贫困者和脆弱者提供公共住房 100TL：1 床；130TL：2 床；总共 270 个月	月人均收入低于 234TL 或者低于最低工资 1/3 的家庭 验证家计调查 （Verified means tests） 身份证
燃料（家庭救助）	减少穷人的能源支出	免费为贫困者提供煤炭供冬天取暖一年一次；每年最低 500kg	月人均收入低于 234TL 或者低于最低工资 1/3 的家庭 验证家计调查 （Verified means tests） 身份证
遗孀津贴（家庭救助）	社会融合	为没有社会保险的遗孀提供现金每月 250TL	遗孀 验证家计调查 （Verified means tests） 身份证
军人家庭津贴	社会融合	现役军人的家庭津贴：每月 25TP	没有社会保险的贫困军人家庭 类别瞄准
教育救助	教育服务利用	教材等教育所用必需品；每年两次，每一学期开始之初进行	贫困家庭和有需要的学生 验证家计调查 （Verified means tests） 身份证

续表

项目	目标	救助类型和水平	瞄准机制
教育救助	教育服务利用	给需要乘坐公交车到校的学生准备的午餐	贫困学生
教育救助	教育服务利用	免费书本	所有学生
教育救助	教育服务利用	上学所需要的交通、住所、餐饮等费用	贫困和脆弱家庭学生 地理瞄准
教育救助	提高弱势人口的教育服务利用	残疾人上学补助	残疾人 验证家计调查 (Verified means tests) 身份证
建设高等教育学生宿舍	提高高等教育(higher education)服务利用	建设能够容纳100—300人的学生宿舍以供接受高等教育的学生使用	有需要的高等教育学生
医疗卫生救助(health assistance)	社会融合	为残疾人提供交通工具	残疾人 验证家计调查（Verified means tests） 身份证、医疗诊断报告
医疗卫生救助(health assistance)	卫生服务利用	23—39岁试管婴儿费用 Test tube 治疗费用（限2500家庭） 贫困和低收入家庭加入医疗保险费用	有经济困难的女性和家庭，身份证号和医疗诊断报告； 没有社会保险的贫困家庭，验证家计调查、身份证号
特殊目的救助	消除食品价格上升负面影响	为有需要家庭提供热的餐饮	弱势人口、老人、残疾人 类别瞄准
危机和突发情况救助	缓解危机和突发状况负面影响	减灾、各类实物和现金援助	受灾害（如，地震、洪水、火灾）影响的所有人口 瞄准：提供身份证
根据2022号法案实施的救助	社会融合	为65岁弱势（被遗弃）老人提供每月130 TL救助	65岁老人 验证家计调查（Verified means tests）；身份证
根据2022号法案实施的救助	社会融合	家庭人均收入低于243 TL的残疾人 40%—69%残疾每月261TL 70%以上残疾每月391TL	残疾人 验证家计调查（Verified means tests） 身份证
根据2022号法案实施的救助	社会融合	残疾人亲属的补助金 收入低于每月243TL的残疾人亲属；政府每月救助261TL	残疾人亲属 验证家计调查（Verified means tests）

续表

项目	目标	救助类型和水平	瞄准机制
根据 2022 号法案实施的救助	卫生服务利用	硅肺病患者	验证家计调查（Verified means tests）；医疗诊断报告
家庭照料津贴	卫生服务利用	家中有严重疾病或者残障患者，同时家庭人均纯收入低于 486，86TL 每月；政府每月救助 730TL	身份证；医疗诊断报告
工程项目支持	社会企业（social enterprise）	促进收入项目； 每个项目最高 15000TL 绵羊饲养最高 50000 TL； 牛饲养最高 150, 000 TL	社会企业帮助贫困家庭发展商业，并帮助他们进行商业的维持
工程项目支持	教育培训	提升就业能力培训项目 为上课者提供日常消费品和零花钱	穷人 失业者和年轻人 身份证；类别瞄准
工程项目支持	社会融合	社会服务项目旨在降低困难群体的社会排斥 提供低成本的社会服务	女性；老人；儿童和残疾者 类别瞄准

注：TL 为土耳其货币单位里拉。

土耳其大部分救助的持续期仅为 3 个月，3 个月后需要重新评估救助资格。但是孀居妇女救助期限为一年，残障者和老年救助者一旦确认后，则不需要再次认定。相关工作人员会每年入户核查政府为其支付医疗费用的受助者。如果系统探测到家庭成员数量因为出生、死亡、婚姻等发生变化，其人均家庭收入会被重新计算，当然其救助资格也会被重新审定。图 2 给出了土耳其社会救助申请流程。

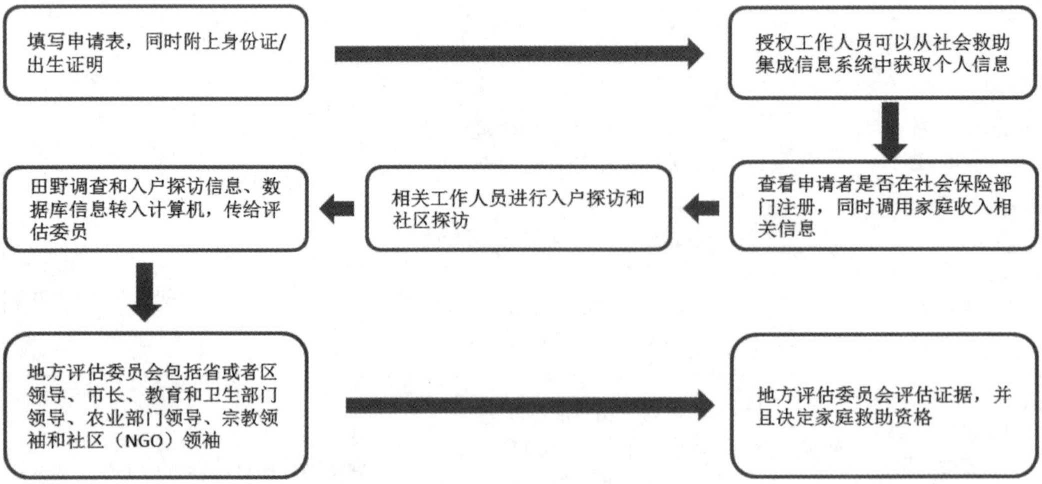

图 2　土耳其社会救助申请流程

（二）土耳其集成社会救助服务信息系统（ISAS）

土耳其社会救助信息集成系统（ISAS）本质上是一套电子政务（e-government）系统，该系统通过数字化手段使社会救助管理的各个步骤（包括申请、资格评估、资金支付和审计等）变得更为便利和高效。该系统由土耳其的家庭与社会政策部（MoFSP）委托土耳其科学技术研究所研制开发，集成了 19 个不同的公共机构，同时从一个便捷的在线接口提供 112 类网络服务。通过构建社会救助信息集成系统（ISAS），土耳其将以前基于纸张、手工的社会救助业务执行过程进行了标准化、集成化。土耳其的任何公民均可以通过 ISAS 系统注册申请社会救助，ISAS 可以将申请者信息和相关政府数据库信息、入户调查数据信息进行比对验证。从多个渠道获得数据来刻画出申请者的贫困状况，以决定其救助资格。从 2010 年至 2014 年期间，ISAS 一共处理 2500 万居民的社会救助申请，完成 31100 万次的社会救助资金发放，共 130 亿美元。

1. 历史背景

历史上，土耳其的社会救助申请都是完全基于纸张和手工。每个社会救助项目都有自己的独特办理过程，因此居民必须从各类机构获得相关纸版的文件以验证相关信息。2005 年，土耳其总理颁布法令，将收集相关社会救助和其他公共服务信息文档的负担从申请者转移到政府公务员身上。同时，一站式（One-stop shops）办理在地方推行。在一站式办理机构，相关公务人员需要为每一位社会救助申请者准备、收集 17 类不同的文档，如：土地、车辆、税收登记等。一站式办理是土耳其提升居民公共服务可及性的第一步，而且也有助于促进社会救助过程简单高效。显然，该过程尽管减轻了申请者的负担，但是基于手工操作的公务人员却不堪重负，这为电子系统的建立打开了窗口。2009 年，SADG 开发了社会救助信息系统［the Social Assistance Information System（SAIS）］，该系统可以让社会救助申请支持性文档的收集整理全部自动在线完成。在 SAIS 基础上，2010 年，ISAS 得以建立。该系统集成了几个机构的数据，并且提供资金发放、信息跟踪等附加服务。

在土耳其开发 ISAS 之前，为了保证 SADG 和 SASF 之间的数据安全，所有社会救助和团结基金会 SASFs 办公大楼都彼此通过 VPN 技术链接。截至 2009 年，所有 SADG 和 SASF 的计算机（大约 5000 台）都可以有效地在同一个网络上工作。因此，SADG 和 SASF 办公大楼之间可以使用 Voiceover Internet Protocol（VOIP）技术进行沟通。而且基于 2009 年构建的 1200 个 IP 地址，社会救助各个办公机构之间可以实现免费通话。这些基础设施既降低了社会救助管理成本又保证了数据安全性。同时，这些基础设施也决定了 ISAS 基本架构的一个重要特点：只能使用链接到该网络的计算机，未曾在该网络设定的计算机无法接触到该系统，链接到该网络的计算机通过中央界定的网络安全规定来管理。这些特点使得包括 3000 万公民个人信息的系统由中央直接控制其安全性。同时，如果需要，即使是远程使用这些计算机发生问题，中央也可以进行干预。当前，该网络已经覆盖所有的政府办公大楼、两个系统房间和 1000 多个社会救助与团结基金会办公楼。

2. 社会救助信息集成系统的发展

操作与实施

社会救助信息集成系统 ISAS 由土耳其多个政府机构合作开发完成。土耳其副总理于 2009 年 1 月 16 日签署一个与土耳其科学技术研究所合作开发 ISAS 的协议。项目管理层由一个多学科团队组成，同时社会政策专家、软件工程师和信息技术专家等多个领域的相关专业人才都投入到该项目的设计和开发过程中。项目执行团队在项目开始之初就收集熟悉类似集成系统，并且核心参与人员接受了电子政务、信息管理系统以及项目管理方面的培训。

模块化方法

在构建 ISAS 过程中，项目团队采用了模块化方法，即整个系统的体系结构是通过逐渐整合各个模块而完成的。该迭代、累积过程始于 2009 年，完成于 2015 年。第一个建构的模块是“在线申请”和有条件现金转移项目数据管理模块。所有的相关测试发生在模块构建过程中，都是鲜活、真实的。

表 5　土耳其集成社会救助服务信息系统的模块

项目模块	ISAS 集成
有条件现金转移项目模块（Conditional Cash Transfer）	2010 年
临时救助模块（Temporary Assistance Module）	2011 年
会计和资源管理模块（Accounting and Resource Management Module）	2011 年
人力资源管理模块（Human Resources Module）	2012 年
一般健康保险模块（General Health Insurance Module）	2012 年
孀居妇女的现金救助	2012 年
残障和老龄工资模块	2012 年
家庭照顾模块	2013 年
有需要军人家庭的现金救助	2013 年
项目救助模块（Income Generating and Social Service Projects）	2013 年
基金委员会和社会救助政府管理模块	2013 年
就业援助模块	2014 年
库存管理和实务援助模块（Inventory Stock Management and In-Kind Aid Module）	2014 年

续表

项目模块	ISAS 集成
外部使用者和沟通模块（电子政府接口 e-government portal）	2015 年
中央风险评估和管理模块	2015 年
决策支持系统模块	2015 年
个案管理模块（Case Management Module）	2015 年

模块化的构建方法可以让开发者不需要查验整个系统就能探测一些细微的问题。同时该方法使得系统具有灵活性，很容易逐渐增加系统的复杂性以适应现实发展新需要。每个模块的开发都由四个步骤组成：①设计；②开发；③试点应用；④正式实施。开发阶段是集中紧凑的，大约持续六个月。

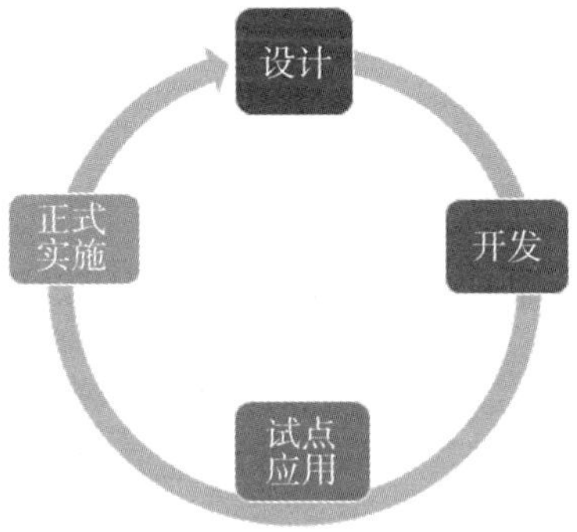

图 3　土耳其 ISAS 模块开发步骤

系统成本

ISAS 全部的开发成本大约为 1310 万美元。其中硬件成本（包括计算机、服务器、安全设施、专门的系统安置房间[①]）大约为 530 万美元；分析、技术设计和软件成本大约为 780 万美元。土耳其政府通过与土耳其科学技术研究所——一个公共机构合作开发来节约成本。家庭与社会政策部的 IT 部门提供日常的维护。当然，事实证明 ISAS 在实践中发挥的作用远远超过了其开发成本。ISAS 可以较好地改善原有社会救助系统中的某些低效现象，如重复救助。ISAS 运行后，土耳其政府发现大约 10% 的救助是重复的。电子化的工作流程节省了纸张和工作人员的时间，同时处理时间也大大缩短。

管理结构

成功管理信息系统的一个重要方面是清晰的管理结构，清晰界定不同部门的责

① 系统安置处对房间有特殊的要求和标准，比如：防火、温度、湿度控制等方面。

任以及协作[①]。ISAS 的成功经验是将管理权收归中央层面，由家庭与社会政策部下属的 SADG 部门负责，并且通过各地社会救助和团结基金会具体实施。

社会救助一般管理部门（The Social Assistance Directorate General）负责管理数据库、整个系统管理的监督，并提供硬件维护。有三个专职人员负责数据库管理，六个专职人员负责系统管理。这两个团队都有一个工程师领导，该工程师直接向 IT 部门的领导汇报。系统的数据收集功能和家庭贫困打分功能都收归中央负责以确保社会救助服务递送的全国一致性。而且作为中央一级的管理机构，SADG 能够更为便利有效地协调其他部门，从而达成数据共享协议[②]。土耳其科学技术研究所相关团队（有 28 位工程师和 12 位相关领域专家）提供系统需要的技术支持，包括开发新模块等。同时，该团队也负责提供未来产品的研发。社会救助和团结基金会执行入户核查以验证申请信息，评估生活状况。SASFs 雇用了 3845 位社会救助核查人员来完成至少一年一次的入户核查。这些入户核查丰富了人们对不同地方贫困的认识，是 ISAS 重要的信息来源[③]。

将不同政府机构和数据集成进 ISAS

因为 ISAS 集成了来自各个政府机构的数据，所以跨领域合作是项目成功的关键。在系统开发之初，SADG 部门的资深管理者举办了一系列与其他政府部门之间的洽谈会商，来建立数据共享协议。当前，SADG 部门已经与内政部（Ministry of Interior）、金融部（Ministry of Finance）、卫生部（Ministry of Health）、劳动与社会保障部（Ministry of Labor and Social Security）和教育部（Ministry of National Education）签署了正式的数据共享协议。2014 年，通过进一步建立一些共享社会救助数据的法则，从市区和红新月会（the Red Crescent）集成数据的法律基础已经完成，但是还没有达到可以成熟操作实施的阶段。与市区和其他机构的数据共享协议涉及诸多细节，如以何种方式获得何种数据。

员工能力建设和终端用户支持

ISAS 等信息集成系统是复杂的、持续演进的，因此招募到并且留住有技能的员工是非常重要的。员工经常流动对于像 ISAS 这样复杂的系统而言是非常致命的，特别是当掌握核心技术的员工离职时。为了确保即使员工离职，工作也能正常持续，

---

① Cesar Baldeon and Maria D. Arribas-Baños, “Management Information Systems in Social Safety Net Programs: A Look at Accountability and Control Mechanisms,” SP Discussion Paper 0819 (Washington, DC: World Bank, 2008).

② 我们可以看出土耳其社会救助体系既有去中心化的一面，也有增强中心化的一面。

③ Victoria Barca and Richard Chirchir, “Single Registries and Integrated MISs: De-mystifying Data and Information Management Concepts” (Canberra: Government of Australia, Department of Foreign Affairs and Trade, 2014).

与 ISAS 相关的所有的工作责任都必须清楚界定，并且写好相关文档。

社会救助入户核查人员在社会救助服务的递送中扮演着重要角色，因为他们的评估对申请者的救助服务资格有着重要影响。因此，入户核查人员应该具有一定的素质，应该至少大学本科毕业，同时也应该支付入户核查人员有竞争力的工资。

应该特别注意 ISAS 员工能力建设以确保团队能够整合在一起，能够适应新技术。在中央和地方层面，能力建设培训会定期举办各类线上和线下培训。培训录像也可以通过 ISAS 网站获得。一旦一个新的模块上线运行，ISAS 团队会为用户构建一个新的培训系统。除了培训系统以外，一个由 20 位员工组成的求助咨询平台也随时提供技术支持。

3. 社会救助信息集成系统架构

社会救助服务递送过程

土耳其在已有的社会救助项目运行基础上，在中央和地方两个层面建立了一个标准化的社会救助服务递送过程。该递送过程包括七步，已经全部整合进 ISAS。这七步依次分别为：申请、资格评估、理事会决策、支付、审计、汇报、监测（见图 4）。

图 4　土耳其社会救助递送过程之七步骤

申请

对于所有的社会救助项目，申请者需要在当地 SASF 办公室填写一个标准化的申请表。信息以标准化形式收集，以确保能够集成到不同的数据库，并加以验证。一般信息包括申请者的住房、就业、家庭成员、财产和社会状况。作为申请过程的一部分，公民应该签署一个知情同意协议以授权政府查看其社会经济信息。截至 2015 年，土耳其尚未电子化，需要本人亲自到当地 SASF 办公室完成，但是 ISAS 系统已经具备电子签名功能，因此最终居民可以在线申请社会救助。然而，由于社会救助申请者的教育水平、计算机使用能力参差不齐，因此，土耳其政府顾虑如果电子化，一些申请者无法真正理解知情同意书中的内容和签名的效力。综合种种原因，知情同意协议的签名仍然保持纸质版本。

资格评估

当公民在当地 SASF 办公室完成申请时，ISAS 会产生一份申请者的社会经济概况报告，该报告是基于通过申请者身份证号而联结在一起的各方信息。这份社会经济概况报告包括：申请者家庭金融情况、收入、工作状态、财产、农业土地、牲畜和车辆等信息。随后，ISAS 会评估该报告的完整性以及一致性（与申请者本人自我汇报信息一致）。如果信息不完全或者存在不一致之处，申请过程会被暂时冻结，直到相关信息符合条件。

贫困评级和资格确定

对于某些项目，申请者必须没有收入才能获得其资格。当前，政府利用 ISAS 查验与申请者家庭成员有关的收入情况。例如，如果申请者正在缴纳养老保险或者正在领取养老金，这些收入应该汇报给 ISAS。其他的社会救助项目，如一般健康保险项目要求申请者家庭成员的工资低于人均最低工资的 1/3。ISAS 为每位申请者给出一个收入估计值，该估计值通过列举汇总正式工资收入/养老金/不动产收入/租金/牲畜价值和车辆价值而获得。

在提交申请后，SASF 社会救助检查人员会进行入户核查，检查人员会填写一个标准化的、用以验证申请者信息的问卷，同时也会收集额外的信息，如果需要则会进行进一步的查看。通常社会救助检查人员会评估申请者的家庭资产（包括房产/农业用地/牲畜/车辆等）。根据目前所得到的所有信息，工作人员会对家庭收入状况做一个从 1 到 5（1 为非常穷，5 为富裕）的等级打分[①]，该打分将用于资格决策过程，同时社会救助检查人员入户核查的所有信息都会传到 ISAS。

社会救助资格由地方理事会（a local Board of Trustees）（一个有意义的问题是该理事会的层次，即一般多少人口会设立一个该理事会?）决定，地方理事会的决策依据是 ISAS 给出的收入估计（具体做法可以参照上一段的详细解释）和社会救助检查人员基于入户核查的主观评估。理事会可以直接通过 ISAS 系统查看申请者的基本情况。2016 年，ISAS 系统新增加一个贫困得分（poverty score）模块，该模块充分利用了申请者的社会经济数据、家庭特征、地理变量（如居住地点/是否城市居民等）等信息，其计算贫困得分的方法和代理家计调查一致。家庭和社会政策部（MoFSP）则实施一个大范围的住户调查，以确定区域贫困线。区域贫困线再进一步分解为农村和城市贫困线。一旦贫困线确定，贫困得分将为资格判定提供一个更为客观和透明的准则，降低资格判定中的主观性。2015 年，家庭与社会政策部开始实施决策支持系统（该决策支持系统是充分挖掘“集成社会救助信息系统”已有信息的一个很好应用）。该系统为地方理事会提供各类指导，包括：申请者以往救助享有和申请信息，每个家庭成员的中央数据库报告，同类情况家庭的社会救助享有情况；等等。

---

① 土耳其的这个做法既不同于国际上流行的代理家计调查的直接打分法，也不同于社区瞄准的排序法；同时与中国以前实施分档救助也不一样。该做法对中国社会救助瞄准具有一定的借鉴意义，但是其效果需要深入评估。

支付

ISAS 系统使用三种方式支付社会救助津贴。第一种，社会救助卡。当前，大约 200 万社会救助对象使用社会救助卡获得救助，这些卡不收取任何费用，完全是免费的借记卡，可以从 ATM 机上取款，也可以直接刷卡消费使用。第二种，在家中支付。该方法适用于由于地理位置/气候/疾病/残障/年老等原因无法使用借记卡消费的救助对象。这种方法特别适用于老人和残障者，他们可以直接在家中及时地获得现金救助，而没有任何其他的成本。第三种是直接打入救助对象的银行账户。

审计

ISAS 中的一个重要过程就是日常定期审计。ISAS 有一个中央风险识别系统模块，该模块可以自动标志出某些有问题的输入，如超过某一阈值的输入。工作人员可以根据 ISAS 系统的提示探测到离群点①。例如，如果 SASF 工作人员一次应急性社会救助（emergency social assistance）支出的费用超过月预算总额的 2%，则系统会发出警告；或者某月 SASF 工作人员的社会救助支出大大超过以前的费用。这两种情况可能是由于某些家庭获得了不恰当的救助而引起，既可能是数据错误，也可能是资金被滥用了。这些自动预警会与家庭与社会政策部的独立审计委员会分享。该审计委员会与家庭与社会政策部有直接的联系，但是与 SASF 是独立的，因此能够有效阻止腐败。审计官员每年被指派核查 100 位地方 SASF 官员，以进行现场审计。ISAS 系统一共会产生 260 个风险指标和 88 份服务报告来为审计官员提供审计依据。

报告

报告主要汇报会计和预算决定。ISAS 系统可以提供每一项负责社会救助基金会的支出，同时它也能为决策者掌控社会救助过程，减少冗余提供信息支撑。ISAS 系统具有显著的分析能力：该系统将分布在全国各地 3000 万公民的信息与地理信息系统地图生成能力相集成，因此使用者既可以产生社会救助供给地图，也可以分省操作该功能。政策决策者可以依据 ISAS 系统的数据来提升已有项目的设计，同时创新新的项目和政策。例如，通过模拟，估计项目的潜在目标人群，潜在影响和成本。最后，在数据分享规范的框架内，匿名化的数据可以分享给学术研究者。

监测

土耳其在利用 ISAS 系统信息支持社会政策相关决策方面取得重大成就。该系统可以监测和监督各类过程，识别政策和项目“瓶颈”。

---

① 工作人员可以将阈值设定为不同值，从而识别不同的离群点。

信息保密政策（Information Security Policies）

除了家庭和社会保护部的核心成员，大约超过 8000 位相关工作人员（包括：社会救助检查人员、办公室人员、会计、管理者和助理）也可以接触到 ISAS 系统。如同 ISAS 系统的信息管理系统有两类风险，一类是数据腐败（corruption of data），另一类是隐私保护。对数据接触必须严格控制以防任何泄露的可能。安全是非常重要的，因为该系统包含有 3000 万公民（全国大约有 7950 万人口，该系统包含了大约 37.7% 的土耳其人口）的个体和金融信息。土耳其采取了若干措施来确保数据安全。首先 ISAS 采用双因子身份验证（two-factor authentication）过程以确保数据安全。接触系统时使用者被授权使用一个 Token 以产生一个密码，该密码是暂时和一次性的。每个使用者根据其职责和工作权限仅能接触到系统的不同的部分，无法接触到超出自己工作范围的部分。ISAS 系统严禁非授权用户接触系统，家庭与社会政策部负责监测系统使用情况，一旦有异常系统会给出警告。所有对系统的使用痕迹都保存在条形码中，该条形码可以显示谁在何时何地查询了何类信息。ISAS 系统发生的任何交易都存有历史日志，并随时被监测。

数据的编辑权限是受控制的，没有权威部门的授权，任何人都没有办法更改或者删除记录。ISAS 系统进一步通过数据脚本（data scripts）来控制数据安全，数据脚本在每一次数据更新后，如果探测到数据不一致或者其他错误就会发出警告，而该警告会实时传递给得到授权的软件开发者。负责向 ISAS 系统提供或者更新数据的机构员工一般通过 VPN 进行操作，而且只能在员工工作电脑上操作。这是 ISAS 系统最高权限的接触，因为能够上传数据和对数据进行直接编辑修改。除了对数据进行保护外，土耳其政府对硬件设施也进行了很好的保护。安放系统硬件的房间由摄像头和各类传感器随时监测。只有得到授权的工作人员通过电子和指纹验证后才能进入房间。同时，系统内的数据流根据国际标准进行了加密处理[①]。

数据更新

更新信息是数据监管的重要一步。一个静态的、陈旧过时的家庭社会经济状态可能会导致错误的救助资格判定结果。例如，如果一位公民获得新的工作，或者结婚，或者死亡，这些新的信息都会影响该公民的救助资格。在电子化之前，信息更新是缓慢的，往往经过很长时间，个体或者家庭的各类信息才会反馈到其救助状况上面。从最初的申请阶段，系统就会呈现各类提示，提示申请者必须填写当前最新信息。ISAS 系统内置一项自动更新功能，该功能可以在决定申请者社会救助资格之前自动更新系统从各个方面获取的申请者最新信息。而且 ISAS 系统的行政管理记录

---

① ISAS 系统遵循 ISO 27001 信息安全标准和 CMMI Level 4 软件成熟度和质量标准。随着 ISAS 系统的不停演化更新，各类相关证书也会定期更新。

每45天自动更新一次。如果某项更新导致某公民的社会救助资格无效，那么相应的社会救助支付会自动停止。然后，作为一个增补措施，社会救助核查人员会在入户核查时听取该申请者的申诉或者更为详细的信息。

各类技术方面的问题

像ISAS系统这样的硬件必须有足够的储存空间、硬盘空间和处理能力。两个系统空间已经在不同的地方建立起来，并且都同时处于活跃状态，以确保中间不会有停歇或者其他意外。系统应用层包括Windows 2008服务器。除了数据库服务器，所有的硬件都用VMWARE平台实现虚拟化。ISAS软件选择一个庞大互联网应用作为表示层。主要的技术是使用Adobe Flex（Apache Flex）。通过在浏览器中安装Flash插件，集成应用的客户端软件也能运行在浏览器中。在应用层中使用Java EE组件。多个共享资源（RDBMS，JMS）需要被访问，事务经过JTA执行。在应用层，JPA用来在RDBMS上存储实体。这里选择Hibernate作为JPA的实现。用EJB来实现业务逻辑。用Oracle WebLogic作为java ee的容器。数据层使用oracle Exadata数据服务器。这个集成项目也涉及计划任务软件。计划任务软件可以选用spring Batch框架来实现。

4. 社会救助信息集成系统面临的挑战

ISAS系统团队在执行阶段面临来自多方的挑战。其中之一是需要和来自不同机构的数据库进行合作：数据格式不同，储存方式不同，有的机构的数据是纸版的，有些机构不知道如何将纸版数据转化为电子数据。ISAS开发商和各个机构紧密合作以使得所有数据都能够在线共享。在某些情况下，ISAS开发商提供软件支持，而对有的机构则提供硬件支持。另外一个挑战是2011年土耳其政府进行的政府机构重组，家庭与社会政策部成立和发展了新的社会政策项目。ISAS系统在此之前已经发布了，但是为了适应这些新的变更，系统需要大范围修改。幸运的是，ISAS的技术设定和架构足够，不需要大的变动。但相关规范和立法的更新速度大大滞后于IT系统的发展。

ISAS带来的好处

将社会保护信息集成到一起有许多好处。从政策视角来看，将各类与社会救助相关的信息整合到一起可以提高瞄准精度；从执行视角，ISAS系统降低了冗余，提高了效率，减少了重复救助和救助诈骗，对公民更为负责。最后，ISAS系统提升了整个社会政策相关知识和信息。

土耳其ISAS系统迄今为止取得的成就：

（1）社会救助决策基于整个家庭的福利状态评估结果，而不仅仅是申请者个人信息。在ISAS，一位申请者的ID号码将其和他/她的家庭链接在一起，所有与该家庭相关的家庭层面的社会经济数据、社会测试报告（social examination reports）和社会救助相关信息均可获得。以前这项功能是不存在的，救助资格的判定很大程度上依赖个人信息。

（2）所有社会救助服务均被整合到统一的平台，该平台有统一的资格确定和资金发放操作程序。数据共享和整合使得土耳其能够识别社会救助服务递送中的瓶颈，瞄准到有最大需要的家庭。与以前相比，实证研究表明社会救助决策更为有效，资源分配更为公平。

（3）ISAS 系统降低了与社会救助供给相关的成本，并节省了时间。电子记录使得土耳其政府能够不需要处理大量的纸质版本的文档，从而节省了大量的申请等待时间。

（4）ISAS 系统促进了不同社会救助相关机构之间的信息共享和沟通交流。项目在不同机构之间整合使得社会救助服务递送有一个全景式（holistic approach）视角。在全景式政策干预之下，那些不能申请某一社会救助项目的公民可能符合其他社会救助项目资格。ISAS 系统可以提供多种选择，并且会根据申请者的信息为其推荐合适的额外服务项目。例如，当一位失业的公民申请健康保险津贴（health insurance benefits）时，ISAS 系统能够自动识别申请者的“失业”状态，从而将其转介到负责失业人员工作技能培训的政府部门。

（4）ISAS 系统使社会救助变得更为透明，减少了其重复救助行为。在 ISAS 系统运行以前，社会救助服务递送过程既拖沓冗长又碎片化，不同机构之间缺少协调沟通。这既引起救助的不一致性，同时也诱导救助欺诈。事实上，ISAS 系统运行以前至少有 10% 的救助津贴是重复发放的。ISAS 系统能够更容易地识别什么时候某位救助对象已经不再符合救助条件，需要及时退出。例如，有条件现金转移教育项目要求：送孩子上学是获得救助资格的一个必要条件。ISAS 系统与教育部相关系统联网操作后，如果有孩子退学，其相关津贴会自动停止。

整体而言，ISAS 系统让土耳其社会救助更为透明，瞄准和资金发放更精准。ISAS 系统同时提升了社会救助津贴分社会经济状况和地理特征进行痕迹化管理和监测的功能，这对土耳其政府创建新的项目和提升已有项目质量有很大帮助。

5. 社会救助信息集成系统的进一步规划

ISAS 是一个基础结构已经完备，可以持续更新换代的系统。土耳其政府正准备增加新的 ISAS 模块：

（1）个案管理系统（*Case Management System*）：该系统旨在分析家庭特征，然后将家庭转介到合适的项目。例如，可以将失业者转介到合适的就业机会、培训项目。或者 ISAS 系统能够探测到一些有问题的个案，如：辍学儿童、严重慢性病患者、家暴受害者、吸毒者、酗酒者等。ISAS 系统探测到这些问题个案后，给出标志并且能够自动将其转介到相关机构。该模块已经开发完毕，并且进行实际测试，已经有 14810 位个案从此类转介中受益。该模块已经于 2016 年发布，正式运行。

（2）贫困打分系统（*Poverty Score System*）：SADG 已经开发了基于申请者信息、家庭信息、入户核查信息计算贫困得分的公式。ISAS 系统将根据该公式自动计算申请者的贫困得分。

（3）瞄准其他项目的商业智能项目（*Business Intelligence for Targeting Other Programs*）：该模块旨在利用 ISAS 系统数据以发展更为合理的社会政策和项目。ISAS 和 GIS 信息系统的联网使其能够为政策制定者提供不同区域社会救助对象的社会经济和家庭特征分布，基于这些信息我们可以识别某些潜在的，需要新的干预的社区。

（4）在线申请的电子政务接口（*E-Government Portal for Online Applications*）：该模块能够允许个体能够在线申请救助（a web-based system linked to the e-government portal）。

（5）与市区政府以及 NGO 组织的数据共享［*Data Sharing with Municipalities and Nongovernmental Organizations*（*NGOs*）］。

（6）SMS 信息推送服务：SADG 计划为已有的 ISAS 系统增加一些信息推送功能。例如，告诉残疾人其津贴的有效期限、告诉申请者其申请处理状态，等等。

6. 社会救助信息集成系统的教训

土耳其的 ISAS 系统已经取得很大成就，在构建的过程中有一些经验值得分享：

- 为每位申请者分配一个唯一的 ID 号码是 ISAS 系统成功的基础。在 ISAS 系统构建之前，土耳其政府的国民身份证系统已经完备，同时已经和若干政府机构的数据库联网。这使 ISAS 系统可以利用居民身份证号码作为 ISAS 系统的注册秘钥。

- 在 ISAS 系统在构建时，系统运行时间和官僚程序被反复研究，将必要的提升整合进了系统。ISAS 系统之所以成功的部分原因是因为它是在已有社会救助体系的基础上构建的。这使相关利益方能够很好地理解他们在 ISAS 系统中的职责。

- ISAS 系统重要的撒手锏是完备、及时更新的数据库。如，人口、社会保障、土地拥有、学校入学、司法法院系统记录、金融（税收）记录，等等。这些信息都通过居民身份证链接到 ISAS 系统，为社会救助资格确定提供坚实的信息基础。

- 高层面的决策和政治意愿（High-level decision making and political will）是 ISAS 系统研发成功的保证。土耳其 ISAS 系统的研发由其副总理发起（the Deputy Prime Minister），这确保了各个政府机构之间数据共享协议以及合作伙伴关系的达成，同时也有利于相关立法的及时跟进。

• 与各个利益相关方经常沟通交流数据共享的价值是很重要的。政府机构很多时候不愿意共享数据或者将数据电子化，但是通过沟通数据共享后可能的收益会促进其共享意愿。

• 既然公民的私人信息是政府各个机构共享的，那么系统能够确保个人的信息安全是非常重要的。ISAS 采用很多措施来保证信息的安全性，包括采用双因子授权过程，只允许核心人群接触该系统等。

• 保持员工的延续性，特别是核心技术团队的稳定对于成功研发一个系统亦是一个关键因素。为类似 ISAS 这样的系统编写代码，开发软件是非常复杂的工作，员工的经常流动会对系统有不良影响。土耳其在开发 ISAS 过程中，TÜBİTAK's 团队从项目开始之初就非常稳定，未发生人员流失现象。

二、罗马尼亚社会救助与瞄准机制

罗马尼亚位于欧洲东南部，国土面积为 238397 平方千米，人口 2000 万左右。大部分人口信仰东正教。2016 年，罗马尼亚人均 GDP 大约为 22348 美元，根据世界银行的标准，罗马尼亚属于中上等收入国家（upper-middle income country）。根据欧盟统计资料，罗马尼亚的人均 GDP 仅为欧盟平均水平的 59%，属于欧盟中比较落后的国家。但是罗马尼亚的经济发展速度则是欧盟中最快的。

（一）罗马尼亚社会救助

1. 罗马尼亚社会救助概述

与其他中东欧国家相似，罗马尼亚的社会救助正处于转型过程中。随着 2007 年加入欧盟，罗马尼亚提出了新的社会政策标准——更为积极的社会干预。罗马尼亚整个社会保护体系主要包括如下五大目标：①提高社会保障津贴利用的公平性；②提高行政管理效率（通过降低行政管理成本）；③大量减少在社会津贴资格审定中的人为和系统误差，同时严厉打击救助欺诈行为（主要是重复救助）；④对整个社会救助系统和相关个体均建立绩效监测和评估；⑤提高服务质量，提高社会照顾工作人员的培训水平和数量。

罗马尼亚的社会救助作为整个国家社会保护体系的一部分，包括服务和津贴，旨在确保每一个罗马尼亚公民福利水平得到最低保障，帮助公民发展和鼓励个体发挥自己的能力，从而进一步提升社会融合。正如上述所指出的，从被动（passive）转向主动的社会干预需要寻求系统整体的转变，该转变的顺利进行依赖直接面向家庭的措施。根据罗马尼亚社会救助立法（Law no. 292/2011），罗马尼亚的社会救助津贴无歧视地给予所有处于困难情境下的任何个体（或家庭）以必要的现金救助和各项服务。所有罗马尼亚公民均有权利获得社会救助，同时其他国家公民、无国籍个人和任何其他在罗马尼亚居住的个人也可获得救助。

根据罗马尼亚法律，依据救助目的，社会救助可以分为如下四大类：①为预防和消除贫困、社会排斥风险的社会津贴；②支持儿童和家庭的社会救助津贴；③有特殊需要人群的社会救助；④特殊情境下的社会救助。其中“支持儿童和家庭的社会救助”项目是罗马尼亚社会救助突出的特色。这是因为与欧盟其他国家相比，儿童和青少年贫困是罗马尼亚一个突出的社会问题，罗马尼亚政府希望能够通过聚焦于家庭（family-focused）的各类社会干预来提升儿童和青少年福利水平。表 6 给出了罗马尼亚详细的社会救助项目、救助资格和救助水平。

在罗马尼亚，儿童和青少年是受贫困影响最大的群体。为了能够缓解儿童和青少年贫困，消除边缘化风险，提高他们的生活水平，罗马尼亚通过立法鼓励多方参与其中，包括：中央政府、地方当局、非营利组织和其他受益群体。事实上，罗马尼亚政府 2002 年发布的“国家反贫困与促进社会融合计划”（the *National Action Plan against poverty and to promote social inclusion*），目标是帮助地方当局发展具体的、适应当地情况的反贫困项目，同时提升地方当局识别脆弱人口和解决他们需求的能力。该计划的一个战略性目标（该目标也得到欧盟的认可）是：投资于新的一代，确保罗马尼亚儿童有体面的生活，能够有充分的发展机会，确保生活在农村等欠发达地区的儿童能够公平地享受公共服务，最终在 2017 年以前消除儿童贫困。

罗马尼亚政府充分重视社会服务和家庭政策在消除儿童贫困中的作用，这对完善当前中国社会救助制度、发展家庭保障具有一定的借鉴意义。囿于篇幅限制，本文不再对罗马尼亚社会救助整个体系进行详细的赘述，将聚焦于罗马尼亚消除儿童贫困相关的救助政策，以期能够起到抛砖引玉的作用。本文的第一部分的第一节整体介绍罗马尼亚的社会救助，第二节详细介绍罗马尼亚在消除儿童青少年贫困方面的救助政策；本文第二部分介绍罗马尼亚社会救助制度的瞄准机制和瞄准效果。

2. 儿童和家庭社会救助

罗马尼亚由如下五个层面的机构来递送儿童和青少年社会救助服务和津贴。第一，在“中央层面”，劳动、家庭和社会保护部（the Ministry of Labour, Family and Social Protection）通过儿童保护局负责制定儿童权益保护相关公共政策和国家有关策略。第二，在地方政府层面，隶属于郡政务委员会的社会救助和儿童保护局（GDSACP）负责建立和维持一般性的社会服务，包括儿童保护。第三，在更低一级的地方政府层面，公共社会救助服务由地方政务会组织实施，该组织与 GDSACP 负有相同的责任，但是其管辖地理范围较小。第四，非政府组织负责大量的基层社会救助服务递送，对个性化问题的灵活处理和创新，但是相对政府责任而言，非政府组织始终扮演着补充性角色。第五，国家体育和青年管理机构，隶属于教育研究、青年和体育部（the Ministry of Education，Research，Youth and Sports），负责制定与青少年发展相关的公共政策，同时也负责政策的实施、监测和评价。

罗马尼亚儿童和家庭社会救助既有普惠型，也有瞄准型。这两种不同的项目一起保护儿童和青少年免于贫困和被社会边缘化。下面介绍其中几个重要项目。

（1）国家儿童津贴（state child allowance）

该津贴是普惠型，所有 18 岁以下儿童均可享有（每人每月 10 欧元，不论家庭经济状况如何）。如果 18 周岁后继续高等教育或者职业教育，则继续享有该补贴。

20 多年以来，罗马尼亚人口一直是负增长，生育率处于欧盟最低水平（每个女性平均 1.3 个孩子，低于欧盟平均水平每个女性 1.56 个孩子），出生率仅为 9.9‰（欧盟平均值为 10.5‰）。因此，罗马尼亚政府制定了很强的人口政策和社会政策以支持有孩子的家庭。该类政策一个重要方面是儿童养育津贴（child raising indemnity/benefit），该津贴已经执行了 10 年之久。从 2011 年 1 月 1 日起，父母（父亲或者母亲）可以申请父母假或者补偿金直到孩子 1 岁或者 2 岁（父母自行选择）。这些津贴包括回家照顾孩子的补贴，而且在父母假期间，父母可以申请工作保护，这意味着雇主不能随意剥夺父母休假回家照顾孩子的权利。所有 2 岁以下的孩子每个月都可以领取 50 欧元的儿童养育津贴直到 3 岁。为了支持有残障儿童的家庭，罗马尼亚政府通过立法保护父母可以有一方休假回家照顾孩子，一直到 7 岁。其间，负责照顾残障儿童的一方可以领取统一的补贴，每月大约 100 欧元。

除了支持有婴幼儿或者残障者的家庭以外，罗马尼亚政府给一般家庭"家庭津贴"（family allowance）。"家庭津贴"是有条件的、基于家计调查的津贴。它由国家财政支付，每一个收入低于既定标准的家庭都会得到相应的补助。该项目的目的是使得生活在脆弱家庭中的孩子能够得到更好的养育、照顾和教育。享有该项目的条件除了收入低于既定水平外，还必须送孩子入学。

（2）最低收入保障/社会援助（Guaranteed Minimum Income/social aid，GMI）

最低收入保障是罗马尼亚实施的基于家计调查的另外一个典型的社会救助项目。该项目类似中国的最低生活保障制度[1]。该项目是补差型，旨在填补个体收入和既定

① 但其实是有区别的。罗马尼亚称为最低收入保障制度，实际上更为清晰地界定了该制度目标就是补足其收入；我国"最低生活保障制度"，虽然在政策文本上是收入低于一定标准，但是在实际执行中面临种种困境。罗马尼亚的社会救助体系对我国社会救助制度的完善有一定的启示：将最低生活保障制度改为最低收入保障制度也许是明智的选择。

收入标准之间的差距。为了提高社会融合，激发受助者的个体责任和工作积极性，GMI 项目会给有工作者提升 15% 的救助额度。

尽管罗马尼亚有丰厚的社会津贴，其儿童贫困依然持续是一个显著的社会问题。根据欧盟 2007 年 2 月的数据统计显示，在欧盟 27 个国家中，就贫困和社会排斥风险而言，罗马尼亚高居第二位（第一名是保加利亚）。据欧盟统计，罗马尼亚大约有 41.4% 人口处于贫困和社会排斥风险中。仅就儿童贫困而言，罗马尼亚高居榜首，受贫困影响的儿童大约为 48.7%，大大高于欧盟 26.9% 的平均值。其中 75% 是生活在农村的孩子。罗马尼亚主要通过提供服务而不仅仅是现金来解决儿童贫困问题。根据罗马尼亚 2011 年新设立的社会救助法案，社会服务要有限与现金救助，当然这些新的设计尚未完全成熟，仍然处于讨论过程中。

（3）脆弱家庭的特殊社会服务（Specialised social services for vulnerable families）

该制度主要为脆弱家庭和青少年设立。主要包括如下项目：阻止儿童和家庭分离项目；日间照料中心；父母养育咨询和支持；家庭计划生育服务；离开社会保护系统的青年人之家和专业导向中心，等等。

（4）脆弱家庭中的特殊儿童社会服务（Specialised social services for children in vulnerable families）

该制度主要是为生活在脆弱家庭中的儿童和青年人设立。主要包括：阻止儿童和家庭分离项目；日间照料中心；父母养育咨询和支持；家庭计划生育服务；出生前监测服务等。

（5）无父母照顾儿童的特殊保护（Special protection of children without parental care）

罗马尼亚从 1997 年开始一直致力于建设基于社区服务的儿童保护系统，该系统大约于 2004 年初见成效，其标志是 2004 年新的立法将社会保护的重心从“将儿童和家庭分离”转移到“儿童一般性权益”。其间，欧盟不仅为其争取政治上的支持，同时也提供了资金援助。改革显著的效果是将接受“院舍照顾（residential care）”的儿童数量从每 2000 人中 57.181 人降低到 22.839 人。非政府组织在该项改革中起到了重要的倡导性、实验和个案管理的作用。

当地权威机构和非政府组织，在中央政府的支持下，发展了一系列社会服务，包括：①集体照料中心（安置中心、应急中心、母婴中心）儿童的特殊保护性社会服务；②家庭类服务；③监护服务；④为以下中心提供专业服务：阻止儿童和家庭分离项目、日间照料中心、父母养育咨询和支持、家庭计划生育服务、出生前监测服务。

罗马尼亚儿童福利改革的执行责任于 1998 年分权给县级政府。儿童福利是罗马尼亚第一项被去中心化的公共服务。与此同时，罗马尼亚政府出资建立了一项名为"国家利益项目"（the National Interest Programmes），该项目在县级委员会、地方权威机构和非政府组织中公开竞标，以谋求提供高质量的儿童保护服务。从 1998 年，劳动、家庭和社会保护部会同地方公共部门为相关非政府组织提供竞争性的基金以鼓励其提供与儿童相关的社会服务。

2004 年，随着罗马尼亚"保护和提升儿童权利新的法律框架"得以通过，创建基于社区服务的责任被传递给地方当局。因为一般来讲，大部分脆弱的、风险性高的社区同时也是最贫困的社区，所以地方当局并没有足够的经费预算来运行另外合适的社区服务，满足当地儿童和青少年需要。特别是 2008 年金融危机以后，受贫困影响的儿童数据大幅度升高，导致社会服务需求和供给之间的缺口越来越大。

（6）教育的社会支持项目（The social support for education）

罗马尼亚实行 10 年免费义务教育。公共教育系统包括 0—3 岁的早期教育、3—6 岁学前教育、从小学到大学/职业技术教育。其中早期和学前教育由地方当局组织。现行法律鼓励来自弱势家庭的孩子能够更好地利用早期和学前教育。其中一个干预项目是为幼儿护理提供社会券。此外，政府会为来自弱势家庭或者集体照料机构（一般是孤儿）的学生提供各类助学金。

所有罗马尼亚学生在大学之前的教育支出由中央财政支付。其他支出，如健康保险、奖学金等都由地方当局负责。除了正式的教育架构外，国家还出资建立县级资源和教育救助中心，该中心可以提供一些特定的支持服务，如心理教育援助、发音矫正、融入教育服务，等等。此外，儿童俱乐部和少年宫提供各类丰富的非正式项目教育服务。从 2011 年 1 月起，课后服务由地方当局联合学生家长组织开展，一般面向社区需求展开。

非政府组织在实施面向学生的非正式教育服务中也扮演着重要的角色。如，提供社会教育和组织闲暇时光的活动，等等。除了积极倡导和促进社会边缘青少年（包括 Roma 儿童、残障儿童、受贫困影响儿童）融入社会外，非政府组织还提供大量的课后服务，如：照料、教育治疗项目、残障儿童的康复和父母咨询服务等。罗马尼亚的非政府组织还在教育系统内部倡导成立了"学生咨询委员会"，学生通过该委员会可以参与学校的行政管理和部分决策。

除基本的费用外，罗马尼亚中央预算还通过教育研究、青少年运动部提供各类有利于学生成长教育的支持。如减免交通费用，减免博物馆、音乐会、戏剧院、电影院、文化运动事件的入场费用等。

过去十年，罗马尼亚一直致力于促进残障儿童和青少年融入学校教育体系。

中央政府采取了大量措施确保残障儿童能够接受特殊教育或者融入主流教育系统中。然而，相对欧盟其他国家，罗马尼亚努力的结果并不理想。大量的残障人士没能够上大学。2010 年所做的一项研究发现，23% 的 7—18 岁的居民并没有进入主流教育系统，能够接受高等教育的残障者仅为 9%。研究发现，缺乏必要的公共空间（对残疾人友好的基础设施和交通）是阻碍残障青少年融入主流教育系统的一个重要障碍。尽管罗马尼亚政府采取了大量措施鼓励儿童入学，但是在过去几年，罗马尼亚的辍学率一直呈上升趋势，特别是农村地区。不少农村儿童在接受完小学教育后便辍学。

（7）卫生服务的社会支持（Support for health services）

虽然罗马尼亚的卫生保健服务是基于医疗保险的，但是怀孕妇女和儿童享受初级卫生保健服务都是免费的，和其是否参加保险无关。处于弱势情境下的青年人直到 26 岁前都可以享受免费的卫生保健服务。此外，早期、学前儿童和学生使用学校或者公共医疗机构所属的医疗、心理咨询和语言纠正方面的服务均为免费。

即使政府已经提供了若干卫生保健免费服务，但是生活在困境中的孩子们在享受卫生服务方面仍然存在问题。特别是偏僻社区和贫困的 Roma 人居住区。部分可以归因于在罗马尼亚，农村的初级卫生保健服务、早期教育服务和儿童服务显著落后城市。根据 2011 年的一项研究，2/3 的儿童在生病时没有看过医生，而 1/10 的孩子则表示他们会饿着肚子睡觉。除了医疗保健，罗马尼亚政府亦采取措施提高儿童青少年的营养。中央政府支持地方当局实施了牛奶和糕点项目、补充蜂蜜项目、鼓励消费水果项目，等等。

（8）社会保护和青年人劳动力融合（Social protection and labor integration policies for youth）

一旦年满 18 岁，罗马尼亚的青年人将会获得其他的瞄准型社会支持项目，如免费的就业指导咨询等。罗马尼亚立法鼓励雇主雇用年轻人，特别是那些处于社会边缘的青年人。根据罗马尼亚“团结合约”（solidarity contracts），雇主可以从中央政府获得最高达 75% 的工资补贴。其他社会支持措施包括：失业津贴、免费各类技术资格培训课程、信息和职业咨询社会支持服务、劳动纠纷调解、创业咨询、流动激励、工作场所补贴、培训补贴，等等。

罗马尼亚立法禁止 15—18 岁的青少年从事任何有可能损害他们安全、健康、心理、精神和社会发展的劳动。劳动力市场融合是欧盟结构基金（the European Structural Funds）关注的重要议题，已有许多很好的实践模式。其中一个较好的模式是“阻止年轻人的失业”（“Stop unemployment among young people!”），该模式一个较好的践行就是国家就业机构发起的一个项目，该项目的目标是提高青年人的就业率。“高中经费”项目是给予在高中阶段进行职业教育（艺术或者技能）的青少年提供资金支持，当然这是一个瞄准型项目，只有来自低收入家庭（家庭人均月收入低于33 欧元）的学生才能获得资助。

（9）住房支持（Support for housing）

罗马尼亚住房部门建设若干属于政府所有的房子廉价租给 18 岁至 35 岁的年轻人租住。另外一项对 18 岁至 35 岁的年轻人的支持措施是：经个人提出申请，政府会分配给申请者一块土地用来构建私有住房。

提升弱势群体的生活条件不仅依赖中央发起的项目，同时也受益于地方当局发展的子项目。地方政府发起的一些子项目可以从中央财政得到融资支持，目的是建立多功能网络中心，这些中心能够为 18 岁以上的、处于脆弱环境中的年轻人（已经退出儿童系统）提供各类必要的保护，包括住房、卫生保健、心理咨询、职业与法律咨询，等等。

（10）其他社会救助措施（Other social assistance measures）

取暖津贴：在寒冷的季节，家庭人均收入低于一定标准的家庭可以申请取暖补助。其他瞄准型社会服务包括：为贫困家庭儿童（也包括 18 岁以上 25 岁以下参加全日制教育培训的青年人）举办的社会食堂以及各类信息咨询中心等。

结构基金支持（Structural Funds support）：结构基金是支持儿童青少年福利领域的社会政策和社区发展的一项重要融资来源。借助结构基金支持，罗马尼亚劳动、家庭与社会政策部进行了一些创新，这些创新的目的是支持地方政府发展合适的社会服务。例如：旨在提高贫困地区市政当局“鼓励残障儿童和家庭一起生活”的行政管理能力的项目、“罗马尼亚儿童社会保护系统组织效率提升”项目和“教育、我们的机会和共同明天”项目等。

表 6　罗马尼亚社会救助项目

社会救助项目		支付频率	支付金额（2010，RON，罗马尼亚货币单位）	
1.	国家儿童津贴（SCA）	每月	200 RON.	支付给 2 岁以下儿童或者 3 岁以下残疾儿童
			42 RON.	支付给 2—18 岁儿童或者 18 岁以上但继续参加高中/职业教育
			84 RON.	3 岁以上残障儿童

续表

社会救助项目		支付频率	支付金额（2010，RON，罗马尼亚货币单位）	
2.	A. 儿童养育津贴 2011年1月1日前出生的儿童	每月	过去12个月平均收入的85% 最低：600 RON， 最高：4000 RON	支付给过去12个月有交税收入的父母一方 持续期：直到小孩子2岁，或者3岁（如果孩子是残障儿童）
			为受助人缴纳医疗保险费用	大约是儿童养育津贴的5.5%
			工作回归奖金100 RON	在孩子没有达到2岁或者 3岁前回归工作的奖励
	B. 儿童养育津贴 2011年1月1日出生前儿童	每月	A. 过去12个月平均收入的75% 最低：600 RON， 最高：1200 RON	支付给父母一方，该父/母需要在孩子出生前有12个月交税收入 持续期：直到孩子2岁或者3岁（如果孩子是残障儿童）
			B. 过去12个月平均收入的75% 最低：600 RON， 最高：3400 RON. 回归工作奖金为500 RON	支付给父母一方，该父/母需要在孩子出生前有12个月交税收入 持续期：直到孩子1岁或者3岁（如果孩子是残障儿童）
			为津贴领取者缴纳医疗保险费用	领取津贴的5.5%
			450 RON	养育3—7岁残障儿童的家庭
	C. 其他孩子养育津贴	每月	450 RON	本身严重残疾同时养育0—3岁残障儿童，同时只有448号法案第四章57款（2008年修正补充）提及的收入
			300 RON	本身严重残疾同时养育3—7岁残障儿童，同时只有448号法案第四章57款（2008年修正补充）所提及的收入
			300 RON	养育0—3岁残障儿童，同时收入不符合448号法案
			150 RON	养育3—7岁残障儿童，同时收入不符合448号法案
			450 RON	养育0—2岁残障儿童，其收入仅仅只有448号法案第四章57款所提及的类型
			150 RON	本身残疾，养育3—7岁，其收入仅仅只有448号法案第四章57款所提及的类型

续表

社会救助项目		支付频率	支付金额（2010，RON，罗马尼亚货币单位）	
3.	新生儿养育津贴	一次性支付	230 RON，is paid to each of the first four newly born children	
4.	新生儿衣物	一次性	150 RON，每位新生儿	
5.	安置津贴	每月	97 RON，如果是残障儿童则津贴提高 50%	
6.	日间照料代金券	每月	350 RON	
7.	新婚者的金融支持	一次性 Repealed on July 2010	200 Euro，	
8.	家庭补充津贴	每月，Repealed on January 1st，2011	50 RON——仅有一个孩子的家庭 60 RON——有两个孩子的家庭 65 RON——有三个孩子的家庭 70 RON——有四个或者更多孩子的家庭	人均家庭收入不能超过 470RON – GMI 受助者提高 25 %
9.	单亲家庭津贴	每月，Repealed on January 1st，2011	70 RON——仅有一个孩子家庭 80 RON——有两个孩子家庭 85 RON——有三个孩子家庭 90 RON——有四个或者更多孩子家庭	人均家庭成员收入不能超过 470RON
9a	家庭津贴 新项目 代替 8 和 9 截至 2011 年 1 月	每月	30 RON——有一个孩子的家庭 60 RON——有两个孩子的家庭 90 RON——有三个孩子的家庭 120 RON——有四个及以上孩子家庭	家庭人均收入低于 200RON，外加财产审查 GMI 受助者增长 25%
		每月	25 RON——有一个孩子的家庭 50 RON——有两个孩子的家庭 75 RON——有三个孩子家庭 100 RON——有四个及以上孩子家庭	家庭人均收入处于 201—370 RON / 外加财产审查
		每月	50 RON——单亲，一个孩子 100 RON——单亲，两个孩子 150 RON——单亲，三个孩子 200 RON——单亲，四个孩子及以上	家庭人均纯收入 0—200 RON，外加资产审查 GMI 受益者救助额度提高 25%
		每月	45 RON——单亲，一个孩子 90 RON——单亲，两个孩子 135 RON——单亲，三个孩子 180 RON——单亲，四个孩子及以上	家庭纯收入 201—370 RON，外加资产审查

续表

社会救助项目		支付频率	支付金额（2010，RON，罗马尼亚货币单位）
10.	GMI 项目	每月	125 RON——一人户 225 RON——两人户 313 RON——三人户 390 RON——四人户 462 RON——五人户 在五人户基础上，增加一人增加 31 RON.
11.	应急援助 由地方或者 中央政府出资	基于需要	目的：缓解由于火灾 、事紧急情境 引发的紧急需要
12.	金融援助	基于需要	健康方面，或者其他有正当理由的支出
13.	避难者的补偿援助	每月	540 RON
14.	对葬礼的部分援助	基于需要	对于社会救助对象，根据需要可以适当补助其丧葬费用
15.	HIV 携带者或艾滋病患者食品补助	每月	成人 - 13 RON/天 儿童 - 11 RON /天
16.	艾滋病儿童的食物补助	每月	11 RON/ day
17.	重度残疾或伤者照看补助	每月	从 2010 年 6 月 3 日开始，461 RON
18.	残疾人保障金	每月	每月给予残疾人的保障金，不管其收入如何 -202 RON，有重大残疾的成年人 -166 RON，有较为严重残疾的成年人
19.	残障者个人预算补偿金（CPBDP）	每月	补充性津贴，不管其收入如何： -91 RON，有重大残疾成年人 -68 RON，有较为严重残疾成年人 -33.5 RON，有一般残疾成年人
20.	境外医疗诊疗或者外科手术援助金	基于需要	

续表

<table>
<tr><th colspan="2">社会救助项目</th><th>支付频率</th><th colspan="2">支付金额（2010，RON，罗马尼亚货币单位）</th></tr>
<tr><td rowspan="4">21</td><td rowspan="3">取暖津贴

范式 A.
居住在公寓中，该公寓与中央取暖系统相连</td><td rowspan="3">每月
从 9 月到来年 3 月</td><td>家庭人均月净收入 – RON/person
1 November 2010 – 31 March 2011</td><td>援助比例：</td></tr>
<tr><td>up to 155
155，1 —210
210，1 —260
260，1 —310
310，1 —355
355，1 —425
425，1 —480
480，1 —540
540. 1 —61</td><td>90%
80%
70%
60%
50%
40%
30%
20%
10%</td></tr>
<tr><td colspan="2">实际的援助金额根据消费情况而定</td></tr>
<tr><td>取暖津贴

范式 B.
利用天然气取暖的住户</td><td>每月
从 9 月
到 3 月</td><td>家庭人均净收入
RON/person
1 November 2010 – 31 March 2011

up to 155
155，1 —210
210，1 —260
260，1 —310
310，1 —355
355，1 —425
425，1 —480
480，1 —540</td><td>每户援助金额：

262 RON
162 RON
137 RON
112 RON
87 RON
62 RON
44 RON
31 RON</td></tr>
</table>

（二）罗马尼亚社会救助瞄准机制

正如第一部分所阐述：罗马尼亚社会救助系统包括：现金、实物和社会服务等多种救助类型。就项目类型而言，既包括需要家计调查的最低收入保障项目，也包括普惠的特殊权益项目。因此，整体而言，罗马尼社会救助体系的瞄准机制是混合的，主要包括：验证家计调查、类别瞄准和自我瞄准等几种方法。下面以最低收入保障项目 GMI 为例介绍。

1. GMI 项目瞄准机制介绍

GMI 项目的瞄准机制是混合的，其中采取的瞄准方法之一是验证家计调查（verified means tested，VMT），方法之二是自我瞄准（self-targeting，ST）方法。家庭津贴金额类似中国低保制度，是补差型救助，等于 GMI 标准与家庭实际真实收入之间的差异。在核算收入的时候，需要将诸如土地、牲畜等资产的插补性收入计算在内。

而且，社会津贴标准的计算是根据家庭规模进行调整，充分考虑家庭规模对家庭消费支出的影响。罗马尼亚社会救助瞄准机制还包括对自我汇报收入的行政检查和通过入户核查进行验证。当然，与中国低保制度类似，罗马尼亚社会救助瞄准也包括行为要求，如有劳动能力的救助对象应该积极参与社区活动。

罗马尼亚社会救助瞄准由地方政府管理，地方政府根据劳动、家庭和社会保护部制定的政策来评估申请者的家庭收入和其他资格条件。根据世界银行报告，从2005年开始，为了确保公平（horizontal equity），收入、财产等各类评估工作已经标准化。另外，通过将中央预算划拨到地方政府（经由县委员会）的形式，罗马尼亚社会救助系统的融资得以在地方层面实施完成。其社会救助项目通过将社会津贴和促能政策相连接，从而使整个系统具有积极的劳动力市场特征。如有工作的救助对象可以多领取15%的救助金。这些措施提高了罗马尼亚劳动力市场参与，减少了福利依赖。反观中国低保制度补差型救助金额设计，具有100%的边际税率。从理论上讲，100%边际税率将对劳动者参与劳动力市场产生负面激励。所以，在激励救助对象积极参与劳动力市场方面，罗马尼亚的做法值得中国借鉴。

2. 罗马尼亚社会救助瞄准效果

表7的数据表明就瞄准穷人和弱势群体方而言，罗马尼亚社会救助系统具有混合效果：不同社会救助有不同的瞄准效果。低收入家庭的家计调查项目有很好的瞄准效果，其中64%的救助对象被收入最低20%组人口所享有。对于类别瞄准项目（有残疾人家庭）而言，大约有1/3的资金分配给了收入最低20%组群。根据表7数据，权益类津贴是渐退式的，最低20%的组群仅仅获得了13%的金额。整体而言，罗马尼亚社会救助的瞄准效果在中东欧地区是偏低的，这主要是因为罗马尼亚有大范围的类别瞄准项目。与此同时，罗马尼亚的社会救助体系在贫困人口覆盖率方面还是不错的，大约82.2%收入最低20%组人口享有一项或者多项社会救助项目，同时社会救助津贴解释了该组人口26%的收入。国家儿童津贴和取暖补助是两项覆盖率最高的项目，其他项目覆盖率不超过总人口的10%。五大项目解决了最低收入20%组人口的收入来源，分别是儿童养育津贴、最低收入保障（GMI）、取暖补助（HB）、残障津贴和社会养老金（social pension）。

表7　罗马尼亚社会救助瞄准

	瞄准精度	项目覆盖率		慷慨度	
	最穷20%	全部人口	最穷20%	全部受助对象	最穷20%
全部社会救助项目	37.7	57.5	82.2	9.3	26.2
1. 家庭政策/促进生育率项目					
国家儿童津贴	33.1	52.2	74.3	4.0	10.1

续表

	瞄准精度	项目覆盖率		慷慨度	
	最穷 20%	全部人口	最穷 20%	全部受助对象	最穷 20%
儿童养育津贴	29. 1	4. 0	6. 2	22. 7	37. 2
2. 低收入住房项目					
最低收入保障项目	81. 5	3. 4	14. 2	19. 4	23. 6
补充性家庭津贴	59. 5	7. 9	23. 8	4. 0	5. 5
单亲父母津贴	68. 6	0. 8	2. 8	6. 4	8. 4
取暖津贴	53. 0	na	na	18. 5	40. 4
3. 残障项目					
残疾人津贴	35. 7	4. 4	8. 6	15. 5	25. 8
4. 其他社会救助项目					
权益类	13. 1	1. 4	1. 1	14. 8	25. 4
社会养老金	48. 9	0. 1	0. 3	20. 2	39. 9

注：瞄准精度是指该群体得到的救助金额占全部救助金额的比例；项目覆盖率是该类群体中接受救助的比例；慷慨度是该项社会救助给予本群体的救助额度占该群体全部累积社会福利收入的额度。此处的受助对象是指所有全部直接或者间接（如家庭成员）得到救助的人。

从表 7 的数据我们可以看出，罗马尼亚社会救助体系的瞄准效果并不尽如人意。这是因为罗马尼亚社会救助体系非常复杂，同时又碎片化。其复杂性表现在：项目类型的多样，既有基于严格家计调查的最低收入保障项目，也由基于类别瞄准的残疾人津贴项目。尽管由于体系的复杂性，罗马尼亚社会救助体系存在若干问题，但是其瞄准机制也存在亮点。如最低收入保障项目（GMI）就是世界上瞄准效果较好的项目。在实施最低收入保障项目（GMI）的过程中，罗马尼亚可以为世界分享其很好的经验。首先，罗马尼亚政府意识到任何一个社会救助项目都存在某种程度的欺骗和错误。因此，比起口诛笔伐的批判，更为重要的是建立合适的系统来探测、修正和使欺骗和错误最小化。其次，罗马尼亚在世界银行的帮助下进行了一系列的社会救助改革。这些改革包括实施具有内在一致性的战略规划，制订清晰的行动方案和结果导向等。

政策建议

中国社会救助瞄准机制和核对体系建设政策建议[①]

一、研究背景

作为世界上最大的发展中国家，改革开放以来，我国政府长期致力于贫困消除，取得了举世瞩目的成绩，是全球最早实现联合国千年发展目标（United Nations Millennium Development Goals）中减贫目标的发展中国家，为全球减贫事业做出了重大贡献[②]。党的十八大以来，党中央、国务院一直将精准扶贫与区域扶贫攻坚作为新阶段中国扶贫开发的两大重要战略举措，坚持政府主导，把扶贫开发纳入国家总体发展战略，开展大规模专项扶贫行动，着力推进符合贫困群体需求实际的精准扶贫、精准脱贫新模式。民政部近年来加快了居民家庭经济状况核对体系建设步伐，旨在充分利用信息化手段，提升和完善社会救助瞄准机制，从关注社会救助投入转移到注重社会救助绩效，更多注重项目实施的效率和效果，加快监测和评估体系建设，利用监测和评估信息，完善社会救助政策制定的科学化、精细化和规范化。

从各国贫困治理的实践发展情况来看，中国对社会救助瞄准（social assistance targeting）的重视程度已经走在了世界前列。然而，随着精准扶贫政策的不断推进和深入，中国的贫困治理暴露出的问题越发严峻：一方面，相对贫困、多维贫困、动态贫困和慢性贫困交织并存；另一方面，长期以来扶贫资金和救助项目指向不准、针对性不强，扶贫开发投入虽然越来越大，但成效却越来越低，减贫速率越来越慢，瞄准偏离十分严重。数十年的世界反贫困经验表明：经济发展并不足以减少贫困。世界发展报告指出：减少贫困还需要具备三个重要条件（Moore & Putzel，1999）：第一，应帮助贫困家庭建立起资产基础，以使他们能够参与到发展过程中来；第二，应促进贫困者的资产及其所在行业的更大增长；第三，由于扶贫战略的落实需要耗

---

① 本课题由上海交通大学国际与公共事务学院章晓懿参与实施。

② 新华网：国家主席习近平在2015年减贫与发展高层论坛上的主旨演讲：http://news.xinhuanet.com/politics/2015－10/16/c_1116851045。

费一定时间，应制定短期的公共转移支付项目来保护和提升最贫困家庭的消费水平。要达成这三项条件，必须有实用而适当的贫困瞄准机制。社会救助瞄准能够在既定的预算范围内，通过使救助惠及真正需要的贫穷者，从而提高救助项目的效率，并最终达到最大限度减贫的目的，实现公平与效率的统一。

作为一项对潜在受益者进行甄别的社会政策，社会救助政策瞄准偏离可能存在两种情况：一是弃真型误差偏离——符合救助条件的贫困群体没有全部受益，即应保未保；二是存伪型误差偏离——不符合条件的群体享受了救助资源，即错保。弃真型误差偏离往往是由于资源不足、贫困指标不准确、行政预算低、信息传递受损、污名化等因素造成的；存伪型误差偏离则与政策执行过程中的权力结构有关，如精英俘获（Elite Captune）挤占了原本应该属于贫困群体的资源。国内学者林闽钢、陶鹏[①]、李小云、唐丽霞[②]、李鵾、叶兴建[③]、黄承志[④]等都曾从不同角度对中国社会救助瞄准机制存在的问题及模式创新展开探讨。

在世界普遍追求效率和发展的今天，根据具体情况寻找最适宜的社会救助瞄准政策，高效准确地瞄准应该救助的贫困群体，提高扶贫政策及救助项目的瞄准效率，不仅是救助政策有效实施的基础，更是当前及今后一个时期内中国贫困治理的战略重点。作为国家通过二次分配对贫困群体进行资源输入的贫困治理举措，探索扶贫对象的精准识别、扶贫资源的精准配置、扶贫管理的动态跟踪，提升我国贫困治理的水平和效果，不仅有助于我国救助机制和治理体系的完善，提高我国救助资源的利用率，更有助于社会公平和正义的实现，更将扭转减贫速率放缓的弧线，提高社会整体福祉。

从国际上来看，如何将救助资源更好地瞄准贫困群体也一直是一个世界性难题，特别是2008年全球金融危机爆发后，世界上许多国家和地区都在一定程度上缩减了用于扶贫援助的资金规模，越来越重视扶贫项目的瞄准效率。历史上对救助资源瞄准问题的讨论主要集中于20世纪70年代和90年代两个时期：70年代受石油危机爆发及新自由主义思潮兴起的影响，大部分曾经建立普惠式福利体系的欧洲国家，面对日益紧缩的财政预算，开始有选择性地实施社会福利政策；苏联解体后的90年

---

① 林闽钢、陶鹏：《中国贫困治理三十年回顾与前瞻》，载《甘肃行政学院学报》2008年第6期，第51—56页。

② 李小云、唐丽霞、许汉泽：《论我国的扶贫治理：基于扶贫资源瞄准和传递的分析》，载《吉林大学社会科学学报》2015年第4期，第90—98页。

③ 李鵾、叶兴建：《农村精准扶贫：理论基础与实践情势探讨——兼论复合型扶贫治理体系的建构》，载《福建行政学院学报》2015年第2期，第26—33页。

④ 黄承志、覃志敏：《我国农村贫困治理体系演进与精准扶贫》：载《开发研究》2015年第2期，第56—59页。

代，许多社会主义国家在经历政治经济转型后，也相继取消了国家统揽式的福利制度，转而因地制宜地选择符合本国国情的福利政策。

由于各国和地区的政治体制、经济水平和社会文化不同，不平等程度也存在很大的差异，发达国家、转型国家和发展中国家分别建立了符合本国国情的社会救助瞄准机制。拉美国家大都选择了有条件的现金转移的社会救助瞄准机制，如巴西、阿根廷、智利和秘鲁等国；不少转型国家在构建新的社会安全网络的过程中纷纷选择了基于社区的社会救助瞄准机制，如乌兹别克斯坦、阿尔巴尼亚、拉脱维亚、亚美尼亚、吉尔吉斯斯坦等。欧美发达国家的社会救助瞄准中指标瞄准方法的运用则较为成熟，如美国、澳大利亚等。尽管不同国家采用的救助瞄准瞄准机制各不相同，在项目设计、组织实施和制度安排上存在很大的差别，但大量研究显示，社会救助瞄准机制提升了救助的效率，并最大限度地实现了减贫的目的。

世界各国和地区社会救助瞄准机制的理论与实践对我国救助瞄准和贫困治理体系的建设具有重要的现实参考价值。因此，本文旨在通过对拉美国家、转型国家和欧美发达国家，以及罗马尼亚和土耳其等国不同社会救助瞄准机制的研究，分析其社会救助瞄准的效率以及瞄准偏离产生的制度原因，以期对中国社会救助瞄准和精准扶贫有所裨益。

二、中国社会救助瞄准机制和核对体系建设的实践

（一）社会救助瞄准机制综述

总体来说，目前国际上普遍采用的救助瞄准方法主要有五大类：个体/家庭评估法（Individual/household assessment）、指标瞄准法（Proxy Measn Tests）、类别瞄准法（Categorical Targeting）、自我瞄准法（Self-targeting）和社区瞄准法（Community-Based Targeting）。

个体/家庭评估法和指标瞄准法是目前世界上使用最为普遍的救助瞄准方法，需要通过家计调查或经济状况核对等手段对贫困群体的“生活水平”进行量化和测定，并据此总结贫困人口生活水平的贫困指数和群体特征，从而分配救助资源，尽管理论上客观精确，但由于高度依赖受助者信息的完整性和对称性，不仅行政成本高，而且存在污名化的潜在影响。

类别瞄准法分区域瞄准法（Geographical targeting）和人口特征瞄准法（Demographic targeting）两大类，区域瞄准法往往通过贫困地图（Poverty Maps）对欠发达地区救助对象识别，常常用于贫困指标体系不完善的发展中国家或紧急救援的情况下；人口特征瞄准法通常通过年龄、性别或其他人口特征对救助对象进行识别，选用的指标通常是非贫困群体难以模仿的，如单亲母亲、残疾人、重病患者等，类别

瞄准法以直观快捷著称，行政成本低且不易产生污名化影响，但过于笼统就容易忽略贫困群体内部的异质性[①]，无法关注到其贫困脆弱性的差别。

自我瞄准法主要是在对贫困信息掌握不足的情况下，通过对贫困人口劳动力资本和常用消费品给予补贴的方式进行救助，通常适用于那些行政能力较低，贫困群体流动性大的国家和地区，但成本巨大且存在污名化的影响。

社区瞄准法（Community-Based Targeting，CBT）主要指实施救助制度的政府主管部门和社区组织或中间代理机构（Community Groups or Intermediary Agents）通过签订契约的方式，授权社区代理人对制度目标群体进行甄别，核定具体救助标准以及部分参与到服务的递送过程[②]。社区瞄准法中的社区组织或中间代理人既可以是社会团体、宗教组织、非政府组织，还可以是当地选举产生的委员会或基层政府机构。合格的社区组织或中间代理人必须对所在区域贫困群体的真实生活水平和需求非常了解，并且在日常社区生活中与贫困群体有较多互动。[③] 社区瞄准法不仅仅是一种单一的瞄准方法，更是一套代理人负责救助资格审核和公共服务递送的机制，在整个机制的运行过程中，代理人或社区组织的偏好、价值以及它们在瞄准过程中花费的时间和精力对瞄准的效果和成本都至关重要。

Coady 在对 48 个国家救助项目的研究中指出社区瞄准具有两重优势：一是减少“错保”，政府主管部门的社会工作人员仅能从申请表格中登记的信息以及粗略的家计调查中了解申请对象的情况，忽略时间和家庭成本，个体/家庭评估法和指标瞄准法给申请者提供了充分隐藏真实信息的可能性，但社区成员可以在不需要收集数据的情况下通过与救助对象的日常交往了解其真实的生活水平和需求情况，并且鉴于社区成员在社区交往中处于多重关系交互中，隐藏真实信息骗保和滥用信息都不易发生；二是提供更加准确适宜的需求指标，中央政府统一拨付的资源并一定适宜所有地区，拥有一定自由裁量权的社区往往能更符合贫困群体的需求[④]。

然而，无论是何种社会救助瞄准方法的实施，均会产生一定的成本：①行政成本，如家计调查和贫困地图绘制调查等的信息采集成本；个体成本：如就业的机会成本、证明材料的成本、往返申请处的交通成本等；②激励成本：即救助项目使得

① Devereux S. Social protection for the poor: lessons from recent international experience. Institute of Development Studies, 2002 (142).

② Conning J, Kevane M. Community-Based Targeting Mechanism for Social Safety Nets: A Critical Review. World Development, 2002, 30 (3): 375 – 394.

③ Kreuter M W, Lezin N A, Young L A. Evaluating Community-Based Collaborative Mechanism: Implications for Practitioners. Health Promotion Practice, 2000, 1 (1): 49 – 63.

④ Coady D P, Grosh M E, Hoddinott J. Targeting of transfers in developing countries: Review of lessons and experience. World Bank Publications, 2004.

申请者放弃就业、虚假申报的成本、过度消费受资助商品的成本，以及家庭代际转移被挤出的成本（Cox & Jiminez，1993；Jensen，1998）；③社会成本：即使得受救助者被社会污名化，进而使理应获得救助的人不愿意领取救助（D. Coady，Grosh & Hoddinott，2004；Dutrey，2007）。

（二）我国社会救助瞄准机制与收入核对体系建立的现实条件

党的十八届五中全会和中央扶贫开发工作会议，将脱贫攻坚提升到全党和全国人民重要历史使命。要实现脱贫攻坚的目标，首先就要解决“扶持谁”的问题，也就是对象认定问题。为此，习近平总书记明确指出，扶贫开发贵在精准，重在精准，成败之举在于精准，并提出了“六个精准”“五个一批”等重点工作部署，要求改“大水漫灌”为“精准滴灌”。这是中央对脱贫攻坚和社会救助的总体要求。社会救助要实现精准救助，关键就是要找对人，这就要需要建立科学的收入核对体系，研究制定多维度的收入和财产认定标准，加强核对领域信息共享范围，完善社会救助瞄准机制。

当前，我国经济社会发展进入新常态，在此背景下，一方面，社会救助对象可能会有所增加，从而导致社会救助资金需求持续增加；另一方面，公共财政的承受压力也在增加，从而导致社会救助资金增加投入的难度加大。虽然当前公共财政对社会救助的投入还在增长，但是增长幅度相比前几年已经逐步放缓。在需求增加、供给减少的情况下，公共财政对于救助精准化的要求将不断提高，要求把社会救助资金发放给最需要的人，要求提高救助对象认定的精准性，发挥救助资金的最大效益。同时，各项社会救助与广大民众的生活关系极为密切，社会对于错救、漏保以及“关系保”“人情保”等不合理现象的“零容忍”，对社会救助瞄准和收入核对体系建设提出了更高的要求。

随着社会救助制度的不断完善，救助政策正在逐步向低收入、支出型贫困家庭延伸，需要进一步加快社会救助瞄准机制和收入核对体系建设。“十三五”期间，社会救助体系将逐步完善，教育、住房、医疗、就业等专项救助将逐渐向低收入家庭拓展，并适当考虑支出型贫困家庭的需要。如果考虑支出型因素的话，就必然会涉及支出的认定，必然要依靠核对机制来进行认定，由此核对的内容会进一步扩大，建立社会救助瞄准机制和核对工作体系的重要性日渐显现。

信息技术的提升，为社会救助瞄准和核对机制建设提供了坚实基础。当今世界，科技发展日新月异，大量的新技术、新设备、新方法层出不穷，“互联网 +”、大数据等早就脱离了概念阶段，逐步进入日常工作和生活之中。从信息资源来讲，各地都在推进政府信息资源的整合，许多地方都在建立各类的政府信息库、云服务平台等。国家有关部门也正在研究建立个人收入和财产信息系统，并严格限制现金交易范围，对企业向个人支付的工资酬金、劳务报酬等超过一定额度的，实行强制性非现金结算。虽然这主要是服务个人所得税分类征收等国家财税需要，但如果建立这套系统，必将极大地促进国家信用体系建设，必将为核对工作开展提供极大便利。这套系统建成后，今后我们核对工资收入就只需要和它联网，就能准确查询个人工资收入，对外出务工、就业的收入核查将更精确、更量化。

综上所述，无论从国家的宏观政策环境，还是科技发展基础，都为我国社会救助瞄准机制和核对工作体系建设创造了难得的历史性机遇。

（三）我国社会救助瞄准机制与收入核对体系的发展现状

我国社会救助瞄准机制的核心是经济状况核对制度。2008 年 10 月，经国务院批准，民政部会同发展改革委、财政部等 11 部委下发《城市低收入家庭认定办法》（民发〔2008〕156 号），首次提出在社会救助对象认定中查询相关部门和机构掌握的居民家庭收入、财产信息。2008 年，民政部先是会同上海市开展试点，之后在苏州、南京、广州等地开展第一批试点。2012 年 9 月，国务院下发《关于进一步加强和改进最低生活保障工作的意见》（国发〔2012〕45 号），要求到“十二五”末在全国全面建立核对机制。2014 年 2 月国务院颁布《社会救助暂行办法》（以下简称《办法》），首次以国务院行政法规形式，赋予民政部门承担在社会救助工作中开展信息核对的职责，并明确了有关部门和机构的配合义务。近年来，在各部门的大力支持和各地的努力推进下，核对政策逐步出台，核对机构不断健全，核对平台探索建立，核对机制建设取得明显成效。

全国居民家庭经济状况核对系统是与公安、人社、住建、银行等涉及居民个人收入和家庭财产信息的部门实现数据共享，并与地方核对机构建立业务联动的基础和信息管理平台，是研究分析、落实社会救助政策、扩展服务的基础和支撑，是建立跨部门、多层次的居民家庭经济状况核对体系的前提条件。全国居民家庭经济状况核对系统是依托国家电子政务网和公网，覆盖全国的跨部门、跨地域、多层次的，互联互通、资源共享、标准统一、安全高效的信息系统。该系统由“一个平台、一个系统、一个中心”构成，一个平台是“信息共享平台”，为相关部门数据的共享查询、接受地方核对请求、反馈核对结果、汇总数据、对外服务提供技术保障，是整个系统运行的重要保障。一个系统是“核对系统”，主要处理地方核对请求并生成核对结果，完成核对业务办理，是整个系统的核心。一个中心是“数据中心”，对大数据进行分析、处理、挖掘和管理，为监测预警、科学决策、课题研究提供技术支持，为“部门委托”+“个人授权”模式提供一个可扩展的政务服务渠道。近年来，随着我国大力推进精准扶贫，强力推进核对机制建设，社会救助瞄准核心的核对机制推进取得了显著成效。

一是核对工作机构与人员队伍建设进一步加强。在编制、财政等部门的大力支持下，各地在成立工作机构、建立核对队伍方面取得突破性进展。截至2017年第三季度末，全国31个省（自治区、直辖市）均成立了核对机构，地市级建立核对机构326个，占全国地市级单位总数的97.6%，县（市、区）建立核对机构2270个，占全国县（市、区）总数的79.3%。地方各级核对工作人员已达10444人，其中，省级311人，地市级1698人，县级8435人，为核对工作的开展提供了有力的组织和人员保障。

二是核对标准体系建设进一步健全。2015年3月，民政部会同国家统计局印发《关于进一步加强农村最低生活保障申请家庭经济状况核查工作的意见》（民发〔2015〕55号），使农村低保申请家庭经济状况核查内容更加具体、核查方法更加科学、操作流程更加规范。为确保签订信息共享协议的部门之间分工明确、管理规范，民政部低收入家庭认定指导中心还起草了《部省居民家庭经济状况核对规程》《车辆、户籍信息查询操作规程》和《国家人口基础信息库信息查询操作规程》。为保障各部门核对数据的顺利对接，规范核对数据标准，又起草了《居民家庭经济状况核对标准》。在《部省联网查询暂行办法》及配套技术方案试运行时，又研究制定《跨部门数据交换管理办法》，在工作流程、人员保障、工作职责等方面做出了明确规定；起草《居民家庭经济状况核对信息安全管理规范》，正在报请成为民政行业标准。地方层面，已有23个省份根据核对业务发展需要，出台了相关办法以及实施细则或操作规程，对核对范围、核对内容、核对方式、核对程序以及核对规则等提出了具体要求。地市、区县细化出台了适用于本地区的核对办法或实施细则。

三是核对信息系统建设进一步提升。其一是居民家庭经济状况核对信息系统基础平台软件从“1.0版”升级改造为“2.0版”，提升了信息安全保障能力，为各地提供了更加好用、管用的核对信息系统基础。其二是建设部级系统，作为全国核对网络的最高节点，民政部低收入家庭认定指导中心以核对基础软件为支撑，建立了以核对业务平台、数据交换平台和大数据分析平台三个平台为核心、标准规范体系和网络安全保障体系两个系统为基础的部级核对信息系统。其三是推进地方系统，各地积极推进核对信息系统建设，截至2017年第三季度末，已有28个省份、233个地级市、1816个县（市、区）正在使用或建设核对信息系统，分别占到全国省份、地级市和县（市、区）的87.5%、69.8%和63.7%。其中，16个省份已应用或计划应用基础软件开发核对信息系统。其四是开展部省对接，部认定指导中心依托核对实验平台，有序推进与各省（自治区、直辖市）的联网工作。并先后与河北、山东、山西、内蒙古、江苏 5 省（自治区）开展部省核对信息系统对接，实现了数百万条数据的查询反馈。

四是部门信息共享进一步推进。部级层面，在《办法》和国发 45 号文件基础上，民政部与公安部就居民户籍、机动车辆信息查询签署了合作协议，解决了查询户籍和机动车辆的政策瓶颈。会同银监会印发《关于银行业金融机构协助开展社会救助家庭存款等金融资产信息查询工作的通知》（民发〔2015〕61 号），奠定了对金融机构银行存款信息查询的政策基础。会同证监会研究查询证券财产信息的政策措施，并扩大证券查询试点，逐步推动实现查询证券等相关信息。民政部、国土资源部研究制定的《关于做好社会救助家庭不动产登记信息核对工作的通知》正在会签；与国务院扶贫办签署了《农村低保和扶贫开发数据交换的合作协议》。在民政部门内部，也实现了社会救助与婚姻、殡葬、社区等相关信息的共享。地方层面，地方各级民政部门积极加强与银行、公安、人社、住建、公积金、工商、税务、国土等 20 多个相关部门的沟通。

五是核对业务不断拓展。首先，核对领域逐步拓展。各地根据实际需要，在开展低保核对基础上，积极开展了申请医疗救助、住房救助、教育救助、临时救助等社会救助家庭的经济状况核对工作，并探索在慈善救助、重残补助、残疾人就业保障金等方面开展核对业务。例如，上海市已初步实现核对机制在“9 + 1”现代社会救助制度体系中的全覆盖；山西省不断拓展核对业务范围，应用于扶贫、危房改造、精准扶贫等项目；天津市积极配合市、区两级纪检部门开展扶贫助困领域不正之风和腐败问题专项治理。其次，核对业务量大幅增加，并开始向其他部门提供服务，核对工作已经成为社会救助管理中不可缺少的重要环节。

六是核对工作成效逐渐显现。部级层面，民政部低收入家庭认定指导中心通过核对实验平台，为试点省份提供人口、证券和工商信息查询服务。截至 2017 年底，已完成及正在进行的数据查询包括内蒙古 162 万余条、河北 211 万余条、山东 3.4 万余条、江苏 1 万余条、山西 0.6 万余条信息。地方层面，2017 年前三季度，全国共开展各类受托核对 8177 万人次，已达 2016 年全年核对业务总量的 90.11%，检出率为 6.22%。其中，低保受托核对 7514 万人次，检出率 6.04%；住房保障类受托核对 274 万人次，检出率 9.93%；其他受托核对 390 万人次，检出率 6.93%。随着核对效果的不断凸显，各级领导越来越重视核对信息化建设，对核对事业的长远发展提供了强大的动力和支持。

但是，社会救助瞄准机制的建设还存在不少问题，核对工作还面临不少的困难。一是实现的信息核对部门还不多、核对内容还很有限，需要继续扩大信息共享范围。二是信息化核对平台尚未完全建立，还有一些地方停留在手工比对阶段，认定的实效性和准确性不高。三是“信息孤岛”现象依然存在，由于全国核对网络还没有实现联网等原因，导致信息还不能在相关部门间以及不同层级间实现互联互通和数据共享。四是核对人员队伍结构、业务素质和实践经验上都与工作需求存在一定差距，尤其缺乏核对信息化管理人才。

三、国外社会救助瞄准机制的经验与启示

（一）拉美国家社会救助瞄准机制的经验总结

拉美地区是全球范围内发展中国家最集中的地区之一，主要典型社会问题体现在贫富差距大，地区发展不平衡，已经严重影响了社会文明发展。因此，各国政府从20世纪末开始推行一系列减贫扶贫制度。其中，有条件的现金转移支付（Conditional Cash Transfers，CCTs）项目是拉美地区应用最广，且最有实际效果的创新扶贫计划。

拉美国家社会救助政策特点，是基于贫困是一个过程而不是一种状态。因此，首先要解决导致贫困产生、世代相传的原因的问题，包括教育机会不均、地理条件的限制、获得财富机会的不足、社会资本的缺乏等；其次是关注贫困带来的后果，如就业机会、个人福利的丧失、社会凝聚难以形成、国内消费和服务市场难以扩张；最后重点调整造成贫困状况的结构性因素，如稳定宏观经济、资本的流动情况、创造更多的岗位，以及完善分配机制等。

基于贫困的多样性与致贫原因的多重性，经济增长本身并不能改变贫困代际遗传的机构性问题。因此经济政策与社会政策应长期互相协调，同时注重人力资本与社会资本的形成。当然，短期的社会救助政策必不可少，可以为穷人出现暂时性危机时提供保障，但是长期的制度化的社会救助更是不可或缺，以此确保社会政策的长期一致性。为保证社会救助真正达到减贫的效果，需要政府长期的、持之以恒的投入。

拉美国家五大类减贫项目是：第一类，社会收益性政策：长期援助性，包括现金补贴、住房、食品等，以改善与结构型贫困相关联的收入与消费不足；第二类，社会危机和脆弱性管理政策：提高脆弱群体能力，达到预防或分担意外事件的负面影响目的；第三类，特定人群项目：针对特定脆弱人群的特殊需要，如少年儿童、妇女、残疾人等；第四类，生产和就业指导公共政策：提高贫困家庭自身创造收入的能力，争取实现社会融合的长期目标；第五类，社区指导和社会投入资本型政策：改善贫困人群本身和所在社区的生活状况，发展自身能力，开发社区社会资本。

“有条件现金转移支付项目”是对传统扶贫计划的改革，是一种多维度的救助政策，针对的是长期贫困和极度贫困的家庭，是拉美地区长期减贫的核心措施。从巴

西的“学校救助计划”和墨西哥的“教育、卫生、食品计划”开始，“有条件现金转移支付项目”已实施了近20年，并且有19个拉美国家先后采用了这种社会救助瞄准机制，政府的投入与受益的人数等均处于不断扩大之中。拉美国家的社会救助瞄准机制不尽相同，各自拥有一套较为完善的体系，因此存在的问题有共性的也有非共性的。存在的共同特点是：接受救济的条件是要送子女上学，家庭成员接受健康检查，饮食方面必须符合营养要求。将缓解收入的直接补贴与增加青少年人力资本投资的长期效应相结合，发挥了长期和短期的共同效应。这些项目虽然投入初期成本较大，但是执行以后将会长期受益。

此外，“有条件现金转移支付”的瞄准机制还具有以下特点：①以现金补贴为主、实物补贴为辅，同时兼顾配套服务的提供与相关脱贫渠道的拓展；②补贴金额标准确定具有科学性、可操作性和灵活性，兼顾不同人群需要，补贴金额及时调整；③制定符合各国国情的“条件”，即“对应义务”；④具有针对性的处罚机制。

“有条件现金转移支付项目”在提高人力资本、消除贫困、增加收入、消除童工多个方面成效显著，其成功之处在于社会救助瞄准机制的高效。例如在巴西，联邦计划受益家庭统一登记系统，巴西联邦储蓄银行负责管理全国数据并认定和审查受益人资格，全国范围数据比对，然后确定受益人。之后，巴西又开发了家庭发展指标。同时，对受益人登记审查，舞弊行为形成监督，对于未履行义务家庭集中登记，作为今后救助审核的参考条件。在智利，根据CASEN数据确定救助受益地区，根据社会保障卡进行确认资格，通过网络监督救助过程。在尼加拉瓜，专门建设了受益人登记系统（RUB）和评估监督系统（SEMP）。目前该项目已跨越国界，被引入到印度尼西亚、摩洛哥、巴基斯坦、菲律宾、南非和土耳其，以及美国纽约和华盛顿特区的试点等。

总结“有条件现金转移支付项目”瞄准机制的特点：

第一步通常是地区和类别瞄准。采用地区标准和贫困线标准相结合的方法，将贫困现象较严重的地区设为扶贫首要地区。

第二步是贫困家庭的聚焦阶段。主要依据有二：一是为生活来源间接确认法，把生活质量相关的多维指标作为依据；二是生活来源间接评估法，直接参照家庭收入来划定（如巴西）。

第三步还有增加“社区筛选法”作为补充，过滤去不符合的，增加被忽略的家庭。

还有“特定人口筛选法”（如玻利维亚）。将目标人群定义为某种特定人群，操作简便、目标明确，成本低廉。

其中，一个统一的人口信息管理系统，是救助瞄准机制高效运行的必要条件。

如：智利、哥斯达黎加、巴拉圭的“政府卡片”采集建立救助人口信息系统，定期更新，并与其他相关部门联网。巴西建立了统一登记系统（Catastro unico），墨西哥的政府项目全面登录系统（SIIPP-G），以及洪都拉斯的受益人登记系统（SIRBHO）。

数十年的世界反贫困经验表明：经济发展并不能保证贫困的减少。要真正实现减贫目标需要具备三个重要条件（Moore & Putzel，1999）：第一，促使贫困家庭积累起一定的资产基础，以便参与社会发展，融入社会。第二，促进贫困家庭的资产逐步增加，并使其所在行业获得更多的增长机会。第三，考虑减贫政策实施效果需要一定的时间才能显现，因此制定短期的公共转移支付项目来保护最贫困家庭的生活显得尤为重要。要满足这三个条件，必须建立有效的贫困瞄准机制。拉美国家的有条件现金转移型社会救助瞄准机制较为有效地平衡了这三个目标。通过上述文献综述和分析结果，可以发现拉美国家的社会救助瞄准政策实践的基本经验可以归纳为以下几条：

（1）分类瞄准应用较多，尤其是地区和分群体类别的瞄准机制，较少使用单一的瞄准方法，通常是分类瞄准结合家计调查；

（2）对贫困家庭的儿童的人生发展规划、家庭成员的赋能较为重视，有利于培育贫困者的个人和社会资本，避免贫困陷阱和贫困的代际转移；

（3）不仅重视对需求方的投入，对资源的提供方，如提供基本医疗健康服务和教育服务的机构也予以充分利用和投资；

（4）重视发挥家庭，尤其是母亲在脱贫中的重要角色，具体措施包括将救助金发放给母亲，以及对母亲进行培训以增强其培养孩子的能力等；

（5）重视对家庭主要成员细分能力的具体评估，从而重点提供相匹配的公共服务。

但与此同时，在具体实践中，拉美地区的社会救助瞄准机制也出现了许多问题和弊病，其基本教训主要包括以下几点：许多救助项目没有瞄准效果的评估（甚至没有政策效果评估），有相关评估的显示许多项目的瞄准效果非常低；预算难以保证，影响瞄准机制和政策实施效果；一些国家的社会救助项目被过度政治化，可持续性存疑；一些社会救助瞄准项目在国内的区域间准入门槛差异过大，造成新的地区间不平等；一些项目由于预算和机制设计中的缺陷等问题，将最贫穷、最没有申请能力的群体排除在救助项目之外。

（二）转型国家社会救助瞄准机制的经验总结

从计划体制到市场经济的转型期国家面临着类似的制度背景和路径依赖问题，面对着同样的挑战：需要对制度进行重新设计保证把公共资源分配给真正需要的人群？由于新的社会人口风险出现，原来的制度很难适应社会转型带来的挑战。新的社会救助计划必须应对以下问题：第一，家庭需要的重新认识和家庭资源的重新定义。第二，需要慎重选择社会救助代理人。在分权与权力下放成为必然趋势的情况下，面临着行政能力和地方财力存在很大差异的挑战。第三，应当更加重视民众的反应，改革后的社会救助政策能否很快得到推广？社会救助代理机构琐碎的申请程序是否会导致更高的行政成本？或者家庭掌握了救助金申请规则后是否会带来新的问题？相反，符合条件的家庭是否会使用他们的权利？第四，新计划如何避免抑制福利依赖的增加，等等，这些问题在所有转型国家都有不同程度的存在。面对上述挑战，转型国家纷纷从自己的国情出发，采取了富有成效的应对措施，取得了丰富的经验。

通过对乌兹别克斯坦的马哈拉计划、拉脱维亚的最低生活保障计划、阿尔巴尼亚的经济支持安全网计划、吉尔吉斯斯坦消除贫困计划等社会救助瞄准机制分析，从救助瞄准的实施、资金来源、瞄准的优势与缺陷等四个方面进行比较，具有以下特点，如表 1 所示。

表 1　四个转型国家社会救助瞄准机制的比较

救助项目	MAHALLAS（乌）	GMI（拉）	NE（阿）	UMB（吉）
机制特点	市民组织的自我瞄准	专业社工承担瞄准	多层级分权化机制：社区层面具体实施瞄准，中央承担财政职能	通过家计调查（现金和农业收入）和家庭成员类别判断
资金来源	中央政府拨付一定额度资金	100% 来自地方财政	中央对地方整体拨款，地方对 50% 有支配权	中央政府财政预算
项目优势	1. 了解更多当地家庭状况信息，减少隐藏家庭状况的发生 2. 增加信息扩散度和计划原则的可接受性 3. 增加贫困家庭受助率和防止虚假申请 4. 增加了真实生活水平指标 5. 强调动态扶贫，针对不能显著增加收入的家庭，而不只是贫困家庭，救助金只发三个月	1. 有效地使用了稀缺资源，针对穷人的救助目标绩效得到改善 2. 专业社会工作者的存在有利于促进实现救助贫困者的目标 3. 分散的系统可以更好地评估穷人的需求	1. 分权机制下针对穷人的瞄准准确率更高 2. 更有能力甄别谁是真正的贫穷者	1. 是所有项目中瞄准性最好的项目 2. 资源利用率较高

续表

救助项目	MAHALLAS（乌）	GMI（拉）	NE（阿）	UMB（吉）
项目缺陷	1. 自由裁量权意味着可能存在的主观性和任意性 2. 救助金的分配没有考虑到每个社区不同的平均生活水平的不同需求 3. 国家的行政成本和监管成本不能忽视 4. 在领受救助上的金钱和心理成本可能使一些贫困家庭放弃申请权利	1. 效率低下，最贫穷20%人口福利发生率仅为14% 2. 因高额社会保障税，资格认定中少报收入非常普遍。在一个有相当大非正式经济或隐性收入的国家，由收入调查结果确定福利难度大成本高 3. 资格认定不一定基于正式收入，还有社工主观评价的介入，个人态度和偏见可能会产生影响 4. 政策过多反映地方政府的偏好，中央政府几乎没有任何杠杆工具来影响地方层面的政策实施 5. 缺乏政治上的支持	1. 中央政府对于地方政府补助资金的确定缺少清晰的标准 2. 中央政府缺乏充分的确定贫困标准的基本信息 3. 中央和地方政府间缺乏信息沟通的机制	1. 项目预算被严重削减带来覆盖范围、瞄准效率和减贫效果锐减 2. 救助水平受制于预算，而不是贫困群体的需求 3. 覆盖面太小，受益人均为极度贫困的农户，大量有需要的穷人得不到救助 4. 忽视了有工作的穷人，把就业年龄段没有孩子的贫困家庭排除在外 5. 经济调查不规范，农村贫困家庭难以实施经济收入调查，代之的土地测量存在缺陷

四个转型国家社会救助瞄准机制的经验，对于今天中国的社会救助瞄准机制构建具有一定借鉴与启示。

1. 关于收入核对瞄准机制实施条件的启示。社会救助瞄准与信息可获得性密切相关，其效果取决于信息的可得性、可用性、可以被核实的程度、政府的行政能力以及贫困受助者的行为。运用收入核对方法识别贫困受助者须具备下列重要条件：在合理的成本制约下，家庭与个人的信息是否容易被评估和验证。马哈拉项目中以申请人上报的家庭总收入为指标，由社区组织来确定福利资格。通过正式收入来评估领取福利的资格的有效性受到下列因素的影响：非正式经济的规模、总收入中现金的份额、人们报告真实收入的倾向性。但是事实上，拉脱维亚收入少报现象并不罕见，较高的社会保障税负担导致部分雇主和员工上报低于实际支付工资的金额。企业常常按照最低工资标准支付员工工资，再将额外的现金放在信封中发给员工。这种现象，给经济收入核对机制造成了很大的麻烦，导致收入核对产生很大的偏差，以致实施效果产生很大的偏差。这一情况与中国非常相似，如果不顾现行经济社会特点，用同一套收入评估和分类体系简单地进行收入核对，结果是很不科学的。

2. 关于社区参与提高社会救助瞄准效果的启示。乌兹别克斯坦的 Mahallas 以及阿尔巴尼亚的经济支持（NE）项目等，都是社区瞄准的典型项目。基于社区的社会救助瞄准具有许多优势，如：行政成本更低；具有更好的筛选、控制及责任感；因社区代理机构了解申请人的实际状况会减少欺骗行为的发生。社区瞄准可能会比国家层面更加符合当地实际，项目也可能会更容易管理，并产生正的外部性，因此社会困难群体可以被赋权并表达自己的需求。但是，社区瞄准也可能产生负面影响：①可能产生寻租现象；②可能发生精英俘获或精英偏好，而并非穷人偏好；③社区组织可能会为了更容易获取资金或政治支持而改变瞄准策略。因此，由国家决定的混合型瞄准机制在多数情况下要优于尚不成熟的社区瞄准，对于今天中国农村的贫困瞄准更是如此。

3. 对于专业社会工作者在贫困瞄准中角色的启示。拉脱维亚案例研究表明，专业社工能够提供更好的服务，有利于实现救助贫困者的目标绩效。对 2003 年的数据分析发现，在有专业社会工作者参与贫困瞄准的直辖市中，GMI 福利接受者领取的份额更高。在 GMI 项目中，申请人是否能够获得领取福利的资格并不完全依据其正式收入，还需要通过专业社工对申请人情况和行为进行主观评价，因此在瞄准过程中专业社工发挥了非常重要的作用。尤其是在社区里，人与人之间都相互认识，这会诱惑个人利用已有的信息去获得福利，从而影响对贫困受助者的公平和公正的待遇。在拉脱维亚的 GMI 项目中，一方面是由专业社工承担着救助瞄准的重要责任，同时又面临着缺乏专业社会工作者的困境。在一个相对分散的瞄准体系中，社会工作者在基层发挥着决定性的作用，他们为那些在社会底层有需要的人获得公平对待负责，保证他们获得社会保护的平等机会。因此，对于新的社会工作者的教育投资是必须的，这将在未来得到长远的回报。

4. 关于社会救助瞄准中央与地方政府关系的启示。从拉脱维亚贫困瞄准的研究发现，不同城市在 GMI 福利接受者数量上存在着较大的差异。原因在于拉脱维亚社会救助资金全部来自地方财政，因而中央政府对地方层面政策执行的影响非常有限。由于融资机制完全分散在地方，中央政府缺乏制约地方政府严格执行社会救助相关法律和规定的手段，而地方政府也缺乏动力去遵守国家规定的最低保障标准。地方政府在社会救助政策实施中拥有最大自由裁量权是导致 GMI 水平低的重要原因，地方资金的不足也会导致地方政府将 GMI 福利设置在较低水平。只要救助项目完全来源于地方财政预算，中央层面无法提高社会救助的效率和效益。阿尔巴尼亚 NE 项目的瞄准实施多层级分权化机制，由地方政府具体负责救助瞄准的实施，中央承担财政职能，为地方政府和中央政府的责任分担提供了一个成功的案例，同时也是该项目救助瞄准得以成功的原因。吉尔吉斯斯坦的 UMB 项目则从反面说明了财政预算被严重削减带来覆盖范围、瞄准效率和减贫效果锐减的后果。上述转型国家正反两方面的经验与教训，对于今天中国如何成功实施精准扶贫有很大的启发。

（三）发达国家社会救助瞄准机制的经验总结

经历了20世纪70年代的两次石油危机以后，西方发达国家的经济遭到严重打击，在经济发展速度逐渐减缓的同时，人口结构趋于老龄化，而税收调整却趋于上限，大部分发达国家面临着巨大的财政支出压力。可以预见，福利国家改革势在必行，这将直接影响到如何定义“需要”的范围，指标瞄准机制因为其简单易行的操作特点，成为世界各国和地区普遍确认受益资格的方式。社会救助资源具有稀缺性，通过瞄准对不同群体采用差别化的福利分配方式有利于社会资源利用效率的提高。其实质在于，福利国家必须通过缩减政策受益面，降低福利水平，减少福利支出，才能摆脱财政困难。同时，“选择性”原则是社会救助最显著特点，为了保证有限的社会救助资源分配给最需要的人，尽可能地减少社会救助中“泄露率”和“遗漏率”，通常会有一套法定工作程序来审核申请救助公民的收入状况。

从理论意义上看，“指标瞄准”是当前西方国家福利制度改革中采用过的最高效的一种制度设计，也是社会救助瞄准机制中的重要组成部分。在20世纪末，“普惠制”的社会福利制度框架受到财政压力和各种社会因素的束缚，西方福利国家纷纷进行减少受益对象范围，合理配置社会资金的制度改革①，但同时这也存在着极大的局限性，由于缺乏实践经验与技术支持，瞄准机制在当时的发展中国家并不可行，政策制定者很难平衡瞄准成本和福利给付之间的关系。如何提升瞄准机制的效率，采用合理的瞄准策略，需要构建一个原则框架作为理论基础②。“社会救助对象瞄准”也因此成为当时西方发达国家在扶贫政策的一剂“万能药”。

自20世纪90年代开始，世界各国和地区不断开始在社会救助项目中应用指标瞄准，理论和实践成果不断涌现，指标瞄准在识别贫困群体过程中的精准度非常显著。Haddad等学者③在1991年用家庭收入水平的数据说明，在许多情况下，替代型指标比受益者的回忆能够更好地反映实际需求。其他的研究也通过对大量指标的回归分析提供了充分的支持论据。许多国家和地区的指标瞄准案例显示，指标瞄准在识别贫困群体上具有十分出色的效果。也有学者提出了指标瞄准存在的一些缺陷，主要集中在瞄准成本上。

---

① Gilbert, N. Targeting Social Benefits: International Perspectives& Trends [M]. New Brunswick, New Jersey: Transaction Publishers, 2001.

② Besley T., Kanbur R. The Principles of Targeting [R]. The World Bank, 1990: 20.

③ L. Haddad, J. Sullivan, E. Kennedy. Identification and Ecaluation of Alternative Indicatiors of Food and Nutrition Security: Some Conceptual Issues and Analysis of Extant Data. IFPRI, Washington DC, 1991.

总体来说，发达国家在社会救助瞄准机制的实施和运用上并不存在一个固定标准的瞄准方法。但可以肯定的是，制定一个好的瞄准机制需要考量地区差异性、信息可得性、不平等程度、政府治理能力以及社会人口特征等多方面因素。综合多数社会救助项目实例，可以发现发达国家在制定和应用社会救助瞄准的过程中主要是基于五个方面的考量：

1. 贫困瞄准的原则：考虑多重社会目标的实现

由于社会政策通常需要达成多重目标，政策制定者须采用多种瞄准组合策略来优化社会目标的实现路径，同时也能够起到控制单一方法局限性的作用。这种组合策略被称为“工具包”。不同社会救助项目工具包的设计原则可以有所不同：失业救助应侧重选择性和社会激励，养老救助则更侧重普惠性和资金给付。具体而言，通过工具包的设计需要实现以下目标：保证项目的执行者明确该项目需要达到的目标；为项目受益对象提供针对性的救助，并进行定期复核与反馈；根据实际情况，及时改进社会救助方案和优化过程；依据项目成果为政策制定者提供一套监测贫困目标的关键绩效指标。

2. 地理位置瞄准指标：最常用的指标瞄准法

地理位置瞄准是社会救助瞄准中最常用的方法，地理隔绝是造成社会群体分化的重要原因。使用地理位置瞄准指标能够实现下列目标：识别需要优先干预或符合条件的贫困地区，确定国家需要优先救助的区域或事项，制定扶贫资源配置的导向性政策，有针对性设立密集化的培训机构。

地理位置瞄准的优点在于：瞄准成本较低，简单易行，资源分配透明度大为提高，可以减少行政干预。同时它有便于设置社区需求的优先级别，将资源配置到更需要的社区。地理位置瞄准的缺点在于：政府可能缺乏可靠和及时的数据，以及适用的贫困地图。在危机发生之后（如自然灾害或内部冲突，资产被摧毁，人口流离失所）尤其突出。

3. 救助资格标准设定：更加精确的指标瞄准法

在救助资格标准的制定过程中，需要考虑两个重要的影响因素：首先是社会救助的目标，究竟是为给受益者提供更高水平的服务，还是仅仅保障贫困群体的最低需求；其次是社会救助项目的受益者，是作为普惠性公共物品受益人的全体社会成员呢，还是作为选择性私人物品接受者的部分符合条件的群体。

过于刚性的救助资格标准在法律方面确实存在可操作性和透明性，但由于指标的限制也会导致社会救助缺乏灵活性和适用性，可能会排除部分穷人从而造成“弃真型误差”。一些发达国家通过建立完善的电子档案系统实现了救助对象个人信息的全国联网，提高了社会救助瞄准的精准度。在部分社会救助制度尚不完善的国家，固定的资格标准设定无疑增加了大量的行政成本。

4. 有弹性的瞄准实施过程：更加灵活的指标瞄准法

在确定社会救助优先级别时，建立小规模社区管理委员会或者利用社会信用评级机制，能够灵活迅速地实现社会救助资源的分配。这也是“社区瞄准”和“自我瞄准”两种瞄准法的含义。

这两种方法虽然不能从根源上解决贫困问题，但也是给社会救助指标瞄准提供了很好的完善政策实施的途径。贫困救助的指标瞄准法往往适合于长期贫困者，但对于短期经济冲击影响的效果并不显著，因此社区瞄准可以用来解决短期细微变化的问题。但又因社区存在熟人社会文化，寻租现象发生的可能性也很高，这对于社会救助瞄准效果又产生了很大的副作用。因此，有社区参与的社会救助项目必须严格设置社会目标和实施制度，要求用透明和开放的程序来决定救助优先权。在具体实施过程中下列三个阶段非常重要：①社区动员和需求识别；②社区管理委员会的建立与运行；③社会控制机制和社会信用评级机制。

5. 监测和评估瞄准效果：指标瞄准中的最终要素

有效的指标瞄准机制应当包含监测和评估系统，以跟踪社会救助受益对象的实际生活状况，进而在下一阶段进一步优化瞄准机制，最终帮助贫困家庭摆脱困境。在美国和澳大利亚的社会救助项目中就包含受益对象的资格审核和过程追踪，但仍然需要完善瞄准效果的监测。因此，建立一套具有明确目标的关键绩效指标（KPI）显得尤为重要。

关键绩效指标的建立应当符合项目的原则和社会发展目标。如果方案目的是为了惠及穷人和弱势群体，那就需要测量家庭贫困发生率。关键绩效指标应当以在地理和家庭层面上成为贫困瞄准的基础指标。地理水平是最简单和最低成本的，评估家庭贫困目标的结果则更加困难和昂贵，因为需要依赖家计调查等强有力的措施。在家计调查中还可以嵌入替代型指标，如就业、医疗、教育、残疾等经济替代型指标。

表 2　发达国家社会救助瞄准机制的总结

	设计层面	应用层面
贫困瞄准的原则	• 划定特定瞄准区域的原则和规范 • 筛选特定受众人群的原则和规范 • 政府的政策意图或者社救救助项目的偏好	• 所有利益相关者（议会，新闻媒体，政府部门，民间组织等）的期望共识 • 将瞄准策略列入国家发展战略规划

续表

	设计层面	应用层面
地理位置瞄准指标	• 贫困地图的甄别绘制（不同程度上可提供） • 扶贫资源的分配制定 • 筛选瞄准区域内受众的原则和规范（二次瞄准）	• 定期修正、更换贫困地图 • 向贫困地区提供技术援助 • 向利益相关者公布分配方案
救助资格标准设定	• 识别贫困发生高危人群的原则和规范 • 建立配套的资金分配规则 • 收入核对机制避免“存伪型” • 行政成本、激励成本、社会成本	• 引入试用更多扶贫干预措施 • 根据经验调整配套的资金分配规则 • 修改最低工资标准以符合劳动力市场状况 • 比对尚未涵盖的瞄准群体，并有针对性的修改资格标准
有弹性的瞄准实施过程	• 设计便利的社区瞄准和自我瞄准评估机制 • 社区管理委员会评定机制 • 社会控制机制和社会信用评级机制	• 比较扶贫优先级与资金支持之间的侧重 • 根据需要，调整社区瞄准和自我瞄准的流程 • 根据需要，调整社区管理委员会评定机制
监测和评估瞄准效果	• 找到指标瞄准相关扶贫政策的关键绩效指标 • 每年至少开展一次有关瞄准发生率的入户调查 • 设计用于监测和评估指标瞄准效果的关键绩效指标	• 定期报告扶贫政策的关键绩效指标 • 执行每年至少开展一次有关瞄准发生率的入户调查 • 对被瞄准贫困人群的影响程度分析 • 及时发布用于评估指标瞄准效果的关键绩效指标

综上，通过分析美国和澳大利亚社会救助指标瞄准中的经验规律，结合中国当下“精准扶贫”的制度环境可以得到以下政策建议：

第一，完善法律体系建设，保证社会政策目标实现。发达国家社会救助指标瞄准都是在不断完善的法律框保证下实施的，法律不仅能够规范约束社会救助瞄准的流程，更为重要的是体现了国家的贫困瞄准原则和政策目标。通过法律规定了社会救助的受益人群，社会救助项目的瞄准指标，申请流程以及对于救助欺诈的处罚。依法进行救助对象瞄准，既能够保障公民的基本生存权利，又能有效控制瞄准成本，减少救助依赖和救助欺诈行为，更加合理地分配与利用社会资源。

第二，合理制定贫困线，严格设定资格标准。在保证贫困救助瞄准精度的前提下，还应考虑如何尽可能减少行政成本。在扶贫救助中，可以借鉴美国经验，根据我国经济水平、社会预期效果和社会人口结构，设计一个针对性的瞄准“工具包”，使救助政策更加简单可行。发达国家在实施社会救助时，通常先对贫困群体进行细致分类，逐一项目设置救助瞄准的“工具包”，针对不同救助对象匹配不同的救助内容，实施差异化的资金给付标准，而不是简单的“一刀切”，保证社会资源的高效利用。

第三，以人为本，弹性实施社会救助瞄准。全国范围内的联网有助于资料的管理、信息的记录以及快速查询和资格审核，使救助欺诈行为的边际成本大幅提高，使社会救助部门掌握救助对象的实际生活状况更为便捷。从各国的实践经验来看，虽然初期投入成本大、维护成本高，但是一旦建成，救助瞄准的效果极为显著，且长期受益。因此在制度设计之初，就有长远的信息化规划，逐步将信息化手段应用于社会救助瞄准之中。

社区瞄准和自我瞄准是对指标瞄准的进一步补充，利用社区管理委员会和社会信用评级机制是符合时代发展和技术进步的新探索，能够促进社会救助瞄准更加灵活与准确。同时，建立救助复核和定期退出机制也十分必要。定期的信息更新、资格复核和有效的退出机制能够降低福利依赖和欺诈行为的发生。同时，对于复核机制淘汰的对象同样应当提供完善的申诉机制，这样才能真正保障全体公民的基本生活权利。

四、国外社会救助瞄准机制的启示

综合 Coady 等（2004）、Ravallion（2009）以及 Zeller 等（2006）等的研究，社会救助瞄准误差的测量方法主要有以下三类：第一，将遗漏比率（exclusion error）与错误纳入比率（inclusion error）进行对比，遗漏比率越低、错误纳入比率越高，则瞄准成效越好；第二，计算社会救助项目预算的配比，即不同收入水平的群体所获得的救助的占比，收入水平越低的群体获得的救助金额占比越高，则瞄准成效越好；第三，量化社会救助瞄准政策所达到的减贫效果，并计算达到相同效果所需要花费的最低成本，进而计算瞄准成本与最低成本之间的差额，差额越小则瞄准成效越好。这三种方法在各国和地区社会救助瞄准绩效的测量中运用比较广泛，尤以第一种方法使用最广。

此外，Dutrey（2007）结合拉美及北美国家的实际案例，提出了四类社会救助瞄准的评估方法：①综合使用社会救助项目预算配比指标与遗漏率指标，以降低救助瞄准的“遗漏率”。②计算瞄准的经济成本，具体包括行政成本、对象核对成本和转移支付成本等。建议将瞄准项目与普惠型项目的经济成本进行对比，以确定瞄准项目的绩效。③政策执行机构的效能，具体是指机构的执行能力和数据收集能力。对于非洲国家社会救助瞄准项目研究表明，在政策执行机构效能低的国家，瞄准项目的效能比普惠型项目的效能更低。④政策所获得的政治支持。由于减贫工作的长期性和复杂性，社会救助瞄准项目需要来自民众的持续支持。

还有学者从社会救助瞄准政策的执行过程出发，提出了对政策的瞄准绩效进行综合评估的方法。Miller、Tsoka 和 Reichert（2010）基于非洲国家实施现金类救助瞄准项目的实践，将项目的执行划分为项目计划、定位、实施和结果四个阶段，并对每个阶段进行瞄准绩效的评估。

五、我国社会救助瞄准和核对体系建设的政策建议

根据中国社会救助瞄准机制和核对体系发展现状，借鉴国际社会救助瞄准的实践经验，进一步贯彻落实党的十八届五中全会和中央扶贫开发会议精神，提升精准识贫、精准认定、精准救助能力，针对我国社会救助瞄准机制和核对体系建设，提出以下政策建议。

（一）加快居民家庭经济状况核对系统建设，加大信息技术在社会救助瞄准中的应用

核对系统的使用为社会救助指标瞄准机制的推广创造了条件。社会救助的指标瞄准不仅适用于发达国家，对发展中国家同样适用。因此，加快低收入家庭经济状况核对系统建设的任务不仅十分必要，而且非常迫切。

从美国案例中我们可以吸取教训，碎片化的社会救助项目必将导致整个制度体系的无序与低效。合理地运用电子信息化工具，建立系统的社会救助项目名录，才能真正减少瞄准成本，提高瞄准效率。在当前的信息技术发展日新月异的时代，积极运用电子信息化手段有助于资料的管理，信息的记录以及快速查询和资格审核。全国范围内的联网使重复救助、救助欺诈行为的边际成本大幅度提高，电子档案更方便社会救助部门了解贫困者的实际情况。在制度设计之初就应该有长远的信息化规划，将信息化手段应用于社会救助瞄准的工作中。核对机制的信息系统虽然在建立初期成本较高，但是随着其不断成熟，受益效果见日渐显现，成本必然会逐渐降低。

（二）建立科学的瞄准机制，提高社会救助瞄准效率

建立社会救助瞄准机制的根本目的是将有限的资源用于最贫困的穷人，让穷人更能直接受益于发展，让发展更加有利于穷人。但是，世界各国和地区大量研究表明，相当多的社会救助瞄准机制并没有实现这一目标。导致这些政策出现偏差的主要原因在于受益对象识别机制的不完善。瞄准型社会政策需要一整套受益人群识别机制，但准确识别的成本非常高，同时还要求管理体系有很高的管理能力，并且还

非常容易出现瞄准的两类错误，即瞄准了不该受益的人群和排斥了应该受益的人群。精准识别是瞄准型社会政策能够发挥作用的前提。因此，必须充分关注贫困瞄准机制中的执行问题，具体包括：数据收集过程、信息管理、家户调查机制、制度安排，以及监管体制。

在社会救助瞄准中最难进行的是根据家庭收入来确定受益人口，目前我国最低生活保障制度采取的是根据收入标准来识别受益人口。根据收入识别受益人群面临的困难，主要来自收入统计成本高并且收入处于不断的变化之中，尤其是在农村地区，进行收入统计基本上是难以操作的，即便能够进行调查统计，但其成本是非常高的。因此，在我国农村地区社会救助瞄准过程中，收入是用于估算和推断某一个区域大约有多少符合条件的目标人群，然后采取指标分配方法，将一个村庄、一个乡镇的受益人口数量确定，将受益人口识别的权力下放给基层，在实践中运用的识别方法则更加多元化和指标非收入化，以下指标会纳入衡量过程：第一，家庭没有壮劳动力；第二，有残疾或患重病的家庭成员；第三，家庭成员文化程度低，没有外出打工的人；第四，有两个或以上的孩子在上学。

由于家庭收入和资产认定比较复杂，因此完全建立在收入和资产基础上的社会救助对象瞄准在实践中很容易造成偏差。收入和资产仅仅是贫困风险的一个因素，社会资本、人力资本等方面的剥夺和缺乏也是陷入贫困的重要因素。因此，建立一套科学的贫困瞄准识别指标尤其重要。在瞄准指标的选择中，替代型指标瞄准法（PMT）比认证型指标瞄准法（VMT）能够更加准确地评估低收入家庭面临的贫困风险，有助于提高制度的瞄准效率。建议构建替代型指标瞄准的指标体系，对低收入家庭进行量化分析，从而提高瞄准效率。

同时，要加强社会救助申请和审核程序管理，确保瞄准程序的公正性。目前，城市低保申请包括个人申请、街道办事处审查和评议、县（区）民政部门审批四个环节。针对低保申请和审核程序流程长、环节众多的情况，在强化低保审核管理过程中，需要对程序中各个环节进行优化管理。通过加强低保审核审批过程中的管理力度，进行规范化的管理，严格把关，确保低保对象的准确瞄准及公正性。在低保对象认定各个环节做到公平、公正和公开，避免“人情保”“关系保”等不规范现象的发生，从而降低保漏损率。同时，尽量简化社会救助申请程序，缩短审批时间，减少因行政程序过长导致的应保未保现象。

（三）社会救助瞄准机制运行须将行政成本纳入考虑范围

瞄准型社会政策需要一整套受益人群识别机制，但准确识别的成本非常高。而且，识别精度要求越高，成本也必然越高。瞄准机制的成本构成如下：①行政成本，如家计调查的调查成本，电子系统的建设、维护和更新成本以及绘制贫困地图的信息采集成本等。②激励成本，分为正激励成本和负激励成本。正激励成本包括提高某一指标的救助水平而挤占其他救助类型的气球效应；负激励成本包括救助依赖、救助欺诈等行为。③个体成本，申请对象在申请社会救助时而产生的不可避免的成本，如就业的机会成本、证明材料的成本、往返申请处的交通成本等。④社会成本，即受益者会被社会污名化，不愿领取社会救助服务的现象。

当前国内有关救助瞄准研究大多从瞄准的实际效果来进行分析和评价，较少考虑这一工作所需的行政成本。然而，要实现较高精度的瞄准，必定要求资金与人力的更多投入。在资金投入方面，扶贫瞄准和监测的预算往往从救助资金或公共财政支付，必然会造成较大的财政负担。在人力投入方面，社会救助瞄准人员队伍建设必然需要一个长期投入的过程。所以，为了更实际地监测和评价瞄准机制的效率，应在瞄准效益的基础上将行政成本纳入考虑范围，探讨提高瞄准效率提高的可能性。

（四）社区瞄准可以有效提高社会救助绩效和瞄准效果

社会救助瞄准是一个复杂的过程，救助对象识别与信息可获得性密切相关，瞄准效果取决于信息的可用性、信息可以被核实的程度、执行部门的行政能力和福利接受者的行为。指标化的瞄准方法尽管理论上客观精确，但由于高度依赖受助者信息的完整性和对称性，行政成本高，且瞄准要求越精确管理成本则越高（Sumarto and Suryahadi，2001）。因而指标化的瞄准适合于管理能力比较完善的发达地区。

与转型国家相似，在我国城市中通过正式收入来评估领取福利的资格的有效性也会受到下列因素的影响：非正式就业的状况、总收入中现金的份额、人们报告真实收入的倾向性。在经济收入的核实手段不足、核实信息缺失的情况下，少报收入的现象并不罕见，高社保费率刺激了一些雇主和员工上报低于实际支付工资的金额，这种现象给政府建立经济调查机制造成了麻烦，会造成收入核对产生很大的偏差，以致其实施效果受到影响。在我国农村地区，家庭收入的相当部分是实物收入，并且缺乏能够提供核对依据的管理信息系统。同时大部分农村社会依然是熟人社会，共同生活在一个村庄的村民们对彼此的生活境况都非常了解，因而我国社会救助在很大程度上还依赖于社区瞄准机制。

社区瞄准方法在我国城乡社会救助中的广泛应用，其优势主要表现在以下几个方面：首先，居委会或村委会往往掌握着居民家庭更多的真实生活信息，更加了解居民家庭的实际抗风险能力，在一定程度上减少了瞄准错误率的发生。其次，相对于建立专门行政管理系统，社区瞄准的行政成本更加低廉。最后，基于社区的社会救助瞄准有利于促进社区参与，因而产生正的外部性，社会困难群体可以因此被赋权并能表达自己的需求与主张，因而可以有效提高社会救助绩效和瞄准效果。

（五）加强社区能力建设对于提高救助瞄准效果尤为重要

转型国家社区瞄准机制比较研究发现：社区能力是影响社区瞄准效果的决定性因素。乌兹别克斯坦的 Mahallas 在社区基本要素、社区动员能力和社区动力等方面均表现出色；阿尔巴尼亚 NE 项目仅在社区互动能力和社区领导力方面略微逊色；但拉脱维亚的 GMI 项目则在社区信任和社区动力方面都显得薄弱。因此，GMI 项目的瞄准效果不尽如人意，而 Mahallas 和 NE 项目的社区瞄准效果比较成功。如果对于国家层面的社会救助瞄准效果进行评价，由于 Mahallas 项目制度设计存在缺陷，阿尔巴尼亚的 NE 项目的瞄准效果更为理想。总之，社区贫困治理需要广泛的居民基础，社区瞄准也不仅仅是独立的贫困瞄准方法，而是确定申请资格或服务传输机制的重要环节，社区组织的偏好、价值观以及社会动员能力对瞄准质量至关重要。因此，提高社区瞄准效果首先要从加强社区能力建设入手。依据本文构建的三个维度分析框架，社区能力建设应当从社区基本要素、社区互动能力和社区动力三个方面入手。

首先，提高社区瞄准的有效性需要以社区信任和社区动员力等基本要素为条件。一项对于我国农村地区精准扶贫实践过程的研究发现：村民自治组织能力和权威的缺失是导致精准扶贫目标实现困难的重要原因，反映了我国农村社区在基本要素方面薄弱的现状。社区瞄准是依靠社区自治组织开展贫困对象识别和实施救助的过程，积极的社会认同不可或缺。个体通过社会分类对自己的群体产生认同，进而通过维持积极的认同来提高自尊，从而成为社会凝聚的重要元素。社区瞄准能够通过集体责任和连带关系，降低社会运行的成本。培育社会信任，增强居民身份认同感，是缓解能力贫困的重要途径。任何社区都具有其特定资源，挖掘和开发何种资源以及如何现实这一过程，就是一个社区动员的过程。社区动员力是激发社区居民应对贫困的积极性和能动性，对于高效准确实现社区瞄准至关重要。

其次，提高社区瞄准的有效性必须加强社区组织与各主体间的合作网络建设，增加社区的社会资本，为社区链接更多的救助资源。社区合作网络通过居民、社区组织和地方政府等多元主体的互动而形成。社区能力建设强调社区发展的主动性和基层参与的重要性，只有让社区各主体的主动性和积极性得到释放，不同利益诉求的声音得到表达，通过参与增进相互交流和理解，形成一个互动良好和伙伴关系网络，社区瞄准才能真正发挥其应有的优势。

最后，提升社区的内生动力是实现精准社区瞄准的有效路径。社区领袖的领导能力将直接影响社区组织的问题评估能力和资源动员能力。社区治理结构中，社区领袖的行为是社区结构的主要成分，对整个社区治理起统领作用，有利于建立合理的社区结构。从社区治理角度来看，提升基层社区的内生动力和内源发展，对基层社区内部结构进行优化，理顺各类人群、各类社会组织之间的关系，整合社区资源形成协调与平衡的关系，实现社区组织能力质的提升，进而形成具备内生发展动力的社会共同体。

（六）建立统一规则采取多重方法可以减少社区瞄准中精英控制现象

在社区瞄准过程中，由于社区组织对所在社区贫困群体的真实生活水平非常了解，能够根据其需求提供更加准确适宜的认定指标，因此给予社区组织更多的自由裁量权完全必要，这样才能发挥社区瞄准的潜在优势。但是，由于社区代理组织的偏好和价值观会直接影响到贫困瞄准的效果，在肯定其优势时绝对不能忽略可能产生的精英控制等负面现象：社区瞄准可能会强调社区利益而非国家目标；社区代理人拥有的信息和权力，会提高其寻租的便利性；如果瞄准与再分配的决定权完全取决于投票结果，很可能无法保证对社会排斥对象的准确瞄准。

社区瞄准的这些缺陷在中国农村扶贫实践中都有所体现，一项对于中国农村 5 省份 30 个贫困村互助资金试点村的研究表明：扶贫型小额信贷互助资金中精英俘获程度为 0. 31，存在较为明显的精英俘获现象。在经济落后的农村地区，有一定教育水平的村民常年外出打工，留守农村的人口则处于相对弱势的地位，自身参与社区的能力不足，对社区事务决策的影响非常有限，因此在社区瞄准中很可能出现“精英控制”现象。因此，社区瞄准虽然的确需要给予社区更多的自由裁量权，但由国家掌控瞄准的统一规则对于尚不成熟的社区瞄准而言是不可或缺的。同时，因不同的贫困瞄准方法可以识别出不同特征的贫困群体，利用多重方法进行社会救助瞄准可以减少精英控制的负面影响，并且有利于在不同贫困类型人口中更加合理地分配救助资源。

（七）积极探索贫困瞄准机制与人生发展规划的结合

贫困瞄准不仅仅是为了去找准真正需要帮助的群体，更是为了瞄准这些群体真正需要改善的方面，并培育他们相关方面的基本能力。拉美国家比较普遍的 CCT 项目在贫困瞄准机制与人生发展规划结合方面的经验值得借鉴。有条件的现金转移支付瞄准机制关注于贫困儿童，通过教育医疗营养手段介入保障其健康成长，并提高家庭脱贫能力。反观中国，农村留守儿童数量庞大，并且受教育程度普遍较低，配套教育医疗设施不完善，家庭观念保守落后，成为父母生活累赘，前途暗淡，处于非常脆弱的贫困状况。在政策制定上，中国的扶贫政策主要还是停留在对贫困人口的各种形式补贴，尚未从根源上使贫困百姓获得脱贫的能力，无法从根本上改变贫困问题。

因此，针对目前中国超过一个亿、数量庞大的留守儿童和流动儿童，可以借鉴拉美国家有条件现金转移支付瞄准机制的方法，把贫困瞄准机制与流动儿童的人生发展规划结合起来，设计有目的、针对性强、多样化的帮扶政策。毕竟一亿多的儿童教育与成长不仅关系到一亿多个家庭，关系到这些孩子的未来，更是关乎国家的前途和命运。因此，对困境儿童的救助政策设计尤其需要重视贫困瞄准机制与人生发展规划的结合。

（八）坚持同时使用多种瞄准方式，提高社会救助瞄准准确率

从世界各国和地区的社会救助瞄准机制实践经验来看，无论是指标瞄准机制、社区瞄准机制，还是有条件现金转移支付的瞄准机制，均有其独特的优势，但也都存在显著的缺陷。在各国社会救助瞄准的实践中，大多首先采取类别瞄准，尤其是地区和分群体类别的瞄准机制，较少使用单一的瞄准方法，通常是分类瞄准结合家计调查。即使建立了类似于核对系统的指标瞄准机制，继续采取“社区筛选法”作为补充依然很有必要。

在我国，国家或省级划定的收入贫困线是定义贫困的根本依据，但在识别贫困人口时却颇受掣肘。首先，农户经济账本的可得性与真实性是值得怀疑的，一些家庭并无记账习惯，另一些家庭则可能为了获得资源会刻意隐瞒或淡化家庭收入信息；其次，收入贫困线也难以帮助政策实施者应对复杂的现实情境，如一些人均收入在贫困线以上的家庭也会出现入不敷出、生计困难的情况。因此，户级瞄准需要选择符合当地习惯与家庭实情的贫困指标。这也就意味着，自我瞄准法和以社区为基础的瞄准法可以发挥较大作用。

当前我国最低生活保障制度对于家庭经济状况的核查手段主要包括入户调查、邻里访问、信函索证和信息系统核对四种。由于经济发展水平不同，各地结合实际情况对低保对象的收入和家庭财产状况核查的方式也不同，对于收入和财产状况标准的规定也有不同的要求。在经济欠发达地区主要采用的是入户调查、邻里访问等传统方式，而发达地区（如上海、广州等地）已经建立了一套数字化的信息核对系统。借助现有的信息网络平台，利用银行、证券、税务、工商、社会保障等部门的信息管理系统，通过对申请者和受助者的家庭财产和收入状况进行比对来查实申请者家庭收入和财产状况。与传统方法相比，信息核对系统在查实家庭收入和财产方面（尤其是城市家庭）更加可靠、准确。但是，信息核对本身也存在缺陷，如隐性收入和现金收入往往难以核实，资产的货币化衡量也比较困难。如果仅仅依靠信息核对方法来识别社会救助对象，很容易造成偏差，有可能会导致“错保”“漏保”等情况。因此，在当前一个时期，我们应该坚持多管齐下，同时使用入户调查、邻

里访问、信函索证和信息核对等多种手段。

（九）充分发挥专业社工和民间组织在社会救助瞄准中的作用

阿马蒂亚·森指出：现代社会的贫困是由收入贫困、能力贫困、脆弱性和社会排斥等因素构成的。消除这种贫困的根本途径是发展人的可行能力，以促进人的实质性自由。因此，社会救助在为弱势群体提供有利生存的客观条件时，还要提升其自主决策的自由和能力。社会工作的介入以社会赋权激发个体潜能、提升个人能力，是解决能力贫困问题的根本落脚点。

研究表明，专业社工的存在有利于实现社会救助瞄准绩效（Rajevska，2004：40－59）。拉脱维亚项目瞄准效果评估中对 2003 年的数据分析发现：在有着专业训练过的社会工作者的直辖市中，GMI 福利接受者领取的份额更高。在 GMI 项目中，对于申请人是否有权获得领取福利的资格判断，并不是完全基于申请者的正式收入来确定，而且还须通过专业社工对申请人的生活状况和行为进行主观评价，社工的观点和态度可能会影响到社区瞄准的效果。但是 GMI 项目实施中，一方面是由专业社工承担着救助瞄准的责任，但同时又面临着缺乏接受过培训的专业社会工作者的困境。在一个分散的系统中，社会工作者在地方层面的作用是决定性的，他们要为那些社区中有需要的困难群体得到公平对待负责，并保证他们获得社会保护的平等机会。因此，对现有专业社工培训和对未来新社工的教育投资，对社区瞄准效果的提升一定会显现出积极的作用。

（十）重视影响贫困瞄准机制实施的社会文化和社会结构性因素

在社会救助瞄准的实施过程中，对于影响贫困瞄准机制实施的社会文化和社会结构性因素尤其应予以重视，如传统及现代观念的冲突、社会文化习俗、性别关系以及多个维度的日常贫困经历。由于致贫原因的复杂性和个体的差异性，社会救助瞄准机制在操作层面要充分考虑现实社会的复杂性，改变目前的自上而下、从数字出发的工作安排方式，不拘泥于简单的数量性质的“精准”，更多地服从“真实性精准”，即实事求是地反映贫困的状况。要考虑通过分权式的、“自上而下”与“自下而上”相结合的、“贫困数量”与“贫困程度”相结合的方式实现精准扶贫的目标，以更好适应地方的差异性、多样性和总体上的扶贫资源稀缺性。

值得注意的是，大部分理论上精准程度高的瞄准机制都会伴随着极高的管理成本和能力。无论是哪一种识别贫困的方法都有其特定的适用范围，并且不仅取决于政策的目标，还取决于各种信息的可获得性和可用性，以及治理能力和人口分布等，切忌用一种方法识别出来的贫困人口作为所有扶持政策的目标人群。

参考文献

[1]Angrist, Joshua, Bettinger, Eric, & Kremer, Michael. (2006). Long-term educational consequences of secondary school vouchers: Evidence from administrative records in Colombia. *The American Economic Review*, 847 – 862.

[2] Attanasio et al. (2005). How Effective are Conditional Cash Transfer Programs? *London: Institute for Fiscal Studies.* http: //www. *ifs. org. uk/bns/bn*54. *pdf.*

[3] Barrientos, Armando. (2013). *Social assistance in developing countries*: Cambridge University Press.

[4] Barrientos, Armando, & Santibáñez, Claudio. (2009). New forms of social assistance and the evolution of social protection in Latin America. *Journal of Latin American Studies*, 41 (01), 1 – 26.

[5] Bertranou, Fabio, Solorio, Carmen, & Van Ginneken, Wouter. (2002). *Pensiones no contributivas y asistenciales: Argentina, Brasil, Chile, Costa Rica y Uruguay*: Oficina Internacional del Trabajo.

[6] Cardoso, Eliana, & Souza, André Portela. (2004). The impact of cash transfers on child labor and school attendance in Brazil.

[7] Coady, David, Grosh, Margaret E, & Hoddinott, John. (2004). *Targeting of transfers in developing countries: Review of lessons and experience* (Vol. 1): World Bank Publications.

[8] Coady, David P, & Parker, Susan W. (2004). Cost-effectiveness analysis of demand-and supply-side education interventions: the case of PROGRESA in Mexico. Review of Development Economics, 8 (3), 440 – 451.

[9] Cox, Donald, & Jiminez, Emmanuel. (1993). Private transfers and the effectiveness of public income redistribution in the Philippines: Boston College Department of Economics.

[10] Craig, Gary, & Mayo, Marjorie. (1995). *Community empowerment: a reader in participation and development*: Zed Books.

[11] De la Brière, Bénédicte, & Rawlings, L. (2006). Examining conditional cash transfer programmes: A role for increased social inclusion? *Social Protection and Inclusion: Experiences and Policy Issues*, 9 – 32.

[12] De Neubourg, Chris, Castonguay, Julie, & Roelen, Keetie. (2007). Social safety nets and targeted social assistance: lessons from the European experience. *World Bank, Social Protection Discussion Paper* (718).

[13] Destremau, Blandine. (2007). Social Protection and inclusion. Experiences and policy issues: Armand Colin.

[14] Dutrey, Alexander Peyre. (2007). *Successful targeting?: reporting efficiency and costs in targeted poverty alleviation programmes*: United Nations Research Institute for Social Development.

[15] Elbers, Chris, Fujii, Tomoki, Lanjouw, Peter, Özler, Berk, & Yin, Wesley. (2007). Poverty alleviation through geographic targeting: How much does disaggregation help? *Journal of Develop-*

ment Economics, 83 (1), 198 – 213.

[16] Fan, Lida, & Habibov, Nazim. (2008). Targeting social assistance in Azerbaijan: what can we learn from micro-data? *International Journal of Social Welfare*, 17 (4), 346 – 354.

[17] Fiszbein, Ariel, Schady, Norbert Rüdiger, & Ferreira, Francisco HG. (2009). *Conditional cash transfers: reducing present and future poverty*: World Bank Publications.

[18] Galasso, Emanuela, & Ravallion, Martin. (2005). Decentralized targeting of an antipoverty program. *Journal of Public Economics*, 89 (4), 705 – 727.

[19] Hall, Anthony. (2006). From Fome Zero to Bolsa Família: social policies and poverty alleviation under Lula. *Journal of Latin American Studies*, 38 (04), 689 – 709.

[20] Jensen, Robert. (1998). Public transfers, private transfers, and the ‘crowding out’ hypothesis: Evidence from South Africa. *John F. Kennedy School of Government Faculty Working Paper. Cambridge, MA: Harvard University.*

[21] Johannsen, Julia. (2006). Operational Poverty Targeting In Peru? Proxy Means Testing With Non-Income Indicators.

[22] Leach, Jennifer. (1998). *Bolivia's BONOSOL.* Paper presented at the Transfers & Social Assistance for the Poor in the LAC Regional Workshop.

[23] Maluccio, John, & Flores, Rafael. (2005). *Impact evaluation of a conditional cash transfer program: The Nicaraguan Red de Protección Social*: Intl Food Policy Res Inst.

[24] Martinez, Sebastian. (2004). Pensions, poverty and household investments in Bolivia. *Berkeley, CA: University of California at Berkeley.*

[25] Mkandawire, Thandika, & United Nations Research Institute for Social Development. (2005). *Targeting and universalism in poverty reduction*: United Nations Research Institute for Social Development Geneva.

[26] Moore, Mick, & Putzel, James. (1999). Politics and Poverty: a background paper for the World Development Report 2000/1. *IDS, Brighton.*

[27] Narayan, Ambar, & Yoshida, Nobuo. (2005). Proxy Means Tests for Targeting Welfare Benefits in Sri Lanka. *Report No. SASPR – 7, Washington, DC: World Bank*, http://siteresources. *worldbank. org/EXTSAREGTOPPOVRED/Resources/*49344 0 – 1102216396155/572861 – 1102221461685/*Proxy + Means + Test + for + Targeting + Welfare + Benefits. pdf, accessed February*, 5, 2009.

[28] Ravallion, Martin. (2009). How relevant is targeting to the success of an antipoverty program? *The World Bank Research Observer*, lkp009.

[29] Rawlings, Laura B. (2005). A new approach to social assistance: Latin America's experience with conditional cash transfer programmes. *International Social Security Review*, 58 (2 – 3), 133 – 161.

[30] Robeyns, Ingrid. (2005). The capability approach: a theoretical survey. *Journal of human development*, 6 (1), 93 – 117.

[31] Schady, Norbert Rüdiger, & Araujo, Maria. (2006). *Cash transfers, conditions, school en-*

rollment, and child work: Evidence from a randomized experiment in Ecuador (Vol. 3): World Bank Publications.

[32] Schwarzer, Helmut, & Querino, Ana Carolina. (2002). *Non-contributory pensions in Brazil: The impact on poverty reduction*: International Labour Office.

[33] Sen, Amartya. (2004). Capabilities, lists, and public reason: continuing the conversation. *Feminist economics*, 10 (3), 77-80.

[34] Silver, Hilary, & Miller, SM. (2003). Social exclusion. *Indicators*, 2 (2), 5-21.

[35] Velásquez Pinto, Mario. (2003). The Bono Solidario en el Ecuador: An Exercise in Targeting. *Genebra: ESS Paper* (17).

[36] Yap, Yoon-Tien, Sedlacek, Guilherme, & Orazem, Peter. (2002). Limiting child labor through behavior-based income transfers: An experimental evaluation of the PETI program in rural Brazil. *The World Bank, Washington DC.*

[37] Zeller, Manfred, Sharma, Manohar, Henry, Carla, & Lapenu, Cécile. (2006). An operational method for assessing the poverty outreach performance of development policies and projects: Results of case studies in Africa, Asia, and Latin America. *World Development*, 34 (3), 446-464.

[38] Adato, Michelle, Roopnaraine, Terry, & Becker, Elisabeth. (2011). Understanding use of health services in conditional cash transfer programs: Insights from qualitative research in Latin America and Turkey. *Social science & medicine* (1982), 72 (12), 1921-1929.

[39] Castaneda, Tarsicio, & Fernandez, L. (2003). Targeting social spending to the poor with proxy-means testing: Colombia's SISBEN system. *World Bank. Washington, DC. Processed.*

[40] Dapuez, Andrés, Gavigan, Sabrina, & Eger, Talita. (2016). Monetizing State Services to the Poor: Intentional Analysis of Three Latin-American Conditional Cash Transfer Programs. *Journal of International & Global Studies.*

[41] De la Brière, Bénédicte, & Lindert, Kathy. (2005). Reforming Brazil's Cadastro único to improve the targeting of the Bolsa Família Program. *World Bank, Social Protection Unit and DFID.*

[42] Dutrey, Alexander Peyre. (2007). *Successful targeting?: reporting efficiency and costs in targeted poverty alleviation programmes*: United Nations Research Institute for Social Development.

[43] Fernald, Lia CH, Gertler, Paul J, & Neufeld, Lynnette M. (2008). Role of cash in conditional cash transfer programmes for child health, growth, and development: an analysis of Mexico's Oportunidades. *The Lancet*, 371 (9615), 828-837.

[44] Gasparini, Leonardo, & Lustig, Ana L. (2011). The rise and fall of income inequality in Latin America. *Documentos de Trabajo del CEDLAS.*

[45] Grosh, Margaret E. (1994). *Administering targeted social programs in Latin America: From platitudes to practice* (Vol. 94): World Bank Publications.

[46] Gwatkin, Davidson. (2000). The current state of knowledge about targeting health programs to reach the poor. *Washington, DC: World Bank*, 1-25.

[47] Hall, Anthony. (2006). From Fome Zero to Bolsa Família: Social Policies and Poverty Alleviation under Lula. *Journal of Latin American Studies*, 38 (4), 689 – 709.

[48] Handa, Sudhanshu, & Davis, Benjamin. (2006). The Experience of Conditional Cash Transfers in Latin America and the Caribbean. *Esa Working Paper*, 24 (5), 513; 536.

[49] Kuczynski, Pedro Pablo, & John. (2003). *After the Washington Consensus: Restarting Growth and Reform in Latin America*: Peterson Institute for International Economics.

[50] Laurell, Asa Cristina, Zepeda, Eduardo, & Mussot, Luisa. (2005). Eliminating economic barriers in health care: the Mexico City Government's experience *Commercialization of Health Care* (pp. 216 – 233): Springer.

[51] Miller, Candace M, Tsoka, Maxton, & Reichert, Kathryn. (2010). Targeting cash to Malawi's ultra-poor: a mixed methods evaluation. *Development policy review*, 28 (4), 481 – 502.

[52] Perova, Elizaveta, & Vakis, Renos. (2009). Welfare impacts of the "Juntos" Program in Peru: Evidence from a non-experimental evaluation. *The World Bank*, 1 – 59.

[53] Ponce, Juan, & Bedi, Arjun S. (2010). The impact of a cash transfer program on cognitive achievement: The Bono de Desarrollo Humano of Ecuador. *Economics of Education Review*, 29 (1), 116 – 125.

[54] Rawlings, Laura B. (2006). Examining conditional cash transfer programmes: A role for increased social inclusion? *Social protection and inclusion: Experiences and policy issues*, 9.

[55] Rawlings, Laura B, & Rubio, Gloria. (2003). *Evaluating the impact of conditional cash transfer programs: Lessons from Latin America* (Vol. 3119): World Bank Publications.

[56] Rawlings, Laura, Sherburne-Benz, Lynne Darling, & VanDomelen, Julie. (2004). *Evaluating Social Funds: a cross-country analysis of community investments*: World Bank Publications.

[57] Skoufias, Emmanuel, Davis, Benjamin, & Behrman, Jere. (1999). An evaluation of the selection of beneficiary households in the education, health, and nutrition program (PROGRESA) of Mexico. *International Food Policy Research Institute, Washington, DC.*

[58] Smith, W. James. (2003). What Role for Safety Net Transfers in Very Low Income Countries?

[59] Soares, Fábio Veras, Ribas, Rafael Perez, & Osório, Rafael Guerreiro. (2010). Evaluating the impact of Brazil's Bolsa Familia: Cash transfer programs in comparative perspective. *Latin American Research Review*, 45 (2), 173 – 190.

[60] Tekleselassie, Abebayehu A, & Johnstone, D Bruce. (2004). Means testing: The dilemma of targeting subsidies in African higher education. *Journal of Higher Education in Africa/Revue de l'enseignement supérieur en Afrique*, 135 – 158.

[61] Micklewright, John; Coudouel, Aline; Marnie, Sheila, (2004). Targeting and Self-Targeting in a New Social Assistance Scheme. IZA Discussion paper series, No. 1112.

[62] Harold Alderman, (2001). Multi-Tier Targeting of Social Assistance: The Role of Intergovernmental Transfers. The World Bank Economic Review, Vol. 15, No. 1, pp. 33 – 53.

[63] Emil Daniel Tesliuc, (2004). Mitigating Social Risks in Kyrgyz Republic. Social Protection Specialist HDNSP, World Bank April.

[64] Steines, Verdon, (2003). Social Assistance Programs and Poverty in the Kyrgyz Republic. mimeo, World Bank, Washington DC.

[65] Franziska Gassmann. How to Improve Access to Social Protection for the Poor? Lessons from the Social Assistance Reform in Latvia. Working paper. Maastricht University. MGSoG/2006/WP2005/002 September 2005.

[66] Coudouel, A (1998). Living Standards in Transition: The Case of Uzbekistan. PhD Thesis, European University Institute, Florence.

[67] Coudouel, A and Marnie, S (1999). From Universal to Targeted Social Assistance: An Assessment of the Uzbek Experience. MOCT-MOST, 8 (4), 443 – 458.

[68] Lapins, L., Vaskis, E., Priede, Z. and S. Balina (2002). Household Surveys in Latvia. mimeo.

[69] Latvijas Vestesis (2002), Law on Social Services and Social Assistance, 168. 19. 11.

[70] Rajevska, F. (2004). Social Safety Net in Latvia. Politika un Sociologija, Latvijas Universitates Raksti, 663, pp. 40 – 59.

[71] World Bank (2000). The Republic of Latvia Poverty Assessment. Report 20707 – LV, The World Bank, Washington DC.

[72] Holzmann, R. (2002). Risk and Vulnerability: The forward looking role of Social Protection in a globalizing world. E. Dowler and P. Mosely (eds.): Poverty and Social Exclusion in North and South, London and New York (Routledge).

[73] Atkinson, A. B. (1995). On Targeting Social Security: Theory and Western Experience with Family Benefits. Walle van de, D. and K. Nead (eds.), Public Spending and the Poor, Johns Hopkins University Press, Baltimore.

[74] Gassmann, F. and A. Sowa (2004). Development of a Methodology for Monitoring Poverty and Social Exclusion. Final Report, Ministry of Welfare, Riga.

[75] Beckley, T. Nadeau, S. Wall, E, Martz, D. and Reimer, W. MultipleCapacities, Multiple Outcomes: Delving Deeper into the Meaning of Community Capacity. Journal of Rural and Community Development, 2004 (3), 56 – 75.

[76] Goodman, R. Speers, M. Mcleroy, K. Fawcett, S. Kegler, M. Parker, E. Smith, R. Sterling, T. and Wallerstein, N. Identifying and Defining the Dimensions of Community Capacity to Provide a Basis for Measurement. Health Education and Behaviour, 1998 (3), 258 – 278.

[77] Labonte, R., Laverack, G. Capacity Building in Health Promotion, Part 1: For Whom and For What Purpose [J]. CriticalPublic Health, 2001 (2), 129 – 138.

[78] Chaskin Robert J., Brown Prudence, Venkatesh Sudhir, andVidal Avis. Building Community Capacity [M]. New York: Aldine De Gruyter, 2001, 14 – 150.

[79] Devereux S. Social protection for the poor: lessons from recent international experience. Institute of DevelopmentStudies, 2002 (142).

[80] Conning J, Kevane M. Community-Based Targeting Mechanism for Social Safety Nets: A Critical Review. World Development, 2002, 30 (3), 375 – 394.

[81] Kreuter M W, Lezin N A, Young L A. Evaluating Community-Based Collaborative Mechanism: Implications for Practitioners. Health Promotion Practice, 2000, 1 (1), 49 – 63.

[82] Posner P W. Targeted Assistance and Social Capital: Housing Policy in Chile's Neoliberal Democracy. International Journal of Urban and Regional Research, 2012, 36 (1), 49 – 70.

[83] Camacho A, Conover E. Manipulation of Social ProgramEligibility [J]. American Economic Journal: Economic Policy, 2011 (3), 41 – 65.

[84] Gallassoe, Ravallion M. Decentralized Targeting of anAntipoverty Program [J]. Journal of Public Economics, 2005, 89 (4), 705 – 27.

[85] 联合国开发计划署 (UNDP). 1990 年人文发展报告。

[86] 左停，杨雨鑫，钟玲. 精准扶贫：技术靶向、理论解析和现实挑战 [J]. 贵州社会科学，2015.

[87] 罗江月，唐丽霞. 扶贫瞄准方法与反思的国际研究成果 [J]. 中国农业大学学报，2014.

[88] 唐丽霞. 瞄准性社会政策的三种目标群体识别方法 [J]. 中国民政，2016.

[89] 姚建平. 城市社会救助对象、瞄准方法、偏离原因和对策 [J]. 中国民政，2016.

关于山东省居民家庭经济状况核对体系建设的政策建议[①]

近年来，山东省按照中央要求和部署，高度重视居民家庭经济状况核对体系建设。2013 年 10 月，省政府下发了《关于贯彻落实国发〔2012〕45 号文件加强和改进最低生活保障工作的实施意见》，提出“到‘十二五’末，全省基本建立跨部门、多层次、信息共享的救助申请家庭经济状况核对机制，确保准确、高效、公正认定救助对象”。2014 年 11 月，《山东省社会救助办法》（以下简称《办法》）正式实施。《办法》要求，“县级以上人民政府应当建立健全跨部门的社会救助家庭经济状况核对机制和信息平台，对申请或者已获得社会救助家庭经济状况的真实性和完整性进行核对”。2014 年 12 月，省民政厅与公安、财政、人社等 18 个部门单位联合印发了《关于建立社会救助家庭经济状况核对机制的意见》，提出了“到年底前，各市建立核对机构，省及各市、县（市、区）建立信息核对平台”。2015 年，山东省又被民政部确定为“社会救助瞄准与居民家庭经济状况核对体系研究”项目选定试点省份。经过几年的积极努力，目前山东省社会救助瞄准机制和核对体系基本建成，并已取得了显著成效，但也遇到一些困难和问题，需要今后做出更大努力，进一步完善社会救助瞄准机制和核对体系，使之在社会救助工作中发挥更大的作用。

一、山东省居民家庭经济状况核对体系建设中遇到的困难和存在的问题

山东省居民家庭经济状况核对体系建设还存在一些困难和问题。除了《山东省试点案例分析报告》中指出的部门间配合力度有待进一步提高、全量数据核对难度大、农村家庭收入适用程度低等突出问题以外，还存在能力建设不足、宣传力度不够、获得金融部门数据难度大等问题。

（一）能力建设不足

主要表现在机构不独立、工作人员不足和经费不足上。从机构方面来看，虽然

① 本课题由山东社会科学院崔树义研究员、田杨副研究员参与实施。

目前全省 17 个市已全部成立核对机构，全省 137 个县（市、区）中有 129 个县（市、区）成立了核对机构（2017 年底数据），占全省县（市、区）总数的 94.2%，高于全国平均水平，但在 17 市的核对机构中，16 个为事业单位，1 个为社会组织，无一为行政机构；在 129 个县（市、区）核对机构中，94 个为事业单位，32 个为社会组织，只有 3 个为行政机构。另外，无论是哪种性质，许多核对机构都不独立，而是与其他部门（主要是与信息中心）合署办公，两块牌子，一套人马，这种情况在每个层级都存在。这不仅影响了核对机构独立运作的能力，影响了核对机构的权威性和工作效率，在一定程度上也影响了部分工作人员的积极性。从工作人员看，由于核对工作面广，工作量大，而且有的机构虽然有独立编制，但实际工作人员到位不足，导致多数机构都存在人手不足、超负荷工作的现象，尤其是缺乏懂技术的青年专门人才，特别是县以下救助工作力量薄弱、经办能力建设滞后，目前各县（区、市）从事社会救助工作的人员一般只有 2—3 人、乡镇仅 1—2 人，且大多是兼职，难以满足对困难群众实施差异化救助的需要；从经费方面看，一些机构没有独立的经费预算，无论是核对工作经费还是平台建设经费，都存在较大缺口。

（二）宣传力度不够

居民家庭经济状况核对系统的作用不仅在于事后核对，及时发现和纠正申报中的相关信息，而且也在于事前警示，提前打消一些人的侥幸心理，但前提是人们对其各方面知识有比较充分全面的了解。但是，由于居民家庭经济状况核对系统建立时间不长，可以说是一个新生事物，加上有的地方宣传工作不到位，不仅城乡普通群众不太了解，就是相当一部分国家工作人员，甚至包括一些基层领导干部，对于核对体系建设的意义、价值的认识也并不到位，导致在实际工作中对核对工作重视不够，核对部门及其人员地位不高。当前，基层领导都面临着经济发展建设和年度考核排名的双重压力，而由于社会救助核对工作经济效益不明显，甚至有的时候“得不偿失”，因此在调整安排工作人员和经费时，往往主要倾向于重要的经济部门。还有些群众对核对工作理解和支持不够，认为核对程序过于烦琐，申报条件过于苛刻，因此对核对工作有反感心理。在社会救助申报工作中，还存在一些利用传统核对办法的弊端，不诚信申报的现象。

（三）获得银行业金融机构数据有难度

在试点项目实施过程中，山东省民政厅积极与各有关部门协调沟通，并主动提出以数据换数据的思路，得到了多数有关部门的积极响应和支持。但是，从省级以及多数市地的情况来看，获得银行等金融部门的数据有很大难度。虽然《民政部中国银监会关于银行业金融机构协助开展社会救助家庭存款等金融资产信息查询工作的通知》要求“各银行业金融机构要根据民政部门查询需要，及时反馈社会救助家庭所有成员的存款等金融资产信息，确保在居民家庭经济状况核对中，使用的数据准确、完整、有效”，“银行业金融机构要根据信息查询的需要，及时向民政部门反馈社会救助家庭所有成员个人名下存款等金融资产方面的信息，确保提供数据的真实性、时效性和完整性”，并且规定“对拒绝或无故拖延，不能及时提供相关信息的银行业金融机构，由有关地方银监局视情予以严肃处理；对违规使用和泄露共享信息的民政部门工作人员，应视情节轻重给予批评教育或行政处分，涉嫌犯罪的，依法追究其法律责任”，但是，许多地方民政部门在与银行业金融机构对接过程中，对方提出按照《中华人民共和国商业银行法》规定，“商业银行办理个人储蓄存款业务，应当遵循存款自愿、取款自由、存款有息、为存款人保密的原则”“对个人储蓄存款，商业银行有权拒绝任何单位或者个人的查询、冻结、扣划，但法律另有规定的除外”。他们认为，《中华人民共和国商业银行法》的法律层级高于民政部门所执行的《社会救助暂行办法》，因此不同意为民政部门提供有关数据。还有的地方在与国税等部门对接时，也遇到类似情况。对方提出，《中华人民共和国税收征管法》属特别法，其法律层级同样高于《社会救助暂行办法》，必须优先遵从《中华人民共和国税收征管法》所要求的为纳税人保密相关条款。

二、有关建议

试点工作中存在的上述困难和问题，需要国家和地方共同做出努力，逐步加以解决。下一步，山东省将在现有条件下，继续在提升和完善核对信息化方面下功夫，重点是完善核对“资源域”和核对平台，建立健全相关政策和制度。

（一）完善核对“资源域”，提升信息资源共享能力和水平，进一步完善救助瞄准机制

核对体系建设的关键，是要与有关部门实现数据共享，尽量扩大可以用于核对的数据资源。经过近两年的努力，目前山东省省级已经与民政部门内部的婚姻和殡葬，公安的人口和车辆，工商的个体工商户、企业以及农业合作社，农业部门的农机挂牌和农机补贴，人社的五类社会保险、基础养老金及失业金领取，地税的纳税登记和税款征收、国税的车辆购置税、海洋渔业的渔船信息及水域滩涂养殖信息、教育部门的本科新生录取信息等 9 个省级部门 22 类数据实现实时在线比对。全省各市利用市级平台积极推进与当地有关部门的数据对接工作，各市数据源规模普遍达到 7 个以上。但是，与核对体系建设的预期目标以及实际工作需要相比，还存在一

定差距。令人欣慰的是，经过近两年的实际运转，山东省居民家庭经济状况核对体系取得的成效令人瞩目，加上民政部门持续不断的努力，一些过去对核对体系建设存有疑虑的部门，如今也变得更加积极，进一步扩大和完善核对“资源域”，提升信息资源共享能力和水平的条件更加成熟。今后，山东省应持续扩大省级数据源数量，同时积极探索开展与金融机构间的核查工作。特别是银行、证券、第三方支付平台账户余额等数据，具有典型的顶层集中特点，地方核对机构很难突破，需上级核对机构协调银监、证监、人民银行等主管部门统一协调信息查询核对工作。为此，省级层面应继续克服困难，进一步加大与金融银行部门的协调，尽早啃下这块“硬骨头”。二是制订省市及市县平台对接方案，全面完成省级平台与已建成市级平台对接工作，指导部分市开展市县平台对接工作。因为核对系统依靠政府各部门单位数据核对，数据越往上集中面就越广，如果能用顶层数据库核对，不仅提高精准性，而且节省基层的人力物力支出。如有的不在本地区的有关收入、财产等信息，本市核对系统就无法核查。为此，应加快省级平台与已建成市级平台对接工作。三是要积极配合民政部继续做好部省对接工作，按照部省对接要求，开展入网检查和等级保护三级测评工作。

（二）完善核对平台，提升社会救助瞄准信息化水平

山东省省级社会救助家庭经济状况核对信息平台建设起步较早，由于受资金、技术及理念等因素的限制，在技术方面还存在一些不足，不能满足今后核对工作的全面需要。今后，建议在资金、技术等条件允许情况下，启动山东省省级社会救助家庭经济状况核对信息平台（二期）项目的规划和建设。在山东省省级社会救助家庭经济状况核对信息平台（一期）基础上，对系统进行进一步升级完善，提升核对委托单位覆盖面，强化省市数据共享与业务协同，建设救助对象申报诚信数据库，拓展核对服务范围和服务对象，加强核对系统安全防护能力，提升全省社会救助家庭经济状况核对信息化工作水平。核对信息平台省级完善后，应加强与医疗救助制度、临时救助制度、社会保险、就业和扶贫政策以及其他社会救助制度的衔接，进一步扩大核对信息平台的覆盖面，使核对体系在社会救助中发挥更大作用。

（三）建立健全社会救助瞄准相关政策及制度

居民家庭经济状况核对是一项严肃、细致的工作，各方面都必须要有严格的程序和工作流程。对此，国家和省里的一些相关文件已经做了规定要求，山东省各地在普遍制定出台宏观指导性政策文件的同时，也已经制定完善了许多内部工作制度等有关各种制度。今后，随着核对体系的进一步完善，还需要在相关政策及制度方

面继续做出努力，特别是在省级层面，在总结各地已有经验的基础上，按照核对工作进一步发展的需要，根据本省实际，进一步加强相关政策及制度建设，形成比较完善的政策和制度体系，为依法开展社会救助核对工作提供强有力的制度保障。一是要研究制定出台城乡低保、特困人员供养、临时救助、医疗救助、住房救助等社会救助项目家庭经济状况核对实施细则（操作规程），细化核对内容、核对方式、核对程序、内部管控、结果应用等内容。二是建立核对工作保密制度、核对档案管理制度、核对数据使用等相关制度。部门之间信息交换要签订保密协议，指定专人负责，采取加密技术手段进行数据交换。核对机构及其工作人员要严格执行保密制度，完善信息使用程序，对在核对工作中获得的社会救助家庭相关信息，未经批准不得擅自传播和使用，对违反规定的，依据有关法律法规追究责任。三是完善考核机制。建立和完善考核机制是推进核对工作的有力手段。应把建立居民家庭经济状况核对机制纳入社会救助绩效考核评价体系，并把“有机构、有人员、有平台、有办法”作为考核重点，综合评估各地核对机制建设成效。同时，进一步加强对各地核对机制建设工作的指导和检查，通过业务培训、编发简报、总结交流、调研督查以及表扬先进等多种形式，加大督促检查力度，推动各地加大工作推进力度，确保考核目标任务圆满完成，有力推动核对工作健康、顺利、快速发展。四是加强核对工作有关业务培训。在严格落实现有省、市、县三级常态化的培训方案和机制基础上，编写山东省核对培训教材，建立考核培训网站；设计制定全省核对业务培训课程标准及方案，根据民政部居民家庭经济状况认定指导中心2017年的培训安排，对全省核对培训工作进行调整，合理配置全省核对培训资源。同时，要积极加强与监察、财政、审计等部门的协调配合，开展联合检查，积极争取并密切配合人大代表、政协委员的监督。

（四）两手并用，加强农村核对体系建设

居民家庭经济状况核对的重点和难点历来在农村。由于居民家庭经济信息核对办法是建立在信息化、网络化基础上的，比较适合对城市居民家庭的核对，而对信息化、网络化程度低、居民收入和支出情况更加复杂的农村家庭，目前的适用程度则比较低。一是核查项目细化难。农村居民收入来源多元化，既有传统的农业生产性收入，也有各类工资性收入、转移性收入和财产性收入，虽然制定了较为详细的核算办法，但难以反映现实繁多复杂的实际收入和财产情况。二是核算标准量化难。由于种植、养殖品种的多样性、生长的季节周期性、地域分布的特殊性、生产技能的差异性、市场价格的不确定性等因素，难以公平合理地精准核算。在此情况下，农村地区，尤其是偏远落后、信息化和网络化程度非常低的农村地区的居民家庭经

济状况核对，就必须坚持两手都要抓，两手都要硬，即一方面采取措施，加强这些地区的信息化和网络化建设，最大限度地发挥现代核对体系的作用；另一方面，继续采取传统的核对办法，并根据当地实际，不断创新完善具体的核对办法。对此，有关部门应有充足的思想准备，即在今后一个相当长时期内，传统的核对办法仍然会在一些农村地区唱主角，不仅不能放弃，而且要继续加强。一是要完善入户调查机制。对于入户调查，应当予以完善，以达到真正的调查效果，而非流于形式。首先，应当改变以收入作为救助主要衡量标准的做法。以最低生活保障为例，应当把家庭消费数据作为一个重要的救助依据。2015 年度诺贝尔经济学奖得主安格斯·迪顿认为，以收入为依据测算贫困人口，在实践中可信度低，其不确定性是公认的。收入标准很难解决精准问题，不仅收入难以算清，即使算清了，有的收入高的比收入低的还穷，比如家里要供养大学生、有病人，等等。因此，应增加对申请人必要的日常性支出项目的调查，既要核对被申请人的个人收入、财产等情况，也要核对被申请人的支出情况，特别是必要的日常性支出，例如对老人的赡养、对子女的抚养，最终家庭消费数据作为依据。二是要构建入户调查正当程序机制。正当程序原则上是一项非常重要的法律原则，它具体包括两项核心内容：任何人不得做自己案件的法官；在做出对他人不利的决定时，应当说明理由，并听取其陈述、申辩意见。对于入户调查来说，入户调查启动前，应在合理的时间内通知申请人；在入户调查中，有利害关系的调查人员应当主动回避，调查时应充分听取申请人的陈述、辩解；入户调查后发现不符合条件的，应当书面通知申请人，并说明理由，而且还应当设置异议程序。三是要避免“一刀切”地全部进行入户调查。在能保障公平的前提下，应当提高效率，根据具体情况决定是否需要进行入户调查。一般来说，对于申请人经济状况明确、争议不大的救助申请，可以不进行入户调查，但村民提出异议的除外。

（五）进一步加大宣传力度

在我国，以现代互联网技术为基础的居民家庭经济核对系统，对于更加科学地对居民家庭经济状况进行核对，更加精确地瞄准救助对象，把有限的救助资源用到真正需要救助的人身上，有着巨大的价值和作用。但是，由于这一系统建立时间不长，是一个新生事物，仍有许多群众不了解。在救助工作实践中，还存在一些利用传统核对办法的弊端，不诚信申报的现象。因此，随着核对体系在运行过程中的不断完善，有必要通过媒体推介等各种形式和方法，进一步加大宣传力度，让更多的人认识到其意义和作用，消除一部分人的侥幸心理，培养人们的诚信意识。在宣传工作中，不仅要利用报纸、电视、广播、海报、宣传栏等传统形式，更要善于利用各种新媒体。通过有力的宣传活动，不仅可以使社会加深对核对系统建设的认识，同时也会促进核对系统工作人员的素质。

宣传活动除了要重点广泛宣传社会救助申请家庭经济状况核查的相关规定，使群众清楚自己依法享受社会救助的权利，以及诚信申报家庭经济状况、授权核对相关信息的义务等内容外，还要进一步大力宣传核对机制建设的意义和价值。

加强居民家庭经济核对机制和体系建设，是科学核查社会救助申请家庭经济状况、准确认定低保对象、合理确定救助金额、及时发放救助资金的前提，是贯彻落实中央关于精准救助有关精神的内在要求，对于加强社会救助规范管理、确保社会救助制度持续稳定健康发展具有重要意义。其一，中央关于“精准扶贫”“精准救助”的要求，需要进一步加快核对机制建设。近年来，中央将脱贫攻坚提升到全党和全国人民重要历史使命。要实现脱贫攻坚的目标，首先就要解决“扶持谁”的问题，也就是对象认定问题。为此，习近平总书记明确指出，扶贫开发贵在精准，重在精准，成败之举在于精准，并提出了“六个精准”“五个一批”等重点工作部署，要求改“大水漫灌”为“精准滴灌”。这是中央对脱贫攻坚的总体要求，虽然是针对扶贫开发工作，但对社会救助工作也同样适用。社会救助要实现精准救助，关键就是要找对人，这就要发挥核对的基础作用。中央关于“精准”的要求，为核对工作提供了难得的历史性发展机遇，我们一定要抓住这一机遇，积极创新对象认定办法和指标体系，研究制定多维度的收入和财产认定标准，加强核对领域信息共享范围，改进社会救助信息核查方式，充分发挥核对工作的准确、高效优势，打造核对工作品牌，为党和国家大局服好务。其二，社会政策精细化实施的要求，需要进一步加快核对机制建设。当前，经济社会发展进入新常态，经济增速下行压力加大，财政增收速度趋缓。在这种大趋势下，一方面社会救助的潜在对象可能有所增加，社会救助的资金需求可能会加大；另一方面，政府能够提供给社会救助等社会政策的资金支持能力在下降，财政在社会救助方面加大投入的难度增加。虽然当前中央财政对社会救助的投入还在增长，但相对前几年，增长幅度已经在逐步趋缓。在需求增加、供给减少的情况下，各级政府和财政对于精细化的要求将逐步提高。要求将社会救助的钱一定发给真正需要的人，要求社会救助一定要加强对象认定、精确掌握对象经济状况，实现精准救助，发挥资金最大效益。同时，低保等各项社会救助工作是与百姓关系最密切的，群众对错保、漏保、“关系保”“人情保”等不合理现象是“零容忍”的。如果我们没有措施、没有办法准确认定对象家庭收入和财产情况，这就很容易导致舆论指责、批评，甚至带来对经办人员的问责。这一点，我们必须高度重视。其三，社会救助政策向低收入、支出型贫困家庭延伸，需要进一步加快核对机制建设。“十三五”期间，社会救助体系将逐步完善，教育、住房、医疗、就业等专项救助将逐步向低收入家庭拓展，并适当考虑支出型贫困家庭的需要。如果说，在家庭收入和财产方面，核对工作优势很大，那么在家庭支出认定方面，核对工作的优势就更大。无论是医疗等专项救助还是低保等基本生活救助，如果考虑支出型因素的话，就必然会涉及支出的认定，必然要依靠核对机制来进行认定。这实际上是在原有包括的收入和财产两方面的核对工作外，扩大为三方面核对，进一步拓展了核对的内容，提升了核对工作的重要性。其四，信息技术的提升，为核对机制建设提供了坚实基础。当今世界，科技发展日新月异，大量的新技术、新设备、新方法层出不穷，“互联网＋”、大数据等早就脱离了概念阶段，逐步进入日常工作和生活之中。从信息资源来讲，各地都在推进政府信息资源的整合，许多地方都在建立各类的政府信息库、云服务平台等，这将为核对工作发展提供更有利的基础条件。

社会救助核对对于实现精准救助、促进社会公平、保障社会救助工作人员权益等有着重要价值。对于公民来说，完善的社会救助核对有助于保障其依据宪法所享有的物质帮助权，实现精准救助；对于社会公众来说，完善的社会救助核对有利于促进社会公平，实现分配正义；对于社会救助工作人员来说，完善的社会救助核对有利于保障其合法权益。其一，社会救助核对机制建设是实现精准救助的关键。通过科学、公正的社会救助核对，可以准确定位真正需要被救助的人员，从而实现精准救助。只有通过社会救助核对，相关部门以信息核对、入户调查、民主评议等多种方式，对申请人的收入、财产信息进行全面的审查、核实，才可能准确判断其是否符合被救助的条件。民政部门在审批阶段，通过抽查部分申请人，对其基本情况进行再次核对，就可能发现弄虚作假的情形，从而决定不予给付救助。在动态管理阶段，科学有效的核对是决定是否继续给付救助的关键。一些社会救助具有持续性，如最低生活保障、特困人员供养等，那么究竟持续到何时，即何时结束救助，这就需要相关部门对其收入、财产等变化情况，进行定期或不定期的动态复核，从而及时决定是否终止救助。其二，社会救助核对机制建设有利于促进社会公平。社会救助成为国家二次分配、实现社会公平的一种重要方式。让应当被救助的得到及时救助，不应当被救助的得不到救助，这是社会公平的基本要求。如果不通过科学、公正的社会救助核对，就可能让情况大致相同且符合救助条件的公民得不到救助，让不符合救助条件的公民却得到了救助，这必将大大损害社会公平。“社会救助具有维护底线公平的特征，是维护公民生存和人格尊严的社会保障体系的最后一道防线。”通过科学、公正的社会救助审核，确定应当给予救助的人员范围，否定不应当救助或不应当继续救助的人员范围，有利于促进社会公平。

（六）实行政府购买服务

居民家庭经济状况核对工作人少事多，亟须增加工作人员，尤其是年轻专业技术人员，因为现代社会救助实际上是一项有着一定技术含量的、比较复杂的专业性工作，相应地也要求社会救助从业人员具有较高的专业水准。但是，在目前机关事业编制人员只减不增的大背景下，指望为核对工作大量增加工作人员实际上是不现实的。而且，如果只是简单地通过增加社会救助工作人员的数量，并加强对其进行定期或不定期的专业培训，不仅很难从根本上解决社会救助核对专业性与独立性不足的问题，还会增加政府的财政负担。而从国际通行做法来看，家庭财产调查一般由专业性机构的专业人员进行。因此，应当转换思路多头并进，积极探索政府购买社会救助核对服务，鼓励、引导社会工作服务机构等第三方组织参与社会救助核对工作，充实和协助社会救助部门，尤其是基层社会救助部门有效开展对象认定、家庭调查、个案发现等工作助推社会救助核对走向精细化和个案化。在这方面，民政部及山东省有关文件已经做了原则性规定。如 2015 年民政部发布的《关于加快推进社会救助领域社会工作发展的意见》提出："将社会救助领域社会工作纳入政府购买服务范围，逐步加大政府投入力度。"《山东省人民政府关于贯彻落实国发〔2012〕45 号文件 加强和改进最低生活保障工作的实施意见》（鲁政发〔2013〕23 号）指出："积极探索通过政府购买服务等方式，鼓励社会组织参与、评估、监督低保工作。"《山东省社会救助办法》规定："各级人民政府可以将社会救助中的具体服务事项通过委托、承包、采购等方式，向社会力量购买服务。各级人民政府财政部门应当为购买社会救助服务提供支持。"这也符合"小政府，大社会"的发展趋势。

在社会救助领域，以政府购买服务的方式完成核对，不仅能够最大限度地提高服务效率和质量，减少政府财政支出压力和推动社会管理创新，而且还能够大大增强社会救助核对的专业性。这主要有以下两方面的原因：首先，第三方组织是专门从事某项工作的专业性组织，人员相对充足，经验也更加丰富，由其进行核对会更专业。例如，由专业性的调查组织，对申请人的收入、财产等情况进行专业调查，就更可能发现申请人的一些隐性财产、隐性收入等信息，调查结果就可能更准确。其次，通过引入市场竞争机制，以公开招标、邀请招标、竞争性谈判等方式确立的第三方组织，必定是条件相对最优越的承接主体，其提供的专业服务质量会更高。

除了专业性更强以外，由第三方组织完成社会救助核对服务，独立性也会更强。首先，第三方组织不同于乡镇人民政府（街道办事处），其和申请人之间的日常联系并没有那么紧密，核对起来会更客观；其次，市场竞争机制的存在，会在某种程度上消除核对的不独立性。因为如果某个第三方组织在某个合同期内核对的独立性出了问题，下一次就可能不会被委托。最后，群众和政府的监督，会增加第三方组织核对的独立性。如果某个第三方组织核对不独立，被群众举报投诉，或被政府通过其他方式发现，就会面临解除合同、罚款等惩罚。

各级民政部门可根据本地的具体情况，确定可购买的社会救助核对服务的范围、种类与方式。一般来说，只要不涉及公权力行使，除法律、法规或者规章明文禁止以外，都应当允许政府通过购买服务的方式获取。《法治政府建设实施纲要（2015—2020 年）》明确提出：“建立健全政府购买公共服务制度，……凡属事务性管理服务，原则上都要引入竞争机制向社会购买；确需政府参与的，实行政府和社会资本合作模式。”但是，由于政府购买服务可能存在权力“寻租”腐败、监管失效、形成新的垄断等风险，所以在社会救助领域，探索政府购买服务时，应当通过导入正当程序、优化监管与评估机制、培育多中心供给主体、建立政府担保责任等方式，规制来自政府和承包方的双重风险，以保证在政府购买服务过程中所提供的优质服务符合社会公众的需求与期望。

（七）建立诚信和惩戒机制

山东省各级自建立核对机制以来，2014 年，全省共核对低保在保及新申请人员 450.51 万人次，核检出疑似不符合低保相关条件的经济状况数据 7.69 万人次，疑似不符合低保相关条件的占比为 1.7%；2015 年，全省共核对低保在保及新申请人员 500.72 万人次，核检出疑似不符合低保相关条件的经济状况数据 19.51 万人次，疑似不符合低保相关条件的占比为 3.9%；2016 年，省级核对机构对低保在保对象共核对 218 万人次，检出疑似不符合 2.6 万人次，疑似不符合低保相关条件的占比为 1.2%。市、县（市、区）核对机构共受托最低生活保障核对 679.22 万人次，检出疑似不符合 25.96 万人次，疑似不符合低保相关条件的占比为 3.8%；共受托住房保障核对 41.63 万人次，检出不实申报 6.93 万人次，疑似不符合相关条件的占比为 16.6%。疑似不符合相关条件的占比虽然不算高，但绝对数量却很大。经核实，其中有些人属于疏忽大意，但也有不少人确实属于有意为之，是典型的故意骗保。对于这些人，目前国家层面的有关处罚规定只是限于取消申报或享受低保资格，等于即使作假被查出后，也没有任何损失。这种零成本、零风险，实际上助长了这些人“不骗白不骗、骗了也白骗”的思想，不仅造成了国家有限救助资源的浪费，更重要的是破坏了社会的公平公正。

目前，许多国家和地区对于类似的骗保行为都依法监管，有严厉的处罚措施。以我国香港特区为例。由于社会救助计划是向申请人提供现金支持，而且不需要申请人事先供款，因而存在道德风险，容易出现用虚假资料骗取救助金的欺诈行为。

为了防止出现欺诈行为，综援计划在实施中主要采取了入户调查方式和特别调查方式。在专业社工对申请人进行入户调查后，社会保障办事处还会派出特别调查组负责对申请人的家庭经济情况进行核实。特别调查组下设五个特别调查队：包括两个诈骗案调查队、一个诈骗案评算队、一个资料核对队和一个重点调查队。诈骗案调查队负责对涉嫌欺诈的个案进行深入调查；诈骗案评算队负责计算及追收涉嫌欺诈个案的多领款项。对于涉嫌欺诈行为的处理，香港的法律条例明确规定，骗取综援属于刑事犯罪，一旦发现申请人有骗取综援的行为，不仅会导致申请人失去领取综援的资格，情形恶劣者将被判处长达 14 年的监禁。据香港特区社会福利署的资料显示，在 2014—2015 财政年度有 295 人被判入狱，2015—2016 财政年度有 15 人被判入狱，还有一些人受到其他刑事处罚。

国内一些地方也加大了对隐瞒虚报行为的查处力度。例如，上海民政部门和房管部门联合下发了《关于加强经济适用住房申请审核，严肃查处隐瞒虚报行为的通知》，增强了核对工作的严肃性和权威性。此外，居民经济状况核对工作还参与到上海市公共信用信息服务平台的建设，成为社会诚信体系建设中的重要组成部分。将个体在申请社会救助上的信息记录纳入国家征信系统中，适当增加“骗保”个体机会成本，让意图“骗保”个体不敢轻易尝试。在山东省，潍坊市为落实中央和省委、省政府关于建立健全社会信用体系的部署要求，全面提升“诚信潍坊”建设水平，将社会救助纳入申请家庭信用系统。各级各有关部门在社会救助事项中，将申报的家庭经济状况与核对结果不符且不符合社会救助标准的家庭，列入社会救助申请家庭信用系统黑名单，落实暂缓、停办救助及其他相应的惩处办法，形成有效的监管机制。对不如实提供家庭情况，通过不正当手段骗取社会救助的申请人，一经查实，录入全市公共信用信息共享和交换平台，与市级信用信息实现互联共享，同时，报人民银行征信系统备案，从机制上不断强化申请人的诚信意识和责任意识。

《山东省人民政府关于贯彻落实国发〔2012〕45 号文件　加强和改进最低生活保障工作的实施意见》（鲁政发〔2013〕23 号）指出：“要加大对骗取低保待遇人员查处力度，除追回骗取的资金外，还要依法给予行政处罚；涉嫌犯罪的，移送司法机关处理。对无理取闹、采取威胁手段强行索要低保等社会救助待遇的，公安机关要给予批评教育直至相关处罚。对于出具虚假证明材料的单位和个人，除承担相应法律责任外，还应将有关信息记入征信系统。对无理取闹、采取威胁手段强行索要低保等社会救助待遇的，公安机关要给予批评教育直至相关处罚。”《山东省社会救助办法》规定：“采取虚报、隐瞒、伪造等手段骗取社会救助资金、物资或者服务的，由有关部门决定停止社会救助，责令退回违法获取的救助资金、物资，并将有关信息计入个人征信系统。情节恶劣的，可以依照国务院《社会救助暂行办法》处违法获取的救助款额或者物资价值 1 倍以上 3 倍以下的罚款。”“不符合条件强行索要社会救助，威胁、侮辱、打骂社会救助工作人员，扰乱社会救助管理部门工作秩序，构成违反治安管理行为的，由公安机关依法给予治安管理处罚。”山东省《关于建立社会救助家庭经济状况核对机制的意见》（鲁民〔2014〕102 号）指出：“要加大诚信体系建设，对社会救助家庭故意隐瞒收入财产状况、骗取社会救助的，记入有关部门的诚信档案。”

为此，我们建议，在国家层面尚未出台有关法律法规之前，山东省民政部门应根据《山东省社会救助办法》等文件的有关规定，强化违法违纪责任追究和处罚力度，会同有关部门建立失信信息披露和诚信登记制度，让诚实守信成为一个人的名片，让诚信者大行其道、失信者寸步难行，真正发挥核对信息平台的核查和震慑作用，在提高核对体系对提高社会救助工作水平的同时，有效推进社会诚信体系建设。

关于推进湖南省核对机制建设的政策建议①

前　言

2015 年 10 月至 2016 年 12 月，湖南省被世界银行选为“TCC6”子项目试点省份之一。位于我国中部的湖南省是社会救助工作的大省，救助对象达 500 多万人，实施社会救助瞄准与居民家庭经济状况核对体系研究，对提升全省救助水平、实施精准救助，具有十分重要的现实意义和典型意义。

核对机构和核对信息平台建设是社会救助的基础工作。根据项目要求，湖南省低收入家庭认定指导中心，结合湖南省社会救助瞄准和核对信息化建设情况，着力于解决当前核对体系和核对信息化建设中的重点和难点问题，建设完成跨地区、多层次的居民家庭经济状况核对信息系统。按照民政部《关于居民家庭经济状况核对信息系统建设的指导意见》（民发〔2014〕83 号）要求：相关政府部门要实现信息共享，形成社会救助信息互联互通机制，共同做好社会救助信息的互换互用工作，确保居民家庭经济状况核对信息平台的有效运转，并发挥作用，服务民生。该项目的主题是围绕核对信息化、创新社会救助对象瞄准技术与流程、完善信息安全措施和相关制度规范、加强人员培训等。湖南试点方案通过背景分析、目标定位、预期成果、时间安排、干预措施和保障措施六个方面的定位，方案明确。通过一年多的试点，在社会救助部门的支持配合下，开展了社会救助的瞄准机制和核对体系建设，完成了全省试点方案的各项工作，开发完成了居民家庭经济状况核对信息系统，提高了社会救助对象瞄准率和救助对象认定工作的效率。湖南核对机制已在技术平台、机制创新、政策创制、能力提高等方面取得了实效。

---

① 本课题由长沙民政职业技术学院邹照兰教授参与实施。

一、湖南省 TCC6 子项目省级核对信息平台设计

（一）省级核对平台建设的政策依据和技术标准

湖南省省级核对平台建设主要依据以下政策依据和技术标准。

1.《社会救助暂行办法》（国务院令第 649 号）；

2. 国务院《关于进一步加强和改进最低生活保障工作的意见》（国发〔2012〕45 号）；

3. 民政部《关于进一步加强城市低保对象认定工作的通知》（民函〔2010〕140 号）；

4. 民政部等 11 部委《关于印发〈城市低收入家庭认定办法〉的通知》（民发〔2008〕156 号）；

5. 民政部关于居民家庭经济状况核对信息系统建设的指导意见（民发〔2014〕83 号）；

6.《GB/T 20269—2006 信息安全技术　信息系统安全管理要求》；

7.《GB/T 22239—2008 信息安全技术　信息安全等级保护基本要求》；

8.《GB/T 22240—2008 信息安全技术　信息系统安全等级保护定级指南》；

9.《GB/T 25068. 1—2012 信息技术　安全技术 IT 网络安全 第 1 部分：网络安全管理》；

10.《涉及国家秘密的信息系统分级保护技术要求》（BMB17—2006）；

11.《涉及国家秘密的信息系统分级保护方案设计指南》（BMB23—2008）。

（二）省级核对平台建设的试点方案

根据项目计划与安排，2015 年 10 月，湖南省低保家庭认定指导中心在湖南省长沙市召开了试点方案相关的研讨会。会上，首先听取了湖南省低收入家庭认定指导中心的廖主任对《湖南省社会救助瞄准机制和核对体系研究项目试点方案》基本情况介绍，其次，咨询专家及核对机构的相关负责人对试点方案的科学性、可行性等进行研讨。最后由北京用友政务软件公司项目负责人汇报了“湖南省居民家庭经济状况核对信息系统”开发情况，与会人员观摩了由北京用友政务软件公司的工程师演示该软件的主要功能、操作流程等。来自民政部的领导、甘肃、山东等试点省份的专家和来自湖南省各个地区、市（县）的第一线的核对机构工作负责人对该方案提出了进一步的修改完善意见。

《湖南省社会救助瞄准机制和核对体系研究项目试点方案》中的核对信息系统纵向上联民政部、下联至村/社区，横向联结同级部门或单位的核心业务平台，平台属企业级平台架构，具有很强的可移植性和可扩充性。本方案的系统采用 J2EE 体系结

架构，支持异构环境，并具备可伸缩性、可用性和强大的应用开发能力。同时，是面向服务（SOA）的体系结构。

居民家庭经济状况核对信息系统由“三个体系”和“五个层次”应用模型构成。三个体系包括：标准规范体系、管理运维体系和安全管理体系。五个层次包括：基础设施层、数据层、应用支撑层、应用层、访问层，每个层次的结构和功能相对独立，一层为上一层提供支持和服务。

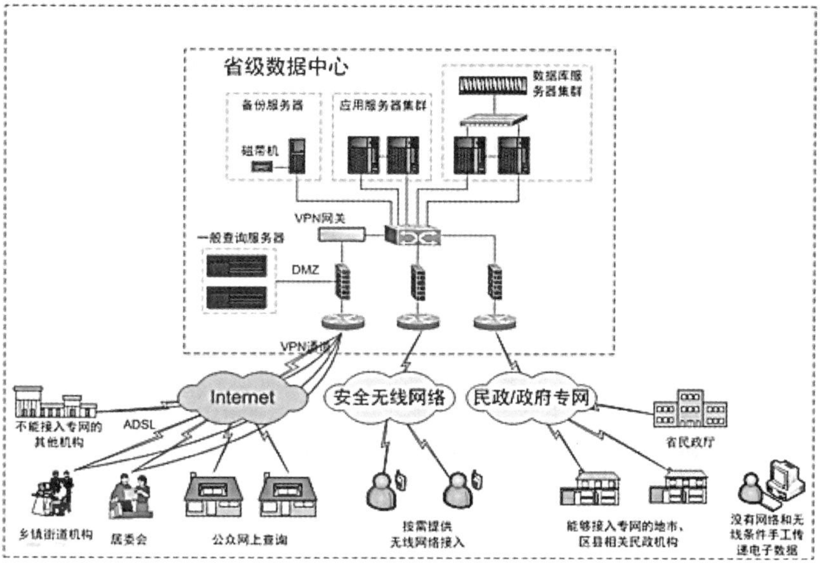

图1　信息平台系统拓扑图

（三）省级信息核对平台的作用和特点

在现行的管理机制下，因为信息不对称导致的骗保问题始终没有得到很好解决。低保收入调查涉及的信息口大约有19个之多，而民政部门能够掌握的只有三四个。湖南省成立了公民信息局，按初始功能设计，这个机构具备有效整合公民有效信息的技术手段，但很多部门对提供信息并不积极，以保密为由，至今难以实现信息共享或及时更新。省级信息核对平台是新生事物，各共享单位有一个逐步认识的过程，现阶段信息共享理念渐入人心，共享工作慢慢好做起来，尤其是民政部与银监会、证监会的信息共享协议从顶层解决了共享“瓶颈”问题，客观环境进一步宽松优化。到省市一级，信息共享主要还有以下问题：①信息集中到省市的部门有限，海量数据尚在市（州）、县（区、市）。湖南省级集中的只有六个部门，省级平台搜集到的数据有限。②信息内容不及时、不完整，相关部门信息化建设滞后，导致数据采集、录取、整埋归类困难。③救助申请对象支出的相关数据急需搜索，仅财产状况还不足以证明问题。在公民个人信用体系缺乏的情况下，掌握救助申请对象日常开支状况，利于全面瞄准。④银行存款及金融产品信息必须从国家层面提出要求和措施，省级民政部门协调金融信息难度大。要出台查询细则和办法，规范信息查取内容和流程。⑤市（州）、县（区、市）平台建设资金困难，核对机构自身力量单薄，要从上而下推动信息平台建设。

省级核对平台建立后最大的作用就是能整合相关工作信息，解决了以上存在的一些问题。

1. 整合居民家庭经济状况情况，汇集核对数据：核对平台需整合公安、人社、住建、工商、民政、卫生、地税、住房公积金、教育、商业银行、保险、证券、涉农等部门数据，实现信息共享及救助申请对象经济状况信息全覆盖。

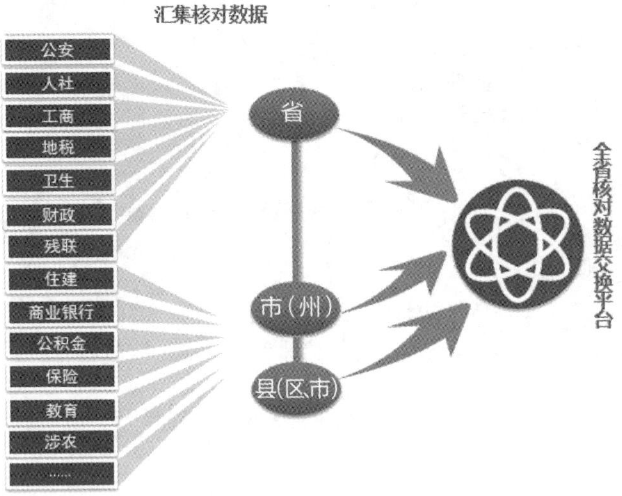

图 2　整合核对信息

如果数据分散在各个市州，各地只能依托市州级平台的建设实现数据对接交换。因此仅建设省本级的数据交换平台，不能完全适应家庭经济状况数据全覆盖的要求，居民家庭的经济信息量获取不足，容易导致社会救助对象认定失误或产生偏差。

2. 整合民政部门的市县平台，形成整体规划，分级负责。顶层是民政部部级核对中心，下面依次是省级核对中心、市级核对中心、县区核对机构、乡镇经办机构。民政部核对中心依托核对基础平台的顶层设计，部省对接；省级核对中心以“大数据、大集中”方式建设和部署核对基础操作平台和省级数据中心；市级核对中心，建立市级数据交换中心和核对应用平台，对接市级横向数据，与省级平台联动交互；县区核对机构，核对业务终端接入，负责具体核对业务的办理，出具核对结果；乡镇经办机构，通过 VPN、电子政务网的方式进行链接实现核对数据填报和信息反馈。省级和市州级双方整合在一起形成全省居民家庭经济状况核对数据交换平台，确保全省数据的全面性、完整性，满足真实、精准的核对工作要求。

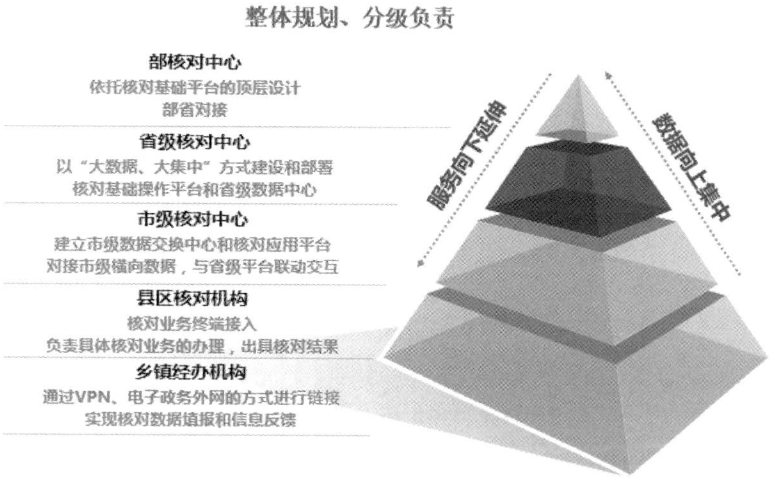

图3　核对平台分级数据采集

3. 整合社会救助信息，与低保系统无缝对接。全省核对平台除了核查救助申请对象的经济状况信息之外，同时还要获取救助申请对象的其他救助享受情况。特别是低保系统。以实现精准救助，避免重复救助。根据社会救助的实施现状，各类救助项目的实施主体大都集中在市（州）和县（区、市），涉及不同类型的救助项目和救助部门有十多家。市州建立核对平台可以有效收集市州、区县两级救助信息，对救助申请对象进行审查对照，实现了社会救助的公平、公正，节约了政府救助资源，实现精准管理。

在充分整合相关部门数据的基础上，开展数据分析：

（1）不仅对财产、收入进行分析，更拓展到对居民日常生活支出如水电气、出国等类信息有所分析。

（2）可对低收入家庭的人群分布特征，按年龄段、性别、区域等都进行统计分析。

（3）对核对应用效果进行监测分析（主要是跟踪低保的审批结果、停保原因等）。

各部门提供信息包含：

人社部门，提供家庭成员的在职人员每月工资实发金额、离退休（职）人员每月领取养老金金额、下岗失业人员每月领取失业保险金金额等信息。房管部门，提供家庭的房产证号、房屋性质（自有、租赁、无房）、房屋类别（平房、楼房）、产权人姓名及身份证号（多条）、房屋用途（居住、商用、综合、其他）、登记价值、登记或交易时间、交易性质（买、卖、继承、赠予）、备案时间、房屋坐落、使用面积等信息。工商部门，提供家庭成员有关的，是否具有作为法定代表人注册的工商企业，如果有，提供法定代表人姓名、企业名称、注册地址、经营地址、注册资金、

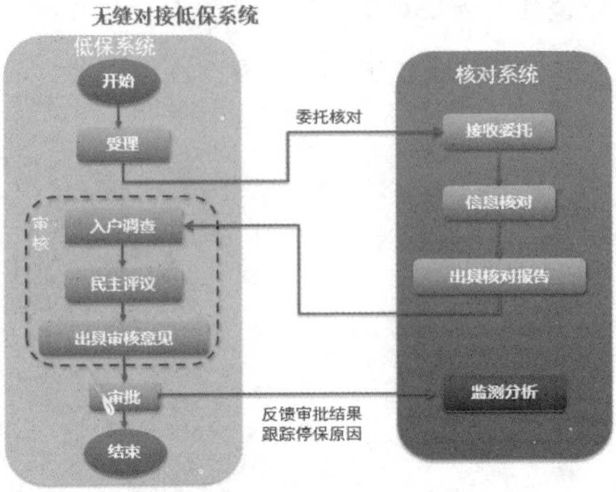

图 4　省级信息平台无缝对接低保系统

注册时间、经营范围以及企业当前状态（正常、吊销、注销）作为投资合伙人投资其他工商企业的投资额、企业名称、注册地址等信息。公安部门（车管），提供家庭的户籍人口信息、出入境情况，家庭成员车主姓名、车牌号码、车辆类型、登记价值（元）、登记时间、用途（营运、非营运）等信息。税务部门，提供家庭的纳税人姓名、纳税企业名称、最近一年营业额、纳税额等信息。民政部门，提供家庭婚姻状况，家庭成员所享受的城市低保、农村五保、优待抚恤等信息。公积金部门，提供家庭成员每月公积金缴纳金额、公积金余额、历史提取金额合计等信息。人民银行（银监），提供家庭的开户人姓名、存款金额合计、债券总金额等信息。证监，提供家庭的开户人姓名、股票、基金的市值以及资金余额的总金额等信息。保监，提供家庭的保险受益人、受益时间、保险受益种类、保险受益金额等信息。

4. 规范完善档案管理，信息数据合理使用。目前，有多个部门涉及社会救助工作，除了民政部门之外，还包括住房救助、教育救助、法律救助，以及工会、妇联、残联等部门。各个部门从不同的渠道获得资金，在其业务范围内给不同的救助对象提供各种各样的社会救助待遇。

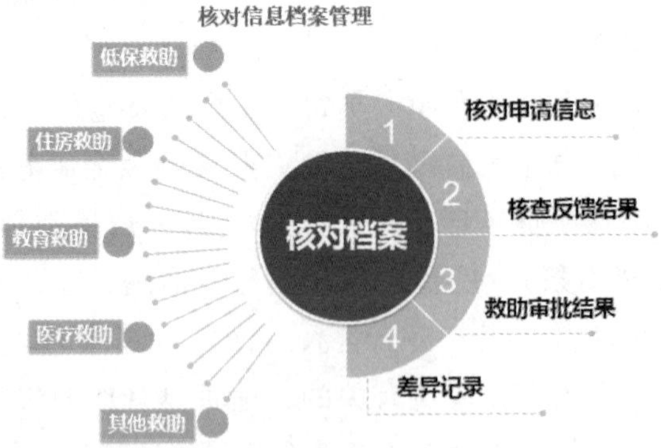

图 5　核对档案

建立社区（村）、街道（乡镇）、县（市、区）民政局、市城乡低收入家庭核对中心四级救助对象“民生档案”，做到一户一档，实现电脑数据库管理，便于查阅、管理和统计。

信息数据合理使用，为符合金融机构的保密规定，保护居民的个人隐私，湖南民政厅与人民银行和全省的金融机构签署了保密协定和查询承诺。核对部门获取的信息特别是金融资产信息，仅限于在居民申请社会救助时进行比较，不得向其他任何单位或个人透露，不得擅自扩大使用范围。

省级核对信息平台除了能整合这些相关部门的工作信息外，还有一个突出实用特色，满足工作需要。各市（州）按照民政部制定的《居民家庭经济状况核对标准》执行统一的数据标准、管理标准、技术标准，确保各类数据的有效集中汇总和使用，实现各类系统之间数据共享、业务协同和信息安全。注意数据交换平台的实用性和可扩展性，强化安全措施。平台的本地化主要彰显了以下特色：

（1）系统是基于民政部基础平台进行开发。

（2）系统可与低保系统进行对接，支持廉租房、医疗、教育等各类救助的核对需要。

（3）湖南省核对系统的建设工作走在全国前列（运用基础平台，系统技术设计先进）。

（4）核对系统架构采用了省、市两级架构，实现数据集中共享。

（5）提供面向公众的便民服务（短信通知、网上查询核对结果）。

（6）在数据交换方面：方式的多样和灵活性，满足各级核对数据交换需求，实现数据的全覆盖。

（7）在数据采集分析方面：居民家庭经济状况核对信息系统以救助申请家庭成员身份证号码为关键属性，通过与各部门的数据交换，采集该家庭成员相关核对信息。

（四）省级核对平台建设信息系统等级保护

在本次核对系统平台的建设中，将参照三级安全保护进行建设。应具备的基本安全保护能力要求如下：

三级安全保护能力：应具有能够对抗来自大型的、有组织的团体（如一个商业情报组织或犯罪组织等），拥有较为丰富资源（包括人员能力、计算能力等）的威胁源发起的恶意攻击、较为严重的自然灾难［灾难发生的强度较大、持续时间较长、覆盖范围较广（地区性）等］以及其他相当危害程度（内部人员的恶意威胁、设备的较严重故障等）威胁的能力，并在威胁发生后，能够较快恢复绝大部分功能。

信息系统具体划分为以下五个安全等级：

第一级为自主保护级，主要对象为一般的信息系统，其受到破坏后，会对公民、法人和其他组织的权益有一定影响，但不危害国家安全、社会秩序和公共利益。

第二级为指导保护级，主要对象为一般的信息系统，其受到破坏后，会对社会秩序和公共利益造成轻微损害，但不损害国家安全。

第三级为监督保护级，主要对象为涉及国家安全、社会秩序和公共利益的重要信息系统，其受到破坏后，会对国家安全、社会秩序和公共利益造成损害。

第四级为强制保护级，主要对象为涉及国家安全、社会秩序和公共利益的重要信息系统，其受到破坏后，会对国家安全、社会秩序和公共利益造成严重损害。

第五级为专控保护级，主要对象为涉及国家安全、社会秩序和公共利益的重要信息系统的核心子系统，其受到破坏后，会对国家安全、社会秩序和公共利益造成特别严重损害。

一个组织机构内可能运行一个或多个信息系统，这些信息系统完成不同使命、承载不同业务、处理不同数据，不同的信息系统可能具有相同的安全等级或不同的安全等级；一个组织机构拥有的、由相同安全等级或不同安全等级的多个信息系统互联构成了组织机构等级化的大型信息系统。

二、湖南省 TCC6 子项目试点实施保障举措

2016 年 12 月 12 日至 13 日，湖南省试点方案如期完成后，上线运行后接受民政部低收入家庭认定指导中心对省级核对信息系统暨 TCC6 项目进行验收评估。民政部项目专家组负责人宝力高处长、部中心干部杨兰一行观看了湖南省核对中心和北京用友政务软件有限公司的介绍和演示，对项目框架给予了充分肯定和高度认可。部低收入家庭认定指导中心干部杨兰一行下到了地市基层进行现场调研。湖南省的 TCC6 子项目能获得成功，得益于民政部低收入家庭认定指导中心的各位领导的现场指导、中心的各种技术培训和本省机构的业务培训。

（一）参加民政部低收入家庭认定指导中心组织的培训

民政部低收入家庭认定指导中心为督导世界银行 TCC6 子项目“社会救助瞄准与居民家庭经济状况核对体系研究”项目地区试点核对机制建设进展，促进试点相关工作人员能力提升，更好地对项目试点省份核对机制建设进行干预，对试点省份的机构核对工作人员进行了一系列的培训。

2016 年 8 月 22 至 24 日，民政部低收入家庭认定指导中心在兰州召开社会救助瞄准与居民家庭经济状况核对体系研究项目地区试点案例研讨暨培训会。长沙民政

学院教授邹照兰等一行8人代表湖南省参加了民政部组织的该项目地区试点案例研讨和培训。会上，陈刚处长首先对世界银行TCC6子项目概况及进度情况进行了介绍；接下来，项目组专家以对精准扶贫核对工作的思考、拉美社会救助瞄准机制的启示、贫困理论发展与贫困对象瞄准、试点地区干预要求等为题对项目进行了授课。

2016年6月13日至15日，湖南省低收入家庭认定指导中心副主任李国华率领湘潭、常德、永州3个市及下辖6个县（区）赴江苏镇江参加了民政部低收入家庭经济状况信息监测项目培训。

2016年9月至10月，部分市、县（区、市）两级低收入家庭经济状况核对机构业务负责人和工作人员集中参加了在北京举办的第三期至第五期（9月19至23日、10月10至14日、10月24至28日）全国低收入家庭经济状况核对工作人员业务能力培训班。

2016年10月24日至25日，湖南省低收入家庭认定指导中心副主任李国华、用友政务公司开发经理孙海生赴安徽合肥参加了居民家庭经济状况核对部省对接研讨会。

2016年11月22日至26日，湖南省低收入家庭认定指导中心主任廖国核赴厦门参加了2016年全国核对工作会议暨社会救助创新论坛并作交流发言。

2016年12月8日至10日，湖南省低收入家庭认定指导中心副主任李国华、常德市中心陈出新、湘潭市中心谭宇妍一行3人赴北京参加了部中心低收入家庭经济状况监测项目成果研讨会。

2016年12月12日至14日，全省核对监测暨TCC6项目总结会议在长沙市中天酒店召开，民政部信息核对部宝力高处长、杨兰一行及甘肃省相关专家参会。

（二）湖南省组织信息核对平台建设、机构人员的业务培训

2016年9月下旬，湖南省低收入家庭认定指导中心在长沙民政职业技术学院举办了全省居民家庭经济状况核对信息系统上线暨世行TCC6项目培训班，来自各市（州）、县（市、区）核对机构的负责人和业务骨干160余人参加了培训，湖南全省正式进入了居民家庭经济状况核对信息化阶段。

2016年10月21日，湖南省民政厅下发了《关于全面开通使用湖南省居民家庭经济状况核对信息系统的通知》（湘民函〔2016〕84号），对全面开通使用湖南省居民家庭经济状况核对信息系统做出部署，提出要求。

2016年11月22日、29日，常德市开通使用常德市级居民家庭经济状况核对信息系统，省低收入家庭认定指导中心主任廖国核、副主任李国华应邀参加了常德市

低收入家庭认定暨社会救助业务培训班。

（三）接受民政部低收入家庭认定指导中心领导现场督察

2016 年 3 月 30 日至 4 月 1 日，民政部低收入家庭认定指导中心信息核对部宝力高处长莅临湖南省，深入省低收入家庭认定指导中心及部分市（州）调研指导信息核对平台建设及 TCC6 项目实施进展情况，详细听取了全省低收入家庭认定指导工作开展情况以及全省信息核对平台建设情况。

2016 年 7 月中旬，民政部低收入家庭认定指导中心咨询指导部李延硼处长莅临湖南调研指导信息核对机制建设工作，深入市（州）检查指导湖南省低收入家庭经济状况监测项目开展情况。

2016 年 11 月 3 日至 4 日，民政部低收入家庭认定指导中心副主任陈埙吹、综合处处长陈刚、综合处干部郭超男，参加了湖南省永州市核对信息平台建设现场推进会。来自全省 14 个市（州）及部分县（区、市）的核对机构负责人近 30 人参加了会议。会上，陈埙吹副主任就当前我国核对信息平台建设的发展趋势和工作目标做了重要讲话，对我省核对工作取得的成绩和经验给予了高度评价。其间，湖南省低收入家庭认定指导中心与 14 个市（州）核对机构负责人就系统核对工作经验以及当前面临的主要问题进行了深入探讨，收集到了很好的工作建议。廖国核主任要求，全省各级要尽快使用省级核对系统开展工作，及早谋划本级核对平台建设工作，不断总结完善提升核对工作的能力和水平。

三、湖南省 TCC6 子项目试点成果经验

核对机构和核对信息平台建设是近年来民政部门承担的新的工作职责。这项工作是社会救助的基础工作，十分重要。湖南省作为世界银行“中国经济改革促进与能力加强”（TCC6）子项目“社会救助瞄准与居民家庭经济状况核对体系研究”项目的中部典型试点省份，经过一年多时间的核对信息化试点干预，在健全核对机制、建立核对平台、提升核对能力等方面取得了显著成效。湖南省家庭经济状况核对平台上线运行后，建立了跨部门、多层次的居民家庭经济状况核对共享机制，从而有效杜绝了隐性收入和财产、人情救助及关系救助等不正常现象。湖南省按照建平台、建制度、建机制、建队伍、筹资金的思路，通过重点领域、重点方面的突破，带动全局工作的推进，这些成绩的取得，得益于民政部的领导，湖南省各级政府的支持，主要体现为如下几个方面的经验和体会。

（一）领导重视是关键

居民家庭经济状况核对工作涉及的领域广、牵扯的部门多。湖南省委、省政府

的高度重视和支持是做好工作的关键。湖南省的各级领导对核对工作以及 TCC6 项目高度重视，2015 年 3 月初，副省长在湖南省城乡社会救助体系建设工作领导小组会议上指出，要求实现全省居民家庭经济状况核对机制全覆盖。8 月中旬，湖南省政府办公厅下发了《关于开展全省社会救助专项治理督查的通知》：省委、省政府要求市区人民政府联合民政、扶贫及相关部门联动，制定了认定机制、完善了核对认定标准、规范核对认定程序。9 月中旬，省长听取民政工作汇报时，专门提出了核对信息平台资金落实问题。而后，湖南省副省长谢建辉到省民政厅调研，现场观看了湖南省居民家庭经济状况核对平台演示，给予充分肯定。省民政厅党组书记、厅长唐白玉，原省民政厅厅长段林毅，副厅长邓磊等厅领导多次做出指示，要求省低收入家庭认定指导中心克服困难，不等不靠，扎实推进核对系统平台建设。

（二）民政部低收入家庭认定指导中心的指导是成功有力保证

民政部低收入家庭认定指导中心的有力指导是试点成功的重要保证。2015 年 10 月、2016 年 8 月、2016 年 12 月，民政部低收入家庭认定指导中心分别在长沙、兰州、青岛举行了世界银行“中国经济改革促进与能力加强”（TCC6）子项目“社会救助瞄准与居民家庭经济状况核对体系研究”项目地区试点方案研讨会。民政部低收入家庭认定指导中心对项目实施给予及时指导和技术支持，与各试点省份的专家学者进行了交流沟通，获得了经验。

（三）充分调研，政策制定是基础

湖南省低收入家庭认定指定中心先后 20 多次赴市县开展调研，征求意见和建议；分别赴广西、江西学习借鉴核对信息平台建设的经验和做法，提请省委、省政府出台系列核对政策、法规和办法。根据《社会救助暂行办法》第五十八条的规定：县级以上人民政府有关部门应该申请和获得社会救助家庭经济状况核对平台，为审核社会救助对象的认定提供依据。为了落实省政府办公厅《关于开展救助申请家庭经济状况核对工作的意见》（湘政办发〔2013〕58 号），2015 年初，省民政厅、财政厅、公安厅、人社厅、住建厅、教育厅、卫生和计划生育委员会、工商局、地税局、人民银行 10 个部门联合印发了《湖南省城乡居民家庭经济状况核对办法》（湘民发〔2015〕2 号）等文件，这一系列政策的出台，为确保居民家庭经济状况核对信息平台的有效运转，提供了省级政策依据。

表 1　TCC6 项目成果支撑政策列表

子项目名称	试点省份	支持政策	政策级别	颁布者
社会救助瞄准与居民家庭经济状况核对体系研究	湖南	关于印发《湖南省农村低保制度与扶贫开发政策有效衔接工作实施方案》的通知（湘民发〔2016〕56 号）	省级	湖南省民政厅、省财政厅、省公安厅、省扶贫办、省教育厅、省人力资源和社会保障厅、省住房和城乡建设厅、省统计局、省残联联合颁布
		湖南省人民政府办公厅关于印发《社会保障兜底脱贫对象认定工作方案》的通知（湘政办发〔2016〕56 号）	省级	湖南省人民政府办公厅文件
		《关于开展救助申请家庭经济状况核对工作的意见》（湘政办发〔2013〕58 号）	省级	湖南省人民政府办公厅文件
		湖南省社会救助瞄准机制和核对体系研究项目试点方案	厅级	湖南省低收入家庭认定中心
		《关于全面开通使用湖南省居民家庭经济状况核对信息系统的通知》（湘民函〔2016〕84 号）	厅级	湖南省民政厅

湖南省低收入家庭认定指导中心，根据省委、省政府的政策精神，认真制定了家庭经济状况认定机制、完善了认定标准、规定了认定程序、提出了工作要求。

（1）建立健全认定机制

由县（市、区）人民政府牵头，建立核对联合认定机制。各县（市、区）人民政府要成立低保核对对象认定工作联席会议制度，县（市、区）人民政府分管副县（市、区）长召集民政、财政、扶贫、人力资源和社会保障、卫生计生、残联等部门主要负责人任成员，联席会议办公室设在民政部门，民政、扶贫开发部门负责人分别任办公室主任、副主任，各成员单位抽调人员参与办公室工作，具体承担联合认定职责。办公室明确部门分工及职责，民政部门负责提供现有低保对象花名册，组织入户调查、家庭经济状况核查核对、提供加盖公章的对象公示信息，组织联合认定审批，建立低保对象电子和纸质档案，并将档案信息共享至其他相关部门。财政部门负责根据保障标准和人员规模做好资金预算和资金保障。扶贫开发部门负责提供现有农村建档立卡贫困户花名册和已享受低保政策的贫困户名单，共同组织参与社会保障兜底脱贫对象的入户调查、家庭经济状况核查、联合认定审批工作，核准建档立卡扶贫家庭中的社会保障兜底脱贫对象，并建立电子和纸质档案，加强与民政部门的信息共享。人力资源和社会保障部门负责提供贫困对象社保、医保等信息的查询和核对。卫生计生部门负责提供贫困对象病情和医保报销信息，共同组织参与社会保障兜底脱贫对象联合认定审批工作。残联负责提供现有农村一、二级残疾人，三、四级智力、精神残疾人，一户多残和老残同户家庭对象花名册，对身患残疾但尚未办证的贫困对象进行残疾程度认定，发放残疾人证，共同组织参与社会脱贫对象联合认定审批工作，等等。

（2）完善核对认定标准

社会保障兜底脱贫家庭核对的对象为：以户为单位，贫困家庭中主要劳动力完全或部分丧失劳动能力，无法依靠产业扶持和就业帮助脱贫的家庭。凡符合下列条件之一的，可纳入社会保障兜底脱贫对象认定范围。

①无劳动力或者丧失劳动能力的家庭。家庭成员主要是老年人（60 周岁以上）或 16 周岁以下未成年人且无经济收入来源的；或其赡养、抚（扶，下同）养人均因病、因残丧失劳动能力，或家庭主要劳动力服刑、强制戒毒、失踪等原因，无法履行赡养、抚养义务的家庭。

②因残重度贫困的家庭。家庭主要劳动力是一、二级残疾人，或三、四级精神、智力残疾人，或一户多残，或老残同户且无其他经济来源的特殊困难家庭。

③因病重度贫困的家庭。家庭主要劳动力因病（含慢性病）部分或完全丧失劳动能力又无其他经济来源，年累计自付医疗费用超过其家庭年可支配收入且需继续治疗的家庭。

④因灾或意外事故造成重度贫困的家庭。因灾害、突发性事件造成家庭主要劳动力死亡、重残等致贫且无其他经济来源的家庭。

⑤因其他不可抗拒原因，无法依靠产业扶持和就业帮助脱贫的重度贫困家庭。

（3）规范核对认定程序

严格落实社会保障兜底脱贫 6 级程序，发挥职能部门工作合力，确保对象认定精准：

①入户调查。乡镇（街道办事处）派遣两名（含）以上经办人员，对现有农村低保家庭和建档立卡的贫困户逐一入户现场调查，详细记录其家庭人口结构、收入、财产、生活等状况，提出拟纳入社会保障兜底脱贫对象名单。

②家庭经济状况核对。由民政部门居民家庭经济状况核对机构会同相关职能部门及相关机构对社会保障兜底脱贫对象家庭经济状况进行灵活高效的信息核对。

③民主评议。由乡镇（街道办事处）在各村组织村民会议开展民主评议，让申请对象直面同村居民，家庭经济状况好坏由群众评议，接受群众监督。

④初评结果公示。乡镇人民政府（街道办事处）在拟纳入社会保障兜底脱贫范

围的对象所在村民委员会的村务公开栏公示初评结果，畅通群众举报途径。

⑤乡镇审核。乡镇人民政府（街道办事处）对操作程序及相关材料进行审核，审核通过的报县（市、区）社会保障兜底脱贫对象联合认定工作领导小组办公室审批。

⑥县级审批。县（市、区）社会保障兜底脱贫对象联合认定工作领导小组办公室对乡镇上报的对象进行逐一审核，并组织重点抽查和复核，抽查率不低于 50%。对符合条件的，县（市、区）委托乡镇（街道办事处）在乡镇政务公开栏和村务公开栏对拟审批结果进行公示。公示期满，没有异议，县级民政和扶贫部门将其纳入社会保障兜底脱贫对象范围，并采取适当、显著的方式进行长期公告，接受群众举报和监督。

（4）提出工作要求

①加强组织领导。各级各有关部门要高度重视社会保障兜底脱贫对象认定工作。各市（州）人民政府要精心指导和督导各县（市、区）做好有关工作，市（州）民政局、扶贫开发办要做好精准认定对象的统计和上报工作。各县（市、区）人民政府要将社会保障兜底脱贫对象认定工作纳入重要议事日程，加强组织领导，保障工作经费，具体组织实施，确保在规定期限内全面完成社会保障兜底脱贫对象的认定和统计上报工作。

②广泛宣传发动。各地要加强政策宣传和引导，充分发挥电视，网站、报纸等各类媒体，采取多种形式，大力宣传中央和省有关扶贫工作政策和社会保障兜底政策，增强各级各部门工作责任意识和人民群众主动参与意识，营造广大干部群众参与和支持社会保障兜底脱贫对象认定工作的浓厚氛围。

③严格把握政策。各地在认定社会保障兜底脱贫对象时，要严格按政策要求执行，不得乱开口子、随意扩大兜底范围。确定社会保障兜底脱贫对象时，要以农村低保制度为基础，自下而上根据实际公开公平公正认定并上报，不得由上而下行政性确定比例、分配任务或指标。社会保障兜底脱贫必须是以家庭为单位，不得将有赡养、抚养义务人的重残、重病等个人从家庭中分离出来单独进行兜底保障。要坚决杜绝“政策保”“人情保”“关系保”。

④实施动态管理。各地要加强对社会保障兜底脱贫对象的动态管理，定期进行审核，原则上每年审核一次。各县（市、区）要结合社会保障兜底脱贫对象认定工作，对农村低保对象进行一次全面清理，将不符合政策的、经济状况好转不再符合农村低保条件的对象，全部清退。

⑤落实乡镇责任。社会保障兜底脱贫对象的初步认定、民主评议、公示、审核等工作由乡镇人民政府（街道办事处）组织实施，各乡镇人民政府（街道办事处）

要明确专人负责，入户调查率应达100%。

⑥加强指导督察。各级人民政府应组织民政、财政、扶贫开发、人力资源和社会保障、卫生计生、残联、人民银行等部门，加强社会保障兜底脱贫对象认定工作的指导和督促检查，及时解决突出问题，促进工作有序推进，确保政策落实到位。

（四）加强核对宣传，积极造势

在省级核对信息平台的建设中，湖南省主动依托传统主流媒体和网络新媒体，为广大群众理解、接受全省核对工作创造有利条件，先后通过《潇湘晨报》、湖南红网、《邵阳日报》《永州日报》等主流媒体推介各级核对工作进展和系统建设情况，及时在湖南民政官网上发布各级核对业务动态、展示全省核对工作成果十余条，邵阳制发了宣传资料，张家界编印了《社会救助便民手册》，以通俗易懂的形式赢得了公众的认可和好评，社会诚信意识得到提升。省低收入家庭认定指导中心、邵阳市中心积极参加民政部“社会救助对象瞄准与核对体系建设论坛”征文活动，文稿得到民政部的肯定，双双荣获二等奖，为政策创制进行了理论探索。

（五）核对平台试点运行，积累经验

2015年12月28—30日，为更好地测试省级核对平台，为后面正式上线、全省使用打下坚实基础，湖南省低收入家庭认定指导中心在长沙军转大酒店成功举办了全省居民家庭经济状况信息核对软件系统上线运行培训班。湖南省低收入家庭认定指导中心廖主任主持，省民政厅副厅长邓磊在培训班开班仪式要求核对工作人员在核对工作中学到真本领、核对出真数字，取得真实效。全省14个市（州）、28个县（市、区）的70多名核对机构负责人及软件系统操作人员参加了此次试点上线运行培训。在平台的试点运行的期间，重点掌握试点操作的进展情况和存在问题，并及时找出解决的办法、总结和交流经验，进一步修改完善了核对信息平台的建设。

表2　湖南省社会救助业务检出率较快增长地区

市州	县区	合计核对人数	社会救助检出率	系统使用前检出率（2015年度社会救助）	检出率增长率
衡阳市	衡南县	17743	0.142	0.043	2.329
娄底市	冷水江市	10557	0.35	0.160	1.184
邵阳市	北塔区	3472	0.287	0.119	1.414
株洲市	醴陵市	2077	0.094	0.024	2.904
邵阳市	双清区	1739	0.223	0.087	1.571
邵阳市	新宁县	1447	0.265	0.074	2.576

（五）湖南省低收入家庭认定指导中心能力建设是保障

10月21日，省民政厅下发《关于全面开通使用湖南省居民家庭经济状况核对信息系统的通知》（湘民函〔2016〕84号），就全省民政系统运用省级核对信息平台开展经济状况核对工作提出了明确要求，省级核对信息平台进入大规模应用阶段。根据计划安排，省低收入家庭认定指导中心于11月17日至12月4日前往郴州、常德、衡阳等6个市（州）检查工作情况。

1. 健全完善全省核对信息平台。①完成省核对信息系统研发验收工作，并根据基层工作条件和使用意见，不断完善省级核对信息平台，增强系统可用性、可靠性、易用性。②大力推广应用省级核对信息平台，督促各市（州）、县（市、区）按照省厅要求配置好硬件设备，全面应用省级核对信息系统开展核对业务。③加强市（州）核对平台建设工作指导，在省级建立统一的核对平台、提供市（州）、县（市、区）使用的基础上，指导有条件的市（州）建设数据交换平台。

2. 积极推进信息共享和互联互通。①加强与民政部核对平台对接，有效获取民政系统内部及证券等有关部委数据信息；②加强与住建、人社等有关单位部门信息数据共享，从省级层面最大限度掌握并整合社会救助家庭经济状况的信息资源；③加强与各市（州）、县（市、区）数据对接，建好省核对信息系统平台与市（州）平台的标准化接口；④加强核对信息系统和低保管理信息系统的有效对接，减少信息的重复采集、重复录入。

3. 扎实开展经济状况核对工作。①充分发挥核对信息平台作用，推动传统手工核对向信息化核对转型，将核对程序引入低保审核审批流程，新增救助对象经济状况核对达100%。②逐步拓展核对业务领域，积极开展申请医疗救助、教育救助、临时救助等低收入家庭的经济状况核对工作，提高社会救助对象认定的准确性和公正性。③加强对已获得社会救助对象家庭经济状况的定期核查，及时甄别不符合条件的救助对象，促进动态管理落实。

4. 切实加强核对工作队伍建设。①积极争取编制、财政等部门支持，进一步建立健全市（州）、县（市、区）核对工作机构，按照定岗定人、专岗专人要求，配齐配强工作人员。②加强全省核对业务能力培训，培育和造就一支政治过硬、业务精通的核对工作队伍。③切实加大核对业务的督查指导，促进核对工作手段在城乡低保、保障性住房等专项救助中的实际运用，实现信息即时比对、对象精准认定，务求核对工作取得实效。

5. 建立健全核对工作规章制度。①加强规范化管理，制定出台核对信息系统建设、运行、应用、安全、管理等方面的规章制度。②做好省核对信息系统的等保定级工作，防止居民个人隐私及其他重要业务数据的外泄、篡改和滥用。③健全考核激励机制，将建立居民家庭经济状况核对机制纳入社会救助绩效考核评价体系，积极争取省财政安排以奖代补资金，充分调动全省核对机构积极性。

（六）强化核对工作能力建设

湖南省通过“以奖代补”方式促进基层核对机构建设，2014—2016 年，连续三年每年争取省财政安排资金 500 万元，对全省各市、县的核对平台建设和工作经费进行补助。截至 2016 年底，全省各市（州）全部成立了核对机构，122 个县市区有九成建成了县级核对机构，其中，有 48 个县（区、市）成立了独立核对机构，其余与救助局（股）合并，相当一部分县（区、市）核对机构明确为副科级事业单位，部分市（州）、县（区、市）核对机构取得了行政机构身份，编制职数适应工作需要，形成了有人办事、有钱办事、有能力办事的工作格局。同时，通过形式多样的业务培训，进一步提升核对工作人员素质，满足工作需要。

仅 2016 年，湖南全省各级累计完成对 426. 7 万人次的低保救助（含特困供养），就检出 80. 8 万人次不合格。589 万人次的住房救助申请对象的受托核对工作有 6. 0 万人次不合格。其中，利用省级核对系统完成对全省 6. 1 万人次的低保救助（含特困供养）检出 10230 人次；6595 人次的住房救助申请对象的受托核对工作，检出 639 人次。省级核对平台的运用极大地提升了全省社会救助的公正性和政府的公信力。通过完成民政部 TCC6 项目和低收入家庭经济状况信息监测项目，居民家庭经济状况核对服务领域将会逐步拓展，辐射作用日益显现，即将用于申请医疗救助、教育救助、临时救助、重大交通事故遇难人员救助等社会救助家庭的经济状况核对工作上。

在湖南省核查的对象之中，不乏开豪车、办企业、有房产和高额收入的情况，截至 2016 年 12 月，全省各级核对机构通过省级核对系统核出拥有小型汽车 1148 人次，拥有摩托车 2992 人次，个体经营 1344 人次，企业注册 116 人次，税务登记 183 人次，财政供养 357 人次，残疾人登记 4768 人次，新农合补助 630 人次，房产登记 622 人次，公积金缴纳 110 人次，社保缴纳 1241 人次，涉农补贴 36 人次，以下例举一些典型案例（按照保密规定，为保护个人隐私，所有区划以及姓名均不公开）：

（1）累计检出各型车辆信息 2147 人次，其中：

①某县段某某（女），经核对系统比对各部门信息，登记在其名下有奔驰轿车 1 台（挂外地牌照），其家庭成员李某某名下登记有 1 家电子科技公司，注册资金 200 万元，1 家净水设备个体经营部，家庭成员蒋某名下登记有 1 家净水设备个体经营部。

②某县黄某某，经核对系统比对各部门信息，其名下有1台奔驰轿车及1台丰田轿车和1家农业公司，注册资金200万元，在本辖区拥有1家采石场、1家文化用品个体经营部。

③某县曾某某，经核对系统比对其他部门信息，其共同生活家庭成员胡某某名下登记有1家汽车租赁公司，注册资金200万元，以及小轿车3辆，房产1处，共同生活家庭成员向某某名下登记有1家百货商行，一个月以后，曾某某以剔除上述家庭成员的名单申请低保救助核对，结果显示没有比对到相关信息数据，有隐瞒嫌疑。

（2）累计检出房产信息1155人次，其中：

①某县苏某某，经核对系统比对住建部门房产信息，在本辖区其名下登记有一套总面积近650平方米的住宅。

②某县高某（女），经与其他部门信息核对系统比对，根据她的计税依据年收入已达近17万元，在本辖区有一套135.7平方米的住宅，其家庭成员黎某某有1家家纺个体经营部。

③某县罗某某，用系统与住建部门房产信息比对，其子女在本辖区登记有1套139.5平方米的住房，半年以后，罗某某以不含该子女的家庭成员名单再次申请住房保障核对，结果显示没有房产信息数据，有隐瞒嫌疑。

（3）累计检出企业（含个体工商）信息2770人次，其中：

①某区谢某，经核对系统与其他各部门信息比对，其名下有1辆奔驰轿车，1家农业公司，注册资金1000万元，在本辖区拥有1家建材个体经营部。

②某县欧阳某某，经核对系统比对，其名下有1家物流公司，注册资金500万元，3家百货、物流个体经营部，以及2辆大型货车，1辆小型汽车。

③某县陈某某，经核对系统比对，其家庭在本辖区内拥有多套住房，家庭成员两人享受社保金合计约5000元/月，其子还于当年度开办了“某某网络科技有限公司”，开办资金100万元。

（4）累计检出财政供养人员信息581人次，其中：

①某区罗某，经核对系统比对各部门信息，罗某本人是财政供养人员，有2辆小轿车，其家庭成员刘某某名下有母婴个体经营部1家。

②某县李某某，经核对系统比对，其父亲是财政供养人员，名下登记有1辆小轿车，3个星期以后，李某某以个人名义申请低保救助核对，结果显示没有比对到相关信息数据，有隐瞒嫌疑。

（5）多次检出高收入对象：某市苏某某，经核对系统比对各部门信息，其公积金缴费基数（相当于月工资水平）9783.33元。

核查项目	反馈结果信息					
户籍	家庭成员	身份证件号码	与户主关系	行政区划	是否一致	
	李[redacted]	430412198706240[redacted]	女/媳	430422	姓名一致	
	刘[redacted]连	430422196011171[redacted]	配偶	430422	姓名一致	
	李[redacted]东	430522195611021[redacted]	户主/本人	430422	姓名一致	
车辆	所有人	号牌号码	号牌种类	车辆品牌	发牌日期	车辆状态
	李[redacted]	湘[redacted]8U24	小型汽车	梅赛德斯-奔驰牌	2010-12-06	违法未处理
	李[redacted]	湘[redacted]0V34	小型汽车	广汽菲亚特牌	2015-01-12	违法未处理
社保	姓名	缴费单位	首次缴费月份	首次领取养老金	末次领取养老金	首次领取养老金月份
	刘[redacted]连	[redacted]县钢火工具厂	无数据	无数据	1557.42	2015-12
财政供养	未查到相关数据					
新农合	未查到相关数据					
惠农补贴	未查到相关数据					
社会救助	未查到相关数据					
残疾登记	未查到相关数据					

图 6　某核对对象核对反馈信息

这些被核查出的对象基本没有表示异议，主动放弃了社会救助，挽回了大量财政资金，也凸显了核对平台的实用性，估计从 2017 年开始，全省使用湖南省核对信息平台开展核查的业务量将有一个数量级的提升，并逐年递增，维持高位运行，但核对检出率曲线将有一个显著下降的过程，并最终稳定在一个较低的水平。

表 3　湖南省核对业务量排序

序号	市州	县区	合计核对人数	车辆检出量	财政供养人员检出量	开办企业个体经营
1	衡阳市	衡南县	17743	154	85	318
2	娄底市	冷水江市	10557	385	39	333
3	株洲市	炎陵县	7069	9	0	12
4	邵阳市	北塔区	3472	223	125	239
5	邵阳市	绥宁县	2461	60	10	79
6	娄底市	双峰县	2299	63	5	54
7	株洲市	醴陵市	2077	6	1	15
8	邵阳市	双清区	1739	138	20	116

续表

序号	市州	县区	合计核对人数	车辆检出量	财政供养人员检出量	开办企业个体经营
9	娄底市	新华县	1672	51	4	45
10	邵阳市	新宁县	1447	38	23	68
11	常德市	汉寿县	1368	47	9	36
12	湘潭市	韶山市	1328	47	9	36
13	邵阳市	大祥区	1194	73	11	59
14	郴州市	宜章县	1142	32	3	16
15	永州市	江华瑶族自治县	1028	14	9	28

四、湖南省居民家庭经济状况核对系统建设工作存在的问题

（一）金融查询缺乏强有力的法律支撑

我国高度重视对公民个人隐私的保护，目前，《中华人民共和国商业银行法》《中华人民共和国证券法》等法律明确规定，商业银行、证券公司等金融机构有权不向任何机构、个人提供他人的存款证券信息。银行、证券仅对安全、公安、检察、法院等机构的办案人员提供相关信息。自 2014 年 5 月 1 日实施的《社会救助暂行办法》，虽然规定了县级以上民政部门，根据申请或已获社会救助家庭的请求、委托、授权核对部门代为查询，核对申请者或已获得家庭救助的家庭收入状况、财产状况时，相关单位如户籍管理、税务、社会保险、不动产登记、工商登记、住房公积金管理、车船管理等单位应予配合；而对银行、保险、证券等金融机构如何配合则未作明确规定，并且现仅有的一部《社会救助暂行办法》只是暂行性法规，相较于《中华人民共和国商业银行法》《中华人民共和国证券法》等法律层次低，而且在执行时常常大打折扣，国有政策银行等不予很好地执行，其他中小银行也不会冒失去客户的风险放开个人存款信息共享，致使核对机构在具体工作中难以对个人银行存款等金融信息开展工作，目前，湖南省仅有个别市（县），通过政府主要领导的个人推动，实现了部分商业银行金融数据的获取，但是获取的范围极为有限、业务手续极其复杂，核对周期还十分漫长，从效率上看是很低下的，而其他绝大多数地方的金融数据甚至仍是空白，开展金融资产的核对更是无从谈起。如果较高层级核对平台能尽快对接好银行数据，最好能核对出五大国有银行和其他商业银行的账户开户信息以及资金存量信息，从而带动银行业数据的全面共享，就比较理想。如果对接好，可以检测出更多不符合条件的人员出来，核对报告的权威性和公信力将再提升一个档次，以此维护公平正义，提高救助工作公信力。

（二）基层实际应用核对平台存在不足，核对系统功能亟待完善

目前，湖南省各级在核对平台使用方面还存在以下问题：①有个别县（市、区）暂时没有开通使用省级核对系统。根据下去了解以及查询省级系统得到的情况，截至2016年12月中旬，还有湘阴县、桑植县、古丈县、永顺县、花垣县5个县由于网线拉通、设备采购等问题暂时没有与省级核对系统连通，也就暂时无法使用省级核对平台开展业务工作。②个别县（市、区）的核对系统存在安全管理的漏洞。

基层用户对核对系统的使用正确与否、便捷与否，直接关系着系统作用的发挥。目前，核对系统上线不到一年时间，还存在大量技术细节和操作环节需要进一步进行优化和完善，在核对平台后续使用的过程中，也一定会暴露更多预期以外的问题，存在一个长期的改进完善过程，需要不断完善满足基层使用需要，改善用户体验。一般情况下，一个信息系统的建设完善周期需要两三年时间。首先，统计分析功能有待加强。目前湖南核对平台的统计分析功能，更多的是简单图表展示，对数据内在深层次的变化规律和趋势反映还不足，可以在此基础上，进一步开发数据挖掘、决策分析等功能，丰富分析结果，优化直观感受，为领导科学决策提供参考依据。其次，系统硬件设施兼容性不够完备。在各级配备硬件设备时，由于市场上的电子信息产品品牌繁多，想要限定某个或某几个品牌的范围是不允许的，因此，不同地方的硬件设备极有可能品类不一。不同公司的开发标准并不完全匹配，必然会面临系统硬件设施兼容性的问题，基层反映比较普遍。

（三）核对平台建设存在很多薄弱环节

核对平台是新生事物，尽管民政部与银监会、证监会的信息共享协议从顶层解决了共享“瓶颈”问题，但是到省市一级，省级核对平台收集到的数据有限。①很多部门对提供信息并不积极，仍然以保密为由，至今难以实现信息共享或及时更新。目前，湖南可以通过省级平台实现数据对接交换，只有公安厅、财政厅、工商局、地税局、卫计委、残联六个部门已经实现省级数据集中。但关键数据仍然在市（州），尚未实现省级集中的是住房公积金、住建、商业银行、教育、保险、证券、涉农等部门。数据分散在各个市（州），各地只能依托市（州）级平台的建设实现数据对接交换。缺少任何一个市县的数据，全省的数据都无法实现100%全覆盖，而市县级建设核对平台的进度参差不齐，进行信息共享的能力也往往不如更高层级，数据集中还不够。②相关部门信息化建设存在滞后现象，信息内容不及时、完整，导致数据采集、录取、整理归类困难，业务和数据间容易出现时间差问题。③在公民个人信用体系缺乏的情况下，救助申请对象支出的相关数据不准确，但这项数据收

集工作在湖南省还处于起步阶段，探索实施的市县很少，后续工作难度还很大。④省级民政部门协调金融部门难度大。希望国家层面出台查询银行存款的细则和办法。⑤市州县区核对平台建设资金困难，核对机构自身力量单薄。因县乡人力、物力等因素制约，对农村低保工作的定期检查、抽查难以做到全面、有效、持久。⑥没有建立完善的政策法规体系，农村低保制度缺乏法律保障。目前，有关农村低保的专项法律法规还没有出台，现行低保制度还处于政府层面的相关规定，具体工作的实施依据，还仅仅是国务院或民政部的“意见”“办法”“会议要求”“通知”等文件，以及地方制定的规章制度，没有正式的行政法规。法律法规的缺位，导致低保工作机制不健全，为个别违规操作的低保工作人员提供可乘之机，并降低了农村低保违规违纪行为的政治经济风险和成本，在一定程度上妨碍了农村低保政策的刚性落实。因此，仅建设省本级的数据交换平台，不能完全适应家庭经济状况数据全覆盖的要求，居民家庭的经济信息量获取不足，容易导致社会救助对象认定失误或产生偏差，需要从上而下推动信息平台建设，以完善市级核对网络结点，为省级管理提供必要支撑。

表 4　湖南省级共享数据部门信息更新周期

数据层级	部门	数据种类	更新周期
省级	公安	户籍信息	季度更新
		机动车辆信息	
	工商	个体及企业工商登记信息	年度更新
	财政	财政供养人员信息	年度更新
	卫计委	新农合信息	年度更新
	地税	税务登记信息	半年更新
	残联	残疾人登记信息	年度更新

（五）部门信息协调共享有待加强

由于行政管理方式和信息化程度不同，湖南省居民家庭经济状况相关数据分散在省、市、县等不同层级的相应政府管理部门。居民家庭经济状况核对系统平台是跨部门的核对信息系统，实现民政与涉及居民家庭经济状况的部门间相关信息的互联互通、数据共享、业务协同，才能准确核对居民家庭经济状况。目前，一些政府部门缺乏“大数据思维”，把自己掌握的丰富信息锁在柜中、束之高阁，动辄拿保密和隐私说事，“信息涉密”“经过请示上级领导不允许共享”，是民政部门工作人员在数据共享中最常听到的答复。部门对数据资源的分割和垄断，制约社会救助效率。有时，有些部门碍于“私交”和“面子”派人参加了联谊会议，但到这些部门获取相关核对信息时，还是会遇到拒绝配合的情况。目前，湖南省各级能够共享到的数据还只有10个大类，13个小类，信息种类还比较有限，数据质量和更新频率都不十分理想，银行存款等部分关键信息缺失，工资性收入等一些重要信息暂时只能通过其他信息从侧面反映，核对报告说服力还不够强，难以满足基层对于精准识别对象家庭经济状况的要求。这个问题如果能够在部级顶层设计中统筹加以解决，各类数据，尤其是跨省数据在核对工作中发挥的效果会更加理想。

表5 湖南省级数据共享对接

数据层级	部门	数据种类	信息数量
省级	民政	婚姻信息	1040万条
		民办非企业信息	17000条
	公安	户籍信息	7000万条
		机动车辆信息	1100万条
	工商	个体及企业工商登记信息	520万条
	财政	财政供养人员信息	290万条
	卫计委	新农合信息	500万条
	地税	税务登记信息	1300万条
	残联	残疾人登记信息	150万条

（六）核对机构性质、职能不统一，核对工作受到影响

首先，湖南目前各级核对机构名称缺乏统一的机构性质、机构名称、机构职能、机构规范，机构依附性强，给核对工作的开展带来了消极影响。就核对机构的名称来说，湖南省有的地方的核对机构称为“低收入家庭认定中心”“居民经济状况核对中心”，有的又叫“救助申请家庭经济状况核对中心”，等等，给人一种不规范的感觉，而目前要修改名称又是难上加难；其次，机构性质、职能不统一。当前湖南各地核对机构建设形式大体分四种情况：第一种情况是核对机构属于救助管理机构；第二种情况是设立单独核对机构设科（股）室；第三种情况是核对机构与救助管理机构合二为一，两块牌子，一套人马；第四种情况是核对机构挂靠民政局机关的信息中心。其中，湖南省核对机构在项目实施之初的情况：成立独立核对机构的市（州）3个，占全省市（州）总数的21%；成立独立核对机构的县（市、区）33个，占全省县（市、区）总数的27%，比例都比较偏低。再次，人员编制紧张，湖南省大多数核对机构只有一两个编制，核对机构工作人员绝大部分由社会救助机构人员兼任，工作人员老龄化趋势明显，专业技术人才比较匮乏。全省各地核对机构有事业编的、行政编的；有独立的、半独立的、附设在救助局没有独立的；性质不一样，

待遇完全不同，尤其在事业单位改革政策趋紧的大环境下，没有编制保障的，发展空间受到较大影响，难以吸引和留住优秀的核对技术人才。这种情况越到基层越普遍。在实际工作过程中，核对机构及其工作人员的这种依附性状况，导致核对机构很难保持第三方机构的中立性、客观性，也严重影响和制约了核对工作人员的工作积极性、主动性、创造性。

（七）农村收入难以量化，低保资格审核有待科学化、规范化

在低保对象资格审核中，家庭收入是一项关键考量指标。然而，操作上的种种制约因素给查实申请者真实家庭收入带来了很多困难。诸如：城镇居民失业者是否存在着隐性就业无法得知；一些做小生意或打零工的居民实际收入是多少无法统计；社区邻里间往来不多、彼此不了解，真实收入难以得到印证。一是受保人资格认定管理过程中存在走过场等不尽责现象。有些村（居）委会未按听证政策要求，选取的听证人员不具备代表性，造成听证评议效果不佳，部分群众认为听证只是个形式。二是违背了低保按户申报的原则。低保是一种有限的民生资源，在低保工作实践中，如果完全按照以户为单位吃低保为原则申办低保，往往一个村的低保指标覆盖不到多少户，于是为在指标范围内让更多困难人员吃上低保，往往采取将重病、重残等特殊人员单独提出来享受低保，以减少特殊人员因未吃低保而导致的上访问题。

农村居民的种植养殖收入、务工收入、临时收入难以准确核算；有些人为了骗取低保名额而故意隐瞒收入等。上述因素造成了在低保资源有限的情况下，难以认定家庭困难且条件相差不大的申请者到底谁该吃低保。此外，按规定，低保家庭收入发生变化时，户主应当主动向村（居）民委员会报告变化情况，但实际上很少有人会主动上报，加上审核工作滞后，难以完全实现“应退尽退”。目前，农村低保等社会救助制度的执行相对粗放，主要原因：首先，是由于部分农村低保规章制度规定得过于原则、抽象，缺乏可操作性；其次，在界定农村低保对象时，没有科学的农村低保对象标准，对低保对象家庭收入核查难。湖南省主要还是依据《民政部 国家统计局关于进一步加强农村最低生活保障申请家庭经济状况核查工作的意见》（民发〔2015〕55号），该意见对家庭财产各个类别内容的规定相对比较灵活，地方拥有一定的自由裁量权。然而，相较于城镇低保，由于工作经费不足、核对工作人员人手不够等原因，对于湖南这样一个不发达的农业大省，尤其是边远落后的地区，农村低保等社会救助申请家庭的经济状况核对工作还面临诸多困难。一是随着农村外出务工人员的增多，农村居民收入来源多元化，收入中既有传统经营性收入，也有工资性收入、转移性收入、财产性收入等，收入的多样化更容易产生收入隐瞒的问题，特别是湖南省还是劳动力输出大省，外出务工收入难以知晓，加之现在国内

支付宝、微信等软件使用火爆，非现金资产流动相当活跃，从而很难将全部收入准确无误地掌握、纳入核对范围。二是收入统计难以货币量化。一方面，农村纯收入要根据各类农产品的价格和成本投入进行核算，而成本、价格容易受市场波动等多种复杂因素影响。另一方面，由于投入成本、产量不一致，价值受自然因素影响波动较大，实物收入尤其是对自产自用农产品、畜牧养殖产品难以量化。这样更增加了农业纯收入核算的难度，现有统计方法存在失真的问题。三是转移性收入认定的两难性。目前，新农保、高龄津贴、残疾人补贴等惠农政策的实施，提高了部分低保申请家庭获得转移性收入的规模，在农村低保标准普遍偏低的情况下，若考虑核算转移性收入则会使部分低保（申请）家庭的人均纯收入可能超过保障标准，如果核算转移性收入在内，则各项政策造成的收入叠加效应又会使部分低保家庭的实际保障水平高于非低保的边缘困难家庭，从而造成不公平问题。还有农村家庭财产和收入统计相当复杂，计算评估限制得过于严格又将增加基层的工作量，不利于工作效率的提高。这些农村地区普遍存在信息化落后、标准化低、效力不高等问题，都迫切需要进一步完善政策，利用信息核对手段加以解决。

（八）核对工作成效的差异明显

项目试点市（县）的差距体现明显，东部经济条件较好、地方信息化程度高、经济状况集中条件较优的地方，核对工作的准确性比相对条件较差的中、西部地区要高出很多，核对工作在社会救助审核中的地位、重要性和有效性得到最充分的体现；居民家庭经济状况核对是社会救助对象瞄准的创新和突破，并不是一劳永逸的万能良药，当前，核对工作本身仍存在不少局限：

一是核对工作实施的有效性受地域因素影响大，基层民政工作人员压力有待转化。第一，基层民政干部工作量大。在农转城推行过程中，为了加快工作推进，有些部门和人员给农转城人员许诺转户将享受更高标准的城镇低保，造成很多农转城人员为了享受城镇低保而不断纠缠基层民政干部，给他们造成很大的压力；同时在城镇化过程中，低保对象人户分离现象逐渐增多，也给基层民政干部增大了救济工作难度。第二，低保工作人员不足。随着低保管理程序的日益规范，镇村两级从事民政工作的专职人员不仅要负责入户调查、听证评议、三次公示、到期低保家庭的变更和续保等环节中大量表册的填写、信息录入、资料查询等事务性工作，而且还要处理由于各种原因未享受低保群众的上访、投诉等突发性工作。这种“程序环节多、信息处理量大、群众诉求强、社会关注度高”的工作现状使工作力量不足的问题日益凸显。第三，低保工作经费不足。通过走访，镇村干部普遍强烈要求上级拨付低保工作经费。村干部认为入户调查费用、召集群众参加低保听证费用、各种表册的打印费用等都需要村委会自己掏腰包，让那些本来经费就困难的村（居）委会更加捉襟见肘，同时经费的欠缺也影响了基层民政干部工作的积极性。第四，特定困难群体救助有待明确化，自低保政策实施以来，无论是农村还是城镇，真正长期生活特别困难的人几乎都已经享受了低保。但由于低保政策规定只计算家庭收入，不考虑家庭支出，有少数家庭收入虽略高于低保标准，但因病、因灾等原因导致家庭开支较大，生活困难的人却很难享受到低保；农村纯女户家庭、零就业家庭、失地农民等生活处于困境中的人也很难享受到低保。但是，这些群体对享受社会救助政策的需求日趋强烈，应该将这些人员是否纳入低保进行明确化，以降低村干部的工作难度，提升低保制度的合理性。受农村收入难以量化核对等因素的困扰，在城市操作性强的核对工作，在农村实施起来却显得有些水土不服、力不从心。

二是核对工作手段、方法单一，信息化程度不高。受限于部门信息化水平，目前湖南省很多地方的信息共享，有很多类分散在市（县）级数据的交换还是依靠手工提取数据的方式，效率低，核对结果可能因为数据失真、数据缺乏全面性，导致核对结果准确性大打折扣。核对数据虽然大大高于农村社会救助对象的准确性，但民主评议的受限因素更多，其对核对的补充作用难以充分发挥。

三是低保管理工作的基本流程由贫困人员填表申请（社区负责）、民政部门考核（资格的确定、补差金额的核算）、定期的跟踪随访（民政部门、社区）、资格的后续审核（流动式管理）这一半封闭、半开放的核对流程，存在某些非确定性，使核对结果的公信力不足，当前核对结果既不是审批社会救助申请对象的必要条件，也不是审批社会救助申请对象的充分条件，充其量不过是救助管理部门审核的参考因素，加之某些关键信息不齐全，如果再遇到数据失真的情况，核对工作将陷入被动局面。核对结果本身的公信力、权威性不足，实际使用范围有限，难以对社会救助政策实施的有效性进行社会评价，进而影响社会救助政策的制定。

（九）核对工作的内驱动力不足

新常态下，国家经济增速下行压力加大，财政增收速度趋缓，一方面社会救助的潜在对象可能增加，服务范围可能扩大，救助资金需求可能加大；另一方面，中央财政加大社会救助投入的难度增加。当前，中央财政对社会救助投入的增长幅度已经在逐步趋缓，加之各级政府对于精细化要求的提高，必然会抛弃以往“撒胡椒面”那种平均主义工作方法，要求社会救助加强对象认定环节、精确掌握对象经济状况，实施更加精准的救助，不断提升有限财政资金的使用效益，化解财政支持弱化的矛盾。

（十）行政管理措施缺位

由于湖南省核对事业起步时间不长，目前，民政部门的核对机构对于谎报、隐报、瞒报收入财产等申报不规范的申请人及家庭成员缺少有效的行政约束手段，最多是取消其低保资格，追缴资金难上加难，客观上使谎报、隐报者、瞒报者无所顾忌，在第三部分的典型案例中就有一些嫌疑案例体现了这一点。这种管理缺位一旦出现，一些群体的诉求甚至上访，从而进一步增加了社会治理成本，不利于社会救助效果的提高。随着改革开放发展的推进，产业结构的变化，城市地区的困难群众类型也有所变化，对于这些新变化，政府在就业或兜底保障方面有哪些措施？民政部门面对的困难对象的产生与社会经济发展相关，社会经济的变化自然带来了这类对象的变化。尤其新的领域、新的变化往往使我们原来的服务对象变得更加困难，或者在新领域、新内容中产生新的群体，而新群体中这种对错保、漏保、“关系保”“人情保”等不合理现象的“零容忍”，意味着如果我们没有手段、没有办法准确认定对象家庭收入和财产情况，也就很容易导致舆论指责、批评，给政府的形象带来负面影响，影响了政府的公信力。

五、对湖南省居民家庭经济状况核对信息化建设的构想

当前，居民家庭经济状况核对工作正处于从探索试点到全面推进的关键时期，制度上和机制上仍然存在很多问题。但是，应该看到中央“精准”的要求为核对工作提供了难得的历史性发展机遇，信息化科技发展为核对工作提供了坚实的技术支撑，湖南省在现有试点成功的基础上，下一步应在核对工作信息化建设方面，做好以下几方面的工作：

（一）加速低保工作的法制化进程，弥补法律上的相关空白

为了提升核对工作法制化水平，打破制约核对能力提升的最大枷锁，将金融信息纳入核对信息范围中来，实现核对标准的完整性、有效性。建议尽早出台一部《社会救济法》。明确从事社会救济的行政机关的权利和义务、社会救济工作的操作程序、被救济对象的确定程序 、被救济对象的权利和义务、相关部门的义务及违反法律应承担的法律责任等。依法约束行政机关及其工作人员和被救济对象的行为规范。这样，居民家庭经济状况核对工作就有了法律法规的保障和规章制度的规范，使社会救助工作从制度层面上保证了核对工作的正常进行。

（二）整合低保、扶贫行政资源，实现低保工作系统化

目前，社会救助工作信息化程度不高，社会救助部门大多没有建立信息比对中

心，社会救助与公安、人社、工商、卫生、住建等部门网络共享信息平台还未互通，对低保对象的家庭变动状况不能准确掌握，虽然每年组织清理清查，但由于低保人数多、居住地分散、交通不便、工作量大、工作人员少等因素，脱贫致富的低保对象不会主动来退保，隐瞒实情，装苦装穷，乡镇民政办经办人没能准确核实低保对象的收入并及时清退，造成了“享受低保容易，退出低保难”的怪现象。

要加快低保信息系统与扶贫开发信息系统的互联互通、信息共享，不断提高低保、扶贫工作信息化水平。要加大部门协调配合及调整的力度，除了法律的硬性规定外，更要在技术上对部门联合协调予以支持。目前可行的办法是建立低保人员的数据库，并与工商、劳动、房管、市政市容、金融等部门实现信息共享，达到信息的最广泛的传播、最有效的利用，避免民政部门孤军作战。部分部门的工作职能甚至可以考虑合并，最明显的就是民政与劳动部门的相关职能的融合。资源整合的顺利进行有赖于各部门工作理念的调整与提升，特别是“为民便民”意识的具体化。即使是不直接参与管理低保工作的职能部门，也要从减轻国家负担，更好服务社会的角度，积极配合低保工作的开展。进一步建立和完善核对平台建设，真正与多部门形成海量数据信息资源共享。做到信息内容及时、完整，数据采集、录取、整理归类快速。

（三）加强信息核对的及时更新、实现核对的动态化管理

推动湖南省居民家庭经济状况核对信息化建设依赖于扎实的工作实践，充分发挥核对信息平台在精准救助中的作用，充分发挥核对信息平台作用，推动全省各级传统手工核对向信息化核对转型升级，进而推动群众诚信意识的增强，提升核对工作社会效益。

由于国家的财政收入逐渐提高，党和政府把低保保障标准同时逐年提高。湖南由 2016 年的每月 165 元提高到每月 220 元，同时，社会保障兜底对象一旦进入兜底的“笼子”，很难自己出来，要长期给予保障。如果核对不精准，该兜的没兜，不该兜的兜了，有失公允，群众会有意见，就会引发不稳定因素，兜底脱贫的效果会大打折扣，甚至影响党和政府的形象和公信力。①家庭经济情况核对工作在湖南的方案中，扶贫的保障对象要以户为单位，强调入户的现场调查。所以人口结构要量化；财产如房子、车子折旧量化；金融产品如收入、存款要细致量化。对贫困家庭的贫困类型按程序甄别，建档立卡后，便于大家操作，一把尺子量到底，才能避免某些基层部门领会精神不到位，凭感情、凭印象超越法定程序审批“特殊对象”“优厚亲友”的“人情保”“关系保”“政策保”。②根据以往的经验，农户的家庭经济状况会发生变化，因而低保对象是动态的；社会保障兜底脱贫对象，多数家庭的状况同

样是不断变动的，因而民政部门要与公安等相关部门对家庭人口的结构和劳动力因病因故以及其他原因陷入严重贫困的，符合兜底条件的，适时纳入社会保障的兜底范围；对家庭主要劳动力大病痊愈、子女实现就业等家庭好转自身努力能脱贫的，要及时消除兜底保障政策。③对被保者的经济收入、就业和再就业情况进行动态监控。目前的城乡低保是一种对生活无着落者的政府保障，应通过建立对被保者的经济收入、家庭生活情况的监控，确保政府有限的资金用到最需要保障者身上。比如定期家访，以社区为单位对被保者经济收入、家庭生活、就业再就业情况的公布，组织被保者定期参加社区组织的公益活动等。④低保标准的确定应贴近实际，与时俱进。随着人民生活水平的不断提高和物价水平的变动，城乡低保标准也应随之调整。最低生活标准也应通过调查统计、论证、听证会以及政府领导同经济、社会等方面专家共同协商来制定，以使低保标准更贴近实际生活。⑤细分被保者，实行标准多样化。目前的城乡低保基本实行的是同一区域统一标准政策。然而，被保者的实际情况是千差万别的。一般而言，不同年龄段的最低基本生活所需费用是不相同的，低保标准应当考虑儿童和学生的教育费用、老年人的大病医疗等因素。⑥善低保金监管机制。对低保金发放，按照“专户管理、封闭运行、专款专用、社会化发放”的原则。“一卡通”由民政、财政、银行三位一体组成社会化发放资金发放监管体系，在源头上就可避免挪用、截留、克扣低保金等违规违纪行为。对因客观情况不能亲自领取的，由民政所派专人将存折和低保金交送低保对象手中，并履行签字手续。同时，由县纪委、财政、审计定期检查农村低保资金管理使用情况，确保资金安全运行。⑦建立月报季报制度。乡村两级按月将低保动态情况进行一次调查摸底统计上报，定期审核农村低保家庭经济状况，对收入水平超过低保标准的家庭，要及时退出低保。对农村贫困户、低保边缘户进行重点排查，对符合保障条件的，严格按程序申报审批，畅通进出渠道，做到动态管理下的按标施保，有进有出，不搞终身制。只有这样细化甄别，才能做到“应保尽保”“应扶尽扶”“应退尽退”，动态管理。

（四）更新低保群众观念，出台脱贫再就业政策

低保确实为社会的稳定发挥了举足轻重的作用，是社会安全“最后一道安全网”，但良好的政策设计的实现，有赖于整个社会的全面配合；低保作为社会保障系统中最底层的防护措施，只能消极地减轻贫困可能带来的损害：然而，城市贫困问题得到最终解决，还要依赖于出台积极的再就业政策。一方面坚持正确的舆论宣传导向，充分利用各类会议、宣传专栏、宣讲活动、散发传单等灵活多样的形式，把城市低保的保障条件、保障标准、申报程序、动态管理和生产自救等政策广泛宣传

给群众，使需要帮助的贫困群众享受到保障，让热心关注的群众参与到工作中来；另一方面新闻媒体应该进行正确的舆论宣传，改变人们的一些落后的传统观念。如“低保是国家的救济，不拿白不拿”“享受低保是自身无能为力的表现”等。还有一种观念就是，我能拿到低保，是我有很硬的人脉“关系”；低保能给我带来很多附加的好处等。要使“主动申请低保，积极走出低保”的观念深入人心，就需要困难群众对低保的性质有正确的认识，即低保不是施舍与恩赐，而是自身应得的权利，进低保的目的是能够最终走出低保，而不是永远躺在政府的怀抱里。同时，使他们明白低保是党和政府的关怀，是救助，是民生工程，享受低保的目的是能够最终自力更生、脱贫致富。

家庭主要劳动力失业或部分劳动力无法就业是低保对象产生的重要原因之一。因此，各相关行政部门帮助广辟就业渠道，要千方百计扩大就业，提高最低工资标准。拉开就业与救助之间的收入差距，使有劳动能力的对象有事可做，乐意找事做。极大地保护和调动失业者自力更生精神，增加他们的收入，促进社会可持续发展。

（五）加强社会保障工作的监督，杜绝违规现象

充分调动各方力量，完善低保工作的监督体系，积极发挥政府、舆论、群众的监督作用，利用各种有效措施，确实保证工作的公平、公正、公开，唯有公开才能公平、公正，故加强和完善公示制在内的运作机制以确保低保工作全过程公开化是有必要的。①建立低保核对举报信访通道。对群众投诉反映的问题，应做到有投诉有核实，发现一起，查处一起，解决问题不能敷衍、拖延。要保护举报人。②完善民主评议和公示制度。各乡、镇在核对申请人家庭经济状况的基础上，以户为单位，组织入户调查，开展民主评议。重点对家庭经济核对和入户调查结果的真实性、完整性进行评议，并详细记录。同时，严格执行低保公示制度。要及时在村委会公示入户调查、民主评议和审核结果，公示拟审批的对象；享受低保对象由县级民政部门统一印制名单后在村委会长期公示，坚决杜绝选择性公示行为。③建立经办人员近亲属备案制。各地民政部门应建立低保经办人员和村委会成员近亲属享受低保专项档案。对近亲属享受低保的低保人员和村委会成员，做到一人一档。④对在低保审核过程中，存在徇私舞弊、优亲厚友等违规现象，严格按相关规定给予党纪政纪处分，涉嫌犯罪的，依法移送司法机关处理，采取“零容忍”的态度依法依规追究责任人的责任。⑤建立低保定期报告和诚信保证制度。低保家庭要定期将家庭人口、收入和财产情况，向村委会或镇政府上报，镇、村根据报告，核查该家庭的收入变化情况，及时做好低保金的增减和清退工作。此外，可建立《享受低保待遇家庭诚信保证书》制度，在入户核查时，要与户主签订诚信保证书，并存入低保档案，确保低

保家庭财产和收入情况真实准确。⑥对那些徇私舞弊、弄虚作假、开具假证明为本单位或亲朋好友骗取低保金的企业和个人有关部门必须通过法律手段严加惩处。⑦对举报有功人员加以保护、予以奖励。同时聘请社会各界人士为低保监督员。对低保工作实行全程、全方位的监管。建立低保责任追究制。严格履行岗位职责，对违纪、违规行为严厉查处确保低保工作健康有序运行。

（六）提高基层工作者的素质，提升核对工作能力

建议湖南省各地将建立居民家庭经济状况核对机制纳入社会救助绩效考核评价体系。居民家庭经济状况核对是一项政策性强、敏感度高、涉及部门多、信息化要求高的工作，对核对工作人员所需具备的素质提出的要求很高。2016 年，湖南组织全省各级核对机构赴京参加了 5 期核对工作业务培训；组织试点县参加了民政部 TCC6 项目研讨会；各级培训总人数达 2500 人，培训效果非常明显。美中不足的是，湖南西北边远地区和经济落后地区的培训工作还很不够，各类培训参与程度还不高。湖南省各级民政部门要在今后的核对机制建设过程中注重业务培训。此外，提高基层工作者的素质，及早建立专业化的工作队伍 。通过定期举办业务培训班，对全省社会救助人员进行专业培训，提高工作人员的理论素质和业务水平。同时改善基层社会救助工作人员的工资待遇和办公环境，留住人才，打造一支稳定的专业化工作队伍，以适应低保工作迅猛发展的形势需要。专业化工作队伍的建立是整个社会救济工作健康有序开展的前提和基础。一线工作者必须通过强化培训，择优上岗。条件成熟时，可以通过职业资格准入制控制工作人员的入门标准以提高专业素质。因为面对社会的困难群体，我们的工作者不仅要有过硬的专业知识，还需要相应的爱心和耐心。必须照顾到救济对象的尊严，在人格平等前提下进行救助，要避免施舍、恩赐等错误的想法及态度。在培训频率上，最好在 1—2 年这个周期内实现对全体核对工作人员的轮训，以保证每个工作人员满足最新的知识储备要求，建立和培养一支精通核对业务管理、核对业务操作和核对信息化建设运维的人才队伍。

（七）切实抓好管理队伍建设，逐步形成救助合力

从湖南 TCC6 项目实施经验来看，充分考虑基层工作实际，建议在条件成熟的地方先行先试，引进社会力量参与数据收集、发现整理使用等方面的工作，再逐步推广也是一条可行之路。切实抓好管理队伍建设，一是要重点加强村（居）一级低保干部管理，提高素质。城乡低保工作的重点在基层，但基层力量非常薄弱，只能应付日常的工作，无暇顾及监督。低保对象是用“城乡居民家庭收入的核算”办法来确定，由于基层工作人员素质参差不齐，部分工作人员作风不够好，在确定低保对

象时存在界定不规范问题，对低保对象入口关把得不严。县、乡镇（街道）民政工作人员在审核时由于受训人员少、经费少、没有交通工具等因素的制约，入户核查比例不高，优亲厚友、“关系保”“人情保”等现象在个别地方仍有发生，使有的本应纳入低保范围的贫困对象却享受不了低保。要积极运用科学管理手段，加强人员培训，建立信息化网络，以提高低保工作质量和效率。同时加强“三支队伍”建设，通过加强基层人才队伍建设、社会工作人才队伍建设、社会志愿者队伍建设，构建行政力量为主导、专业力量为支撑、公众力量为基础的社会救助保障人力资源格局。二是要加大工作经费投入力度，建议给每个村（居）配备一名专（兼）职低保工作人员，并且适当提高工资待遇，稳定干部队伍；增加基层低保工作机构办公经费投入，保障低保工作规范化管理需要，当前借助市场的力量充实核对工作队伍，维护社会救助公平正义。承担起居民家庭经济状况相关信息核对、入户调查等事务性工作任务。在整个核对工作过程中，加强与专业技术公司的合作，安全、合理利用外部专业技术力量，提升政府核对工作能力。

（八）融入诚信体系建设，强化责任追究机制

我国个人征信体系不够完善，还无法利用个人“信用档案”进行收入评估与界定。传统方式采用入户调查、邻里访问、信函索证等“手工方式”，不仅核对难度高、工作量大，还容易滋生不正之风，产生纠纷和矛盾。破解这一课题，只能从构建居民家庭界定与收入核对平台入手，鉴于核对机制的建立向社会传递出国家救助机关有能力全面查询申请人家庭经济状况的信息，借助成熟的信息化技术手段，通过信息资源共享与交换，实现多部门的信息联动共享，从而达到综合准确核对的目的。融入诚信体系建设将在无形中提高人们诚信申请救助的意识。在加强审计、民政、财政对低保工作监督的同时，县（区、市）、镇（街道）要派出足够力量，严格把好低保对象的入口和审核关，做到“进得合理、出得有理”。县（市、区）在必要时采取定期或不定期方式对低保工作进行督察，发现问题要严肃查处。省、市组织力量对低保工作进行抽查，对好的典型及时总结，表扬推广；对违规操作或不作为的工作机构和工作人员，按照《关于实行城市居民最低生活保障工作责任制及责任追究的暂行规定（试行）》，切实追究责任。

（九）从社会工作专业化的思路出发，健全低保核对机构

从这次 TCC6 子项目试点工作三个省份的调研来看，有的省还没有独立的低保核对机构，低保核对工作还依附在信息中心；有的低保核对机构和社会救助就是一个处室。首先，低保工作中的社会行政首要的是健全低保社会工作机构。建议对现有

的城市低保中心和没有建立低保机构的地方，从省、市（县）、乡镇（城市街道）三级统一的省低保局市（县）低保局和乡镇（城市街道）低保服务中心，根据低保工作实际需要来设置低保社会行政职位。其次，关于低保工作中的专业社会工作岗位。从低保工作实践看，低保工作中的专业社会工作岗位大体可以分为两类，即社会行政工作辅助岗位和专门的社会工作岗位。社会行政工作辅助岗位主要是指基层自治组织中配合乡镇（城市街道）低保服务中心中社会工作行政人员落实对低保对象的调查甄别、动态管理工作的相关人员。从未来发展看，社会行政人员和社会行政工作辅助岗位人员可以保持微量的增加，而专门的社会工作岗位人员随着低保对象特别是集中供养的五保人员的增加可能需要较大的增长。强化统计分析功能。民政部在核对基础平台升级时，充分考虑到了核对平台统计分析能力的问题，对统计分析模块进行了升级和强化，引入了数据挖掘和数学建模等最新科技成果。逐步建立起湖南省自己的事前预判和主动发现能力。

（十）健全核对规章制度，提升核对安保能力

居民家庭经济状况核对工作政策性强、敏感度高、涉及部门多、信息化要求高，必须通过建立完善一套有效的管理制度来确保海量信息安全，建议在现有基础上，逐步拓展和提升：①加强规范化管理，明晰县级民政部门业务主体地位，查漏补缺，认真整改，平衡安全性和便捷性要求，在做好湖南省核对信息系统的等保定级工作基础上，应充分认识到人是安全生产最大的影响因素，保证各级工作人员自觉严格依法核对、照章办事，多维度杜绝居民个人隐私及其他重要业务数据的外泄、篡改和滥用。②健全考核机制，加大核对业务的督察指导，积极争取省财政安排以奖代补资金，充分调动核对机构人员的积极性。③综合利用各类信息的安全要素，使各级核对工作人员自觉依法核对，杜绝居民的隐私及其他业务数据篡改、外泄和滥用。

（十一）开发核对系统手机端 App

有的省核对信息平台已建设得非常完善，只要系统升级，通过开发核对系统的手机端 App，实现核对审批、结果调用的手机处理。方便核对流程的及时办理，同时在进行入户调查时，可以随时查看核对结果，使入户调查工作更有针对性。建议湖南省向兄弟省份学习，尽早建立自己的核对系统手机端 App。

西部甘肃省试点对策建议报告[①]

前言

甘肃省从2015年开始推行社会救助瞄准和核对体系研究试点工作以来，取得了很大的进展，有效地保障了甘肃省困难群众的基本生活，但作为一个完善的制度体系，仍然存在一些问题。本文在甘肃省社会救助瞄准和核对体系试点地区和非试点地区颁布的政策法规以及对试点地区和非试点地区的调研的基础上就完善甘肃省社会救助瞄准及核对体系提出了有针对性的建议。

（一）试点地区对策建议

1. 部门间的信息共享需要顶层推动

大数据平台的建立，并不仅仅是一个口号，而是要让建立的大数据平台发挥它真正的作用，实现其价值。虽然目前已建立了大数据平台，处于大数据平台的起步阶段，不可避免会出现各种各样的问题，因此在起步阶段采取相应的措施是至关重要的。制定相关的法律法规，克服信息跨部门共享的障碍提高地方民政部门信息核对的效率与准确性。

2. 优化核对系统部分功能，提高核对效率

建议在县（市、区）及以上核对机构增设连续快速扫描仪，在系统中设立固定的在册低保对象核对模块，可导入低保系统中的在册低保对象的基本家庭信息进行核对，适当简化需导入的身份证信息资料，优化核对系统的部分功能。

3. 提高基层工作人员的业务能力，完善基层硬件设施

居民家庭经济状况核对工作是一项新工作，因此核对工作人员需要进行更多的培训，来不断完善自身能力，从而全方位提升核对工作的质量和水平，组建一支高素质高能力的人才队伍。同时为了提高基层工作人员的工作积极性，应该建立合理

---

① 本课题由兰州大学资源环境学院丁文广教授参与实施。

的激励制度，完善硬件设施。

4. 救助对象的核对能够实现全覆盖

建议核对平台与其他社会救助系统数据共享，并在后台设置定期核对。

5. 加强低保的动态管理

严格执行动态管理制度，对保障对象实行有效期管理和定期核查。

6. 切实强化督察惩处

市（州）、县（市、区）民政部门要结合“明察暗访督察年”活动和当地实际，切实加强对本地区低保工作的督促检查，特别是县级民政部门要采取多种形式，定期或不定期地开展监督检查，发现问题及时纠正。

（二）非试点地区对策建议

1. 完善社会救助政策目标的合理性与可执行性：①完善政策内容，优化收入核对管理制度和流程，建立规范的核对制度和流程强化救助对象规范化管理。②加强对核对机制执行的监督力度。

2. 有效强化执行主体的执行能力：①推进机构建设，建立一支收入核对队伍确保依法核对。②提升政策执行人员素质，提高执行主体能力。③调动各类社会资源，有效提升核对机制的执行资源。引入更多社会力量，一方面能充分发挥社会力量在政策执行中的补给作用；另一方面，可以将政策目标向更多的人群进行宣传引导。

3. 完善与目标群体的沟通互动：①加强对目标群体的宣传和引导，主动与目标群进行沟通。②加强对目标群体的监督与管理。

4. 营造良好的政策执行环境：①加强信息沟通和政策传播：加强宣传，传播政策。②加强信息化水平建设，建立救助大数据平台。③建立多元化的社会救助主体。④多元参与化解执行困局的路径探索。

一、甘肃省核对体系现状

（一）核对机制建设情况

各地均已成立了核对机构，同时配备相关人员负责核对工作。各地均根据《甘肃省居民家庭经济状况核对办法》出台本地的核对办法指导当地的核对工作。其中，各市、县（区）核对中心全面受理社会救助部门的核对委托，各类社会救助对象认定水平得到稳步提高。

（二）信息共享协议的签订

各地先后完成了与财政局、人社局、房管局、国税局、地税局、公安局、教育局、工商局、公积金管理中心等平行单位的信息共享协议签订。目前，张掖市已同银监会、四大国有银行等 10 家金融机构签订共享协议。信息共享协议签订工作的不断推进为甘肃省的核对工作的开展奠定了良好的基础，也有利于建立甘肃省核对平台后部门间信息共享的实现。

（三）核对成效初步显现

各级核对机构经过多年的探索和实践，一方面，2016 年甘肃省开展农村低保清理规范工作，甘肃省各级核对机构共核对低保对象 141 万人次，其中不符合标准的 7.8 万人；核对住房救助对象 2.57 万人，不符合标准的 4704 人；核对其他社会救助 18092 人次，不符合标准的 2490 人。另一方面，加强动态管理，规范救助对象的准进准出。过去，很多救助对象在满足退出标准后缺乏主动退出救助的意愿，瞒报、骗保现象层出不穷，以至于动态管理难度大，退出机制难以实现。核对机制建立后，各级民政核对部门可以随时核对救助对象的实时信息数据，从调研反映情况看，凡经信息核对后退出保障范围或被告知不符合条件的对象，极少产生争议，核对工作初见成效。

甘肃省居民家庭经济状况核对平台（一期）建设进度安排如下：

第一阶段：前期准备（2016 年 10 月至 11 月底）。这一阶段主要工作：一是成立居民家庭经济状况核对平台建设工作领导小组，成员由分管厅领导、救助处、信息中心、办公室、法规处、规财处、纪检室相关人员组成，安排项目专职人员，明确职责分工。二是起草平台建设实施方案。

第二阶段：招投标阶段（2016 年 11 月底至 12 月底）。主要工作是：按照省财政厅和省公共资源交易局的有关要求，积极准备平台建设招投标所需的各项材料和手续，完成平台建设网上公示。

第三阶段：平台开发阶段（2017 年 2 月至 7 月）

1. 开展本地化需求调研。

（1）软件开发商、有关 IT 专家就核对平台建设的总体要求等内容与省民政厅信息中心研讨。

（2）软件开发商、有关 IT 专家就省级低保信息平台与核对平台对接等内容与省民政厅社会救助处座谈、研讨。

（3）按照《关于甘肃省居民家庭经济状况核对平台建设的需求分析》中的内容建设框架平台。

（4）在省民政厅信息中心人员带领陪同下，对兰州市、嘉峪关市、陇南市、天水市、白银市等地就核对框架平台的操作及内容征求意见和建议，并形成本地化开发实施方案。

2. 进行本地化开发。在广泛征求意见建议，形成信息平台基本功能设置和架构设计的基础上，利用部中心开发的基础应用平台进行本地化二次开发，既要体现通用功能，又要增加甘肃特色模块。

3. 建设省级核对信息平台大数据库。与省政府电子政务办、省公安厅等签署了信息共享协议的单位的数据库进行横向对接。省民政厅信息中心负责与相关单位数据管理机构的衔接和沟通，软件开发商负责平台对接的技术工作。

4. 装机调试应用。按实战要求，对开发平台进行全面测试，加载数据应用，随时发现问题，修正 BUG。

5. 分别组织基层核对操作人员和市（州）、省级业务管理人员培训。对全省各级核对机构业务骨干进行技术培训，熟悉操作程序，掌握业务流程。

第四阶段：评估验收（2017 年 8 月）。主要工作是平台正式上线运行。经省政府电子政务办、居民家庭经济状况核对平台建设工作领导小组验收合格后，全面启用甘肃省核对信息平台，实现省、市、县三级在线核对，横向与省政府大数据平台实现数据交换和互联互通。

二、甘肃省核对体系建设内容

甘肃省作为民政部低收入家庭认定指导中心与世界银行正在进行的“社会救助瞄准与居民家庭经济状况核对体系研究”项目选定试点省份，严格按照民政部有关要求，并结合甘肃省的实际，通过统一布局、规划实施，最终建成一个支撑甘肃省全面开展居民家庭经济状况核对业务的综合性平台。

居民家庭经济状况核对平台建设的内容：

甘肃省居民家庭经济状况核对平台建设以民政部《全国居民家庭经济状况核对标准》为指导来确定核对系统的业务规程、业务数据元规范、信息资源规划和建设规范、核心元数据管理规范、业务统计指标、信息系统数据接口规范、网络基础设施建设要求规范、信息安全管理规范、档案管理规范、项目管理规范等，保障甘肃省居民家庭经济状况核对平台能够与民政部居民家庭经济状况核对系统实现互联互通、信息共享和业务协同，践行国家和民政部相关文件精神，核对平台建设主要包括以下几个方面内容：

1. 建立核对业务办理平台；

2. 建立面向全省救助家庭的收入、资产核对评估综合信息平台；

3. 建立省级低收入家庭经济状况数据库；

4. 建立省级数据交换平台，并建立信息交互共享机制；

5. 与系统外信息系统网络建设达到互联互通；

6. 与民政相关业务系统实现协同；

7. 信息共享单位数据交换系统的设计与实现；

8. 建立统计决策平台；

9. 数字档案系统与电子签章系统的建设。

并通过统一布局、规划实施，最终建成一个支撑甘肃省全面开展居民家庭经济状况核对业务的综合性大数据平台。该平台通过政务专线向省电子政务办提供数据交换、信息共享、业务协同等服务接入功能。

居民家庭经济状况核对中心将为低保救助、医疗救助、教育救助、保障性住房等多种救济、救助类业务提供电子化在线核对支持。建成的系统，各街镇基层经办、初审人员，审批单位审批人员在进行救济、救助相关业务办理时，支持实时接入访问、在线查询报告、自动电子化审核校验功能，大大提高工作的时效性和准确度；将对外提供标准化的家庭经济状况报告和电子化审核接口，提供各类非民政类业务的扩展应用。其中在经济状况核对内容上包含了可支配收入（包括工资性收入、经营性净收入、财产性收入、转移性收入等）和财产（实物财产和货币财产等）的核对。

目前，甘肃省核对工作已取得如下成果：

（1）政策创制成果。2013 年 10 月 10 日甘肃省民政厅联合省发改等 13 部门印发了《甘肃省社会救助申请家庭经济状况核对办法（试行）》。一年多来，试行办法在指导推进甘肃省核对机制建设方面发挥了重要作用，得到上级部门的充分肯定。随着核对工作的快速发展，特别是核对理论和实践的不断丰富，试行办法一些内容已不适应核对业务新需求，增加、调整、充实有关内容已迫在眉睫。以开展试点工作为契机，2016 年初，甘肃省修订出台了新的核对办法，同时指导基层核对机构制定操作细则和配套举措，明确了核对职责、认定标准、核对流程、信息共享等事项，进一步规范了甘肃省居民家庭经济状况核对工作。2017 年，甘肃省起草了《甘肃省居民家庭经济状况核对标准》和《甘肃省居民家庭经济状况核对工作管理规范》，下一步将面对全省征求意见，修改完善后拟以甘肃省民政厅名义下发，供各级核对机构开展业务使用。

（2）平台建设成果。根据 2012 年 9 月国务院印发的《关于进一步加强和改进最低生活保障工作的意见》（国发〔2012〕45 号），“在强化救助部门入户调查、邻里走访、信函索证等调查手段基础上，加快建立跨部门、多层次、信息共享的救助申请家庭经济状况核对机制，健全完善工作机构和信息平台，确保最低生活保障等社会救助对象准确、高效、公正认定”要求的基础上，根据甘肃省实际，2015 年初，甘肃省民政厅向甘肃省政府电子政务办报送了《全省居民家庭经济状况核对信息平台建设方案》。2016 年 8 月，在甘肃省政府办公厅的支持下，通过省级党政机关电子政务建设专项资金划拨了 375 万元用于甘肃省核对平台建设工作。2016 年 10 月，甘肃省民政厅按照采购流程向省财政厅报送了《甘肃省居民家庭经济状况核对信息系统》平台建设方案，经省财政厅同意，甘肃省公共资源交易局受委托对省居民家庭经济状况核对系统一期项目以公开招标方式进行采购，河北中科恒运软件科技股份有限公司以 337.7 万元中标。

2017 年 3 月，核对系统正式开始建设。甘肃省民政厅领导高度重视，成立了由分管厅长任组长，各相关处室负责人任组员的核对系统建设工作领导小组，并向甘肃省各市（州）、县（区）下发了《甘肃省居民家庭经济状况核对平台建设方案》。根据方案要求，民政厅组织专人赴兰州、张掖、酒泉、嘉峪关、天水、陇南集中进行调研，确定核对系统的本地化开发的软件功能。2017 年 6 月，核对系统的本地化开发基本完成。为测试系统的性能和操作性，甘肃省民政厅在张掖召开省居民家庭经济状况核对系统试运行试点工作培训会。民政部核对中心领导对甘肃省核对工作给予高度评价。2017 年 8 月，试点运行工作结束。省民政厅根据试点地区核对系统使用情况的反馈结果，对系统功能进行了进一步修改和完善。2017 年 9 月 7 日至 9 日，省民政厅在兰州召开了全省居民家庭经济状况核对系统操作培训会，核对系统正式在全省运行。

2017 年 9 月，在甘肃省政府电子政务办的支持下，省民政厅核对系统与省政府电子政务系统数据库进行了对接，共享了包括工商、公安、卫计委等 6 个部门的 13 类数据；同时，在甘肃省民政厅领导的积极争取下，核对系统与建行甘肃省分行的数据进行了对接，丰富了甘肃省救助对象信息核对的数据来源。截至目前，全省核对系统累计核对低保救助对象 300 余万人次，核检出疑似不符合条件的对象 7 万余人次，为全省低保对象的精准认定和脱贫攻坚工作提供了很好的支持。

（3）机制建设成果。试点工作开展以来，甘肃省民政厅成立了由分管副厅长任组长，各市（州）核对中心主要负责人为成员的试点工作领导小组，明确了领导责任，确保了试点工作能够扎实开展并取得预期效果。同时省民政厅进一步加强了对全省各级核对机构建设的指导工作，通过积极主动地再汇报、再争取，落实了核对机构编制人员，明确了领导责任、落实了核对专干，截至目前，甘肃省 14 个市（州）、86 个县（区）均已成立核对机构，甘肃省各级核对机构共有工作人员 316 人。

三、项目区社会救助瞄准与居民家庭经济情况核对体系政策框架

为建立和完善社会救助申请家庭经济状况核对制度，确保全国社会救助制度的有效实施，在中央的政策指导下，甘肃省及各市（县）就社会救助申请家庭核对工作出台各种政策。表 1 为中央部委、甘肃省、各项目区关于社会救助办法、社会救助对象瞄准、社会救助居民家庭经济状况核对信息等社会救助相关文件。

表 1　中央部委、甘肃省、各项目区社会救助文件一览表

层级	政策文件	生效时间
国家与中央部委	《民政部关于居民家庭经济状况核对信息系统建设的指导意见》（民发〔2014〕83 号）	2014 年 4 月 9 日
甘肃省	《甘肃省民政厅、甘肃省发改委、甘肃省教育厅、甘肃省公安厅、甘肃省财政厅、甘肃省人社厅、甘肃省住建厅、甘肃省监察厅、甘肃省国税局、甘肃省地税局、甘肃省工商局、甘肃省统计局、中国人民银行兰州支行关于印发〈甘肃省社会救助申请家庭经济状况核对办法（试行）〉的通知》（甘民发〔2013〕198 号）	2013 年 10 月 10 日
张掖市山丹县	《张掖市居民家庭经济状况核对办法》（张政办发〔2016〕144 号）	2016 年 9 月 6 日
甘南藏族自治州合作市	《关于印发甘南州居民家庭经济状况核对办法的通知》（州民发〔2015〕253 号）	2015 年 12 月 23 日
	《关于印发合作市居民家庭经济情况核对实施细则（试行）的通知》（合民发〔2016〕154 号）	2016 年 11 月 2 日
武威市古浪县	《古浪县贫困家庭收入核定指导标准》（古民发〔2013〕144 号）	2013 年 7 月 29 日
	《关于印发古浪县农村贫困家庭收入核定办法（试行）的通知》（古政办发〔2013〕143 号）	2013 年 7 月 29 日
	《关于转发民政部最低生活保障审核审批办法（试行）的通知》（古民发〔2013〕41 号）	2013 年 4 月 2 日
平凉市崆峒区	《关于印发平凉市居民家庭经济状况核对办法的通知》（平市民〔2015〕186 号）	2015 年 11 月 9 日
临夏回族自治州广河县	《关于印发广河县城乡低保申请审核审批工作流程的通知》（广民字〔2013〕42 号）	2013 年 4 月 3 日
	关于转发州民政局等 13 部门关于印发《临夏州社会救助申请家庭经济状况核对办法》的通知（广民字〔2013〕178 号）	2013 年 12 月 17 日
陇南市武都区	《关于成立陇南市武都区低收入家庭经济状况核对中心的通知》（武编办发〔2013〕74 号）	2013 年 10 月 23 日
	《陇南市武都区人民政府办公室转发陇南市人民政府办公室关于印发陇南市居民家庭经济状况核对办法的通知》（武政办发〔2016〕105 号）	2016 年 9 月 12 日
	《陇南市武都区低收入家庭经济状况核对中心工作职责》（陇政办发〔2015〕17 号）	2015 年 2 月 13 日
	《陇南市武都区低收入家庭经济状况核对中心工作内容》（陇政办发〔2015〕17 号）	2015 年 2 月 13 日
	《陇南市武都区低收入家庭经济状况核对中心申请城乡低保工作流程》（陇政办发〔2015〕17 号）	2013 年 2 月 13 日
张掖市甘州区	《甘州区居民家庭经济状况核对工作实施细则》（甘政办发〔2014〕140 号）	2014 年 5 月 27 日

四、甘肃省居民家庭经济状况核对试点地区核对体系基本情况

（一）张掖市甘州区

根据《甘肃省居民家庭经济状况核对办法》，张掖市于2016年出台了《张掖市居民家庭经济状况核对实施办法》（张政办发〔2016〕144号），进一步完善了社会救助对象家庭经济状况核对工作机制建设，各类社会救助对象认定水平明显提高。2016年，张掖市开展各类社会救助对象家庭经济状况核对达26万人次，检出不符合条件的1.6万人次，其中，最低生活保障受托核对21.7万人11.8万户，检出10790人5541户；新申请最低生活保障对象受托核对14021人7332户，检出1681人935户；住房保障受托核对17349人8013户，检出1338人707户；其他类受托核对11743人5151户，检出2493人894户。按照1.6万名检出对象纳入低保简单计算，仅2016年的核对量，就为张掖市社会救助资金支出节约近2000万元。

张掖市社会救助对象家庭经济状况核对的主要内容包括："财政人员工资信息、社保金缴存信息、社保金领取信息、房屋（交易）信息、税务缴纳信息、家庭人口户籍信息、婚姻信息、车辆信息、公积金缴存信息、个体工商户登记注册信息"等。这些信息的获取，为张掖市社会救助对象的认定提供了重要的参考依据，全面提升了社会救助对象认定水平，提高了社会救助资金的使用精准度。此外，还有部分单位和部门虽签订了信息共享协议，却因数据信息安全因素、政策体制不完善、工作机制不健全等原因，尚未进行信息交换，在下一步平台建设中将重点推进，扩大信息核对工作内容。

（二）陇南市武都区

陇南市武都区城乡居民家庭收入核对工作机制开展后，申请人提供的信息公开透明，大大减少了申请人虚开证明、收入不实等不正常现象的发生，确保了社会救助政策实施"公平、公正、公开"，进一步增强了政府在群众中的公信力。

2016年，陇南市武都区低收入家庭经济状况核对中心按照相关要求，主要开展了以下三个方面的工作。在城市低保方面，对武都区新申请对象及家庭成员425户1225人进行了信息核对，核查出明显不符合保障条件的36人，需要由乡镇（街道办）进一步调查认定66人，各乡镇及街道办将以这次城乡居民家庭收入核对结果为参考依据，进行100%的入户调查认定，符合条件的全部纳入保障范围，不符合条件的坚决不予纳入。在农村低保方面，对武都区新申请对象及家庭成员1584户5011人进行了信息核对，核查出明显不符合保障条件的132人，需要由乡镇（街道办）进一步调查认定134人，各乡镇及街道办将以这次城乡居民家庭收入核对结果为参

考依据，进行100%的入户调查认定，符合条件的全部纳入保障范围，不符合条件的，坚决不予纳入。在农村低保现有享受对象方面，按照区民政局统一安排，对现有农村低保享受对象开展信息复核自查工作，对农村低保现有享受对象 27998 户 85788 人进行了信息复核，共清理出 306 人因家庭经济状况发生变化而不符保障条件。各乡镇及街道办将以这次复核结果为参考依据，进行100%的入户调查认定，符合条件的继续享受，不符合条件的，坚决予以退出保障范围。

（三）酒泉市

酒泉市根据甘肃省民政厅《关于印发〈甘肃省居民家庭经济状况核对平台运行试点工作方案〉的通知》，积极筹划，认真推进居民家庭经济状况核对平台运行试点工作，不断提升核对工作规范化、科学化水平，取得初步成效。

一是成立了领导小组。酒泉市在甘肃省民政厅下发试点通知之后成立工作小组，以酒泉市民政局主要负责人为组长，分管负责人为副组长，各县（市、区）分管负责人为成员的酒泉市居民家庭经济状况核对平台运行工作领导小组，管理指导酒泉市核对平台工作的运行。二是制订了实施方案。制订具体的实施方案，明确工作目标，细化工作内容，为核对工作的开展奠定了良好的基础。三是强化部门协作。酒泉市根据甘肃省政策文件要求，与公安、财政、人社、卫生等相关部门协调，共享数据，建立数据对接及传输系统，确保信息数据的实时查询反馈。四是建立了工作机制。酒泉市依据核对工作特点，对核对业务、网络平台等加强管理，确保核对平台良好运行，信息数据反馈渠道畅通。五是扩大核对工作队伍，配置相关硬件设施。基于基层核对工作人员及设备的不足，酒泉市提出建立乡镇民政核对窗口，配备基本核对设备，建立了由县（市、区）民政局、乡镇两级参与的核对架构，减少了县级核对中心工作负担，方便了村民。六是进一步规范核对流程。酒泉市对核对工作的责任进行细化，规范工作人员的工作流程，确保核对工作的公平公正。

五、存在问题

（一）核对系统中对接数据量有限，相关部门间数据共享困难

核对阶段所面临的最大的困难之一就是部门信息的获取，出于部门信息的保密性和信息系统的安全考虑。

同时，出于对部门信息的保密性和信息系统的安全考虑，即使建立了核对平台，很多时候核对中心在进行信息核对工作中还会遇到各种难以核对的信息，部门信息核对平台的建设，需要对接多部门的业务系统或者数据库，不同的部门所应用的业务系统、数据格式、数据库有着显著差异性。如何制定出一套兼容性高、规范性强、

科学合理的数据信息整合规定，将是影响核对平台建设中，部门信息共享的关键性一步。

甘肃省各地居民跨区域经济生活交往密切，异地购置房产、注册车辆、工商户等情况较多，在核对平台建设中应当考虑实际工作中跨区域核对工作该如何开展、哪一级进行委托和受理的问题。

（二）核对系统部分功能需要进一步优化，核对效率低

目前的核对平台在批量上传文件资料录入中分为单个录入和批量录入，可根据不同核对情况进行选择。对于每月新进救助对象少的县（市），此项功能有利于提高核对效率，但对于新进救助对象较多的市县来说，此项功能的批量数据导入时间过长，所有数据还是依赖手工录入，耗时费力，难以实现实时、高效的核对。

（三）核对人员的业务素质有待进一步提高

各级核对机构工作人员绝大部分是从其他部门转岗而来，从来没有从事核对工作，他们主要依赖于平时的工作经验，缺乏相关培训，核查的专业性不强，影响核对工作的开展，导致核对工作低效运行。因此，专业核对人员的配备是核对平台顺利实施的基本保障。

（四）核对工作尚未覆盖现有社会救助对象

由于核对平台运行不久，工作人员不熟悉且各部门的数据不完善导致核对工作只能在涉及人数最多的最低生活保障对象中开展，其余的社会救助体系中的社会救助为辅。导致现有的核对工作无法覆盖所有的社会救助对象，无法实现批量核对。

（五）信息网络安全问题

目前，甘肃省民政系统使用的大多都是内部 VPN 专网，内外网采用逻辑隔离的方式进行分割。在核对平台建设的下一步骤中，甘肃省核对平台系统建设必定要和一些部门的涉密系统或者敏感信息相对接，核对平台所访问的信息量将越来越大，核对平台系统和数据网络是否具有足够的安全性来避免信息泄露问题的发生，这都是核对平台系统将要面临的重大考验。

（六）核对报告的出具和保存问题

核对报告是认定社会救助对象的重要参考依据，因此核对报告的格式内容和防伪验证都必须进行规范。如 2016 年张掖市累计开展受托核对 26 万人次，相当于对

整个张掖市社会救助对象每人进行了两次核对，对于数量庞大的核对工作对象如何出具核对报告？纸质版出具完后核对报告的电子版应该存放在哪里？报告的内容如何校验回溯等这一系列问题都有待解决。

（七）诚信系统建设问题

社会诚信体系建设是社会整体进步的重要组成部分，对于骗取社会救助金、社会救助退出机制难以实现等问题，最直接有效的途径就是建立社会救助诚信体系，将恶意骗取救助资金、故意隐瞒家庭经济状况、辱骂殴打工作人员、拒不退还救助资金等行为记入诚信系统，降低“吃保骗保”事件的发生概率，纠正一些救助对象“以吃到低保为荣”“社会救助不占白不占”的错误思想认识。

（八）核对平台前瞻性架构问题

现在“互联网 +”和“云”的技术已经成熟，这些技术具有高兼容、易操作、适应领域宽泛等显著的优势。核对平台建设在紧紧贴合工作内容的同时，也应该在设计思路上能更多地考虑未来。总结以往系统建设工作中的经验和不足，选择更为科学的平台架构模式，合理分配关键性节点上的压力，保证平台可在大多数复杂情况下能正常运行。

（九）人员培训和技术问题

核对工作所需专业性较强，工作人员既要有较好的计算机水平又要熟悉多种社会救助政策。核对平台建设运行后与以往的系统会有着明显的差异，核对系统需要对接多个部门的数据信息，工作流程严格，每一个环节都需要有人定岗定责。因此，良好的平台维护技术保障和对工作人员的操作培训、工作岗位职责培训是平台真正良好运行的必备条件。

六、对策建议

国务院总理李克强在 2013 年 10 月 30 日的国务院常务会议上讨论建立健全社会救助制度时，指出“建立健全社会救助制度，事关困难群众基本生活和衣食冷暖，是一项保民生、促公平的托底性、基础性制度安排”。最低生活保障制度是社会救助制度中最为基础的一项救助制度。而且当前我国最低生活保障资格又是其他专项救助资格的基本依据，其他救助制度与最低生活保障制度捆绑执行，即只有享受最低生活保障的家庭才有可能享受其他各项救助制度。所以，最低生活保障制度的瞄准与核对问题十分重要，它是我国社会救助制度能否发挥李克强总理所说的托底作用的关键枢纽。而社会政策的瞄准取决于政策设计，更取决于政策执行。作为一项补救性社会政策，最低生活保障制度在设计之初就应该考虑如何优化政策设计，通过对资格条件的精确设定，将那些真正困难的群体瞄准作为政策目标；同时，在政策执行过程中，还应该通过控制执行程序，增强工作人员激励机制和业务素质，来强化政策执行效果，达到预定目标。

根据甘肃省试点地区的经验总结及我们调研所发现的问题，研究小组分别对甘肃社会救助瞄准机制和核对体系试点地区和非试点地区的建设提出以下建议。

（一）试点地区的对策建议

1. 部门间的信息共享需要顶层推动

进一步加强部门协作，将原本分散存储在不同部门、行业的公共数据陆续汇集到统一的公共数据中心，强力推进政府各部门数据共建共享，完善政策措施，健全工作机制，将符合农村低保条件的建档立卡贫困户纳入低保范围；积极配合相关部门落实好农村低保对象和分散供养特困人员危房改造等扶贫政策，确保符合条件的农村贫困人口精准救助、精准帮扶、真实脱贫无遗漏。同时，认真做好农村低保对象纳入精准扶贫大数据平台统一管理相关工作，积极与扶贫、住建等部门进行信息数据对接。要着力提高数据质量，确保各地城乡低保季度（月）报表数据与城乡低保信息系统、民政统计台账数据保持一致。

我们通过调研发现，甘肃省大部分市（州）、县（区）都建议省级平台应该分层建设，减少压力，责任逐级分担，数据资源共享；同时针对每年六七月低保复核时容易出现的大批量核对采用分时段、分批的方式，以保证系统不会出现低保信息系统一样的并发问题和网络问题；从共享单位获取数据尽量做到在共享单位的闲置期，避免影响共享单位的正常工作，同时对批量获取数据的数量与带宽进行合适的匹配。目前，兰州市、嘉峪关市、庆阳市三地均已建立自己的核对系统，存在与省级系统对接的需求，因此建议对接事宜应由省级指定标准要求，由承建公司之间协商对接。针对如何储存保存全省核对数据，部分市（州）建议分级保存，分解省级系统压力，保证访问报告的效率。

2. 优化核对系统部分功能，提高核对效率

线路安全。省、市、县核对系统通过网络专线访问，省级核对平台与横向共享单位使用网络专线连接，市级数据交换引擎与横向共享单位使用网络专线连接，确保核对相关数据在一个相对封闭、保密的环境内传输。

系统登录。系统访问在账户加密码验证基础上增加身份证识别功能。核对业务工作人员首次登录使用高拍仪绑定身份证，再次登录系统使用高拍仪进行身份证校

验；张掖市建议登录使用指纹登录，避免使用身份证。

系统用户。应包括系统管理员和工作人员；核对系统涉及个人敏感信息，保密要求高，因此要求省级统一制定提高系统用户保密意识的政策、法规及措施；系统用户要责任到位，签署保密相关规定，确保核对数据不外泄，同时，共享单位数据对接也应该签署保密等相关协议；对系统用户的所有操作都必须保证留痕，不能删除。

数据使用范围。共享单位数据只针对核对使用，不另作他用。

3. 提高基层工作人员的业务能力，完善基层硬件设施

居民家庭经济状况核对工作是一项新工作，工作的内容、程序和细节都是以前没有的，核对平台的建立及工作人员的具体工作都在不断地探索和摸索当中，核对中心要与多个本部门科室开展业务合作。因此，核对工作人员需要进行更多的培训来不断完善自身能力，从而全方位提升核对工作的质量和水平，这需要组建一支高素质高能力的人才队伍。同时，为了提高基层工作人员的工作积极性，应该建立合理的激励制度，完善硬件设施，目前甘肃省高拍仪只配置到区（县）一级，然而大量的录入工作却在乡镇一级。而区（县）、市级共享单位数据对接所需要的服务器、专线等硬件设备及数据交换软件都没有，需要配备相应设施提高效率。

4. 救助对象的核对能够实现全覆盖

建议核对平台与其他社会救助系统数据共享，并在后台设置定期核对。目前，社会救助系统与核对平台相对独立，在数据共享链接后，可对在册救助对象进行定期核查，方便社会救助管理部门掌握救助对象情况并及时调整，促进社会救助公平、公正，提升社会救助政策实施的公信力。

5. 加强低保的动态管理

严格执行动态管理制度，对保障对象实行有效期管理和定期核查，采取自筹资金、单独操作运行的办法，将因征地拆迁、工矿区资源枯竭及化解群众上访等原因而整体纳入的保障对象，全部退出农村低保范围，并按照定期报告和定期审核的办法，重新申请审核审批低保家庭。民政部门进行一次全面细致的排查，将符合救助条件的困难群众全部纳入保障范围。重点保障完全或部分丧失劳动能力和因病、因灾、因缺少劳动力致贫返贫的家庭，切实做到救助对象保得准、救助资金用得好，实现动态管理下的应保尽保。对家庭经济状况明显好转的低保家庭，要按照政策规定及时退出保障范围。凡退出低保范围的，县级民政部门应当出具书面材料，说明退出的政策依据和具体原因。

6. 切实强化督查惩处

要建立健全问责追究机制，对因工作重视不够、管理不力、发生偏差问题、造

成社会负面影响的基层政府和部门负责人以及在低保审核审批过程中滥用职权、玩忽职守、徇私舞弊、失职渎职的工作人员，依法依纪追究责任。对虚报冒领低保补助金的，除责令退回非法所得外，按规定处以非法获利 1 倍以上 3 倍以下的罚款；构成犯罪的，移送司法机关依法追究其刑事责任。要建立完善举报投诉制度，畅通群众投诉举报渠道，自觉接受社会各界和广大群众的监督。对社会各界和人民群众反映的问题和网络舆情、信访个案，要认真排查，及时、妥善处理。

（二）非试点地区的对策建议

1. 完善社会救助政策目标的合理性与可执行性

（1）完善政策内容，优化收入核对管理制度和流程

科学完善的管理制度和工作流程是低收入家庭收入核对工作有效开展的前提。因此，要建立规范的核对制度和流程，并加强跟踪检查，制定和完善相关配套管理制度，强化救助对象规范化管理，进一步完善救助对象管理制度，对救助对象实行登记造册建档，探索建立救助对象年检制度。同时，简化调查和申领手续，对受助对象的核对选取一年或更长的评估时间周期等措施。

政府各部门、各单位的民生救助项目要逐一纳入核对系统进行核对，确保公共财政惠及真正困难群体。建议市（州）级核对中心适时将有关经济状况核对的新政策、新要求布置到基层；同时将基层的新动向、新问题反馈到区（县）级核对中心，保持上下沟通渠道的顺畅。

上级民政部门，特别是市（州）级民政部门，要积极争取同级相关部门的重视和支持，对核对工作进行联合部署，明确相互配合的工作方式、操作办法和具体要求，为基层建立协作机制创造条件。

（2）加强对核对机制执行的监督力度

政策执行本身是一个动态过程，收入核对政策在推进过程中也必然会出现许多新情况和新问题，执行结果和预期效果之间可能会存在误差，因此，建立政策执行的监督和管理机制非常重要。对可能出现的问题进行预估，准备相对应的实施预案，量化考核政策执行的进展情况和完成进度。执行人员、监督人员与被执行人员之间应相互独立，避免产生利益关系，保证监督机制的公正性和有效性，确保政策能够达到最终目的。

一是高度重视保密教育、签订保密协议。做到申请家庭的材料每户一档，并安排专人负责材料的保管，杜绝材料遗失、损坏或泄密的情况发生。同时提高档案管理水平，完善档案抽查机制。

二是提高社会公众参与评价的积极性。调动广大人民群众的积极性，全方位做

好公示制度、举报制度、责任追究制度，提升威慑力。一旦发现申请人弄虚作假、隐瞒申请情况，区（县）住房保障和房产管理局将记录在案，并纳入个人信用联合征信系统，供有关部门及各社会主体依法查询。

三是加强对经办人员违规违纪的责任追究。社会救助工作的本质是体现社会的公平公正，若一旦查实经办人员在收入核对工作中有违规违纪行为，要严格依法处理，追究法律责任，确保社会救助得到公平公正的实施。

2. 有效强化执行主体的执行能力

（1）推进机构建设，建立一支收入核对队伍

在甘肃省现有的救助体系中，尚无专门管理救助事宜的部门，救助工作大部分由民政部门来负责，导致社会救助管理工作往往难以实现统筹和协调。因此，设立专门的社会救助管理机构，有利于实现社会救助工作领域的跨部门统筹与协调，逐步形成与我国经济社会发展相适应的管理规范、服务优良、群众满意的救助管理公共服务体系。

同时，目前甘肃省大部分区（县）的收入核对人员都没有落实定人定岗，尤其是在乡镇，往往都是由其他岗位职员兼职的，而实际上收入核对是一件工作量很大且非常烦琐的工作，兼职人员不利于收入核对工作的很好开展。只有建立一支合格的、优秀的核对人员队伍，才能确保依法核对，体现核对工作的客观公正，增强政府公信力。

通过增设编制或专业化招聘方式来解决基层核对人员偏少的问题。在行政编制仍然偏紧的背景下，要做好当地政府领导的工作，争取增加适应民政工作需要的事业编制和公益性岗位，加强基层民政队伍建设，统配人力资源，突出重点、均衡布局，搭建好乡镇核对工作的平台。关心人员待遇，保证人员力量充足，提高工作成效。

（2）提升政策执行人员素质，提高执行主体能力

个人是政策执行过程中最基础的执行力量。执行人员的态度、素质、水平和能力直接决定着政策目标的实现程度。一方面，通过正规招聘渠道，确保从业人员具有较高的专业素质和实践能力，这是确保核对工作的专业性和权威性，有效提高执行力的有力抓手。同时，考虑到核对工作任务烦琐而艰巨，关系到老百姓的切身利益，因此要招录那些态度端正、责任心强、肯于吃苦的人员来担任此项工作。另一方面要对人员进行能力培训，强化队伍管理，加强政策理论学习，明确和理解政策目标及内容，提高业务水平，规范准确地开展核对，做好人员的保密教育。同时要制定科学的考核评价机制，改进工作作风、提高工作效率，做到工作有指标、考核有量化，使核对机制的运行评价更加科学实效化。在执行过程中遇到新情况、新问

题，要根据实际情况及时、灵活地予以处理，保证政策目标能得以实现。

（3）调动各类社会资源，有效提升核对机制的执行资源

充足的资源保障是政策执行的基础和前提。充分的物质基础和人力资源才能使政策得以有效顺畅地执行和实施。其中，人力资源是公共政策执行的最为重要的保证。以往，政策执行的主要资源是政府工作人员，如今，越来越多的社会力量和社会群体参与了进来。因此，以政府为主体的政策执行机构可以考虑适当地将各类民间群众性组织和公众吸纳进入执行资源中来。引入更多社会力量，一方面能充分发挥社会力量在政策执行中的补给作用，解决政府本身资源配置不足的问题。另一方面，可以将政策目标向更多的人群进行宣传引导，从而将贯彻政策的行为变成群众的自觉行动，减少政府部门在政策执行中的阻力和压力。在物质基础方面，民政部门要积极争取政府部门的支持，提供充足的物质保障，如财政资金保障、工作场地、办公条件，等等，协调解决工作过程中遇到的各种问题与困难，为核对工作提供强有力的政策支持。

3. 完善与目标群体的沟通互动

（1）加强对目标群体的宣传和引导

主动与目标群体进行沟通，向他们宣传在救助体系中开展经济状况核对机制的目的、意义、内容及方式，同时听取他们的意见，对所发现政策实施过程中的问题进行解释和说明。目标群体对政策的良好理解，有助于政策的贯彻执行，为管理工作提供更大的便利，避免因为对政策缺少了解而产生的误解与不愉快，减少执行过程中出现的冲突与摩擦。同时，邀请社会媒体等部门对经济状况核对的全过程进行监督，让收入核对工作运行在阳光中，打消社会公众因不了解核对工作而产生的顾虑和抵触心理，积极支持和配合核对工作的开展。

（2）加强对目标群体的监督与管理

政府的职能是服务而非管制，因此，要用公众是否满意来衡量自身工作的成果，将考核评估与为民便民标准相挂钩。公民作为公共管理和服务的最终目标群体，最有权对行政机关的政策执行成效发表看法，提出意见和建议。因此，包括独立的第三方评估机构和公民等应当被视为评估主体。而目前甘肃省尚无专门的绩效评估机构，社会团体作为第三方实体的作用也十分有限，因此应继续加大在这方面的努力和尝试。

4. 营造良好的政策执行环境

（1）加强信息沟通和政策传播

加强宣传，传播政策。多渠道、多途径、多形式做好救助政策的宣传教育，提高各项救助政策的认知率和知晓率。针对广大居民群众对核对工作不太了解的情况，通过做好日常窗口接待工作加大宣传力度，提高居民对核对工作的知晓率，使广大

人民群众明白经济状况核对工作的重要性和可靠性，充分理解“经济状况核对，民生保障利盾”的重要意义，创造良好的氛围和和谐的环境用来服务于政策执行。

（2）加强信息化水平建设，建立救助大数据平台

网络和数据库是现代科学管理的基础。美国的社保管理实践证明，在国家层面建设一个辐射全国的信息网络和数据库，是社保管理现代化的必要保证。

一是夯实基础数据库。提升信息化水平，利用大数据、云计算等平台，提供强大的后台数据保障，推动各项信息基础设施建设及智慧政府、智慧民生等行业信息化应用，依靠一个有大数据能力的云计算承载，打造公共、开放的，以数据为中心的云计算服务平台，进一步整合资源，建好基础数据库。

二是建立信息工作网络。不断加大科技投入，积极推进民政工作信息化、标准化、规范化建设，提高干部队伍科技素质和信息化水平。要将民政信息网络向乡镇、街道社区延伸，建立市、区、街镇三级联网的集城乡低保、医疗救助、灾害救助等为一体的民政信息网络，充分运用数字化、科学化、现代化的管理手段，推广网上办公，提高工作效能。

三是比对方式的电子化。立足于通过电子比对的方式来开展居民家庭经济状况核对工作，条件不成熟的可先手工比对。在评估救助申请人的家庭经济状况时，要综合运用传统方法与信息比对的方式，除采取信息比对的方法外，还要通过入户调查、邻里访问、社区评议和社区公示等传统方法来进行全面综合评估，保证评估工作的真实性和有效性。

四是建立救助信息共享机制。与建设“一门式”政务服务等平台相结合，作为公众参与的工具。政府利用它，就拟讨论的政策变化征求意见，让民众参与政府制定和执行。注意政府的角色转变。建立区域大救助架构，实行“一口上下”的运作模式，形成纵向贯通、部门横向互联的救助信息共享机制，为政策决策、数据查询和动态管理提供依据，统筹区域资源，从而有效提高对特殊困难群众的救助能力和水平，确保救助对象广覆盖、不遗漏、少重复。

（3）建立多元化的社会救助主体

社会救助最重要的主体是政府，政府有救助的义务，自然要肩负起重担。但核对机制不应是一个完全封闭的体系，而应是相对开放的系统，政府并不是社会救助体系中的唯一主体，要引导和发挥非政府组织在我国社会救助体系中的作用，为非政府社会救助组织的良性发展创造良好的社会环境。借鉴发达国家和地区的有效经验，充分发挥非政府组织灵活性的特点，大力发展慈善组织等福利性社团组织，并使慈善组织在社会监督、公开审计的制度规范下活动，推动发展社会互助事业，构建和完善以政府为主导、以非政府力量为补充的多元化社会救助体系。

（4）多元参与化解执行困局的路径探索

救助政策关系到城乡困难群众的切身利益，为了保证政策的实施，破解执行中的困局，在完善政策合理性的过程中，要注意倾听每个阶层的声音和意见，切实保证政策在制定过程中的民主化和科学化。尝试建立甘肃省救助政策制定委员会，由民政厅牵头，省政府相关部门共同参与，同时广泛吸收各方面的专家学者，研讨制定符合最多数民意的救助政策，再进行反复论证、集思广益，然后进入政策执行程序。只有通过科学、民主的程序制定出来的政策才能得到群众的拥护和支持，才能得以有效的贯彻和实施，最大限度地实现政策目标，达到公共管理的目的。

附件：

甘肃省居民家庭经济状况核对办法

甘民发〔2015〕138 号

第一章　总　则

第一条　为规范本省居民家庭经济状况核对工作，精准确定救助对象，全面提升社会救助管理和服务水平，根据国务院《社会救助暂行办法》《甘肃省社会救助条例》和有关法律法规，结合本省实际，制定本办法。

第二条　本办法适用于本省行政区域内的最低生活保障、特困人员供养、受灾人员救助、医疗救助、教育救助、住房救助、就业救助、临时救助以及社会力量参与等社会救助工作所涉及的申请社会救助对象经济状况核对工作。已获得社会救助家庭的经济状况需要复核复审时，适用本办法。有条件的地方，核对工作可向农村扶贫、司法援助、残疾人帮扶、慈善救助和社会福利等领域拓展。

第三条　各级人民政府社会救助主管部门委托同级居民家庭经济状况核对机构（以下统称核对机构），对申请社会救助家庭的经济状况进行调查、核实并出具核对报告。

第四条　核对工作应坚持依法、客观、公正、保密和逐级核对的原则，做到“先授权，后核对；无委托，不核对；只核对，不认定”。

第五条　接受经济状况调查核实的居民个人或家庭，在本办法中统称为核对对象。核对对象包括申请人、与申请人共同生活的家庭成员、与申请人非共同生活的家庭成员和相关赡养、抚养、扶养义务人等。

第二章　核对职责

第六条　县级以上人民政府民政部门是居民家庭经济状况核对工作的主管部门。

县级以上人民政府民政、发改、教育、公安、财政、人社、国土、住建、交通、农牧、林业、卫生计生、税务、工商、统计、扶贫、银监、证监、保监等部门，在各自职责范围内配合做好全省居民家庭经济状况核对的有关工作。

第七条 本省核对工作采取省、市（州）、县（市、区）三级逐级核对模式。各级核对机构应按照属地管理要求开展核对工作。本级核对机构无法核对的事项，应报同级社会救助主管部门批准后，逐级提交上级核对机构协助比对。

（一）省核对机构负责对本省核对业务的指导和培训；负责本省核对信息平台的建设、运营、维护、管理等工作；承担本省核对数据信息的统计分析和汇总工作，并出具年度分析报告；承担市（州）核对机构提出的需要跨市、跨省核对数据信息的协助比对等工作。

（二）市（州）核对机构受本级社会救助主管部门委托，对市本级申请社会救助家庭经济状况进行核对，出具核对报告并及时反馈委托单位；承担本市核对数据信息的统计和汇总工作；负责本市核对业务的指导和培训；承担所辖县（市、区）核对机构提出的需要跨县核对数据信息的协助比对等工作。

（三）县（市、区）核对机构受本级社会救助管理部门或乡镇人民政府、街道办事处委托，对本行政区域内申请社会救助家庭经济状况进行核对，出具核对报告并及时反馈委托单位。

第八条 各级人民政府民政部门应当指导、督促村（居）民委员会协助乡镇人民政府（街道办事处），通过入户调查、邻里访问、信函索证、群众评议等实证调查形式，对申请社会救助家庭经济状况调查核实。

第三章　核对内容

第九条 核对内容包括核对对象户籍状况、家庭收入、家庭财产，但国家和我省明文规定不计入家庭收入和财产范围的项目除外。

第十条 户籍状况指配偶、子女、父母以及其他具有法定赡养、扶养、抚养义务关系的家庭成员的户籍登记状况、婚姻登记状况、就业状况等。

第十一条 家庭收入指共同生活的家庭成员在规定期限内获得的全部现金及实物收入，包括工资性收入、经营净收入、财产净收入、转移净收入以及其他应计入的收入。

（一）工资性收入指就业人员通过各种途径得到的全部劳动报酬和各种福利，包括受雇于单位或个人、从事各种自由职业、兼职和零星劳动得到的全部劳动报酬和福利。同时扣除个人所得税和社会保障支出。

（二）经营净收入指从事生产经营活动所获得的净收入，是全部经营收入中扣除经营费用、生产性固定资产折旧和生产税之后得到的净收入。

（三）财产净收入指家庭成员所拥有的金融资产、住房等非金融资产和自然资源交由其他机构、单位或个人使用而获得的回报并扣除相关费用之后得到的净收入。

（四）转移净收入指国家、单位、社会团体对居民的各种经常性转移支付和居民之间的经常性转移净收入。

第十二条 家庭财产指家庭成员拥有的全部动产和不动产，即房屋、现金、贵金属及其金融衍生产品、银行存款、有价证券、商业保险、机动车辆（不含残疾人功能性补偿代步机动车辆）、船舶、大型农机具、第三方支付平台账户余额等。

第十三条 其他依法应由县级以上人民政府确定的需要核对的内容。

第四章 认定指导标准

第十四条 核对对象家庭收入按以下指导标准认定：

（一）工资性收入。城镇居民，按个人任职或者受雇单位劳资部门出具的相关证明计算收入；不能提供证明的和所提供证明低于当地职工月最低工资标准的，按当地职工月最低工资标准计算。农村务工人员，根据工作单位相关证明计算实际收入。不能提供的，按当地农民上年度人均收入或职工月最低工资标准中较低的标准计算。

（二）经营净收入。种植业收入，以本地区同等作物的市场价格与实际产量核算，不能确定实际产量的，以当地上年度同等作物平均产量核算。养殖业等收入，以本地区同等养殖品种市场价格与实际出栏数核算，不能确定实际出栏数的，以当地同行业上年度平均产量核算。其他家庭经营性收入，能够出示有效经营性收入证明的，按证明的收入计算；无收入证明，但有合同规定或固定价格的，按合同规定或固定价格计算；其他情形按当地评估标准和计算方法计算。

（三）财产净收入。按租赁、转让协议（合同）计算；个人不能提供租赁、转让协议（合同）的或租赁、转让协议（合同）价格明显偏低的，按当地同类物品的市场租赁、转让价格计算。储蓄存款利息、有价证券红利、投资股息红利等可以按照金融机构出具的证明计算，集体财产收入分红按集体出具的分配记录计算。

（四）转移净收入。有实际发生数额凭证的，以凭证数额计算；有协议、裁决或判决法律文书的，按照法律文书所规定的数额计算。赡养费无法确定数额的，按市级以上人民政府确定的核算办法进行核算。

第十五条 核对对象家庭财产按以下指导标准认定：

（一）货币财产按提出社会救助申请之日的实际价值计算。

（二）房屋按照《房地产权证》或者《租用居住公房凭证》《房屋所有权证》《土地使用权证》《宅基地使用证》等记载的权利人或者承租人认定。房屋的价值依据同地段上年度二手房成交均价认定。有异议的，可根据房地产评估机构的评估价值认定，评估费用由申请社会救助家庭自行承担。对共有产权按所有权比例分摊房屋价值。

（三）银行存款、有价证券和商业保险等货币财产所有权按照实名认定。银行存款按照账户余额认定；股票类有价证券按照股票市值和资金账户余额的总和认定；基金类有价证券按照净值认定；商业保险按照保险合同现金价值认定。

（四）机动车辆按照车辆购置登记人认定。机动车辆（含牌照）的价值，按照委托指定的车辆价格认证机构鉴证后认定。

（五）核对期间出售、赠予、支取的较大价值的财产，需提供合理说明以及资金流转凭证或者法院判决书、公证书等有效凭证后，据实认定；无合同或合同价格明显低于市场价格的，根据市场价格认定。

（六）其他财产的所有权和价值，根据本条规定的原则或者其他合理的方式予以认定。

第五章　核对流程

第十六条　核对对象应当提交对其家庭户籍、收入、财产等情况进行核对的授权书，由社会救助主管部门对其是否符合救助条件进行初审，符合条件的可委托核对机构对其经济状况进行核对，并出具《甘肃省申请×××救助居民家庭经济状况核对委托书》。

第十七条　核对机构在收到本级社会救助主管部门的核对委托书后，应当在 5 个工作日内对符合要求的对象进行核对，并开具受理委托收据。核对对象户籍所在地和居住地不一致的，由其居住地核对机构进行核对。

第十八条　核对机构在受理核对委托后，应根据需核对数据信息的特点、来源、种类，采取自动比对、人工比对、实证调查等方式对核对对象经济状况进行核对。核对机构应成立由 2 人以上组成的工作组，实行一事一授权。

（一）自动比对。通过甘肃省居民家庭经济状况核对信息平台，对核对对象的信息数据进行自动查询和实时比对。

（二）人工比对。通过人工接收和发送、导入、导出，使用加密 U 盘定期交换核对对象的数据信息，或由相关部门（机构）按需求提供核对所需的数据信息。

（三）实证调查。通过入户调查、邻里走访、信函索证、群众评议等方式对核对对象声明的家庭经济状况进行调查，侧重查看实物或凭证。相关佐证材料应当全部存档。

第十九条　因核对技术、核对数量等因素，导致无法按时完成需要延期核对的，核对机构应当书面告知核对委托方。延期核对的时间一般不得超过 5 个工作日。延期核对不计入核对工作的期限。

第二十条 有下列情形之一的，应当中止核对工作，退回委托部门，书面说明中止核对理由，并建议相关社会救助主管部门中止其社会救助申请：

（一）未按规定提供有关材料或提供虚假材料的；

（二）拒绝配合居民家庭经济状况核对机构工作的；

（三）无正当理由，通过离婚、赠予、转让、转移等手段，主动放弃、隐瞒财产所有权或应得合法收入的；

（四）相关专项社会救助和保障部门有中止规定的，从其规定。

第二十一条 核对机构应当自接受核对委托之日起 20 个工作日内完成核对，并向委托方出具书面核对报告。核对报告仅作为社会救助主管部门做出审核或认定的依据，不作其他用途。核对报告有效期一般为 1 年。法律、法规、规章和国家另有规定的除外。

第二十二条 核对对象对核对结果有异议的，应自收到核对报告之日起 5 个工作日内，通过居住地的社会救助主管部门向同级核对机构提出申诉。同级核对机构接到有关申诉后，应在 10 个工作日内完成复核，并向社会救助主管部门书面告知复核结果。

第六章 信息共享

第二十三条 各级人民政府有关部门应向核对机构提供与核对对象家庭经济状况有关的信息，与民政部门建立数据交换和业务协同机制。根据有关数据信息集中的不同层级，有关部门应向同级核对机构提供数据查询接口。

（一）民政部门牵头开展居民家庭经济状况核对工作，提供婚姻、殡葬、区划地名、社会组织、社会救助等信息。

（二）教育部门提供核对对象接受教育救助等信息。

（三）公安部门提供核对对象户籍人口登记和机动车辆拥有等信息。

（四）财政部门提供本级社会救助资金预算、收支结余及申请社会救助家庭成员财政供养等信息。

（五）人社部门提供核对对象离退休、就业、失业登记以及缴纳社会保险费、接受就业援助和享受社会保险待遇等信息。

（六）国土部门提供核对对象土地登记等不动产信息。

（七）住建部门提供核对对象房产拥有、房产交易、房屋租赁、住房公积金等信息。

（八）交通运输部门提供核对对象从事运输的运营车辆、船舶等相关信息。

（九）农牧部门提供核对对象享受农机购置补贴、土地经营权流转、退耕还草、退牧还草、草原补奖政策等信息。

（十）林业部门提供核对对象享受国家退耕还林补贴、国家造林补贴、林业贴息贷款等信息。

（十一）卫生计生部门提供核对对象享受新型农村合作医疗、大病医疗保险、疾病应急救助、计划生育家庭等信息。

（十二）税务部门提供核对对象纳税、从事个体工商户或企业纳税等信息。

（十三）工商部门提供核对对象从事个体工商户或企业的注册登记等信息。

（十四）银监、证监、保监等部门协调银行、证券、保险等金融性机构依法提供核对对象存款、证券交易、商业保险购买缴费和获益情况等信息。

（十五）其他相关部门（机构）根据居民家庭经济状况核对需要提供相关信息。

第二十四条　应建立健全本省核对信息网络，纵向实现部、省、市、县四级核对机构之间的数据交换和上下联动，横向实现与相关部门涉及个人收入、财产等信息的共享共治和互联互通。

第七章　监督管理

第二十五条　应当努力构建运行规范、管理科学、监控有效、考评严格的内部控制体系，明确岗位设置与职责，规范业务操作流程，强化各业务环节授权控制，建立核对对象电子审批或纸质审批档案。

第二十六条　应重视挖掘核对信息的“大数据”潜力，加强对核对沉淀数据的分析、研究和应用，为政府公共政策决策提供参考。

第二十七条　应广泛宣传居民家庭经济状况核对的相关规定，引导支持社会工作等社会力量参与核对工作；主动适应“互联网＋”发展趋势，设立投诉电话、电子邮箱，开通微信、微博等在线交互平台，接受群众、社会和舆论的监督。

第二十八条　各级人民政府有关部门应重视和加强核对机制建设，将核对工作纳入社会救助工作目标责任制考核范围，落实核对机构编制，安排核对专干，保障工作经费，加强政策培训，不断促进核对能力建设。

第二十九条　各级核对机构应会同有关部门建立健全失信信息披露和诚信登记制度，将申请社会救助家庭故意隐瞒收入、财产等失信和违规信息记入各相关行业或个人信用信息系统，实现多部门、跨地区信用奖惩联动。

第八章　法律责任

第三十条　各级核对机构应当建立严格的核对信息保密制度，与相关部门（机构）签署数据交换保密协议，加强对核对信息数据的监控，不得扩大使用范围、向与核对工作无关的组织或者个人泄露核对信息。

第三十一条 核对中出现问题的，应进行责任倒查；因滥用职权、玩忽职守、徇私舞弊等造成严重后果的，应根据国家相关规定对直接负责的主管人员和其他直接责任人员给予行政处分；构成犯罪的，依法追究刑事责任。

第九章 附 则

第三十二条 本办法自印发之日起执行，有效期 5 年。2013 年 10 月 10 日甘肃省民政厅及甘肃省发改委等 13 部门发布的《甘肃省社会救助申请家庭经济状况核对办法（试行）》（甘民发〔2013〕198 号）同时废止。

第三十三条 各地应根据本办法，制定具体实施细则。

第三十四条 本办法由甘肃省民政厅负责解释。

图书在版编目（CIP）数据

世界银行 TCC6 子项目“社会救助瞄准与居民家庭经济状况核对体系研究”成果汇编 / 民政部低收入家庭认定指导中心编．—北京：中国社会出版社，2018.4

ISBN 978-7-5087-5948-7

Ⅰ．①世…　Ⅱ．①民…　Ⅲ．①社会救济－研究成果－汇编－中国　Ⅳ．①D632.1

中国版本图书馆 CIP 数据核字（2018）第 077576 号

书　　名：世界银行 TCC6 子项目“社会救助瞄准与居民家庭经济状况核对体系研究”成果汇编

编　　者：民政部低收入家庭认定指导中心

出 版 人：浦善新

终 审 人：胡晓明

责任编辑：邢幼弢　孙　研　　　　责任校对：丁　一

出版发行：中国社会出版社　　　邮政编码：100032

通联方式：北京市西城区二龙路甲 33 号

电　　话：编辑部：（010）58124832

邮购部：（010）58124848

销售部：（010）58124845

传　真：（010）58124856

网　　址：www.shcbs.com.cn

shcbs.mca.gov.cn

经　　销：全国各地新华书店

中国社会出版社天猫旗舰店

印刷装订：中国电影出版社印刷厂

开　　本：185mm×260mm　1/16

印　　张：34.75

字　　数：620 千字

版　　次：2018 年 5 月第 1 版

印　　次：2018 年 5 月第 1 次印刷

定　　价：120.00 元

中国社会出版社微信公众号